KB169161

생존의
시대

明淸之際士大夫硏究

생존의 시대

명청 교체기 사대부 연구 2

자오위안趙園 지음
홍상훈 옮김

글항아리

일 러 두 기

1. 이 책은 趙園, 『明淸之際士大夫硏究』, 北京: 北京大學出版社, 1999(2006년 3쇄)를 번역한 것이다.

2. 원서에서는 인용문을 본문 중간에 넣고 " "로 구분했지만, 한국어판에서는 가독성을 높이기 위해 별도의 단락으로 구분했다.

3. 원서에서 인용문은 간체자로 표기되었는데, 한국어판에서는 인용문의 번역과 함께 원문을 수록하는 것을 원칙으로 하고, 해당 저작의 원문을 찾아 교감한 뒤 번체자로 표기했다. 이 과정에서 저자가 의식하지 못한 사소한 실수나 편집 과정에서 실수로 생겨난 것이 명백해 보이는 오류들은 특별한 언급 없이 바로잡아 수록했다.

4. 부득이하게 본문 중간에서 처리한 인용문의 원문은 각주 자리에 수록하고, "원주"라고 표기하여 구별했다.

5. 한국어판에서 각주는 옮긴이의 주석과 인용문의 원문을 표기하는 용도로 활용했고, 저자의 원주는 미주로 처리하여 구별했다. 한편 번역서의 분량을 고려하여, 주로 전문가들이 읽게 될 미주 부분은 국한문 혼용으로 처리했다.

6. 원서의 본문에서 저자가 ( ) 안에 넣어 처리한 보충 설명 가운데 몇몇은 가독성을 해칠 수 있다는 역자의 판단에 따라 미주로 옮겨놓았다. 미주 가운데 인용문이 없는 것들은 대부분 여기에 해당된다.

7. 원서에 표기된 인용문의 출전은 한국의 일반적인 표기 방식과 상당히 다르기 때문에, 번역에서는 최대한 한국 독자에게 익숙한 순서로 다시 조정하여 표기했다.

8. 한국어판에서는 모든 인명을 본명으로 표기하는 것을 원칙으로 했다. 이에 따라 인용문이나 저자의 서술에서 고정림顧亭林, 부청주傅靑主 등으로 표기된 인명은 모두 고염무顧炎武, 부산傅山 등으로 바꾸어 표기했다.

9. 한국어판에서는 문집이나 단행본의 제목은 『 』로, 단편의 산문과 시 등의 제목은 「 」로 표기했다.

차 례

'유민'은 의심할 바 없이 고대 사회에서 중요한 정치적, 문화적 현상 가운데 하나였다. 명나라 유민은 고대 중국 '유민의 역사'에서 더욱 중요한 부분을 차지한다. 이것은 사람의 수가 많고 관련 문헌이 풍부하기 때문일 뿐만 아니라, 심지어 그 생존 방식이나 표현 방식에서 주목할 만한 인습因襲과 창의적 부분이 있기 때문이기도 하다. 유민의 자기 형상 창조는 또한 고염무나 황종희, 왕부지처럼 그들 가운데 걸출한 인물들에 의해 깊이가 더해짐으로써 이루어졌다. 그들은 현상으로서 '유민'의 중요성을 대대적으로 강조했던 것이다. 이것은 명나라 유민을 표본으로 한 유민의 연구가 여전히 가치 있는 연구 과제가 될 수 있게 해주었다.

'유민의 생애'는 건립이 필요한 것이었다. 다음에서 필자가 보여주고자 하는 것은 명나라 유민이 각 분야에서 자각적으로 이런 생존 방식을 건립하기 위해 했던 노력들이다. 이것은 유민의 자아 인식이 점차 강화되는 과정이기도 하다. 명나라 유민은 청나라 초기 사회에서 특수한 동류 집단을 구성하여 '시간 현상'을 충분히 보여주었으며 또한 특수한 형태로서 사대부의 일반적인 면모를 나타냈다. 사대부들은 생존의 도덕적 의미를 중시하면서 그 시간과 시대, 당시의 정치와 맺은 관계 속에서 자신의 경계를 정하려고 노력했다. 학술 가치의 창조는 바로 명나라 유민이 기여한 특수한 공헌이며, 특히 이것은 그 이전 유민의 역사에서는 찾아볼 수 없었던 것이었다. 이제부터는 이런 모든 것에 대해 살펴보고자 한다.

제 5 장

유민론

'남겨짐遺'에
대하여

분석과 경계 짓기

필자는 우선 명·청 교체기에서 청대까지 '명나라 유민에 대해 논한 이들'이 열중했던 갖가지 변별에 주목하는데, 그 기본 동력은 이론적 흥미가 아닌 듯하다. 중국 지식인들은 인륜人倫을 감별하는 데 무궁한 열정과 풍부한 경험을 축적하고 있었지만, 유민과 관련된 분석은 또한 단순히 이러한 열정에서 비롯된 것만은 아닌 듯하다.

우선 '유遺'와 '일逸'의 차이다.

유가 경전에서는 이 양자에 대한 어떤 구분이 전혀 없는 듯하다. 천위안陳垣은 『명계전검불교고明季滇黔佛教考』에서 이렇게 설명했다.

옛날에 공자는 일민에 세 개의 등급이 있다고 했다.* 그 뜻을 굽히지 않고 몸을 욕되게 하지 않은 이는 백이와 숙제인데, 이들은

---

* 이하의 인물들에 대한 평가는 『논어』 「미자微子」의 내용을 토대로 한 것이다.

충의전에 속한 인물이다. 유하혜柳下惠*와 소련은 뜻을 꺾고 몸을 욕되게 했으나 말이 법도에 맞고 행실이 사려 깊은 이지에 맞았으니 은일전의 인물이다. 우중과 이일은 은거하여 세상사에 대해서 이야기하지 않았고 몸은 청순함에 맞았으며 벼슬을 버려서 권도에 맞았으니 방외전의 인물이다. (…) 명나라 유민이 머리를 깎고 승려가 된 것은 뜻을 꺾고 몸을 욕되게 한 것이라고 할 수 있지만, 벼슬길에 나아가지 않았다면 군자도 여전히 숨어 산 것이라고 할 수 있다.

昔孔子論逸民有三等, 曰不降其志, 不辱其身, 伯夷, 叔齊歟, 此忠義傳人物也. 謂柳下惠, 少連, 降志辱身矣, 言中倫, 行中慮, 此隱逸傳人物也. 謂虞仲, 夷逸, 隱居放言, 身中淸, 廢中權, 此方外傳人物也. (…) (明遺民) 剃髮可謂降志辱身矣, 然苟不仕, 君子猶以爲逸也. (권5, 262쪽)

여기서는 '일민'을 이야기하고 있는데 여전히 '일逸'을 '유遺'와 통하는 뜻으로 쓰고 있다. 하지만 명·청 교체기의 논자들은 이 양자에 대해 특별히 엄격하게 구별했다.[1] 귀장은 당시의 인물인 주자소朱子素**의 『역대유민록』에 서문을 쓰면서 특별히 주자소의 생각이 공자와 달랐다고 지적했다.

---

* 유하혜는 유하계柳下季라고도 부르며 원래 이름이 전획展獲이고 자가 자금子禽이다. 감옥을 담당하는 사사士師에 임명되었으나 청렴하고 공정한 자세로 엄격하게 법을 집행하다가 시대와 맞지 않아서 벼슬을 버리고 유하柳下(지금의 허난 성 푸양濮陽에 속함)에 은거했다. '혜惠'는 그가 죽은 후 내려진 시호다.

** 주자소(?~?)는 가정嘉定(지금의 상하이에 속함) 사람으로 자가 구초九初이고 호가 담암湛庵이다. 숭정 13년(1642) 제생이었던 그는 고향에서 일어난 청나라 군대의 대학살을 기록한 『가정을유기사嘉定屠城慘史』(필사본에 따라 제목을 『東塘日劄』『嘉定屠城紀略』『嘉定屠城慘史』라고 하기도 함)를 저술했다.

공자가 일민에 대해 말할 때 백이와 숙제를 맨 앞에 내세웠는데, 『역대유민록』도 두 사람으로 시작하지만 그 생각은 달랐다. 도덕을 가슴에 품고도 세상에 쓰이지 못한 이들은 모두 일민이라고 부르지만, 유민은 오직 한 왕조가 망하고 새로운 왕조가 흥성하던 무렵에 이전 왕조에서 남겨진 이들이다. (…) 그러므로 유민이라는 칭호는 한때의 거취를 따른 것이지 그가 평생 출세했느냐 그렇지 않았느냐 하는 것과는 관련이 없다. 그러므로 공자가 말한 일민이나 황보밀皇甫謐*이 『고사전』에 쓴 사람들과는 조금 차이가 있는 것이다.

孔子表逸民, 首伯夷, 叔齊, 『遺民錄』亦始於兩人, 而其用意則異. 凡懷道抱德不用於世者, 皆謂之逸民; 而遺民則惟在廢興之際, 以爲此前朝之所遺也. (…) 故遺民之稱, 視其一時之去就, 而不繫乎終身之顯晦, 所以與孔子之表逸民, 皇甫謐之傳高士, 微有不同者也.(『歸莊集』 권2, 170쪽)

앞서 설명한 구분은 귀장이 이 서문을 쓸 때는 이미 상식적인 견해에 속했기 때문에, 진지하게 서술하는 것은 모두 유민들의 자기 해석 충동에서 비롯된 것이었다.

하지만 전조망이 활동하던 시기에 이르면 복잡한 동기에서 혼란이 일어날 수도 있었기 때문에 명나라 유민의 사적에 대해 특별히 흥미를 갖고 있었던 그는 엄격한 구분의 필요성을 강조했다.

---

* 황보밀(215~282)은 서진西晉 안정군安定郡(지금의 간쑤 성 링타이靈臺) 사람으로 자가 사안士安이고 자호가 현안선생玄晏先生이다. 평생 저작에 전념했고 중국 최초의 침구학 전문서인 『침구갑을경針灸甲經』을 지은 것 외에도 『역대제왕세기歷代帝王世紀』 『고사전高士傳』 『일사전逸士傳』 『열녀전列女傳』 등을 편찬했고, 자신의 시문집으로 『현안선생집』이 있다.

오직 이 일민전에 대해서만은 역대로 그 잘못을 지적할 수 있는 이가 없었다. (내가) 어려서 『세설신어』에 수록된 양한 교체기의 상장(?~?, 자는 자평子平)과 후한의 금경(자는 자하子夏)의 말을 읽어보니 그 고결함이 좋아서 높이 나는 외로운 봉황처럼 여겨졌다. 그들의 일화를 살펴보니 모두 새 왕조에서 벼슬살이를 하지 않고 도피한 이였는지라, 그런 뒤에 그들이 "부귀한 것은 빈천한 것만 못하다"고 한 것이 모두 명분을 갖고 은거한 것이지 그냥 세상을 버린 이가 아니었음을 알게 되었다. 그런데 범엽(398~445, 자는 울종蔚宗)이 그 뜻을 모르고 봉맹逢萌*과 함께 모두 일민에 포함시켰고, 이에 후세에 역사서를 쓰는 이들도 도잠이나 주속지(377~423, 자는 도조道祖), 종병(375~443, 자는 소문少文) 같은 이들을 모두 그 사례에 따라 처리했으니, 그들이 확연히 다른 부류였음을 몰랐기 때문이다.

惟是隱逸一傳, 歷代未有能言其失者. 少讀『世說』所載向長, 禽慶之語, 愛其高潔, 以爲是冥飛之孤鳳也, 及考其軼事, 則皆不仕新室而逃者, 然後知其所謂富不如貧, 貴不如賤, 蓋皆有所托以長往, 而非遺世者流也. 范史不知其旨, 遂與逢萌俱歸逸民, 於是後之作史者, 凡遇陶潛, 周續之, 宗炳之徒, 皆依其例, 不知其判然兩途也.(「移明史館帖子·5」, 『鮚埼亭集』外編 권42)

전조망은 여러 '역사 서술법史法'의 체례를 빌려 가치와 의의를 표명하고자 했는데, 그가 착안한 것은 해당 인물들의 '도道'가 달랐다는

---

* 봉맹(?~?)은 후한 북해北海 도창都昌 사람이다. 음양술에 뛰어났던 그는 왕망의 통치에 불만을 갖고 요동에서 타향살이를 하고, 노산崂山에서 도를 닦으면서 조정에서 여러 차례 불렀음에도 끝내 벼슬길에 나아가지 않고 천수를 누리다가 죽었다고 한다.

점이었다. 그는 「간상서선생사당기澗上徐先生祠堂記」를 쓰면서 오서吳鉏[*]에 대해 이렇게 언급했다.

오조는 유곤劉琨^{**}이나 조적祖逖^{***}처럼 빼앗긴 나라를 되찾으려는 뜻을 가지고 있었고 또 왕부王裒^{****}와 같이 부친을 잃은 치욕을 씻고 싶기도 했기 때문에 평생 어두운 길을 다니며 고향으로 돌아가지 않았다. (…) 또한 이로 보건대 선생의 고답함을 알 수 있으니, 세상사에 뜻이 없어 은거한 부류가 아니었다.

稽田抱劉琨祖逖之志, 而又欲雪其王裒之恥, 故終身冥行不返家園.

(…) 且由是而知先生之高踏, 非石隱者流也.(『鮚埼亭集』 권20)

전조망이 이에 대해 강조한 것을 보면 그가 아직 '명·청 교체기'라

---

* 오서(1618~1679)는 강소 오강吳江 사람으로 원래 이름이 조석祖錫이고 자가 패원佩遠이었으나 훗날 개명하면서 호를 계전稽田이라고 했다. 숭정 15년(1642) 부공副貢이 되었지만, 복사復社의 창립자 가운데 하나였던 부친 오창시吳昌時(?~1643, 자는 내지來之)는 정권을 농락하고 부정부패를 저지른 혐의로 처형되었다. 명나라가 망한 후 오서는 남명 정권에서 직방낭중職方郎中을 지내기도 했고, 장황언張煌言의 군대에 합류하여 청나라에 저항했으나, 결국 타향인 교주膠州 대죽산大竹山에서 죽었다.

** 유곤(271~318)은 중산 위창魏昌(지금의 허베이 성 우지無極) 사람으로 자가 월석越石이다. 서진西晉에서 병주자사幷州刺史까지 지냈고 311년에 '영가永嘉의 변란'이 일어난 뒤 거의 10년 동안 진양晉陽을 지키며 전조前趙의 침공을 막았다. 나중에 병주가 적에게 함락되자 유주자사幽州刺史 단필제段匹磾에게 투신하여 결의형제가 되었으나 결국 그에게 피살되고 말았다. 그의 시문들은 명나라 때 장부張溥가 모아서 『유중산집劉中山集』으로 엮었다.

*** 조적(266~321)은 하북 범양范陽(지금의 줘저우) 사람으로 자가 사치士稚다. 313년에 분위장군奮威將軍 겸 예주자사豫州刺史의 신분으로 북벌을 감행하여 여러 해 동안 황하 이남의 영토를 대부분 수복함으로써 석륵石勒의 남하를 저지했고, 이 공로로 진서장군鎭西將軍에 봉해졌다. 그러나 나중에 그의 세력을 견제한 조정에서 대연戴淵을 파견했고, 결국 조정의 암투로 나날이 기울어가는 나라의 운명에 대한 분통을 이기지 못하고 죽었다. 사후에 거기장군車騎將軍에 추증되었다.

**** 왕부(?~311)는 성양城陽 영릉營陵(지금의 산둥 성 창러昌樂) 사람으로 자가 위원偉元이다. 후한 때에 사마司馬를 지낸 왕의王儀의 아들인 그는 부친이 사마소司馬昭에게 살해되자 평생 벼슬길에 나아가지 않았다.

는 분위기에서 벗어나지 못하고 있었음을 믿을 수 있을 것이다.

이해李楷는 「송유민광록서宋遺民廣錄序」의 첫머리에서 "유민은 일민이 아니다"*라고 단언했다. '유'와 '일'을 구별할 필요성은 어느 정도 후세 —즉 공자 이후—의 사대부들이 '일'에 대해 평가하는 태도의 변화와도 관련 있다. 그리고 이런 변화는 송·원 이래 이학의 분위기에서 강화되었다. 이학을 추구한 이들에게 민감한 문제는 항상 '일'이라는 어휘가 제시하는 인생 태도였다. 정원천丁元薦은 이렇게 말했다.

> 난세에 처해서 나는 두 사람을 얻었으니 하나는 관녕管寧**이다.
> (…) 개중의 하나인 왕통王通***은 산서 서남 땅에서 학생들을 가르쳐서 여러 장군과 재상을 양성하고 나서야 비로소 문제에게 등용되었으니, 은거하여 뜻을 구한 것이 장저나 걸닉 같은 은자들과는 같은 부류가 아니었다.
> 處亂世吾得二人焉, 一曰管幼安 (…) 其一文中子, 敎授河汾, 陶鑄諸將相才爲文皇用, 所爲隱居求志, 非沮溺倫也.(『西山日記』卷下「日課」)

왕조가 교체될 무렵에 고염무가 왕통에 대해 이야기하고 왕부지가

---

* 원주: "遺民非逸民也."(『河濱文選』권4)

** 관녕(158~241)은 북해군 주허朱虛(지금의 산둥 성 안추 부근) 사람으로 자가 유안幼安이다. 한나라 말엽 천하가 어지러울 때 병원邴原(?~?, 자는 根矩) 등과 함께 요동으로 피란을 가서 세상사에 관심을 끊고 『시경』『서경』을 강의하고 제례 등을 논했다. 이후 위나라 황초 4년(223)에 중원으로 돌아왔지만 죽을 때까지 몇 차례나 조정의 부름을 사양했다. 저작으로 『씨성론氏姓論』을 남겼다.

*** 왕통(584~617)은 하동군 용문龍門(지금의 산시山西 성 완룽萬榮) 사람으로 자가 중엄仲淹이고 호가 문중자文中子이다. 수나라 문제 때 촉군사호서좌蜀郡司戶書佐와 촉왕시랑蜀王侍郎을 잠깐 역임했으나 곧 벼슬을 버리고 귀향하여 저술과 제자 양성에 전념했다. 『속육경續六經』을 썼다고 하나 이미 당나라 때 거의 없어져버렸고, 지금 남아 있는 믿을 만한 저작으로는 『중설中說』이 거의 유일하다.

관념에 대해 논했을 때 착안한 것도 그들이 난세에 처해서 보여준 적극적인 자세 즉, "숨어 있되 안일하지 않는隱而不逸" 태도였다.

　전통적인 언어 환경에서 '일'과 대치되는 것은 '벼슬살이仕'였으며, '일민'은 벼슬살이를 하지 않는 것을 표지로 삼는 이들이었다. 왕부지가 "비록 쇠락하는 시대의 조정이라 할지라도 오히려 평화로운 시대의 초야보다는 현명하다"*라고 했을 때는 당연히 '사대부의 성취'에 착안한 것이었지만, 오히려 이로 인해 '벼슬살이의 가치'에 대한 그의 태도를 분명하게 나타낸 셈이 되었다. 군자가 "벼슬살이를 도로 간주"하기 때문에 왕부지는 세속에서 은자─대부분 '일민'에 속하는─라고 칭하는 이들에 대해 별로 인정하지 않고 '숨기隱'에 대해서도 그 경계를 특별히 엄격하게 규정했다.

> 자신에게 맞지 않는 시대를 피하는 것은 소보와 허유가 요순에게서 도망치고, 엄광(기원전 39~기원후 41, 자는 자릉子陵)과 주당(?~?, 자는 백황伯況)이 후한 광무제에게 오만하게 굴었던 것과 같은 경우다. 그러나 도의에 맞지 않으면 군주와 신하 사이의 도의가 없어지니, 그저 제 몸을 보전하고 처자식을 지키는 것을 요행으로 여긴다면 맹자가 말한 소장부일 뿐이다.
>
> 遁非其時, 則巢許之逃堯舜, 嚴光周黨之亢光武也. 非其義, 則君臣道廢, 而徒以全軀保妻子爲幸, 孟子所謂小丈夫也.(『周易內傳』 권3, 『船山全書』 제1책, 291쪽)

　재난을 당해서 멋대로 굴고 황폐해져서 도를 밝히려는 마음이 없

---

* 　원주: "雖衰世之朝廷, 猶賢於平世之草野."(『周易內傳』 권2, 『船山全書』 제1책, 205쪽)

어진다면 지조와 절개를 세운다 하더라도 독단적으로 움직이는 사람일 뿐이지 군자가 말하는 '올곧음'은 아니다.

遇難而恣情曠廢, 無明道之心, 志節雖立, 獨行之士耳, 非君子之所謂貞也.(같은 책, 311쪽)**2**

왕부지는 '덕을 숨김潛德'에 대해 논하면서 당시 사대부들의 갖가지 생존 상황을 언급했다. 그는 자신이 이야기하는 '퇴退' '처處' '둔遁'의 의미에 적극성을 부여함으로써 유학자로서 자신의 면모를 더욱 잘 나타냈으니, 그 궁극적인 목표가 '용덕龍德'을 달성하는 것인 이상 '처處'와 '출出'은 모두 "성인의 영역으로 잘 들어가는優入聖域"의 길이라는 것이다. 대략 그와 동시대 사람인 안원은 『논어』 「미자」에 기록된 일민들에 대해 상당히 부정적인 생각을 하고 있었다.

하늘이 세상사와 백성의 마음을 위해 성현을 태어나게 했으니 원래 그들에게 '안일'하게 지내라고 한 것이 아니다. 일곱 선생은 신분이 각자 정해졌지만 그렇다고 각자 하나씩 고상한 품격을 이룰 수도 없었고 세상사를 담당하여 백성을 구제하기 위해 노력하는 사람도 되지 않았기 때문에 '일민'이라고 한 것이다.

天爲世道人心生聖賢, 原不是敎他逸的. 七先生身分各有一定的, 可不可便各自成一高品, 而不做擔當世道, 勞濟生民的人, 故曰逸民.(『顔元集』, 226쪽)

사상이 활발히 전개되고 취향이 각기 달랐던 명·청 교체기에는 똑같이 유학자라 하더라도 착안점이 다른 경우가 있었다. 황종희는 후한의 엄광이 벼슬살이를 좋아하지 않았던 것이, 비록 '도'의 추구와는 무

관했지만 사람들에게 일깨워주는風示 의미가 있었기 때문에 시사하는
바가 컸다고 주장했다.3 심지어 손기봉은 '일逸'을 목표로 한다고 거리낌
없이 말했으니, 그가 쓴「이일사전李逸士傳」에 대해 이렇게 이야기했다.

> '일사'라고 불리는 사람은 사대부의 신분에 얽매이지 않고 버리
> 려 하는데, 버림은 그가 '평안함逸'을 이루기 위한 방법이다. 그 이
> 름을 버리는 것은 바로 그 마음을 평안하게 하고 싶기 때문이다.
> (…) 선비는 반드시 먼저 명성과 이익을 버려야 평안해질 수 있다.
> 명성과 이익을 버리고도 조금이라도 빈천한 처지에 분개하는 생
> 각이 있으면 마음이 이미 빈천에 부림을 당하게 되니, 이러면 또
> 한 평안해질 수 없다.
> 傳稱逸士者, 以其不繫籍於士而欲遺之, 遺所以成其逸也. 遺其名正
> 欲逸其心也. (…) 士必先遺聲利而後能逸. 遺聲利矣, 稍有憤激於貧
> 賤之念, 而心已爲貧賤所役, 是亦不得逸也.(『夏峯先生集』권5)

이런 서술에서 '일'은 엄연히 '유'에 비해서 높은 경계이며, '유'는
바로 '일'을 이루기 위한 조건이 되어 도덕적 시야에 국한되지 않은 인
생의 경계에 대한 추구를 나타내고 있다. 그 자신은 어쩌면 '버림遺'을
통해 '평안逸'해진 사람일 것이다. 주학령은 '성정性分'에서 나온 '일'
을 고귀하게 여겼다.

> 범엽은 일민에 대해 논하면서 물고기와 새와 친하고 숲과 샘을 즐
> 겁게 여기는 이들을 거기에 포함시켰는데, 이것은 성정에 따른 것
> 이지 인위적으로 꾸며서 될 수 있는 것이 아니다.
> 范蔚宗之論逸民, 以親魚鳥, 樂林泉歸之, 性分所至, 非可矯飾爲

也.(「愚谷詩稿序」,『愚庵小集』권8, 405쪽)

서백徐白(?~?, 자는 개백)의 사람됨은 호방하고 소탈하여 스스로
남달랐고 가파른 언덕처럼 세속 사람들이 좋아하지 않아서 후
한의 풍연馮衍(?~?, 자는 경통)이나 양홍(?~?, 자는 백란伯鸞), 조일
(122~196, 자는 원숙元叔)과 같은 부류였다. 산에 살게 된 뒤로는
행각승이나 다름없이 저녁이면 종을 치고 아침이면 향을 사르면
서도 스스로 만족하며 지냈으니, 마치 도잠과 같았다. 은일이란
천성에서 나오는 것이지 오로지 유유의 신하가 되기를 거부했다
고 해서 고상해진 것은 아니다.

介白爲人, 磊砢自異, 峭岸不爲俗所喜, 蓋馮敬通, 梁鴻, 趙壹一流,
山居之後, 不異頭陀, 鍾夕香朝, 意頗自適, 猶之淵明, 隱逸自出天
性, 非盡以不臣劉裕爲高也.(「竹笑軒詩集序」, 같은 책, 411쪽)

이것만으로 보면 주학령은 당시의 일반적인 논의에 부화뇌동하려
하지 않고 은일의 정치적 의미를 강조하면서 전통적인 품평의 기준을
견지하고 이른바 '일품逸品'이라는 것은 획득하기 어렵다고 여겼던 듯
하다. 그러나 이 무렵에는 '일'을 이루기가 쉽지 않고 '처'는 부득이한
경우에 해당된다는 것이 더 보편적인 경험에 따른 인식일 수밖에 없었
다. 다만 경제적 압력과 정치적 통제 아래에서는 그가 칭송한 '일품'도
살아남기가 어려웠을 것이다. 장이상은 너무나 힘겹고 궁핍한 상황에
서 이렇게 탄식했다.

옛날에는 일민과 처사를 칭송했다. 지금의 백성은 어떻게 평안해
질 수 있을까? '숨어 살고'는 있지만 선비에게 부끄러우니 그것을

어찌 한단 말인가!

古稱逸民處士. 今民矣, 何從得逸. 處矣, 有愧於士, 其如之何
哉.(「與陸孝垂」, 『楊園先生全集』 권6)

"반드시 명분을 바로잡아야 하지 않겠는가必也正名乎!" 유민의 신분
확인도 원래 관점에, 논자가 처한 위치와 논지에 달린 것이다. 송대의
저명한 유민 사방득謝枋得(1226~1289, 자는 군직君直)은 「초빙을 물리치
는 편지卻聘書」에서 조롱하는 어투로 이렇게 말했다.

> 이제 황제의 노는 백성이 되었다. 『장자』에서는 "나를 말이라고 부
> 르면 말이라고 대답하고, 소라고 부르면 소라고 대답한다"고 했다.
> 세상 사람들이 나를 새 왕조를 따르지 않는 송나라의 유민이라고
> 해도 괜찮고, 위대한 원나라의 놀고 있는 게으른 백성이라 해도
> 괜찮고, 송나라의 완고한 백성이라 해도 괜찮고, 황제의 일민이라
> 해도 괜찮다.
>
> 今旣爲皇帝之遊民也, 莊子曰, 呼我爲馬者, 應之以爲馬, 呼我爲牛
> 者, 應之以爲牛. 世之人有呼我爲宋逋播臣者, 亦可, 呼我爲大元遊
> 惰民者, 亦可, 呼我爲宋頑民者, 亦可, 呼我爲皇帝逸民者, 亦可.(「上
> 丞相留忠齋書」, 『謝疊山先生文集』 권2)[4]

사방득은 나라를 잃은 백성의 비분을 토로하고자 했으나 사실은 경
계를 나누고 부류를 짓는 통상적인 관점으로 대상을 부각시키고 때로
단편화하는 관행에서 벗어나지 못했다. '유민' 또한 다른 명칭들과 마
찬가지로 차이를 말살하고 사실을 단순하게 만드는 대가를 치러야 했
다. 이것은 정도의 차이는 있겠지만 어쨌든 '왕조 교체'라는 특수한 역

사 상황의 결과였다. 급격한 역사적 변동은 극단적인 상태를 조성하고, 대립적 사유 방식을 자극해 '맑게 정화됨澄淸'과 동시에 현상을 단순하게 만든다. 그러나 실제 삶은 언제나 사소하고 번잡하다. '유遺'와 '일逸'도 구체적 개인에게서라면 경계를 긋기가 쉬운 것은 아니다. 구분을 강조하는 것도 어쩌면 그런 상관성 때문일 것이다. 사실상 일종의 생활 방식으로서 '유'와 '일'은 거의 차이가 없다. 생활 내지 표현으로서의 '유'는 '은일 전통'을 직접적으로 계승했기 때문이다. 바로 이 때문에 다음에 설명하게 될 후대의 유민사회에서는 창조성이 결여되었던 것이다. 일종의 표현 방식이자 하나의 틀을 갖춘 어휘, 일종의 어의 체계semantic system로서 '유遺' 또는 '일逸'은 중복적인 운용 과정에서 불가피하게 응고된다. 사대부의 선택은 앞서의 역사가 제공하는 틀에 제약되는데, 이것은 유민의 역사만 보더라도 증명된다. 앞으로 이 점에 대해 계속해서 설명할 것이다.

'유遺'와 '일逸'의 경계와 관련된 명·청 교체기 사대부들의 논의에서 중요한 근거는 시기다. 바로 이 시기야말로 '개별 사례個案'의 풍부성을 덮어 가릴 수 있다. 예를 들어 손기봉은 명나라가 망하기 전에 이미 "세상사에는 인위적으로 되지 않는 게 있음을 알고 일찌감치 벼슬을 버리고 앞뒤로 열 번이나 조정의 명을 사양했으니" 그가 '징군徵君'이 된 것은 청나라 때부터 시작한 것이 아니었다. 설령 왕조 교체라는 사건을 만나지 않았다 하더라도 그가 반드시 '평안한逸' 삶을 택하지 않았을 거라고는 할 수 없으니, 그야말로 유명 브랜드의 일민이라고 해도 무방할 것이다. 부산도 손기봉처럼 누차 과거에 응시했지만 급제하지 못했기 때문에 명나라가 망하기 전에 이미 벼슬길에 뜻이 없어서 결국 도사 복장을 갖춰 입고 환양진인還陽眞人*을 스승으로 모시기도 했다.[5] 명나라 유민 가운데는 명말에서 청초까지 (비록 그 이유는 다르지만) 일관되게 조정의 부름에 응하지 않은 이들이 상당히 많다. 이것을 보더라도 왕조 교체기의 '유遺'가 전적으로 시세時勢의 압박 때문에 그렇게 된 것은 아니며, 그 사람의 정치 경력과 사대부들의 전통적인 생존 철학에 기반을 둔 선택이었을 가능성도 있다고 생각된다.

한때의 저명한 유민들 가운데는 '산림에 묻혀 사는 초췌한 선비山林枯槁之士'로 분류되기를 바라지 않고, '고상함'을 표방하는 것을 거절한 이들도 아주 많았다. 부산은 이렇게 풍자했다.

> 고상하다는 명성은 의로운 선비가 부끄러워하는 것이거늘
> 단지 사람들이 저 왕후만을 보았기 때문이지.
> 소보와 허유, 엄광을 제외하더라도
> 은일한 이들이 정말 천하를 메울 만하구나!
> 高尙名歸義士羞, 只緣人見彼王侯.
> 鉤除巢許嚴陵老, 隱逸眞堪塞九州.(「口號十一首」, 『霜紅龕集』 권13)

손기봉은 누차 "용덕龍德을 지닌 사람만이 은거할 수 있다"고 했다.(『하봉선생집夏峯先生集』 권13 『어록』) 그는 자신의 "행적이 은거한 듯 하지만 사실은 은거한 것이 아니라 병이 났던 것"**이라고 했다. 이 화제를 명말부터 청초까지 계속 이야기했으니 그의 인생 태도가 일관됐음을 보여준다. 그는 "세상에는 반드시 행할 수 없는 것이 있으며 나는 반드시 숨길 수 없는 것이 없으니, 이른바 숨고 드러냄이 일치될 따

---

* 곽정중郭靜中(1558~1644)은 하남 수무修武 사람으로 호가 환양還陽이고 도호道號가 영양자迎陽子다. 『산서통지山西通志』에 따르면 젊은 시절 화산華山에서 유劉 아무개라는 기인을 만나 금단술과 오뢰법五雷法을 전수받아 명성을 날렸다. 훗날 산서부山西府 도독都督이 회백원會柏園에 도원을 열고 그를 초빙하여 주지로 삼았으며, 저작으로 『역주易註』를 남겼다.

** 원주: "跡似於隱而實非隱也, 病也."(「報陳湋水」 『夏峯先生集』 권2)

름"*이라고 했다. 진확도 '은자'라는 이름을 사양했다.

> 정해년(1647)과 무자년(1648) 사이에 나는 제생으로 늙기로 하고
> 병을 핑계로 고향으로 물러났으니, 처음부터 고상한 은자의 생활
> 을 좋아한 것은 아니었다.
> 迨亥, 子年間, 確自以老於諸生, 因病告退, 初非好高.(「哭長翁叔父
> 文」, 『陳確集』, 345쪽)

그가 과거 공부를 포기하겠다고 표방하지 않은 것은 또 다른 결벽
증에서 비롯된 일이었다. 그가 말한 '출出-처處'의 의미는 바로 손기봉
이 말한 '은隱'과 대비되어 더욱 흥미롭다. 이옹李顒도 이렇게 말했다.

> 세상을 피해 은거할 생각이 아니라면 응당 세상을 경륜하는 일들
> 을 실질적으로 탐구하여 쓸모가 있게 되도록 힘써야 할 것이다.
> 일단 세상에 알려지면 저절로 효험이 있어서 이 세상이 유학자의
> 역할을 알게 하고 이 백성이 유학자의 혜택을 입게 해야 비로소
> 공부한 보람이 있는 것이다.
> 如志非石隱, 便應將經世事宜, 實實體究, 務求有用. 一旦見知於世,
> 庶有以自效, 使斯世見儒者作用, 斯民被儒者膏澤, 方不枉讀書一
> 場.(『四書反身錄』 「論語下」, 『二曲集』 권36)

이 또한 그의 면모를 보여주는 말이다. '유遺'가 이미 시대적 유행이
되었을 때 '은'이나 '유'로 명예를 얻는 것을 거부하고 스스로 높은 이

---

* 원주: "世有不可必之行, 而我無不可必之藏, 所謂隱顯一致耳.(「中州人物考序」 『夏峯先生集』 권4)

상을 표방하면서 유행하는 가치관에 얽매이지 않은 채 유민의 방식과 유민의 도덕관을 보편화하고 절대화하는 것을 거절했던 것은 유학자가 이를 통해 이른바 '존성存誠'을 실천하려 한 것이다.

중국 사대부의 역사에서 '은일'이 전통이 됨으로써 사대부의 생존 공간이 대대적으로 확장되었고, 이에 따라 사대부와 권력자들 사이의 관계 및 왕조 정치의 국면에서 사대부가 차지하는 역할과 지위도 복잡하게 변했다. 역사 속의 삶에서 '은일'은 이러한 배경 아래 확실히 단순히 개인화된 생존 태도나 생활 방식이 아니었다. '유민'의 경우에는 '남겨짐遺'이라는 것으로 자신을 나타낼 수 있게 됨으로써 어떤 어의語義를 강화했다. 그런 강화는 정치적 의미에 그치는 것이 아니라 '왕조 교체'라는 상황을 빌려서 사대부가 '사대부'일 수밖에 없는 상황에 대한 이해를, 사대부의 독립성과 그들의 자유로운 선택에 대한 이해를 강화된 방식으로 나타내고자 했다. 그러므로 이것은 또한 대단히 심각한 견해 표명이었다.

유민에 대한 분석은 결코 '유遺'와 '일逸' 차원에서 그치지 않는다. 굴대균은 단순히 '출'과 '처'를 통해 유민(혹은 '일민')에 대해 논하는 것에 불만을 품고 모름지기 '배움學'으로 변별해야 한다고 주장했다. 그 자신은 황로黃老와 방술方術을 배워서 "두 학파에 잘못 빠진失足於二氏" 이들의 신분을 의심하면서, 심지어 도잠陶潛에 대해서도 완전히 승복하지는 않았다.

> 옛날에 주자는 도잠이 옛날의 일민이지만 그가 말한 것은 노장사상이라고 했다. 아! 옛날의 유학자들도 이미 그것을 애석하게 생각했던 것이다.
> 昔朱子謂陶淵明古之逸民, 然所說者莊老. 噫嘻, 先儒已惜之也.(『翁

山佚文輯』卷中「書逸民傳後」)*

진환이 '처處'를 유민의 경계를 완성하는 행위로 보지 않고 처사處士도 "도를 가려서 행해야"*** 한다고 주장한 것도 바로 그의 일관된 사고방식을 보여준다.

그것은 식견 있는 사대부가 자신을 성찰하는 시기였다. 사대부의 '출-처' 거취에 대한 왕부지의 생각은 당시의 일반적인 생각에 갇히지 않은 독특성을 보여준다. 손기봉과 진환이 무조건적인 '처處'를 택하지 않고 유민의 방식과 유민의 도덕관을 보편화하는 것을 거절한 것도 그들이 역사와 문화에 대해 상대적으로 열린 시야를 가지고 있었음을 보여주었다.

똑같이 '유遺'에 속하지만 거기에는 또 '세상을 버렸는지遺世' 여부에 대한 구분이 있었다. 유민에 대해 논하는 이들은 종종 『주역』에 있는 '둔遁'의 의미를 강조하는데, 그 해석에서는 각자의 다양한 관점을 그대로 보여준다. 손기봉은 자신이 세상을 버리고 홀로 살 생각이 없음을 여러 차례 밝혔다. 79세에 쓴 「자찬自贊」에서 그는 "비록 산에 들어가더라도 대문을 걸어 닫는 것은 아니고, 지역을 피해 다른 곳으로 가더라도 속세와 절연한 것은 아니"****라고 했다. 그는 '은사隱士'라는 고상한 명예를 마치 무슨 더러운 것을 피하듯이 했다. 그리고 「둔의부집서遁義裒集序」에서는 '피세避世'와 '둔세遁世'를 이렇게 구별했다.

'피세'와 '둔세'의 뜻을 묻는다면 나는 이렇게 말할 것이다. 피세하

---

* 원서에서 이 부분은 괄호 안에 묶여 있었으나, 본 번역에서는 인용문으로 풀어놓았다.

** 원주: "擇道而行."(「道俗論上」『陳確集』, 169~170쪽)

*** 원주: "雖入山, 非廢戶, 雖避地, 非絕塵."(『夏峯先生集』 권9)

려면 반드시 은거해야 하지만 둔세를 위해서는 은거할 필요가 없
다. 피하면 산으로 들어가면서 깊은 곳이 아닐까 염려하니, 옛사
람이 천지간에 이름을 남기지 않으려 한 방법이 바로 이것이다.
둔세는 마치 천지가 서로 바라보면서도 가까워지지 않는 것과 같
아서 성인은 이런 상황에 처해도 그저 후회하지 않을 따름이다.
피세는 고상하고 둔세는 위대하다. 이것이 바로 성인과 현자가 구
별되는 이유다. (…) 예로부터 처사는 헛된 명성을 훔쳤지만 모두
자신을 굳게 할 수 있는 수단이 없었다. 하궤장인荷蕢丈人*과 같은
사람들은 결국 피세한 이들인데 공자께서 그들을 『논어』에서 거
명하셨으니 그들의 옳은 처사를 높이 평가하지 않은 적이 없었다.
그런데 일민을 나열하면서는 '뜻을 굽히지 않고 몸을 욕되게 하
지 않는다, 말이 법도에 맞다, 행실이 사려 깊어 이지적이다, 몸이
청결하다, 벼슬을 버려 권도權道에 맞다고 하셨으니 이는 모두 '둔
遁'의 뜻이다. '둔'의 길은 넓기 때문에 그 뜻이 위대하다.

若問辟世與遁世之義, 予曰: 辟世必隱, 遁世不必隱. 辟則入山惟恐
不深, 古人所以有不留姓字於天壤者是已. 遁世則如天山之兩相望而
不相親, 聖人處此, 唯有不悔而已. 辟世高, 遁世大, 此聖人, 賢者
之所由分也 (…) 從來處士而盜虛聲, 皆無所挾以自固耳. 荷蕢丈人
一流, 總謂之辟世, 夫子序列於『論語』中, 未嘗不高其誼. 至序逸民,
不降不辱, 中倫中慮, 中淸中權, 皆遁之義也. 遁之途寬, 故遁之義
大.(『夏峯先生集』권4)

이를 보면 손기봉의 뜻이 무엇이었는지 알 수 있을 것이다. 지금부

---

* 『논어』「미자」에서 하조장인荷蓧丈人이라고 한 은자를 가리킨다.

터는 그가 단지 '유세遺世'에 그치지 않고 청나라 초기를 살면서 보여준 태도가 상당히 적극적이었음을 살펴보고자 한다. 그가 소옹邵雍(1011~1077, 자는 요부堯夫)과 유인劉因(1249~1293, 자는 몽길夢吉) 등을 모범으로 삼은 것은 의미심장하다.

> 진식陳寔(104~187, 자는 중궁仲弓)과 곽태郭泰(128~169, 자는 임종林宗), 관녕管寧, 도잠, 왕통, 주돈이(1017~1073, 자는 무숙茂叔), 소옹, 유인은 거만하게 굴지도 후회하지도 않고 모두 숨어서 행실을 쌓으려는 뜻을 지녔으니 산림에 숨어 초췌하게 지내는 이들과 일률적으로 함께 논할 수 없다.
> 陳太邱, 郭林宗, 管幼安, 陶淵明, 王文中子, 周濂溪, 邵堯夫, 劉靜修, 不亢不悔, 皆隱而蘊行之趣, 未可與山林枯之士律論也.(『語錄』 『夏峯先生集』 권13)

더욱 세밀한 분석에서는 종종 '유'와 '일' 같은 분류 항목을 애매하게 싸잡아 지나치면서 그 사람의 품위와 (문화 및 도덕의) 수준에 관심을 쏟는다. 이런 분석은 원래 사대부들의 장기였다. 이런 분석을 만약 유민들이 내놓는다면, 이는 보통 자기 형상을 만들어내려는 의도를 숨기고 있다. 사실상 명나라 유민을 진정으로 규정짓는 근거는 개인적 성향에 따른 선택과 개인의 자기 경계 획정 및 해석이다. '유'든 '일'이든 간에 예로부터 모두 '한 가지 길—道'이 아니었다. 정이는 이렇게 말했다.

> 선비가 고상해지는 것도 한 가지 길이 아니다. 도덕을 가슴에 품고도 때를 만나지 못해서 고결하게 자기 분수를 지키는 이도 있고, 지족知足의 도리를 알고 물러나 자신을 지키는 이도 있고, 자

신의 역량과 분수를 헤아려 명성을 추구하지 않고 안주하는 이도
있고, 맑고 곧게 자신을 지키면서 세상사에 신경 쓰지 않고 자신
만 고결하게 사는 이도 있다.

士之自高尙亦非一道: 有懷抱道德, 不偶於時, 而高潔白守者, 有知
止足之道, 退而自保者, 有量能度分, 安於不求知者, 有淸介自守, 不
屑天下之事, 獨潔其身者.(『周易程氏傳』 권2 「周易上經下」, 『二程集』, 中
華書局, 1981, 793쪽)

장이기張爾岐**는 이렇게 말했다.**

예로부터 은일은 등급의 차이가 극히 많았다. 점☷괘의 첫 번째
양효陽爻에 "(큰 기러기의 깃털은) 의례에 쓸 수 있다"라고 했고, 고
☷괘의 첫 번째 양효에 "(왕후의 일을 도모하지 않고) 자신의 일을
고상하게 하는 것"이라고 했다. 이러니 어찌 처사가 순전히 헛된
명성만을 도둑질하는 이들이겠는가? 그게 아니라면 장사꾼이나
약초 캐는 품팔이꾼들이라도 벼슬길에 뜻이 없다면 고상한 은사
에 포함시켜야 할 것이다.

古來隱逸, 差等極多. 漸之上九曰可用爲儀, 蠱之上九曰高尙其事.
此豈處士純盜虛名者比哉. 不然, 販夫菜傭絶意仕進, 亦可以高士目
之矣.(『蒿庵閑話』, 齊魯書社, 1991, 394쪽)

부산은 "왕후의 일을 도모하지 않고 자신의 일을 고상하게 하는
것"에 대해 또 다르게 풀이하고 있는데(『霜紅龕集』, 833쪽 참조), '고상'
에 대해서도 매우 엄격하게 해석한다. 왕부지도 이렇게 말했다.

무릇 은거란 함부로 말할 수 있는 것이 아니다. 그 시대를 고찰하여 그가 은거하여 편안할 수 있었던 이유를 살펴보면 그의 뜻과 행실을 알 수 있다. 그 행실을 통해 뜻을 궁구하고, 그 뜻을 통해 품격을 정하면 그 우열은 당연히 알 수 있다.

夫隱, 非漫言者. 考其時, 察其所以安於隱, 則其志行可知也. 以其行求其志, 以其志定其品, 則其勝劣固可知也.(『宋論』권3, 96쪽)

이것은 응당 그의 품류론品流論과 더불어 이해해야 한다. 왕부지가 정리하고자 힘썼던 것은 언제나 품류의 구별이었기 때문에 은일 및 처사에 대해서도 일괄론을 주장하지 않고 (상황과 동기, 관련 행위가 당시에 지녔던 의의 등을) 자세히 구분하려고 노력했다. 자신에 대한 그의 기대나 자기 경계 획정도 모두 그 안에서 행해졌다.

분류와 명명命名은 원래 일반적인 분석의 수단이다. 『독통감론』에서 '징사徵士'의 명분과 실질을 변별한 것은 더욱 근래의 사건과 인물을 겨냥한 행위였던 듯하다.

부름을 받고도 따르지 않은 이들을 '징사'라고 하는데, 이름은 같지만 실질은 구별된다. 군주와 신하 사이의 도의를 지키고 반역하여 찬탈하는 무리들을 멀리하면서 세상사를 감당할 마음이 없지 않으면서도 자신을 깨끗이 하여 스스로 절조를 지킨 이들은 관녕과 도잠이다. 엄격하고 강직한 성격이라 남 아래에 있는 것을 부끄러워하며 도를 숨길 수 없어서 스스로 그 뜻을 시행한 이는 엄광과 주당이다. 느긋함을 스스로 평안하게 여기고 소탈하고 맑은 분위기를 스스로 좋아하되 세상을 경륜하기에는 부족함을 알고 기꺼이 맡기며 운명에 따른 이는 임포와 위야 같은 이들이다. 여유로운 곳에 살면서 넉넉하게 노닐 수 있고 몸과 명예를 온전히 지키며 편안함을 얻을 있는 이는 위형韋夐[*]과 종방鍾放[**]이다. 그 행실을 밝히고 그 시대를 논하며 그 뜻을 살피고, 그 방법을 변별하면 개중에 누가 높고 낮은지를 알 수 있을 것이다.

被徵不屈, 名爲徵士, 名均也, 而實有辨. 守君臣之義, 遠篡逆之黨, 非無當世之心, 而潔己以自靖者, 管寧, 陶潛是也. 矯厲亢爽, 恥爲物下, 道非可隱, 而自施其志, 嚴光, 周黨是也. 閑適自安, 蕭淸自喜, 知不足以經世, 而怡然委順, 林逋, 魏野之類是也. 處有餘之地, 可以優遊, 全身保名而得其所便, 則韋夐, 鍾放是也. 考其行, 論其世, 察其志, 辨其方, 則其高下可得而睹矣.(권18, 673쪽)

이것은 일종의 시론時論이라고도 할 수 있다.[6] 여기서 왕부지는 유민을 고찰하는 데 필요한 원칙을 제시했는데 행실과 시대, 뜻, 방법 등이다. 그의 다른 논의를 참조해보면 그는 유민이 '품은 뜻志之所存'을 더욱 중시하여 '행적'이 비슷하다는 이유로 초래된 혼란을 없애려고 노력했다. 왕조가 교체될 무렵의 인물 품평은 평화로운 시대에 비해 더욱 가혹하고 각박했으며, 심지어 '순절'한 이나 '직분을 다하다가 죽은' 이들도 거기에서 자유로울 수 없었다. 유민에 관해서 "충의를 지킨 예로 개괄해서 말하자면 두 왕조에서 벼슬살이를 하지 않은 이들이

---

[*] 위형(502~578)은 경조京兆 두릉杜陵 사람으로 자가 경원敬遠이다. 약관에 옹주중종사雍州中從事에 임명되었으나 곧 병을 평계로 사직했고, 이후 열 차례나 부름을 받았지만 모두 사양하고 숲속의 저택에서 지냈다. 북주 명제 우문육宇文毓(534~560)은 그에게 소요공逍遙公이라는 도호를 하사하기도 했다.

[**] 종방(955~1015)은 하남 낙양 사람으로 자가 명일明逸이고 호가 운계취후雲溪醉侯다. 송나라 때 이부영사吏部令史를 지낸 종후鍾詡의 아들인 그는 과거에 응시하지 않고, 부친이 죽은 후 모친을 따라 종남산終南山에 은거하여 학생들을 가르쳤다. 이후 여러 차례 조정의 부름을 거부하다가 대중상부 4년(1011)에 공부시랑工部侍郎에 임명되었으나 곧 사직하고 귀향했다. 저작으로 『몽서蒙書』『사우설嗣禹說』『표맹자상하편表孟子上下篇』『태일사록太一祠錄』 등이 있다.

모두 거기에 해당"*된다고 했지만, 앞서 서술한 유민에 관한 논의들은 '벼슬살이를 하지 않은' 것만으로 싸잡아 이야기하려 하지 않았다. 구별과 분석도 유민의 전기나 행장을 쓰고 '유민록遺民錄'을 편집하는 이들이 자신에게 제기한 임무였다.[7]

　　명나라 유민들에 대한 대량의 전기와 행장들은 '은일 전통'이 사대부들에게 벼슬살이 외의 또 다른 선택을 제공해주었을 뿐만 아니라 그와 관련된 이해와 해석, 그리고 그에 상응하는 서사의 틀을 축적시켰음을 알 수 있게 해준다. 그렇기 때문에 '명·청 교체기'와 같은 특수한 역사 상황 속에서 나타난 사대부의 태도는 사대부의 전체 역사와 연관되어 있다. 어쩌면 '유遺'야말로 사대부의 존재 방식이고 사대부가 사대부임에 대한 일종의 증거라고 할 수 있다. 도화원桃花源의 사람들은 우연 덕분에 그런 기회를 가졌지만 '유遺'와 '일逸'은 선택, 오직 사대부만이 가질 수 있는 선택의 결과다. '선택'은 사대부의 특수한 자유이며 또한 그들의 특수한 곤경 내지 고통의 근원이었다. 이런 의미에서 '유민'은 특수한 상황을 통해 사대부의 역할을 보여주었다고 할 수 있다. 심지어 유민이 반드시 특수한 사대부는 아니었으며, 사대부는 통상적으로 어떤 의미에서 어느 정도는 유민이었다고 할 수 있다. 그렇기 때문에 이제부터 살펴보게 될 유민 현상에 대해 시간적으로 보상해줄 수 있는 것은 바로 '유遺'가 사대부들이 '당대當代 정치'와 맺는 일종의 관계를 나타내는 형식이자, 정치와 인생 사이에서 사대부들이 행한 선택, 사대부들의 생활 방식, 가치 태도의 보편성이 되는 것이었다. 이를 통해서 우리는 '유민'이 가지고 있는 지극히 광활한 역사와 문화적 배경이 사대부의 거대한 전통 속에 있으면서 아울러 이 거대한 전통을

---

* 　원주: "若槪以忠義之例言之, 則凡不仕二姓者, 皆其人也."(「移明史館帖子五」)

유력하게 해석해주고 있다는 것을 믿을 수 있을 것이다.

의미론

재난 이후에 여생을 살았던 유민들은 더욱이 그 생존 의의에 대한 논증이 필요했다. 이제부터 설명할 '의의론'은 바로 유민의 자기 인식을 위한 필요조건이었다.

유민의 생존 의의에 관한 논증은 대개 '충의'와 비교하는 과정에서 전개되는데, 이런 비교가 바로 명·청 교체기 유민론의 민감한 지점이다. 청나라 때 양육영楊陸榮*은 『은완록殷頑錄』을 저술했는데 죽음을 취사取捨의 기준으로 삼아서 "벼슬을 버리고 초야에 은거하여 평민으로서 소요한 이들棄官歸隱野服逍遙者"은 수록하지 않고, "비록 큰 절조에 손상을 끼치지 않았으나 순절하지 않은 자들雖大節無虧而不死者"도 수록하지 않았으니, 그가 말한 '은완殷頑'이란 바로 다른 역사 저작에서 '충의지사'라고 부르는 이들이었다. 그런데 '평민으로 소요'했다는 식의 표현에 포함된 평가 태도는 어렵지 않게 감지할 수 있다. '충의지사'나 '유민'이라는 명목은 때로는 서로 다른 상황을 구분하는 데만 쓰인 것이 아니라 등급 차이를 나타내는 데도 쓰였다. 『독통감론』에서는 난세에 처했을 때 선택할 수 있는 길을 네 가지로 제시하고 있다. 첫째는 "떠남去之"이고 둘째는 "목숨을 내놓고 집안 사당에 보고하기捐腔領而報宗祊", 셋째는 "때를 기다려 행하기待時而有爲"이며 넷째는 "성명을

---

* 양육영(?~?)은 강소 청포靑浦 사람으로 자가 채남采南이다. 강희 56년(1717)에 남명南明의 홍광에서 융무, 영력까지 세 정권에 대해 일부 지역을 점거하고 변란을 일으킨 번왕으로 보는 관점에서 『삼번기사본말三藩紀事本末』을 편찬했다. 그 외의 저작으로 『은완록殷頑錄』이 있다.

바꾸고 직업을 바꿔 자신을 보전하고 후손을 늘리기易姓名, 混耕釣, 以全身而延支裔"다. 왕부지는 '떠남去'을 '도의義'와 합치시키고, 목숨을 내놓는 것을 '고상함尚'으로 여겼다. 마지막 네 번째 방식에 대해선 명확히 평가하지 않았다.(권14, 537쪽)

유민들의 충의론이나 유민론도 늘 등급을 구분하곤 했다. 이런 구분은 정식 역사의 체례를 통해 인정을 받았는데, 전조망이 의문을 제기했을 때는 벌써 서로들 따라 하다보니 관습이 되어 있었던 것 같다. 전조망은 「이명사관첩자移明史館帖子 · 5」에서 『송사』「충의전서忠義傳序」의 "'세상사가 변해서 고난에 빠진 하급 관리들이 종적을 없애고 암중에 숨어서 절조를 굳게 지니고 초심을 지킬 수만 있다면 그래도 또한 그다음이 될 것'*이라는 식으로 부류를 나눈 것"은 "이전 사람들이 미처 밝히지 못했던 모호한 부분을 밝힌 것"이라고 긍정적으로 평가했다.** 그런데 『송사』 열전 10권에서 "여전히 굶어 죽어서 절조를 굳게 지킨死餓仗節 여러 사람을 언급하면서 사고謝翱와 정사초鄭思肖를 기록하지 않는 것"은 깊은 편견을 부정할 수 없는 충분한 증거라는 점에서 이해하기 어려운 점이 있다. 또한 『송사』의 '충의전서'도 바로 '차등'에 대한 논의로서, 충의지사의 죽음을 '최상上'과 '다음次'으로 나누고, "종적을 없애고 암중에 숨은" 이들은 또 '그다음又其次'이라고 했다. 또한 이 때문일 테지만 전조망은 더욱 격앙되어 말을 이었다.

그렇다면 형부刑部에서 흘린 피는 왜 반드시 억울한 원한으로 푸

---

* 이 부분은 『송사』 권246 열전 제205 "충의 · 1'에 들어 있는 원문인데, 원래 전조망의 인용문에서는 '훼적毀跡'을 '회적晦跡'이라고 썼다. 사실 두 가지 표현은 의미상으로 큰 차이가 없으나, 본 번역에서는 『송사』 원문에 따라 교감하여 번역했다.

** 원주: "世變淪胥, 毁跡冥遁, 能以貞厲保厥初心, 抑又其次, 以類附從 (…) 發前人未發之蒙."

르게 맺힌 장홍蔞弘의 피와 같을 수 없고, 고결하게 은거한 이들의 노래는 왜 반드시 백이, 숙제의 애절한 「채미가採薇歌」와 같을 수 없는가! 만약에 반드시 죽고 사는 것으로 인물들을 나누어 차별화한다면, 이는 세상을 논하는 이가 식견이 없는 것이다. 또한 선비가 나라에 보답하는 것은 원래 각자에게 나름의 한계가 있기 때문에 싸잡아서 한꺼번에 죽기를 기대한 적도 없었다. (…) 만약 죽지 않는다고 해서 충성을 말할 수 없다면 백이와 상용商容 같은 이도 오히려 부끄러운 덕성을 가진 이들이 될 것이다.

則西臺之血, 何必不與蔞弘同碧; 晞髮白石之吟, 何必不與采薇同哀. 使必以一死一生邃岐其人而二之, 是論世者之無見也. 且士之報國原自各有分限, 未嘗概以一死期之. (…) 倘謂非殺身不可以言忠, 則是伯夷商容亦尙有慙德也.

이것은 『명사』의 편찬 체례에 영향을 주기에는 여전히 부족하기는 하지만, 그래도 확실히 유력한 의미론이라 하겠다.

전조망과 비슷한 견해를 가진 이들도 적지 않았다. 『비전집보碑傳集補』 권36 「고사대운야선생사당기高士戴耘野先生祠堂記」에서는 이렇게 주장했다.

예로부터 전란戰亂의 시절에 충신과 의사義士들은 자신을 희생하고 가족을 몰살시키지 않으면 벼슬길에서 멀리 떠나 은거하거나 종적을 숨기고 살아남아 자신의 뜻을 실행했는데, 양자는 대개 경중을 논하기 쉽지 않다.

自古玄黃之際, 忠臣義士不爲捐軀湛族, 則爲遠引高蹈, 或鞱影滅響留其身以行己之志, 二者蓋未易言輕重矣.

손기봉도 '순절死'하는 것과 '숨는遁' 것이 각기 나름의 타당성이 있으니 "모두 어진 행위로 귀결된다同歸於仁"(「寄王生洲」, 『夏峯先生集』권 2)고 했다. 명·청 교체기 사대부들이 이런 뜻을 해석한 것은 대개 송대 사람들을 기존의 논거로 삼았으니, 전겸익의 경우도 마찬가지였다.

> 세상에 사고謝翱나 공개龔開*와 같은 사람이 있어서 참으로 문천
> 상文天祥이나 육수부陸秀夫** 같은 이들과 뜻을 비교하고 공을 헤아
> 리게 하지만, 그들이 이 세상의 버팀목이 되었다는 것은 똑같았다.
> 世有皇羽聖予其人, 誠令與履善君實比志而絜功, 其爲斯世之砥柱則
> 一也.(「張子石六十壽序」, 『牧齋有學集』권23, 930쪽)

장신蔣臣***의 「징군유공백종행략徵君劉公伯宗行略」에서는 유성劉城과 오응기吳應箕를 비교하면서 죽고 사는 것이 쉽지 않음에 대해 논했다.

> 오응기는 의로움과 용기로 분연히 일어나 목숨을 내놓을 마음을
> 잊지 않아서 전횡田橫의 문객門客들처럼 장렬하게 죽었기 때문에
> (그 집안이) 뒤집어진 새집에 온전한 알이 없어질 상황이 되었는

---

* 공개(1222~1304)는 회음淮陰(지금의 장쑤 성에 속함) 사람으로 자가 성여聖予 또는 성여聖與이고 호가 취암翠巖이다. 남송 경정景定(1260~1264) 연간에 양회제치사감兩淮制置司監을 역임하기도 했고, 송나라가 망한 뒤 화가로도 활동했던 그는 저작으로 『귀성수집龜城叟集』을 남겼다.

** 육수부(1236~1279)는 염성鹽城(지금의 장쑤 성 젠후建湖에 속함) 사람으로 자가 군실君實 또는 연옹宴翁이고 별호가 동강東江이다. 남송의 좌승상을 역임한 그는 애산해전崖山海戰에서 패하자 위왕 조병을 등에 업고 바다에 뛰어들어 순국했다. 그가 남긴 원고들은 『육충렬집陸忠烈集』에 모아져 있다.

*** 장신(?~?)은 안휘 동성桐城 사람으로 원래 이름이 희윤姬胤이고 자가 자경子卿이었으나 이름을 바꾸면서 자도 일개一個로 고쳤고, 호는 수암誰庵이다. 숭정 9년(1636) 현량으로 조정의 부름을 받아 호부사무戶部司務에 임명되었고 곧 호부주사戶部主事로 승진하기도 했지만, 명나라가 망한 뒤에 승려가 되었다. 저작으로 『무타기당고無他技堂稿』가 있다.

데, 다행히 유성이 그 집안을 구제하여 고아를 기르고 가르쳐서
가문이 패망되지 않도록 해주었다. 순국하지 않으면 오응기와 같
은 열사가 될 수 없지만 유성처럼 처신하기는 더욱 어려울 것이다.
次尾旣以義勇奮發, 不忘喪元, 如田横客烈烈以死, 覆巢之下無完卵
矣, 幸賴伯宗存濟其家, 敎養其孤, 俾無顚隮. 非一死不足以成次尾,
然而所以處伯宗者, 則更難矣.(『嶧桐集』 참조)

근대의 먀오취안쑨繆荃孫(1844~1919, 자는 옌즈炎之 또는 샤오산筱珊)은
『귀지이묘집貴池二妙集』에 서문을 쓰면서 바로 이와 같은 관점을 계승했다.

오응기 선생이 순절한 뒤에 그 유해를 수습하고 남은 고아를 궁
휼히 여겨 보살피고 남긴 저작을 편집하여 간행하는 어려운 일을
유성 선생 홀로 해냈으니, 순절하고 살아남는 것만 가지고 다르게
평가해서는 안 된다.
吳先生正命後, 掩遺骸, 恤遺孤, 編遺著, 後死之責, 劉先生獨爲其
難, 不以一死一生而人遂謂之不同也.

이것은 흔히 보이는 유민 가치론 가운데 하나다. 유민의 생존 가치
에 대한 논의에서 이보다 더 나아간 것으로는 이른바 "뜻을 계승하여
사건을 서술하는繼志述事" 일이 있었다. 청나라 때의 섭섭葉燮은 「서사
재선생묘지명徐俟齋先生墓誌銘」에서 이렇게 썼다.

그러나 만약 선생이 50년 전에 문정공文靖公 서견徐汧(1597~1645,
자는 구일九一)이 순절했을 때 부자父子가 함께 목숨을 끊었더라면
당연히 장렬한 일이었겠지만 그 뜻을 계승하여 사건을 서술하는

의로운 일은 없었을 것이니, 일상의 법도에 맞는 일에는 마땅함을 알고 임기응변이 필요한 일에는 변통變通을 알아야 한다는 도리는 온전히 다하지 못했을 것이다.

然使先生從文靖公死於五十年之前, 則父子同盡固烈, 而繼志述事之義缺焉, 於經事知宜, 權事知變猶未盡善.(羅振玉 輯 『徐俟齋先生年譜』「附錄」)

"뜻을 계승하여 사건을 서술하는" 것은 순절한 이의 '종족을 보존存宗'하고 그가 남긴 고아를 보살피는 등의 일에 비해 당연히 더 높은 가치가 있는 일로 여겨졌는데, 그런 주장 또한 여전히 충의지사와 유민의 의미를 비교하는 범위에서 벗어나지 못했다.

유민의 자기 가치에 대한 해석과 의미에 대한 기대는 이것뿐만이 아니다. '명 왕조의 보존存明'이 '종족 보존'보다 더 중요하게 여겨졌던 것이다. 전조망은 오종만吳鍾巒의 사적과 행장을 쓰면서 그가 한 말을 인용했는데, 여기에는 존망存亡에 대한 논리가 대단히 명백하게 나타나 있다.

일이 벌어져버려서 그 힘이 미칠 수 없는 상황이라면 내 뜻을 보전할 따름이다. 회복하는 데 뜻을 두고 곤궁한 생활 속에서도 두 왕조를 섬겨 오명을 쓰지 않은 채 방 하나를 차지하고 살면 이것이 방 하나를 회복하는 것이다. 이 몸이 죽지 않고 이 뜻이 변하지 않으면 하루를 사는 것이 하루를 회복하는 것이다. 한 자의 땅도 모두 그들의 소유지만 내 마음의 땅은 끝내 그들 소유가 아니다. 모든 백성이 다 그들의 신하이지만 이전 왕조를 따르며 늙는 나는 끝내 그들의 신하가 아니다. 그러므로 상商나라가 망한 것은 목야牧野의 전투에서 병사들이 칼끝을 거꾸로 돌렸기 때문이 아니라 미자微子가 예기禮器를 안고 망명해버렸기 때문이요, 송나라가 망한 것은 고정皋亭에서 옥새가 나갔기 때문이 아니라 시시柴市에서 문천상文天祥을 처형한 것과 같은 사건 때문이다. 나라는 한 사람으로 인해 존재한다는 것이 바로 이것을 일컫는 말이다. (…) 그러니 천고의 역사에 도잠陶潛이 남아 있으니 동진東晉은 애초에 망한 적이 없다.

事去矣, 是非其力所能及也, 存吾志焉耳. 志在恢復, 環堵之中, 不汙異命, 居一室是一室之恢復也. 此身不死, 此志不移, 生一日是一日之恢復也. 尺地莫非其有, 吾方寸之地終非其有也. 一民莫非其臣, 吾先朝之老終非其臣也. 是故商之亡不亡於牧野之倒戈, 而亡於微子之抱器, 宋之亡不亡於皋亭之出璽, 而亡於柴市之臨刑. 國以一人存, 此之謂也 (…) 是靖節千古存而晉未始亡也.(『鮚埼亭集』外編 권9)

이것은 '나라'의 존망을 '그 사람'에게 맡긴 셈이다. 같은 글에 따르면 오종만은 또 이렇게 주장했다.

상商나라가 망해도 수양산首陽山에서 백이, 숙제의 「채미가」가 없어지지 않으면 상나라도 망하지 않은 것이고, 한漢나라가 망해도 제갈량諸葛亮의 「출사표出師表」가 없어지지 않는 한 망하지 않은 것이며, 송나라가 망해도 문천상의 「과영정양過零丁洋」과 「정기가正氣歌」와 같은 작품이 없어지지 않는 한 송나라도 망하지 않은 것이다.

商亡而首陽采薇之歌不亡則商亦不亡, 漢亡而武侯出師之表不亡則漢亦不亡, 宋亡而零丁正氣諸篇什不亡則宋亦不亡.

이것은 의미론을 지극히 정묘한 경지까지 확장한 것이지만, 오히려 이로 인해 마치 시적인 표현이 되고 말았다.

이와 같은 논증은 유민들에게 굳세고 단단한 신념의 토대를 제공해 주어서 그들이 나라가 망한 뒤에 (경학을 연구하고 시와 산문을 창작하는 등의) 문화를 창조할 때 모두 '명나라의 보존'을 통해 의미를 해석할 수 있게 해주었다. 장자열張自烈은 이청李淸의 『담녕재집澹寧齋集』에 대한 서문에서 이렇게 썼다.

> 선생은 불행하게도 나중에 돌아가시는 처지가 되었지만 질병과 굶주림을 잊고 외부의 비난을 도외시하고 열심히 글을 써서 의혹 을 변별하느라 쉴 겨를이 없으셨으니 홀로 그 지난한 일을 떠맡으 셨다고 할 수 있다. (…) 고을 사람들처럼 형부刑部에서 죽은 이들 을 위해 통곡하고 원고를 쇠 상자에 담아 숨기지 않고, 마음속에 다른 누구보다 한을 품고 있었으니 선생의 소임을 충분히 다했다 고 하겠다.
> 先生不幸居後死之地, 忘疾餒, 外非譽, 孳孳著書辨惑不遑暇, 可謂 獨任其至難 (…) 非鄉者慟西臺錮鐵函, 區區絕群賫恨, 爲足以盡先 生也.(『芑山文集』권12)

장자열에게 그것은 단순한 자화자찬이 아니었다.

'명나라의 보존存明-천하의 보존存天下'이라는 논리 외에 또 '마음 의 보존存心-천하의 보존'이라는 논리도 있었다. 명·청 교체기 사대부 들은 정사초鄭思肖의 『심사心史』를 빌려 자신의 뜻을 이야기했는데, 일 반적인 논리는 "이 마음이 죽지 않으면 천지는 늘 존재한다"는 것이었 다. 바로 굴대균은 "마음이 남아 있으면 천하도 남아 있다"*고 했다. 그리고 그는 또 '도의 보존存道'과 '천하의 보존' 사이의 관계에 대해서도 언급했으니, 당시 유학의 광범한 영향을 실감하게 한다.[8] 유민의 생존이 갖는 도덕적 의의는 줄곧 한 시대와 세상에 한정되지 않는 것으로 여겨졌다. 왕부지는 이렇게 말했다.

> 도잠의 기풍은 그가 살았던 시대를 감동시키지는 못했지만 후세에 감흥을 일으킬 수 있으니 그 또한 시대를 가지고 논할 수 없는 경우다.
> 陶令之風, 不能以感當時, 而可以興後世, 則又不可以世論者也.(『讀通鑑論』 권17, 624쪽)

앞서 우리는 '유遺'와 '일逸' 사이의 차이에 대해 살펴본 적이 있다. 세상에 대한 교화風世라는 측면에서 '유'와 '일'의 기능은 똑같다고 해도 무방하다. 『양사梁史』의 '처사론處士論'에 따르면 "청결함을 칭송하고 혼탁함에 격분하며, 탐욕을 억제하고 다툼을 멈출 수 있는 것은 오직 은자뿐이로다!"[**]라고 했다. 왕부지도 이렇게 말했다.

> 일민은 조정에 있는 것을 즐거워하지 않고 벼슬을 가벼이 여기기 때문에 천하에 가르침을 보여서 부귀와 출세 외에 중요한 염치가 있으니 구차하게 안위를 챙기는 것은 벌을 받아 마땅하다는 것을 알게 함으로써 사람의 마음을 바로잡고 참람된 일을 멈추게 하니, 그 공이 크다고 하겠다.

---

* 원주: "心存則天下存."(「二史草堂記」『翁山文集』 권2)
** 원주: "夫可以揚淸激濁, 抑貪止競, 其惟隱者乎."

逸民不樂在朝廷而輕爵祿, 所以風示天下, 使知富貴利達之外, 有
廉恥爲重, 則冒昧偸安之情知所懲, 而以正人心, 止僭濫者, 其功大
矣.(『周易內傳』권2, 『船山全書』 제1책, 193쪽)

이처럼 전통적인 은일론은 유민의 생존 의의를 위한 논증을 제공한다.
왕부지는 여기서 한 걸음 더 나아간다. 관녕管寧에 대해 논하면서 그
는 이렇게 썼다.

그 쓰임은 은밀함隱이어서 양쪽 사이에서 맑고 강하고 아름다운
기운을 두드려 만듦으로써 그늘에서 조물주에게 공을 세운다. 군
자는 스스로 그 재능을 드러내 인도人道의 극치를 다하는 데만
힘써야 한다. 그러다가 훌륭한 왕이 나오면 그를 통해 큰 쓸모를
펼쳐야 한다. 그렇게 할 수 없으면 천하가 나뉘어 무너지고 사람
들의 마음이 어지러워지는 날 홀로 나라의 정권을 장악하여 성쇠
를 놓고 다투게 되니, 그 공이 또한 크다. (…) 한나라 말엽 삼국시대
의 천하는 유비와 손권, 조조가 지탱할 수 있었던 것도 아니고, 순
열이나 제갈량이 지탱할 수 있었던 것도 아니며, 관녕이 지탱했다.
其用之也隱, 而搏挍淸剛粹美之氣於兩間, 陰以爲功於造化. 君子自
揭其才以盡人道之極致者, 唯此爲務焉. 有明王起, 而因之敷其大
用. 卽其不然, 而天下分崩, 人心晦否之日, 獨握天樞以爭剝復, 功亦
大矣. (…) 漢末三國之天下, 非劉, 孫, 曹氏之所能持, 亦非荀悅諸葛
孔明之所能持, 而寧持之也.(『讀通鑑論』권9, 346쪽)

'세상을 교화風世'할 뿐만 아니라 '지탱持世'했으니, '숨음潛'은 세상
사의 흐름과 참으로 중대한 관계가 있었던 것이다! 그리고 "인도의 극

치를 다하는"것은 오직 그와 같은 유학자만이 내걸 수 있는 가치 목표였다. 사대부가 지닌 도덕 역량에 대한 왕부지의 신념은 그 자신에 대한 기대와 스스로 떠안은 사명에 대한 자발적인 해설이었다.[9]

왕부지는 또한 고국(명―옮긴이)의 문헌을 보존하는 일이야말로 유민이 생존하는 중대한 의미라고 하면서, 자신의 역사 평론에서 여러 차례 이 점을 언급했다.

> 선비가 예악이 붕괴되는 세상에 태어나 멀리 외딴 고을에 살면서
> 남겨진 글을 소중히 아껴 옛날의 원로元老에게 찾아가는 것을 대
> 신하되, 자신에게만 쓰는 것이 아니라 반드시 그 무리에게까지 쓰
> 이게 하면 (예악이) 상실되는 바가 없을 것이다.
> 士生禮崩樂圮之世, 而處僻遠之鄕, 珍重遺文以須求舊之代, 不於其
> 身, 必於其徒, 非有爽也.(『宋論』 권2, 61쪽)

그러면서 그는 진함陳咸[*]이 살아서 한나라를 보전했으며,"한나라의 율령과 문서를 모두 모아 벽 속에 숨긴"[**] 일과 공손술公孫述(?~36, 자는 자양子陽)이 "문물을 보관해놓고 광무제를 기다렸는데" "많은 것이 없어지고 적은 분량만 보존했으나 후세의 제왕으로 하여금 그것을 고찰하여 한 시대를 잘 다스릴 수 있는 밑천으로 삼게 해주었다"[***]고 했으

---

[*] 진함(?~?)은 서한 패군沛郡(지금의 안후이 성 구전固鎭에 속함) 사람으로 평제 때 정권을 장악한 왕망이 한나라의 제도를 많이 바꾸면서 거기에 반대하는 하무何武(?~3, 자는 군공君公) 등을 살해하자 벼슬을 버렸으며, 왕망이 찬탈한 뒤에 여러 차례 불러서 벼슬을 주려 했지만 병을 핑계로 사양했다. 아울러 자신의 세 아들도 모두 사직하게 하여 함께 고향에서 한나라의 율령을 정리하고 문헌들을 소중히 보관했다고 한다.

[**] 원주: "悉收漢之律令書文壁藏之."(『讀通鑑論』 권5, 209쪽)

[***] 원주: "儲文物以待光武 (…) 存什一於千百, 傳後王有所考而資以成一代之治理."(같은 책 권6, 240쪽)

니, 이 또한 왕조 교체기에 그 자신이 행한 선택에 대한 보충 설명이라 하겠다.[10] 고염무는 책을 써서 "왕 노릇 할 사람이 일어나기를 기다렸고待王者起" 황종희는 책을 써서 "(훌륭한 군주가) 찾아서 받아들이기를 기다렸으니待訪" 왕부지가 "문물을 보관해놓고 기다린" 것을 칭송한 것은 모두 '도통道統-치통治統'의 관계에 대한 유학자들 고유의 사고방식에 뿌리를 둔 것이었다.[11] 왕부지가 "유학자의 전통은 제왕의 전통과 나란히 천하에 시행되면서 서로 흥성하고 쇠퇴하며" "제왕의 전통이 끊어져도 유학자가 여전히 그 도를 지키며 홀로 행하면서 아무 기대를 하지 않더라도, 사람이 도를 보존함으로 인해 도가 사라지지 않을 수 있다"고 한 것*도 응당 당시 유민의 생존 의미와 관련된 가장 적극적이고 가장 유력한 논증이었다고 하겠다. 바로 여기서 우리는 유학과 이학이 사대부의 정신을 지탱하는 근원이었다는 사실을 강력히 느낄 수 있다. 융경隆慶, 만력萬曆 연간의 여곤呂坤은 『신음어呻吟語』에서 이렇게 썼다.

천지간에 오직 도리理와 위세勢만이 가장 존엄하다. 비록 그러하지만 도리는 존엄한 것들 가운데 또 존엄한 것이다. 조정에서 도리를 말하면 천자도 위세를 내세워 빼앗을 수 없으며, 빼앗게 된다 하더라도 도리는 늘 천하 만세에 펼쳐진다. 그러므로 위세라는 것은 제왕의 권력이고 도리라는 것은 성인의 권력이다. 제왕은 성인의 도리가 없으니 그 권력이 굴복할 때가 있다. 그러므로 도리라는 것은 또 위세의 존망을 좌우하는 것이다. 막대한 권력을 지니고 참람하게 지위를 훔치는 금기를 저지르지 않는 것은 유학자

---

* 원주: "儒者之統, 與帝王之統竝行於天下, 而互爲興替 (…) 帝王之統絶, 儒者猶保其道以孤行而無所待, 以人存道, 而道可不亡."(『讀通鑑論』 권15, 568쪽)

가 거절하지 않는 바이고, 그리하여 과감히 이 도리로 다스리는 일을 맡게 되는 것이다.

天地間惟理與勢爲最尊. 雖然, 理又尊之尊也. 廟堂之上言理, 則天子不得以勢相奪. 卽相奪焉, 而理則常伸於天下萬世. 故勢者, 帝王之權也; 理者, 聖人之權也. 帝王無聖人之理, 則其權有時而屈. 然則理也者, 又勢之所恃以爲存亡者也. 以莫大之權, 無僭竊之禁, 此儒者之所不辭, 而敢於任斯道之南面也."(권1의 4, 明 萬曆21年 刊本)¹²

유민이 '유민'으로 사는 것에는 당연히 사람에 따라 차이가 있을 텐데, 이제부터는 이에 대해 살펴보도록 하겠다.

유민의
역사에 대한 서술

주나라의 살아남은 백성

이제 하나도 남지 않았네.

周餘黎民, 靡有孑遺.(『詩經』「大雅·雲漢」)[13]

비록 그렇다 해도 유민의 역사를 서술하는 것은 대개 '상商·주周 교
체기'를 시점으로 삼는다. 이 책에서 논하고 있는 이 시기에 이르면
'상·주 교체기'에는 유가 경전으로 인해, 나아가 경전에 대한 역대 사
대부들의 해석으로 인해 이미 원형적인 의미가 부여되었다. 즉, 문왕과
무왕, 주紂에서 왕자 비간比干과 기자箕子, 미자微子, 백이, 숙제에 이르기
까지 왕조의 교체 과정에서 활동했던 군주로부터 신하에 이르는 거의
모든 배역을 포괄하게 되었던 것이다. 그 가운데 기자와 미자, 백이, 숙
제는 왕조 교체기에 처한 사대부들에게 선택의 전형적인 모델을 제공
해주었다.

유민들이 자신에 대해 진술할 때는 일반적으로 비교적 완곡한 방식
을 채용하는데, 거기에는 다음에서 논의할 일련의 상징과 비유를 사용

하는 것도 포함된다. 유민이 서술하는 '유민의 역사'는 대개 유민의 눈에 비친 '역사'이며, 역사 상황에서 유민이 취한 비유는 또 유민의 역사에 관한 그들의 특수한 서술 양식을 구성한다. 명·청 교체기에는 유민에 관한 이야기가 풍부하여 확실히 전체적인 유민의 역사까지 미치고 있다. 그리고 반복적으로 인용되고 이야기되는 것들은 전형적인 모델이 되었다. 여기에는 백이와 숙제를 제외하고도 도잠과 범찬范粲, 원굉袁閎,[14] 그리고 저명한 송나라의 유민 사고謝翱(자는 고우皋羽)와 정사초鄭思肖(자는 소남所南), 공개龔開(자는 성여聖予), 사방득謝枋得(자는 첩산疊山), 왕원량汪元量(호는 수운水雲)* 등이 있다. 유민에게서 나온 '유민의 역사에 대한 비평'은 유민이 자신의 경계를 설정하고 해석하는 데 일반적으로 사용되던 방식이었다. 그들이 쓴 유민의 역사에서 흥미로운 점은 바로 자신의 상징을 찾고, 자신의 경력을 역사에 편입시켜 서술하는 길을 찾는 데 있었다. 전조망은 「발오치산세한집跋吳稚山歲寒集」(『鮚埼亭集』外編 권31)에서 오종만吳鍾巒이 아직 상해上海에 있을 때를 언급하면서 이렇게 썼다.

역대 왕조 변혁기에 순절한 이들을 고죽국孤竹國의 두 공자公子(즉 백이伯夷와 숙제叔齊)부터 시작하여 하나의 집集으로 합쳐서 『세한송백歲寒松柏』이라고 제목을 붙였다. 그리고 도잠과 사고謝翱 등의 무리는 거기에 부록으로 실었다.

合累朝革命之際仗節死者, 自孤竹兩公子始, 合爲一集, 題曰歲寒松

---

* 왕원량(1241~1317)은 전당錢塘(지금의 저장 성 항저우) 사람으로 자가 대유大有이고 호로 수운, 수운자水雲子, 초광楚狂, 강남권객江南倦客 등을 썼다. 남송의 궁정에서 거문고를 연주했던 그는 덕우 2년(1276) 임안臨安이 함락될 때 북방 연燕 땅으로 잡혀갔다가 원나라 지원 25년(1288) 출가하여 도사가 된 후에 남쪽으로 돌아와 강서와 호북, 사천 등지를 오가며 시사를 짓다가 생을 마쳤다. 저작으로 『수운집水雲集』『호산유고湖山類稿』가 있다.

柏, 而陶淵明, 謝臯羽之徒則附見焉.

당시 유민들의 언어 환경에서 은殷과 주周는 정통의 역사서들과는 그 의미가 크게 달랐다. 명 유민들이 자신을 '새 왕조에 굴복하지 않는 완고한 은 백성殷頑'으로 비유했을 때는 이전의 역사가들이 상·주 교체기에 관해 내린 평가들을 의식적으로 무시했다. 심지어 그들은 드러내놓고 혹은 뒷전에서 공자가 은나라의 유민임을 지적했다.

> 공자는 은나라 사람이어서 은나라의 예법을 씀으로써 고국을 잊지 않았음을 보여주었다. 그러나 줄줄 눈물을 흘렸으면 성인의 심정도 드러났을 것이다.
> 孔子, 殷人也, 而用殷禮, 示不忘故也. 然而泫然流涕, 則聖人之情亦見矣.(『讀通鑑論』 권7, 252쪽)

굴대균의 주장은 더욱 적확했다.

> 그러나 공자께서는 일찍이 은나라 사람이라고 스스로 말씀하셨고, 은나라의 장보관章甫冠을 쓰셨다. 공자께서는 주나라 중엽에 태어나셨지만 은나라를 잊지 않으셨으니, 이른바 일민이라는 것이 혹시 자신을 일컫는 말이 아니었을까? 아아! 공자께서는 정말 은나라 사람이셨다. (…) 상송商頌이라는 것은 공자 집안의 기록家乘이었다. 공자께서 『시경』에 상송을 남겨놓으신 것은 감히 그 조상을 잊지 못하셨기 때문이다.
> 然夫子嘗自謂殷人, 而嘗冠殷章甫之冠. 夫子生周中葉, 而不忘殷所謂逸民者, 抑夫子之自謂歟. 嗟夫, 夫子誠殷人也 (…) 則商頌者, 孔

子之家乘者也. 孔子於詩存商頌, 不敢忘其祖也.(「麥薇集序」, 『翁山文
鈔』권1)

이런 유민론은 확실히 일반적인 논의와는 다른 새로운 생각을 보여
준다. 앞서 언급했던 '은완殷頑'에 대한 평가의 태도는 역사가들에게
인가를 받았다. 전조망은 "주나라에 굴복하지 않은 완고한 백성은 모
두 상나라의 의로운 선비"*라고 했다.

화제가 백이와 숙제에 이르렀을 때 황종희는 기존 견해 및 당시의
일반적인 평가에 대해 의문을 제기했다. 왕대보王臺輔**가 '남의 곡식他
粟'을 먹지 않고 죽은 일을 기록하면서 그는 이렇게 썼다.

> 사마천이 백이가 도의상 주나라의 곡식을 먹지 않았다고 한 것은
> 그가 이전에 주나라에 귀의하여 봉록을 받아 어른들을 부양하다
> 가 수양산에 은거하면서부터 비로소 봉록을 받지 않았기 때문에
> 그렇게 썼던 것이다. 만약 온 천하의 곡식이 모두 주나라의 것이라
> 면 나물과 곡식 가운데 무얼 가릴 것인가? 왕대보가 백이를 본받
> 은 방식은 어찌 잘못이 아니겠는가?
> 太史公謂伯夷義不食周粟者, 蓋伯夷先時歸周祿以養老, 隱於首陽,
> 始不受祿, 故謂之不食周粟也. 若以率土之粟卽爲周粟, 則薇與粟
> 何擇焉. 臺輔之法伯夷, 無乃誤乎.(「王義士傳」, 『黃宗羲全集』 제10책,
> 566쪽)

---

* 원주: "周之頑民, 皆商之義士也."(「明故張侍御哀辭」 『鮚埼亭集』 권8)
** 이 책의 저자는 본문의 주석에서 왕대보(?~1647)를 왕의사王義士라고 했지만, 황종희의 「왕의
사전王義士傳」에 따르면 그는 하비下邳(지금의 장쑤 성 쉬저우徐州에 속함) 사람으로 자가 찬화贊
化이고 별호가 상산象山으로 명말 태학생이었다. 청나라 군대가 강남으로 진격하여 남경이 함락
되자 스스로 목을 매어 순국했다.

이어서 그는 또 온주溫州 서씨徐氏가 명나라 말엽의 인물들을 거론하여 도화원의 우언寓言을 부연 설명한 것을 언급하면서 "서씨가 도화원을 본뜬 것도 잘못"이라고 했다. 그리고 백이와 숙제가 굶어 죽은 일에 대해서는 『맹자사설孟子師說』에서 더욱 상세하게 분석했다.(『黃宗羲全集』 제1책, 95쪽) 여기서도 황종희는 천자가 '사직과 함께 죽는 것死社稷'에 대해 분석했던 것과 마찬가지로 경전에 대한 오독을 바로잡았는데, 어떤 경우에는 직접적으로 당시의 사건을 겨냥하기도 했다.

> 왕안석王安石은 「백이론」에서 주나라 곡식을 먹지 않았다는 것을 거짓이라고 했으니, 세속의 보통 사람들이 따라잡을 수 있는 식견이 아니다.
> 荊公「伯夷論」以不食周粟爲誣, 識力非流俗可及.(「答張爾公論茅鹿門批評八家書」, 『黃宗羲全集』 제1책, 172쪽)

황종희 본인의 '식견識力' 또한 세속의 보통 사람들이 따라잡을 수 있는 것이 아니지 않았던가? 『명이대방록』 「원군原君」의 논조는 더욱 격렬하다.

> 그러나 하찮은 유학자들은 군신지간의 도의에 천박하게 구속되어 천지지간에 피할 곳이 없어진다. 걸桀과 주紂가 폭정을 저지르는데도 은탕殷湯과 주 무왕武王이 그들을 처벌한 것은 부당했다고 하면서 망령되게 백이와 숙제의 근거 없는 일에 대한 전기를 씀으로써 만백성의 붕괴된 혈육을 썩은 생쥐처럼 천한 것과 다를 바 없게 만들었다.
> 而小儒規規焉以君臣之義無所逃於天地之間. 至桀紂之暴, 猶謂湯

武不當誅之, 而妄傳伯夷, 叔齊無稽之事, 使兆人萬姓崩潰之血肉,

曾不異夫腐鼠.(『黃宗羲全集』 제1책, 3쪽)

똑같은 화제에 대해 진확이 주장한 논지는 또 차이를 보인다.

> 두 사람(백이, 숙제)의 의로움은 단지 궁핍하고 굶주렸다는 데 있
> 을 뿐이며, 그들의 절조도 이와 같이 해서 그칠 뿐이지 굳이 우쭐
> 대면서 죽음을 통쾌하게 여길 필요는 없었다.
> 二子之義只在窮餓, 節如是止矣, 不必沾沾一死之爲快也.(『陳確集』,
> 153쪽)

이 또한 당시 유행하던 평가를 겨냥한 또 다른 주장이라 하겠다. 이
와 관련된 당시의 승려 목진도민木陳道忞(1596~1674, 호는 산옹山翁)의 논
의는 황종희의 주장과 비슷한 듯하면서도 취지가 다르다. 천위안陳垣의
『청초승쟁기淸初僧諍記』에 인용된 목진의 「종주록서從周錄序」에서는 이렇
게 주장했다.

> 서산(수양산)의 고비나물은 주나라의 것이 아닌가? 고비나물을 캐
> 서 먹은 것은 구차하게 목숨을 연장시킨 것일 뿐이니 주나라의
> 곡식을 먹은 것과 무슨 차이가 있는가?
> 西山之薇, 非周之薇乎. 採薇而食, 苟延旦夕, 與食周栗也奚辨.

이런 논리에 이어서 그는 이렇게 주장했다.

> 공자孔子는 주나라 땅을 밟고 주나라에서 난 것을 먹으면서 감히

상나라의 방계 후손임을 내세워 스스로 주나라의 신하와 백성을 도외시하고 넘어서려는 뜻을 가지지 않았다. (…) 만약에 은나라가 패전한 것이 명나라가 멸망한 것과 같고 무왕이 왕이 된 것이 청 세조가 일어난 것과 같다면, 백이는 갓을 털고 공손하게 주나라에서 벼슬살이를 했어야지 어찌 수양산에서 고결하게 굶어 죽었단 말인가?

蓋踐周之土, 食周之毛, 不敢以商之支庶, 自外周之臣民, 而有越志也 (…) 向使殷之喪師, 同於明之亡國, 武王之王, 同於世祖之興, 則伯夷將彈冠入周, 安事首陽淸餓哉.(『淸初僧諍記』, 2510쪽)

지금은 이미 명확히 구별하기가 어려워졌다. 처음에 청나라 집권자들이 명나라 유민들을 가리켜 '은완殷頑'이라고 했는지 아니면 명나라 유민들이 이른바 '은완'이라고 지목받는 데 동의했는지도 알 수 없다. '은-주'를 통해 '명-청'을 비유하는 언어 환경에서 승려 목진이 말한 '종주從周'는 의심할 바 없이 '종청從淸' 내지 '항청降淸'을 뜻했다. 확실히 천위안이 지적했던 것처럼 백이, 숙제에 대한 논의는 바로 그 사람이 절개를 바꾸기 위해 미리 복선을 까는 행위였다.

한때 취지가 달랐던 백이·숙제론은 논자들의 각기 다른 속내와 처지를 반영한 것이었다. 궁벽한 산림에 은거했던 왕부지가 "반드시 백이와 숙제가 주나라와 인연을 끊고 구슬피 노래하며 굶주림에 시달리고, 갖은 고생을 다 하고도 개의치 않은 뒤에야 허물에서 벗어날 수 있다"*고 한 것도 자신에 대한 이야기와 다르지 않았던 것이다. 나아가

* 원주: "必若伯夷叔齊之絶周, 悲歌餓困, 備嘗艱苦而不恤, 然後可以免咎."(『周易內傳』 권2, 『船山全書』 제1책, 164쪽)

그는 백이와 숙제가 원래는 상나라를 위해 계책을 세워야 마땅했지만 "결국 수양산에서 굶어 죽음"으로써 "이전의 미진했던 일"을 보충했다고 주장했는데,* 명나라가 망한 뒤 유민들이 자신들을 징벌하게 된 것도 바로 이런 사고방식에서 비롯되지 않았겠는가?

명·청 교체기에 살았다면 서부원徐孚遠**처럼 청 조정의 권력이 아직 미치지 않았던 대만臺灣에서 죽거나 혹은 주지유朱之瑜***나 제사기諸士奇****—이 두 인물의 사적에 대해서는 황종회의 「兩異人傳」, 『黃宗羲全集』 제11책에 수록되어 있음—처럼 일본으로 망명해야 비로소 진정으로 "주나라의 곡식을 먹지 않았다"고 할 수 있을 것이다. 전조망은 「서도어사전徐都御史傳」에서 서부원에 대해 이렇게 기록했다.

아! 명말에 해외로 나간 여러 사람이 이리저리 떠돌다가 궁벽한 섬에 이르러 주나라 곡식을 먹지 않고 죽었으니, 어쩌면 이 또한 예로부터 이어온 순국殉國의 변형된 형태일 것이다.

嗚呼, 明季海外諸公, 流離窮島, 不食周粟以死, 蓋又古來殉難之一變局也.

---

* 원주: "終餓西山 (…) 先事之未盡."(「九昭」『船山全書』 제5책, 155쪽)

** 서부원(1599~1665)은 송강松江 화정華亭(지금의 상하이에 속함) 사람으로 자가 암공闇公이고 만년의 호가 복재複齋다. 진자룡 등과 더불어 '기사幾社'의 성원으로 활동하며 명성을 날렸고 명나라가 망한 후 의병을 일으켜 대항하다가 이후 정성공鄭成功(1624~1662, 자는 명엄明儼 또는 대목大木)을 따라 대만으로 갔다. 저작으로 『조황당집釣璜堂集』『기사회의집幾社會義集』 등이 있다.

*** 주지유(1600~1682)는 절강 여요餘姚 사람으로 자가 초서楚嶼 또는 노서魯嶼이고 호가 순수舜水다. 명나라 말엽 공생貢生이었던 그는 숭정제 조정과 남명 정권의 부름을 모두 사양하여 징군徵君으로 불렸으며, 명나라가 망한 후 일본으로 망명하여 유가 사상의 전파에 힘썼다. 저작으로 『주순수집朱舜水集』이 있다.

**** 제사기(?~?)는 절강 여요 사람으로 자가 평인平人이다. 명나라 말엽 제생이었던 그는 고을 사람들과 창고사昌古社를 설립하여 활동하다가 명나라가 멸망하자 『십삼경十三經』『이십일사二十一史』 등을 싣고 바다로 나가 장사를 하다가 결국 일본에 정착하여 생을 마쳤다고 한다.

당시에는 "피신해서 조선으로 들어간 사람"[*]도 있었다. 병기노인病驥老人[**]은 손환경孫寰鏡(?~?, 자는 정암靜菴)의 『명유민록明遺民錄』에 대한 서문에서 이렇게 썼다.

> 홍광, 영력 연간에 명나라 황실의 종친이나 신하들 가운데 대만의 항구 녹이문鹿耳門으로 건너가서 연평군왕延平郡王 정성공에게 의지한 사람이 모두 800여 명이고, 남양의 여러 섬 가운데 명나라 유민들이 바다를 건너 수마트라에 살았던 이가 모두 2000여 명이었다.
> 弘光永曆間, 明之宗室遺臣, 渡鹿耳依延平者, 凡八百餘人. 南洋群島中, 明之遺民, 涉海棲蘇門答臘, 凡二千餘人.(372쪽)

사실 여부를 고증하기는 어렵지만 이것 또한 하나의 학설이라고 하겠다. 이상과 같은 선택은 자연히 명대 항해 사업의 발전과 사대부 생활 공간의 확장이라는 조건을 전제로 이루어진 것이었는데, 이에 대해서는 다른 자리에서 논의할 예정이다. 어쨌든 이와 같은 유민들의 지역적 분포는 바로 유민 역사에서 명나라 유민이 그 이전 왕조의 유민들과는 달랐음을 보여주는 증거라고 하겠다.

기자箕子의 '대방待訪'은 당시에 논쟁을 일으켰던 또 하나의 화제였

---

[*] 원주: "避地入朝鮮者."(孟森, 「皇明遺民傳」 『明淸史論著集刊』)

[**] 허우훙젠侯鴻鑑(1872~1961)은 장쑤 성 우시無錫 사람으로 자가 바오싼葆三이고 호로 톄메이鐵梅, 멍스夢獅, 창이滄一, 빙지라오런病驥老人을 썼다. 광서 23년(1897) 상하이의 난양공학사범南洋公學師範에 입학했고 1902년에 일본으로 유학하여 홍문학원 사범과에 들어가 동서양의 교육학을 공부했다. 귀국 후에는 중국 최초로 여자들을 위해 징즈여자학교竟志女子學校를 설립하고 이듬해에는 부설 유치원을 설립하기도 했다. 저작으로 『고금도서관고략古今圖書館考略』 『무석도서관선철장서고無錫圖書館先哲藏書考』 『새외기유塞外紀遊』 『칠개학년단급교수법七個學年單級教授法』 『창일당시문초滄一堂詩文抄』 등 57종이 있다.

다. 『주역』「명이明夷」에 들어 있는 기자에 관한 효爻는 항상 유민들이 생존의 필요성을 논증하는 데 이용되었으니, 예를 들어 육세의陸世儀는 이렇게 주장했다.

> 이런 시점에서 자신의 생사에 대해 논하는 것은 자잘한 일인 것처럼 보이겠지만, 우리가 학문의 단절에 책임이 있다면 그 비판은 영원히 이어질 테니, 바로 이 때문에 죽음을 경시해서는 안 된다. 기자의 효는 숙독해야 한다.
> 此際論身, 似若細事, 然吾輩身任絶學, 責在萬世, 正不可輕視一死. 箕子一爻, 所宜熟讀也.(「寄如皐吳白耳書」, 『論學酬答』 권3)

그러나 민감한 유민들은 여전히 기자와 미자가 처한 상황을 구분하여 절조를 잃은 이들이 자신의 행위를 인증하는 근거로 삼지 못하도록 해야 한다고 주장했다. 이 때문에 운일초惲日初는 이렇게 주장했다.

> 상·주 교체기에는 도道가 기자에게 있었다. 기자가 올곧고 현명했던 것은 도를 중시했기 때문이다. 미자는 은나라의 종실인데, 그가 주나라에 귀의한 것은 은나라 종실의 제사를 보존하기 위해서였다. 그러므로 당연히 미자를 끌어들여 해명해서는 안 된다.
> 若夫商, 周之際, 道在箕子. 箕子之貞明, 重道也. 微子, 殷之宗子, 微子之歸周, 爲殷存宗祀也, 固不得援之以爲解也.(「書嚴佩之跋余所爲宋陸丞相彙錄序後」, 『遜庵先生稿』)

왕부지의 견해는 이보다 더 나아간 듯하다. 그는 '상·주 교체기'의 역사적 특수성을 강조하면서 기자가 '찾아오기를 기다린待訪' 사실 자체를 믿을 수 없으며, 미자가 상나라 종실의 제사를 보존하려 했던 방법도 본받을 만한 것이 아니라고 주장했다. 그에 따르면 "기자는 무왕을 기다리는 마음이 없었으며" 도를 배우는 것은 바로 "자신을 위해서이지 남을 위해서가 아니니" "도를 가슴에 품고 찾아오기를 기다린다면 반드시 찾아오리라는 보장도 없고 도도 종식되어버릴 것"*이라고 했다. 또 "한신韓信이 죽자 장량張良이 반드시 복수해주었고, 왕망王莽이 찬탈하자 적의翟義**가 목숨을 바쳤는데"*** 미자는 상·주 교체기를 살았기 때문에 나라가 망할 무렵에 처한 사대부가 통상적인 규범으로 삼을 수 없다고 했다. 그 가운데 기자에 대한 분석은 더욱 훌륭하다. 손기봉은 기자가 '찾아오기를 기다린' 게 아니고 '때를 만나기遇合'를 기대한 것도 아니라고 했는데(『孫夏峯先生年譜』卷下), 그 의도가 왕부지처럼 심각하지는 않지만 그래도 자기 고백이라고 간주할 수 있겠다.[15]

황종희의 『명이대방록』은 원래 제목이 『대방록』이었다고 한다. 그런데 제목에 '명이明夷'를 드러냄으로써 '원래 의도'가 더욱 뚜렷해졌다. 황종희의 의중에 대해 더욱 예리하게 분석한 것은 청대 및 근대 사람들이었다. 전조망은 황지전黃之傳에 대해 언급하면서 이렇게 썼다.

(그분이) 일찍이 내게 『명이대방록』을 읽어주면서 이렇게 말씀하셨다.

---

* 원주: "箕子無待武王之心 (…) 爲己非爲人 (…) 懷道以待訪, 則訪不可必, 而道息矣."(『周易內傳』권3 『船山全書』제1책, 310쪽)

** 적의(?~7)는 전한 상채上蔡(지금의 허난 성에 속함) 사람으로 자가 문중文仲이다. 홍농하내동군 태수弘農河內東郡太守로 있다가 평제가 죽고 왕망이 '섭황제'로 자처하자 의병을 일으켜 유신劉信을 황제로 옹립하고 스스로 대사마주천대장군大司馬柱天大將軍이 되었으나, 나중에 왕망의 군대에 패배하여 3족이 멸살되었다.

*** 원주: "韓亡而張良必報, 莽簒而翟義致死."(『船山全書』제1책, 402쪽)

"이것은 세상을 경영하는 글이지만 그래도 서운함이 들어 있다. 기자가 무왕의 방문을 받은 것은 어쩔 수 없이 응한 것일 따름이지, 어찌 위난에 처해서도 절개를 지키고 재난을 당했음에도 변함없는 생각을 견지한 몸으로써 망한 나라를 보는 놀라움이 없어질 수 있었겠는가? 작자 또한 우연히 그 점을 생각하지 못했구나."

내가 놀라 절을 올리며 말했다.

"이 말씀은 남뢰南雷*의 충신이자 천하 만세의 강상綱常을 기탁한 분이 하신 것입니다."

嘗與余讀『明夷待訪錄』, 曰: 是經世之文也, 然而猶有憾. 夫箕子受武王之訪, 不得已而應之耳, 豈有艱貞蒙難之身, 而存一持之見於胸中者, 則麥秀之恫荒矣. 作者亦偶有不照也. 予翟然下拜, 曰: 是言也, 南雷之忠臣, 而天下萬世綱常之所寄也.(「黃丈肖堂墓版文」, 『鮚崎亭集』 권22)

천인췌陳寅恪도 황종희에 대한 유감을 표명한 바 있다.

(황종희는) 스스로 은나라 기자의 역할을 자임하여 비록 혜소嵇紹**와는 달랐지만 청나라 성조聖祖 강희제를 주나라 무왕에 비유했

---

* 절강 여요 남쪽에 대뢰봉大雷峯과 소뢰봉小雷峯이 있고, 그 아래에 남뢰가 있다. 황종희는 여기에 속초당續鈔堂을 지어놓고 은거하여 저술에 전념한 바 있다.

** 혜소(253~304)는 초국譙國 질銍(지금의 안후이 성 쑤이 시洎佳 溪 린환臨渙 진에 속함) 사람으로 자가 연조延祖다. 위나라 때 중산대부中散大夫를 지낸 혜강의 아들인 그는 부친을 죽인 사마씨 정권에서 비서승祕書丞, 여음태수汝陰太守, 예장내사豫章內史, 서주자사徐州刺史 등을 역임했고, 나중에 익양자弋陽子에 봉해져서 산기상시散騎常侍까지 올랐다. 이후 301년에 조왕 사마륜司馬倫(?~301)이 찬탈했을 때에도 그는 시중侍中 벼슬을 받았고, 혜제 사마충司馬衷이 반정한 뒤에도 여전히 그 직위에 있었다. 이후 혼란한 정국 속에서 면직과 복직을 되풀이하다가 결국 반란의 와중에 혜제를 보위하다가 죽었다. 훗날 시중 겸 광록대부光祿大夫에 추증되고 익양후弋陽侯 작위를 받았으며, 시호는 충목忠穆이다.

으니 '관중의 위대한 유학자' 이옹李顒에게 부끄럽지 않겠는가? 애석하구나!

自命爲殷箕子, 雖不同於嵇延祖, 但以淸聖祖比周武王, 豈不愧對'關中大儒'之李二曲耶. 惜哉.(『柳如是別傳』, 844쪽)

이런 예들을 통해 그와 관련된 비유 언어의 복잡성과 유민의 상황에 관련된 일련의 상징 및 비유 체계에 담긴 민감성을 엿볼 수 있다. '상·주 교체기'라는 특수한 화제는 명·청 교체기라는 구체적인 상황에서뿐만 아니라 그 후에 유민들이 다양한 취지로 전개한 서술 속에서도 풍부한 의미를 획득했다.[16]

명·청 교체기 사대부들이 자신을 도잠에게 비유한 것에 대해서는 당시에도 이미 "도잠이 하루아침에 인간 세상에 가득해졌다"[*]는 조롱이 나오기도 했다. 팽사망彭士望도 양홍梁鴻이나 원굉袁閎, 범찬范粲, 정사초鄭思肖와 같은 '손국신遜國臣'들은 우리가 따라잡을 수 없지만, "지금은 도잠과 사방득謝枋得이 천하에 가득할 따름이다. (…) 도잠은 너그러워서 따르는 이가 많겠지만, 만약 그가 저승에서 이 사실을 안다면 틀림없이 한탄하고 후회하면서 자신이 불행하게도 최초의 잘못을 저지른 꼴이 되었다고 여길 것"[**]이라고 했다. 도잠 외에도 진晉나라의 유민 가운데 왕부지는 또 양성楊盛[***]을 거론하기도 했다.(『讀通鑑論』 권15, 554쪽) 왕부지는 역사 비평에서 오대五代 시기에 염치廉恥의 도리가 사라진 것을 이야기하면서 도잠이 은거한 것은 단순히 진 왕조의 멸망을 슬퍼했기 때문만은 아니고 '천하'가 망한 것을 슬퍼했기 때문이라

---

* 원주: "陶淵明一夕滿人間."(「陶廬記」 『牧齋有學集』 권26)

** 원주: "今則惟陶元亮, 謝疊山滿天下耳 (…) 元亮寬易, 宜效者衆, 使其有知, 必恨且悔, 以爲不幸其俑也."(「與王乾維書」 『彭躬庵文鈔』 권1, 『易堂九子文鈔』, 道光 丙申 刊本)

고 했는데, 이것은 역사 해석에 관한 그의 취향을 반영한 것이라 하겠다.(같은 책 권14 참조)

유민에는 송나라 유민이 있고 명나라 유민이 있기 때문에 비로소 그 '역사'가 성립되고 어떤 역사적인 규모를 이룰 수 있었다고 할 수 있다. 그런데 '규모'로 보자면 명·청 교체기는 송·원 교체기보다 훨씬 더 방대하니, 이 또한 명 유민 및 그들의 역사를 연구한 이들이 자랑하는 부분이기도 했다. 송·원 이래 유민이 성행한 것은 당연히 이학이라는 배경이 있었기 때문이다. '절의節義'라는 개념은 근대까지도 여전히 사람들의 마음에 깊이 자리 잡고 있었지만, 그것은 또한 송나라가 멸망하고 명나라가 멸망할 즈음의 '충의지사'와 '유민'들이 보여준 도덕적 실천과도 관련이 있다. 고염무는 '글로 교유하는 선비'들 가운데 "왕유를 옹호하는 이가 많고" "두보를 은거한 왕유라고 부르는"데 불만을 갖고,**** "당나라 때는 재능 있는 신하가 많아서 맑고 깨끗하게 절조를 지킨 이들에 대한 기록도 적지 않다"***** 고 했다. 이것들은 모두 당나라 때부터 송, 명에 이르기까지 윤리 관념의 변천이 일어나게 되는 거시적 배경을 제시한 것이라 하겠다. 명 유민들이 후세에 더 심원한 영향을 미쳤고, 지금까지도 우리가 당시의 언어 환경에서 완전히 벗어나지 못하고 있다는 사실 또한 결코 과장이 아니다.

유민의 역사에서 송 유민과 명 유민의 지위는 어느 정도 그 후속 세대에서 행한 유민의 사적에 대한 정리와 권력자들의 표창에 힘입은 바

*** 양성(364~425)은 감숙甘肅 청수淸水 사람으로 자호가 지절持節이다. 전진前秦의 장수였던 양안楊安(?~?)의 둘째 아들로서 396년에 후구지국後九池國의 군주 지위를 계승했으며, 422년에 남조 송나라 소제 때 무도왕武都王에 봉해졌다가 얼마 후 병사했다.

**** 원주: "文墨交遊之士 (…) 多護王維 (…) 如杜甫謂之高人王右丞."(『日知錄』 권19 "文辭欺人" 條)

***** 원주: "唐多才臣, 而淸貞者不少槪見."(『讀通鑑論』 권22, 830쪽)

가 있는데, 이 부분에서 명 유민들은 송 유민들보다 운이 좋았다. 청초에 비록 살육이 자행되고 유민의 저작을 금지하고 훼손하기도 했지만 청대 내내 대규모 표창은 여전히 최고 권력자가 주도했다. 그런 시대에 처한 명나라 유민들은 자각적으로 유민의 역사를 정리함으로써 자신들의 뜻을 나타내고자 했다. 명대 사람들은 '송'에 대해 즐겨 이야기했는데, 명·청 교체기에는 송나라를 통해 자신에 대해 서술하는 경향이 더욱 강해졌다. 그리고 이 또한 유민의 역사를 서술하는 통상적인 책략이었다. 명·청 교체기는 송나라 유민을 발견하여 드러내는 시기였다. 명나라 유민의 손에서 나온 '송나라 유민의 역사'는 당연히 '당대當代 역사'에 대한 일종의 은유 형식이었다.(주명덕朱明德의 『광송유민록廣宋遺民錄』*에 대한 고염무의 서문, 『고정림시문집顧亭林詩文集』, 33~34쪽 참조) 이해李楷(자는 숙칙叔則)는 이장과李長科**가 편집한 『송유민광록宋遺民廣錄』에 대한 서문에서 이렇게 썼다.

> 송나라가 존속하고 있을 때는 '송'을 부르지 않았지만 송나라가 망했기 때문에 '송'을 불러서 '백성'으로서 이미 사라져버린 군신君臣 간의 도리를 이어간 것이다. 이것은 마치 하늘은 송을 망하게 했지만 사람(백성)은 송나라가 망했다고 여기지 않고 '송'을 부름으로써 존속시킨 것을 가리킬 따름이다. (…) 송나라가 존속하면 중

---

* 『광송유민록』은 명나라 때 정민정程敏政(1446~1499, 자가 극근克勤, 호가 황돈篁墩)이 편찬한 『송유민록宋遺民錄』을 토대로 명나라 유민인 주명덕朱明德(?~?, 자가 불원不遠)이 내용을 확충하여 완성한 책인데, 원본은 지금 남아 있지 않다.

** 이장과(?~?)는 흥화興化(지금의 장쑤 성에 속함) 사람으로 이름을 반盤이라고도 하며, 자가 소유小有이고 호는 광인거사廣仁居士다. 학자이자 의사이기도 했던 그의 저작으로는 『금탕십이주金湯十二籌』(殘本)와 『태산획생편胎産獲生篇』『광인품이집廣仁品二集』『광유민록廣遺民錄』(즉 『송유민광록宋遺民廣錄』), 『흥화이씨전략부별기興化李氏傳略附別記』『목회오기牧懷五紀』『이소유시집李小有詩集』『회남삼봉문초淮南三鳳文鈔』 등이 있다.

국도 존속하고 송나라가 망하면 중국도 망한다. 중국의 존망은 천고 역사의 엄청난 변고인 것이다. (…) (그러니) 유민이 송나라를 존속시켰고 송나라가 존속함으로써 중국이 존속했음을 알 수 있다.

宋之存, 不稱宋也, 宋亡而稱宋, 以民續君臣之窮也. 若曰: 天亡宋, 人不亡宋, 稱宋以存之云爾 (…) 宋存而中國存, 宋亡而中國亡. 中國之存亡, 千古之大變也夫 (…) 知遺民之存宋, 宋存而中國存矣.(「宋遺民廣錄序」,『河濱文選』권4)

전겸익은 이 서술에 대해 칭찬을 아끼지 않았다.

서문을 쓴 이청은 송나라의 존망을 중국의 존망이라고 설명했으니 왕통王通이 『원경元經』에서 진陳나라가 망했을 때 다섯 나라를 함께 쓴 뜻*을 너무나 잘 알고 있었다. 내가 그 때문에 눈물로 옷깃을 적셨다. 그 글은 감개무량하고 곡절이 많아서 오래吳萊**의 「상해유록서桑海遺錄序」 및 황진黃潛***의 「육군실전후서陸君實傳後序」와 함께 역사에 길이 남을 것이었지만, 당시 사람들로서는 판별할 수 없는 것이었다.

撰序者李叔則氏, 謂宋之存亡, 爲中國之存亡, 深得文中子『元經』陳

亡具五國之義, 余爲之泣下沾襟. 其文感慨曲折, 則立夫「滄海錄序」
及黃晉卿「陸君實傳後序」, 可以方駕千古, 非時人所能辨也.(「書廣宋
遺民錄後」,『牧齋有學集』권49, 1607쪽)**17**

　　명나라 유민은 송나라에 대해 서술함으로써 자신에 대해 서술했을
뿐만 아니라 직접적인 자술自述로써 '유민 서사'를 극도로 풍부하게 확
장했다. 이런 서사에서 문천상文天祥(자는 문산文山)과 사방득謝枋得(자는
첩산疊山), 사고謝翶(자는 고우皋羽) 등도 상·주 교체기의 기자나 미자, 백
이, 숙제처럼 각기 왕조 교체기를 살던 명대 사람들의 처지와 운명에
대한 상징으로 활용되었다. 명나라 유민들이 가장 자주 언급한 송나라
유민 가운데는 누구보다도 먼저 사고와 정사초가 꼽힌다. 이 가운데
정사초가 널리 알려진 것은 당연히 명나라가 망할 무렵에 이른바 '마
음속 역사를 쇠 상자에 담아 숨기는鐵函心史' 일이 생겨난 것과 관련이
있다. 이 사건의 전설적인 색채와 보고 듣는 사람들의 마음을 격동시
키는 성질은 어렵지 않게 상상할 수 있다. 명나라 유민들 사이에서 '심
사心史'나 '은거晞髮' '서대西臺의 통곡' '인동초冬靑' 등은 거의 유행어
가 되어 있었다. 굴대균屈大均이 스스로 "시는 두보를, 산문은 정사초를
본받았다.詩法少陵, 文法所南"라고 하면서 자신이 거처하던 초당의 이름
을 '이사二史'라고 했는데, 그 이유는 이러했다.

** 오래(1297~1340)는 포양浦陽(지금의 저장 성 푸장浦江) 사람으로 본명이 내봉來鳳이고 자가
입부立夫며, 문인들이 올린 시호가 연영선생淵穎先生이다. 벼슬길에 뜻이 막히자 송산에 은거하
여 경학과 역사를 연구하며 학생들을 가르쳤다. 저작으로『연영오선생집淵穎吳先生集』이 있다.

*** 황진(1277~1357)은 절강 의오義烏 사람으로 자가 진경晉卿 또는 문잠文潛이다. 저명한 사관
이자 문학가, 화가로서 유관柳貫(1270~1342, 자는 도전道傳)과 우집虞集(1272~1348, 자는 백생伯
生), 게해사揭徯斯(1274~1344, 자는 만석曼碩)과 더불어 원나라 때 '유림 4걸儒林四傑'로 불리던
그의 저작은『금화황선생집金華黃先生集』및 속집 등에 수록되어 있다.

대개 두보는 시로 역사를 썼고 정사초는 마음으로 역사를 썼다고
한다.

蓋謂少陵以詩爲史, 所南以心爲史云.(「二史草堂記」, 『翁山文鈔鈔』 권2)

이처럼 저명한 유민조차 유행에서 벗어나지 못했던 것이다. 황종희
는 만년에 "갑자기 사고의 글을 좋아했으니"* 그가 쓴 『해외통곡기海
外慟哭記』는 분명히 『서대통곡기西臺慟哭記』를 저본底本으로 한 것이었다.
그는 왕조 교체기에서 자신의 "처지가 사고와 똑같았다"**고 했다. 그
리고 『동청수인주冬靑樹引注』에서는 옛날의 주석을 단 사람은 사고와 거
리가 너무 멀었지만 "자신은 가깝기 때문에 그의 말을 쉽게 알아들었
다"***고 했다. 심지어 전겸익도 자신을 사고에게 비유했다.(「李忠文公文水
全集序」, 『牧齋有學集』 권16 참조) 물론 '통용'되는 표현은 표현의 개인화
와 유민의 행위에 대한 해석을 방해할 수밖에 없다.[18] 반뢰潘耒는 「서사
재 선생 70수서徐俟齋先生七十壽序」에서 서방徐枋에 대해 논하면서 "세상
에서 단지 사고와 정사초 같은 이들과 비교하는 것은 선생(서방)에 대
해 잘 모르고 하는 처사"****라고 했다.

후세 사람들이 보기에 당시의 관련 화제 가운데 더욱 민감한 것은
응당 원나라 유민이어야 했다. 근대의 첸무錢穆는 명초 사대부들 사이
에 보편적으로 퍼져 있던 원나라 유민의 심리상태에 대해 논하면서 마
치 자신이 그 상황에 처한 것처럼 격렬한 분개의 정서를 나타냈다.

---

* 원주: "忽愛謝皐羽之文."(全祖望, 「梨洲先生神道碑文」, 『鮚埼亭集』 권11)
** 원주: "所遇之境地一如皐羽."(「西臺慟哭記注」, 『黃宗羲全集』 제2책, 243쪽)
*** 원주: "而余之去皐羽近. 皐羽之言, 余固易知也."(같은 책, 251쪽)
**** 원주: "世第以謝皐羽, 鄭所南之流相比擬, 則淺之乎知先生矣."(『徐俟齋先生年譜』 「附錄」)

원나라 사직이 이미 세워지고 왕권이 넘어갔지만 당시 사대부들의 유민으로서의 심정은 여전했다.

元社旣屋, 元鼎旣移, 而當時士大夫的殷頑心情則依然如昔.(「讀明初開國諸臣詩文集」, 包遵彭 主編, 『明代政治』, 13쪽)

첸무는 사람들이 이런 현상을 못 본 척했던 것을 이상하게 생각했다. 송렴宋濂*의 「유중원격諭中原檄」을 평하면서 그는 이 글이 원나라를 언급하면서도 "단지 그 운명에 대해서만 논할 뿐 '우리의 뜻'—즉 '중원과 오랑캐 사이의 대의夷夏之大義'—은 펼치지 못했다"고 지적했고, 원나라 말엽 사대부들 및 개중에 '황제를 따르고從龍' '천명을 보좌한佐命' 이들 가운데 "중원과 오랑캐 사이의 대의를 깊이 이해할 수 있는 이가 드물었다"고 했다. 이런 현상이 첸무에게 이르러서야 발견된 것은 결코 아니니, 전겸익도 이와 비슷한 사실을 여러 차례 언급한 바 있기 때문이다. 그가 명나라가 망하기 전에 쓴 『태조실록변증太祖實錄辨證·2』(『牧齋初學集』 권102)에서는 명의 개국공신 유기劉基**의 '의중心跡'을 대단히 정밀하게 분석했다. 유기에 대해서 전겸익은 또 「발왕원길오계집跋王原吉梧溪集」에서 이렇게 썼다.

---

* 송렴(1310~1381)은 금화金華 포강浦江(지금의 저장 성의 속함) 사람으로 원래 이름이 수壽이고 자가 경렴景濂, 호가 잠계潛溪며 별호로 용문자龍門子, 현진둔수玄眞遁叟, 선화생仙華生, 원정자元貞子, 무념거사無念居士, 백우생白牛生, 남산초자南山樵者, 남궁산사南宮散史, 금림산사禁林散史 등을 썼다. 명나라 초기에 주원장朱元璋의 부름을 받아 태자 주표朱標에게 경학을 가르쳤고, 『원사元史』 편찬을 주관하면서 한림학사승지翰林學士承旨, 지제고知制誥까지 역임했다. 이후 연로하여 사직하고 귀향했으나 나중에 손자 송신宋愼이 호유용胡惟庸(?~1380) 사건에 연루되는 바람에 무주로 귀양을 가던 중에 병사했다. 시호는 문헌文憲이다. 그의 글은 대부분 『송학사전집宋學士全集』에 수록되어 있다.

** 유기(1311~1375)는 절강 청전靑田(지금의 원청文成에 속함) 사람으로 자가 백온伯溫이고 만년의 호가 이미공犁眉公이다. 명의 개국공신인 그는 홍무 3년(1370)에 성의백誠意伯에 봉해졌으며, 사후에는 태사에 추증되었고 시호는 문성文成이다. 그의 저작들은 대부분 『성의백문집誠意伯文集』에 수록되어 있다.

혹자는 유기가 원나라 때 경원성慶元城을 세워 반란군을 이끈 방국진方國珍(1319~1374)을 압박할 계책을 세우고 석말의손石抹宜孫(?~1359, 자는 신지申之)을 보좌하며 목숨을 걸어 맹서하고 힘을 쏟았으니 왕봉王逢*과 다르지 않았다고 한다. 개국의 공을 세운 후에는 시 작품이 적막해졌는데 혹시 마음에 침울하게 억눌린 것을 펼쳐내지 못한 것은 아닌가?

或言犁眉公之在元, 籌慶元, 佐石抹, 誓死馳驅, 與原吉無以異. 佐命之後, 詩篇寂寥, 或其志故有抑悒未伸者乎?"(『牧齋初學集』 권84, 1765쪽)

첸무와 다른 점은 전겸익이 원 유민을 논하면서 전혀 이상하게 여기지 않았다는 것이며, 심지어 같은 글에서는 왕봉과 사고를 함께 거론하면서 왕봉이 원나라에 대해 처신한 것이 "백이와 숙제가 은나라를 잊지 않은 것"과 "그 뜻이 하나其志一也"라고 했다. 전겸익이 즐겨 칭송했던 것은 왕봉이 비록 '오랑캐의 세상夷狄之世'에서 태어났지만 군주와 신하 사이의 도의를 없애지 않았다는 점이었다. 그의 『열조시집소전列朝詩集小傳』에서는 "사고가 송 유민이고 왕봉은 원 유민이었지만, 둘 다 똑같은 유민"**이었다고 했다. 그는 또 이렇게 말했다.

천명天命은 거짓이 없나니 오랑캐에게서 군주가 나왔다. (…) 원나

---

* 왕봉(?~?)은 강음江陰(지금의 장쑤 성에 속함) 사람으로 자가 원길元吉이고 호로 최한원정最閑園丁, 최현원정最賢園丁, 오계자梧溪子, 석모산인石帽山人 등을 썼다. 원나라와 명나라 때에 걸쳐서 여러 차례 조정의 부름을 받았으나 모두 사절하고 은거한 채 70세로 생을 마쳤다고 한다. 저작으로 『오계집梧溪集』 『두시본의杜詩本義』 『시경강설詩經講說』 등이 있다.

** 원주: "皐羽之於宋也, 原吉之於元也, 其爲遺民一也."(『列朝詩集小傳』 甲前集 「席帽山人王逢」, 14~15쪽)

라가 들어섰지만 폭정과 학대의 세상이 열린 것은 아니었고, 경신제庚申帝,* 즉 원元 순제順帝는 나라를 망하게 한 군주가 아니었다.

天命不僭, 夷狄有君 (…) 有元非暴虐之世, 庚申非亡國之君也.(「開國群雄事略序」,『牧齋初學集』 권28, 846쪽)

같은 시기의 김보金堡는 유기에 대한 전겸익의 논의를 분석하면서 전겸익 본인의 의중을 더욱 잘 드러냈다.

(전겸익은) 유기를 두 명으로 분석했는데, 하나는 원나라의 유민이고 하나는 명나라의 공신이다. 무릇 공신은 모두 유민이 되는 데 해를 끼치지 않는다. 전겸익은 지금 순절하지 않고 살아 있는 이들에게 관용을 베푼 것인가? 그들에게 감흥을 주어 떨쳐 일어나게 하려는 것인가? 나는 알 수 없지만 그의 의도가 시에 있지 않다는 것만은 알겠다.

析靑田爲二人, 一以爲元之遺民, 一以爲明之功臣. 則凡爲功臣者, 皆不害爲遺民. 虞山其爲今之後死者寬假歟, 爲今之後死者興起歟. 吾不得而知, 而特知其意不在詩.(『偏行堂集』 8 「列朝詩傳序」,『柳如是別傳』, 987~988쪽에서 재인용)

역시 글을 읽거나 사람을 파악할 때는 은밀하게 숨겨진 부분을 파고드는 데 힘써야 한다는 것을 보여준다.

명·청 교체기에 살면서 전겸익과 멀리서 호응했던 이는 바로 왕부지

---

* 원 순제 토곤티무르Toghon Temür(孛兒只斤·妥懽帖睦爾: 1320~1370)가 태어난 해가 경신년이어서 이런 별칭으로 불렸다.

인데, 그는 이렇게 비평했다.

> 송렴이 (…) 몽고의 역사를 쓰면서 그들의 악행은 숨기고 좋은 부
> 분은 선양宣揚했다. 그들이 흥성한 것은 마치 한나라와 당나라, 송
> 나라를 개국한 군주처럼 나열하여 비호庇護했고, 그들이 망한 것
> 은 마치 하늘에 죄를 짓지 않았지만 불행 때문에 망한 것처럼 서
> 술했다.
> 宋濂 (…) 修蒙古之史, 隱其惡, 揚其美, 其興也, 若列之漢, 唐, 宋
> 開國之君而有餘休. 其亡也, 則若無罪於天下而不幸以亡也.(『讀通鑑
> 論』15, 575~576쪽)

왕부지는 역사 비평에서 원대 및 원나라가 망할 무렵의 사대부들—
우집虞集*과 위소危素**로부터 송렴宋濂에 이르기까지—에 대해 준엄한
논조를 유지하면서 그들은 이른바 "오랑캐와 도적에게 도통을 팔아서
훔치게 만든" "부패하고 변절한 유학자들"***이라고 했다. 그러나 이와

---

* 우집(1272~1348)은 자가 백생伯生이고 호가 도원道園이며, 흔히 소암선생邵庵先生으로 불렸
다. 남송 함순 8년(1272)에 호남湖南 형양衡陽에서 태어났지만 송나라가 망한 후 부친을 따라 강
서 숭인崇仁(지금의 스촹 향石莊鄕)으로 이사했다. 천거를 받아 대도로유학교수大都路儒學敎授
가 된 것을 시작으로 벼슬길에 들어서서 한림직학사翰林直學士 겸 국자좨주國子祭酒, 규장각시
서학사奎章閣侍書學士 등을 역임했고, 죽은 후 인수군공仁壽郡公에 봉해졌으며, 시호는 문정文
靖이다. 『경세대전經世大典』의 편찬을 총괄했고 『도원학고록道園學古錄』 『도원유고道園遺稿』를
남겼다.
** 위소(1303~1372)는 강서 금계金溪 사람으로 자가 태박太樸이고 호가 운림雲林이다. 원나라 지
정 1년(1341)에 천거를 받아 경연검토經筵檢討가 되면서 벼슬살이를 시작해서 참지정사參知政
事, 한림학사翰林學士까지 역임했으나, 이후 사직하고 방산房山에 은거했다. 명나라가 건국된 뒤
에는 한림시강翰林侍講으로서 송렴宋濂 등과 더불어 『원사』를 편찬하고 홍문관학사弘文館學士
까지 지냈으나, 결국 참소를 당해 화주和州(지금의 안후이 성 한산含山)로 폄적되어 그곳에서 생을
마쳤다. 주요 저작으로 『운림집雲林集』 『설학재고說學齋稿』 『이아약의爾雅略義』 『초려연보草廬
年譜』 『원해운기元海運記』 등이 있다.
*** 원주: "鬻道統於夷狄盜賊而使竊者 (…) 敗類之儒."(『讀通鑑論』 권13, 480쪽)

같은 그의 관점을 당시 사대부들이 모두 공감했던 것은 아니다. 그보다는 어쩌면 이 사실이 더 음미할 만한 가치가 있을 것이다. 즉 똑같은 사실에 대한 첸무의 반응이 결국 300년 전의 왕부지와 거의 일치한다는 사실 말이다.

명나라 초기 사대부들이 지니고 있었던 '원나라 유민의 심리'는 너무나 공공연한 사실 가운데 하나여서 당시에 그와 관련된 이들은 굳이 그 사실을 숨길 필요를 느끼지 못했고, 명대에도 줄곧 금기시되는 화제가 아니었던 듯하다. 그것이 문제가 되는 것은 바로 이 책에서 논의하고 있는 이 시기에 이르러서였지만, 명나라가 망하고 '오랑캐夷狄'가 중원에 들어와 군주가 되었던 이 무렵에도 원나라 유민이 '남겨지게遺'된 것에 대해서는 여전히 보편적인 의문이 제기되지 않고 있었다. 심지어 사대부들이 원나라에서 벼슬살이를 한 것도 여전히 논자의 관점에 따라 견해가 달랐으니, 특히 원대의 저명한 유학자인 허형許衡*과 유인劉因**에 대한 평가에서 집중적으로 나타났다.(이에 대해서는 본 절 뒤에 첨부한 "허형과 유인에 대한 논의"를 참조) 오위업은 「송원생시서宋轅生詩序」에서 양유정楊維楨***과 원개袁凱****를 "고고하게 당대의 인물들 가운데 빼어났고 대범하면서 얽매이지 않은 선비"*****라고 했다.

---

* 허형(1209~1281)은 하내河內(지금의 허난 성 자오쭤焦作에 속함) 사람으로 자가 중평仲平이고 호가 노재魯齋다. 1254년에 쿠빌라이忽必烈(1215~1294)의 부름을 받아 경조제학京兆提學에 임명되어 국자좨주를 맡은 이래 집현대학사까지 역임했다. 죽은 후에는 영록대부榮祿大夫 겸 사도司徒에 추증되었고 시호는 문정文正이다. 이후에는 또 위국공魏國公에 추봉되기도 했다. 저작으로 『독역사언讀易私言』 『노재유서魯齋遺書』 등이 있다.

** 유인(1249~1293)은 용성容城(지금의 허베이 성 쉬수이徐水) 사람으로 자가 몽길夢吉이고 호가 정수靜修다. 조부가 금나라 사람이었던 관계로 금 유민의 후손을 자처했던 그는 원나라에 불만을 갖고 있었으나 지원 19년(1282)에 조정의 부름에 응해 승덕랑承德郎 겸 우찬선대부右贊善大夫가 되었다가 얼마 후 모친의 병을 핑계로 사직했고, 이후에 다시 부름을 받았으나 병을 핑계로 거절했다. 죽은 후에는 한림학사 겸 자정대부資政大夫, 상호군上護軍에 추증되고 용성군공容城郡公에 추봉되었으며, 시호는 문정文靖이다. 원나라 초기 북방 이학을 대표하는 그는 『사서집의정요四書集義精要』를 편찬하고 『역계사설易繫辭說』 『정수집品修集』 등을 남겼다.

황종희는 「만이안선생시서萬履安先生詩序」에서 송나라 유민과 원나라
유민, 명나라 유민의 시를 함께 거론하면서 그 모두가 '시로 쓴 역사
詩史'라고 했다.(『黃宗羲全集』 제10책) 귀장歸莊은 주자소朱子素의 『역대
유민록歷代遺民錄』에서 금과 원의 유민을 수록한 점을 논하면서 더욱
분명하게 밝혔다.

> 후량後梁을 세운 주온朱溫^{******}은 군주를 시해하고 제위를 찬탈한
> 도적이지만 왕언장王彥章^{*******}은 그 나라를 위해 죽어서 구양수는
> 『오대사』에서 그를 「사절전」의 첫머리에 수록했고 주희의 『통감강
> 목』에서도 그의 죽음을 대대적으로 기록했으니, 그가 섬기는 왕
> 조에 충성을 바친 점을 취한 것이다. 도적에게도 그러했거늘 심지
> 어 오랑캐가 중국에 진입한 경우에는 어떠하겠는가!

*** 양유정(1296~1370)은 회계會稽(지금의 저장 성 주지諸暨) 사람으로 자가 염부廉夫, 호로 철애
鐵崖, 철적도인鐵笛道人, 철심도인鐵心道人, 철관도인鐵冠道人, 철룡도인鐵龍道人, 매화도인梅
花道人, 노철老鐵, 포유노인抱遺老人, 동유자東維子 등을 썼다. 태정 4년(1327) 진사에 급제하여
천태현윤天台縣尹, 전청염장사령錢淸場司令 등을 전전하다가 강서유학제거江西儒學提擧에
임명되었으나 교통이 막혀서 부임하지 못했다. 이후 장사성張士誠(1321~1367)의 반군에게 협력을
거부했고, 만년에는 송강松江(지금의 상하이에 속함)에서 살았다. 『춘추합제착설春秋合題著說』『사
의습유史義拾遺』『동유자문집東維子文集』『철애고악부鐵崖古樂府』『여칙유음麗則遺音』『복고
시집復古詩集』 등 다수의 저작을 남겼다.

**** 원개(?~?)는 화정華亭(지금의 상하이에 속함) 사람으로 자가 경문景文이고 호가 해수海叟이
며, 흔히 원백연袁白燕으로 불렸다. 홍무 3년(1370) 천거를 받아 감찰어사에 임명되었으나 훗날
사건에 연루되어 주원장朱元璋의 불만을 사게 되자 미친 것처럼 위장하여 사직하고 귀향해서 여
생을 마쳤다. 저작으로 『해수집海叟集』이 있다.

***** 원주: "高世逸群, 曠達不羈之士."(『吳梅村全集』 권29, 686쪽)

****** 주온(852~912)은 송주宋州 탕산碭山 사람이다. 한때 황소黃巢의 반란에 참여했지만 당
나라에 귀순하여 주전충朱全忠이라는 이름을 하사받았고, 907년에 당나라 애제를 폐하고 찬
탈하여 후량을 세운 뒤에는 이름을 주황朱晃으로 고쳤다. 훗날 자신의 친아들 주우규朱友珪
(884~913)에게 피살당했다. 묘호廟號는 태조이고, 시호는 신무원성효황제神武元聖孝皇帝다.

******* 왕언장(863~923)은 운주鄆州 수장壽張(지금의 산둥 성 량산梁山 서북쪽) 사람으로 자가 현명
賢明 또는 자명子明이다. 후량에서 자사와 방어사, 절도사를 역임하고 전장에서 늘 선봉에서 서
서 용맹을 떨쳤던 훗날 후당의 개국황제인 이존욱李存勖(885~926)에게 사로잡혔으나 끝내 투항
하지 않고 참수되었다.

朱梁篡弑之賊, 王彦章爲之死, 歐陽子『五代史』著爲死節傳之首, 朱
子『綱目』亦大書死之, 取其忠於所事也. 盜賊且然, 況夷狄之進於中
國者乎.(『集歸莊』권3, 171쪽)

　『명사明史』「문원전文苑傳」에 수록된 원나라 유민 및 그와 관련된 서
사의 태도는 표준적인 '정식 역사正史'의 방식에 속했으니, 이 또한 '보
편적인 인식'을 구현하기에 충분했다.

　바로 이처럼 첸무가 통렬하게 지적했던 '이상함可異'이야말로 '남겨
짐遺'이 왕조 교체기 사대부의 고유한 역할이며, '남겨짐'은 사대부의
인생 선택에서 인습적 성격을 지닌다는 것을 증명한다고 해도 무방할
것이다. 무엇보다도 그것은 사대부가 '군신 간의 도의'를 '화하와 오랑
캐 사이의 엄격한 구분夷夏大防'이라는 틀 위에 놓고 생각했으며, 그 이
론적 근거인 '정통론'이 그들의 마음 깊숙이 자리를 잡고 있었음을 증
명한다. 원나라는 유학과 한족 사대부를 경시했는데(趙翼『卄二史箚記』
권30 "元制百官皆蒙古人爲之長" 및 "元末殉難者多進士" 등의 조목 참조), 한
족 사대부가 원나라를 위해 순절한 것은 더욱 연구해볼 가치가 있지
않은가? 왕부지는 당시 유행하던 '정통론'을 격렬히 비판하면서 자신
의 역사 비평에서 '오랑캐와 화하', '군주와 신하'를 반복적으로 언급
하고 '공公과 사私'에 대해 논의했는데, 그 또한 이에 대한 인식에서 비
롯된 것이라 하겠다. '인습'(즉 모종의 '완고함頑') 또한 사대부의 성격과
관련이 있다. 일반 백성은 순응과 적응에 익숙하니, "한漢나라는 물론
이고 위魏나라와 진晉나라도 모르는" 이 모두가 도화원에 사는 사람만
은 아니었던 것이다. '귀속'을 추구하면서 이런 신분에 대한 자각을 요
구하는 것이 바로 사대부의 습성이었다. '비판'은 사대부가 당시 세계
와 관계를 맺는 일종의 형식이었으며, '비판'의 전제는 보통 소속감이

었다. '옛것舊物'에 대한 사대부들의 미련은 종종 일반 백성에 비해 심했다. 사대부의 '완고함'은 부분적으로는 바로 그 존재 방식을 통해 결정되었다.

'유민록'의 편찬은 명대의 정민정程敏政으로부터 시작되었는데(謝正光 『明遺民傳記索引』에서 자서를 대신한 「淸初所見"遺民錄"之編撰與流傳」 참조)[19] 명·청 교체기에는 그것이 열띤 화제가 되었다. 주자소의 『역대유민록』과 이장과李長科의 『광송유민록廣宋遺民錄』, 주명덕朱明德의 『광송유민록廣宋遺民錄』 등은 모두 목록만 남아 있고 책은 없는 상태지만 명나라 유민들이 유민 역사 서술에서 특수한 공헌을 했다는 사실은 여전히 부정할 수 없다. 이에 대해서는 본 절에서 언급한 고염무와 귀장 등이 쓴 서문이 중요한 문헌이라고 할 만하며, 유민의 문집 가운데는 더 많은 관련 사료가 보존되어 있다. 유민이 자신들의 역사를 서술하는 데 직접 참여한 것은 유민 역사의 의미를 더욱 풍부하게 해주었다. 이 뒤에는 청말·민초民初에 명나라 유민에 대한 또 한 번의 '발견'이 이루어졌다. 이처럼 유구한 시기와 복잡한 서술활동의 결과 유민 역사의 중요한 챕터 가운데 하나인 '명나라 유민의 역사'는 그 표현 자체에 복잡한 의미가 담기게 되었을 것임을 어렵지 않게 상상할 수 있다. 명·청 교체기와 청말·민초에 서술된 명나라 유민의 사적들 곳곳에서 '전설적 성격'을 발견한다면 바로 그 '전설화傳奇化'가 유민의 역사를 서술하는 통상적인 방식이었다고 생각하게 될 것이다. 다음에서 필자는 유민의 행위를 의도적으로 전설화—이것은 어떤 경우 '이전 시대 현인의 전형先正典型'을 모방하는 데서 비롯되기도 하는데—하는 부분에 대해 논할 것인데, 이것은 또한 '유민의 창작'으로 간주할 수도 있다. 명대의 사대부들은 기이함—기이한 계책奇計, 기모奇謀와 기행奇行, 기이한 절조奇節 등—을 좋아했는데, 이런 것들에 대한 사대부들의 취미는 바로 민간의 취미와 일치한다. 그리고 청말의 반청지사들이 명나라 유민을 전설화한 데는 또 다른 동기가 있다. 이런 갖가지 정황들은 관련 텍스트의 내용을 잡다하고 복잡하게 만들 수밖에 없다. 앞서 설명했던 백이와 숙제 등 이전 시대 유민들의 이야기들은 바로 이야기 속의 이야기이고 전설 속의 전설이었다. 그러니 명나라 유민의 역사를 통해 유민역사의 서술 조건과 언어 환경을 연구하는 것 또한 상당히 흥미로운일이 아니겠는가?

마지막으로 언급할 것은 이 시기(및 그 이전)에 '유민'이라는 명목은 왕조가 교체되는 무렵에만 사용되지 않았다는 것이다. 예를 들어 이른바 건문제 때의 유신遺臣이니 유민이니 하는 것이 그것이다. 여기서 '남겨진遺'이라는 수식어를 동반한 호칭에는 '건문제가 나라를 양보한' 사건에 대한 평가를 완곡하게 내포하고 있다. 명대 200여 년 동안 논리적으로는 또 '정통제의 유민'과 '경태제의 유민' 등도 있어야 한다. 하나의 성씨가 다스렸던 왕조 안에서 일어난 비정상적 변동은 모두 '남겨진' 바가 생기게 할 수 있었다. 이 때문에 '건문제의 유민'과 같은 화법 역시 '유민 운명'의 보편성을 긍정하게 한다고 할 수 있다.

이상의 논의는 명나라 유민의 '유민론'에서 나온 것인데, 왕조 교체기에 명나라 유민이 자기 형상을 만들어낸 부분에 대해서는 뒤에서 서술할 것이다. 이어서 필자는 일종의 생존 상태이자 생활 방식, 그리고 일종의 자기 상상—자기에 대한 지칭과 자기 묘사, 자기 품성, 소속 확인, 자기 형상의 설계 등등을 포함한—으로서의 '유민'에 대해 설명할 것이다. 그리고 그 시대와 세상, 다시 말해서 새로운 왕조와 옛 왕조에 대해 맺는 관계의 형식으로서의 '유민'에 대해서도 설명할 것이다. 또한 이와 같은 '관계'에 대한 '유민'의 설계와 서술도 살펴보고자 한다.

그 외에도 다음 부분에서는 유민 현상의 시간성에 대해서도 논급할 것이다. '시간성'은 유민의 두드러진 표지이며, 그와 동시에 앞서 설명한 바와 같이 '유민'은 또한 시간의 제한을 받지 않는 사대부들의 생존 방식에 대한 상징이기도 하다. 물론 명나라 유민의 시간적 의의는 그들이 명대 200년 역사의 결과이며 또한 명대에 '존재했던' 어떤 특수한 부분을 증명하는 존재라는 데 있다. 또한 다음에 논의하게 될 명나라 유민의 각종 '특징'들도 똑같이 간략화와 의도적인 생략이라는 대가를 치렀다는 사실도 미리 밝혀놓을 필요가 있겠다. 다른 인물 군상群像들에 대해서와 마찬가지로 유민들 가운데 걸출한 이들은 부류를 나눌 방법이 없다. 앞에서도 이미 언급했듯이 '남겨짐'은 원래 고독한 선택이었는데, 그것이 집단적인 행위가 되었을 때 진정 고독할 수 있는 이는 그들 중 걸출한 인물밖에 없다. 그가 새 왕조에 순종하는 백성의 신분을 거절한 이상, 그리고 '유민사회'의 어떤 상투적인 개념과 관념을 인정하지 않고 그 사회가 설정한 자기 경계와 해석에 구차하게 동조하지 않는 한, 그가 '부류類'의 서술에 편입되기 어렵다는 사실은 굳이 설명이 필요 없을 것이다.

허형과
유인에 대한 논의

명·청 교체기의 논자들이 원대의 유학자와 사대부들을 평가할 때는 누구나 본인의 의중을 드러냈다. 거기에는 '오랑캐와 화하華夏', '군주와 신하'라는 윤리적 척도와 왕조 교체기를 살아가는 태도에 대한 설계, 그리고 자신이 이해하는 유학자의 도덕과 사명 등등이 포함되었다.

왕부지는 원대의 유학자들에 대해 평론할 때 자신의 '이하론夷夏論'을 견지하면서, "오랑캐와 도적에게 도통을 팔아서 훔치게 만든 자들은" '부패하고 변절한 유학자들'이요, '나라의 요물'이며, '소인배 유학자'라고 했으니* 그야말로 더할 나위 없이 미워했다고 할 수 있다. 그는 요추姚樞와 허형뿐만 아니라 우집虞集과 위소危素같이 원나라에서 벼슬살이한 이를 모두 경멸했다.

우집과 위소는 단지 몽고의 멸망에 도움을 주었을 뿐이어서 유학

---

*   원주: "敗類之儒."(『讀通鑑論』 권13, 480쪽), "國之妖."(같은 책 권17, 647쪽), "小人儒."(같은 책 권18, 687~688쪽)

자의 수치가 되었는데, 요추와 허형은 사실상 그것을 앞장서서 이
끌었다.

虞集危素只益蒙古之亡, 而爲儒者之恥, 姚樞許衡實先之矣.(『讀通鑑
論』 권17, 647쪽)

왕부지는 원대 유학자들에 대해 가혹한 논지를 일관되게 견지했으
며, 심지어 『주역』을 해설하는 마당에서도 비판을 잊지 않았다.

요추와 허형이 이학理學을 내세운 것은 마치 살구와 매실이 겨울
에 열매를 맺은 것처럼 또한 추악하다고 하겠다.

姚樞許衡以道學鳴, 如李梅冬實, 亦可醜矣.(『周易內傳』 권1, 『船山全
書』 제1책, 87쪽)

허형은 음기陰氣가 쌓여 왕성한 시절에 도를 행하려 했기 때문에
흉험한 일은 피할 수 있었지만, 당연히 대장부 기질은 없었다.

許衡欲行道於積陰剛強之日, 得免於凶, 固無丈夫之氣也.(같은 책,
135쪽)

요추와 허형은 시의에 맞지 않게 성리性理를 이야기했으니, 거기에
영향을 받아 도를 해치는 도적이 되었다.

姚樞許衡講性學非其時, 受熏而爲道之賊.(같은 책 권4, 422쪽)

이런 생각을 갖고 있었기 때문에 왕부지는 필연적으로 요추와 허형
이 도통道統을 전했다는 견해에 동의할 수 없었다. 그가 보기에 실상은
이러했다.

몽고가 하늘의 기강을 찢어버렸지만 양절과 삼오 지역에서는 말엽에 문장이 흥성했다. 유, 송, 장, 도*가 거기에 의지하여 한 시대의 다스림을 열었으니, 요추와 허형이 전할 사람을 얻었기 때문이 아니다.

蒙古決裂天維, 而兩浙三吳, 文章盛於晚季. 劉宋章陶藉之以開一代之治, 非姚樞, 許衡之得有傳人也.(『宋論』 권2, 61쪽)

이 화제에서 굴대균屈大均은 왕부지와 상당히 비슷한 논조를 유지했으며, 논의의 격렬함도 왕부지에게 뒤지지 않았다. 「수왕산사**선생서壽王山史先生序」에서는 '벼슬길에 나아가고 은퇴하는 것의 의의出處之義'를 논하면서 이렇게 썼다.

우리 유학자들은 벼슬길에 나아가고 은퇴하는 것을 우선시하는데 허형이 벼슬살이를 한 것은 명교에 크나큰 죄를 지은 것이다. 허형은 오륜 가운데 군신 간의 인륜을 몰랐고 오경 가운데 『춘추』를 몰랐으니, 이런 자는 종묘의 종사에서 위패를 없애야 마땅하고 유림에서도 용납하지 말아야 한다. 사대부가 허형이 살던 시대에 태어나 도학에 대한 고고한 담론을 펼치고자 했다면 반드시 산림에 은거해야 했다.

夫吾儒以出處爲先, 許衡之仕, 於名敎大爲得罪. 惟倫有五, 而衡不識君臣, 惟經有五, 而衡不知春秋. 此從祀之所宜革, 而儒林之所不容者也. 則士君子生當衡之世, 而欲高談道學, 必其處於山林者

---

* 각기 누구를 가리키는지는 좀더 연구가 필요하다.
** 왕홍찬王弘撰(1622~1702)을 가리킨다.

也.(『翁山佚文輯』卷中)

그리고 「여태복집서黎太僕集序」에서는 여수구黎遂球*에 대해 논하면서 이렇게 썼다.

그가 허형에 대해 논한 것은 뜻이 올바르고 문장이 엄격하여 구준丘濬(1421~1495), 진헌장陳獻章(1428~1500)과 한목소리를 낸 것 같았다.
其論許衡也, 義正辭嚴, 與丘文莊, 陳文恭如出一口.(『翁山文外』권2)

진헌장은 평생 벼슬살이와 은퇴를 중시했는데, 그가 허형에 대해 논하면서 '허형은 벼슬살이를 하면서 어찌 하늘을 잊었는가!' 하고 탄식했으니, 원나라에 굴복하여 『춘추』의 대의를 어겼던 허형처럼 되고 싶지 않았기 때문이다.
白沙平生以出處爲重, 其論許衡有曰魯齋當仕豈忘天, 蓋不欲其屈身於元, 以乖春秋之大義也.(「羅母黃太君壽序」, 『翁山文外』권2)

허형이 원나라에서 벼슬살이를 한 데 대해 엄준한 지론을 펼친 이로는 또 여유량呂留良이 있다.(『呂晚村先生文集』 참조)

부산傅山은 식견이 통달한 사람이었지만 이 화제에서는 결코 적당히 넘어가지 않았다. 그는 허형에 대한 설선薛瑄의 평가—즉 "허형은 항

---

* 여수구(1602~1646)는 광동 번우番禺(지금의 광저우廣州에 속함) 사람으로 자가 미주美周다. 천계 7년(1627) 거인擧人이 되었으며, 남명 융무 정권에서 병부직방사주사兵部職方司主事를 역임하다가 감주贛州가 함락되자 순절했다. 시호는 충민忠愍이다. 뛰어난 화가이기도 했던 그의 저작으로는 『연수각시문집蓮鬚閣詩文集』 『주역효물당명周易爻物當名』이 있다.

상 그 군주가 요순을 가슴에 두도록 했다許魯齋無時不以致其君堯舜爲心"라
는 평가—를 '너무 가소롭다'고 하면서 "그 군주가 어떤 군주인가!"
라고 질타했다.* 그리고 「역대문선서歷代文選序」에서 그는 오징吳澄과 우
집을 "자신의 성을 버리고 남의 성에 투항한 자들"**이라고 했다. 전조
망은 부산의 전기를 쓰면서 그가 청나라 조정에 강제로 불려갔다가
"금방 돌아왔다遄歸"고 하면서 이렇게 썼다.

> 대학사 이하 벼슬아치가 모두 성 밖으로 나와 전송하자 선생은
> 탄식했다.
> "이제부터는 구속 없이 자유롭게 되었구나!"
> 얼마 후에 또 이렇게 말씀하셨다.
> "후세에 혹시 망령되게 유인의 무리가 나보다 현명했다고 한다면
> 죽어도 눈을 감지 못할 것이다."
> 그 이야기를 들은 이들은 혀를 내둘렀다.
> 大學士以下皆出城送之, 先生歎曰: 自今以還, 其脫然無累哉. 既而
> 又曰: 後世或妄以劉因輩賢我, 且死不瞑目矣. 聞者咋舌.(「陽曲傅先生
> 事略」, 『鮚埼亭集』 권26)

이것은 마치 소설의 한 장면 같다. 글 가운데 유인에 대해 운운한 것
은 부산의 「훈자질訓子侄」에 들어 있다.

> 후세 사람들이 유인의 무리가 나보다 현명하다고 한다면 내 언제

---

* 원주: "極可笑 (…) 其君何君也."(『霜紅龕集』 권36, 993쪽)
** 원주: "棄其城而降於人之城者."(『霜紅龕集』 권16, 472쪽)

눈을 감겠는가!

後之人誣以劉因輩賢我, 我目幾時瞑也.(『霜紅龕集』 권25, 671쪽)

서방徐枋은 「장징군덕중선생칠십수서張徵君德仲先生七十壽序」에서 이렇게 썼다.

요추와 허형의 현명함으로 공자의 훌륭한 학문을 강론하고 주돈이와 이정의 이학 정통을 계승했다면 도를 높이고 학문을 세워 세상 유학자들의 우두머리가 되었을 것이다. 만약에 도를 따라 자중하여 천하를 벗 삼아 가르쳤다면 그 교화가 후학에게 행해졌을 테니, 또 어찌 한낱 벼슬을 중시했겠는가? 그러나 자신을 아끼지 않고 원나라에서 벼슬살이를 했으니 결국 현명한 이가 천고의 누를 끼칠 수밖에 없었다.

以姚樞許衡之賢, 講洙泗之絶學, 繼濂洛之正傳, 道尊學立, 爲世儒宗. 苟以道自重, 友敎天下, 則其化行後學, 又豈以一官重哉. 顧不自愛, 出而仕元, 卒不能不爲賢者千古之累.(『居易堂集』 권7)

팽사망彭士望도 오징과 요추, 허형 같은 무리는 "스스로 불의에 빠졌다"*고 했다. 유성劉城도 오징에 대해서는 부정적으로 평가했지만(「書吳草廬題李赤傳後」 및 「書吳草廬帝師殿碑後」, 『嶧桐集』 권8 참조), 단지 '오랑캐와 화하夷夏'를 명확히 언급하지 않았을 따름이다. 심지어 전겸익은 공자 사당의 종사從祀를 논하면서 시론時論에 동조했다.

---

* 원주: "身自陷御不義."(「與謝約齋書」 『樹廬文鈔』 권1)

원대의 허형은 원나라에서 벼슬살이를 했으니 위패를 철거해야 한다는 논의가 일고 있는데, 마땅히 그래야 한다. (…) 강한의 조복趙復*과 자중의 황택黃澤,** 임천의 오징은 유교에 공을 세웠고 원나라에서 벼슬살이도 하지 않았으니 (마땅히 위패를 모셔야 한다.)

有元之許衡以仕元議輟, 宜也 (…) 若江漢之趙復, 資中之黃澤, 臨川之吳澄, 有功聖門, 無玷仕籍.(「書趙太史魯遊稿後」, 『牧齋有學集』 권 49, 1593쪽)

원대 유학자들에 대한 명대의 군주와 조정 신하들의 평가는 변천의 과정이 있는 듯하다. 정효鄭曉의 『금언今言』에 따르면 홍무 6년(1373)에는 역대 제왕의 사당을 별도로 세우라는 어명을 내렸는데, 거기에 모셔진 위패 가운데 원나라 세조世祖의 것도 있었다고 한다. 또 가정 10년(1531)에는 이런 일이 있었다.

수찬 요래姚淶***가 원 세조에 대한 제사를 그만두라고 청했는데, 예부에서 논의한 결과 불가하다고 하니 주상께서는 예부의 논의 결과를 따르셨다. 24년(1545)에 급사중 진비陳棐****가 또 그 일에

---

* 조복(?~?)은 원나라 때 덕안德安(지금의 후베이 성 안루安陸) 사람으로 자가 인보仁甫이고 학생들은 강한선생江漢先生이라고 불렀다. 연경燕京의 태극서원에서 이학을 가르쳤고 『전도도傳道圖』『사우도師友圖』『이락발휘伊洛發揮』『희현록希賢錄』 등의 저작을 남겼다.

** 황택(1260~1346)은 강서 구강九江 사람으로서 경성서원景星書院과 동호서원東湖書院의 산장을 역임하며 학생들을 가르쳤다. 경학의 대가로서 『역학남근易學濫觴』『춘추지요春秋指要』 등의 많은 저작이 있었다고 하지만 지금은 대부분 남아 있지 않다.

*** 요래(1488~1538)는 절강 자계慈溪 사람이다. 가정 2년(1523) 장원으로 진사에 급제하여 한림원 수찬이 되었으며, 이후 시독학사까지 지냈다. 많은 저서를 썼다고 하지만 지금은 『명산집明山集』만 남아 있다.

대해 간언하자 비로소 원 세조에 대한 제사를 그만두게 하고, 아울러 무카리木華黎 Muqali ***** 등 5명의 위패도 없앴다.

修撰姚淶請罷元世祖祀, 禮官議不可. 上從禮官議. 二十四年, 給事中陳棐又言之, 乃罷祀元世祖, 幷罷從祀木華黎五人.(권1, 第67條)

이를 보면 마치 명나라를 개국한 군주와 신하는 아직 도량이 컸던 듯한데, 이후로 국력이 점차 약해지면서 오랑캐와 한족에 대한 구별도 엄격해졌다. 정효 본인의 식견도 결코 천박하지는 않았으니, 같은 책에서 그는 이렇게 썼다.

『춘추』에서는 중화와 오랑캐를 나누는 것을 경계했는데, 중국에 군주가 있었기 때문이다. 『문중자』에서는 북위의 황제를 인정했지만 잘못되었다고 여기지 않았다. 태조의 공덕은 여러 왕보다 높아서 말과 글에서 '천명진인'이라고 칭해졌다. 사막에 세운 제왕의 사당에 원 세조와 삼황, 오제, 삼대의 군주, 한 고조, 후한 광무제, 당 태종, 송 태조를 함께 제사한 것은 참으로 성인의 탁월한 생각이었다.

『春秋』謹華夷之辨, 中國有主也. 『文中子』帝元魏, 未爲非. 聖祖功德高百王, 語文嘗稱曰天命眞人. 於沙漠帝王廟中, 以元世祖與三皇, 五帝, 三王, 漢高, 光, 唐宗, 宋祖幷祀, 眞聖人卓越之見.(권1, 第77條)

**** 진비(?~?)는 언릉鄢陵(지금의 허난 성 쉬창許昌에 속함) 사람으로 자가 문강文岡이다. 가정 14년(1535) 진사에 급제하여 감숙순무甘肅巡撫를 역임했고, 저작으로 『문강집文岡集』이 있다.

***** 무카리(1170~1223)는 목합리木合里, 마화뢰摩和賚, 목호리穆呼哩 등으로도 표기하며 몽고 칭기즈칸 휘하의 장수이자 개국공신으로서, 금나라 정복에 큰 공을 세웠다. 죽은 후에는 개국보세좌명공신開國輔世佐命功臣으로서 태사 겸 개부의동삼사開府儀同三司, 상주국上柱國에 추증되고 노국왕魯國王에 추봉되었으며, 시호는 충무忠武다.

명·청 교체기에 원대의 유학자들을 평가하면서 평정을 유지함으로써 왕부지의 논지와 대비를 이룬 예로는 손기봉을 들 수 있다. 손기봉은 이른바 원대의 세 유학자를 즐겨 칭송했으니 야율초재耶律楚才와 허형, 유인이 바로 그들이었다.

원대에는 세 명의 유학자가 있었으니 살육을 중지시킨 야율초재와 학문을 일으킨 허형, 벼슬길에 나아가지 않은 유인이다. 이들은 모두 중화의 것으로 오랑캐를 변화시키려는 뜻을 갖고 있었다.
元有三儒, 耶律晉卿之止殺, 許平仲之興學, 劉靜修之不仕, 皆有用夏變夷之意.(『夏峯先生集』권8「尙論篇下」)

손기봉은 벼슬길에 나아간 허형과 은퇴하여 산림에서 지낸 유인을 모두 칭송했다. 「중수정수사배향제현시말기重修靜修祠暨配饗諸賢始末記」에서 그는 유인에 대해 이렇게 기록했다.

허형과 선생(유인)이 함께 조정의 부름에 응해 용성을 지나다가 벼슬살이를 하는 것과 은퇴하여 지내는 것에 대해 상의했는데, 선생은 허형에게 도를 행하라고 추천하고 자신은 도를 높이는 일을 맡겠다고 하셨다. 정주학이 송나라에서 금지되었지만 허형이 일으켰고, 유학자의 도가 금나라에서 없어졌지만 허형이 일으켰다. (그리고 황제가) 송나라를 정벌하는 것에 대해 묻자 대답하지 않았다.
許平仲與先生同應召過容城, 商出處, 先生以行道推許子, 而以尊道自任. 程朱之學禁於宋, 而平仲興之, 儒者之道滅於金, 而平仲起之. 至問伐宋, 則不對.

허형과 유인을 평가하는 태도는 바로 손기봉 자신이 청나라 초기에 벼슬살이와 은퇴에 대해 논했던 것에 대한 해설이라고 할 수 있다. 같은 글에서 그는 또 유인에 대해 "선생은 원나라 사람으로서 원나라에서 벼슬살이를 하지 않았으니 원나라는 그분을 소유할 수 없었다"*고 썼다. 왕여우王餘佑는 손기봉의 제자로서 유인과 그의 저작에 대해서도 지극히 떠받들었다. 「복역거이폄葡易居二砭」에서 그는 유인이 "이학의 연원이자 후세의 본보기"**라고 했다. 이해李楷도 "옛날에 유인의 마음을 이해했던 이들은 송나라가 망한 뒤에 그 절조節操가 순수했음을 알게 되었다"***고 했다.

손기봉이 유인의 이른바 '원나라를 사양한辭元' 행위가 '중국을 보존存中國'하는 것이라고 여긴 것은 의심할 바 없이 그를 유민으로 지목한 것이었다. 하지만 이에 대한 전조망의 생각은 달랐다. 「서유문정도강부후書劉文靖渡江賦後」에서 그는 논란이 분분했던 유인의 「도강부渡江賦」를 자세히 분석하고, 이것은 유인이 상당히 금나라를 애도하며 지은 작품이며 "그것을 음미했을 때 마치 지나치게 송나라를 애도한 것처럼 보이는 것은 아마 그 선조들이 송나라의 신하였기 때문일 것"****이라고 했다. 같은 글에서 그는 또 "허형과 유인은 모두 원나라 사람이었으니 그들이 원나라에서 벼슬살이를 한 게 무슨 해로운 행위였겠는가? 논자들이 오랑캐와 화하를 구별하는 논리로 그들을 재단하는 것은 하늘이 세운 군주의 도의를 모르는 처사다"라고 하면서 유인이 원나라에서 벼슬살이를 하지 않은 것은 "원래 송나라 때문이 아니다. 비록 그

---

*   원주: "先生以元人不仕元, 則元不得而有之."(『夏峯先生集』 권8)

**   원주: "理學淵源, 師表後世."(『五公山人集』 권8, 康熙乙亥刻本)

***   원주: "昔之人原劉靜修之心者, 於宋亡之後見其操節之純焉."(「宋遺民廣錄序」『河濱文選』 권4)

****   원주: "味之似過於哀宋者, 蓋其先世所嘗臣事也."(「書劉文靖渡江賦後」『鮚埼亭集外編』 권33)

또한 양웅揚雄을 조롱하고 관녕管寧과 도잠陶潛을 선망한 적이 있지만 고국과 옛 군주를 구분하는 이들과는 달랐다"고 했다.* 또 다른 글에 서 그는 이렇게 썼다.

> 허형과 유인은 원나라 때 북방을 대표하는 양대 유학자인데, 허형
> 은 원나라에서 벼슬살이를 했고 유인은 하지 않았다. 내가 고찰
> 해보건대 두 선생은 모두 송나라 사람이 아니니 원나라에서 벼슬
> 살이를 했다고 해도 아무런 해가 되지 않는다.
> 許文正, 劉文靖, 元北方兩大儒也, 文正仕元, 而文靖則否. 以予考
> 之, 兩先生皆非宋人, 仕元無害.(「書劉文靖退齋記後」, 『鮚埼亭集外編』
> 권33)

그의 이런 어투는 명나라 유민들과는 다르다. 전조망이 보기에는 손 기봉도 왕조 교체기에 널리 퍼져 있던 오랑캐와 화하에 대한 구별을 강조하는 분위기에서 완전히 벗어나지 못하고 있었던 셈이다.

그러나 손기봉은 허형이 원나라에서 벼슬살이를 했다는 사실을 의 도적으로 회피하거나 정성껏 변호하려는 생각이 없었을 뿐만 아니라, 허형 등이 "원대元代의 운세를 열어 세상사의 법도를 마련함으로써 성 스러운 교화를 도운"** 공을 세웠다고 공공연하게 칭송했으니, 그는 원 왕조가 송 왕조를 계승한 것이 정통이라고 여겼음이 분명하다. 「보백 중조報白仲調」에서 그는 요추와 허형에 대해 애석하게 생각하는 이들이 "그 시대를 고려해본 적이 없다未嘗論其世"라고 하면서 이렇게 썼다.

---

* 원주: "許文正與文靖皆元人也, 其仕元又何害. 論者乃以夷夏之說繩之, 是不知天作之君之義 也. (…) 本不因宋, 雖亦嘗譏揚雄, 羨管寧陶潛, 而與諸人有故國故君之分者不同."(위와 같음)
** 원주: "開有元一代之運, 綱維世道, 羽翼聖敎."(「元儒趙江漢太極書院考」『夏峯先生集』 권9)

담회覃懷(하내)와 천웅天雄(하북) 지역은 오랫동안 금나라와 원나라에 속해 있어서 요추와 허형은 대대로 금나라와 원나라 땅을 밟고 살면서 그곳에서 나는 것을 먹고 살아온 신하였다. 그들은 높은 벼슬아치가 됨으로써 비로소 도를 시행하고 백성을 구제할 수 있었는데, 어떻게 이것을 이유로 가혹하게 요구하는 것인가? 우리 고을의 유인도 이 때문에 지나친 단속을 받았으니 아, 억울한 일이로다!

覃懷天雄之地, 久隷金元, 姚, 許世世爲金元踐土食茅之臣子, 其爲尊官也, 方可以行道救民, 奈何以此而苛求之. 吾鄕劉靜修, 人亦以此督過. 噫, 寃矣.(『夏峯先生集』 권2)

그는 이렇게 이전 시대의 인물에게 가혹한 요구를 하는 데 큰 불만을 갖고 있었으며, 심지어 "초려선생草廬先生 오징吳澄은 송나라 때의 효렴孝廉이 아닌가? 오늘날 벼슬살이를 하는 이들 가운데 누가 그처럼 할 수 있으며, 벼슬살이를 하지 않은 이들 가운데 누가 그보다 나은가?"* 하고 의문을 제기하기도 했다.

장이상張履祥의 허형에 대한 논의는 '양해하는 것原之'으로 귀결되어서 손기봉과는 또 차이가 있다.

허형은 호걸이 아닌가? 천지간에 사는 사람은 나아가는 추세에 귀결점이 있고 성취는 크고 작은 차이가 있으며 때를 만나는 것도 행운과 불행의 차이가 있어서 일괄적으로 논하기 어려우니, 그

---

* 원주: "吳草廬非宋孝廉乎. 今之仕者孰爲草廬, 而不仕者孰勝草廬."(「藍田知縣乾行楊君墓誌銘」 『夏峯先生集』 권6)

것은 예나 지금이나 마찬가지다.

許平仲非豪傑之士乎. 天地間人, 趨向各有所歸, 成就各有大小, 至
於所遇, 又各有幸不幸, 難以一概論, 古猶今也.(「答張佩蔥」, 『楊園先
生全集』권11)

장이상은 허형이 '몸을 망친 것失身'을 '불행'이라고 했지만 그래도
그 심정은 이해할 수 있으며 그는 여전히 '도를 아는' 인물이었다고 여
겼다. 그러나 손기봉은 허형이 원나라에서 벼슬살이를 한 것이 큰 잘
못도 아니니 용서하고 말 것도 없다고 했다. 장이상은 허형에 대해 여
러 차례 논했는데 그 어투 사이의 망설임을 보면 이 화제가 당시에 얼
마나 민감한 것이었는지 짐작할 수 있다. 장이상이 때를 만남遭遇에 대
해 논하는 것을 곤란하게 여겼던 것은 유학의 척도―즉 그 사람이 '성
학'에 기여한 공로가 있는지 여부―가 '이하夷夏-절의節義'라는 '시대
적 주제'와 저촉되었기 때문일 터이다. 장이상은 이렇게 말했다.

허형이 죽고 300여 년 동안 그에 대해 논한 이들이 많았는데, 그
의 도를 존중한 이는 항상 열에 두셋이었고 그의 절조를 비방한
이들은 항상 열에 여덟아홉이었다. 내 생각에는 그의 글을 읽은
이들이 반드시 그가 살았던 시대를 고려하지는 않았고, 그 시대
를 따지는 이들이 반드시 그의 글을 읽지는 않았으며 모두들 허
형의 본말을 탐구해보지 않은 채 함부로 논한 것 같다.

魯齋沒三百餘年以來, 論者衆矣. 尊其道者恒二三, 詆其節者恒八九.
以愚測之, 讀其書者未必論其世, 論其世者未必讀其書, 似皆未究魯齋
之本末而輕爲論說者也.(『楊園先生全集』권19「許魯齋論·二」)

「허로재론」에서 그는 '양해原'할 수 있다고 설명했다.

누군가 물었다.
"허형은 어떤 사람입니까?"
"현명한 분이셨다."
"원나라에서 벼슬살이를 한 것은 옳은 일이었습니까?"
"아니지."
"그런데 어떻게 현명했다고 하십니까?"
"그분을 양해한 것이지."
或問: 許魯齋何人也. 曰:賢人也. 其仕元是與. 曰: 非也. 非則惡賢
諸. 曰: 原之也.

그를 어떻게 '양해'할 수 있었는지를 이야기하자면 자연히 화제가
절의節義와 도를 배워 전하는 유학자의 사명, 사대부가 벼슬길에 나아
가고 은퇴하는 것과 관련된 일반 원칙, 그리고 난세를 당했을 때 유학
자가 맡아야 할 소임 등에까지 미칠 수밖에 없다. 장이상은 바로 손기
봉이 변호할 필요가 없다고 여겼던 지점에서 허형을 변호했다.

그러므로 황제가 부르면 가고, 가게 되면 올바른 길을 설명했지
만, 그것이 불가능하면 그만두되 한 달 남짓한 기간을 넘긴 적이
없었으니, 이것은 시종일관된 처사였다. 원나라 군주가 세 번이나
칙령을 내렸음에도 허형은 집에 머물며 제자들을 가르치면서 그
것(칙령)을 대들보 위에 숨겨놓고 마치 무척 기피하는 것처럼 자식
들도 알지 못하게 했다. 그가 송나라를 정벌한 계책을 이야기하지
않고, 죽을 때 무덤에 벼슬 이름을 적지 말라고 분부하면서, "내

평생 명예에 누가 된 것은 끝내 벼슬을 사임하지 못했다는 것이다!"라고 말했으니, 아! 그의 뜻을 알 수 있겠구나!

是故召則往, 往則陳正道, 不可則止, 未嘗期月留一始終一轍也. 迨元主三授之敕令, 卽其家居授生徒, 魯齋藏之屋梁, 雖其子不使之知, 若有深諱者. 觀其不陳伐宋之謀, 至身沒之日, 命無以官爵題墓, 曰: 吾生平爲名所累, 竟不能辭官. 噫, 其志亦可見矣.(같은 책, 같은 권)

'양해'할 수 있는 조건을 이처럼 구체적으로 거론했던 것이다! 그러니 이것은 유학에서 출발한 변호보다 더 능동적이고 적극적인 것이었다. 앞서 언급한 「허로재론·2」에서 그는 이렇게 썼다.

허형은 북방 사람이다. 그곳은 오랑캐에게 점령된 지가 오래되어서 사람들이 학문을 몰랐다. 전쟁 통에 이리저리 떠돌다가 구사일생으로 살아남아 주공과 공자의 도를 좋아하고 정주이학을 사숙하여 스스로 깨달았다. 이 무렵 남방의 학자들 가운데는 그보다 앞선 이들이 없었으니, 그는 이른바 호걸이라고 할 수 있는 선비였다. (…) 그러나 군자가 난세에 살면서 산림에 은거하거나 낮은 벼슬아치로 부침하기도 하고, 품팔이꾼으로 행적을 숨기기도 하고, 실의한 채 도읍에서 떠돌기도 한 것은 또한 시대와 운명이 그렇게 만든 것인지라 일괄적으로 논할 수는 없다. 요는 자신을 깨끗이 하는 것이 중요할 따름이었다.[20]

魯齋北産也, 陸沈日久, 人不知學, 能於流離兵刃, 百死一生之餘, 悅周公仲尼之道, 私淑於雒閩而自得之. 當是時南方之學者, 未能或之先也. 彼所謂豪傑之士也. (…) 然士君子生於亂世, 或肥遯邱園, 或

浮沈下位, 或晦跡貰傭, 或棲遲京輦, 抑亦時命使然, 未可一概論也,
要在潔其身而已.

그렇다 하더라도 장이상도 변호할 수 없다고 생각한 것이 있었다.

후세의 논자가 그를 위해 글을 쓰려 하면서 원나라가 중국의 법
으로 허형이 벼슬살이를 하게 하여 공을 세우게 했다고 하고, 현
명한 이들은 또 그에 따라 그를 추존하여 그가 벼슬길에 나아가
고 은퇴한 것이 공자가 말한 도리에 부합했다고 여긴다. 그런데 원
나라의 정치는 오랑캐의 방법이니, 허형이 진술한 것 가운데 원나
라에서 실행할 수 있는 것이 열에 한둘이나 되었겠는가? (…) 원나
라에서 벼슬살이를 한 잘못을 허형이 스스로 글로 밝히지 않고
어찌 후세 사람들이 글로 써주기를 기다렸던 것인가![21]

後之論者欲爲之文, 則以元之用漢法爲魯齋之仕之功, 賢者又從而推
尊之, 以爲進退出處合於孔子. 夫元之政, 狄道也. 魯齋之所陳, 元能
行其一二否耶. (…) 夫仕元之非, 魯齋不以自文, 而奚俟後人之文之
也.(「許魯齋論」)

한바탕 지난한 논설을 전개한 후에 결국 장이상도 왕부지의 사고방
식과 일치되는 결론으로 돌아가고 말았던 것이다.

유종주의 문하에서 장이상은 순수한 유학자粹儒라고 불렸으며 엄정
嚴正하게 처신한 것으로 칭송을 받았다. 진확陳確의 경우 벼슬살이와
은퇴에 관한 그의 논의를 보면 요추와 허형에 대해 왕부지 등과는 틀
림없이 다른 생각을 견지했음을 어렵지 않게 알 수 있다. 장이상 및 진
확과 동문인 운일초惲日初는 유인이 "오랑캐인 원나라에서 벼슬살이를

하지 않은 것은 현명한 처사"*였다고 했다.

『송원학안宋元學案』「노재학안魯齋學案」(황종희는 원래 '북방학안'이라고 불렀다)은 황종희가 쓴 것이 아니다. 같은 책 권91의 「정수학안靜修學案」에는 황백가黃百家의 다음과 같은 보충 설명이 들어 있다.

> 원대의 학자로는 허형과 유인, 오징까지 세 사람이 있을 뿐이다. 오징은 나중의 인물이고 허형과 유인은 원이 나라를 세우는 데 기댈 힘을 제공했던 인물들이다. 두 선생 가운데 허형의 공이 대단히 큰데, 수십 년 동안 훌륭한 재상이나 높은 벼슬아치라고 화려하게 칭송을 받은 인물들은 모두 그의 제자였고, 이에 백성은 비로소 성현의 학문을 육성해야 한다는 것을 알게 되었다.[22]
>
> 有元之學者, 魯齋靜修草廬三人耳. 草廬後至, 魯齋靜修, 蓋元之所藉以立國者也. 二子之中, 魯齋之功甚大, 數十年彬彬呼稱名卿材大夫者, 皆其門人, 於是國人始知育聖賢之學.(『黃宗羲全集』제6책, 555~556쪽)

이것은 어쩌면 황종희 본인의 관점과 그다지 크게 다르지 않았다고 할 수도 있다. 유종주의 제자들이 이 주제에 대해 생각이 서로 비슷했던 것은 어느 정도 '스승의 말씀' 때문이라고도 할 수 있다. 『송원학안』「정수학안」에 대해 전조망은 다음과 같은 보충 설명을 붙였다.

> 즙산선생(유종주)께서는 일찍이 이렇게 말씀하신 적이 있다.
> "유인은 강절선생 소옹(1011~1077, 자는 요부堯夫)과 상당히 가

---

* 원주: "其不臣胡元明矣."(「讀劉靜修詩」『遜庵先生稿』)

깝다."

藏山先生嘗曰: 靜修頗近乎康節.

제 6 장

유민의
생존 방식

앞서 필자는 '유민'에 대해 분석하고 경계 설정 등의 문제를 논의했는데, 당연히 '유민 문제'는 더욱 복잡한 성격을 지니고 있다. '유민'은 일종의 정치 형태일 뿐만 아니라 가치 입장이자 생활 방식, 감정 상태, 심지어 시공에 대한 지각이고 고국과 새 왕조, 관부 그리고 도시 등등 각 분야에 대해 그 사람이 참여하고 설치한 일련의 관계 형식이기도 하다. '유민'은 일종의 생활 방식이며 어의 체계semantic system, 즉 정성을 기울여 제작한 일련의 부호이자 어휘, 표의 방식이다. 이처럼 오랜 어원을 지닌 표의 체계를 고찰하면 간략하게나마 유민의 역사를 파악할 수 있다. 이런 의미에서 '유민'은 복잡한 의미를 내포한 개념이며, 그 뜻은 결코 단순하게 글자를 통해 탐지할 수 있는 것이 아니다. 이제부터 우리는 이 부호 체계에 대한 해석을 시도함으로써 명나라 유민에 대한 '다방면에 걸친 고찰'을 진행할 것이다.

구체적인 논술로 들어가기 전에 '유민 방식'이란 바로 '유민 생존'을 가리킨다는 점을 응당 짚고 넘어갈 필요가 있겠다. 다음에서 언급하게 될 '방식'은 모두 생사生死와 연관되어 있으며 죽느냐 사느냐로 귀결된다. 불교로 도피하는 것이 반드시 죽음에서 도망치는 행위는 아니었지만, 상당수의 유민들에게 그것은 확실히 삶을 확보하는 길이었다. 다음에서 설명하게 될 내용처럼 어떤 종류의 의관을 선택하느냐 하는 것이 당시로서는 그야말로 삶과 죽음 사이의 선택이나 마찬가지였다. '교유'는 삶의 방식에 속했고, 흙집이나 우마차는 죽음으로써 사는 것이었다. 생계와 장례 제도는 말할 필요도 없이 구체적인 삶과 죽음의 방식이었다.

불교로
도피하기

불교로의 도피는 명·청 교체기 유민들의 행위 가운데 주목을 끌면서 동시에 상당한 논쟁을 불러일으킨 일이었다. 소정채邵廷采[*]는 『명유민소 지록明遺民所知錄』에서 "승려들 가운데 명 유민이 많아진 것은 명나라 말엽부터 시작되었다"[**]고 했다. 황종희는 누차 이런 사실을 제기했다.

> 전쟁으로 이리저리 떠돌자 숲속의 교활한 이들은 직업을 잃은 사
> 대부를 망라하여 그 가르침을 확장했다.
>
> 兵火奔播, 叢林之黠者, 網羅失職之士, 以張其敎.(「劉伯繩先生墓誌
> 銘」, 『黃宗羲全集』 제10책, 307쪽)

---

[*] 소정채(1648~1711)는 절강 여요 사람으로 자가 염로念魯 또는 윤사允斯다. 황종희의 제자인 그는 요강서원姚江書院에서 17년 동안 학생들을 가치고 저술에 전념했다. 『송유민소지록宋遺民 所知錄』『명유민소지록明遺民所知錄』『왕수인전王子傳』『유종주전劉子傳』『왕문제자전王門弟 子傳』『유문제자전劉門弟子傳』 등을 편찬하고 그 외에 『사복당문집思復堂文集』『요강서원지략 姚江書院志略』『동남기사東南紀事』『서남기사西南紀事』 등을 남겼다.

[**] 원주: "僧之中多遺民, 自明季始也."(『明遺民所知錄』『思復堂文集』 권3, 浙江古籍出版社, 1987, 212쪽)

귀장은 시에서 이렇게 읊었다.

좋은 벗 어느 변방을 떠도는가 했는데

근래에 듣자 하니 동료 엮어서 이미 불교로 도망쳤다 하네.

良友飄零何處邊, 近聞結伴已逃禪(「冬日感懷和淵公韻, 兼貽山中諸同

志」, 『歸莊集』 권1, 48쪽)

이문李雯*도 유사한 시 구절을 남겼다.

만나는 이들은 승려와 속인이 절반이었으니

틀림없이 절에서 보겠구나.

相逢半緇素, 相見必禪林.(『陳子龍詩集』 附錄·4, 789쪽)

방이지方以智가 승복을 입고 새로운 역할에 적응해가는 과정을 목격
한 전징지錢澄之는 「실로음失路吟·행로난行路難」에서 다음과 같이 묘사
했으니, 고난이 없는 곳이 없었다.

꼭두새벽에 일어나 스스로 불경을 덥히는데

그래도 마치 고요한 밤중에 책 읽는 소리 들리는 듯하구나.

불교의 노래 스스로 비슷하게 할 줄 안다고 자랑하지만

노승의 본색은 배우었구나.

---

* 이문(1607~1647)은 청포淸浦(지금의 상하이에 속함) 사람으로 자가 서장舒章이다. 숭정 15년
(1642) 거인이 되었고, 청나라 군대가 북경을 함락한 후 억류되어서 내각 중서사인으로서 순천향
시동고관順天鄕試同考官이 되었다가, 순치 3년(1646)에 부친의 장례 때문에 귀향했다. 그러나 이
듬해 북경으로 돌아가는 도중에 병사했다. 저작으로 『요재집蓼齋集』과 후집이 있다.

五更起坐自溫經, 還似書聲靜夜聽.

梵唱自矜能仿佛, 老僧本色是優伶.

이 시의 주석에서는 "어리석은 도인이 승려가 되어 불교의 노래를 배우니, 나는 그것이 극장에서 들었던 노승의 노래 곡조 같았다고 비웃었다"*고 했다. 이러한 기풍에 대해 진확은 분개한 어조로 말했다.

지금은 오랑캐뿐만 아니라 우리 중국에도 도처에 절이요 누구나 승려이니, 중국이 바로 부처의 나라라고 해도 안 될 것이 없지 않은가?

今不獨夷狄, 卽吾中國, 亦何處無寺. 何人非僧. 雖曰中華卽是佛國, 奚爲不可.(「佛道」, 『陳確集』, 433쪽)

굴대균도 이렇게 말했다.

개탄스럽게도 경인년(1650)의 변란 이래 우리 광주의 모든 서원은 전란으로 무너져버렸는데 유독 불교 사원들만 나날이 새로 지어지며 다달이 번성하고 있어서 우리 유학자들로 하여금 이교異敎만 가득하고 우리의 도는 적막해진 데 대해 비탄하게 하고 있다.

慨自庚寅變亂以來, 吾廣州所有書院, 皆毀於兵, 獨釋氏之宮日新月盛, 使吾儒有異敎充塞之悲, 斯道寂寥之嘆.(「過易庵贈龐祖如序」, 『翁山文外』 권2)

---

* 원주: "愚道人旣爲僧, 習梵唱, 予笑其是劇場中老僧腔也."(『藏山閣詩詩存』 권13, 龍潭室叢書)

심지어 지고한 천자조차도 불교를 도피처逋逃藪로 삼았다. 건문제가 승려가 되었다는 전설이 널리 퍼지면서 영락제도 의심을 풀 수 없게 했고, 남명의 홍광제弘光帝가 출가했다는 뜬소문 및 궁지에 몰린 영력제가 출가하여 수행하고 싶다고 기원했다는 이야기까지 있었으니, '군주'와 불교의 특수한 관계는 결국 명대 역사의 처음과 끝을 함께 했던 것이다.[1] 제1권 『증오의 시대』에서 명·청 교체기에 화제가 되었던 '건문제 사건'을 논의하면서 이미 언급했듯이, 당시 사람들은 명 왕조의 시작과 끝부분에서 윤회와 비슷한 구조적 대응을 발견했다. 전겸익이 송렴-방이지의 관계를 이야기할 때 주의를 기울여 제시한 것 또한 두 사람의 행적이 우연히 합치된다는 것이 아니었던가!(『牧齋有學集』, 1626쪽 참조)

명나라 유민이 불교로 도피한 것은 물론 명대 제왕 및 왕조 정치와 불교 사이의 관계를 배경으로 하지만 그보다도 명대의 학술과 선비 기풍이 더 중요한 배경으로 작용했다. 이 또한 사대부가 선택에서 의지했던 거시적 배경이자 학술 및 문화의 거시적 환경이었다. 서방徐枋은 「법림암모제장엄서法林庵募制莊嚴序」에서 이렇게 썼다.

> 삼오三吳 지역 안에 사찰의 깃대들이 서로 마주보며 유명하고 규모가 큰 사찰에는 웅장하고 높은 전각과 누대들이 큰 도회지나 명산의 경치 좋은 곳에 기세 좋게 웅크리고 있을 뿐만 아니라 궁벽한 시골과 산촌, 강가 마을에서도 다섯 집 건너와 열 사람이 모인 곳에는 반드시 사찰이나 작은 절들이 자리를 잡고 있다.
> 三吳之內, 刹竿相望, 其名藍巨刹, 湧殿飛樓, 雄踞於通都大邑, 名山勝地者無論, 卽僻壤窮鄕, 山村水落, 以至五家之鄰, 什人之聚, 亦必有招提蘭若, 棲托其間.(『居易堂集』 권7)

이것만 보더라도 강남 지역의 불교 분위기를 상상할 수 있을 것이다. 염이매閻爾梅도 이렇게 썼다.

> 우리 명나라에는 불교 사원이 대단히 흥성해서 화려한 토목 공사를 일으키는데 걸핏하면 억만금이 쓰이고, 경사와 오월 지역은 더욱 심하다. 경사에서 그 일을 주관하는 이들은 태반이 후궁이나 황실 친인척인 벼슬아치들이고 오월 지역에서는 사대부들이 주관하고 있다.
> 我明禪林侈興, 土木金碧, 動損億萬, 京師, 吳越尤甚. 京師主者, 大半皆後宮戚畹中官輩, 吳越則士大夫主之.(「萬佛閣募緣疏」, 『閻古古全集』권6, 北京中國地學會, 1922)

천위안陳垣은 명말 운남과 귀주演黔 지역의 불교를 고찰하면서 그곳 사람들이 "머리를 깎고 출가하는 것祝髮因緣은 갑작스러운 현상이 아니라 점차적으로 형성되었으며" 머리를 깎은 것도 한순간 분격해서 저지른 것이 아니라 "원래부터 마음속에 담고 있던 이유가 있었다固已蘊之有素矣"라고 했다. 진확은 운현노인韻弦老人의 전기를 쓰면서 그가 "성정이 불교와 가까워서" 나라에 변고가 생긴 뒤에 머리를 깎고 승려가 됨으로써 "처음의 뜻을 따랐다"고 했다.* 황종희도 장기연張岐然(?~?, 자는 수초秀初)이 "불교의 가르침을 천명한 것闡敎禪林"은 어쩔 수 없는 상황 때문이 아니라 그가 "왕조가 바뀌기 전에 이미 깨달음을 얻고 초탈하여 분명하게 승려가 되어 있었다. 대개 거기에서 배워서 자신의 성정과 가까운 바를 얻었으니 바로 그 본색이었다"**고 했다. 장기연과 같이 그

---

* 원주: "性近於禪 (…) 從初志也."(「韻弦老人傳」『陳確集』, 273쪽)

'배움'으로 인해 불교에 입문하되 전혀 외부의 힘에 영향을 받지 않은 이들도 드문 경우가 아니었다. 이에 대해서는 천위안의 『명계전검불교고』 권3 "사대부들의 선열禪悅***과 출가士大夫之禪悅及出家"에 서술된 내용을 그 배경으로 이해할 수 있을 것이다.[2]

불교로 도피하기─삶과 죽음

이런 난세에는 세속 바깥의 세상이 항상 인간 세계의 정치 윤리 및 황제 권력으로부터 벗어난 곳으로 여겨졌다. 불교로 도피하는 가장 단순한 동기는 바로 살기 위해서인데, 당시 사람들은 이 또한 '어쩔 수 없는不得已' 일이었다고 말하기를 좋아했다. 귀장은 「송공재선사지여요서 送筇在禪師之餘姚序」에서 이렇게 썼다.

> 20여 년 동안 천하의 빼어난 인재들과 절의를 지키며 격정에 차 있던 선비들이 종종 불교에 의탁하곤 했으며 집 안에서 머리를 깎고 승복을 입고 지내는 이도 있었으니, 어찌 진정으로 이교를 즐겨 따랐겠는가? 어쩔 수 없었기 때문이다.
> 二十餘年來, 天下奇偉磊落之才, 節義感慨之士, 往往托于空門, 亦有居家而髡緇者, 豈眞樂從異敎哉, 不得已也.(『歸莊集』 권2, 240쪽)

장부양張符驤****이 「여만촌선생사장呂晚村先生事狀」에서 기록한바 여

** 원주: "當鍾石未變之先, 已得意忘言, 居然孤衲. 蓋學焉而得其性之所近, 正是本色."(「張仁庵先生墓誌銘」『黃宗羲全集』 제10책, 444쪽)

*** 선열은 선정禪定에 들어서 심신이 기쁘고 평안해진 상태를 가리킨다.

유랑이 불교로 도피한 것은 이런 선택에 수반된 고통을 가장 잘 보여준다.

> 그로부터 3년 뒤에 군수가 또 은일로 천거하려 하자 선생이 그 소
> 식을 듣고 땅바닥 가득 피를 내뿜더니 바로 베개 위에서 머리카락
> 을 자르고 승려의 옷을 입고 이렇게 말씀하셨다.
> "이러면 나를 천거할 생각을 버리겠지."
> 혹자가 의아해하며 물었다.
> "선생께서는 불교와 도교를 멀리하라고 하셨는데 이제 유학자의
> 몸으로 승려가 되셨으니, 세상 사람들이 뭐라고 하겠습니까?"
> 선생은 역시 대답하지 않으셨다. (…) 계해년(1683)에 갑자기 「기사
> 시祈死詩」 6편을 쓰셨는데, 그 마지막 장에서 이렇게 읊으셨다. "도
> 적이 되고 중이 되는 것 가운데 어느 것이 옳은가? 글을 팔고 약
> 을 파는 것 가운데 너는 어느 것을 택하겠느냐?"
> 其後三年, 而郡守又欲以隱逸舉, 先生聞之, 憤血滿地, 乃於枕上翦
> 髮, 襲僧伽服, 曰: 如是庶可以舍我矣. 或疑之曰: 先生言距二氏, 今
> 以儒而釋, 天下其謂之何. 先生亦不答. (…) 癸亥忽賦祈死詩六篇,
> 其末章云: 作賊作僧何者是, 賣文賣藥汝乎安.(『碑傳集補』 권36)[3]

당시 스스로를 규제하는 것이 더욱 엄격했던 이들은 이렇게 삶을 구
하는 수단을 수치로 여겼다. 『소전기전小腆紀傳』에서는 하윤이夏允彝에
대해 이렇게 기록했다.

**** 장부양(1663~1727)은 광둥 서문徐聞 해안진海安鎮 사람으로 자가 양어良御고 호는 해방
海房이다. 1707년 강희제가 강남을 순시할 때 양주揚州에서 시를 바쳤고, 그로부터 14년 뒤에
58세로 진사에 급제하여 한림원 서길사庶吉士가 되었다가 3년 뒤에 은퇴하여 귀향했다. 저작으
로 『의귀초문집依歸草文集』 『지장음시집自長吟詩集』 『해방문집海房文集』 『일하진택집日下震澤
集』 『순시록順時錄』 『천용자집天傭子集』 등을 남겼다.

그의 형 하지욱夏之旭*이 불교나 도교에 투신하는 것을 풍자하자 하윤이가 이렇게 말했다.

"이것은 여러 방면으로 삶을 구하는 것일 따름이지요!"[4]

其兄之旭諷投方外, 允彛曰: 是多方以求活耳.(권17, 190쪽)

불교에 귀의하지 않고 승복을 입는 것은 황종희가 엄준하게 비판했던 "기댈 곳을 찾아 도피하는有所托而逃" 행위인데, 이것이 명나라가 망할 무렵부터 시작된 것은 아니다. 심지어 불교로 도피하고도 여전히 유학자를 자처하거나 어쩔 수 없었다고 스스로 해명하는 것도 이 무렵에 시작된 일이 아니다. 이지李贄는 일찍이 "갑자기 머리를 깎은 것은 그의 본심이 아니었다"**고 말하기도 했고 또 "그러므로 비록 머리를 깎고 승려가 되었지만 사실은 유학자였다"***고 했다. 명말에 조정의 부름을 받고도 벼슬길에 나아가지 않은 징사微士 풍원중馮元仲****의 시 「조이탁오 선생묘弔李卓吾先生墓」에는 "머리 깎고 불교로 도피하고도 또 유학자들과 어울렸지髡頂逃禪又雜儒"라는 구절이 들어 있다. 이러한 신분 변호— 스스로 변호한 것이든 남이 해준 것이든 간에—는 거의 명·청 교체기 유민들의 자백 및 유민의 전기나 행장에서 상투적인 말이 되어 있었

---

* 하지욱(?~1647)은 송강松江(지금의 상하이에 속함) 사람이다. 명나라가 망한 후 반청 운동에 참여했던 그는 진자룡의 피신을 도왔던 일 때문에 목숨을 부지하기 어려울 것임을 알고 스스로 공묘孔廟에서 목을 맸다.

** 원주: "陡然去髮, 非其心也."(「與曾繼泉」 『焚書』 권2, 中華書局, 1975, 53쪽)

*** 원주: "故雖落髮爲僧, 而實儒也."(「初潭集序」 『初潭集』, 中華書局, 1974)

**** 풍원중(1554~1645)은 절강 자계 사람으로 자가 이례爾禮 또는 차목次牧이다. 1639년에 검토檢討 왕문위汪文偉의 추천을 받아 북경의 회시檢討에 참가하여 당시의 폐단을 신랄하게 비판했음에도 현승縣丞의 벼슬이 내려졌지만, 취임을 거부하고 귀향하여 천익산天益山에 은거하며 약초를 팔아 생계를 꾸렸다. 뛰어난 서예가이기도 했던 그는 만년에는 가난에 시달리다가 죽었지만 『복고당시문집復古堂詩文集』을 비롯한 많은 저작을 남겼다. 그러나 그의 저작들은 대부분 사라지고 건륭 연간에 그의 증손자 풍정해馮廷楷가 편찬한 『천익산당유집天益山堂遺集』 정도만 남아 있다.

다.[5] 굴대균은 지극히 완곡한 「귀유설歸儒說」을 썼다.

> 나는 스물두 살에 불교를 공부하고 또 현학玄學(도교)을 공부하여
> 서른 살에야 비로소 그것들이 잘못되었다는 것을 알고 모두 버리
> 고 다시 우리 유학에 종사했으니, 우리 유학은 불교와 도교를 겸
> 할 수 있지만 그 둘은 우리 유학을 겸할 수 없고, 그 둘이 있더라도
> 우리 유학이 없어서는 안 되지만 우리 유학이 있으면 그 둘이 없어
> 도 되기 때문이다. 그래서 다른 이에게 이렇게 말한 적이 있다.
> "내가 옛날에 불교와 도교를 공부한 것은 까닭이 있어서 거기로
> 도피한 것이니, 나의 어쩔 수 없는 사정이 있었기 때문이다."
> 어쩔 수 없어서 도피한 것이라면 내 뜻은 반드시 불교와 도교에
> 서 끝나지 않을 테니, 나는 우리 유학에 죄를 지은 적이 없는 것
> 이다.
> 予二十有二而學禪, 旣又學玄, 年三十而始知其非, 乃盡棄之, 復從事
> 於吾儒, 蓋以吾儒能兼二氏, 而二氏不敢兼吾儒; 有二氏不可以無吾
> 儒, 而有吾儒則可以無二氏云爾. 故嘗謂人曰: 予昔之於二氏也, 蓋
> 有故而逃焉, 予之不得已也. 夫不得已而逃, 則吾之志必將不終於二
> 氏者, 吾則未嘗獲罪於吾儒也.(『翁山文外』 권5)

이처럼 자기변호가 필요했던 것도 유학이 여전히 권위적인 지위를
확보하고 있으며 여전히 신앙으로서 인정받는 가치를 지니고 있었음을
증명한다. 이에 따라 굴대균은 이 글에서 '유학으로 돌아왔음'을 공개
적으로 표명했다.

> 그러나 옛날에 내가 도피했던 것은 유학자로서 행동하면서 불교

와 도교의 말을 한 것인데, 이제 돌아왔으니 유학자로 행동하면서
유학자의 말을 하게 된 것이다.

然昔者吾之逃也, 行儒之行而言二氏之言; 今之歸也, 行儒之行而言
儒者之言.(위와 같음)

시윤장施閏章*은 「오방옹집서吳舫翁集序」에서 방이지方以智와 오운吳雲
(?~?, 자는 방옹舫翁)에 대해 이렇게 설명했다.

방이지는 승려가 아니면서 끝까지 승려 신분으로 늙었는데 유학
자의 언행을 잠시도 잊지 않았다. 오운은 행적이 승려들과 뒤섞였
지만 유학자의 언행을 바꾼 적이 없다. 그러니 두 사람은 모두 기
댈 곳을 찾아 도피한 것이 아닌가?

夫藥公非僧也, 卒以僧老, 其於儒言儒行無須臾忘也. 舫翁跡溷僧,
而儒言儒行未之或改也. 二人者其皆有所托而逃耶.(『施愚山集』文集
권5, 黃山書社, 1993, 95쪽)

앞서 인용한 바 있는 귀장의 「동일감회冬日感懷」에서는 "중의 모습을
한들 스스로 유학자로 행동하는 데 무슨 문제가 있겠는가? 부처에게
아부하고 나무아미타불을 욀 필요도 없다"**라고 공공연하게 선언했
다. 이것을 보면 왕조 교체기에도 유학은 여전히 강력한 세력을 확보하

---

* 시윤장(1619~1683)은 안휘 선성宣城 사람으로 자가 상백尙白 또는 기운屺雲이고 호로 우산
愚山, 비라거사媲蘿居士, 확재矱齋, 구재矩齋 등을 썼으며, 후세 사람들이 시시독施侍讀 또는 시
불자施佛子라고 불렀다. 순치 6년(1649) 진사에 급제하여 형부주사刑部主事를 시작으로 산동제
학첨사山東提學僉事, 시독侍讀 등을 역임했다. 뛰어난 시인이기도 했던 그가 남긴 풍부한 저작들은
강희 47년(1708)에 시언각施彦恪이 모아 편집하여 『우산전집愚山全集』(94권)으로 간행했다.

** 원주: "僧貌何妨自儒行, 不須佞佛誦南無."

고 있었기 때문에 불교로 피한 이들도 마음이 편할 수 없었다는 것을 더욱 실감하게 된다. 다만 방이지와 같은 학자들은 삭발을 하고 또 "승복을 입고 중 노릇을 하면서도衣壞色衣, 作除謹男" 반드시 그것을 '도구' 로 삼는 데만 그치지 않았으니, "기댈 곳을 찾아 도피했다"라고 하면 어쩌면 그를 과소평가한 것일 수도 있겠다.

불교로 도피한 이들이 '기댈 곳을 찾는' 것에 대해 당시 사람들은 설령 그런 추측이 피상적일 수밖에 없다 할지라도 특히 민감하게 생각했던 듯하다.[6] 유소반劉紹攽*은 부산이 불교 서적을 읽은 일을 기록하면서 통상적인 사고방식을 발휘했다.

> 그가 정말 그러했는가? 아니면 기댈 곳을 찾아 도피했는가?
> 其信然耶, 抑有所托而逃耶.(「傅先生山傳」, 『霜紅龕集』附錄, 1169~
> 1170쪽)

근대의 첸무錢穆도 방이지가 "유가에서 도망쳐서 불교에 귀의한 행적을 보여주었지만 그 본심은 아니었다"(「余君英時方密之晚節考序」)라고 주장했다. 사실 똑같이 불교로 도피했지만 그 인연因緣은 사람에 따라 달랐다. 예를 들어 부산이 도사道士임에도 불교 서적을 즐겨 읽었다는 것은 그의 성정性情과 인생 태도, 그리고 문인으로서 습성 때문에 비롯된 것처럼 보이기 때문에 '시대의 유행'으로서 불교로 도피한 것과는 원래부터 차이가 있었다. 방이지와 웅개원熊開元이 불교를 대한 것도 웅

---

* 유소반(?~?)은 섬서 서안西安 사람으로 자가 계공繼貢이다. 옹정(1723~1735) 연간에 제생의 신분으로 천거를 받아서 사천 십방현什邡縣의 지현이 되어 벼슬살이를 시작했고, 이후 박학홍사과博學鴻詞科에 천거되어 지주知州까지 역임했다. 저작으로 『구원집九畹集』 『주역상설周易詳說』 이 있다.

당 왕부지가 노장사상을 대한 것과 마찬가지로 틀림없이 깊은 개인적 근거—불교에 대한 방이지의 조예는 또 웅개원이 필적할 수 없는 것이었는데—가 있었다. 한때 승려가 되었던 많은 이의 행정과 마음이 "정말 그러했는지信然" 아니면 "기댈 곳을 찾았던" 것인지 어찌 분명하게 구별할 수 있겠는가!

분위기에 고무되어서 사대부들이 유학자와 승려 사이를 홀연히 오가며 사대부의 갓과 승복을 도구처럼 여겼던 것은 오히려 특별한 소탈함과 자유로움을 나타내는 듯하다. 전겸익은 개암도인芥庵道人에 대해서 "평생의 행적이 모두 세 번 변했다"*고 했고, 검수화상劍叟和尙은 "평생의 면모가 눈 깜짝할 새에 바뀌어 모습이 변화무쌍한 느낌을 갖게 했다"**고 했다. 정지광鄭之琰의 경우 청나라 대군이 복건 지역으로 밀려들어오자 곧바로 머리를 깎고 승려가 되어 신회新會 지역을 오가며 약을 팔다가 "이듬해(1647)에 영명왕永明王 즉 계왕桂王 주유랑朱由榔이 황제를 칭하자 곧 머리를 기르고 황제가 있는 곳으로 간"***것도 이런 사례였다. 승복을 입었지만 훈채葷菜와 술을 거침없이 먹고 마시면서 태평성대에나 가질 마음과 행태를 계속 유지한 것은 명사名士 기풍을 계승한 것이었다. '불교에 은거隱於禪'한 것도 일종의 시대적 유행이었다. 진홍수陳洪綬****와 같은 이들은 불교로 도피한 것이 면모를 바꾸려는 의도가 아니었을 뿐만 아니라 오히려 원래의 면모를 보존하기 위한 행위였던 것처럼 보인다.[7] 앞에서 언급했던 굴대균이 승려와 유학자 사이를 오간 것도 아주 적합한 예다. 이경신李景新이 쓴 「굴대균전」(『翁山文鈔』)에서, "그는 사찰에 도착하면 상좌에 앉아 제자들에게 설법을 했

---

* 원주: "生平行事凡三變."(『牧齋有學集』 권35, 1244쪽)
** 원주: "一生面目, 斬眼改換, 使人有形容變盡之感."(「題官和尙天外遊草」, 같은 책 권50, 1629쪽)
*** 원주: "明年永明王稱號, 乃蓄髮赴行在."(『明季滇黔佛敎考』, 249쪽)

다"고 했는데 이 또한 명사로서의 역할을 훌륭히 해낸 것처럼 보인다. 두준杜濬은 「복굴옹산復屈翁山」에서 속세 사람들은 굴대균에 대해 "유학자로 귀속시키지 않고 오히려 그가 묵자의 도를 저버리고 떠난逃墨 점을 비난했다."(『變雅堂遺集』 文集 권4) 『광동문헌廣東文獻』 4집 권19에 나오는 나학붕羅學鵬의 보충 설명에서는 굴대균이 "갑자기 승려들 속으로 행적을 숨겼다가 갑자기 복장을 바꿔 입고 도사가 되었고, 또 갑자기 묵가를 버리고 유가로 귀의하여 일정한 견해가 없으니 그 품격을 칭송하기에는 부족하다"*****고 했다.

더욱이 승려가 되어서도 유민으로서 자신의 행적과 속내를 숨기는 데 신경 쓰지 않았던 이들도 있으니 예를 들어 머리를 깎고 승려가 되어서도 여전히 "(명 왕조의) 부흥을 도모"했던 피웅皮熊이나(『明季滇黔佛教考』 권5, 233쪽) "고금을 즐겨 논하면서도 불법佛法에 대해서는 이야기하지 않고 늘 이전 왕조에 대한 이야기가 나오면 얼굴을 가리고 통곡했던" 주림명대사呪林明大師의 경우(「祁六公子墓碣銘」, 『鮚埼亭集』 권13), 그리고 담론을 할 때는 속세를 벗어난 말을 많이 했지만 자신이 쓴 「생광지生壙志」에는 험준하고 날카로운 기세廉悍之氣가 행간에 남아 있었던 서파徐波의 경우(沈德潛, 「徐先生波傳」, 『碑傳集』 권124)가 그러했다. 전겸익은 「사호론四皓論」에서 상산사호商山四皓에 대해 이렇게 썼다.

**** 진홍수(1599~1652)는 절강 소흥 사람으로 자가 장후章侯이고 유명幼名이 연자蓮子 또는 서안胥岸이고 호가 노련老蓮, 별호가 소정명小淨名이며 만년의 호로 노지老遲, 회지悔遲, 회승悔僧, 운문승雲門僧을 썼다. 어린 시절 유종주를 스승으로 모시고 공부하여 생원이 되었다가 숭정 연간에 부름을 받아 내정공봉內廷供奉이 되었으며, 명나라가 망한 뒤에는 승려가 되었다가 나중에 다시 환속하여 그림을 팔아 생계를 꾸렸다. 『서상기西廂記』 삽화를 비롯한 적지 않은 그림과 『보륜당집寶綸堂集』을 남겼다.

***** 원주: "忽而遁跡緇流, 忽而改服黃冠, 忽而棄墨歸儒, 中無定見, 其品不足稱也."(『廣東文獻』 4集, 同治 2年 春暉堂刊本)

네 노인은 은자가 아니라 아마도 초·한 교체기에 친분을 맺고 망명하여 빈객을 다스려서 뭔가를 해내려 하다가 나중에야 도피하여 상산과 낙수 근처에 숨은 이들일 것이다. 숨어 지내면서 제약받는 것을 두려워했지만 항상 자신을 드러내려고 안달을 부렸다.

四老人, 非隱者也, 殆亦楚, 漢之交, 結納亡命, 部勒賓客, 奮欲有爲, 而後乃逃匿商, 雒間者. 居隱畏約, 未嘗不癢癢思一自見也.(『牧齋有學集』 권43, 1459)

드러나고 숨겨진 차이를 제외하면 이것은 앞서 설명한 명·청 교체기의 인물들을 묘사하는 데도 훌륭하게 적용할 수 있다. 이로 통해 당시 불교의 다양한 행태를 어렵지 않게 상상할 수 있을 것이다.

더욱 풍자적인 사실은 굴대균과 같은 이들은 생전에 유학에 대한 자신의 신앙을 표명할 수 있었지만 그가 죽은 뒤에 다른 사람들이 그를 승려로 지목하는 것을 막지 못했다는 사실인데, 이 또한 유민의 독특한 운명이었다. 건륭 3년(1738)에 심덕잠이 편찬한 『명시별재明詩別裁』에서는 굴대균의 시 6수首를 "방외方外" 항목의 마지막에 실으면서 굴대균이 승려로 활동할 때 썼던 법호와 자를 이용해서, "금종今種은 자가 일령一靈이고 번우番禺 사람이다"라고 설명을 붙였다. 그리고 건륭 12년(1747)에 양선장梁善長*이 작품을 선집하여 『광동시수廣東詩粹』(12권)를 간행하면서 굴대균의 시 35수를 뽑아 수록했는데, 이때도 그를 "방외" 항목에 포함시키고 심덕잠과 똑같은 설명을 붙였다. 가경嘉慶(1796~1820) 연간에 이르면 굴대균이 죽은 지 100년 남짓 지난 후인

---

* 양선장(?~?)은 광동 순덕順德 사람으로 자가 숭일崇一이고 호가 섭안躡安이다. 건륭 4년(1739) 진사에 급제하여 백수지현白水知縣과 합양지현郃陽知縣을 역임했다. 자신이 소장한 훌륭한 문장을 모아 『팽아문고편彭衙文稿編』을 편찬한 바 있다.

데 왕창王昶*이 편찬한 『명사종明詞綜』과 온여능溫汝能**이 전집한 『월동시해粵東詩海』 및 『월동문해粵東文海』에서도 굴대균의 시와 산문을 수록하면서 여전히 작자를 '일령一靈'이라고 밝혔다. 굴대균은 '유가로 돌아왔음'을 공개적으로 선언했지만, 후세 사람들은 그의 '귀환'을 허락하지 않았으니 정말 울지도 웃지도 못할 일이 아닌가?

이 무렵에 사대부들이 불교에 관여한 것은 종종 환난에서 살아남은 이의 '체험을 통한 깨달음體悟' 때문이었다. 시윤장은 「무가대사육십서無可大師六十序」에서 방이지에 대해 이렇게 썼다.

> 떠나가서 불교를 배우다가 광동 서부에서 난리를 만나 벼슬을 버린 뒤로 목숨이 위태로워지자 기댈 곳을 찾아 도피했다. 나중에 돌아와서 천계天界 각랑성도覺浪盛道 선사를 모시며 문을 걸어 닫고 수 년 동안 침선하며 심신을 수련하여 성명性命의 요지를 개운하게 깨닫고 탄식했다.
> "내가 아홉 번의 죽음도 두려워하지 않았으나, 거의 일생을 망칠뻔했구나!"
> 옛날에 도를 깨달은 사람도 고약한 질병이나 환난을 당했을 때 이와 비슷했다.

---

* 왕창(1725~1806)은 청포靑浦(지금의 상하이에 속함) 사람으로 자가 덕보德甫이고 호가 술암述庵, 난천蘭泉이다. 건륭 19년(1754) 진사에 급제하여 대리시경大理寺卿과 도찰원우부도어사都察院右副都御使까지 역임했다. 그러나 그의 주요 성취는 관직에서보다 학술 분야에서 두드러져서 금석고증金石考證 분야의 고전이라고 할 만한 『금석수편金石萃編』을 편찬하고 『명사종明詞綜』 『국조사종國朝詞綜』 『호해시문전湖海詩文傳』 등을 편집했으며, 그 외의 저작으로 『사초종담使楚從譚』 『정면기문征緬紀聞』 『춘융당시문집春融堂詩文集』 등이 있다.

** 온여능(1748~1811)은 불산佛山 순덕順德 사람으로 자가 희우希禹 또는 희당熙堂이고 만년의 호가 겸산謙山이다. 건륭 53년(1788)에 천거를 받아 내각중서內閣中書가 되었으나 얼마 후 사직하고 귀향했다. 저작으로 『겸산시문초謙山詩文鈔』가 있고 『월동시문해粵東詩文海』 및 『용산향지龍山鄕志』를 편찬했다.

去而學佛, 始自粵西遭亂棄官, 白刃交頸, 有托而逃者也. 後歸事天

界浪公, 閉關高座數年, 到心灌骨, 渙然氷釋於性命之旨, 嘆曰: 吾不

罹九死, 幾負一生. 古之聞道者, 或由惡疾, 或以患難, 類如此矣.(『施

愚山集』文集 권9, 166쪽)

주이존朱彝尊은 「서선생백령묘지명徐先生柏齡墓誌銘」에서 서백령徐柏齡[*]
에 대해 이렇게 기록했다.

재난을 당하게 되자 풍파와 전장의 위험을 무릅썼는데 다행히 죽

음을 면해서 다시 불교의 종지宗旨를 참오하여 스스로 행적을 깊

이 숨겼으니, 우환을 겪고 나자 기댈 곳을 찾았던 것이다.

追身罹禍難, 衝波潮踏鋒刃, 幸而獲免, 乃復參禪家宗旨, 深自晦跡,

蓋憂患之餘有托然矣.(『碑傳集』 권123)

유성劉城은 도개道開[**]의 『열반법회록涅槃法會錄』을 얻고 나서 이렇게

썼다.

(내가) 아끼며 계속해서 찬탄하자 옆에서 손님이 말했다.

---

* 서백령(?~?)은 가흥嘉興 사람으로 자가 절지節之다. 숭정 3년(1630) 효렴孝廉으로 천거되어 영
가유학교유永嘉儒學敎諭를 지냈고, 남경이 함락되자 복건 천궐산天闕山에 은거해 있다가, 전란
이 끝나자 고향으로 돌아가 불교에 귀의했다.
** 도개(?~?)는 원래 남창南昌의 유학자였으나 출가하여 승려가 되었고, 법호가 밀장密藏이다. 자
진하여 자백진가紫柏眞可(1543~1603)의 제자가 되었으나 정치가 어지러워지자 갑자기 은거하여
종적이 묘연해졌다. 자백진가 등과 함께 『가흥대장경嘉興大藏經』을 간행했고, 저작으로 『밀장개
선사유고密藏開禪師遺稿』『밀장선사정제능엄사규약密藏禪師定制楞嚴寺規約』『장일경서표목
藏逸經書標目』 등을 남겼다.

"오늘 신정新亭에서 눈물을 뿌렸으니* 이것은 거기에 미칠 수 있는 것이 아니지요."

"오늘날의 재앙은 도적같이 잔인한 오랑캐가 전쟁을 일으켜 살생을 일삼아서 그렇게 만든 것이오. 그런데 살생은 화를 내는 데서 비롯되고, 화를 내는 것은 탐욕에서 생기며, 탐욕은 애욕愛慾과 음란함, 사악함에서 비롯되지요. 그러니 포악한 이들을 덕으로 교화하여 태평성대를 만드는 길을 분명히 알 수 있지요."

愛玩贊嘆不置. 客從傍曰: 今日灑漏新亭, 此非所及. 余曰: 凡今日之禍, 胡寇, 盜賊, 血夷, 刀兵相殺使然矣. 然殺從嗔起, 嗔自貪生, 貪由愛欲, 兼以淫邪. 是則勝殘止殺之道, 斷可知也.(「法會錄詩序」, 『嶧桐集』권2)

이러한 사대부들의 경험을 전겸익은 더욱 문인다운 상상력을 발휘하여 묘사했다.

갑자기 벼슬길이 좌절되고 국난에 이리저리 떠돌며 온갖 죽음의 위험을 두루 경험했으니 이 한 몸에게 남은 일이 얼마나 되겠는가? 호통소리가 귀를 메우고 도끼질이 몸에 쏟아져도 혈로를 뚫고 넋이 돌아오고 칼산을 넘어 혼이 돌아왔다. 악몽은 어느새 멈추고 장식藏識**이 홀로 밝아지며, 『능엄경』을 따라 수행하여 인과를 쌓고 『반야심경』에 나타난 부처의 모습을 보았다. 마치 옛날에

---

* 옛날 서진西晉이 망하자 장강을 건너 건강建康(지금의 난징)을 도읍으로 동진東晉이 세워졌는데, 당시 주의周顗를 비롯한 사대부들이 신정新亭에 모여서 감상에 젖어 눈물을 흘리자, 왕도가 나서서 힘을 모아 왕실을 보좌하여 중원을 수복하자고 비장하게 외쳤다는 일화가 있다.

** 장식은 법상종法相宗의 '팔식八識(aṣṭau vijñānāni)' 가운데 6번째인 '아뢰야식阿賴耶識(ālaya)'을 가리킨다. 일체의 선악인과의 씨앗을 품은 식識을 가리킨다.

보았던 기이한 물건을 여러 해가 지난 뒤에 갑자기 다시 보게 된 것처럼 기억이 뚜렷하여 놓친 것이 없었다.

頓踣仕途, 流離國難, 萬死備嘗, 一身餘幾. 呼叱塡耳, 斧鑽攢軀, 血路魄回, 刀山魂返. 噩夢乍歇, 藏識孤明, 楞嚴積因, 影現心經. 如汝昔年睹一奇物, 經歷年歲, 忽然復睹, 記憶宛然, 曾不遺失.(「大佛頂首楞嚴經疏解蒙鈔錄始」, 『有學集補遺』卷下, 遂漢齋校刊)

이러한 좌절과 재난을 겪고 난 뒤에 도피한 것은 이미 사지死地만이 아니고 허무와 절망이었으니, 불교의 쓰임새가 크지 않았다고 할 수는 없다.

확실히 당시 유학자의 신분에서 불교에 입문하여 귀환하지 않고 승려로 오래 지내며 법통을 이어받아 제자들에게 설법을 하면서 영락없는 불교 원로의 모습을 보여준 이들도 있었다.[8] 예를 들어 전조망은 주은남周恩南에 대해 이렇게 썼다.

처음에는 몸을 의탁할 곳이 없고 울컥한 것이 있어서 그곳으로 도피했는데, 시간이 오래 지나면서 그것을 잊고 단壇을 열고 설법을 하면서 점차 원래 자신의 모습을 잃어버렸다.

當其始也, 容身無所, 有所激而逃之. 及其久而忘之, 登堂說法, 漸且失其故吾.(「周恩南傳」, 『鮚埼亭集』권27)

역시 전조망이 기록한 전광수錢光繡*의 행적도 이와 비슷했다.

---

* 전광수(1614~1678)는 자가 성월聖月이고 만년의 호가 칩암蟄庵이다.

병술년(1646) 이후로는 낙담하여 스스로 방종하게 지냈다. 평생의
스승과 벗들은 대부분 칼날 아래 죽었기에 가는 곳마다 옛사람
을 그리는 아픔이 느껴져서 고개 돌려 쳐다보지도 못했다. 이에
부처를 믿는 버릇이 생겨서 결연히 파란을 물리쳤으니 그야말로
불가의 승려 같았다.

丙戌以後, 頹然自放. 生平師友大半死劍鋩, 所之有山陽之痛, 不堪
回首, 遂以佞佛之癖, 決波倒瀾, 儼然宗門人物矣.

유학자들에게 가장 가슴 아픈 것은 바로 이런 사실이 아니었겠는가?

선비들의 불교로의 도피와 유가-불가의 논쟁

선비들이 불교로 도피한 더욱 심각한 근거는 명대 학술의 변천과 추
세에서 찾을 수 있다. 이 책에서 논의하고 있는 시기에 이르면 불가의
용어는 이미 일상적인 언어의 재료가 되어 있었다. 굴대균은 『광동문선
廣東文選』「범례」에서 자신이 문장을 선별한 것에 대해 이렇게 썼다.

> 진헌장陳獻章과 담약수湛若水,* 양기원楊起元**의 문집 가운데 '오'
> '증' '돈' '점'과 같이 불교의 어휘를 빌려 쓴 것들은 전아함을 손상
> 시키기 때문에 모두 삭제하여 남겨두지 않았다.
>
> 卽白沙, 甘泉, 復所集中, 其假借禪言若悟證頓漸之類, 有傷典雅, 亦
> 皆刪削勿存.(『翁山文外』 권2)

「진문공집서陳文恭集序」에서도 자신이 진헌장의 문집을 수록하면서

"중간에 불교나 노장사상에서 빌려다 쓴 말이 있으면 모조리 버렸다中有借用佛老之言, 一皆舍之"(위와 같음)고 했으니 '불교나 노장사상의 말'이 얼마나 보편적으로 쓰이고 있었는지 짐작할 수 있겠다. 장이상은 동문인 진확陳確이 불교 용어를 빌려다 쓴 것을 지적하고(「答陳乾初」, 『楊園先生全集』권2), 돌아가신 자신의 스승 유종주가 "평소 문장 가운데 불교 용어가 많은데 기피하지 않으신"*** 데 대해서도 부정적인 입장을 보였다. 장이상에게 비판을 받은 진확은 송나라 유학자들의 '찰식단예察識端倪'****와 같은 화두話頭를 거론하면서 "모두가 예전에 불경을 익혀서 재앙을 초래한 것"*****이라고 했다. 이는 불교의 '언어-사상'이 어디에나 스며들어 있었다는 중대한 사실을 지적한 셈이다.[9] 이옹李顒은 고헌성顧憲成을 비판하면서 이렇게 썼다.

> 고헌성은 소옹少翁이 선도 없고 악도 없다고 말한 것이 불교에 가
> 깝다면서 극력 비판함으로써 스스로 문호를 표방했는데, 그가 제
> 수현諸壽賢(?~?, 자는 경양景陽)에게 보낸 답장에서는 "훗날 죽음이
> 찾아와서 염라봉을 맞지는 않겠지만, 지금의 이 실패는 영원히 보

---

* 담약수(1466~1560)는 광동 증성增城(지금의 광저우廣州에 속함) 사람으로 자가 원명元明이고 호가 감천甘泉이다. 진헌장陳獻章의 제자인 그는 홍치 18년(1505) 진사에 급제하여 한림원 편수編修에 임명되었고 이후 남경예부상서와 남경이부상서, 남경병부상서를 역임했다. 죽은 뒤에는 태자소보太子少保에 추증되었고, 시호는 문간文簡이다. 저작으로 『감감천집湛甘泉集』『심성도설心性圖說』『양자절충楊子折衷』 등이 있다.

** 양기원(1547~1599)은 광동 귀선歸善(지금의 후이저우惠州에 속함) 사람으로 자가 정복貞復이고 호가 복소復所다. 만력 5년(1577) 진사가 되어 한림원 편수가 되어서 남경예부상서까지 역임했다. 시호는 문의文懿다. 저작으로 『증학편證學篇』『증도서의證道書義』『양자학해楊子學解』『양문의집楊文懿集』 등 다수가 있고, 그 외에 『유마경維摩經』을 평주評注하고 『제경품절諸經品節』을 편찬하기도 했다.

*** 원주: "平日文字中多有釋氏字面, 不爲避忌."(『楊園先生全集』 권3, 「答吳仲木」)

**** '찰식단예'는 사물을 명확히 살펴서 그 두서와 본말을 식별한다는 뜻이다.

***** 원주: "皆嘗習內典而階之厲也."(「禪障」, 『陳確集』, 445쪽)

충하지 못할 것"이라고 했다. 이 말이 만약 소옹에게서 나왔더라면 또 어떻게 공격했을지 모르겠다.

涇陽以文成無善無惡之言爲近佛, 力駁之, 以自標門戶, 而其答諸景陽書則云: 異時無常到日, 不至吃閻羅棒, 此時一蹉, 永劫難補. 斯言若出文成, 不知尤當如何操戈.(「答吳潛長」, 『二曲集』 권16)

'언어 재료' '사상' '학설'이 뒤섞여 있기는 하지만 이 또한 유학자들의 용어가 잡박했다는 사실을 말해준다. 불교도 같은 분위기에 싸여 있었다. 궈펑郭朋은 『명·청 불교』에서 저명한 승려 감산덕청憨山德清(1546~1623)이 갑자기 '복성復性'과 같은 유가 용어로 '선문禪門'의 '공부工夫'를 설명한 것은 그가 얼마나 깊이 유가화되었는지를 보여주기에 충분하다고 했다.(255쪽)

"유가와 불가에 두루 통달會通儒釋"하려고 하고 '삼교三敎'를 일종의 사상이자 학술 취향으로 간주하는 것은 그 유래가 이미 오래되어서 명대의 고승들은 대부분 이런 태도를 취했다.[10] 명·청 교체기 불교계의 명숙들도 예외가 아니었다. 황종희는 「소주삼봉한월선사탑명蘇州三峯漢月禪師塔銘」에서 저명한 승려 삼봉한월三峯漢月(1573~1635)이 사대부들과 『논어』와 『주역』에 대해 이야기하는데 "특별한 생각으로 새로운 해석을 제시"*했다고 했고, 전겸익도 「화산설랑대사탑기華山雪浪大師塔記」에서 설랑雪浪이 "불경 이외의 전적들을 두루 종합하여 당시唐詩와 진晉나라 때의 서예까지 섭렵"**했다고 했다. 서방徐枋은 계기홍저繼起弘儲***가 성인의 도에 대단히 합치된다고 칭송했다.**** 계기홍저가 '효'

---

* 원주: "鑿空別出新意."(『黃宗羲全集』 제10책, 517쪽)
** 원주: "博綜外典, 旁及唐詩晉字."(『牧齋初學集』 권69, 1572쪽)
*** 원주: "何其深有合於聖人之道也."(『靈巖樹泉集序』 『居易堂集』 권5)

에 대해 이야기한 것은 속세의 가치관世諦으로 호소한 것이었다. 이와 같은 저명한 승려들의 취향은 사대부들이 유가와 불가에 대해 '들어 맞음을 증명參同'하고 '융합 관통會通'하려고 힘썼던 것과 함께 학술적 유행과 관련이 있었으며, 특히 명 중엽 이후에는 더욱 그러했다. 『명사』 권283에 수록된 주여등周汝登*****의 전기에서는 이렇게 쓰고 있다.

> 주여등은 더욱 유학과 불학을 융합하여 관통하게 하려고 해서 『성학종전』을 편집하면서 이전 유학자들의 사상 가운데 불교와 유사한 것을 모두 채집하여 수록했다. 만력 연간에 강학을 한 사대부들은 대부분 이와 비슷했다.
> 汝登更欲合儒釋而會通之, 輯『聖學宗傳』, 盡采先儒語類禪者以入.
> 蓋萬曆世士大夫講學者, 多類此.

명·청 교체기에 '관중의 위대한 유학자關中大儒'로 불리던 이옹李顒의 제자들이 기록한 그의 강의록은 그가 불교에 깊이 물들어 있었음을 증명하기에 충분하다.[11] 앞서 이미 설명했듯이 전겸익은 방이지와 송렴宋濂이 멀리서 호응한다고 제시했으니,[12] 그들은 각기 명나라 초엽과 말엽에 살면서 명대의 사대부들이 '유학과 불학을 겸하는學兼儒釋'데, 특히 사대부와 불교 사이의 관계에 대한 어떤 상징적인 의미를 나

**** 계기홍저(1605~1672)는 호가 퇴옹退翁, 담설노인擔雪老人이다. 남통南通 사람으로서 소주蘇州 영암산사靈巖山寺의 주지를 지냈으며, 임제종臨濟宗 제32대 전승자다. 한때 상숙常熟 삼봉사三峯寺에서 지낸 적이 있으며, 유학에도 정통했던 것으로 알려져 있다.

***** 주여등(1547~1629)은 승현嵊縣(지금의 저장 성에 속함) 사람으로 자가 계원繼元이고 별호가 해문海門이다. 만력 5년(1577) 진사에 급제하여 남경공부주사南京工部主事에 발탁되었고 이후 남경상보시경南京尙寶寺卿까지 역임했다. 나여방羅汝芳(1515~1588, 자는 유덕惟德, 호는 근계近溪)의 제자로서 왕수인의 사상을 계승한 그의 저작으로는 『해문선생집海門先生集』 『동월증학록東越證學錄』 『성학종전聖學宗傳』 등이 있다.

타냈다고 할 수도 있겠다.

명·청 교체기에 방이지는 삼교를 융합하여 관통하는 데 힘을 기울인 주요 인물이며, 이에 대해서는 위잉스余英時가 『방이지만절고方以智晚節考』3 「만년사상관규晚年思想管窺」에서 이미 논의한 바 있다. 시윤장의 「무가대사육십서無可大師六十序」에서는 방이지의 가학 연원 및 그가 승려가 된 뒤의 학술 취향을 설명했다.

스승(방이지)의 증조부로서 대리시소경을 지낸 방대진方大鎭*은 『주역』에 조예가 깊었고 부친으로서 우첨도어사를 역임한 방공소方孔炤**가 그것을 계승하여 좌춘방좌유덕左春坊左諭德을 역임한 오응빈吳應賓***과 더불어 복희와 주 문왕의 우열을 논하며 절충을 연구했다. 스승께서는 어려서부터 그것을 듣고 좋아하셔서 이것을 연구하게 되자 먹고 자는 것조차 하지 않고 생사生死를 잊을 정도였으며, 『주역』의 이치가 불교 및 노장사상과 상통한다고 여기셨다. 그분께서는 늘 사람들에게 이렇게 말씀하셨다.

"가르침敎에 이른바 셋이라는 것은 없으며, 하나가 셋이고 셋이

---

* 방대진(1560~1629)은 안휘 동성 사람으로 자가 군정君靜이고 호가 노악魯岳, 야동옹野同翁이며, 사후에 가문에서 올린 시호가 문효文孝다. 만력 17년(1589) 진사에 급제하여 대명부추관大名府推官이 되었고 이후 대리시소경大理寺少卿까지 역임했다. 주요 저작으로 『역의易意』『시의詩意』『예설禮說』『하신의荷新義』『전거을기田居乙記』『녕담거시문집寧澹居詩文集』 등이 있다.

** 방공소(1590~1655)는 자가 잠부潛夫이고 호가 인식仁植이다. 만력 44년(1616) 진사에 급제하여 가정지주嘉定知州에 임명되었고 이후 우첨도어사右僉都御史, 호광순무湖廣巡撫를 역임했다. 저작으로 『주역시론周易時論』『상서세론尙書世論』『예절론禮節論』『춘추절론春秋竊論』『전변기략全邊紀略』『무초소고撫楚疏稿』『환중당집環中堂集』 등이 있다.

*** 오응빈(?~?)은 안휘 동성 사람으로 자가 상지尙之 또는 객경客卿이고, 호가 관아觀我, 삼일노인三一老人이고, 죽은 뒤에 제자들이 그를 '종일선생宗一先生'이라고 불렀다. 만력 14년(1586) 진사에 급제하여 한림원 편수로 있다가 눈병이 나서 사직했고 나중에 좌춘방좌유덕左春坊左諭德 겸 한림원 시독侍讀이 되었다. 방이지의 외조부이자 뛰어난 불교 이론가로서 당대의 명승들과 교유하기도 했던 그는 『종일성론宗一聖論』『고본대학석론古本大學釋論』『중용석론中庸釋論』『성선해性善解』『오진편悟眞篇』『방외유方外遊』『채진고采眞稿』 등의 저작을 남겼다.

하나다. 그것은 마치 큰 저택과 같아서 청당廳堂과 내실內室, 누대와 전각으로 구분되기는 하지만 사실 하나의 저택이다. 들어가는 길은 다르지만 서로 통하여 쓰이는 것이다."

그러므로 『주역시론周易時論』과 『포장炮莊』 등의 책이 있어서……

蓋其先大父廷尉公, 湛深『周易』之學, 父中丞公繼之, 與吳觀我太史上下羲文, 討究折衷. 師少聞而好之, 至是硏求遂廢眠食, 忘死生, 以爲易理通乎佛氏, 又通乎老莊. 每語人曰: 敎無所謂三也, 一而三, 三而一者也. 譬之大宅然, 雖有堂奧樓閣之區分, 其實一宅也. 門徑相殊, 而通相爲用者也. 故嘗有『周易時論』 『炮莊』等書 (…) (『施愚山集』, 166쪽)

명·청 교체기에 학술이 변천할 무렵 이와 같은 취향은 당시의 '학술화'라는 필요에 더욱 부합했다. 즉 '유학'과 '불학'을 '학문學'으로 간주하면서 그것을 '신앙화'하는 경향을 줄였던 것이다. 당시의 도학자들 가운데는 '겸兼'하는 데 힘쓰다가 다른 이들에게 비난을 받는 경우가 상당히 많았다. 황종희는 명말 무림독서사武林讀書社*에 대해 그들이 "부질없이 불교의 그물에 걸렸으니" "재능이 약하고 학술이 잡다해서 결국 성취를 이룰 수 없었다"고 대놓고 비판했다.** 그러나 '잡다雜' 하고 '겸兼'하는 것은 결국 명대 학술의 어떤 특색을 만들어냈다. 오위

---

* 숭정 연간에 문자장聞子將과 장천생張天生, 풍연년馮延年, 그리고 엄조어嚴調御, 엄무순嚴武順, 엄칙嚴敕까지 세 형제를 일컫는 '여항삼엄餘杭三嚴'이 항주에서 설립한 결사다. 그들은 독서의 뜻志을 정하고, 독서의 공부功를 엄밀히 하고, 독서의 말言을 징험徵하고, 독서하는 마음心을 다스려야 한다는 규약을 정해서 절기節氣를 양성하고 마음心地을 잘 살펴야 한다고 주장함으로써 동림당東林黨의 영향을 받았음을 드러냈다. 그들은 문학에서 "문장은 육조시대를, 시는 당대를 모범으로 삼아야 한다文必六朝, 詩必三唐"고 주장했다.

** 원주: "徒爲釋氏之所網羅 (…) 本領脆薄, 學術庬雜, 終不能有所成就."(「陳夔獻墓誌銘」 『黃宗羲全集』 제10책, 440쪽)

업은 "당·송 시기의 학술 연구에서는 유가와 불가가 구분되어 있었지만 우리 명나라에서는 둘이 합쳐져 있다"*고 하면서 "유가와 불가를 합쳐서 그 원류를 탐구할 수 있다면" 이것은 추구할 만한 가치가 있는 목표라고 했다.** 평가가 어떠하든 간에 당시 사대부들이 '잡다'하고 '겸'하고 '합치'는 경향이 있었던 것은 부인할 수 없는 사실이다.

불경과 도장道藏을 빠짐없이 섭렵했던 이옹 자신은 이에 대해 이렇게 해명한 적이 있다.

> 일찍이 학자가 사물을 살피고 이치를 탐구하는 것은 오로지 자신의 발전을 위한 것이며, 공부는 순일하게 하면서 성현의 책이 아닌 것은 읽지 말아야 한다고 했다. 도술을 절충하고 정사와 시비의 귀결점을 분석하기 위해서는 실제로 그렇게 된 까닭을 알지 않으면 안 된다. (그래서) 서양 기독교 서적이나 외국의 이서異書들 같은 경우도 모두 그 허망함을 규명하여 설명에 따라 바로잡음으로써 우리의 도를 엄격하게 하는 방비책으로 삼아야 한다.
>
> 嘗言學者格物窮理, 只爲一己之進修, 肄業須醇, 勿讀非聖之書. 若欲折衷道術, 析邪正是非之歸, 則不容不知所以然之實 (…) 他若西洋敎典, 外域異書, 亦皆究其幻妄, 隨說糾正, 以嚴吾道之防.(「歷年紀略」, 『二曲集』 권45)

「답고영인선생答顧寧人先生」에서 그는 이렇게 썼다.

---

*   원주: "唐宋之講學儒釋分, 而我明之講學儒釋合."(「瞻照如師序」, 『吳梅村全集』 권35, 756쪽)

** 원주: "得乎儒釋之合而探其原."(「文先生六十序」, 같은 책 권36)

불경을 읽지 않으면 물론 좋겠지만 우리가 단지 자신의 발전만을
위한다면 육경과 사서 및 염락관민濂洛關閩*의 대가들이 남긴 책
만으로 충분히 수용할 수 있습니다. 학술의 차이를 연구하고 불
가와 도가의 사이비似而非 학설을 절충하여 일관된 도덕으로 거센
물결을 잠재우려면 불경이나 도장道藏을 잠깐 살펴보지 않을 수
없습니다. 마치 도적을 심문하는데 만약 그가 장물臟物을 숨긴 곳
을 모른다면 죄를 다스릴 수 없는 것과 마찬가지가 아니겠습니까?
不讀佛書固善, 然吾人只爲一己之進修, 則六經四子及濂洛關閩遺
編, 盡足受用; 若欲硏學術同異, 折衷二氏似是之非, 以一道德而砥
狂瀾, 釋典玄藏, 亦不可不一寓目. 辟如鞠盜者苟不得其臟之所在,
何以定罪.(같은 책 권16)

비록 시론時論에 부화뇌동하면서 목적을 '비유辟'—즉, 그것들이 그
저 처벌만 기다리는 '도적'이라는 것을 먼저 인정함으로써—에 두었
지만, 정리해서 읽자면 그것은 여전히 학술적인 태도에 가깝다고 할 수
있다. 주목할 만한 것은 이옹이 같은 글에서 또 "잘못된 글자와 구절
에 대한 의심을 해명해야" 한다는 고염무의 주장을 "해명할 필요가 없
는 것을 해명하는" 일이라고 하면서, 자신의 심신心身과 무관한 것들에
대해 "상세함과 간략함을 고찰하고 같은 것과 다른 것을 채집하는"것
은 "말단에서 구하는" 행위라고 하며 "겨우 쉰 살을 넘기니 급한 것은
사실 이것이 아니었다"고 이야기한 점이다.** 그 기상은 고염무와 아주

---

* 염락관민은 각기 염계濂溪의 주돈이周敦頤와 낙양의 이정二程(즉 정호程顥, 정이程頤), 관중關
中의 장재張載, 그리고 복건에서 학생들을 가르친 바 있는 주희를 가리킨다.

** 원주: "辯疑誤字句 (…) 辨乎其所不必辯 (…) 考詳略, 采異同 (…) 求於末 (…) 區區年逾知命,
所急實不在此."

달라서 마치 "학술의 차이를 연구하고 불가와 도가의 사이비 학설을 절충"하겠다고 했던 자신의 말을 실천하겠다는 생각이 전혀 없는 것 같았다. 고염무는 여러 차례 이옹에게 편지를 보내 '체體'와 '용用'이라는 두 글자가 경전에서 어떻게 운용되는지를 고찰하여 불교에서 '우리 유학'의 개념을 훔쳤음을 증명하고, '내內'와 '외外'를 분석하여 불경을 가리킬 때 이미 일상적으로 쓰고 있는 '내전內典'이라는 개념이 잘못된 것임을 지적했다. 이것은 고증학의 방법으로 불교를 비판한 것으로서, 바로 고염무 자신의 학문 연구 과정에서 나온 결론이었다.(『顧亭林詩文集』, 241~242쪽 참조) 불교를 이단으로 간주하는 데는 왕부지도 당시 유학의 언어 환경에 속해 있었다. 하지만 불교에 대한 그의 태도는 대단히 복잡했다. 그가 쓴 『상종락색相宗絡索』은 바로 유식종唯識宗*의 29가지 범주에 대해 해석한 것으로서 유식종이 쇠락해 있던 명대의 상황에서는 사람들의 주목을 끌지 못했다. 한때 유학자들이 불학과 불교에 대해 취했던 태도는 이와 같이 들쭉날쭉하고 어지러운 대비를 이루고 있었다. 고염무나 이옹 같은 태도는 또한 학술의 변천 과정에서 그 사람이 처한 위치를 잘 보여준다.

『금언今言』에는 왕운봉王雲鳳**과 왕경王瓊***에 대해 이렇게 기록했다.

왕운봉이 사제낭중이 되었을 때 승려와 도사들의 시험을 엄격히

---

* 유식종은 중국 불교 12종 가운데 하나로서 당나라 때 현장법사玄奘法師(602~664)와 규기대사窺基大師(632~682)가 서안의 대자은사大慈恩寺에서 창시한 종파이며 '유상종有相宗' '유가종瑜伽宗' 등으로도 불린다. 이 종파에서는 '오위백법五位百法'에 따라 유위有爲와 무위無爲의 제법諸法을 판별하며 '일체유식一切有識'을 주장한다.

** 왕운봉(1465~1518)은 산서山西 화순和順 사람으로 자가 응소應詔이고 호가 호곡虎谷이다. 성화 20년(1484) 진사에 급제하여 예부주객사주사禮部主客司主事를 시작으로 도찰원우첨도어사都察院右僉都御史까지 지냈고, 죽은 뒤에는 우부도어사右副都御史에 추증되었다. 저작으로 『호곡집虎谷集』이 남아 있다.

치러서 불경과 도장에 정통한 이들에게만 도첩을 수여해야 한다
고 상소를 올렸다. 그러자 왕경이 그에게 물었다.

"이렇게 하면 이단을 막을 수 있겠소? 만약 그 말씀대로 한다면
그들 사이에 틀림없이 불경과 도장에 정통한 이들이 나올 것이외
다. 지금 불교와 도교 무리는 겨우 먹고살 대책이나 꾸리고 있는
실정이라 아직 우리 유가를 막아서서 승부를 다툴 겨를이 없소이
다. 그런데 만약 불경과 도장에 정통하게 된다면 또 어쩌할 수 있
겠소?"

그 말에 왕운봉이 탄복했다.

王虎谷爲祠祭郞中, 疏請嚴試僧, 道, 精通玄典者, 始與度牒. 王晉溪
問之曰: 兄謂此可塞異端乎. 若如兄策, 此輩欲得度, 必有精通玄典
者出於其間. 今二氏之徒苟且爲衣食計, 尙不可遏塞與吾儒爭勝負.
若使精通玄典, 又可奈何. 虎谷嘆服.(권2, 第186條)

장이상과 진확이 살던 시기에 이르면 불교와 도교를 내치든 그렇지
않든 간에 모두 불교와 불학이 사대부 사회와 민간에 널리 퍼지는 추
세를 바꿀 수 없었다. 이제부터 살펴볼 유학자들의 태도는 단지 기성
의 사실에 대한 반응에 지나지 않는다.

왕조 교체기의 저명한 유학자들과 학자들이 보여준 온건한 주장들
은 부분적으로 바로 유가와 불가의 '융합' 추세로 말미암은 결과라고

*** 왕경(1459~1532)은 산서山西 태원 사람으로 자가 덕화德華이고 호가 진계晉溪, 별호가 쌍계
노인雙溪老人이다. 성화 20년(1484) 진사에 급제하여 공부주사工部主事를 시작으로 이부상서를
거쳐 '삼고三孤', 즉 소보少保와 소부少傅, 소사少師, 그리고 '삼보三輔', 즉 태자태보太子太保, 태
자태부太子太傅, 태자태사太子太師를 모두 거쳤다. 죽은 후 태사에 추증되었고 시호가 공양恭襄
이다. 『조하도지漕河圖志』 『서번사적西番事跡』 『북변사적北邊事跡』 『연조명신록掾曹名臣錄』 등
을 편찬하고 『진계주의晉溪奏議』를 남겼다.

해석할 수 있다. 북방의 위대한 유학자 손기봉은 이렇게 이야기했다.

삼교의 성인은 그 법이 각기 세상을 다스리고 속세를 떠나는 데 소용이 있으니 서로 인습因襲할 필요가 없다. 서로 빌려다 쓴다고 해서 더욱 현저해지는 것도 아니고 서로 방해한다고 해서 더욱 흐려지는 것도 아니며, 각기 극치의 조예가 있는 것이다. (…) (다만) 우리 유가는 세상을 경륜하는 것을 업으로 삼기 때문에 불교와 도교의 장점을 아우를 수 있지만, 불교와 도교는 속세를 떠나는 것을 마음에 담고 있기 때문에 자연히 우리 유가를 합병하여 쓸 수 없다.

三敎聖人, 法各爲用, 治世出世, 正不必相襲. 不以相借而加顯, 不以相拗而加晦, 各有極詣也 (…) 吾儒以經世爲業, 可以兼收二氏之長; 二氏以出世爲心, 自不能合幷吾儒爲用.(「重修寶藏寺募疏」, 『夏峯先生集』 권7)

손기봉은 민간에서 불교를 믿는 것에 대해서도 관용적인 태도를 유지했다.[13] 또 다른 북방 유민인 부산은 조롱하는 듯한 어투로 이렇게 썼다.

부처는 서방에서 왔으니 손님인지라 가운데 앉히고, 노자는 공자보다 어른인지라 왼쪽에 앉히고, 공자는 주인이니 오른쪽에 앉힌 것이다. 그들 셋이 이미 자리를 잡고 앉았는데 설마 나더러 끌어내리라는 것인가?

佛來自西方, 客也, 故中之; 老子長於吾子, 故左之; 吾子主也, 故右之. 雖然, 他三人已經坐定了, 我難道拉下來不成.(「題三敎廟」, 『霜紅

방이지가 삼교합일을 이야기할 때도 이렇게 선언했다.

공자가 다시 살아난다면 틀림없이 노자의 용을 부처에게 주었을
테고, 부처가 중국에 들어온다면 틀림없이 공자의 책을 즐겨 읽었
을 것이다. 나는 이렇게 믿는다.
孔子復生, 必以老子之龍予佛, 佛入中國, 必喜讀孔子之書, 此吾之所
信也.(「擴信」, 『東西均』, 13~14쪽)

팽사망彭士望은 「여진창윤서與陳昌允書」에서 이렇게 썼다.

안을 다스리는 공은 비록 선禪에서 들어간다 하더라도 진정한 선
이다. 송나라 때 이강李綱*과 장구성張九成,** 조정趙鼎***이 공을 세
워 기개와 절조를 떨친 한 시대의 탁월한 인물이었지만 그들도 모
두 선으로부터 그런 경지로 들어갔다. 그들의 마음은 청정하고 단
호하여 정욕을 숨겨 가린 채 단단히 포장하고 있는 세속의 인물
들과는 달랐다. 그렇기 때문에 그들의 공적과 인품이 모두 훌륭했

---

* 이강(1083~1140)은 강소 무석無錫 사람으로 자가 백기伯紀이고 호가 양계선생梁溪先生이다.
정화 2년(1112) 진사에 급제하여 태상소경太常少卿, 호남선무사湖南宣撫使 겸 담주지주潭州知
州 등을 역임했고, 죽은 후 소사少師에 추증되었다. 저작으로 『양계선생문집梁溪先生文集』『전
강전신록靖康傳信錄』『양계사梁溪詞』 등이 있다.
** 장구성(1092~1159)은 가흥嘉興 염해鹽海 사람으로 자가 자소子韶다. 소흥 2년(1132) 진사에
급제하여 종정소경宗正少卿으로서 예부시랑 권한 대행 겸 시강侍講 겸 형부시랑 권한 대행까지
역임했으나 진회와 대립하는 바람에 파직되었다가 훗날 복권되어 온주지주溫州知州에 임명되었
다. 죽은 후에는 태사에 추증되고 숭국공崇國公에 봉해졌으며, 시호는 문충文忠이다. 저작으로
『횡포집橫浦集』이 있다.

던 것이다.

內治之功, 雖從禪入, 卻是眞禪. 宋時李伯紀, 張子韶, 趙元鎭猷爲
氣節, 卓犖一時, 亦俱從禪入. 數公胸中乾淨直截, 不似世人情欲掩
飾, 握捉包裹, 故其功業人品俱有可觀.(『樹廬文鈔』권2)

　서방徐枋은 거사居士를 통해서 유가와 불가를 비교했는데, 그의 견해
는 당시 '순수한 유학자粹儒'가 생각해낼 수 있는 것이 아니었다.

　　유학자는 도를 온전히 하는 것을 중시하기 때문에 항상 자신을
　　중시하여 속세에 나가는 것보다 은퇴하여 지내는 것을 더 낫다고
　　여긴다. 그러나 불법은 도를 행하는 것을 우선시하기 때문에 이득
　　에 따라 처세하는 방법을 바꾸어서 항상 속세에 나가는 것을 은
　　퇴하여 지내는 것보다 더 낫다고 여긴다. (…) 석가모니는 교단을
　　설립하면서 다섯 가지 더러운 것에서 입문하겠다고 맹서했고, 신
　　승神僧들이 현신하여 중생을 교화할 때는 혼란한 왕조라 하더라
　　도 부끄럽게 여기지 않았다. 혜명慧命****을 이어가서 중생을 구제
　　할 수만 있다면 자기 몸을 바쳐 그 길을 따른다. 그러니 겁에 질
　　려 어쩔 줄 몰라 자신을 깨끗이 하는 것만을 최고로 생각하는 유
　　학자들과 어찌 같을 수 있겠는가!

―――

*** 조정(1085~1147)은 해주海州 문희聞喜(지금의 산시山西 성에 속함) 사람으로 자가 원진元鎭이
고 호가 득전거사得全居士다. 숭녕 5년(1106) 진사에 급제하여 낙양령洛陽令을 시작으로 첨서추
밀원사簽書樞密院事와 건주建州, 홍주洪州, 천주泉州 등의 지주를 역임했으나 진회와 대립하다
가 결국 유배지에서 단식 끝에 사망했다. 송 효종孝宗(재위 1162~1189) 때에 태부에 추증되어 풍
국공豐國公에 봉해졌으며 시호는 충간忠簡이다. 이후 순희 15년(1188)에 소훈각昭勳閣 24공신
가운데 하나로 고종의 종묘에 종사從祀되었다. 저작으로 『충정덕문집忠正德文集』 『득전거사사得
全居士詞』가 있다.
**** 불교에서는 지혜를 법신의 수명으로 간주하기 때문에 지혜가 요절하면 법신도 죽는다는 생
각에서 '혜명慧命'이라고 부른다.

夫儒者以全道爲重, 故重其在我, 每以處優於出. 而佛法以行道爲
亟, 故利存徇物, 每以出優於處 (…) 而瞿曇設教, 誓入五濁; 神僧應
化, 不恥亂朝. 苟可續慧命, 濟群品, 則擧身以徇之, 豈同儒者規規
然以潔己爲高哉.(「送去息和尙住夫椒祥符寺序」, 『居易堂集』 권6)

동남 지역의 위대한 유학자인 유종주는 줄곧 유가와 불교를 엄격하
게 구별했는데, 이는 그가 고반룡高攀龍을 비판한 것만 보더라도 알 수
있다. 그러나 진확과 같은 그의 제자들이 '절대 금지'를 주장한 것은
결코 '사문師門'에서 비롯된 것은 아니라는 점은 분명하다. 유종주는
분명하게 선언했다.

요즘 세상에서 정말 학자들이 성인의 도를 배우면서 불교나 노장
사상을 드나들지 못하게 하려는 것은 그가 들어오면 문을 닫아버
리려는 것과 같다. 예를 들어 물에 빠진 사람에게 표주박 하나를
주어서 구제할 수 있다면, 그 표주박 또한 교량과 마찬가지인 셈
이다.
居今之世, 誠欲學者學聖人之道, 而不聽其出入於佛老, 是欲其入而
閉之門也. 譬之溺者, 與之以一瓠而濟, 一瓠亦津梁也.(「答王金如·
三」, 『劉子全書』 권19)

만약 경계가 너무 엄격하고 너무 심하게 얽어매서 목구멍에 음식
이 막혀 밥조차 먹을 수 없는 지경에까지 이르게 한다면 이 도는
결국 밝혀질 날이 없을 것이다.
若或界限太嚴, 拘泥太甚, 至於因噎而廢食, 則斯道終無可明之日
矣.(「答韓參夫」, 위와 같음)

이는 바로 유학 발전을 자신의 사명으로 여기던 한 시대의 위대한 유학자가 지닌 도량과 현실감, 그리고 '학문의 완성成學'과 '득도得道'의 조건에 대해 학자들이 가지고 있던 인식을 잘 보여주고 있으니, 그 경지는 진확이나 장이상 같은 이들이 감히 바라볼 수 있는 것이 아니었다.[14] 유종주는 왕수인이 '선에 가까우며近於禪' 불교 신도가 다시 변신하여 '양명학을 신봉하는 유학자가 됨'으로써 '유학에 가까워졌다近於儒'라는, 이미 일상적인 이야기가 되어버린 사안에 대해 "천지가 그것들을 하나로 혼합시켜버린玄黃渾合之一會" 것이라고 설명했다. 나아가 그것이 "장차 불교가 망할 징후이자 유교가 처음으로 돌아갈 기회"*가 될 가능성을 추측하기도 했다. 유가 학파의 입장에서 출발했지만 동일한 현상에 대해 이처럼 낙관적으로 예측하는 경우도 있었던 것이다.

하지만 송·원 이래 유학 내부의 분열로 각종 '잡다'함과 '겸'함, '합쳐짐'─유학자의 관점에서 보자면 불가 학설의 '난입闌入'이라고 할 수 있는─과 같은 현상들이 나타나고 특히 유학자들 가운데 절충과 조화를 추구하는 경향이라고 여겨지는 현상이 나타나면서 유학의 위기감을 심화시켰다. 그렇기 때문에 관련 문헌들에서 당시 유가와 불교의 긴장된 관계를, 유학의 존망과 관계가 있다고 여긴 유학자들이 병란으로 어지러운 와중에도 경계 자세를 취할 수밖에 없었던 상황을 어렵지 않게 읽어낼 수 있다. 황종회黃宗會가 불교로 도피한 이들을 비판한 언사는 대단히 격렬했다.(『縮齋文集』 「元亂」 참조) 왕부지는 불교로 도피하는 것을 거절했다.

---

* 원주: "佛法將亡之候, 而儒教反始之機."(「答胡嵩高, 朱綿之, 張奠夫諸生」 『劉子全書』 권19)

내각대학사를 지낸 방이지가 불교로 도피하여 결백을 지켜내고 각랑도성覺浪道盛*에게서 내세의 인과를 미리 적은 글을 받은 후 청원산에서 여러 차례 나를 불러 뭔가를 주려 했지만 (…) 나는 끝내 따를 수 없었다.

方密之閣學逃禪潔己, 受覺浪記莂, 主靑原, 屢招余將有所授 (…) 余 終不能從.(「南窓漫記」, 『船山全書』 제15책, 887쪽)

그는 소인배에 속하는 유학자들이 "불교에 과하게 빠진淫於釋 " 것에 대해 "사악한 짐승이나 맹수들보다 그 재앙이 심하다"**고 했다. 위희 魏禧는 「고사왕풍전高士汪灃傳」에서 왕풍汪灃(1618~1665, 자는 위미魏美)과 나누었던 대화를 기록했다.

내가 일찍이 왕풍에게 사적으로 물어본 적이 있다.

"그대는 우암, 즉 삼의명우三宜明盂(1599~1665) 스님을 공손히 모 시던데 어째서 제자가 될 생각은 하지 않으시오?"

"내가 그분을 무척 존경하기는 하지만 세상의 뜻있는 선비들이 죄 다 불교의 유혹에 빠져 머리 깎고 승려가 되어버리면 우리 유가의 집은 아무도 없이 텅 빌 것 같아서 그러고 싶지 않소."

予嘗私問灃曰: 兄事愚庵謹, 豈有意爲弟子耶. 曰: 吾甚敬愚庵, 然 世之志士率釋氏牽誘去, 削髮爲弟子, 吾儒之室幾虛無人, 此吾所以

---

* 각랑도성(1592~1659)은 복건 자포柘浦 사람으로 회대원경晦臺元鏡(1577~1635)으로부터 조동 종曹洞宗을 계승하여 33대 전승자가 되었다. 훗날 남경의 천계사天界寺 주지로 있다가 청 왕조가 들어선 뒤에, 옛 명대에 고위 벼슬을 지냈던 이들 가운데 방이지를 비롯한 다수가 그의 문하에서 출가했다. 이후 강서 광풍廣豐 박산博山의 능인사能仁寺를 역임한 후 다시 남경 천계사에서 여 름휴가를 보내다가 입적했다. 법호는 낭장인浪杖人이다.

** 원주: "禍烈於蛇龍猛獸."(『讀通鑑論』 권5, 203쪽)

不肯也.(『魏叔子文集』권17)

왕풍의 이 말은 상당히 많은 이에게 인용된 바 있다. 굴대균은 「귀유설歸儒說」에서 이렇게 개탄했다.

> 아! 지금 천하에는 유가가 없을 뿐만 아니라 불교도 없다. 불교도 이제는 우리 유가처럼 순일할 수 없게 되었다.
> 嗟夫. 今天下不唯無儒也, 亦且無禪. 禪至今日亦且如吾儒之不能純一矣.[15]

유학자들은 특히 불교가 '난입'하고 뒤섞여 사이비가 되는 것에 민감하게 반응했는데, 이는 순결성에 대한 유학자들의 관심에서 비롯된 것이었다. 왕부지는 당연히 '합침'에 반대했는데, 그 이유는 이러했다.

> 유가를 강제하여 도가와 합치게 하는 것은 유가를 무시하는 일이고, 도가를 강제해서 불가와 합치게 하는 것은 도가를 무시하는 일이다.
> 强儒以合道, 則誣儒, 强道以合釋, 則誣道.(「老子衍自序」, 『船山全書』 제12책, 15쪽)

전혀 다른 문화적 입장에서 전겸익도 혼합식의 '융합 관통會通'에는 반대했다.

> 공자는 스스로 공자이고 노자와 장자, 불교도 마찬가지다. 그것들은 흐름에 따라 모습을 나타내지만 면모는 전혀 다르다. (…) 불

법과 세속의 진리世諦는 금과 은, 구리와 쇠 같은데 뒤섞어 하나로 만들면 그 죄업은 부처를 멸시하고 불경을 비방하는 것보다 더 심하다.

孔自孔, 老莊自老莊, 禪自禪, 乘流示現, 面目逈別 (…) 佛法世諦, 如金銀銅鐵, 攪和一器, 其罪業尤甚於毀佛謗經.(『牧齋有學集』권50, 1630쪽)

이학으로 명망 높은 우리 청나라의 유학자들은 종종 불교를 빌려 유가에 붙여서 면모를 바꿔버린다.

本朝理學大儒, 往往假禪附儒, 移頭易面.(「董文敏公遺集序」, 『牧齋有學集』권16, 737쪽)

대략 비슷한 시기의 당견도 이렇게 이야기했다.

노자는 양생을 하고 불가는 죽음을 밝히며 유가는 세상을 다스린다. 셋은 각기 달라서 서로 통할 수 없으니 그걸 합치는 것은 무시하는 행위이고 시비를 따지는 것은 어리석은 짓이다.

老養生, 釋明死, 儒治世. 三者各異, 不可相通, 合之者誣, 校是非者愚.(『潛書』上篇上「性功」, 22쪽)

살아서는 동방 성인의 제자가 되고, 죽어서는 서방 성인의 뒤를 따르리라!

生爲東方聖人之徒, 死從西方聖人之後.(같은 책, 下篇下「有歸」, 204쪽)

명·청 교체기 사대부들이 불교로 도피하는 행위는 여기서 가장 심한 비판을 받았다. 그들은 이 '도피'를 통해 절조節操를 보전하려 했지만, 관련 비평에서 심한 부분은 바로 이 도피가 절조를 잃어버리는 행위라고 지적한 것이었다. 예를 들어 황종희는 "다른 왕조의 신하는 되고 싶지 않다면서 기꺼이 다른 교단의 자제가 된다"*라고 꼬집었다.[16] 앞서 서술한 고발에서 불교로 도피한 이들이 배반한 것은 단순히 학파(및 신앙)에 그치지 않는다. 놀라운 것은 그 사이에 '오랑캐와 중화夷夏'라는, 당시에 가장 민감했던 명제가 은밀히 포함되어 있었다는 사실이다. 황종희와 동문인 진확은 「여운중승서與惲仲昇書」에서, 불교로 도피한 것은 "중원의 것으로 오랑캐를 변화시키는" 경우를 제외하면 "청나라에서 벼슬살이를 하는 것과 별 차이가 없는"** 일이라고 했다. 장이상은 그보다 더 격렬했다.

> 삼교의 근원이 하나라고 하는 것은 진회가 화의를 주장하는 것과
> 마찬가지로 바깥은 그럴듯하게 꾸몄지만 사실은 오랑캐에게 항복
> 하는 것이고, 저들의 학설을 빌려서 우리의 도를 밝히자고 하는
> 것은 당 현종이 안녹산을 등용한 것과 같다.
> 謂三敎一源者, 猶秦檜之主和議, 外邊雖文飾, 實是降虜. 借彼說以
> 明吾道者, 猶玄宗之用安祿山.(「願學記」, 『楊園先生全集』 권26)

유종주의 또 다른 제자인 축연祝淵도 이와 비슷한 견해를 갖고 있었다.

---

* 원주: "不欲爲異姓之臣者, 且甘心爲異姓之子."

** 원주: "去淸仕一間耳."(『陳確集』, 126쪽)

누군가 내게 그들의 백성이 되는 것을 부끄럽게 생각한다면 머리를 깎고 멀리 달아나 세속 밖으로 가는 것도 괜찮을 거라고 했다. 아! 내가 중화로 오랑캐를 변화시켰다는 이야기는 들어봤어도 오랑캐를 따라 변했다는 것은 들어보지 못했다. 불교에서는 머리를 깎고 한쪽 무릎으로 쪼그려 앉는데, 이것은 오랑캐의 가르침이다. 이것을 버리고 거기로 가라고 하다니, 소와 양 가운데 무엇을 고르라는 것인가?

或勸余恥爲之民, 祝髮遠遁遊方之外可也. 嗚呼, 吾聞用夏變夷, 未聞變於夷者也. 釋氏髡首胡跪, 此戎狄之敎也. 去此適彼, 於牛羊何擇焉.(「臨難歸屬」, 『祝月隱先生遺集』권4)

불교가 전해 들어온 뒤로 줄곧 끊어지지 않았던 '금지' 요구가 이 무렵이 되자 다시 강렬한 어조로 제기되었던 것이다. 진확은 「복주강류서復朱康流書」에서 아예 직접적으로 "우리가 설령 나라를 다스릴 권력을 잡지 못한다 할지라도 얻어놓은 세력으로 대대적으로 그것(불교)을 금지해야" 한다고 하면서, 적어도 "도가와 불교에 대해 이야기하지 못하게 하고 그 둘에 관한 글을 쓰지 못하게 하여" 훗날 '현명한 왕'이 나와서 "결연하게 금지시키도록" 해야 한다*고 했다. 안원顔元과 진확은 모두 한유韓愈가 "(승려와 도사는) 환속시켜 백성으로 만들고, 불교 및 도교 관련 서적들을 불태우고, 사원이나 도관은 백성의 거처로 삼아야 한다"**라고 주장한 것을 칭송했다. 안원이 「정이단靖異端」(『存治編』)에서 제시한 '다스리는 방법'은 "유입을 끊어버리는 것絶由"—사방 국경에

---

* 원주: "吾輩縱不得操人國之柄, 居得爲之勢, 以大禁制之 (…) 絶口不道二氏之言, 絶筆不述二氏之書 (…) 明王 (…) 奮然禁之."(『陳確集』, 128쪽)
** 韓愈, 「原道」: "人其人, 火其書, 廬其居."

서 이민족을 경계하여 중국으로 들어오지 못하게 함四邊戒異色人, 不許入
中國一을 통해 "싹을 제거淸蘗"—이단의 언설로 대중을 현혹하는 자
는 주살함有爲異言惑衆者誅—하고, 그들의 책을 불태우고, 나아가 "후환
을 방비防後"—불경이나 도교의 경전을 하나라도 숨기고 있는 이는 주
살함有窩佛老等經卷一卷者誅—해야만 한다고 함으로써 그야말로 폭군의
마음을 드러냈다. 편집증에 걸린 유학자의 사고방식은 법가에 가까웠
는데, 이것은 당연히 정치 체제와 제도에 뿌리를 둔 것으로서 그 자체
로도 전제적인 사회의 기초를 구성하고 있었다. 이러한 유학자들의 태
도는 의심할 바 없이 강력한 적수를 의식한 데서 비롯된 반응이었다.
주저하다가 조금의 여지라도 남기면 안 된다는 태도야말로 깊이 두려
워하고 경계했음을 증명하는 것이다. 또한 이러한 논의에서 흥미로운
점은 사대부들이 이민족의 통치 아래 놓인 상태에서도 여전히 권력에
대한 숭배를 버리지 못하고 공공연하게 또는 은밀하게 전제적인 통치
를 요구하고 있었다는 사실이다. '이단'이라는 대상은 사대부들이 문
화를 비평하는 품성을 검증하기에 편하다. 바로 그 '이단'에 대한 논의
를 통해 '전제專制'가 이데올로기로서 정치 체제에서 하층 백성을 압도
한다는 것을 알 수 있다. 어떤 '소멸'이나 '최후의 해결'을 통해서 '동
일'해지려는 목표—집권자와 민초가 바라는 형식과 의지의 표현이 여
기에서 합치되게 하는 것—를 달성하는 것이다. 바로 위에서 서술한
글들의 자간과 행간에 담긴 '태우고焚' '묻는坑' 이미지는 '포악한 진
나라暴秦'가 결코 멀리 있는 것이 아니라 사대부들의 의식 속에 있다
는 것을 믿게 만든다.

관용과 금절禁絶이라는 두 극단 사이에서, 심지어 피상적인 의미의
'융합 관통會通'—어떤 경우는 그야말로 '견강부회'—과 비교했을 때,
지금의 관점에서 보기에 더욱 가치가 있는 것은 '학술'(주로 유학)을 통

해서 불학佛學을 비판한 점이다. 똑같이 유종주의 제자인 황종희는 '불교를 배척辟佛'하는 데 전력을 다하면서도 여전히 "불경은 살펴보지도 않고 함부로 헐뜯기만 하는不檢佛書, 但肆謾罵" 이들과는 수준이 달랐다.(『國朝漢學師承記』 권8 「黃宗羲」 참조)[17] 그가 "유학을 공부하면 부처를 알 수 있다學儒乃能知佛"(「張仁庵先生墓誌銘」)라고 한 것은 바로 진정한 학술 명제이니, 학자이자 학술사 연구자로서 그의 면모를 잘 보여준다. 같은 글에서 그는 유가와 불가의 관계를 논했는데, 비록 유학의 입장에서 출발했음에도 학술사의 어떤 사실을 제시했다. 예를 들어 그는 불학에 담긴 식견底蘊은 오직 유학자만이 탐구할 수 있다고 하면서 "옛사람은 불학을 공부하면 유학을 알 수 있다고 했지만 나는 그렇게 생각하지 않는다. 유학을 공부하면 불학을 알 수 있을 따름이다"라고 선언했다. 심지어 그는 "예로부터 불교가 흥성하려면 반드시 유학자가 그 도랑을 열어줘야 했으니" 그 증거는 바로 "만력 연간에 유학자들이 천하에서 두루 강학하니 불교에서도 자백진가紫柏眞可(1543~1603)와 감산덕청憨山德淸 같은 고승들이 인연을 따라 나타난 것"*이라고 했다.[18] 그가 쓴 전계충錢啓忠의 묘지명에서는 논자들이 꼬투리로 삼는 정주이학과 불학 사이의 관계에 대해서도 학술사의 관점에서 해석했다.

옛날에는 도를 밝히는 일이 여러 학파에 범람하여 수십 년 동안 노장사상과 불교를 드나들고 난 뒤에 돌아와 '육경六經'에서 구했으니, 주희도 불교와 노장사상에 대해 반드시 그 중심 사상을 탐구하고 잘잘못을 바로잡았다. 그 이후로 도를 추구하는 이는 모

---

* 원주: "昔人言學佛知儒, 余以爲不然. 學儒乃能知佛耳 (…) 自來佛法之盛, 必有儒者開其溝澮 (…) 萬曆間, 儒者講席遍天下, 釋氏亦遂有紫柏憨山, 因緣而起."(『黃宗羲全集』 제10책, 442~443쪽 참조)

두 그렇게 했다. (…) 도라는 것은 어느 한 학파가 사적으로 가질 수 있는 것이 아니라 성현들이 피 흘려 걸어온 길이 여러 학파에 각기 다르게 퍼져 있는데, 그것을 구하기가 어려울수록 얻은 것이 더욱 진정한 도에 가까워진다. 비록 그것을 얻는 데 지극하고 그렇지 않은 차이는 있지만 도와 상관이 없다고 해서는 안 된다.

昔明道汎濫諸家, 出入於老釋者幾十年, 而後返求諸六經, 考亭於釋老之學, 亦必究其歸趣, 訂其是非. 自來求道之士, 未有不然者 (…) 道非一家之私, 聖賢之血路, 散殊於百家, 求之愈艱, 而得之愈眞. 雖其得之有至有不至, 要不可謂無與於道者也.(같은 책, 341쪽)

사상의 명철함이 "도가 경전과 불경은 절대 봐서는 안 되고 승려나 도사, 비구니, 여도사는 하지 말아야 한다"*라고 "막무가내로 말하는 不由分說" 진확과 같은 이들과는 차원이 다를 뿐만 아니라, 한때 수많은 의미를 담은 언어들이 어지럽게 뒤섞여 있던 절충론 내지 조화론들보다 훨씬 깊은 의미를 담고 있다. 이와 같은 뿌리가 있었기 때문에 '유학자의 입장'은 비로소 '품격操守'을 갖출 수 있었다. 왕조 교체기를 살았던 학자로서 황종희와 고염무 같은 이들이 장하게 여겨지는 것은 그들이 '사는 길生道'과 '배움學'을 다른 것으로 여기지 않고, 절체절명의 상황 속에서도 유학자라는 신분과 사명감을 버리지 않았기 때문이다. 그리고 한때 사대부들이 경솔하게 권리를 행사했던 것도 진정한 '학자'가 드물었음을 증명하는데, 이 역시 명나라 말엽만의 현상은 아니었다.

유학자들의 이러한 '좁음隘'과 대조를 이루는 것은 예로부터 문인

---

* 원주: "道經佛經, 決不可看, 和尙, 道士, 尼姑, 道姑必不可做.(「復朱康流書」 『陳確集』, 128쪽)

과 명사名士의 태도였다. 그런 의미에서 명대에 문인과 명사 문화가 발전한 것도 바로 앞서 설명한 유학자들의 반응 방식이 만들어지게 된 배경 가운데 일부였다고 할 수 있다. 부산은 북방 유민이면서 명사 기질을 가진 인물이었다. 그는 '도인'을 자처했지만 불교뿐만 아니라 다른 종교에 대해서도 "이해하고 공감했으며了解之同情" 특히 왕조 교체기에 살면서도 '오랑캐와 중화'라는 편협한 시야에 갇혀 있지 않았다는 점은 높이 평가할 만했다. 그는 불교를 비판하거나闢佛 맹신하는 것佞佛에 대해 논평하면서 결코 '불학의 입장'에 서 있다고 자처하지 않고, 종교 바깥에서 어떤 '초연超然'한 비평 태도를 보여주었다. '의식儀式 행위'와 '종교 정신'에 관한 그의 해석도 '지혜의 업연業緣을 타고난 문인慧業文人'과 같은 통찰력을 충분히 갖추고 있었다.(이 책의 부록 1 「내가 읽은 부산我讀傅山」 참조)

"충효로 예불하다": 난세의 불교계

명대에는 세상에 쓰이기를 열망했던 사대부들과 적막함을 견디지 못한 승려들이 같은 분위기에 휩싸여 있었다. 또한 도연道衍이 연왕燕王을 도와 '변란을 평정靖難'함으로써 명성을 날린 것은 물론이고, '호유용胡惟庸 사건'에서도 '호당胡黨'에 이름이 올라 처형을 당한 승려들이 상당히 많았으니(『淸敎錄』 참조), 이는 모두 정치적으로 활약했던 승려들의 모습을 잘 보여준다. 『명·청 불교』에서는 이렇게 기록하고 있다.

명대의 승려들 가운데 정치적으로 권문귀족들과 분주히 왕래하며 특권을 누린 이들이 결코 극소수가 아니었다. 이른바 경사京師

에 "떠도는 승려가 만 명을 헤아리고遊僧萬數" "경사에 승려가 바다처럼 많다京師僧如海"라는 등의 말은 사실 모두가 이 분야의 상황을 반영한 표현들이다.(39쪽)

'본조제일류종사本朝第一流宗師'로 불리던 초석범기楚石梵琦*는 현저한 예 가운데 하나다.(초석범기와 원·명 정치의 관계에 대해서는 제1권 2장 2절 참조) 저명한 승려 감산덕청은 "불교계에서 행한 일체의 예불 행사는 모두 나라를 위해 기원하고 황제의 품덕을 간접적으로 돕는陰翊皇度 것"임을 공공연하게 선언했다.(같은 책, 220쪽) 자백진가紫柏眞可와 감산덕청은 모두 정치에 말려들어 체포된 적이 있으며, 심지어 자백진가는 옥사했다.

승려들이 세속의 일 또는 왕조 정치에 참여하는 현상은 이미 명대 정치의 특수한 풍경을 이루고 있었다. 전겸익은 「자백존자별집서紫柏尊者別集序」(『牧齋有學集』 권21)에서 자신의 눈에 비친 명대의 종교와 정치 사이의 관계를 서술했다. 황종희는 한월법장漢月法藏이 천계 연간의 당쟁에서 행한 역할을 이렇게 기록했다.

천계 말년에 문진맹文震孟과 요희맹姚希孟,** 주순창周順昌***이 모두 환관에게 죄를 짓자 교제를 끊어 재앙을 피했다. 북종선北宗禪****에 속했던 한월선사는 서로 깨달음을 주고받으며 비평을 하거나

<hr>

* 초석범기(1296~1370)는 속성俗姓이 주朱이며 자를 담요曇耀라고도 하고, 만년의 호는 서재노인西齋老人이다. 9세에 해염海鹽의 영조선사永祚禪寺에서 출가했다가 얼마 후 항주 소경사昭慶寺에서 계戒를 받았다. 이후 천녕사天寧寺 주지를 역임하고, 대혜종고大慧宗杲(1089~1163)의 5대 제자이자 6조 혜능의 제자인 남악회양南嶽懷讓(677~744)의 24대 전수자가 되어 50년 동안 여섯 차례 도량을 열었다. 지정 7년에는 황제로부터 불일보조혜변선사佛日普照慧辯禪師라는 호를 하사받았다. 저작으로 『초석집楚石集』 『초석범기선사어록楚石梵琦禪師語錄』 『서재정토시西齋淨土詩』를 남겼다.

시를 읊조리고 신중하고 깊은 논의를 나누었는데, 나라의 중요 정
책에 대해 숨기지 않아서 옥에 갇혀 벌을 받게 될 위험에 처하자
거기에서 몸을 뺐다.

天啓末, 文文肅, 姚文毅, 周忠介皆得罪奄人, 絕交避禍. 師在北禪,
相與鉗錘評唱, 危言深論, 不隱國是, 直欲篆面鞭背, 身出其間.(「蘇
州三峯漢月藏禪師塔銘」, 『黃宗羲全集』 제10책, 516쪽)

전겸익은 「감산대사여산오유봉탑명憨山大師廬山五乳峯塔銘」에서 감산
덕청이 조옥詔獄을 당한 일을 기록했는데, 이것은 불법으로 세간의 법,
즉 혹형에 대항한 사례다.

조옥에 처해져 고문을 당할 때 갑자기 선정禪定에 들어서 아무리
매질을 하고 채찍질을 해도 마치 목석을 치는 것 같았다.

當詔獄拷治時, 忽入禪定, 榜箠刺爇, 若陷木石.(『牧齋初學集』 권68,
1564쪽)

왕조 교체기의 승려들은 사대부와 환난을 함께했는데, 승려들의 '충
의와 감격'은 확실히 '점차적漸'으로 형성된 현상이지 한순간의 기개意

氣가 격발한 결과는 결코 아니었다. 송나라 때 대혜선사大慧禪師*는 "나는 부처를 공부한 것이 아니며, 군주를 사랑하고 나라를 걱정하는 마음이 충의를 담은 사대부들과 같다"라는 명언을 남겼는데, 명말 사대부는 모두 익히 들어서 잘 알고 있는 것이었다. 자백진가가 자신의 시종이 충의지사의 사적에 대한 이야기를 듣고도 통곡하지 않은 데 진노하여 그를 벼랑 아래로 밀어버리려 했다는 것은 명대 불교계에서 유명한 일화였다.

명나라가 망할 무렵에 이르러 승려들이 '충의' 때문에 사대부들의 '동지'로 받아들여진 경우도 확실히 적지 않았다. 계기홍저, 즉 퇴옹退翁의 '백의제자白衣弟子'라고 자칭했던 서방徐枋은 이렇게 썼다.

오직 우리 선사께서만 일관되게 충효로 예불을 올리심으로써 천하 후세 사람들로 하여금 불도佛道가 충효에 장애가 되지 않을 뿐만 아니라 충효가 사실은 불성에서 나왔다는 것을 환히 알게 해주셨다. (…) 격변을 겪은 이래 20년 동안 마음속의 깊고 미묘한 부분을 입 밖으로 말하지 못했는데, 이 성함을 볼 때마다 반드시 소복을 입고 향을 사르고 북쪽을 바라보며 눈물을 뿌렸으니, 20년이 그저 하루 같았다.

惟吾師一以忠孝作佛事, 使天下後世洞然明白, 不特知佛道之無礙於忠孝, 且以知忠孝實自佛性中出 (…) 滄桑以來, 二十八年, 心之精微, 口不能言, 每臨是諱, 必素服焚香, 北面揮涕, 二十八年, 直如一日.(「退翁老人南嶽和尙哀辭」, 『居易堂集』 권19)[19]

---

* 대혜종고大慧宗杲(1089~1163)를 가리킨다. 선주宣州(지금의 안후이 성) 영국 사람으로 속성俗姓이 해奚다. 송나라 임제종 양기파楊岐派 승려로서 자가 담회曇晦이고 호로 묘희妙喜, 운문雲門을 썼다.

위희魏禧도 천지간에 정기를 남겨둘 수 있었던 영암노인靈巖老人을 오래도록 그리워했다고 하면서(「與徐昭法書」, 『魏叔子文集』 권5), 또 이렇게 말했다.

나는 평생 진짜 승려를 존경하지만 좋아하지는 않았는데, 최근 30년 동안은 종종 가짜 승려를 좋아했다. 『주역』에서는 궁하면 변하고 변하면 통한다고 했다. 옛날 승려들은 유학에 궁했지만 지금의 승려들은 유학의 궁극에 통했다. (…) 승려 가운데는 진짜로 시작했다가 가짜로 끝나는 이와 가짜로 시작했다고 진짜로 끝나는 이, 혹은 시작과 끝이 모두 가짜였지만 더욱 그 진실됨을 잃지 않는 이도 있다.

予生平於眞僧敬之而勿好, 近三十年則往往好僞僧. 『易』曰: 窮則變, 變則通. 昔之爲僧窮乎儒, 今之爲僧通乎儒之窮 (…) 夫僧有始於眞終於僞, 有以僞始以眞終, 又或始終皆僞, 愈不失其眞者.(「贈頓修上人序」, 같은 책, 권10)

후자는 응당 명나라가 망할 무렵 '기댈 곳을 찾아' 불교로 도피한 이들일 터이다. 그의 아우 위례魏禮는 당시 사대부들이 불교로 도피하는 것에 대해 상당히 불만을 갖고, 특히 유학자가 승려에게 아첨하는 것을 천박하게 여기면서 「답우인서答友人書」에서는 "불학을 배우지 않겠다는 의지志不學佛"를 천명했지만(『魏季子文集』 권8), 「대방상인잡저서大方上人雜著序」에서는 이렇게 썼다.

유학자는 유학을 존중하고 불교를 내치는데, 요즘의 불교를 함부로 내쳐서는 안 된다. 총명한 호걸들과 독실하고 진지한 인사들이 자신의 마음속에 담긴 것을 꺼내 펼칠 곳이 없어서 난리를 만나 망명하며 대부분 처자식을 버리고 머리를 깎고 승복을 입은 채 불교에 몸을 맡긴 채 심신을 수련한다. 그러니 훗날 사업에서 자신을 드러내 천지의 부족한 부분을 보충할 사람이 여기서 나오지 않겠는가? 그러나 이것은 결코 불교의 원래 취지가 아니다. (…) 아! 내가 보고 듣기로 강상과 지극한 정성은 종종 태평한 시절에 마른 나무나 식은 재처럼 오욕칠정을 없앤 노승에게서 나왔다. 그런 이들을 보면 부끄러워 얼굴을 가리고 땅속으로 들어가고 싶은 심정이 든다.

儒者尊儒而黜釋, 今日之釋未可以輕黜也, 聰明豪俊之士, 篤摯之人, 無所發舒其胸中, 或蒙難亡命, 率多棄妻子, 祝髮披緇衣, 托跡空苦以休煉其身心, 他日見於事業, 補天地所不足者, 將於此乎有人. 然此絶非釋氏之本旨 (…) 嗚呼, 以予所聞見, 綱常至性, 往往出於太平時槁木死灰之老僧. 予視之, 靦然愧入地也.(『魏季子文集』 권7)

팽사망彭士望은 「여송미유서與宋未有書」에서 승려 한지寒支*에 대해 "세상을 구제하는 것을 우선시하고 성불하는 것에는 느긋하여 진정으로 보살이 현신하여 설법한 것과 같은 인물"이라고 했다.** 황종희처럼 유학자의 입장을 견지했던 사람도 고명한 승려의 인격적 매력에 대해 거리낌 없이 이야기하곤 했다. 전겸익은 절개를 잃은 몸으로서 승려들

---

* 이세웅李世雄(1602~1686)은 복건 영화寧化 사람으로 자가 원중元仲이고 호가 한지도인寒支道人, 괴암媿庵이다. 뛰어난 학식과 문장력을 갖추고 있었지만 과거시험에서는 뜻을 이루지 못했고, 숭정 17년(1644)에 황도주黃道周의 제자가 되었다. 이후 청나라 군대가 복건을 점령하자 그는 양지산陽遲山에 은거하여 단하정사檀河精舍를 짓고 독서와 저술에 전념했다. 저작으로『봉행록奉行錄』『경정록經正錄』『사감史感』, 우언집인『물감物感』, 시집인『한지초집寒支初集』『한지이집寒支二集』, 그리고 명나라 말엽의 무능한 관리들과 민족의 절조를 상실한 이들을 풍자한『구마사기狗馬史記』를 남겼다. 또한 그의 나이 83세인 1684년에는『영화현지寧化縣志』를 편찬하기도 했다.

의 '충의'에 대해 이야기했지만 그 언사에는 비분강개하는 정서가 담겨 있었으니, 이것이 그야말로 당시의 '시론時論'이었음을 알 수 있다. 그의 「산옹선사문집서山翁禪師文集序」에서는 위국공魏國公 장준張浚***의 명문銘文에 들어 있는 '근저종성根柢種姓'이라는 말을 인용했는데(『牧齋有學集』 권21), 이것이 가리키는 바는 바로 한때 이른바 '충의선사忠義禪師'라고 불리던 세속 근성이었다.[20] 이 시기에 사대부와 유민이 쓴 승려의 탑명에서는 늘 그의 인격에 담긴 호소력과 정신적 매력을 칭송했다. 불교계에 대한 이상과 같은 평가 방식은 자연히 승려들이 의도적으로 보여준 세속적 형상 때문이었다. 난세에 사대부와 백성이 불교계에 가졌던 특별한 기대는 의심할 바 없이 당시 명승들의 형상을 만들어내는 데 일조했을 터이다.

명승들은 통상적으로 일종의 특수한 신앙을 가진 인사인데, 사대부로서 자신의 품성을 '세간'과 연계시켰다. 불교계에서는 예로부터 전겸익이 "승려도 속인도 아니고, 속인도 성인도 아니"어서 "정체를 파악할 수 없게" 하는 사람들이 있었다.**** 이 책에서 논의하고 있는 이 시기에 이르면 '불교계에 있는 유민浮屠中之遺民'(미주 19 참조)이 '유민승遺民僧'에 비해 세속 권력을 상징하는 제왕에 대해 조금 더 공경하는 마음을 가질 가능성이 있었다. 승려는 군주와 신하 사이의 도의를 내세

** 원주: "急於救世, 緩於成佛, 眞現菩薩身說法者也."(「與宋末有書」『樹廬文鈔』 권2)

※ 송지성宋之盛(1612~1668)은 강서 성자星子 사람으로 자가 미유未有이며, 또 이름을 송일宋佚 또는 송척宋惕이라고도 했다. 숭정 연간에 거인이었던 그는 명나라가 망한 후 계산髻山에 은거하여 이학 연구에 몰두하여 명성이 높았다.

*** 장준(1097~1164)은 한주漢州 면죽綿竹(지금의 쓰촨 성에 속함) 사람으로 자가 덕원德遠이며, 별호는 자암선생紫巖先生이다. 남송의 명장이자 재상으로서 위국공魏國公에 봉해지기도 했던 그는 금나라에 대항할 것을 주장하여 진회와 갈등을 겪었다. 죽은 후 태보太保와 태사에 차례로 추증되었고 시호는 충헌忠獻이다. 저작으로 『자암역전紫巖易傳』 『장위공집張魏公集』이 있다.

**** 원주: "不僧不俗, 非俗非聖 (…) 無得而相."(「大育頭陀詩序」『牧齋有學集』 권21, 898쪽)

위 유민승들을 질책했는데,『청초승쟁기』에 인용된『혜변잡기惠邊雜記』에서 웅개원熊開元과 관련된 일을 기록한 것이 흥미로운 사례 가운데 하나다.(이에 관해서는 이 책의 부록 2『어산잉고魚山剩稿』에 대한 논의 참조)

사대부들이 선정의 즐거움에 빠지는 것이 절의에 아무 방해가 되지 않는다는 생각은 이와 같은 승려들의 행위로 인해 유력한 해명의 증거를 갖게 되었다. 딩촨징丁傳靖*은『명사잡영明事雜詠』에서 이렇게 노래했다.

> 삼봉종 한월법장漢月法藏의 오래된 선당에는
> 종판도 쇠락하고 탑원은 황량하구나.
> 도인지 마인지 나는 모르겠지만
> 산문에는 결국 채무덕蔡懋德**이 있었구나!
> 三峯漢月古禪堂, 鍾板飄零塔院荒.
> 是道是魔吾不解, 山門竟有蔡忠襄.

---

* 딩촨징(1870~1930)은 장쑤 성 전장鎭江 사람으로 자가 슈푸秀甫이고 호가 안궁闇公이다. 학자이자 장서가, 문학가이기도 했던 그는 선통 2년(1910)에 예학관찬수禮學館纂修를 지냈고, 중화민국 초기에 베이징 펑궈장馮國璋 총통부 비서를 역임하기도 했다. 저작으로『상천벽霜天碧』『칠담과七曇果』등의 전기 작품들과『암공문존闇公文存』『암공시존闇公詩存』『송인일사휘편宋人軼事彙編』『청대학사년표淸大學士年表』『독무년표督撫年表』『역대제왕세계종친보歷代帝王世系宗親譜』『동립별전東林別傳』『양조인서록兩朝人瑞錄』『홍루몽본사시紅樓夢本事詩』(필명 '鶴睫'),『명사잡영明事雜詠』등 다수의 저작을 남겼다.
※ 저자가『명사잡영』의 저자를 정일창丁日昌으로 잘못 표기하고, 자호를 안궁이라고 했으나 이는 오류로 보인다. 중국 근대 역사에서 비교적 저명한 인물 가운데 하나인 정일창(1823~1882)은 자가 우생禹生 또는 우생雨生이고 호가 지정持靜이기 때문에 관련 없는 인물이다.
** 채무덕(1586~1644)은 강소 소주부 곤산 사람으로 자가 유립維立 또는 공우公虞이고 호가 운이云怡다. 만력 47년(1619) 진사에 급제하여 항주추관杭州推官으로 벼슬살이를 시작하여 강서제학부사, 우첨도어사, 산서순무 등을 역임했으나 이자성의 농민군이 태원을 점령하자 스스로 목을 매어 순국했다. 시호는 충양忠襄이다.

『명계북략』권20에 따르면, 한월법장의 제자 채무덕은 태원太原에서 이자성의 군대에게 성이 포위되자 주위 사람들에게 이렇게 말했다고 한다.

> 내가 여러 해 동안 도를 공부하여 이미 삶과 죽음을 헤아릴 수 있
> 게 되었는데, 오늘이 바로 내가 죽을 날이구나.
> 吾學道多年, 已勘了生死, 今日正吾致命時也.(429쪽)

'불교계에 있는 유민'과 유민이 인연을 맺은 것은 바로 이렇듯 간난 으로 점철된 시대 때문이었다. 이업사李鄴嗣는 「대해선사시서大海禪師詩 序」에서 이렇게 썼다.

> 세상사가 뒤집어지고부터 하루아침에 적막한 들판에서 속세의 정
> 을 끊고 수행하던 차에 갑자기 만나게 되어 따스하게 인사를 주고
> 받았으니 이는 그야말로 아무도 만날 사람이 없는 곳에서 뜻밖의
> 인물을 만나게 된 것인지라 당연히 그 만남이 더욱 친근했다.
> 自世事翻覆, 一旦於寂滅之野, 枯心黃面之中, 而得卒然邂逅, 與申
> 款款, 此誠所謂於無所遇之地而得遇所不期遇之人, 宜其相見之益
> 親也.(『杲堂詩文集』, 浙江古籍出版社, 1988, 423쪽)

『명계전검불교고』에는 문조요文祖堯*와 육세의陸世儀, 진호陳瑚가 서 로 도학을 표방하면서, "비록 창설독철蒼雪讀徹이 같은 고향 출신이었 지만 도술이 사실상 서로 부합하지 않았는데, 일단 국난을 당하자 학 교를 버리고 절에서 살았다. 평소에는 물과 불 사이였지만 환난을 당 하자 물과 우유처럼 섞이게 되었다"**라고 기록했다. 문인과 승려는 더

욱 묵은 인연이 있었다. 진자룡은 「시석상인시서柴石上人詩序」에서 "정유년(1657)과 무술년(1658) 무렵 강남이 전란에 휩싸였을 때" 자신도 승려와 "수시로 왕래하며 하루 종일 마주앉아 그의 말을 들었는데, 모두 명분과 이치가 담겨 있었다"라고 썼다.*** 황종희의 「이고당선생묘지명李杲堂先生墓誌銘」에 따르면 이업사는 "비록 불교로 도피하지는 않았지만 술을 마시고 글을 쓴 것이 승려의 거처이거나 야외의 사당이었고, 목진도민木陳道忞과 대진뢰戴震雷****와 산효본철山曉本哲,***** 천악본주天嶽本晝******와 모두 망년지교를 맺었다."*******

　　명승은 사대부를 보호하는 것을 도의적인 책임으로 여겼다. 장유예張有譽********와 웅개원은 모두 계기홍저繼起弘儲의 제자였기 때문에 앞서 언급한 『명사잡영』에는 "대승상과 대사농이 영암사의 좌우에서 퇴

---

* 문조요(1589~1661)는 운남 정공呈貢 사람으로 자가 심전心傳 또는 개석介石이고, 만년의 호가 일월외사日月外史다. 천계 6년(1621) 공생이 되어 사천 명산현名山縣 유학훈도儒學訓導가 되었고, 숭정 16년(1643)에는 강소 태창주太倉州 학정學正을 역임했다. 1645년에 청나라 군대가 남경을 함락하자 그는 가족 전체와 함께 강물에 뛰어들어 순국하려 했으나, 부인과 자녀들은 모두 죽고 그 자신만 구출되었다. 이후 태창太倉 근처의 담양암曇陽庵에 은거해 지내다가 소남蘇南 중봉사中峯寺 주지 창설독철蒼雪讀徹(1586~1656)의 초청을 받아 그곳으로 가서 오위업吳偉業과 교유하게 되었다. 『이우집離憂集』 등 많은 저작이 있지만 지금은 『명양산방유시문明陽山房遺詩文』만 남아 있다.

** 원주: "與蒼雪雖鄉人, 道迹實不相合, 一旦國難, 乃棄橫舍而住伽藍, 平時水火, 患難時則水乳也."(『明季滇黔佛教考』 권5, 240쪽)

*** 원주: "酉戌之際, 江左被兵時 (⋯) 時時過從, 相對永日, 接其緒言, 都有名理."(『陳忠裕全集』 권26)

**** 대진뢰(?~?)는 자가 치묵穉嘿이고 호가 오류悟留다. 천계 7년(1627) 향시에 급제하여 귀화현歸化縣 교유敎諭를 지냈고, 부친상을 마친 후 숭인지현崇仁知縣을 역임했으나, 국난이 생기자 벼슬을 버리고 귀향하여 스스로 도원파인陶園跛人이라고 불렀다. 저작으로 『독례초편讀禮初編』 『사서해四書解』가 있다.

***** 산효본철(1620~1688)은 목진도민의 제자로서 남경 융안사隆安寺 주지를 역임했으며, 『종문보적록宗門寶積錄』을 편찬한 바 있다.

****** 천악본주(?~?)는 호가 한천자寒泉子이고 소흥紹興 평양사平陽寺 주지를 지낸 바 있다. 저작으로 『목직당시집木直堂詩集』이 있다.

******* 원주: "雖不逃禪, 而酒痕墨跡, 多在僧寮野廟, 木陳, 悟留, 山曉, 天嶽皆結忘年之契."(『黃宗羲全集』 제10책, 400쪽)

옹을 모셨지大丞相與大司農, 左右靈巖侍退翁"라는 구절이 들어 있게 된 것
이다. 황종희에 따르면 한때 계기홍저의 문하에 많은 유민이 모여들
어서 "내 시에 '가련하구나, 오늘 군지軍持******** 아래에 모인 이들은
다들 이전 왕조에서 벼슬길 막힌 이들이로구나'라는 구절이 들어 있
다"**********라고 했다.[21] 서방徐枋의 「퇴옹노인남악화상애사退翁老人南嶽和
尙哀辭」에서도 계기홍저에 대해 이렇게 썼다.

> 또 충효를 생각하는 마음을 미루어 천하의 충신과 효자들이 온
> 전히 살 수 있도록 도와주셨으니, 그 예를 일일이 다 거론할 수도
> 없다. 그래서 예전에는 못난 나를 위해 큰 재난을 막아주셨다.
> 又推其忠孝之心, 以翼芘生全天下之忠臣孝子, 不容悉數. 卽嘗爲不
> 肖枋排大難, 御大患者.

당시 각랑도성覺浪道盛의 문하에는 방이지(법호는 무가無可)가 있었고,
굴대균이 삭발하고 스승으로 섬겼던 승려 천연함시天然函昰**********에

******** 장유예(1589~1669)는 강음江陰 사람으로 자가 수예誰譽이고 호가 정함靜涵이다. 천
계 2년(1622) 진사에 급제하여 호부상서까지 지냈으나, 명나라가 망한 뒤에는 영암산靈巖山에 은
거하여 계기홍저繼起弘儲의 제자가 되었다. 주요 저작으로 『효경연의孝經衍義』『금강경의취광연
金剛經義趣廣衍』가 있다.

********* 군지는 천수관음이나 승려가 지니고 있는 물병인데, 여기서는 불교를 가리킨다.

********** 원주: "故余詩有應憐此日軍持下, 同是前朝薰錮人."(『思舊錄』「弘儲」『黃宗羲全集』제
1책, 394쪽)

********** 천연함시(1611~1659)는 원래 광동 번우番禺 사람으로 자가 여중麗中이다. 출가하기 전
의 성명이 증기신曾起莘이고 자가 택사宅師였다. 숭정 6년(1633) 거인이 되었으나 이듬해 회시會
試에 낙제하고 돌아가는 와중에 강서 길주吉州(지금의 지안에 속함)의 금우사金牛寺에서 병고를
이겨낸 일을 계기로 불교를 공부했다. 이후 숭정 12년(1639) 여산廬山 황암사黃巖寺를 찾아가 공
은도독空隱道獨(1599~1661)의 제자가 되었다. 1644년에 숭정제가 죽은 이후는 부모와 가족들을
이끌고 광주廣州로 피신했다가 융흥사隆興寺 주지로 있으면서 반청 운동에 참여하기도 했다. 주
요 저작으로 『수능엄직지首楞嚴直指』『능가심인楞伽心印』『금강정법안金剛正法眼』『반야심경
론般若心經論』등이 있다.

대해서는 이런 기록이 있다.

> 비록 속세를 떠나 있었지만 여전히 충효와 청렴, 절개로 모범을 보
> 였기 때문에 그를 따르는 이들이 생사의 위기나 거취를 결정할 때
> 면 매번 그에게 많은 도움을 받았다.
> 雖處方外, 仍以忠孝廉節垂示, 以故從之遊者, 每於死生去就, 多受
> 其益.(李景新, 「屈大均傳」, 『翁山文鈔』)

그래서 갑신년(1644)과 을유년(1645) 무렵에 승려의 몸으로 사대부
와 연루되어 재난을 당한 이들이 상당히 많았다. 각랑도성은 순치 5년
(1648)에 그를 싫어하는 이들에 의해 그가 도를 논한 글 가운데 '우리
태조 황제'와 같은 어휘들이 들어 있다는 이유로 고발당해서 한 해 동
안 옥에 갇혀 있었다. 천위안陳垣은 "이로 보건대 세태가 변한 뒤로 불
교만 그 피해를 면할 수도 없었고, 비록 이미 출가한 사람이라 할지라
도 여전히 시시각각으로 중생과 동고동락했음을 알 수 있다"라고 썼
다.(『淸初僧諍記』, 2468쪽) 승려 함가函可*가 문자옥에 걸려 처벌받은 일
은 『유여시별전柳如是別傳』(933~937쪽)에 상세히 설명되어 있다. 그리고
불교가 재앙을 당했을 때 사대부가 불교에 귀의하는 것도 용감하고 장
한 행위가 되었다. 전조망이 퇴옹을 위해 쓴 두 번째 비문에서는 신묘
년(1651)의 재난이 일어나자 절에 있던 이들이 뿔뿔이 흩어졌는데 귀

---

* 함가(1612~1660)는 광동 박라博羅(지금의 후이저우惠州 시에 속함) 사람으로 자가 조심祖心이고
호가 잉인剩人 또는 죄독罪禿이며, 출가 전의 성명은 한종래韓宗騋다. 숭정 9년(1636) 사형師兄
천연함시天然函昰와 함께 나부산羅浮山 화수대華首臺에 은거했다가 숭정 13년(1640)에 여산廬
山에서 삭발하고 승려가 되어서 법명을 함가라고 했다. 순치 2년(1646)에 청나라 군대 남경의 홍
광 정권을 몰락시키는 사건을 친히 경험하고 『재변기再變紀』를 썼다가 순치 4년에 체포되어 북경
으로 끌려갔고, 이후 양천산陽千山 자은사慈恩寺에 유배되었다. 나중에는 심양瀋陽 금탑사金塔
寺에서 입적했다.

안귀安 출신의 옛 제생인 동열董說*만이 홀로 책을 짊어지고 산으로 들어가서 당시 여론으로부터 상당히 높은 평가를 받았다고 했다.[22] 그러니 '도중에 절조를 잃은' 불교계 인사에 대해 불교계와 속세에서 모두 비천하게 여겼으리라는 것도 어렵지 않게 짐작할 수 있다. 목진도민이 순치제의 부름에 응해 북경으로 들어가 기염을 토했지만 당시 사람들의 눈에는 다름 아니라 절조를 잃고 새 왕조의 총애를 받은 유민으로 비쳤다. 그런데 같은 시대의 옥림통수玉林通琇**는 "이옹李顒이나 부산과 같은 기풍이 있다"라고 여겨졌다.(『淸初僧諍記』, 2501쪽) 승려가 "수행이 엄밀하지 못해서" 집권자들에게 알려지는 것이나 유민이 속세를 피하면서 멀리 벗어나지 못해서 세속의 법망에 걸려드는 것도 똑같이 절조의 문제로 간주되었다. 승려 창옹대산廠翁大汕***이 굴대균과 악연을 맺은 뒤 그의 시 「군중초軍中草」를 고발하여 사지로 몰아넣었고, 목진도민

---

* 동열(1620~1686)은 절강 오정烏程(지금의 우싱吳興) 사람으로 자가 약우若雨이고 호로 서암西庵, 자고생鷓鴣生, 누상漏巢을 썼는데 명나라가 망한 뒤에 풍초암豐草庵에 은거하여 성명을 임건林蹇, 자를 원유遠遊, 호를 남촌南村 또는 이호자林胡子로 바꾸고 자칭 고목림橋木林이라고 했다. 당시에 이미 아들을 6명이나 두고 있었던 그는 중년에 소주蘇州 영암사靈巖寺에서 출가하여 법명을 남잠南潛, 자를 월함月涵 또는 월암月巖이라고 했다. 소설 『서유보西遊補』를 비롯해서 『풍초집豐草集』 『창수어록唱酬語錄』 『역발易發』 『연화기수필棟花磯隨筆』 등 100여 종에 이르는 많은 저작을 남겼다.

** 옥림통수(1614~1675)는 강소 강음江陰 사람으로 임제종의 전승자로서 절강 무강武康 보은사報恩寺 주지를 지냈고, 순치 15년(1658) 순치제의 부름을 받고 북경에서 법회를 열고 '대각선사大覺禪師'라는 법호를 받았으며, 이듬해에는 '대각보제선사大覺普濟禪師'에 봉해졌고, 순치 17년에는 다시 '대각보제능인국선사大覺普濟能仁國禪師'에 봉해졌다. 이후 서천목산西天目山에서 이른바 '사자정종파師子正宗派'를 흥성시키고, 강소 회안淮安의 자운암慈雲庵에서 입적했다. 『옥림수국사어록玉林琇國師語錄』이 남아 있다.

*** 창옹대산(1614~1704)은 절강 가흥嘉興 사람으로 출가하기 전의 성씨가 서徐이고 자가 석렴石濂 또는 석련石蓮, 석호石湖, 석봉石蓬, 석두타石頭陀라고도 하며 또 창옹화상廠翁和尙으로도 불렸다. 16세에 강녕江寧(지금의 난징 시) 조계종의 고승 각랑도성覺浪道盛의 제자로 삭발하고 승려가 되었다가 20세 이후로 행각승으로 전국을 돌며 포교하고 방이지, 황도주 등 저명한 유민들과 교유했다. 강희 2년(1663) 이후로는 광주廣州에 거처를 정하고 굴대균, 양패란梁佩蘭과 친교를 맺었으며, 이후 남평왕南平王이 건립한 대불사大佛寺에서 지내다가 강희 17년(1678)에는 장수사長壽寺 주지가 되었다. 뛰어난 서예가이자 화가, 문학가, 정원 건축가이기도 했던 그는 『이륙당집離六堂集』 『해외기사海外紀事』를 비롯한 많은 저술을 남겼다.

木陳道忞이 옥림통수에게 "너무나 불경하다大不敬"라고 비방한 것도 모두 세속의 '정치 투쟁' 수단을 너무나 잘 알고 있었기 때문이니, 그들의 행위는 세속의 이른바 '간사한 소인배僉壬'와 다를 바 없었다. 한때 불교계에는 세속의 온갖 군상과 똑같은 이가 모두 포함되어 있었으니, 당시 불교계 안팎이 별개의 세계가 아니었음을 충분히 알 만하다.

청나라 초기 승려들의 다툼이 일어날 때까지도 그들은 여전히 당시의 '정치' 바깥으로 벗어나지 못하고 있었다. 왕조가 교체될 무렵 '최대의 정치'는 바로 명나라와 청나라의 대립이었기 때문에 승려들의 다툼에도 청나라를 지지하는 세력과 명나라 잔여 세력들 사이의 다툼이 포함되지 않을 수 없었다. 이런 면에서는 불교계도 상당히 깨끗하지 못했다.[23] 한때 반뢰潘耒나 전겸익 같은 거사居士들은 당시 승려들의 다툼에 참여하여 흉흉한 기세로 무력을 휘둘렀고, 서방徐枋도 『거이당집居易堂集』에서 불교계의 일을 언급할 때는 의분의 정서를 밖으로 드러냈으며, 황종희와 진유숭陳維崧의 글에서도 불교와 관련된 부분은 모두 경향이 뚜렷했다.[24] 승려들은 세속의 '의로움義'과 의롭지 않은 것을 구분하고, 사대부들은 불교계의 시비를 논함으로써 사대부와 승려가 언어 환경을 공유하며 하나의 언론 마당을 만들었다. 세속 안팎을 막론하고 모두 세간의 혼란에 빠진 채 동일한 큰 이야기를 함께 연출하고 있었으며, 심지어 배역까지 하나하나 상응했다. 승려들은 '다툼諍'을 위해 (황제의 힘에까지 이르는) 세속의 권력을 빌려왔으니 이야말로 불교계의 '현실감'을 증명한다고 할 수 있다. 승려와 사대부의 정치적 결맹結盟은 비록 '세속 밖方外' 인사들이 세속의 힘을 이용한 경우에 속하지만, 또한 거사들이 불교계의 일에 지나치게 열중하여 걸핏하면 불교의 수호를 자임하고 나섰기 때문에 나타난 현상이었다. 이런 정세 아래에서 사대부가 불교로 도피하는 것이 세속 정치로부터의 도피는 가능하게 해주었지만, 불교계의 정치에서 도피하기는 어려웠다. 황종희가 웅개원에게 써준 시에 "조정의 붕당에 얽히는 것은 벗어날 수 있었지만, 불교계에도 여전히 전쟁이 벌어지고 있었지脫得朝中朋黨累, 法門依舊有矛戈"라는 구절이 들어 있는데, 이것이 가리키는 바는 바로 이와 같은 사실일 터이다.

문인이 불교의 경지에 미련을 가지는 현상과 승려들이 명사화名士化하고 문인화하는 현상은 그 유래가 이미 오래되었다. 명사들은 줄곧 세속 밖의 인사들과 교류하는 경우가 많았고, 고상한 승려들은 예로부터 문인의 교유 대상에서 빠져서는 안 될 존재였다. 승려가 자리에 섞이면 고상한 정취를 끌어 올려줄 뿐만 아니라 선정에 들어간 듯이 차분한 묘미를 더해준다. 그리고 명승과 명사, 문인이 시를 주고받는 것도 오래전부터 익숙한 풍경이었는데, 다만 명 중엽 이후로 분위 때문에 그 규모가 더 커졌을 따름이다. 불교에 대한 배척의 입장을 견지했던 황종희도 사지寺志에 서문을 쓰고 또 불교 이미지의 흡인력을 꺼리지 않았으니, 「명주향산사지서明州香山寺志序」에서는 이렇게 썼다.

> 부처의 장엄한 건물들이 지역에 두루 퍼져 있고 또 바위에 부딪히는 샘물의 신령한 울림이 절간의 바라와 동발銅鈸 소리를 도와준다.
> 釋氏莊嚴宮室遍於域中, 又復以泉石靈響佐其螺鈸.(『黃宗羲全集』 제10책, 5쪽)

한때 명승들이 사대부의 '동지'로 끌어들여진 것은 종종 '충의를 간직한 승려'일 뿐만 아니라 그 '충의'로 인해서 시승詩僧이었기 때문이었으니, 특히 후자는 사대부들의 성벽과 잘 들어맞았다. 승려의 신분으로 시를 잘 쓴 예도 명나라 때부터 시작된 것이 아니다. 그러나 승려가 '충의'를 시에 담은 것은 명·청 교체기 불교계의 특이한 모습이었다고 할 수 있겠다. 오위업의 시화詩話에서는 창설독철蒼雪讀徹(1586~1656)에 대해 논하면서 그가 평생 시에서 불이법문不二法門을 증명하려 해서 "선기로 시를 공부하니 항상 참오로 일관했다禪機學詩, 總一參悟"라고 하며 또 이렇게 썼다.

그분의 「금릉회고金陵懷古」라는 4수의 연작시는 당시 세상에 널리 알려졌다. 선사는 비록 세속 밖에 계셨지만 왕조의 흥망이 교체할 무렵에 감개무량하여 눈물을 흘리셨고, 늘 그것을 시에 나타내셨다. 한번은 이렇게 읊으신 적이 있다.

지팡이 끝을 잘라 보지寶志*를 걸어놓고
손바닥에 산천을 올려놓고 도징圖澄**을 만난다.
저자에서 백사모白紗帽*** 팔지 말지니
도연道衍****은 결국 승려로 끝나지 못했구나.

이것은 그분의 뜻을 더욱 잘 나타냈다고 이야기된다.
其金陵懷古四首, 最爲時所傳. 師雖方外, 於興亡之際, 感慨泣下, 每

---

* 보지(418~514)는 남조 양나라 때의 승려다. 7세에 출가한 그는 남경의 도림사道林寺에서 50년 동안 수행했으며, 폭정을 저지르던 무제를 불교에 귀의하여 개과천선하게 함으로써 '제사帝師'라고 불렸다. 502년에는 보화산寶華山에 암자를 지어놓고 승려들에게 불경을 강설했다. 훗날 송나라 태종은 그에게 보공寶公이라는 시호와 함께 '도림진각道林眞覺'이라는 불호佛號를 하사했다.
** 불도징佛圖澄(232~348)은 서역의 승려로서 진나라 영가 4년(310)에 낙양으로 와서 불교를 전파하고 제자들을 양성했다.
*** 백사모는 남조 시대에 황제가 쓰던 모자다.

見之詩歌. 嘗自詠云: 剪尺杖頭挑寶志, 山河掌上見圖澄. 休將白帽

街頭賣, 道衍終爲未了僧. 益以見其志云.(『吳梅村全集』 권58, 1145쪽)

명·청 시대에 이르러 강남의 문인 문화는 거의 극성의 경지에 도달
했다. 승려이면서도 고상한 풍류를 지녔고, 고상한 승려이면서 '충의'
를 지닌 이들이 나온 것도 필연적인 추세에 따른 현상이었다. 하지만
승려가 문인화하는 것에 반감을 가진 이들도 있었다. 진확은 "오늘날
의 고승은 모두 세속 사대부의 습성에 물들어 종이나 부채에 시나 글
씨를 쓰곤 하여 세간에 어지럽게 널려 있다"면서 자신은 그런 이들을
"무척 비천하게 생각한다"라고 썼다.*****

불교로 도피한 이들이 바로 '유민승遺民僧'은 아니라는 점은 굳이 설
명이 필요 없다. 그리고 '유민승'이 '유민-승려'의 관계에 대해 생각하
는 것도 사람에 따라 달랐다. 이업사李鄴嗣에 따르면 주제증周齊曾******이
'빌붙지 않은不附' 여러 행위 가운데는 "불교로 도피遁於釋門"하는 것
까지 포함되었기 때문에 "불교에 빌붙지 않았다不附釋門"라고 썼다. 주
제증은 평생 여러 '빌붙지 않은' 행위를 했기 때문에 승려나 유민들이

**** 도연은 요광효姚廣孝(1335~1418)를 가리킨다. 강소 장주長洲(지금의 쑤저우蘇州에 해당) 사
람으로 어릴 적 이름은 천희天僖이고 법명은 도연, 자가 사도斯道 또는 독암獨闇이고 호가 독암
노인獨闇老人, 도허자逃虛子다. 명 태조에게 뽑혀서 연왕燕王 주체朱棣를 모시며 경수사慶壽寺
주지를 맡았는데, 정난 시기에 연왕의 모사로서 영락제의 등극에 기여했다. 이후 승록사좌선세僧
錄司左善世에 임명되어 태자소사의 직위가 더해져서 '흑의재상黑衣宰相'으로 불렸으며, 죽은 후
에는 추성보국협모선력문신推誠輔國協謀宣力文臣에 추증되고 영록대부榮祿大夫 겸 상주국上
柱國으로 특별히 승진되어 영국공榮國公에 봉해졌으며, 시호는 공정恭靖이다. 『명태조실록明太
祖實錄』『영락대전永樂大典』의 편찬을 주관했으며 『도허자시집逃虛子詩集』『도허유고逃虛類
稿』『도여록道餘錄』『불법불가멸론佛法不可滅論』『제상선인영諸上善人詠』 등의 저작을 남겼다.
***** 원주: "今之善知識, 悉染時士習氣, 題箋寫扇, 狼藉人間 (…) 深鄙之賤之."(『與老友董東隱
書』陳確集』, 86쪽)
****** 주제증(1603~1671)은 절강 은현鄞縣(지금의 저장 성 닝보 인저우鄞州 구) 사람으로 자가 사기
思沂, 호가 유일唯一이다. 숭정 16년(1643) 진사에 급제하여 순덕현령順德縣令을 역임했으며, 순
치 3년(1646) 이후로는 승려가 되어서 낭운대사囊雲大師라고 불렸다.

그에게 빌붙어 승려나 유민이 되라고 하지 않아서, "나아가고 물러남의 큰 절조를 지키고出處大節""평생 세상에 빌붙지 않은"삶을 살았다는 것이다.(「周貞靖先生遺集序」, 『杲堂詩文集』, 398~399쪽) 그 때문에 주제증은 비로소 시대적 기풍과 대중적 추세에 따른 '유민'들과는 비교할 수 없는 진정한 유민이라 할 수 있다고 했다.

2 절
의관衣冠

명·청 교체기의 '머리카락과 관련된 이야기'들은 여러 문헌에 두루 보인다. 황종희는 「양이인전兩異人傳」에서 이렇게 썼다.

삭발령이 내려지고부터 치욕을 견디지 못한 사대부들은 죽더라도 후회하지 않았다. 이에 세상사를 버리고 깊은 산중이나 외진 골짝으로 떠나거나 흙방에 틀어박혀 지내면서 이웃에서 알지 못하게 하는 이들도 있었지만 종종 남들이 고발하는 바람에 결국 벗어나지 못했다.

自髡髮令下, 士之不忍受辱者, 之死而不悔. 乃有謝絶世事, 托跡深山窮谷者, 又有活埋土室, 不使聞於比屋者. 然往往爲人告變, 終不得免.(『黃宗羲全集』 제11책, 53쪽)

이 때문에 그는 청나라 초기의 정치를 '포악한 진秦나라'에 비유하곤 했다. 어떤 글에서는 청나라 초기를 사는 것은 도연명이 유송劉宋에 사는 것에 비해 더 힘들다고 하면서, "도연명이 살았던 시대에는 갈건

葛巾을 쓰고 남여籃輿를 타고 다니면서도 칼을 쓰고 저자를 걸어야 할 걱정은 없었으니, 오늘날에 비하면 조금 나았던 듯하다"*라고 했다. 대명세도 비슷한 말을 했다.

> 두보의 시에 '상란을 당하니 죽는 길도 많다'라고 했는데 명나라의 사대부와 백성은 기근과 도적, 수재와 화재로 죽고 나중에는 또 왕조의 회복을 위해 일하다가 죽어서 거의 한 사람도 살아남지 못할 상황이고, 또 많은 이가 삭발령을 어겼기 때문에 죽었으니 이 또한 옛날에는 없었던 사건이다.
> 杜子美詩曰: 喪亂死多門. 明之士民死於饑饉, 死於盜賊, 死於水火, 後又死於恢復, 幾無孑遺焉, 又多以不剃髮死, 此亦自古之所未有也.(「王學箕傳」, 『戴名世集』 권7, 211쪽)

황종희의 기록에 나타난 여증원余增遠**과 주제증의 대책은 어떤 대표성을 띠고 있다. 여증원은 "겨울이든 여름이든 검은 모자 하나만 쓰고 있었으며, 친한 사람이 오더라도 모자 벗은 머리를 내보이지 않았고"***주제증은 머리카락을 모두 깎아서 머리카락 무덤髮塚을 만든 뒤에 '무발거사無髮居士'라고 자칭하며 승려나 나무꾼들과 어울려 지냈다고 한다. 여증원이 머리를 깎지 않은 것은 당연히 거절이지만, 주제

---

* 원주: "靖節所處之時, 葛巾籃輿, 無鉗市之恐, 較之今日, 似爲差易."(「余若水周唯一兩先生墓誌銘」)

** 여증원(?~?)은 회계會稽 사람으로 자가 겸정謙貞이고, 흔히 약수선생若水先生이라고 불렸다. 숭정 16년(1643) 진사에 급제하여 보응지현寶應知縣을 지냈고, 남명 정권에서 예부주사禮部主事와 낭중郎中을 지냈다. 이후 남경이 함락되고 나자 산중으로 도망쳤다가 사람들에게 이끌려 밖으로 나왔지만 병든 몸으로 남경 성 남쪽 교외에서 24년을 살다가 죽었다.

*** 원주: "冬夏一皁帽, 雖至昵者不見其科頭."(『黃宗羲全集』 제10책, 276쪽)

증이 한 올도 남김없이 밀어버린 것 역시 '새로운 스타일時式' 즉 조정의 율령에 대한 거부였다. 주제증에 관해서 이업사는 「주정정선생유집서周貞靖先生遺集序」에서 그가 '불교'로 도망쳤지만 "불교에 빌붙지 않았다不附釋門"라고 해서 황종희의 설명과는 차이가 있다.(제1절 참조) 불교로 도피하는 일이 명·청 교체기에 특히 성행한 것은 당연히 청나라 초기의 삭발령과 직접적인 관계가 있었다. 똑같은 '삭발剃'이지만 이 삭발은 저것과는 의미뿐만 아니라 양식도 달랐다. 이런 의미에서 불교로 도피하는 것은 모두 "나름의 의미가 있는別堅一義" 행위로 '삭발'에 대한 또 다른 해석이었다. 이것만 보더라도 유민들이 '머리카락'과 관련해서 얼마나 고심했는지를 알 수 있다.[25]

유민 본인이 삭발과 관련해서 쓴 글은 종종 은밀히 숨겨져 있으니, 예를 들어 앞서 황종희의 글에서 언급된 여증원 역시 단지 그가 "검은 모자를 쓰고" "모자 벗은 머리科頭"를 내보이지 않았다고만 썼을 따름이다. 왕부지는 삭발에 대한 자신의 태도를 분명히 나타냈으니 「석여진부惜餘鬢賦」는 비록 다른 사람을 위해 쓴 글이지만 거기에 나타난 것은 의심할 바 없이 그 자신의 의지였다. 거기서 그는 "비록 지금 막 꺾였지만 평생을 욕되게 하지는 않았다"*라고 했다. 위희魏禧는 상란이 일어난 뒤에 은거하고 있던 취미산翠微山에서 나올 때 종종 "격이 떨어지는 옷을 입어 망가진 모습貶服毀形"이었다고 하면서, 가령 「여웅양길與熊養吉」에서도 그런 모습으로 '아득히 먼 곳까지 나들이를 다니곤汗漫之遊' 했다고 썼다.(『魏叔子文集』 권7) 여기서 '격이 떨어지는 옷貶服'은 당연히 청나라의 복장으로 갈아입었다는 뜻이고, '망가진 모습毀形'은 변발辮髮을 했다는 뜻이 분명하다. 그의 「간죽도기看竹圖記」에서는 그가 산속

---

* 원주: "雖摧折於方今兮, 聊不辱於百年."(『船山全書』 제15책, 246~247쪽)

에 살고 있을 때의 모습을 그린 그림에 대해 기록하고 있는데, 이에 따르면 그는 당시에 명나라 의관을 갖춰 입고 있었음을 알 수 있다. '삭발'에 대한 당시 사대부들의 묘사는 평상시에 보면 흡사 교활한 장난질을 하는 것처럼 보이기 때문에, 그때 그곳의 상황을 고려해야만 심각성을 감지할 수 있다. 그것은 바로 금기였기 때문에 금기의 화제를 이야기하는 예술을 만들어낼 수 있었다. 전겸익의 「제소득로미도집題邵得魯迷途集」에서는 일부러 불교의 삭발과 청나라 초기의 강제적인 삭발을 뒤섞어서 소이관邵以貫(?~?, 자는 득로得魯)이 삭발을 거부한 사실을 완곡하게 서술했으니(『牧齋有學集』권49)* 이 또한 금기적인 화제를 교묘히 다루는 데 뛰어났음을 보여주는 예다.

새로운 군주는 의관과 헤어스타일을 강제로 바꾸게 하는 것을 '정복'의 표지로 삼았는데, 유민들이 삭발을 수치스럽게 생각한 더욱 깊은 이유는 "몸의 터럭과 피부는 부모에게 물려받은 것이니 함부로 훼손해서는 안 된다身體髮膚, 受之父母, 不敢毁傷"라는 오래된 교훈 때문이었다. 명·청 교체기의 언어 환경에서 삭발의 수치는 앞서 황종희가 "삭발령 아래에서髡髮令下"라고 썼을 때의 '곤髡'이라는 표현에 집중되어 있었다. 이 '곤'을 겪는다는 것은 곧 '육형**을 당하는刑餘' 것과 다를 바 없었다. 굴대균은 '성단城旦'***과 '삭발髡' '형여刑餘'를 계속 언급했다.

---

* 이원도李元度(1821~1887, 자는 차청次靑 또는 홀정笏庭, 호는 천악산초天嶽山樵, 초연노인超然老人)의 『국조선정사략國朝先正事略』권45 "유일遺逸"에서는 소이관이 명나라가 망한 후 순국하려 하다가 연로한 모친 때문에 실행하지 못했고, 곧 머리를 깎고 승려가 되어 설두산雪竇山 묘고대妙高臺에 들어가 외부 사람들과 교유를 끊고 지낸 적이 있다고 했으니, 전겸익의 서술과는 차이가 있다.

** 육형肉刑은 몸에 먹으로 죄명을 새기는 '묵墨', 코를 베는 '의劓', 발뒤꿈치를 베는 '비剕', 남자의 고환을 썩혀 떼는 '궁宮', 목을 베는 '대벽大辟' 등을 가리킨다. 한편 원문의 '형여刑餘'는 궁형을 당한 내시閹人를 가리키는 말이기도 하다.

*** 성단은 4년 동안 성을 쌓는 노역을 하게 하는 고대의 형벌인데, 후세에는 종종 유배형을 가리키는 뜻으로 쓰였다.

「장발걸인찬長髮乞人贊」에서 그는 이렇게 썼다.

> 애석하구나, 요즘 사람들이여! 육형을 당하지 않은 이 누구인가?
> 축성의 노역을 한다 해도 삭발 당하는 것보다는 나으리라!
> 哀今之人, 誰非刑餘. 爲城旦舂, 髡也不如.(『翁山文外』 권12)

심지어 그는 "머리카락이 없으면 바로 귀신이고無髮則鬼" "머리카락이 있어야 사람有髮則人"이라고 했다.(같은 글) 서방徐枋도 삭발령을 '곤형髡刑'이라고 부르면서 「답오헌부원장선생서答吳憲副源長先生書」에서 이렇게 썼다.

> 그래도 머리카락과 살을 훼손하지 않아서 훗날 지하에서 어버이를 뵐 수 있기를 바라며 성명을 바꾸고 갈대밭으로 몸을 숨겨 여러 차례 죽을 고비를 넘기고 넉 달을 떠돌았는데, (…) 일이 마음대로 되지 않아서 다시 '곤형'을 당하게 되었습니다.
> 猶冀無毀髮膚, 他日庶可見吾親於地下, 因變姓名, 匿跡蘆中, 瀕死數番, 流離四月 (…) 而事與心左, 復受髡刑.(『居易堂集』 권1)

황종회도 "삭발과 칼을 차는 것은 다른 부류"[*]라고 주장했다. 유민들은 이렇듯 '삭발剃'이 너무나 큰 치욕이라는 것을 강조했다. 이런 분위기에서 삼번三藩의 반란이 '온전한 머리카락을 지닌 이들의 기의全髮起義'를 구호로 내세운 것은 책략이라는 측면에서 고명하다고 하지 않을 수 없었다.『청사고淸史稿』 권474에 수록된 오삼계의 전기에 따르면

---

[*] 원주: "髡鉗爲異類."(「王卣一傳」 『縮齋文集』, 134쪽)

그는 반란을 획책할 때 스스로 주왕천하도초토병마대원수周王天下都招討兵馬大元帥라고 칭하면서 "머리를 기르고 의관을 바꿔 입은 채 흰색 깃발을 내걸었다"*라고 했다.[26]

필자가 읽어본 유민들의 글 중에 이 일에 대해 격분에 차서 기탄없이 표현하는 정도가 굴대균보다 심한 경우는 없었다. 굴대균의 문집 도처에서는 원독怨毒의 감정이 드러나 있다. 「독송禿頌」(『翁山文外』 권12)은 대머리를 행운이라고 하고, 대머리가 되지 못한 자신의 불행을 이야기하면서 공공연하게 '변발을 늘어뜨린 것辮垂'을 수치라고 했다.

> (머리카락을) 훼손하는 죄를 내 이제 다시 근심하나니
> 살갗을 깎아내는 아픔을 모두들 근심하지.
> 부러워라, 그대의 대머리여! 칼날에 깎이지도 않고
> 귀찮게 상투 틀 일도 없고, 변발을 늘어뜨릴 필요도 없구나!
> 毁傷之罪, 我今復罹. 剝膚之痛, 人皆患之.
> 羨子之禿, 不見刀錐, 無煩髻結, 不用辮垂.

같은 책 권16의 「장발부藏髮賦」에서는 또 이렇게 노래했다.

> 쓸데없이 남겨진 몸 오랑캐 백성으로 변하다니!
> 어찌 피해를 달갑게 받아들이랴? 하지만 이 몸을 온전히 돌려드리지 않겠노라!
> 북방 오랑캐 땅에 나라가 있는데 참으로 힘만 내세워 폭력을 드러내는구나.

---

* 원주: "蓄髮, 易衣冠, 幟色白."

(…)

오환의 풍속을 여진족은 어기지 않지.

천하를 바꾸더니 변발 늘어뜨리는 법규를 공표했지.

머리카락 없으면 수컷이요 머리카락 있으면 암컷이지.

암컷은 머리카락이 있다지만 양쪽 살쩍을 드리우지는 않지.

(…)

훗날 군대에서 작은 공이라도 세우고 들판에서 죽어 묻히지도 못
하리라!

맹세코 썩은 살로 이리와 살쾡이 배불리 먹이리라!

오직 손톱과 머리카락만 남겨서 대월지를 진압하리라!

弁髦遺體, 以變羌民. 豈甘戕賊, 弗欲全歸. 索頭有國, 實逞淫威
(…) 烏桓之俗, 女直無違. 遂易天下, 拖辮垂規. 無髮則雄, 有髮則
雌. 雌雖有髮, 雙鬢不垂 (…) 移時橫草, 野死不埋. 誓將腐肉, 以飽
狐狸. 惟留爪髮, 用鎮月氏.

이걸 보면 그가 죽은 후 재앙을 당한 것도 확실히 이상하지 않다.

유민들이 '갓冠'에 대해 많은 고심을 한 것은 종종 '머리카락'을 보
존하기 위한 것인데, 이는 머리카락을 온전히 보전하는 것이 바로 절조
를 온전히 유지하는 것이요, 명 왕조를 존속시키는 의미가 있다고 여
겼기 때문이다.[27] 그로부터 200여 년 뒤인 청말·민초에 루쉰이 쓴 「머
리카락 이야기頭髮的故事」는 사람들이 함부로 이야기하는 명언에 호응
하는데, 첫 번째는 비극의 출현이고 두 번째는 희극의 출현이다. 물론
사정은 결코 이처럼 간단하지 않아서 두 번째 변발을 남겨두고 자르는
이야기에도 적지 않은 고통이 담겨 있는데, 이것은 본 절의 주제를 벗
어난 것이다. 명·청 교체기에 대단히 처참한 비극을 연출한 것으로는

머리카락 외에도 의관이 있다. 대명세의 「오강양절부전吳江兩節婦傳」에는
이렇게 기록되어 있다.

예전에 『순치실록』을 읽고 청군이 관문을 들어섰을 때 치천의 손
지해孫之獬*가 즉시 상소를 올려 귀순할 뜻을 밝히면서 그 집안의
부녀자도 모두 이미 나라 복장을 따르고 있다고 했음을 알게 되
었다. 손지해는 명나라 때 벼슬이 구경의 지위까지 오른 인물이지
만, 장강과 회수 사이에서는 일개 사대부나 마을 백성임에도 나라
복장을 하려 하지 않다가 죽임을 당해 길가에서 해골이 누워 서
로를 바라보고 있더라도 후회하지 않는다.
嘗讀順治實錄, 知大兵之初入關也, 淄川人孫之獬卽上表歸誠, 且
言其家婦女俱已效國裝. 之獬在明時官列於九卿, 而江淮之間, 一介
之士, 里巷之氓, 以不肯效國裝死者, 頭顱僵僕, 相望於道, 而不悔
也.(『戴名世集』 권8, 226쪽)

여기서 말하는 '나라 복장'은 바로 청나라의 의관이다. 바로 앞에서
언급했듯이 의관과 머리카락에 관련된 이야기는 많은 경우 하나의 이
야기 안에 포함된다. 청초의 삭발령은 '머리카락'이라는 인체의 일부
분을 상징화했는데, 갓은 머리카락과 관련이 있고 또한 소속의 선택과

---

* 손지해(1591~1647)는 산동山東 치천淄川(지금의 쯔보淄博에 속함) 사람으로 자가 용필龍拂이다.
천계 2년(1622) 진사에 급제하여 한림원 시독侍讀까지 지내면서 위충현의 수족 노릇을 하다가 숭
정제 때에 벼슬을 잃고 평민이 되었다. 이후 청나라 군대가 들어오자 그는 앞장서서 귀순을 청했
고, 조정으로 불려가 예부우시랑에 임명되었고, 이후 병부상서 직함으로 강서순무를 지내기도 했
다. 그러나 나중에는 결국 벼슬을 잃고 다시 평민이 되었는데, 사천謝遷(1598~1649)이 이끄는 농
민 기의군에 의해 일가족 7명이 몰살당했다. 반군은 그의 온 몸에 침으로 구멍을 뚫고 머리카락
을 꽂아 청 정부의 삭발령에 아부하며 동포를 해친 죄를 처벌하고, 다시 참수하여 그 시체를 큰길
에 전시했다고 한다.

신분 확인 같은 대단히 중요한 의미를 지니고 있었다.

그러나 왕조 교체기에 사대부들이 명대의 의관에 대한 사랑을 나타낸 것은 당연히 정치적 의미를 지니며 또한 축적된 문화 감정을 배경으로 하고 있다. 『명사』권282에 수록된 주혜周蕙*의 전기에는 다음과 같이 기록되어 있다.

> (그는) 태주 소천으로 돌아와 살았는데, 폭건을 쓰고 장삼을 걸친 채 거동할 때는 반드시 예의를 지켰다. 그 지역 사람들 가운데 많은 이가 그의 교화를 받았다.
> 還居泰州之小泉, 幅巾深衣, 動必由禮. 州人多化之.

이처럼 전기를 쓰는 사람이 이해하기로는 그 사람의 복식과 행위 모두 그가 "백성을 교화하여 풍속을 완성하는化民成俗" 위대한 사업에 기여했다. 이 책에서 논의하고 있는 이 시기에 이르면 전겸익이 행장 등에서 묘사한 바와 같은 서생의 풍모는 늘 문화적 기념의 형태로 나타났다. 예를 들어 제생 아무개에 대한 다음의 기록을 보자.

> 의관을 차려입고 학궁으로 갈 때는 골목길을 느긋하게 걷는데 꿰맨 바늘자국 사이로 횡횡 바람소리가 났다.
> 攝衣冠之學宮, 緩步閭巷, 風謖謖出縫紝間.(「和州魯氏先塋神道碑銘」,
> 『牧齋有學集』권35, 1226쪽)
> 소매 폭이 넓은 장포를 입고 시골집에서 나오면 소매에서 나온 듯

---

* 주혜(?~?)는 감숙甘肅 산단山丹 사람이지만 나중에 태주泰州로 거처를 옮겼으며 자가 정방廷芳이고 호가 소천小泉이다. 젊은 시절 군대에서 생활하다가 스무 살 무렵부터 공부를 시작해서 이학의 각 문호를 관통하는 독자적인 경지를 수립한 대가의 반열에 올랐다.

한 바람이 살랑살랑 일어났다.

褒衣大帶, 出於邑屋, 有風蕭然如出衣袂中.(「盧府君家傳」, 같은 책 권
37, 1291쪽)

그가 한없이 감탄하며 그리워한 것은 그야말로 의관을 통해 표현되
는 느긋하고 여유로운 이미지와 기상이었던 것이다. 전겸익은 40년 전
정가수程嘉燧*와 교유했던 일을 이렇게 추억했다.

산속 장원은 적막하고 소나무 노송나무가 대문을 가렸는데, 두 노
인이 폭건을 쓴 채 책상에 기대 앉아 옛 서예 작품을 쓰다듬었네.
山園蕭寂, 松栝藏門, 二老幅巾憑幾, 摩挱古帖.(「書張子石臨蘭亭卷」,
『牧齋有學集』 권46, 1538쪽)

이 그림 속에서 '폭건'은 이미지를 구성하는 데 빠져서는 안 될 소
품으로서 전체적인 분위기와 정취도 거기에서 구현된다.

여러 문헌을 살펴보면 명나라가 망하기 직전까지도 사대부와 일반
백성은 여전히 복식에 대한 흥취를 잃지 않고 있었다. 사대부들은 유
행을 선도했고 명사들도 이것을 나름대로의 즐거움으로 삼았다. 구유
병邱維屏은 「망우위응박전亡友魏應博傳」에서 그의 죽은 친구에 대해 이렇
게 기록했다.

---

* 정가수(1565~1643)는 안휘 휴녕休寧 사람으로 자가 맹양孟陽이고 호로 송원松圓, 계암偈庵
등을 쓰다가 만년에 불교에 귀의하면서 법명을 해능海能이라고 했다. 뛰어난 시인이자 화가로 명
성을 날렸던 그의 저작으로는『송원나도집松圓浪淘集』『송원계암집松圓偈庵集』『파산흥복사지
破山興福寺志』 등이 있다.

(그가) 오·월 지역을 여행하고 돌아와서 높이가 1자 2치나 되는 오 지역의 갓을 쓰고 다니자 고을 사람이 모두 비웃었다. 그런데 석 달 뒤에는 고을에서 그런 갓을 쓰지 않은 이가 없었고, 어떤 이는 갓의 높이가 1자 4치나 되었다.

遊吳越歸, 冠吳冠, 高尺有二寸, 縣中人盡笑之. 後三月, 縣中無不冠者, 冠或尺四寸.(『邱邦士文鈔』 권2)

이민족의 통치 아래에서도 유민들 가운데 그런 정취를 간직한 이들은 여전히 일상생활에 대한 창조적 열정을 잃지 않았다. 진확의 「죽관기竹冠記」와 「재작상관기再作湘冠記」(『陳確集』 文集 권9)는 바로 특별한 정취가 담긴 '옷차림 이야기'다. 진확은 자신이 "봄에는 운관雲冠, 여름에는 명관明冠, 가을에는 상관湘冠을 쓴다"(216쪽)라고 했는데, 그 공예의 수준과 상상력은 황종희의 기록에 보이는 주제증周齊曾을 떠올리게 한다.

(그의 거처는) 산림이 아름답고 작은 그릇 하나도 지극한 공예의 기교를 부렸다. 한번은 타고 남은 것들을 모아 향로를 만들었는데 금이나 옥으로 만든 것보다 더 정성스럽게 문질러 닦았다. 또 벼랑에서 자란 기이한 나무를 얻어서 등받이 의자를 만들고는 앉아 있을 때나 누워 있을 때나 항상 그것을 썼다.

山林標致, 一器之微, 亦極其工巧. 嘗拾燒餘爲爐, 拂拭過於金玉. 又得懸崖奇木, 製爲養和, 坐臥其間.(「余若水周唯一兩先生墓誌銘」)

이것은 모두 동남 지방 인사의 고상한 풍류와 정밀한 감상 취미, 그리고 인생을 미적으로 만드는 능력과 세밀한 생활예술을 잘 보여준다. 왕조 교체기를 살았던 유민들의 경우는 이미지도 그만큼의 차이가 있었다.

명대의 정통문학은 광채가 부족한 듯하지만, '일용日用'과 관련된 명대 사람들의 삶의 지혜 및 문화적 창조력은 지금까지도 칭송을 받고 있다. 후세 사람들이 보기에 명대 사람들은 자구와 그릇, 의관 등을 모두 그 왕조의 문화를 식별하기에 편리한 표지로 만들었다. 그 사이의 명대 제왕들―특히 태조와 세종世宗―이 보여준 복식의 창조력은 직접적으로 유행과 풍속에 영향을 주었다. 당연히 군주의 입장에서 그것은 '제도의 창조'였다. 『명사』 권66 「여복지輿服志·2」에는 홍무 24년 (1391)에 있었던 일을 다음과 같이 기록했다.

> 홍무제가 미행을 나갔다가 신악관에서 망건을 짜고 있는 사람을 보았다. 이튿날 망건을 가져오라고 해서 십삼포정사사에 보여주며 지위의 귀천을 막론하고 모든 백성이 망건을 쓰도록 했고, 이에 천자도 늘 망건을 착용했다.
> 帝微行至神樂觀, 見有結網巾者. 翼日, 命取網巾, 頒示十三布政使司, 人無貴賤, 皆裹網巾, 於是天子亦常服網巾.

어쩌면 황당한 천자 정덕제가 신하들의 모자를 설계해주었던 것도 어느 정도 그 조상에게서 계시를 받았던 것은 아닐까? 이와 같은 군주의 행위는 사대부와 백성의 문적 정감에 영향을 주었으며, 그것은 명나라가 망할 무렵에 특히 분명하게 발견된다. 대명세의 기록에 따르면 어떤 사람이 '명대의 의관'을 갖춰 입었다는 이유로 체포되었는데 죽을 때까지도 고집을 부려서 이마에 망건을 그렸기 때문에 당시 사람들이 그를 '화망건畫網巾'이라고 불렀다고 했다. 이 '화망건 선생'은 자신이 망건을 그린 이유를 이렇게 설명했다.

의관이라는 것은 역대로 각기 정해진 체제가 있어서, 망건의 경우는 바로 우리 태조 황제께서 창제하신 것이다. 이제 내가 나라가 망한 상황에 이르러 죽게 되었지만 어찌 조상이 정한 제도를 잊을 수 있겠는가?

衣冠者, 歷代各有定制, 至網巾則我太祖高皇帝創爲之也. 今吾遭國破卽死, 詎可忘祖制乎.(「畫網巾先生傳」,『戴名世集』권6, 169쪽)²⁸

『정지거시화靜志居詩話』「섭상고葉尙高」에는 다음과 같은 기록이 있다.

(섭상고가) 병란이 일어난 뒤에 거짓으로 미친 것처럼 폭건을 쓰고 소매 넓은 장삼을 입은 채 저자를 활보하자 태수太守가 발견하고 붙잡았다. 그러자 그가 다음과 같은 시를 읊었다.

북풍이 부는데 소매 넓어 추위를 타게 하니
온주 자사의 창자를 괴롭혔구나.
어찌 하루살이처럼 생사生死를 가벼이 여기는가?
깔끔하게 옷차림이라도 온전히 차려입어야지.

이에 태수는 그를 문초하지 않고 석방해주었다.

兵後佯狂, 幅巾大袖行於市, 太守見而執之. 賦詩云: 北風袖大惹寒涼, 惱亂溫州刺史腸. 何似蜉蝣易生死, 得全楚楚好衣裳. 釋之不問.(人民文學出版社, 1990, 645쪽)

황종희의 『해외통곡기』에도 위에 인용된 「호복시胡服詩」가 수록되어 있다.(『黃宗羲全集』 제2책, 219쪽) 섭상고는 나중에 다른 일로 옥에 갇히게 되자 스스로 목을 맸다.

명나라가 망할 무렵 솔선해서 의관을 통해 뜻을 나타내고 신하와 백성을 계발한 이는 다름 아니라 바로 숭정제였다. 『명사』 권266에 수록된 진양모陳良謨의 전기에 따르면 그는 숭정제가 매산煤山에서 붕어했다는 소식을 듣자 대성통곡하며 "주상께서 면복冕服을 차려입지 않으시는데 신하가 어찌 감히 갓과 허리띠를 갖춰 입으랴!" 하고 명건明巾을 풀어 스스로 목을 맸다고 했다. 이후로 충의를 실천한 유민 이야기를 연출할 때는 갓과 복장 부분에서 대부분 주상의 제의를 받아들이는 것으로 연출되었다. 기표가祁彪佳는 다음과 같은 '유명遺命'을 남겼다.

> 시대의 엄청난 변란을 만나서 죽어도 부끄러움이 남을 테니 명정銘旌*을 세우지도 말고, 누구에게 전기傳記를 써달라고 하지도 말고, 조문도 받지 말고, 염할 때 갓과 허리띠도 쓰지 말라.
> 遭時大變, 死有餘愧, 勿立銘旌, 勿求志傳, 勿受弔殮, 勿用冠帶.(「行實」, 『祁彪佳集』 권10, 240쪽)

숭정제가 '면복을 차려입지 않음'으로 마음을 나타내자 신하가 갓과 허리띠를 착용하지 않음으로써 그 마음을 나타냈으니, 의관을 통해 뜻을 나타내는 것이 고심 어린 설계에서 비롯된 행동이었음은 일치한다. '죽음'에 뜻을 세웠다는 테마에 대한 글을 충분히 썼던 굴대균은 더욱 주의를 기울여 의관으로 뜻을 나타냈다. 그는 스스로 의관총을 만들고 의관을 향해 반복적으로 부탁했는데, 마치 자신의 속내가 분명

---

* 명정은 붉은 천에 흰 글씨로 죽은 사람의 관직이나 성명 따위를 쓴 조기弔旗다.

히 밝혀지지 않을까 염려하는 것 같았다.[29] 유민들의 '옷차림 이야기'
에 관해서는 유민들의 장례에 대해 논의할 때 계속하도록 하겠다.

사대부들이 갓과 복장에 대해 유독 정성을 기울인 것은 부분적으
로 그것과 관련된 명대 군주의 제작을 통해서 설명해야 할 것이다.[30]
그리고 앞서 살펴본 것처럼 사대부들이 그 복식의 '헐렁함寬博'을 특별
히 애호했던 사실도 왕조 교체기에 복식을 바꾸도록 강요했던 역사적
배경을 고려해서 이해해야 한다.『연당견문잡록研堂見聞雜錄』에는 이렇
게 기록되어 있다.

> 명나라 때 사대부들은 대부분 방건을 쓰고 소매 넓은 장삼을 입
> 어 점잖고 우아했다. 본조(청)가 들어서고 난리를 겪은 뒤에 사대
> 부들은 대부분 위가 평평한 작은 모자를 써서 자신을 은폐했다.
> 그런데 인재 등용에 관한 법령이 엄하게 내려져서 방건이 세상에
> 서 크게 금지되었고, 사대부들은 이에 위가 평평한 모자를 쓰는
> 이들이 없어졌다. (…) 간혹 옛 예법의 남겨진 의미를 애석하게 여
> 기고 혼자 지낼 때 우연히 방건을 썼다가 누군가 훔쳐보게 되기라
> 도 하면 즉시 참혹한 재앙이 일어났다. (…) 또 처음에는 사대부가
> 모두 넓은 소매를 펄럭이며 다녔는데 엄격하게 폐지되자 짧은 적
> 삼에 소매 좁은 옷을 입어서 죄다 무장한 것 같았다.
> 士在明朝, 多方巾大袖, 雍容儒雅. 至本朝定鼎, 亂離之後, 士多戴
> 平頂小帽, 以自晦匿. 而功令嚴敕, 方巾爲世大禁, 士遂無平頂帽者
> (…) 間有惜簁羊遺意, 私居偶戴方巾, 一夫窺瞯, 慘禍立發. (…) 又
> 其初, 士皆大袖翩翩, 旣而嚴革, 短衫窄袖, 一如武裝.(『烈皇小識』,
> 268~269쪽)

강채姜埰의 기록에 따르면 세 명의 유민은 "마당 밖을 나가지 않아서 당시에 변발을 세로로 늘어뜨려서 청나라 백성이 되었음을 알리는 사람들을 보지 않았다"*라고 했다. 왕부지는 "변발에 삿갓을 쓴辮髮負笠" 모습을 언급하기도 했고(『船山全書』 제12책, 507쪽), 위희가 '붉은 갓끈朱纓'과 '좁은 소매窄袖'에 대해 언급할 때는 늘 혐오의 감정이 문장에 넘쳤다. 이 또한 청나라에 투항한 사람들이 옛 명나라의 의관에 대해 잊을 수 없는 감정을 지니고 있었음을 더욱 유력하게 설명해준다. 사대부들은 의관에 내재된 문화적 의미에 대해 줄곧 민감하게 반응했다. 명나라가 망하기 직전에 북경에 머물고 있었던 오응기吳應箕는 자신이 목격한 당시의 차림새에 대해 이렇게 썼다.

> 갑자기 좁은 소매와 짧은 상의로 바뀌어서 길이가 무릎에도 미치지 못하고, 소매는 폭이 한 자를 넘기지 못했으며, 신은 깊이가 5치밖에 되지 않고, 좁은 버선은 발을 다 꿸 수도 없었다. (…) 행동거지가 경박하여 우아한 모습을 너무 잃어버렸다.
>
> 忽一變爲小袖短衣, 長不及膝, 而袖則寬不逾尺, 且鞋頭深五寸, 而窄襪至不能穿足 (…) 擧止輕佻, 殊失雅觀.(『留都見聞錄』卷下「服色」, 『貴池先哲遺書』)

육세의陸世儀의 「고요집삼지편서顧遙集三知編序」에는 다음과 같은 이야기가 수록되어 있다.

> 옛날 오대 말엽에는 사람이 모두 붉은 무릎 덮개䩹䩛를 하고 군대

---

* 원주: "厓不出戶庭, 不見當世垂縱戴纓之客."(「十月十八日逃事」, 『敬亭集』 권6)

에 들어갔는데, 태조의 군대에 이르러서야 비로소 헐렁한 옷과 넓은 때를 두른 이들이 있었다. 그러자 어른들이 그들을 가리키며 말했다.

"이 사람들이 나가면 우리는 태평성대를 목도할 수 있겠구먼!"

昔五代之季, 人皆鞾鞰從戎, 至藝祖軍中, 始有寬衣博帶者. 父老指
而相謂曰: 此曹出, 吾輩得睹太平矣.(『桴亭先生遺書』권2)

명·청 교체기에 이르면 '헐렁함寬'과 '좁음窄'은 스타일의 문제일 뿐만 아니라 문화의 기상氣象과 근원과도 관련된 문제가 되었다.

한 가닥의 화하가 그대의 피부에 있다.

一絲華夏, 在爾皮膚.(屈大均,「長髮乞人贊」)

그러니 이것은 헤어스타일과 의관을 위해서라면 확실히 목을 내놓을 가치가 있다는 뜻으로 이해할 수 있겠다. 청나라에 투항한 이들도 여기에 담긴 의미에 대해서는 공감했다.『청사열전淸史列傳』권79 「이신전貳臣傳」"진명하陳名夏"*에서는 영완아寧完我**가 그를 겨냥하여 "역심을 품고 혼란을 조장包藏禍心以倡亂"했다고 탄핵한 사실을 기록하고 있

---

* 진명하(1601~1654)는 율양溧陽(지금의 장쑤 성 창저우常州에 속함) 사람으로 자가 백사百史다. 수정 16년 진사에 급제하여 한림원 수찬 겸 호병이과도급사중戶兵二科都給事中이 되었는데, 남명 복왕 정권이 들어섰을 때 이자성李自成에게 투항했다가 다시 순치 2년(1645)에 청나라에 투항하여 이부좌시랑 겸 한림시독학사에 발탁되어 비서원대학사祕書院大學士까지 지냈으나 훗날 탄핵을 받고 처형되었다. 저작으로『석운거집石雲居集』이 있다.

** 영완아(1593~1665)는 요양遼陽(지금의 랴오닝 성에 속함) 사람으로 자가 공보公甫다. 후금後金 천명天命(1616~1626) 연간에 누르하치에게 투항하여 한군정홍기漢軍正紅旗에 편입되었으며 홍문원대학사弘文院大學士, 의정대신議政大臣 겸 태자태부를 역임했고, 시호는 문의文毅다.『명사明史』와『태종실록』을 편찬할 때 총재를 맡았으며,『삼국지』와『홍무보훈洪武寶訓』을 만주어로 번역했다.

는데, 사실 진명하는 "천하가 태평하려면 오로지 나의 두 가지 일, 즉 '머리를 기르고留髮' '의관을 회복하는' 것에 달렸다"라고 말한 적이 있었다. 이와 관련해서 영완아는 "진명하가 틀림없이 헐렁한 옷과 넓은 허리띠를 두르고 싶어하니, 그 마음을 짐작할 만하다"*라고 주장했다.

사대부들이 불교로 도피하는 것을 '삭발에 대한 거부拒剃'라고 여겼던 것처럼, 이 무렵에는 '옛 의관'을 고집하는 것도 '유행時式'을 거부하기 위한 선택 가운데 하나로 제공되었다. 『예기禮記』에서 공자는 "유학자의 복장을 모른다不知儒服"[31]라고 했지만 '장삼深衣'을 유가에서 창제했다는 것은 의심의 여지가 없다. 일찍이 숭정 말년에 장이상은 '장삼'을 입음으로써 '유행'을 거부했다.[32] 『이곡집二曲集』에서 이옹李顒의 제자가 기록한 바에 따르면 그가 강남에서 강학할 때 "사대부들이 그의 의관이 유행과 맞지 않은 것을 보고 서로 놀란 눈으로 돌아보았고"**소주 사람들도 "그의 복장이 대단히 구식其服甚古"이라고 여겼다고 했다. 남쪽 사람들이 이옹의 옷차림이 '유행에 맞지 않는다不時'며 이상하게 여긴 것은 당연히 그가 유행하는 옷차림 즉, '소매가 좁은 그 시절의 도포'를 입지 않은 것을 가리킨다. 그 책에 수록된 「역년기략歷年紀略」에 따르면 강희 12년(1673)에 집권자가 이옹에게 관중서원關中書院을 맡아달라고 초빙하여 그곳으로 갔을 때 제학提學 종랑鍾朗***과 있었던 일화를 기록했다.

(종랑이) 선생의 의복이 헐렁하고 소매 폭이 넓어서 유행에 맞지

---

* 　원주: "名夏必欲寬衣博帶, 其情叵測."

** 　원주: "紳士見其冠服不時, 相顧眙愕."

*** 　종랑(?~?)은 절강 석문石門(지금의 통샹桐鄕) 사람으로 자가 옥행玉行이다. 순치 16년(1659) 진사가 되어 공부영선사주사工部營繕司主事, 형부랑제독섬서학정첨사刑部郎提督陝西學政僉事, 포정사참의布政司參議를 역임했다.

않는다고 여기고 미리 소매가 좁은 그 시절의 도포를 만들어 보
냈는데, 선생은 웃으며 챙겨 넣어두고 여전히 헐렁하고 소매 폭이
넓은 옷을 입고 갔다. 성 남쪽 안탑雁塔에 이르렀을 때 종랑이 마
중을 나왔다가 그 모습을 보고 깜짝 놀라자 선생이 말했다.
"저는 관료나 사대부도 아니고 무장이나 병사도 아닌지라 품이 작
고 소매가 좁은 옷은 평소 불편하게 생각했습니다. 헐렁하고 소매
가 넓은 옷은 바로 서민들이 일상적으로 입는 것이고, 제가 원래
서민이라서 이걸 입은 것이지 감히 남들하고 달라 보이려고 이런
것은 아닙니다."
以先生衣服寬博不時, 預制小袖時袍馳送, 先生笑而藏之, 仍寬博以
往. 至城南雁塔, 鍾出城奉迎, 見之愕然. 先生曰: 僕非宦僚紳士, 又
非武弁營丁, 窄衣小袖, 素所弗便, 寬衣博袖, 乃庶人常服, 僕本庶
人, 不敢自異.

이옹은 일부러 의관을 통해서 유민의 의지를 나타내려고 했던 것
같지도 않고 고의로 남들 눈에 띄려고 한 것도 절대 아닌 듯하니, 그의
의도는 역시 유학자다운 차림새와 풍모를 유지하고자 하는 데 있었을
것이다. 황종희가 장삼을 연구한 것도(「深衣考」, 『黃宗羲全集』 제1책) 응당
유가 문화를 보존하는 데 관심이 있었기 때문이다.
의관의 처리는 예로부터 유학자가 인생을 사는 엄숙한 태도를 잘 보여
주는 것으로 여겨졌다. 왕부지는 자신의 조부에 대해 이렇게 기록했다.

(그분은) 사계절 내내 겹옷을 입고 위가 평평한 모자를 쓰고 앉아
계실 때나 서 계실 때나 거동이 법도에 맞으셨다. 누군가 그분께
권고했다.

"그대는 명문세가의 후손이고 아드님은 또 유학으로 저명한 학자이신데 어째서 유학자의 복장을 하지 않으십니까?"

조부께서는 웃으며 응대하지 않으셨다.

歲時衣大褶, 戴平定帽, 坐起中句矩. 或勸公曰: 君閥閱靑子, 郎君又以儒名家, 獨不可以儒服乎. 公笑而不應.(「家世節錄」, 『船山全書』 제15책, 214쪽)

여기서는 '유학자의 복장'을 하지 않은 것이 더욱 정중하게 보인다. 충의지사의 전기나 행장에서는 총망한 와중이라 자로子路가 갓끈을 매듯이 의관에 대해 전혀 연연하지 않았다. 황종희의 『홍광실록초』에 따르면 유이순劉理順*이 스스로 목을 맬 때의 모습은 이러했다고 한다.

모자襆頭 뒤에 가로로 길게 붙인 장식平脚 때문에 고리에 들어가지 않자, 그 장식을 떼어 입에 물고 목을 내밀어 고리에 넣은 후, 다시 장식을 모자에 붙이고 죽었다.

襆頭平脚礙還不得入, 乃脫平脚口銜之, 引頸入環, 然後取平脚施於襆頭而卒.(『黃宗羲全集』 제2책, 41쪽)

이런 기록은 도학의 분위기에 휩싸인 유학자의 취미를 충분히 보여준다.

---

* 유이순(1582~1644)은 산서 기현杞縣 사람으로 자가 복례復禮고 호가 담륙湛六이다. 숭정 7년 (1634) 장원으로 진사에 급제하여 한림원 수찬이 되어 『기거주起居注』 편찬을 담당했고, 『명회요明會要』의 편찬에도 참여했다. 남경국자감사업南京國子監司業, 좌중윤左中允, 우덕유右德諭, 경연經筵 겸 동궁강관東宮講官을 역임한 그는 이자성李自成의 군대가 북경을 함락하자 가족과 함께 자결했다. 이후 남명에서 그를 첨사詹事에 추증하고 시호로 문정文正을 하사했으며, 청나라 때에 다시 시호로 문열文烈을 받았다. 저작으로 『유문열공집劉文烈公集』이 있다.

청나라 초 유민들 가운데는 "평생 이전 왕조의 복장을 입는" 이들
이 상당히 있었는데, 삭발을 거부한 것처럼 이 또한 목숨을 건 의사표
현의 일종이었다. 천위안陳垣의 『명계전검불교고』에 수록된 손인용孫仁
溶의 「의사전義士傳」에서는 진좌재陳佐才*에 대해 이렇게 기록했다.

> 순치 18년(1661)에 운남 땅은 이미 청나라에 들어간 지 2년이 되
> 었다. 당시에는 모두가 청나라 제도를 따르고 있었는데, 그는 홀로
> 머리를 기르고 높다란 갓을 쓴 채 여전히 한나라의 장엄한 차림
> 새를 하고 마을 문을 드나들었으며, 표정도 태연했다. 이를 훔쳐
> 본 이들이 붙잡아 관청鎭府으로 데려가니……
>
> 順治辛丑, 滇版圖已入淸二載矣, 時無不淸制是遵者, 君獨蓄髮,
> 加冠峨峨, 仍漢威儀, 出入里閈, 意氣坦如也. 覵者遂羅而致之鎭
> 府……(권5, 247쪽)

굴대균의 「자작의관총지명自作衣冠塚誌銘」에는 다음과 같은 구절이
나온다.

> 마을은 바뀌어도 복식은 바꾸지 않아
> 방산자**의 모자 여전히 우뚝하구나.
> 장보관章甫冠 쓰고 봉액의縫掖衣 입은 채 가슴 가득 책을 담았으니

---

* 진좌재(1627~1697)는 운남雲南 외산巍山 사람으로 자가 기숙冀叔이고 별호가 수은자睡隱子,
은석산인隱石山人이다. 명나라가 망한 후 그는 영력 정권 아래에서 반청운동을 하다가 1661년에
영력제가 오삼계에게 피살당했다는 소식을 듣고 고향에 은거했다. 저작으로『진기숙시집陳冀叔詩
集』을 남겼다.

옛사람이라고 내려다봐도 눈살 찌푸리지 않으리라!

井邑攸改不改服, 方山子冠猶矗矗.

章逢蔽形書滿腹, 下見古人無噸艬.

당연히 이런 고백을 모두 진실로 받아들일 수는 없다.

의관을 피세避世―청나라 세상으로부터 도피―의 상징으로 간주하면서 유민들은 상상력을 거의 끝까지 발휘했다. 그 가운데 어떤 이들은 원시시대로 돌아가는 것도 마다하지 않았다. 황종희는 「진건초선생묘지명陳乾初先生墓誌銘」 초고初稿에서 진확에 대해 이렇게 기록했다.

> (그는) 대나무를 자르더니 서도書刀[***]를 가지고 깎아서 갓을 만들었는데 한나라 때의 죽피관 모양을 변형한 것이었다. 그의 복장은 당나라 이후의 것을 안중에도 두지 않아서 들이나 옛 사찰 아래에서 갑자기 만나면 요즘 세상의 사람처럼 보이지 않았다.
> 截竹, 取書刀削之成冠, 以變漢竹皮冠之制, 其服也, 不屑爲唐以下, 突兀遇之寒田古刹之下, 不類今世人也.(『黃宗羲全集』 제10책, 350쪽)

굴대균은 주우周𧗬(?~?, 자는 이렴以濂)에 대해 이렇게 기록했다.

> 그 제자들도 대부분 머리카락을 묶어 상투를 틀었는데, 마치 도시에 의관을 갖춰 입은 사람들이 있다는 것을 전혀 모르는 태고

[**] 송나라 때 미주眉州(지금의 쓰촨 성 청선靑神) 사람인 진조陳慥(?~?)는 자가 계상季常인데, 호북 황강黃岡(지금의 황저우黃州 구)의 기정岐亭에 살면서 불교를 믿었다. 자칭 용구선생龍丘先生 또는 방산자方山子라고 불렀으며, 소식蘇軾과 친한 벗이었다.

[***] 서도는 원래 죽간이나 목간에 글을 새기거나 깎아내고 고치는 데에 쓰는 작은 칼로서, 옛날에는 삭削으로 불렸다고 한다.

의 유민 같았다.

弟子亦多束髮椎髻, 如太古遺民, 絕不知有城市衣冠者.(「高士傳」, 『翁
山文鈔』권4)

더욱 희극적인 것은 삼번의 변란이 일어났을 때 의관이 엉망으로 뒤
섞여 있었다는 사실이다. 위희는 당시의 풍경을 이렇게 기록했다.

영도와 남풍 사이 200리 정도 되는 지역에서 어떤 이는 붉은 갓
끈을 매고 개갑介甲을 씌운 말을 타고 치달리고, 어떤 이는 옷자
락과 소매 넓은 옷에 높다란 갓을 쓴 채 저자를 나는 듯이 휘젓
고 다녀서 마치 전혀 딴 나라에서 온 사람들처럼 차이가 많았다.
甯都南豐二百里間, 或赤纓介馬而馳, 或褒冠博衣, 翶翔於城市, 相
去若絕域.(「贈謝若齋六十有四敍」, 『魏叔子文集』권11)

붉은 갓끈은 청나라의 모자요 옷자락과 소매 넓은 옷에 높다란 갓
을 쓰는 것은 명나라의 의관이니 이 또한 한때의 진풍경이었던 것이다.
류펑윈劉鳳雲의 『청대삼번연구淸代三藩硏究』에서는 이 반란을 목격한 왕
월王鉞*의 말을 다음과 같이 인용했다.

광주에 처음 변란이 일어났을 때 왕공대부는 모두 커다란 모자
를 쓰고 만주식 도포를 입고 다녀서 민간에는 그것을 빗댄 노래

---

* 왕월(1623~1703)은 제성諸城 사람으로 자가 중위仲威이고 호가 임암任庵이다. 순치 16년
(1659) 진사에 급제하여 10년 뒤에 광동 서령지현西寧知縣을 지냈고, 강희 12년(1673)에 오삼계가
반란을 일으키자 벼슬을 사직하고 저술과 강학에 전념했다. 『월유일기粤遊日記』 『성여필기星餘筆
記』 등을 비롯한 그의 저작들은 후세 사람에 의해 『세덕당유서世德堂遺書』로 엮어 편찬되었고,
그 외에 『세덕당시문집世德堂詩文集』이 있다.

가 유행했다. '명나라 머리에 청나라 꼬리라네!' 그러다가 3주년이
지나자 예전처럼 강희제에게 귀순했다.

當廣州之初變也, 王公大夫皆戴大帽, 衣滿洲袍, 民間爲之謠曰: 明
朝頭, 淸朝尾, 過了三週年, 依舊歸康熙.(206쪽)

왕조 교체기에 헤어스타일과 의관에 관련해서 벌어진 희극은 이것
뿐만이 아니다. '왕조 교체'가 시간적으로 들쭉날쭉했기 때문에 '한나
라漢家' 의관은 오히려 황량하고 외진 변방이나 속국에 잠시 보존되었
으니, 이 또한 당시 '옷차림 이야기' 가운데 희극적이라 하겠다. 방이지
는 떠도는 와중에 바로 이런 놀랍고 기쁜 장면을 보았으니, 그의 「무자
원단戊子元旦」에서는 이렇게 썼다.

놀랍게도 오랑캐 땅의 마을에
한나라 봄 풍경이 남아 있구나.
길에서는 짚신을 구할 수 있고
하늘은 폭건을 쓰도록 허용하는구나.
驚聞蠻地曲, 留得漢家春.
路可供芒履, 天容著幅巾.

세월이 지나면 '고국의 옷차림'이 지닌 맛도 결국 변하기 마련이다.
더욱이 사대부의 복고 취미는 일반 백성과는 아무 관계가 없었다. 『홍
광실록초』에서는 김성金聲*이 붙잡혔을 때의 장면을 이렇게 기록했다.

이 무렵 남경은 복식을 바꾼 지 이미 오래되었는데 김성과 그의
제자들이 높다란 갓을 쓰고 넓은 허리띠를 두른 채 들어가자 사

람들이 길가로 몰려나와 구경했다.

當是時, 南都改服已久, 聲與其徒峨冠大帶而入, 道路聚觀.(『黃宗羲
全集』제2책, 105쪽)

김성은 을유년(1645)에 죽었으니 '남도南都'가 함락된 때로부터 겨
우 몇 달밖에 지나지 않았는데, 명나라 때의 의관이 그 지역 일반 백성
의 눈에 이미 기이하게 비쳤던 것이다. 전겸익은 「반문학묘지명潘文學墓
誌銘」에서 가정嘉定 땅 반응리潘應鯉(?~?, 자는 여약汝躍) 등이 "방건에 큰
허리띠를 차고 갓을 단정히 쓴 채 의표儀表를 잘 다듬었는데" "상란
이래로 연로하고 덕망 높은 이들이 세상을 떠나니 이 몇 분의 군자
들은 이미 아득한 옛날 사람처럼 되어버렸다"라고 했다.** 명 왕조의 회
복에 대한 기대를 버리지 못했던 유민들에게는 이것 또한 가슴 아픈
일이었을 것이다.

왕원王源도 「이효각선생전李孝愨先生傳」에서 이와 같은 사대부들의 의
관이 일반 백성에게 어떻게 보였는지를 보여주는 장면을 서술했다. 이
명성李明性***은 "갑신년(1644)의 변란이 일어난 뒤에 은거하여 저자에
는 발걸음을 하지 않았다. 자줏빛 솜옷과 도포를 걸치고, 융건戎巾을

---

* 김성(1589~1645)은 안휘 휴녕休寧 사람으로 이름을 자준子駿이라고도 하며 자가 정희正希이
고 호가 적벽赤壁이다. 숭정 1년(1628) 진사에 급제하여 한림원 서길사庶吉士를 시작으로 어사,
감군 등을 역임했다. 청나라 군대가 북경을 공격했을 때, 대책을 건의했다가 받아들여지지 않자
사직하고 고향으로 돌아가 의병을 조직하여 훈련하고, 환고서원還古書院에서 학생들을 가르쳤다.
이후 청나라 군대가 남경을 함락하자 그는 제자인 강천일江天一(1602~1645, 자가 문석文石)과 함
께 휘주에서 의병을 일으켰고, 남명 융무 정권에서는 그를 병부우시랑 겸 도찰원우도어사都察院
右都御史에 임명했다. 그러나 얼마 후 첩자의 밀고로 함정에 빠져 청군에게 포로가 되었고, 그는
끝내 투항을 거부하다가 처형되었다. 저작으로 『김태사문장金太史文章』『상지당집尙志堂集』 등
이 있다.

** 원주: "方巾大帶, 整冠修容 (…) 喪亂以來, 老成凋謝, 是數君子者, 已邈然如古人矣."(『牧齋有
學集』권32, 1161쪽)

두른 채 여름에는 갈포葛布로 만든 옷을 입고 육합관六合冠을 쓴 채 모난 옷깃에 소매가 넓은 옷을 입고 느릿느릿 외출이라도 하게 되면 구경꾼들이 몰려들어 담을 두른 것 같았다"****라는 것이다. 황종희는 「육여화칠십수서陸汝和七十壽序」에서 육여화가 "높다란 갓을 쓰고 모난 옷깃이 달린 옷을 입고 저자의 사람들 사이를 느긋하게 걸어가면 모두들 손가락질하며 비웃었다"*****라고 했다. 이업사의 「이가화집서李嘉禾集序」에서도 이국표李國標가 "의관과 지팡이, 신발이 대단히 고풍스러워서 가는 곳마다 구경꾼들이 모여들었다"******라고 했다. 유학자는 세속을 교화하는 것을 사명으로 여기는데 세상이 이처럼 쉽게 바뀌다니!

이제부터는 유민 생활의 풍자성이 여기서 그치지 않는다는 사실을 살펴보도록 하겠다. 장엄함이 우스개로 변한 것도 역사에서 흔히 볼 수 있는 장면이다.

불교로 도피한 이가 입은 승복도 '유행時式'을 거부하는 용도로 쓰였다. 명승 창설독철蒼雪讀徹(1586~1656)은 「차운오준공견기次韻吳駿公見寄」에서 이렇게 읊었다.

나라는 무너졌는데 집은 어디인가?
산이 깊어 아직 돌아가지 못했네.
검은 모자 감당하지 못해

*** 이명성은 자가 동초洞初이고 호가 회부晦夫이며, 효자로 명망이 높아서 '효각선생孝慤先生'이라고 불렸다. 명나라 말엽 제생이었던 그는 저명한 철학자 이공李塨(1659~1733, 자가 강주剛主, 호가 서곡恕谷)의 부친이기도 하다.

**** 원주: "甲申變後, 遂隱, 足跡不履市闕. 被紫棉布袍, 㲲巾, 夏葛, 冠六合, 方領博袖, 踽踽然偶出, 則觀者如墻."(『居業堂文集』卷四)

***** 원주: "峩冠方領, 翔翔於市人之中, 莫不指而笑之."(『黃宗羲全集』제10책, 658쪽)

****** 원주: "衣冠杖履甚古, 所至聚觀."(『杲堂詩文集』, 410쪽)

차라리 승복을 입었다네.

國破家何在, 山深猶未歸.

不堪加皁帽, 寧可著緇衣.(『南來堂詩集』補編 권2)

『명계전검불교사』에는 오중번吳中蕃의 『폐추집敝帚集』 권9에 나오는 시 「선승羨僧」을 수록했다.

비로모 쓰고 비단가사 입은 채

법당에 높이 앉아 『법화경』 낭송하네.

세상의 엄숙한 의례 모두 바뀌었지만

보아하니 바뀌지 않은 곳은 절뿐이로구나!

毗盧帽子錦袈裟, 高坐公堂頌法華.

世上威儀都改盡, 看來不改是僧家.(권5, 256쪽)

당시 사대부들에게 승려들이란 확실히 이런 점 때문에 부러워할 만했다. 그러나 불교로 도피하는 것이 임시방편인 이상 승복을 입었다 해도 "승려의 모자를 쓰려僧其帽" 하지 않은 이도 있기 마련임은 앞서 언급했던 굴대균의 경우에서 확인된다. 심지어 승모를 쓰고 승복을 입었다 해도 승려처럼 머리를 깎으려 하지 않은 이들도 있었다. 양봉포楊鳳苞에 따르면 귀장은 "얼마 후 성이 함락되자 망명하여 머리카락이 덥수룩한 채 승모를 쓰고 승복을 입고 사방 각지를 왕래"*했다고 한다. 이제 다시 본 절 첫머리의 제목으로 돌아가보자. '삭발剃'은 얼마나 중대한 사건이었던가!

---

* 원주: "俄城破, 亡命, 髮鬅鬙而僧帽衲衣, 往來湖海間."(『歸恒軒紀略』『碑傳集補』 권36)

교유 交接

태평한 시절에도 교유는 절조와 관련된 것으로 여겨졌다. 그러니 명·청 교체기에 그 중요성은 백배로 커질 수밖에 없었으며, 특히 유민의 교유는 더욱 그러했다.

'청나라 세상'에 대한 거부

유민의 이야기가 '교유'라는 부분에 이르게 되면 그 스토리와 분위기, 서사의 취미가 불가피하게 즉시 정절을 지킨 부녀자의 이야기와 뒤섞일 수밖에 없으며, 남자의 이야기와 여자의 이야기는 여기서 결국 동일한 이야기인 것처럼 보이게 된다. '교유'가 절조와 관련된다면 인간사와 왕래를 끊는 것은 절조를 보존하기 위한 필요조건이 된다.[33] 유민 이야기가 열녀 이야기와 유사한 것은 당연히 처지가 비슷했기 때문이기도 하고 또한 기존의 이야기 틀이 상상력과 선택을 제한했기 때문이기도 하다. 역사의 반복—거대한 사건이든 개인의 행위이든 간에—

은 때로 이런 것들 때문에 조성된다.

'인간사人事' 내지 '인간 세상人世'에서 스스로를 내쫓는 것은 삶을 죽음으로 만드는 것과 유사하며, 또한 그것은 전형적인 유민의 행위로 비단 명·청 교체기에만 그러했던 것이 아니다. 앞서 언급한 바 있는 이른바 '흙방土室'이나 '소달구지牛車' 등은 이미 원형으로서 의의를 갖추고 있었다. 관중 지역의 위대한 유학자 이옹은 '흙방'에 대해 즐겨 언급하면서 자신을 '토실병부土室病夫'라고 불렀다.

> 옛날에 원굉袁閎*은 흙방에서 살았고 범찬范粲**은 못쓰게 된 수레
> 에 누워 지내면서 혈육처럼 가까운 친척도 만나지 않았다. 그러나
> 나는 사립문을 닫고 숨어 살면서 두세 명의 마음이 맞는 친구들
> 이 찾아오면 어쩔 수 없이 문을 열고 만나 이야기를 나누었으니
> 계율을 깨고 관례를 무너뜨린 폐해가 얕지 않다.
> 昔袁閎棲土室, 范粲臥敝車, 雖骨肉至親, 亦不相見. 而我之鎖扉幽
> 居, 二三宿契之來不免啓鑰唔言, 破戒壞例, 爲害不淺.(「答張伯欽」,
> 『二曲集』 권16)

왕부지도 범찬이 "36년 동안 미친 척하며 말도 하지 않고 수레에서 죽었다. 그의 아들 범교范喬는 병 수발을 하면서 마을 밖으로 나가지도

---

* 원굉(?~?)은 자가 하보夏甫다. 연희延熹(158~166) 말엽 당쟁이 시작되려 하자 머리카락을 풀어 헤친 채 세상과 연을 끊고 산속에 은거하려 했으나 노모 때문에 실행하기 어렵게 되자 흙집을 짓고 지게문도 없이 마당을 담으로 둘러싼 채 창문 틈으로 음식을 받아서 먹었다고 한다.
** 범찬(202~285)은 진류陳留(지금의 허난 성 상추商丘에 속함) 사람으로 자가 승명承明이다. 위나라에서 무위태수武威太守와 태재중랑太宰中郎, 시중侍中을 역임했다. 그러나 254년에 사마사司馬師(208~255, 자는 자원子元)가 황제를 폐위하자 그는 소복을 입고 전송한 다음 발에 병이 났다는 핑계로 땅에 발을 대지 않은 채 36년 동안 아무 말도 하지 않고 수레 위에서 지내다가 죽었다고 한다.

않았으니, 그들 부자의 뜻있는 행실은 진정 말세의 격류를 버티는 기둥"*이라고 했다.

'흙방'과 '소달구지'가 '교유' 문제에서 글로 되면 그것은 교유를 끊는 행위로써 그 시대와 세상과 맺는 '관계'에 대한 선언이자 자신의 소속에 대한 선언이 된다. 유민이 자신의 고독한 처지에 대해 확인하는 것은 '흙방'이나 '소달구지' 같은 것들을 통해서 정형화되었다. 한때 유민들 가운데 자신에 대한 통제가 가장 엄격하여 모범에 가깝다는 평판을 들은 이가 바로 서방徐枋이다. 반뢰潘未는 「서소법선생사당기徐昭法先生祠堂記」에서 그가 "동지가 아니면 대대로 교유하며 친하게 지냈던 가문의 사람이 방문한다 할지라도 만날 수 없었고, 편지를 보내도 답장을 받지 못했으며" "일체의 선물들은 단호히 거절하며 받지 않았다"고 했다.** 서방은 자신의 『거이당집』에 대한 자서에서 이렇게 썼다.

> 그리고 이 40년 동안 전반기 20년은 도시에 들어가지 않았고, 후반기 20년은 마당 밖을 나가지 않았다.
> 而此四十年中, 前二十年不入城市, 後二十年不出戶庭.

이 책의 권3에 수록된 「여풍생서與馮生書」에서도 이렇게 썼다.

> 처음에는 도시에 걸음을 끊었고 지금은 전혀 집 대문 밖을 나가지 않은 채 친지며 친구들의 왕래도 모두 사절하고 있고, 이웃집

---

* 원주: "三十六年佯狂不言, 卒於車中. 子喬侍疾, 足不出邑里, 父子之志行, 誠末世之砥柱矣." (『讀通鑑論』권11, 424쪽)

** 원주: "非其同志, 雖通家世好, 踵門不得見, 與之書亦不答 (…) 而一切餽遺, 堅卻不受."(羅振玉 輯, 『徐俟齋先生年譜』「附錄」)

에서도 몇 년 동안 내 얼굴조차 보지 못하고 있소.[34]

始則絶跡城市, 今幷不出戶庭, 親知故舊, 都謝往還, 比屋經年, 莫睹我面.

소명성巢鳴盛[*]은 "상전벽해의 변고가 일어난 뒤로 묘막에서 한 걸음도 나오지 않고 아무와도 교유하지 않았다."[**] 두준杜濬의 「호왈종중한구십수서胡曰從中翰九十壽序」에서는 호정언胡正言[***]이 "작은 누각에 혼자 살면서 땅을 밟지 않은 것이 30년"[****]이라고 했다. 육세의陸世儀는 청나라 군대와 전투에서 패한 뒤에 "폭이 10무 정도 되는 못을 파고 정자를 하나 지어놓고 늘 그 안에서 책을 끌어안은 채 지내면서 손님도 만나지 않았는데, '부정문桴亭門'이라는 방을 내걸었다."[*****][35] 황종회의 경우는 「해의解疑」(『縮齋文集』)에서 그가 "권력이나 출세에 대한 마음을 일체 닫아 없애고—體杜權息機"교유를 물리쳐버린 이유를 해명했는데, 이것은 바로 세상에 분개하고 사악한 것을 미워하는 이의 언사로서 그 스스로 자신의 '좁음隘'을 묘사한 예에 해당된다.(黃宗羲,「縮齋文集序」참조) 또 같은 책에 수록된 「사후혹문死後或問」도 '유민 교유론'인데, 유민은 "마땅히 스스로 은거하여 그 목소리가 전혀 들리지 않도록 하면

---

[*] 소명성(1611~1680)은 절강 가흥 사람으로 자가 단명端明 또는 오봉五峯이고, 호가 공통崆峒, 지원止園이다. 숭정 9년(1636) 거인이 되었으나 명나라가 망한 뒤에는 유민으로 생을 마쳐서, 서방 등은 그에게 '정효선생貞孝先生'이라는 시호를 붙여주었다. 저작으로 『영사당집永思堂集』『수사문진洙泗問津』『노포양언老圃良言』 등이 있다.

[**] 원주: "桑海以後居於墓廬, 不出一步, 不交一人."(『明文海評語彙輯』『黃宗羲全集』 제11책, 138쪽)

[***] 호정언(1580?~1671)은 안휘 휴령 사람으로 금릉金陵(지금의 난징) 계롱산鷄籠山 근처에 살았으며 자가 왈종曰從이고 서재 이름이 십죽재十竹齋다. 그림과 서예, 전각에 정통했던 그는 『십죽재화보十竹齋畫譜』『십죽재전보十竹齋箋譜』를 남겼고, 그 외에 『사림기사詞林紀事』『육서정위六書正僞』『시담詩譚』 등 20여 종의 저작이 있다.

[****] 원주: "嘗獨處一小樓, 足不履地者三十年."(『變雅堂遺集』 文集 권5)

[*****] 원주: "鑿池寬可十畝, 築一亭, 擁書坐臥其中, 不通賓客, 榜曰桴亭門."(『小腆紀傳』 권53, 574쪽)

서 그저 남에게 다시 알려지지 않을까 걱정해야"* 한다고 했다. 이런 모든 예는 유민사회에 어떤 불문율과 같은 제약이 있었음을 느끼게 해준다. 자신을 가두는 행위는 한때 유민의 자격을 획득하기 위한 조건이 되었으니, 이것은 의심의 여지 없이 '교유'의 의미를 심각하게 만들었다.

유민은 '교유'를 자신의 경계 설정의 수단으로 삼고 또 그것을 통해 시공간에서 자신의 자리를 정했는데, 그 가운데 몸가짐이 더욱 엄격했던 이들은 남들과 교유하는 것이 조대朝代와 관련이 있다고 여겼다. 즉 청나라 사람—청 왕조에서 벼슬살이를 하는 사람—과 '교유'하는 것은 직접적으로 '청 왕조'와 교유하는 것과 같다고 여겼던 것이다. 그들이 '흙방'이나 '소달구지' 같은 곳에서 지내는 일이 '청' 왕조를 거부하고 '명' 왕조를 존속시키는 의미가 있다고 여긴 것은 분명히 '흙방'이나 '소달구지' 같은 곳들이 당시 세상의 바깥이라고 미리 가정했기 때문이었다. 이는 원래 검증이 필요한 부분임에도 실제로는 전혀 그런 검증이 이루어진 바가 없는 듯하다. 그런데 검증을 하지 않은 것이 무의식적으로 소홀히 한 것이 아니라 오히려 의도적으로 회피한 듯한 인상을 준다. 그들은 분명 검증을 하다보면 곤란한 상황에 맞부딪칠 것을 알고 있었던 것이다. '흙방'이나 '소달구지'는 유민의 교유에서 극단적인 예에 해당되지만, '교유'는 유민과 '당대當代'의 관계 형식—혹은 관계에 대한 가정—을 정리하는 일종의 단서로서 충분한 의미가 있었다.

어떤 정형화가 유민의 의사 및 감정 표현의 개인성을 감소시킨 경우는 결코 없었다. 전기나 행장의 문장들을 보면, 이 시기 유민은 서로

---

* 원주: "自宜戢景藏采, 其聲響昧昧, 惟恐復聞於人."(『縮齋文集』, 24쪽)

다투어 "그 재난을 겪고爲其難" "더욱 심한 재난을 겪으려爲尤難" 했다
는 인상을 주는데, 이러한 '거절'의 태도를 설계할 때는 인습을 따르기
도 하고 새로운 것을 창조하기도 했다. 예를 들어 "창은 만들되 지게문
은 만들지 않아서 친구가 찾아가면 창을 통해 드나든"* 일과 같은 것
은 바로 황종희가 비웃었던 "담에 구멍을 뚫어 음식을 나르던穴垣通飲
饌" 행위나 마찬가지였다. 또 진남기陳南箕**가 명나라가 망하자 산으로
들어가서 "다른 사람과는 절대 한 마디도 나누지 않았고"*** 팔대산인八
大山人이 벙어리처럼 말을 하지 않았던 것도 모두 황당하기까지 한 기벽
이었다. 『비전집碑傳集』 권126에 수록된 소장형邵長蘅****의 「팔대산인전」
에는 다음과 같은 내용이 들어 있다.

어느 날 갑자기 대문에 커다랗게 '아' 자를 써놓더니, 그때부터 사
람들과 한 마디도 나누지 않았다. 하지만 잘 웃고 술을 즐겨 마시
는 것은 더욱 심해졌다. 어쩌다 그를 불러 술을 마시면 고개를 움
츠리고 손바닥을 비비며 소리 없이 웃었다. 또 장구藏鉤*****와 무진

---

* 원주: "爲牖不爲戶, 其故舊往, 則自牖出入."(「金癡傳」『碑傳集』 권126)

** 진남기(?~?)는 안복安福 사람으로 자가 광노狂奴다. 숭정 연간에 부방副榜이었지만 갑신년
(1644) 변란이 일어나자 당시 거인이었던 아우 진구陳覯(?~?, 자는 이지二止)와 함께 처자식을 버리
고 구공산歐公山으로 들어가서 8년을 살다가 죽었다. 이에 진구는 두 개의 무덤을 만들어 진남기
를 왼쪽에 묻고 오른쪽은 자신의 몫으로 남겨둔 채 죽을 때까지 20년 동안 만봉萬峯에서 홀로 지
내다가 죽었다고 한다.

*** 원주: "絶不與人通一語."(「高士傳」『翁山文鈔』 권4)

**** 소장형(1637~1704)은 강소 무진武進(지금의 창저우常州) 사람으로 이름을 형형이라고도 하며
자가 자상子湘, 호가 청문산인靑門山人이다. 제생이었지만 사건에 연루되어 제명을 당한 뒤로 벼
슬길에 뜻을 접고 시문 창작에 전념했다. 저작으로 『청문전집靑門全集』이 남아 있다.

***** 장구는 한나라 때에 궁중에서 유행했다고 하는 놀이로서, 어떤 물건 위에 그릇을 엎어놓고 그
안에 숨겨진 것을 알아맞히는 '사복射覆'과 유사한 놀이다.

拇陣* 같은 놀이를 좋아해서 술내기에서 이기면 소리 없이 웃었다. 하지만 자주 지기도 했는데 그러면 이긴 사람의 등을 주먹으로 치면서 소리 없는 웃음을 멈추지 못했다. 그리고 술에 취하면 종종 한숨을 내쉬며 눈물을 흘렸다.

一日忽大書啞字, 署其門, 自是對人不交一言, 然善笑而喜飮益甚. 或招之飮, 則縮項撫掌笑聲啞啞; 又喜爲藏鉤拇陣之戲, 賭酒勝則笑啞啞, 數負, 則拳勝者背, 笑愈啞啞不可止. 醉則往往歔欷泣下.

이처럼 말을 하지 않고 벙어리 흉내를 내는 것은 오히려 특수한 말하기 방식이라고도 할 수 있다. 표현 방식을 고심해서 추구하는 것도 명·청 교체기 사대부들이 "더 큰 어려움을 추구하는爲尤難" 기풍에 고무되었기 때문이었다. 전조망의 「육불민선생지陸佛民先生志」에 따르면 육관陸觀(?~?, 자는 빈왕賓王)은 "삭발령에 항거하여 목숨을 잃거나" "평생 섬으로 도피해 살지는" 않았지만 도시에 살면서도 "사립문을 닫고 손님을 사절한 채 죽은 듯이 메마른 감정을 감내하여 세상의 법망을 피했으니, 이것은 더욱 어려운 일이었을 것"**이라고 했다.

이런 상황에서 밖으로 나서서 세상사에 응대하는 것은 당연히 변절의 징후로 여겨지거나 심지어 절조의 오점으로 간주되곤 했다. 이옹은 관중서원의 산장山長을 지낸 후 '뒤늦은 후회追悔無及'를 했다.

제가 예전에 서원에 들어간 죄는 6주 30현의 쇠를 다 모은다 해

---

* 무진은 주로 엄지손가락을 많이 이용하는 주령酒令의 일종으로서 무전毋戰, 획권劃拳, 활권豁拳이라고도 한다.

** 원주: "抗開剃之命以殞生 (…) 終身逃之島上 (…) 柴門謝客, 甘心於死灰槁木, 以逃世網, 斯尤難矣."(『鮚埼亭集』外編 권6)

도 보상하기에 부족합니다.

弟疇昔書院之入, 合六州三十縣之鐵, 不足爲此錯.(「答費允中」, 『二曲
集』권18)

그의 '폐관閉關'과 '두문杜門'—이른바 '흙방土室'—은 바로 이에
대한 자체 징벌처럼 보인다. 이 또한 유민으로서 그의 처신이 갈수록
엄격하고 가혹하게 변하여 '규범'으로 들어가는 과정이었다고 하겠
다.[36] 이런 것들은 유민의 몸가짐과 처세의 어려움, '유민사회'가 자신
에게 가하는 도덕적 압력, 그리고 그로 인한 유민의 생존에 내재된 긴
장성을 더욱 잘 짐작할 수 있게 해준다.

난리와 '대의에 참여與義'함으로써 참혹한 결과를 겪은 뒤에 유민들
이 '흙방'이나 '소달구지'와 같은 방식의 자기 폐쇄를 시행한 것은 비
록 기존의 형식을 답습한 것이지만 여전히 자학 내지 자기 징벌과 비
슷했으며, 그 안에는 심리가 극도로 취약해졌을 때 생길지도 모르는
'오염玷汚'에 대한 두려움이 담겨 있었다. 그리고 이 또한 확실히 자기
길들이기自擾는 아니었다. 왕여우王餘佑는 「기손징군부자寄孫徵君夫子」에
서 조포刁包*에 대해, "조 선생이 평생 지킨 위대한 절조는 초빙을 거절
한 여섯 통의 편지에 들어 있다"**라고 했다. 조포의 『용륙집用六集』(도
광道光 계묘癸卯 중재重梓)에는 '초빙을 거절한 여섯 통의 편지'가 수록되

---

* 조포(1603~1669)는 기주祁州(지금의 허베이 성 안궈安國) 사람으로 자가 몽길蒙吉이고 호가 문
효선생文孝先生, 용륙거사用六居士다. 천계 7년(1627) 거인이 되어 집안에서 학생을 가르쳤으며,
이자성李自成의 군대가 고향을 공격할 때 재산을 풀어서 의병을 모아 지켜냈다. 이후 스스로 제
위에 오른 이자성이 그에게 벼슬을 내리려 했지만 목숨을 걸고 거절했고, 청나라가 들어선 뒤에는
벼슬살이를 하지 않고 책을 쓰면서 모친을 봉양했다. 그렇게 20여 년 후에 모친이 사망하자 그도
애도가 지나쳐서 병들어 죽었다. 저작으로 『용륙집用六集』『잠실차기潛室箚記』『사문정통斯文
正統』『사서익주四書翼注』『역작易酌』등이 있다.

** 원주: "刁先生平生大節, 在郤聘六書."(『五公山人集』권11)

어 있는데 3통은 대순大順 정권의 초빙을 거절한 것이고 3통은 청나라
의 초빙을 거절한 것이다. 그중 특히 마지막 한 통이 훌륭한데, 내용은
이러하다.

> 이번의 조서는 명령이 지극히 엄격하여 특히 경고가 더해져 있는
> 지라 사방의 동인들 가운데 이제까지 조정의 부름에 나아가지 않
> 았던 이가 모두 두려워하며 길을 나섰다. 당시 도읍에 사람들이
> 모인 상황을 시로 나타낸 것 가운데, "많은 백이와 숙제가 수양산
> 을 내려왔다"라는 구절이 있다. 아! 이 시는 그것을 다행으로 여기
> 는 것인가 아니면 조롱하는 것인가?
> 來諭此番功令極嚴, 特加申飭, 凡四方同人從未赴公車者, 莫不惶恐
> 就道, 此時齊集都中, 形諸詩歌, 有一夥夷齊下首陽之句. 臆! 是詩
> 也, 幸之與, 抑嘲之與.(「辭淸朝會試書」)

고염무와 황종희, 이옹, 부산 등 한때의 위대한 유학자는 모두 '속박
과 회유羈縻'의 고통을 두루 겪었다. 망한 명나라의 '충의지사忠義之士'
를 표창하고 유민을 속박하는 것은 원래 새로 일어난 왕조에서 으레
시행했던 공식적인 조치들이니, 청나라의 군주 또한 관례를 따랐을 뿐
이었다.(물론 이민족이 '주인으로 들어왔기入主' 때문에 그 정통성은 더욱 여
기에 의존하여 증명해야 했다.) 다만 집권자들이 이옹과 부산 등에게 심
한 위협과 핍박을 가하고 또 그들이 격렬하게 저항했던 일은 오히려 수
절하는 열녀를 강한 힘으로 핍박하는 못된 사내의 모습을 연상하게
하며, 핍박하는 쪽에서는 기어이 상대를 망친 후에야 멈출 태세였다.[37]
이런 상황에서 '몸을 망칠失身' 위험은 확실히 매우 현실적이었다. '남
겨지게遺' 해놓고도 도읍을 떠나지 못하게 하고, 반복해서 사정을 설

명하게 하는 것 또한 충분히 '풍자적'인 풍경이다. 황종희는 박학홍사과에 천거되는 것이나 사관史館에 들어가는 것, 군지郡志를 편찬하는 것, 향음주대빈鄕飮酒大賓이 되는 것도 사양하면서 스스로 '배움이 없다不學'고 이야기하고 쇠약하고 병들었다고 설명하면서 지극한 고생을 하는데, 이 또한 당시의 특별한 글의 일종이었다. 고염무가 경사로 가서 '시험에 참여하는預考' 이인독李因篤에게 밝힌 자신의 생각을 다시 살펴보면, "이번에 경사에 들어가거든" 여차여차하라고 "거듭 당부至囑至囑"했으니, 거절하는 것이 얼마나 귀찮고 어려운 일이었는지 알 수 있다.(「答李子德」, 『顧亭林詩文集』, 212~213쪽) 고염무가 "세상을 피해 살기가 지금처럼 심하게 어려운 적이 없다"*라고 했던 것이 결코 과장이 아닌 것이다. 새 왕조를 위해 적극적으로 인재를 끌어들이려 했던 이들은 바로 새 왕조에서 벼슬살이를 한 이들이었다.(「餘論·2」 참조) 유민에게 세상을 받아들이고 순종하라고 핍박한 외부 세력의 강대함은 여기서도 알 수 있다.

은거하여 교유를 끊는 것은 물론 세상에서 벗어나기 위한 행위이며 또한 명성으로부터 벗어나려는 행위이기도 했다. 그러나 사대부의 입장에서 가장 벗어나기 어려운 것은 명성이었다. 그 때문에 이옹도 "내 명성을 만드는 것은 나를 죽이는 일生我名者殺我身"이라고 하면서 "불행하게도 이런 명성을 얻게 되었다不幸而有此名"라고 개탄했다. 방이지의 아들 방중통方中通**은 이렇게 말했다.

가련하게도 내 부친은 생전의 명성에 묶여 돌아가신 뒤에도 환난

<hr />

* 원주: "避世之難, 未有甚於今日."(「答李紫瀾書」 『顧亭林詩文集』, 64쪽)

을 더욱 감당하기기 어려웠다.

可憐我父生前受名累, 身後患難尤難堪.(「論交篇贈佟儼若」, 『方以智晚
節考·重要參考資料選輯』, 304쪽)

『비전집碑傳集』 권126에 수록된 채세원蔡世遠***의 「첨선생명장묘표詹
先生明章墓表」에 따르면 첨명장詹明章(1628~1720, 자는 아산峨山, 호는 이원
履園)은 "비록 벼슬길에 나서지는 않았지만 학문이 널리 알려져서 명성
이 갈수록 높아졌고" 그 때문에 집권 세력은 "그를 위해 경운루景雲樓
를 지어주고 매달 곡식과 고기를 내주어 우대"했다고 한다. 그러니 당
시 민간의 노래와 속담에 "옛날의 백이, 숙제는 굶어 죽었지만 오늘날
의 백이, 숙제는 배 터져 죽는다"****라고 했던 것도 이상할 게 없었다.
황종희가 서술한 심수민沈壽民*****은 '곡식과 고기粟肉'를 완강히 거부한
인물이었지만, "사람들로부터 피해 더 깊이 숨을수록 그의 명성은 더
욱 두드러지는"****** 상황을 모면하기 어려웠다. 여기에도 유민의 처지에

** 방중통(1634~1698)은 안휘 동성 사람으로 자가 위백位伯이고 호가 배옹陪翁이다. 방이지의
차남인 그는 부친을 따라 떠돌다가 훗날 광동 은평恩平에서 학생들을 가르쳤다. 수학과 천문학을
좋아했고, 서양 선교사 스모골렌스키Jean-Nicolas Smogolenski(穆尼閣, 1610~1656)에게 서양의
수학을 공부하기도 했다. 저작으로『수도연數度衍』『음운절연音韻切衍』『전예변총篆隸辨叢』『심
학종속편心學宗續編』『배옹집陪翁集』등이 있다.
*** 채세원(1681~1734)은 복건 장포漳浦 사람으로 자가 문지聞之이고 호가 양촌梁村, 양산선생
梁山先生이다. 강희 48년(1709) 진사에 급제하여 예부시랑까지 지냈다. 죽은 후 예부상서에 추증
되었고 시호는 문근文勤이다. 저작으로『이희당문집二希堂文集』『오봉학약鰲峯學約』『주자가례
집요朱子家禮輯要』가 있고,『성리정요性理精要』『역대명신언행록歷代名臣言行錄』『고문아정古
文雅正』『한위육조사당시漢魏六朝四唐詩』를 편찬했으며,『장주부지漳州府志』의 편찬에 기여하
기도 했다.
**** 원주: "昔日夷齊以餓死, 今日夷齊以飽死."(全祖望, 「錢蟄庵徵君述」『鮚埼亭集』外編 권11)
***** 심수민(1607~1675)은 안휘 선성宣城 사람으로 자가 미생眉生이고 호가 경암耕巖이다. 명나라
말엽 복사復社의 회원으로 숭정 9년(1636) 현량방정賢良方正에 천거되었던 그는 명나라가 망한
후 은거했다. 저작으로는『고산유집姑山遺集』『잉암시고剩庵詩稿』가 있다.
****** 원주: "避人愈深, 其名愈著."(「徵君沈耕巖先生墓誌銘」『黃宗羲全集』제10책, 373쪽)

담긴 풍자적 성격이 나타나지 않은가? 그렇기 때문에 유민 가운데 몸가짐이 엄격하고 가혹했던 이들은 "화려한 명성을 없애기刊落聲華" 위해 힘썼으며, 시를 쓰더라도 혼자서만 즐길 뿐 남에게 함부로 보여주지 않았다.『비전집』권24「취리양효렴전携李兩孝廉傳·소명성巢鳴盛」에 따르면 소명성은 "스스로 은거한 뒤로 기이하고 위태로운 언행으로 여러 사람을 동요하게 하지 않았고 시도 많이 짓지 않았다"*라고 했다. 심지어 장이상은 '은거晦跡'를 이유로 다른 사람이 의술을 행하는 것도 반대했다.[38] 다만 그것을 '철저'하게 실행한 이는 예로부터 드물었으니, 이에 대해서도 또 다른 논란이 있다.

선비가 난세에 처하여 기꺼이 물러나 은거한 채 자신의 청결을 지키며 천수天壽를 누리고 죽는다면 틀림없이 거기에 명성이 따를 것이다. 물러나 은거하여 명성으로부터 도피하려면 오로지 멀리 도피하지 못했을까 염려해야 하지만 오늘날은 반드시 명성이 따르니 무엇 때문인가? 군자가 명성으로부터 도피할 수는 있지만 남들이 명성을 높일 수 없게 만들 수는 없으니, 명성을 높일 수 없었던 이는 오직 노자뿐이다. 그러나 그런 그도 주하사柱下史라는 명성으로 알려져 있다. (…) 이들은 모두 명성으로부터 지극히 멀리 도피했지만 결국 명성을 단단히 지킨 호걸들이다. 이런 이들은 헤아릴 수 없이 많다.

士之處亂世甘肥遁潔己而考終, 必有名以處此. 夫肥遁逃名惟恐不遠, 今日必有名以處, 何耶. 君子可逃名而不可令人不能名, 不能名者惟老聃, 然而以柱下名 (…) 是皆豪傑者逃名之至而保名之固也. 凡

---

* 원주: "自晦跡後, 不爲奇言危行以動衆, 詩亦不多作."

此不勝數.(『碑傳集』권126「賣紙翁儲稠若傳」)

　명성으로부터 도피하여 유민이 되기도 하고, 또한 명성을 좋아해서
유민이 되기도 했다. 일부러 기이하고 괴팍한 행위를 하여 세속의 사람
들을 놀라게 한다면 그가 '세상을 끊은絶世' 행위는 사실상 '세상과 교
유하는接世' 행위이며, 자신의 세상과 대화하는 어떤 특별한 방식인 셈
이다. 이를 통해서도 유민의 화법과 언어 의미가 복잡하다는 것을 알
수 있다. 당시에도 세상으로부터 도피하여 명성을 사려는 행위를 겨냥
한 비판이 있었다. 전하는 바에 따르면 손묵孫默(1613~1678, 자는 무언無
言 또는 부암桴庵, 호는 황악산인黃嶽山人)이 황산黃山에 은거하려 하면서 천
하의 명사들에게 송별문送別文을 써달라고 두루 구걸하자 왕암王巖이
그에게 이렇게 권했다고 한다.

　　옛날의 은자는 산에 들어갈 때 오직 깊은 곳이 아닐 것을 염려했
　　고 그 목소리와 그림자도 고요해서 오로지 남들이 알게 될까 염
　　려했으니, 그가 은거한 장소는 남들에게 알려져서 명성이 생겨난
　　적이 없었소. (…) 바라건대 손 선생도 교유를 끊고 명예를 멀리하
　　여 더 이상 송별문을 써달라고 청하지 말고 전원으로 돌아가서
　　남들이 그 장소를 알지 못하게 한다면, 그대도 비로소 진정한 은
　　사에 가까워질 수 있을 것이오.
　　古之隱者入山惟恐不深, 其聲影幽墨, 惟恐人知, 卽其托跡所在, 未
　　嘗使人識而名之 (…) 吾願孫子息交遊, 遠名譽, 勿復徵送行之作, 而
　　果於歸去, 使人莫測其歸也, 孫子乃庶乎眞隱矣.(『碑傳集補』권36, 劉
　　寶楠,「王巖傳」)[39]

그리고 고염무가 반뢰潘耒에게 "이제부터는 중등의 재능을 지니고도 말류末流의 인물들과 어울리는 것을 경계하면서 부족하나마 분수를 지키고, (…) 명성이 점차 줄어들고 사물과의 인연도 점점 소원해지도록 힘써라"* 하고 충고한 것은 당연히 세상의 정리에 통달한 사람의 말이었다. 유민이 난세를 살아가는 방법은 거둬들이고 억제하는 데 달려 있으니, 이것이 이른바 '검덕피난儉德避難'이다.[40] 이렇게 보건대 명사 기질을 가진 문인과 줄곧 거리낌 없이 자유로운 언행을 보이며 세속의 예절에 얽매이지 않은 문인들은 선비 여론의 품평에서 자유로울 수 없었으니, 기이해지기에는 부족했던 것이다. 굴대균은 만년의 교유 때문에 조롱을 받았다. 문인은 학자나 경학대사經學大師에 비해 대개 세속적 성격이 강하고, 지금의 세상에 연연하며, 속세의 인연을 끊어버리기가 더 어려웠으니 이 또한 그들이 당세의 명성을 더 많이 추구했기 때문일 터이다.

유민의 극단적인 모습은 당연히 사대부들의 오래된 습관, 즉 교유와 품류流品, 기질氣質의 구별에 엄격했던 습관에서 비롯되었다. 이런 '구별辨'은 예로부터 사대부들이 자기 경계를 설정하고 자기를 증명하는 방식이었다. 왕부지는 사람이 '스스로 경계를 정하는 것自畛'을 인간 사회의 기강을 유지하는 데 필요한 조건이라고 여겼다.

> 천지는 경계로 사람을 통제하는데 사람은 스스로 경계를 지어 그
> 무리와 단절할 수 없으니, 그렇게 되면 인간 세계의 기강이 찢겨버
> 리게 된다.

---

* 원주: "自今以往, 當思中材而涉末流之戒, 處鈍守拙 (…) 務令聲名漸減, 物緣漸疏."(「與次耕書」 『顧亭林詩文集』, 79쪽)

天地制人以畛, 人不能自畛以絶其黨, 則人維裂矣.(「黃書」,『船山全書』

제12책, 501쪽)

왕조 교체기에 살았던 왕부지의 정신적 고독과 자부심이 그토록 엄격했던 것은 그가 '품류'와 '유속流俗'에 대해 논했던 생각이 반영된 결과였다. 재야에 있으면서 조정의 높은 벼슬아치들과 교유하지 않은 것은 원래 사대부가 응당 지녀야 할 자율自律로 간주되었다. 유종주는 "전후로 집에서 지낼 때 조정의 높은 벼슬아치들이 편지를 보내 자문을 구했지만 모두 답장을 보내지 않았다."[*] 자율은 응당 사양하거나 받아들이는辭受 경우와 취하거나 수여하는取與 경우에 더욱 잘 지켜져야 하니, 장이상은 이렇게 말했다.

> 옛사람들은 남이 덕을 베푸는 마음을 함부로 받아들이지 않았으니, 이것은 지극히 입신과 관련이 있기 때문이었다. 늙은이에게 아첨하는 것이 아니라면 실제로 빌리는 것보다는 저당을 잡히는 것이 낫고, 저당을 잡히는 것보다는 쌀이든 뽕잎이든 천이든 간에 자신이 가진 것을 팔아 거꾸로 자신에게서 구하는 것이 낫다.
> 古人不肯輕受人德意, 極是有關立身. 不佞衰老矣, 實驗得借貸不如典質, 典質不如有米賣米, 有葉賣葉, 有絲布賣絲布, 爲反求諸身之事.(「與錢叔建」,『楊園先生全集』 권12)

유학자들은 여기서 줄곧 자기 자신을 잃어버리는 상황에 대해 고도의 경계 태세를 유지했다. 심지어 이확李確은 죽는 한이 있더라도 뜻을

---

[*] 원주: "前後家居, 凡朝貴人通書問, 皆不答."(「年譜」『劉子全書』 권40)

같이하는 벗들이 보내주는 예물을 받지 않으려 했다.(『魏叔子文集』 권6 「與周靑士」 참조) 진확陳確의 기록에 따르면 오행소鄔行素는 "가난이 나날이 심해졌지만 절조도 나날이 심해졌다."* 그러니 어쩌면 유민의 일상적인 정리情理에서 비롯된 '절조介' 역시 '가난貧'에 쫓겨서 만들어진 것일 수도 있다고 인정해야 할 듯하다.

하지만 왕조가 교체되는 무렵에 이르면 이와 같은 행위들에는 여전히 더욱 엄중한 의미가 부여되었다. 그리고 왕조 교체기라는 시대를 사는 사대부들의 간난과 곤궁함 또한 가혹한 선비 여론으로 인해 조성되었다. 부산이 조정의 부름을 그토록 완강히 거부했음에도 고염무는 여전히 "부산은 중서中書 벼슬이 내려지자 오히려 또 한 번 고생을 더하게 되었다고 느꼈을 것"**이라고 했다. 고염무 본인인들 이런 경우를 당해보지 않은 적이 언제 있었던가! 자신의 생질에게 보내는 편지에서 그는 이렇게 썼다.

> 내가 만약 당권자當權者를 만나기라도 한다면 틀림없이 요란한 비난이 일어나고, 거짓 은거로 벼슬을 추구하는 이들을 풍자한 저 공치규孔稚珪(447~501, 자는 덕장德璋)의 「북산이문北山移文」과 같은 글들이 열흘도 되지 않아 내 책상으로 날아올 것이다.
> 若欲我一見當事, 必謗議喧騰, 稚珪之移文, 不旬日而至於机案矣.(「與原一公肅兩甥」, 『顧亭林詩文集』, 215쪽)

명대의 사대부들은 악을 미워하는 데 엄격하고 언론이 가혹했기 때

---

* 원주: "貧日深, 而介亦日深."(「哭鄔行素問」 『陳確集』, 338)
** 원주: "卽靑主中書一授, 反覺多此一番辛苦也."(「與蘇易公」 『顧亭林詩文集』, 207쪽)

문에 왕조가 교체될 무렵 유민사회 내부에서 시행된 청의淸議와 선비 여론은 절대 관용이 없었으며, 심지어 그것은 절조를 잃은 이들에 대한 논의보다 더 심했다. 유민들이 두려워했던 조롱과 비판은 종종 자신의 동지들에게서 나왔다. 전조망은 당시 사대부들의 논의가 가혹했던 점을 이렇게 비판했다.

> 평민의 신분으로 나라의 은혜에 보답하는 것은 당연히 분수에 맞는 한계가 있지만, 응당 그 사람이 나아가고 물러나는 처신의 큰 부분에 대해 논해야 할 것이다. 반드시 궁핍하게 살다가 굶어 죽어야 하고 한 사람과도 교유하지 말아야 한다고 주장한다면 너무 지나친 논지이니, 천하에 그런 절조를 온전히 지킬 사람은 없을 것이다.
> 布衣報國, 自有分限, 但當就其出處之大者論之. 必謂當窮餓而死, 不交一人, 則持論太過, 天下無完節矣.(『鮚埼亭集』外編 권25 「春酒堂文集序」)

후세 사람들이 보기에 명나라 유민들은 생존 공간에 단지 하나의 틈만 남아 있음에도 오히려 경계와 두려움을 가지고 있는 듯한 것은 이와 같은 여론의 환경 때문이었던 것이다.

유민의 교유는 당연히 절조와 관련된 것으로 여겨졌으며, 그것은 승려의 신분으로 있었던 유민들에게도 예외가 될 수 없었다. 승려 담귀澹歸(즉 김보金堡)는 "높은 벼슬아치들과 교유하고 관청을 드나듦結交貴遊, 出入公庭"으로 인해 당시 여론에서 비하 당했다.[41] 방이지 역시 그를 의심하는 논의에서 자유롭지 못했다. 위희魏禧가 「여목대사서與木大師書」에서 방이지에 대해 "교유는 광범하지 않을 수 없고, 간알干謁도 하지 않을 수 없으며, 사양하고 받아들이는 것은 관대하지 않을 수 없으니 흔적이 머무는 곳에 의지와 기상이 점차 변해간다"*라고 한 것은 유민이 승려가 된 유민을 비판한 대표적인 예라고 할 수 있다. 위잉스는 「방이지만절고신증方以智晚節考新證」에서 방이지의 '속세의 인연俗緣'에 대해 진일보한 고증을 제시한 후에 이렇게 썼다.

> 방이지는 비록 몸은 청원산青原山에 있었지만 그 외의 각지에 있는 옛 친지들과 수시로 편지를 주고받았다. 또한 매번 그 부친을 통해 자신이 쓴 책을 남에게 선물하곤 했기 때문에 그의 행동거지는 거의 천하 모두가 알고 있었고 그가 명성과 세속으로부터 도피하려 했던 애초의 마음은 진즉 잃어버렸다.
>
> 密之雖身在青原, 而與其他各地之舊識時時有魚雁往還, 且每以其父或己所著書贈人, 故其行止幾乎天下皆知, 早已失其逃名避世之初衷.(『方以智晚節考』增訂版, 177쪽)

> 옛것에 대한 엄준한 논의에서 방이지는 사실 고염무보다 훨씬 손색이 있었고, 숨겨진 사실을 이야기하는 데는 왕부지에게 미치지 못했다. 그러나 이것은 아마 그의 통달하고 탈속적인 성품으로 인한 결과일 터이기 때문에 이를 근거로 그의 품격과 절조의 고하를 평가할 수는 없다.
>
> 故論嚴峻, 密之實遠遜亭林, 言韜晦則不逮船山. 但此殆其通脫之性有以致之, 亦未可據此而評其品節之高下也.(같은 책, 61쪽)[42]

---

* 원주: "接納不得不廣, 干謁不得不與, 辭受不得不寬, 形跡所居, 志氣漸移."(『魏叔子文集』 권5)

이로 보건대 이런 시대에 처한 유민은 조정의 부름에 응해 벼슬살이를 하거나 다른 이들과 글을 주고받거나 높은 이를 간알干謁할 수도 없었을 뿐만 아니라 승려가 되거나 강학을 해도, 자제子弟들을 과거에 급제하게 하려는 시도도 해서는 안 되었다. 설령 이런 일을 했던 적이 있다 하더라도 '은거하여 행적을 숨기는養晦' 데 힘써서 명성에 누가 되지 않도록 해야 했는데, 이러한 '유민의 방식' 가운데 반쯤은 '시론時論'의 영향으로 만들어진 것이었다. 유민의 생존 공간이 좁았던 것은 특히 유민사회에 통용되던 도덕 율령에 의해 조성된 현상이었다.

이제 또 그 문제에 부딪혔다. 유민의 생존 의의에 대한 논증이 필요할 뿐만 아니라 '유민' 신분이 성립하기 위해서는 어떤 가정이 필요하다는 것이다. 예를 들어 그들이 처한 시대와 딛고 살았던 땅, 그리고 그의 '존재'와 '부대'에 대한 가정이 그것이다. 그러므로 필자는 어쩔 수 없이 다시 말할 수밖에 없다. '유민의 상황'은 건축營造이 필요하며, 그후에도 끊임없는 제시와 자기 암시를 통해 다져진 의지와 신념에 기대어 형성되고 유지된다. 이 점에서 그것은 확실히 종교적 경험에 가깝다. 유민의 난처함도 바로 그 자기 가정과 현실적 생존 사이에서 발생한다.

명말 및 왕조 교체기는 하나의 커다란 무대인데, 후세의 관점에서 보면 그 무대 위에 등장한 인물들의 동작은 다분히 과장된 듯하다. 한 시대의 위대한 유학자였던 황종희가 소매에 숨기고 있던 송곳으로 원수를 찌른 일이나 이옹이 미친 듯이 소리쳐 부친의 영혼을 부른 일과 같은 예는 모두 '연극戱'이라는 성격에서 벗어나지 못했다. 순수한 유학자로서 고염무도 화산華山 아래에 거처를 정한 것은 후세의 관점에서 보았을 때 과장된 동기에서 비롯되었다는 평가를 피할 수 없다. 그러나 관점을 바꿔서 보면 또한 그 무대 언어의 강렬성과 풍부성에, 그 엄숙함 속에 담긴 낭만과 단정하고 공손함 속에 은밀히 내포된 과장 및 황당함에 놀라게 된다. 혹시 표현 방식의 결핍이 '창조'의 충동을 자극했던 것일까? 왕조가 교체될 무렵에 처한 유민은 특수한 인종으로서 세인들의 주목을 받았다. 자기 형상을 창조하려는 유민의 열정은 문인들의 오랜 습관 때문이기도 했고 또한 정세情勢의 압박으로 인한 것이기도 했다. 앞서 언급했던 팔대산인의 경우 그가 '벙어리' 흉내를 낸 것은 일종의 특수한 '말하기'였을 뿐만 아니라 일상적인 말하기보다 더 유력하고, 그 완강함에 놀라게 만드는 명나라 유민의 독특한 언어 형식이었다. 그 시대를 살게 되면 설령 유학자라 해도 종종 명사 기풍을 겸비하기 마련이어서 자기표현과 자기 해석의 측면에서 반드시 동시대의 문인들에게 뒤진다고 할 수 없었다. 그들 개개인의 풍부한 생활 경력은 특히 태평성대를 살았던 이들로서는 꿈조차 꾸지 못했던 것들이었다. 명대 정통문학의 시문詩文에는 특이한 색채가 부족하긴 하지만, 이것이 명대 사대부들이 '언어'를 확보하고 풍부한 표현 방식을 갖는 데 방해가 되지는 않았다. 유민의 경우 이러한 복잡한 행위 언어와 복식服飾 언어는 그 사람의 적막함을 드러냄과 동시에 억눌려 있는 교류의 열망을 누설한다. 어떤 의미에서 그들은 오직 이러한 언어와 고심해서 창조해낸 표현 방식으로만 자신의 존재를 증명할 수 있었다. 세상과 교유하든지 세상과 단절하든지, 발언을 하든지 침묵을 지키든지 상관없이 그는 이 세상에 나올 수 없었다. 표현 방식의 창조는 바로 그 처지의 곤란함을 반영한다. 이 때문에 그 또한 일종의 고통스러울 수밖에 없는 의사표현의 방식이었다.

유민들이 '무정한' 사람이 되거나 목숨을 희생하는 것도 마다하지 않고, 마치 정조를 지키는 열녀처럼 절대적으로 큰 힘을 쓰지 않으면 온전히 절조를 지키기에 부족한 것처럼 보였던 것은 당연히 유혹이 크기도 했거니와 사실상 고독하기 그지없는 처지였기 때문이었다. 굴대균은 이런 고독한 처지를 "오직 유민만이 유민의 벗이 될 수 있다"*라고 묘사했다. 황종희는 세상인심의 흉험함을 근거로 유민이 자신을 숨길 필요성을 설명했다.[43] 앞서 언급했던 모범적인 유민 서방徐枋은 죽어서 결국 "장례를 치를 수도 없이 가난했고貧無以殮" 조상의 선영先塋에 안장하려 하자 "친족들이 저지"하는 바람에 묘지를 찾지 못했는데, "땅값 30금金을 마련할 수 없어서 반뢰潘耒가 먼저 10금을 주고 계약을 체결하고 나머지는 사람들에게서 모금하려 했지만 응한 사람이 없었다."** 죽은 후에 처량해진 유민의 신세가 이보다 더한 경우는 아마 없을 것이다. 인정의 각박함—예를 들어 명·청 교체기에 유행했던 고발告訐의 기풍과 같은—은 더욱 비참한 경험이었다. 왕부지는 난세에 처하면 "의지하는 바에 신중해야慎所依" 한다고 누차 강조하면서 "생사를 맡길 수 있는 친구는 쉽게 얻을 수 없으므로"*** '말을 신중히 하고慎言' '침묵緘默'하라고 했으니(「俟解」), 이 모두가 경험에서 우러나온 말이다. 애석하게도 유민의 이야기는 기존의 형식에 제약을 받아서 종종 "사람의 마음은 죽지 않음人心不死"을 강조하면서 생략해버린 곳이 많고, 교화를 위해서 의도적으로 '사실'의 복잡성을 희생해버리곤 했다.

당시 사람들은 그 행위의 의의에 대해 깊이 연구할 겨를도, 그럴 마음도 없었다. 백이와 숙제가 나물을 먹고 죽은 것조차 의심할 만한 일이라면(제5장 제2절 참조), 자신을 감금하는 방식으로 스스로 '새 왕조'의 바깥으로 벗어났다고 가정하는 '표현' 행위의 유효성은 다시 점검

---

* 원주: "惟遺民與遺民爲友."(『翁山佚文輯』卷中「送淩子歸秣陵序」)

** 원주: "顧地價三十金無所措, 潘耒乃先以十金成券, 其他募於人, 無應者."(羅振玉 輯, 『徐俟齋先生年譜』)

*** 원주: "親故之能托生死者不易得."(『讀通鑑論』 권7, 293쪽)

해볼 가치가 있지 않은가?

'끊음絶'과 끊지 못함

특수한 시대의 특수한 사대부 집단으로서 유민은 '비정상적인不常'
것이 바로 그 존재 조건이었다. 물론 이것은 또한 끊임없는 제시와 제
작에 의존했을 때야 유지될 수 있는 '비정상적인' 것이며, 끊임없이 강
조하고 증명해야 하는 '비정상적인' 것이었다. 다만 극단적인 행위는
결국 명나라의 멸망이라는 사실에 대한 과격한 반응으로서 원래 비정
상적인 상태였기 때문에 오래 지속되기 어려웠다. 당시에도 유민이지만
'평탄한 삶을 선망하는慕平易' 사람들이 없지는 않았다. 유민의 전기와
행장에서는 "인적 없이 외진 곳으로 가지 않았다不爲崖岸嶄絶之行"라는
식의 내용을 종종 볼 수 있다. 사실 사대부들 가운데는 예로부터 이처
럼 엄연히 극단적으로 대립된 두 가지 양태가 존재했었다. 『명유학안』
권8에는 여남呂枏의 다음과 같은 문답이 기록되어 있다.

> 질문: "다른 사람과 교유하는 것이 걱정스럽습니다."
> 선생이 말씀하셨다. "좀 너그러워질 필요가 있다. 수재의 법도에
> 너무 얽매이지 말고 대인과 군자를 봐라. 나아가고 물러나는 것,
> 승낙하고 침묵하는 것이 모두 배움이다."
> 問: 患交接人. 先生曰: 須要寬綽些, 不可拘拘守秀才規矩, 見大人
> 君子, 進退升降, 然諾語默皆是學.(139쪽)

같은 책에는 추원표鄒元標의 말도 수록되어 있다.

천지간에 살면서 평탄하게 펼쳐놓고 일상적인 이치에 어긋나는 괴이한 것을 드러내지 않아야 비로소 자신을 위한 배움이 된다. 학자는 엄격하고 반듯한 것을 말하기 좋아하는데, 자기는 조물주와 더불어 노닐고 싶다면서 봄바람이 솔솔 불면 오히려 사물이 나를 스칠까 걱정한다. 만약 엄격하고 반듯한 실질이 없이 공연히 그 행적을 따라 한다면 괜히 남과 사이가 단절되기에 충분해질 뿐이다.

置身天地間, 平平鋪去, 不見崖異, 方是爲己之學. 學者好說嚴毅方正, 予思與造物者遊, 春風習習, 猶恐物之與我拂也. 苟未有嚴毅方正之實, 而徒襲其跡, 徒足與人隔絶.(권23, 537쪽)

설간薛侃도 이렇게 주장했다.

도는 원래 차를 마시고 밥을 먹는 일상생활 속에 있어서 그다지 기이할 것도 없는데, 기이한 것을 좋아해서 추구하다 보면 오히려 도를 잃게 된다. (…) 세상 사람들은 괴상한 것을 좋아해서 가까운 것을 소홀히 하고 먼 곳으로 나아가며, 쉬운 것을 버리고 어려운 것을 추구하기 때문에 군자의 도가 드물다.

道本家常茶飯, 無甚奇異, 好奇趨異, 反失之 (…) 世人好怪, 忽近就遠, 舍易求難, 故君子之道鮮矣.(권30, 658~659쪽)

이 모두 사대부들의 어떤 습속을 겨냥해서 한 말들이다.

'은일'에 관해서는 예로부터 경계를 각기 다르게 설정해왔다. 『수서隋書』 권77 "은일隱逸"에서는 이렇게 설명한다.

옛날의 이른바 은거한 이들은 그 몸을 엎드려 드러내지 않는 이도 아니었고, 입을 닫고 말을 하지 않는 이도 아니었고, 그 지혜를 감추어 드러내지 않는 이도 아니었다. 대개 그들은 편안하고 담박한 마음으로 밝지도 어둡지도 않게 시대의 흐름에 안주하며 변화에 순응하여 처신함으로써 사물과 더불어 지내면서 사사로이 치우침이 없었다. (…) 은거하되 천지와 관계가 어긋나지 않았고, 올곧되 세속과 관계를 끊지 않았다.

古之所謂隱逸者, 非伏其身而不見也, 非閉其言而不出也, 非藏其智而不發也. 蓋以恬淡爲心, 不皦不昧, 安時處順, 與物無私者也. (…) 隱不違親, 貞不絶俗.

이 시기에 이르면 유민으로서 어떻게 처신하는 것이 '옳은가' 하는 것도 사대부들과 유민들 사이의 화제가 되었다. 이 무렵에는 '중용中'이나 '평이平易'의 문제가 다시 제기되었는데, 특히 그것들은 사대부 문화에 원래 존재하던 정밀하고 미세한 분수分寸와 한도限度에 대한 느낌에서 비롯되었다. 황종희는 유민으로서 '중용을 이룸得中'에 대해 이야기하면서 "농사짓고 점을 치다가 하늘 향해 울부짖고 머리를 땅에 박으며 통곡하다가 무절제하게 술을 마시고 죽기를 기원하며 (스스로 흙방에 갇혀서) 담벼락의 구멍을 통해 음식을 받아서 먹는 이"는 "모두 지나쳐서 중용을 잃었다"라고 했다.* 이런 모든 것은 합리적 분석이라고 할 수 있다.[44] 진확도 "나는 삼대三代 이후로 학문이 실질에 맞지 않고 절조와 충렬忠烈의 행위를 좋아하여 점차 옛 풍모를 잃은 것을 이상

---

* 원주: "種瓜賣葡, 呼天搶地, 縱酒祈死, 穴垣通飮饌者 (…) 皆過而失中者."(「謝時符先生墓誌銘」『黃宗羲全集』 제10책, 411쪽)

하게 생각했다"*고 했다. 이옹이 "이미 몸을 망치지는 않았고 또 세상과 어그러지지도 않았다"**라고 한 것도 그 자신이 청초의 세상을 살았던 태도를 반영한 것이라 하겠다.[45] 손기봉은 줄곧 '쉽게 살고居易', '자신을 바르게 하며正己', '편안하고自得', '꾸밈없이 행동行素'할 것을 이야기했는데(당시 사람들은 그가 "즐겁고 편안하게 사람들과 친근해지고樂易近人" "어울리되 세속의 유행에 휩쓸리지 않는和而不流" 사람이라고 여겼음), 명말에서 청초에 이르기까지 일관되었다고 할 수 있다. 그들은 더욱 세속의 일상적이고 간편한 방식으로 인생에서 자신의 역할을 완성했으며, 그저 최선을 다할 뿐 고의적으로 세상을 놀라게 하거나 통상적인 정리에 어긋나는 격하게 치우친 행동으로 복잡한 의미를 구현하려 하지 않았다. 여기에도 선택하거나 지름길을 찾는 개인적 성향이 담겨 있다. '평범하고 쉽게 사는 것'의 배경에는 "도는 평범하고 쉽다道平易"라는 도학적 해석과 송·원 이래 종교의 세속화, 사대부의 '평민화' 경향, 속문화俗文化의 흥성 등등이 포함된다.

앞에서 이미 언급했듯이 유민들의 기이한 이야기는 공동으로 제작되었으며, 개중에는 유민의 전기와 행장이 '유민'의 형상을 만들어낸 것도 포함된다. 이와 관련된 전기나 행장에는 유민의 행위가 '토굴土穴'이나 '소달구지'와 같은 틀에 의지하여 표준화되었다. 전조망은 부산의 간략한 행적을 쓰면서 그가 한때 토굴에 살면서 모친을 봉양했다고 했는데, 뤄전위羅振玉의 고증에 따르면 "아마 선생(부산)이 한때 토당산土堂山에 살았던 적이 있어서 잘못 서술한 것"이라고 하면서, "선생은 나라의 변고가 일어난 뒤 갑신년(1644)에 평정平定과 수양壽陽, 흔주忻州,

---

* 원주: "確嘗怪三代以後, 學不切實, 好爲節烈之行, 寖失古風."(「書潘烈婦碑文後」, 『陳確集』, 395쪽)

** 원주: "旣不失身, 又不戾世."(「四書反身錄·論語上」, 『二曲集』 권33)

맹현孟縣을 왕래하셨고, 을유년(1645)에는 맹현을 여행하셨으며, 그 뒤에도 일정한 거처가 없었다"[46]라고 했다. 비록 조정의 부름을 완강히, 그리고 힘겹게 사절했지만 부산은 유민으로 살면서도 여전히 광범한 교유관계를 유지했고, 두문불출하며 종적을 숨길 것이라는 일반적인 생각과는 전혀 달랐으니, 이 또한 반뢰가 이야기했던 것처럼 그가 "올곧되 세속과 관계를 끊지 않은貞不絶俗" '통달한 사람通人'이었기 때문일 것이다.(「雙搭寺雅集詩」, 『霜紅龕集』, 1207쪽) 그러나 사람들이 '토굴'과 같은 화법을 즐겨 들었으리라는 점은 의심의 여지가 없다.

한때 유민과 집권층 사이의 교유, 즉 당시 세상— 청 왕조의 세상—과의 관계에 대해서는 뒤에서 언급할 예정이다. 주의할 만한 것은 또한 유민과 절개를 잃은 이들 사이의 교유도 있었다는 사실이다(이에 대해서는 「餘論·2」를 참조) 『비전집보碑傳集補』 권36 「원공계봉전袁公繼鳳傳」에 따르면 진식아陳式阿가 과거에 응시하여 진사가 되었지만 원계봉은 여전히 그와 교유하면서 이렇게 말했다.

> 내가 많은 사람을 겪어봤지만 오로지 진식아만이 부귀영화를 이루려고 급급하지 않았고 빈천한 상황에서도 근심하지 않아서 거의 옛날의 도를 갖춘 사람에 가까운데, 다른 이들은 그걸 모른다.
> 予閱人多矣, 惟式阿不亟亟於富貴, 不戚戚於貧賤, 是殆古之有道者, 非人所知也.

염기閻圻*는 「문절공백롱산인가전文節公白聾山人家傳」에서 염이매閻爾梅가 "가혹한 절개를 지키지는 않았음不修苛節"을 서술했다.

산인(염이매)께서는 패현沛縣을 떠나신 지 18년 만에 돌아오셨는데, 평생의 친구들 가운데 뵙기를 부끄러워하는 이가 많았지만 그분께서는 모두 예전처럼 벗으로 대하셨다. 고을에 어느 망녕된 이가 사소한 다툼으로 그분과 척을 지고 그분께 '망한 나라의 죄인殷孽者'이라고 하여 문하의 제자들과 손님, 하인들이 분개했다. 하지만 산인께서는 껄껄 웃으시며 함께 술을 마셨고, 그 사람도 취해버렸다.*

山人之去沛, 凡十八年而返乎沛, 生平故人多愧見者, 山人悉與友如故. 而里有妄人, 以小釁逆山人, 謂山人殷孽者, 門下客奴忿, 山人大笑, 飮以酒, 其人亦醉.(『閣古古全集』 권1)

유민 가운데는 물론 흙방에 살면서 인간사를 끊고 지낸 이들이나 강학講學을 피하면서 그것을 비판한 사람, 강학을 했다가 후회한 사람, 그리고 황종희나 손기봉, 진호陳瑚, 심국모沈國模처럼 "더욱 부지런히 강학을 한講學益勤" 사람들도 있었다. 장자열張自烈은 「복진백기론훼주서復陳伯璣論毁注書」에서 이렇게 주장했다.

외지고 적막한 곳에 몸을 맡기고 형적을 숨긴 채 은거하여 손님을 만나는 모든 일을 내쳐버렸지만 어쩔 수 없이 이로움과 손해, 재앙과 복에 따라 견해를 제시해야 했으니 성현께서 자신을 잘 수행하여 세상을 구제하신 일과는 거리가 아주 멀었다.

---

* 염기(1669~1729)는 강소 패현沛縣 사람으로 자가 곤장坤掌 또는 천리千里이며 호가 사산泗山, 수옥당인樹屋堂人이다. 염이매의 손자인 그는 강희 47년(1708) 거인이 되어 이듬해 한림원 편수에 임명받아 삼조국사三朝國史 편찬에 참여했고, 옹정 1년(1723) 공과급사중工科給事中을 역임했고, 이후 순천부윤順天府尹까지 역임했다. 저작으로 『열경루시집閱耕樓詩集』『게양당시집憩養堂詩集』『사산시문집泗山詩文集』『은림隱林』『신도기강臣道紀綱』『나부산기羅孚山記』『일승루문고日升樓文稿』『촉전시고蜀滇詩稿』 등이 있다.

委形僻寂, 托跡韜晦, 擧守待之事槪置之, 未免從利害禍福起見, 去
聖賢淑身救世遠甚.(『苣山文集』권6)

이를 보건대 유민으로서 그의 처신 방법을 알 만하다. 위희는 「답진
원효答陳元孝」에서 이렇게 썼다.

> 오늘날과 같은 시대를 사는 사대부가 자신을 온전히 지키면서 쓸
> 모 있는 존재가 되려면 절대 세상을 버리고 홀로 살 수 없다. (…)
> 나는 예전에 이런 말을 한 적이 있다. '산에 살려면 반드시 먼 길
> 을 떠나는 사람의 정서를 익혀야 하고, 먼 길을 떠나려면 반드시
> 산으로 돌아갈 수 있는 체면을 남겨두어야 한다.'
> 士君子生際今日, 欲全身致用, 必不能遺世獨立 (…) 僕向有二語: 居
> 山須練得出門人情, 出門須留得還山面目.(『魏叔子文集』권7)

그리고 그는 「시둔서詩遁序」에서 반복적으로 "숨는 것은 군자가 자신
의 뜻을 잃지 않는 길이 아니다"[*]라고 강조했다. 팽사망은 「여사약재서
與謝約齋書」에서 자신은 백이, 숙제처럼 "굶주림을 참고 가난에 시달리
는忍饑固窮" 것은 바라지 않고 "함부로 우禹임금과 후직後稷을 마음에
두고 있다妄意禹稷"면서 그 이유를 이렇게 설명했다.

> 우임금은 아비가 사형에 처해졌지만 물에 빠진 이들을 구제하는
> 일을 사절하지 않았고, 후직은 몸소 농사를 지으면서 굶주린 이
> 들을 구제하는 일을 사절하지 않았다.

---

[*] 원주: "遁非君子所得己也."(『魏叔子文集』권9)

禹父殑而不辭救溺, 稷躬稼而不辭救饑.(『樹廬文鈔』권2)

같은 권에 수록된 「여하자익서與賀子翼書」에서도 이렇게 썼다.

부질없이 혼자 선하도록 스스로 경계를 짓지 않고 세속의 교화
와 인재, 민생, 나라의 구휼에 성명性命을 다하고 갈고 닦아 방법
을 추구하여 실용으로 귀결시켰다.[47] (…) 그것이 행해지지 못한다
는 것을 알면 또한 마땅히 책에 의지하여 사람들에게 전파함으로
써 앞의 땔나무가 다 타더라도 뒤의 땔나무로 불이 옮겨 붙어 영
원히 꺼지지 않게 하는 뜻을 기탁했다.
不徒以獨善自畫, 其於世敎人才民生國恤, 須以爲饑渴性命, 磨礪講
求, 歸之實用. (…) 卽不能見之行事, 亦當托之於書, 散之於人, 寄其
薪盡火傳之志.

이처럼 호쾌하고 드높은 의기가 늙어서도 쇠약해지지 않았던 것이
다. '유민'에 대한 해석 가운데 이처럼 '적극적인' 것도 있었다.[48]
한 때의 위대한 유학자들이 '교유'의 원칙을 다루는 방법도 결코 일
치하지 않았다. 황종희는 이렇게 말했다.

이 천지간에 태어나 그것과 서로 간섭하지 않을 수 없으며, 간섭
하게 되면 왕래하게 된다. 도잠陶潛은 다른 왕조에 몸을 굽히려
하지 않았지만 강주자사江州刺史 왕홍王弘(379~432, 자는 휴원休
元)의 술과 시안태수始安太守 안연지顔延之(384~456, 자는 연년延年)
의 돈은 거절할 수 없었다.
生此天地之間, 不能不與之相干涉, 有干涉則有往來. 陶靖節不肯屈

身異代, 而江州之酒, 始安之錢, 不能拒也. (「余若水周唯一兩先生墓誌
銘」, 『黃宗羲全集』 제10책, 276쪽)

그리고 송·원 무렵의 일을 언급하면서도 "사대부가 나라에 보답하
는 것은 각기 분수에 따른 한계가 있으며土之報國, 各有分限" 왕염오王炎
午*는 집권자들과 교유를 끊은 적이 없으면서도 절조를 잃은 것으로
평가된 적이 없다고 지적했으니(「憲副鄭平子先生七十壽序」, 같은 책, 671쪽),
이것은 자신의 입장에 대한 고백이라고 이해해도 무방할 것이다.[49] 그
자신도 물론 상당히 쓸쓸하지 않은 삶을 살았다. 전조망의 「이주선생
신도비문梨洲先生神道碑文」에서는 이렇게 기록했다.

학문을 묻는 이들이 많아지자 정미년(1667)에 다시 월 땅 용상에
서 증인서원 모임을 거행하여 즙산선생 유종주가 제시한 단서들
을 설명해주었다. 얼마 후 동쪽의 은현과 서쪽의 해령에서 모두
강학을 주관해달라고 청하여 장강 남북의 추종자들이 모여들었
고, 고을 수령들도 모임에 참여하곤 했다. 얼마 후 무군 장공 이하
의 관리도 모두 공개적으로 강학을 해달라고 요청했다.
問學者旣多, 丁未復擧證人書院之會於越中, 以申蕺山之緖. 已而東
之鄞西之海寧皆請主講, 大江南北從者騈集, 守令亦或與會. 已而撫
軍張公以下皆請公開講. (『鮚埼亭集』 권11)

---

* 왕염오(1252~1324)는 강서 안복安福 사람으로 원래 이름이 응매應梅였으며 자가 정옹鼎翁이
고 호가 매변梅邊이다. 1274년에 태학생이 되었으나 임안臨安이 함락되자 문천상文天祥을 찾아
가 전 재산을 바치고 막료로 있다가, 모친의 병환 때문에 귀향했다. 이후 원나라가 들어서자 두문
불출하고 시문 창작에 힘쓰면서 이름을 염오로 바꾸었다. 저작으로 『오문고吾汶稿』 『매변고梅邊
稿』가 있다.

전조망은 황종희가 "망한 나라의 유로遺老로서 오히려 당시 사람들과 교유하여 교화와 절조에 오점을 남겼다"라는 비판에 대해 "너무나 어쩔 수 없는 일"이었다고 해명했는데,* 이것은 오히려 황종희에 대해 과히 가볍게 평가한 셈이었다. 청대 사람들이 보기에 명나라 유민의 '교유'는 이미 그 심각성을 점점 잃어가고 있었다. 『비전집보』 권35에 수록된 풍봉초馮奉初**의 「명세습금의첨사회원장군진원효선생전明世襲錦衣僉事懷遠將軍陳元孝先生傳」에 따르면 진공윤陳恭尹***은 "높은 벼슬아치 가운데 신분이 낮은 이에게 숙이고 들어가 교유하려는 이가 있으면 모두 예절을 차려 맞았고, 이에 벼슬아치들이 왕래하며 모두들 그의 환심을 사려 했다."**** 전기 가운데는 비록 "행적이 너무 세속과 가까워서 마음고생이 많았던跡彌近而心彌苦" 부류의 이야기도 있지만 주이존이나 항세준杭世駿의 말을 인용하여 그 사람이 틀림없이 '유민'임을 증명하는 것을 잊지 않았다.50

유민이 유민이기 위해서는 '하지 않는 바가 있어야有所不爲' 한다. 그러나 유민이 될 수 있고 없고의 경계를 정하는 것은 여전히 그 사람과 관계가 있을 수밖에 없다. 예를 들어 두준杜濬은 부지府志 편찬을 사절했지만 왕여우王餘佑는 수락했다.(『五公山人集』 권10 「精思齋記」 참조) 황종희는 '박학굉유博學宏儒'에 천거되는 것도, 사관에 들어가는 것도, 군지

---

* 원주: "以故國遺老不應尙與時人交接, 以是爲風節之玷 (…) 大不得已."(『鮚埼亭集』 外編 권44 「答諸生問南雷學術帖子」)

** 풍봉초(?~?)는 광동 순덕順德(지금의 포산佛山 순더順德 구) 사람으로 자가 묵재默齋다. 가경嘉慶 19년(1814) 지사에 급제하여 20여 년 동안 조주교수潮州敎授를 역임했다. 『조주기구집潮州耆舊集』을 편찬하고, 『순덕현지順德縣志』의 편찬에도 기여했다.

*** 진공윤(1631~1700)은 광동 순덕 사람으로 자가 원효元孝고 호가 반봉半峯, 독록자獨漉子, 나부포의羅浮布衣다. 저명한 항청지사抗淸志士 진방언陳邦彦(1603~1647, 자는 영빈令斌)의 아들인 그는 시인으로 활동하며 굴대균, 양패란梁佩蘭과 더불어 '영남삼대가嶺南三大家'로 꼽혔다. 저작으로 『독록당집獨漉堂集』이 있다.

**** 원주: "貴人有折節下交者, 無不禮接, 於是冠蓋往來, 人人得其歡心."

郡志를 편찬하는 것도, 그리고 '향음주대빈鄕飮酒大賓'이 되는 것도 거듭해서 사절했다. 확실히 그는 '절조'를 지킬지에 대해 입장을 고수하려고 전전긍긍하면서 조금이라도 소홀히 했다가 역사의 조롱거리가 되지 않으려 했다.

> 아득하게 100대代 이하의 일을 생각해보니, 반고처럼 「인물표」를 만드는 사람은 이릉李陵과 채옹蔡邕을 함께 나열하지 않을 것이다.
> 茫茫然尙欲計算百世而下, 爲班氏之人物表者, 不與李蔡幷列.(「壽徐 掖靑六十序」, 『黃宗羲全集』 제11책, 64쪽)

그가 "재야에 있으면서 조정의 높은 벼슬아치들과 서신을 주고받는 것은 본분에 마땅한 일이 아니"*라고 했을 때 이른바 '본분分'은 애매한 듯하면서도 사실은 아주 분명하다. 그 배경은 바로 고대 사대부士人들이 제시한 '공公'과 '사私'의 개념이니, 그들은 공과 사의 관계를 다룰 때 아주 세밀하게 분석하여 구별했다. 팽사망이 "여태 공문公門에는 들어가 본 적이 없다"**라고 했을 때도 바로 이 개념—사적인 교유와 '공문'에 들어가는 것—을 토대로 삼았다. 황종희는 '유민'을 정치 실체인 청 왕조와 맺는 관계로 정의했다. 그렇기 때문에 그는 감히 자신이 '잘못된' 행동이라고 생각한, 두문불출하며 손님을 사절하거나 교유를 끊는 것과 같은 일을 하지 못했다. 그 자신은 (개인으로서) '고위 집권자當路'와 교제를 끊지 않았기 때문에 그의 문집에는 당시 벼슬아치들을 위해 지은 비명碑銘 등의 글이 아주 많이 들어 있다.(물론 그가 청

---

* 원주: "草野而通書朝貴, 非分所宜."(「與陳介眉庶常書」, 『黃宗羲全集』 제10책, 162쪽

** 원주: "從未一入公門."(「復高學使書」, 『樹廬文鈔』 권4)

송한 것은 대부분 그 사람의 '어짊仁'이었으니, 여전히 유학자의 말투를 잃지 않았다. 이 '어짊' 역시 큰 변란이 일어난 후 사람들이 목말라하던 것이었을 터이다.) 분명히 그가 보기에 '개인관계'는 더 넓은 삶의 영역에 속했다.

순수한 유학자로 여겨지는 고염무의 '자립적인 일처리行己'는 황종희보다 더 엄격했지만, 그의 경우에도 '도읍都下'에 가서 당시의 문인 및 학자들과 교유하지 않을 수 없었을 뿐만 아니라 '높은 벼슬자리에 있는鼎貴' 자신의 생질들—서건학徐乾學과 서원문徐元文—과 자신 사이에 명확한 경계를 그으려고 생각해본 적도 없다. 「답원일공숙양생서答原一公肅兩甥書」(『亭林文集』권3)에서 그는 생질이 군郡의 뜰에 숙소를 지은 일에 고마워하고, 오히려 진정으로 '우리 생질'을 위한 생각을 상당히 친근하게 제시했는데, 온전하게 도덕적인 고려 때문에 그랬던 것은 결코 아니었다. 그가 산동에서 곤란에 처했을 때는 거기에서 벗어나기 위해 자기 생질들과 '조정 여러분輦上諸公'의 힘을 빌릴 수밖에 없었다. 비록 '남겨遺'졌지만 끝내 '권력' 밖으로 달아날 수 없었던 것이다.(모양冒襄도 소송에 걸렸을 때 권력층의 비호를 바랄 수밖에 없었으니, 이에 대해서는 그의 「上寧藩臺書」, 『巢民文集』권3 참조) 고염무는 '남에게 의지하고依人' '나에게 부화뇌동하는附我' 것에 대해 이야기한 적이 있는데, 구체적인 인간사에서 '권력'의 통제로부터 벗어날 수 없는 '의지'와 '부화뇌동'에 비교해보면 그것은 더욱 준엄한 '유민의 현실'이라 하겠다.

유민의 '절조'에 대해 장단점을 비교하는 것은 더욱 후세 사람들의 취미가 되었다. 고염무와 황종희, 왕부지까지 세 명의 대유大儒 가운데 왕부지는 처신이 가장 엄격했다고 여겨진다. 등현학鄧顯鶴*은 그가 "고상한 뜻을 지니고 명성과 출세를 추구하지 않은 점은 손기봉보다 더했다"**라고 평가했다. 그러나 왕부지도 "더러운 세상에 태어나 외진 곳

에 사는" 빈천한 사람이 "추악한 속인들과 만나지 않을 수 없었다"***라
고 했다. 설령 그가 황량한 산중에 외따로 살았다 할지라도 여전히 이
세상 안에 있는 것이며, '저술' 역시 '세상과 접촉하는' 방식 가운데
하나라는 사실은 더 말할 필요가 없다. 손기봉이 '기껍고 편안한樂易'
것에 대해 당시 사람들 및 청나라 때의 사람들의 평가도 모두 등현학
처럼 가혹하지는 않았다. 위예개魏裔介(1616~1686, 자는 석생石生)는「하
봉선생본전夏峯先生本傳」에서 이렇게 칭송했다.

> (그분은) 기껍고 편하게 사람을 가까이 해서 만나는 사람이 모두
> 그 정성과 믿음성에 감복했다. (…) 실행하기 어려운 일로 다른 이
> 를 얽매지 않았고, (…) 위로는 공경대부로부터 농부나 재야의 노
> 인에 이르기까지 그분께 찾아가 뭔가를 물으면 충심으로 아낌없
> 이 이야기해주었다. (…) 재상 다음의 높은 벼슬아치나 일반 백성
> 도 차별하지 않았다.
> 公樂易近人, 見者皆服其誠信 (…) 不繩人以難行之事 (…) 上自公卿
> 大夫, 以曁田氓野老, 有就公相質者, 公披衷相告, 無所吝也 (…) 卿
> 貳韋布, 不作岐觀.(『夏峯先生集』)**51**

여기서는 아직 호사에 익숙한 강남 문인들에 대해서 언급하지 않았

* 등현학(1777~1851)은 호남湖南 신화新化 사람으로 자가 자립子立 또는 상고湘皐다. 가경 9년
(1804) 거인이 된 그는 왕부지의 많은 저작을 점교點校하여 간행함으로써 명성을 날렸다. 저작으
로『남촌초당시문초南村草堂詩文鈔』『역술易述』『모시표毛詩表』가 있고,『자강기구집資江耆舊
集』『원상기구집沅湘耆舊集』『초현증집고이楚賢增輯考異』『왕선산유서王船山遺書』등 다수의
책들을 편찬하거나 교정하여 간행했다.
** 원주: "貞晦過夏峯."(『中國近三百年學術史』·7,『梁啓超論淸學史二種』, 197쪽)
*** 원주: "生汙世處僻壤 (…) 不能不與惡俗人相見."(『俟解』『船山全書』제12책, 485쪽)

다. 똑같이 명나라가 망한 세상에 처해 있으면서도 고통스럽게 절조를 지키며 또한 '더욱 어려운尤難' 삶을 살았던 서방徐枋 같은 이도 있었지만, 우아한 풍류를 버리지 않고 여전히 늘 풍악 속에서 지냈던 문사도 있었으니, 이런 사실도 명·청 교체기라는 저 현란하기 그지없는 색채로 가득 찬 그림을 구성하는 데 충분한 재료가 되었다.

스스로 가두는 행위는 사대부가 성취를 이루는 데 이롭지 못하다고 여겨졌으니, 굴대균은 이렇게 말했다.

> 사대부 군자가 불행히 난세에 태어나 자신을 중시하는 것은 도를 중시하기 때문이다. 정신없이 바쁘도록 그것을 바꿀 방법을 생각하는 것은 오직 성인만이 가능하다. 그렇지 않다면 차라리 세상을 피해야지 사람을 피해서는 안 된다. 사람을 피하면 그는 말을 하지 못하는 잘못을 저지르는 것이다.
> 士君子不幸生當亂世, 重其身所以重道. 天下無道, 棲棲然思有以易之, 惟聖人則可. 不然者, 寧爲辟世, 勿爲辟人. 至於辟人, 而其失有不可言者矣.(「七人之堂記」, 『翁山文外』 권1)

위희도 자신이 세상을 피해 산중에 살게 된 후 외출을 하지 않을 수 없었던 것에 대해 계속해서 이야기했다. 더욱이 학자의 경우에는 교유를 통해 묻는 것이 학문을 완성하는 조건이기도 하다. 고염무는 이렇게 말했다.

> 혼자 배우면서 벗이 없으면 보고 들은 것이 적어서 완성하기 어렵고, 한 곳에 오래 머물면 습관에 물들어 스스로 깨닫지 못한다. (…) 방 밖을 나서지 않고 독서도 하지 않는 이는 바로 벽을 대하

듯이 답답한 인사이다.

獨學無友, 則孤陋而難成, 久處一方, 則習染而不自覺 (…) 若旣不出
戶, 又不讀書, 則是面墻之士.(「與人書」, 『顧亭林詩文集』, 90쪽)

황종희는 유종주의 아들 유작劉汋에 대해 이렇게 기록했다.

선생은 교유를 끊고 나서 왼쪽으로는 아내를, 오른쪽으로는 어린
자식을 보면서 울적하게 할 말이 없었다. 나도 늙어서 빈산에 둘
러싸인 채 지내며 서로 소식도 주고받지 못했으니 그의 『군경의
의』는 고심 끝에 혼자 터득한 학문이다.

先生旣絶交息遊, 左對孺人, 右顧稚子, 鬱鬱無可告語. 余亦老屛空
山, 不相聞問, 故其『群經疑義』, 冥搜獨得.(「劉伯繩先生墓誌銘」, 『黃
宗羲全集』 제10책, 308쪽)

황종희 본인은 학문에 대해 묻는 도중에 순국하지 못하고 나중에
죽는 이의 쓸쓸함을 느꼈다.

동문의 벗들에게 자문을 구하여 혈맥을 드러내려고 주위를 둘러
보니 남아 있는 이들이 몇 되지 않은데, 갑자기 한 마디라도 하면
경전과 스승의 가르침을 어겼다는 비난이 온갖 짐승들의 소리처
럼 시끌벅적하게 일어날 것 같았다.

方欲求同門之友, 呈露血脈, 環顧宇下, 存者無幾, 突如而發一言, 離
經背訓之譏, 蹄尾紛然.(「惲仲升文集序」, 같은 책, 4쪽)

오위업은 「송임형자환민서送林衡者還閩序」에서 임가기林佳磯(?~?, 자는

형자(衡者)의 다음과 같은 말을 인용했다.

> 혼자 생각해보니 큰 도회지와 고을, 명산과 큰 강 사이에 인재들
> 이 무리로 나오고 원로들도 남아 있지만, 이제 벼슬길을 사절하여
> 그들과 노닐 수 없게 되었으니 어떻게 도를 논하고 벗을 사귀어
> 그 기개와 절조를 느껴 발휘할 수 있겠는가?
> 獨念通都廣邑之內, 名山大河之間, 人才輩出, 耆舊猶存, 今以絶意
> 仕宦, 不得復與之遊, 則何以論道取友, 感發其志氣(『吳梅村全集』 권
> 35, 752쪽)

고염무와 황종희 등이 자신을 가두지 않은 것도 바로 이런 예를 통해서 적극적으로 해석할 수 있다.

사실 굴대균이 만년에 교유했던 것도 '청나라에 들어선入淸' 사실을 인정하는 행위로 이해할 수 있다. 이제부터 필자는 시간의 흐름에 따라 유민들이 정치적 실체이자 권력 기구인 '청나라' 및 집권자들과의 관계를 어떻게 처리하는지에 대해 논의하고자 한다. 이것은 당연히 유민의 '교유' 가운데 더욱 민감한 부분이다. 그리고 또 논의할 부분은 바로 '현실', 즉 청 왕조에 들어섰다는 현실을 인정함으로써 더 큰 행동의 자유를 허락받았다는 사실이다. 이 부분에서 '유민 현상'이 드러내는 '시간성'과 유민이 '남는遺' 방식, 그들의 '남음遺'에 대해 유민들이 부여하는 의미의 다양성—다시 말해서 지극히 다양한 유민들의 자기 해석—에 대해서도 언급하게 될 것이다. 말할 필요도 없이 중요한 의미를 지닌 이런 문제들에 대해서는 더 깊은 논의가 필요하다.

생계

전환: 인생의 개조

왕조 교체기에 처한 사실에 내재된 희극성 가운데 하나는 바로 인생의
과정이 갑작스럽게 전환되어 자신의 역할을 새롭게 선택하도록 강요받
는다는 사실이다. 이 무렵에 더 많은 관심을 끌었고 또한 더욱 희극적
으로 여겨진 것은 당연히 귀족 자제公子와 왕손王孫의 운명이었다. 이
또한 전통적인 시의 제재題材이기도 했다. 모양冒襄이 이야기한 "부귀하
고 복을 누리며 풍류 가득한 글과 생사의 환난을 겪으며 혈육과 헤어
져 떠돌며 질병에 시달리며 신음하는 고통"*은 명나라가 망하기 전후
각 시기에 그가 살았던 인생을 잘 다듬어 개괄하고 있다. 그리고 귀공
자로서 영화를 극진히 누린 방이지가 명나라가 망한 뒤에 "승복을 입
고 중 노릇을 한 것披壞色衣, 作除饉男"이 어찌 단순하게 "화려했던 시절

---

* 원주: "富貴福澤風雅文章, 與夫死生患難骨肉流離疾病呻吟之苦."(「祭方坦庵年伯文」『巢民文
集』 권7)

을 겪고 평범하고 담박해진 것由絢爛而平淡"일 뿐이라고 하겠는가!『비전집』권124에 수록된 정량鄭梁의「심선생인기묘지명沈先生遴奇墓誌銘」에서는 심인기沈遴奇*가 "권세 높은 가문에서 태어나 어린 나이에 제자원弟子員, 즉 현학縣學의 생원生員이 되어 좋은 옷과 풍성한 음식을 즐기며 화려한 집과 방대한 전답을 가졌는데" '호사好事'의 버릇으로 파산한 뒤에는 가난 속에서 늙고 쇠약해져서 "부뚜막엔 밥 짓는 연기 사라지고 침상에는 바람과 달빛이 들어오며" "옷은 헤지고 신은 터진 채 어깨는 야위고 머리카락은 센" 지경**에 이르렀다고 했다. 전환은 보편적인 현상이어서 부귀하게 노닐던 귀족 자제들만 그런 것은 아니었다. 명나라 때 동남 지역 사대부들은 서로 호사를 다투었는데, 명나라 말엽에 이르러서는 남경을 중심으로 문인과 명사들이 여전히 술자리를 열고 시를 짓는 모임에 미련을 떨치지 못하고 있었다. 이런 경험을 가진 많은 이에게 신분을 확인하는 준엄한 의미를 지닌 '유민'이라는 역할을 선택하는 것은 그야말로 생명의 단절을 의미했다. 은거하여 행적을 숨기며 심지어 자학과 자살에 이르기까지 '죽음'을 안고 살아가는 일은 확실히 엄청난 고통이었을 터이다.

물론 유민으로서 삶이 곧 단절과 새로운 개조를 의미하는 것은 결코 아니었다. 관련된 전기나 행장들을 보면 집안 형편이 몰락하지 않은 이들은 여전히 호사를 누리면서 예전 문인들이 하던 행태를 계속하기도 했고, 당연히 메마르고 적막한 삶을 감내하면서 목숨이 끊어질 날만 기다리는 이들도 있었으며, 가무와 주색잡기에 빠진 채 예전의 흥취가 조금도 줄어들지 않은 이들도 있었다. 명나라가 망한 뒤 오吳 지

---

* 심인기(1603~1664)는 절강 자계 사람으로 자가 자상子常 또는 관후觀侯이고 호가 장계章溪다.
** 원주: "竈屛炊煙, 床延風月 (…) 衣零履綻, 肩瘦髮秋."

역 문인 결사結社의 상황은 『연당견문잡록硏堂見聞雜錄』에 묘사된 내용을 통해 일면을 볼 수 있다.

> 10여 척의 큰 배를 중류에 띄워놓았는데, 배는 수십 개의 술자리를 수용할 만큼 컸다. 중간에 기생과 배우를 늘여 세우고 별빛처럼 촛불을 밝힌 채 여러 무리의 예인이 다투어 노래를 부르는데, 그대로 날이 밝은 뒤에야 끝났다.
> 以大艦十餘, 橫亘中流, 舟可容數十席, 中列娼優, 明燭如星, 數部伶人, 聲歌競發, 直達旦而後已.(『烈皇小識』, 285쪽)

"문헌과 사료史料를 다루고 천문과 역법曆法을 관장하는 이들은 지위가 점쟁이나 찬례인贊禮人과 가까워서 원래 황제가 희롱하고 창기娼妓나 배우처럼 양성해 거느리는 존재"[*]라는 운명은 새 왕조에서나 옛 왕조에서나 전혀 차이가 없었다. 시인과 문인은 원래 그들만의 '방식'이 있었으니 바로 가무와 주색을 좇으며 제법 쓸쓸하지 않은 삶을 살면서 시에도 으레 시름과 고민을 담은 구절을 늘어놓는 것이었다. 화려하고 고상한 모임은 죽음과 멸망을 애도하고 시대에 상심하며 고국을 그리는 마음 등과 더불어 모두 전통적인 시의 제재에 포함되었다. 시인은 시경詩境과 서로 의존하니 '세상을 버리면遺世' 시도 없어지고 만다. 명나라 유민들이 모범으로 받들었던 사고謝翺 역시 문인의 면모에서 벗어나지 못했다.(錢謙益, 「記月泉吟社」, 『牧齋初學集』 권48 참조) 그리고 송·원 교체기에 오 지역에 풍류가 성행했던 것도 명·청 교체기와 비교가 되니, 문인 문화도 여기에 의지하여 한 왕조가 망하고 다른 왕조가

---

[*] 司馬遷, 「報任少卿書」: "文史星曆, 近乎蔔祝之間, 固主上所戲弄, 倡優所蓄."

일어나는 사이에서 연속성을 유지했다.[52]

그러나 앞서 언급한 방이지와 같은 유민의 이야기는 확실히 놀라운 면이 있다. 인생을 개조하여 부귀영화를 헌 신처럼 팽개친 강인함과 굳센 의지에는 누구나 감동할 수밖에 없다. 전겸익은 「명사장군문치묘지명明士張君文峙墓誌銘」에서 이렇게 썼다.

장문치張文峙*는 종산鍾山 남쪽에 살면서 집안에 그림과 도서가 가득했는데, 북방 오랑캐의 명령이 내려오자 붓을 던지고 집을 나서서 두건을 접어 쓰고 옷차림을 흐트러뜨린 채 은거하여 서하산棲霞山과 우화대雨花臺 사이를 오가며 지냈다. 외출할 때는 수레를 타지 않았고 들어와서 살 초가도 없었으며 겨울에는 갖옷이 없고 여름에는 갈포 옷도 없었다.

文峙家鍾山之陽, 圖書滿家, 聞穹廬之令, 擲筆徑出, 墊巾壞服, 往來棲霞, 雨花間. 出無車, 入無廬, 冬無裘, 夏無葛.(『牧齋有學集』 권32, 1164쪽)

귀장은 공재선사筇在禪師**에 대해 이렇게 기록했다.

세족世族 집안에서 태어나 평소 대단히 부유하게 생활했고 수레

---

* 장문치(?~?)는 원래 이름이 가사可仕이고 자가 문사文寺였으나 나중에 이름을 바꾸고 자도 자전紫澱이라고 했다. 숭정 말년에 제자백가와 역사서의 구절을 모아 사언시집四言詩集을 지어 시사를 풍자했는데, 그 제목을 『격경집擊磬集』이라고 했다고 한다.

** 공재선사(?~?)는 안휘 선성 사람으로 청나라에 항거하다가 처형된 심수악沈壽嶽의 아들로서 출가 전의 이름이 심인생沈麟生 또는 심대호沈大瓠이고 자가 용무用無다. 대략 순치 16년(1659) 전후에 출가하여 법호法號가 공재筇在였으며, 소주蘇州 영암사靈巖寺와 소흥紹興 능인사能仁寺 등지에서 지냈다. 서방, 황종희, 전겸익 등과도 친하게 어울렸던 그는 소주 호구산虎丘山의 감로원甘露院에서 입적했다.

나 말을 타고 다니는 모습도 점잖고 멋졌다. 근래에는 손에 두건 하나만 들고 날마다 수십 리를 걸어 다니는데, 비가 오면 맨발로 다녔다.

生於世族, 素豪富, 車騎雍容甚都. 近手擔一襆被, 日徒步數十百里, 雨則跣而行.(「送笻在禪師之餘姚序」, 『歸莊集』 권3, 240쪽)[53]

　　유민의 전기나 행장에서는 "(나라의 변고를) 전후로 완전히 딴 사람이 되었다"라는 식의 화법이 자주 보이는데, 이것이 결코 과장은 아니었던 듯하다. '왕조 교체'라는 엄청난 사건은 확실히 일부 사대부들의 인생을 두 동강 내버렸다. 팽사망은 「이심재유고서李深齋遺稿序」에서 이악림李蕚林(?~?)이 왕조 교체를 전후로 너무 많이 변해 "얼굴을 알아보기" 어려울 정도여서 "거의 다시 태어난 것처럼 예전의 그 사람이 아니었다"라고 했다.* 천취빙陳去病**의 「서동치선생전徐東癡先生傳」에 따르면 서야徐夜***는 일찍이 장정들을 이끌고 도적을 소탕할 때는 "곧장 그 소굴로 쳐들어가 수괴를 붙잡아 처형"했는데, "만년에는 조심스러워져서 마치 아무것도 하지 못하는 것 같았지만, 죽을 때까지 즐겁고 편안하게 술을 마음껏 마셨다."**** 전겸익이 서술한 황보급黃甫及***** 또한 이런 부류의 인물이었다.

---

　* 　원주: "辨識顔色 (…) 殆更出一世, 非復曩日人矣."(『樹廬文鈔』 권6)

　** 　천취빙(1874~1933)은 강소 오강 사람으로 남사南社의 창시자 가운데 한 명이며, 동맹회에 가입하여 쑨원을 따르며 혁명을 선전했다. 동남대학東南大學(지금의 난징대학南京大學) 교수, 장쑤혁명박물관江蘇革命博物館 관장 등을 역임했다. 저작으로 『호가당시초浩歌堂詩鈔』『명말유민록明末遺民錄』『오석지五石脂』 등 다수가 있다.

　*** 　서야(1611~1683)는 산동山東 신성新城 사람으로 원래 이름이 서원선徐元善이고 자가 장공長公이었는데, 나중에 이름을 바꾸고 자를 동치東癡로 했다가 다시 혜암嵇庵으로 바꾸었다. 1642년 청나라 군대에 가족들이 살해당하고 모친도 우물에 몸을 던져 순절한 뒤에 그는 벼슬길을 사절하고 은거했는데, 그가 죽은 후 사촌동생인 어양산인漁洋山人 왕사정王士禎(1634~1711, 자는 자진子眞 또는 이상貽上)이 원고를 모아 『서동치시집徐東癡詩集』을 간행했다.

황보급이 나라를 위해 헌신하겠다고 자청하여 부절符節을 지니고
군사업무를 관장하면서 문서를 작성하고 군령軍令을 내려 군대를
통솔하니, 그가 이르는 곳에서는 도적이 사라지고 요충지에서 명
성을 떨치며 바람과 우레, 비와 우박을 손에 붙잡고 휘둘렀다. 그
러나 하루아침에 자신을 추슬러 일을 사절하고 고향으로 돌아가
은거하여 종적을 숨긴 채 갖옷과 털옷을 입고 지내니 바로 눈앞
에 생생히 있어도 얼굴을 알아볼 수 없었다.

甫及請纓許國, 持符節, 監軍事, 磨盾草檄, 傳簽束伍, 所至弭盜賊,
振要害, 風雷雨雹, 攫拿發作於指掌之中. 一旦束身謝事, 角巾歸里,
削芒逃影, 竄跡氄裘毳衣中, 眉睫栩栩然不可辨識.(「黃甫及六十壽
序」, 『牧齋有學集』권23, 917쪽)[54]

이상에서 거론한 여러 사람은 그들의 '평범함庸'이 바로 그들의 '기
이함奇'이었다고 할 수 있다. 바로 여기에 훌륭한 사대부가 타고나는
정신적 능력이 나타난다.

유민 방식의 '숨기기晦'와 '숨기遁'는 원래 철저히 하기가 쉽지 않은
데(때로는 그렇게 하고 싶지 않기도 한데), 하물며 청대 사람들과 후세 사
람들이 늘 그들의 표상表象 이면에 숨겨진 '속내心跡'를 끝없이 규명하
려 하고 있음에랴! 전조망은 부산에 대해 이렇게 썼다.

**** 원주: "直抵其巢, 禽渠魁殺之 (⋯) 晩年恂恂, 如無一能, 陶然放酒以終其身."(『碑傳集補』권
36)

***** 이 책의 저자는 천인췌陳寅恪의 『유여시별전柳如是別傳』(1062~1063쪽)에서 황보급의 본명
이 황주黃澍라고 고증했다고 부연했다. 그러나 역자가 조사한바, 리성화李聖華에 따르면 황보급
의 본명은 황신黃申이라고 했다. 이에 대해서는 李聖華, 「黃甫及生平事跡考辨: 對陳寅恪 『柳如
是別傳』一則重要考證的補正」, 『北方論叢』, 2005년 제4기(總第192期) 참조.

오직 고염무만이 선생에 대해 여유롭게 세상 밖을 노닐며 스스로 천기天機를 깨달았다고 칭송했는데, 나는 이것이 특히 선생의 만년 행적일 뿐 여전히 그분의 진정한 성정을 밝힌 것은 아니라고 생각한다. 탁이감은 선생이 아마 수시로 적의翟義와 같은 뜻을 품고 계셨을 거라고 했는데, 그야말로 선생을 잘 아는 사람이라 할 수 있다.

惟顧亭林之稱先生, 曰蕭然物外, 自得天機, 予則以爲是特先生晩年之蹤跡, 而尙非其眞性所在. 卓爾堪曰: 靑主蓋時時懷翟義之志者, 可謂知先生者矣.(「陽曲傅先生事略」, 『鮚埼亭集』 권26)

그렇기 때문에 '전혀 다른 사람이 되었고' 인생이 '두 동강 나버렸다'라는 식의 관점은 여전히 피상적이라는 비판에서 자유로울 수 없다. 물론 전조망처럼 '겉表-속裏'의 관계를 따지는 것도 그저 하나의 관점일 따름이다. '유민'은 일종의 과정이다. 사람에 대한 시간의 작용은 설령 명성 높은 유민이라 할지라도 항거하기 어려운 것이다.

직업 선택의 다양성

흥미로운 것은 당시 (유민을 포괄한) 사대부들이 물질적으로 극도로 결핍된 상황에서 보여준 반응과 대책이었다.

사대부들이 생계를 꾸리는 것을 세속에 얽매인 것으로 여기고 "생산에 종사하지 않는不事生産" 것을 고상하다고 여긴 것은 이미 유래가 오래된 일이다. 사대부가 여기에 '종사'하지 않고 아내의 경영과 노동에 의지해 살아가는 것은 이미 오래전부터 인습으로 전해진 가정—사대부 가정—의 분업으로 여겨졌는데, 그와 관련된 기록들에게는 항상 세속의 명예나 이익에 담담한 것은 이상한 일이 아니고 그 사람도 상당히 태연하게 생각했다. 명나라 말엽의 위대한 유학자 유종주는 "생산에 대해 묻지 않았고不問生産" 그의 제자 진확도 아내가 "밤낮으로 노력해서" 논밭과 재산을 사들였지만 "나는 모르는 일"이라고 했다.*55 황종회黃宗會의 「기유서당소장평진후인記劉瑞當所藏平津侯印」에 따르면 유응기劉應期(?~?, 자는 서당瑞當 또는 수당隨當)는 "해마다 자주 굶어서 처자식이 춥고 굶주려 사람 꼴이 아니었는데, 선생은 법서法書와 명화名畫, 옛날의 기이한 기물器物에 장대한 뜻을 두고 「결공소潔供疏」를 지어 뜻을 같이할 사람을 찾았다."** 황종희는 만태萬泰***에 대해 이렇게 기록했다.

> 병세가 위급해지자 (그가) 한숨을 쉬며 말했다.
> '이번 여행에서 수갱석水坑石 몇 조각과 낭자향娘子香 몇 장을 얻었는데 만져 보기도 전에 인연이 끊어졌으니 안타까울 따름이오.'
> (…) 만 리 떨어진 집에서는 자식들이 추위와 굶주림에 시달리고 있는데 선생이 그들에 대해서는 이야기하지 않았으니, 선생의 호기벽好奇癖이 이런 정도까지 이르렀던가!

---

* 원주: "晝夜力作 (…) 吾弗與知也."(「婦王氏傳」『陳確集』, 280쪽)

** 원주: "値歲洊饑, 妻子凍餓無人色, 先生方寓壯志於法書名畫古奇器, 作「潔供疏」以號同人."(『縮齋文集』, 151쪽)

*** 만태萬泰(1598~1657)는 절강 은현(지금의 닝보 인저우) 사람으로 자가 이안履安이고 호가 회암悔庵이다. 숭정 9년(1636) 향시에 급제하여 유종주를 스승으로 모시고 복사復社에 가입했다. 한때 호부주사戶部主事를 역임하기도 했던 그는 명나라가 망하자 유림楡林으로 피신했다가 나중에 고향으로 돌아가 청나라에 항거하는 이들을 도왔다. 만년에는 항주와 소남蘇南, 광주廣州 등을 여행하고 강서 땅에서 죽었다. 주요 저작으로 『속소당집續騷堂集』 『만이안행권萬履安行卷』 『한송재집寒松齋集』 『명주창화집明州唱和集』 『회염시懷剡詩』 등이 있다.

疾革, 喟然曰: 此行得水坑石數片, 娘子香數瓣, 未及把玩, 遽爾緣
絶, 此爲恨事耳 (…) 夫家室萬里, 諸子寒餓, 先生之言不出於彼,
先生之好奇, 乃至是耶.(「萬悔庵先生墓誌銘」, 『黃宗羲全集』 제10책,
289~290쪽)

"가슴 아프구나, 가난이여!"*라고 했듯이, 사대부의 빈곤화는 명·청
교체기에 보편적인 사실이었다. 두준杜濬은 「복왕우일復王于一」에서 이렇
게 썼다.

가난에 대한 걱정이 예전에 비해 어떠냐고 물으셨는데, 아마 제가
예전에는 가난하더라도 밥을 지어 먹지 못한 일은 드물었는데 지
금은 밥을 짓는 일이 드무니, 이게 그 차이입니다.
承問窮愁何如往日, 大約弟往日之窮, 以不擧火爲奇, 近日之窮, 以擧
火爲奇, 此其別也.(『變雅堂遺集』 文集 권8)

팽사망도 「여진소유서與陳少遊書」에서 이렇게 썼다.

역당의 여러 선생도 각기 먹고 살기에 바빠서 사방으로 공부하러
떠났습니다. (…) 위상魏祥**은 명경과로 태학에 들어가 재상의 집
에서 빈객으로 지냈지만 벼슬살이를 좋아하지 않아 가난한 나그
네로 살다보니 돌아올 여비조차 마련하지 못하고 있습니다.
易堂諸子各以饑驅, 遊藝四方 (…) 魏善伯以明經貢入太學, 客宰相

之家, 不樂仕宦, 旅貧至不能治歸擔.(『樹廬文鈔』권2)

위희는 「개당속집서漑堂續集敍」에서 이렇게 썼다.

손지울孫枝蔚은 나이 쉰 살에 양주에서 나그네로 떠돌고 있는데 마치 주인이 입을 열고 난 뒤에 먹기를 기다리는 처첩이나 자녀, 노비 같은 생활을 한 해 가까이 하고 있다. 세상에서 문사를 중시하지 않고 또 농사를 지어 스스로 먹고 살 수도 없으니, 늙은 나이에 불안하게 강호에게 밥을 구걸하고 있는 것이다.
豹人年五十, 浮客揚州, 若妻妾子女奴婢之待主人開口而食者, 且三百指. 世旣不重文士, 又不能力耕田以自養, 長年刺促乞食於江湖.(『魏叔子文集』권9)

대명세는 「종삼설서種杉說序」에서 이렇게 썼다.

나는 단지 공부만 하는 선비라서 오늘에 이르러 먹고 살 길이 끊어졌다. 전답은 죄다 부자에게 돌아가서 농사지을 땅도 없다. 수레를 끌고 장사를 하자니 밑천도 없고 또 그마저 날릴까 염려스럽다. 호피 의자에 앉아 아이들 훈장 노릇이라도 하고 싶지만 지금은 선생 노릇이 너무 천해졌고, 또 수업료만 가지고는 가족을 부양하기에 부족하다.
余惟讀書之士, 至今日而治生之道絶矣, 田則盡歸於富人, 無可耕也. 牽車服賈則無其資, 且有虧折之患. 至于據皐比爲童子師, 則師道在今日賤甚, 而束脩之入仍不足以供俯仰.(『戴名世集』권3, 83쪽)

이 글에서 대명세는 '생계를 꾸리려는 선비'에게 나무를 심으라고 권했는데, 확실히 '먹고 사는' 문제의 절박성을 짐작할 만하다. 황종희도 글에서 여러 차례 세속에 얽매어 있는 것, 다시 말해서 본인의 생존이라는 무거운 짐 아래 고생하는 상황을 호소하면서(「吾悔集題辭」,『黃宗羲全集』제10책 참조), 경제적 궁핍으로 인해 사대부의 의기가 꺾이게 될까 염려했다.(같은 책,「黃復仲墓表」참조) 또한「왕씨삼자시서汪氏三子詩序」에서 그는 사대부의 운명이 순탄하지 못함을 한탄하면서 가정, 융경이래로 "일단 사대부가 되면 돈에 대해 이야기하지 않고 더욱이 자잘하고 번잡한 세속의 일을 하지 않은"* 것을 무척 부러워했다. 물론 관점을 바꿔서 보면 바로 '상란'으로 인해 사대부의 삶이 '세속화'되었다고 할 수도 있다. 그 괴로움과 속됨은 확실히 절실한 인간 세상의 맛이었을 터이다.

유민이 힘겹게 절조를 지키며 기본적인 생존의 수요조차 억제한 것은 당연히 생계를 도모하는 것이 도道를 추구하는 데 방해가 된다는 전통적인 편견 때문이기도 하지만 본인의 능력 부족 때문인 경우도 없지는 않았다. 앞서 언급했던 이확李確은 가난과 굶주림에 시달릴 때 이렇게 말했다.

> 나는 원래 은거할 생각이었으나 밀랍 바른 나막신도 만들지 못하고 작은 뗏목을 타고 세상을 피하지도 못해서 지금에 이르렀는데, 후회해도 늦었고 그저 죽을 날만 기다릴 따름이다.
> 吾本爲長往之謀, 顧蠟屐屢未能, 乘桴又未能, 至於今日, 悔之無及, 待死而已.(『鮚埼亭集』권13,「蜃園先生神道表」)

---

* 원주: "一名爲士, 口不言錢, 更無米鹽俗事."(『黃宗羲全集』제10책, 37쪽)

이확은 극단적인 결벽증이 있어서 굶어 죽을지언정 (다른 유민을 포함한) 타인이 도와주는 것을 받지 않은 부류의 인물이었다. 위희가 뜻을 같이 하는 사람들과 함께 도와주려 하자 서방徐枋은 오히려 이렇게 말했다.

> 그대의 뜻은 좋지만 이 선생은 아마 남이 주는 것은 받아먹지 않을 겁니다. 군자는 다른 이의 덕을 사랑하지만 그대의 힘이 미치지 못하는 바이니, 그 분이 아사餓死하시도록 내버려두어도 됩니다.
> 君意良厚, 恐李先生不食他食. 君子愛人以德, 君力所不及, 聽其餓死可也.(『魏叔子文集』권6「與周靑士書」)

이확도 확실히 가난 속에서 굶어 죽었다. 손기봉은 「팽아부묘석彭餓夫墓石」을 쓴 적이 있는데 팽요범彭了凡(?~?) 또한 "지식도 적고 재주나 기술도 부족하여 스스로 먹고살 수 없는 사대부로서 결국 굶주림을 감내한"* 사람에 속했다. 이런 유민들의 비극은 사대부 문화의 전통으로 그 기원을 거슬러 올라갈 수 있다. 이확과 팽요범, 이들 두 '굶주린 이餓夫'들은 사대부 스스로의 역사가 만들어낸 어떤 부정적인 결과를 떠안았던 것이다.

이 존망의 갈림길에서 명나라의 위대한 유학자 진헌장陳獻章과 오여필吳與弼, 그리고 원나라 때의 유학자 허형許衡이 남긴 생계와 관련된 기록과 논의[56]는 때맞춰 사대부들의 화제가 되었다. 유종주의 판단은 여전히 일관되게 명쾌하다.

---

* 원주: "少知識乏才技, 以衣冠子貧窶不能自養, 遂甘心一餓."(『夏峯先生集』권7)

오여필은 한밤중에 가난에 대한 대책을 생각하여 한낮이 되어서
야 끝냈다. 이런 계책이란 바로 장사를 생각하는 것이다. 그러므
로 생계에 대한 허형의 말도 병폐이다. 그저 굶어 죽는 것만 면하
는 데 무슨 계책 같은 것이 필요하겠는가?

吳康齋夜半思貧處之策, 至日中始決. 如此計較, 便是貨殖. 故魯齋
治生之言, 亦病. 如拼一餓死, 更有甚計較.(『明儒學案』 권62, 1595쪽)

그 이전에 왕수인王守仁은 "유학자가 생계를 도모하는 것을 우선시해
야 한다는 허형의 말은 역시 다른 사람을 그르치는 것"*이라고 지적한
바 있다. 한때 논자들은 대부분 '안빈낙도安貧樂道'와 같은 상투적인 말
을 반복하고 있었으니, 왕부지처럼 식견이 통달한 사람도 예외가 될 수
없었다.

어쩔 수 없어서 생계를 도모해야 할 때 사람들은 오로지 근면하
고 검소해야 한다고 한다. 검소한 것은 그래도 괜찮지만 근면한
것은 나도 모른다. (…) 새벽에 일어나 열심히 이득을 위해 노력하
며 온 마음과 기력을 기울여 한 길을 달리다 보면 사람의 도리를
잊게 된다.

不得己而爲資生之計, 言者曰惟勤惟儉. 儉尙矣, 勤則吾不知也 (…)
鷄鳴而起, 孶孶爲利, 專心幷氣以趨一途, 人理亡矣.(「時解」, 『船山全
書』 제12책, 495쪽)

명 유민이나 청대 사람이 쓴 관련 전기나 행장들도 유사한 가치관

---

* 원주: "許魯齋謂儒者以治生爲先之說, 亦誤人."(『明儒學案』 권10, 204쪽)

을 나타낸다. 유소반劉紹攽은 부산에 대해 이렇게 썼다.

> 방 안에 앉아 좌우에 도서를 두고 그 가운데서 노닐며 평생 나오
> 지 않았고 생산에도 종사하지 않았다. 집안이 원래 넉넉했는데 이
> 때문에 가세가 기울고 말았다. 사방의 현량한 사대부들이 찾아와
> 간혹 돈을 건네면 발끈 화를 내면서 극력 사절했다. 초라한 밥조
> 차 제대로 먹지 못했지만 느긋하게 휘파람 불며 시를 읊었다.
> 坐一室, 左右圖書, 徜徉其中, 終年不出, 亦不事生産. 家素饒, 以此
> 中落. 四方賢士大夫足相錯於其門, 或遺之錢, 則怫然怒, 必力絶之.
> 雖疏水不繼, 而嘯詠自如.(「傅先生山傳」, 『碑傳集』 권125)

『소전기전小腆紀傳』에서는 이와 달리 부산이 "세상사와 단절했지만
집안에 예로부터 전해오는 비방祕方이 있어서 그것을 밑천으로 스스로
생계를 꾸렸다"*라고 기록하고 있다. 사대부가 집안일과 생산에 종사
하지 않은 것은 원래 '결벽'에서 비롯되었지만 유민이 가난과 기아에
시달리면서 보이는 지나친 행동을 감상하는 것도 어느 정도는 구경꾼
취미와 관련이 있으며, 사회 심리의 기형성과 병적 특성을 드러낸다. 그
러나 세속의 일에서 벗어나는 것도 확실히 사대부가 평범함에서 벗어
나는 조건 가운데 하나였다. 도학에는 "도는 평범하고 쉽다.道平易"라는
명제가 있지만 사대부들은 통상적으로 '중용을 지키지 않음'을 통해
남들이 자신의 진면목을 알아보게 만들곤 했다.
　명·청 교체기의 비교적 활발했던 사상 분위기에서 사대부들이 이
화제를 논할 때는 사고방식이 서로 달랐다. 유종주 문하의 진확은 스

---

* 　원주: "旣絶世事, 而家傳故有禁方, 乃資以自活."(권53, 576쪽)

승의 이야기에 무작정 동의하지는 않았으니, 그의 「학자이치생위본론學者以治生爲本論」은 "학자는 생계를 도모하는 것을 가장 우선시해야" 한다는 허형의 주장에 대한 적극적인 호응이었다. 이 글에서는 '나라를 만족시키는 것足國'과 '자기를 만족시키는 것足己'을 대립시켜서는 안 된다고 하면서 "생계를 도모하는 것이 공부보다 더 절실하다"*라고 했다. 그는 유학자들이 늘 이야기하는 '안빈安貧'에 대해 더욱 절묘하게 해석하여 "학자가 생계를 도모하는 것 또한 가난에도 평안하기 위한 것일 따름"**이라고 하고, "남에게 바라지 않고 자신의 지위를 원망하고 탓하지 않으면 가난 역시 잊으려 하지 않아도 저절로 잊게 될 것이니, 이것이 진정 가난을 잊을 수 있는 것"***이라고 했다.[57] 일찍이 명나라가 망하기 전에 장이상은 "숭정 13년(1640) 강남에 큰 기근이 들어서 사람들이 서로 잡아먹고 항주杭州의 제생諸生들이 나이가 많고 적음에 상관없이 하룻저녁에 스스로 목을 맨" 일로 인해 "조정에서 인재를 구한다는 공언만 하니 사대부들이 공부하러 학교에 들어갔지만, 요란하게 떠들기만 할 뿐 밖으로 가족을 부양할 수 있는 항상 변함없는 직업이 없는" 상황을 무척 가슴 아파했다.**** 이에 그는 다음과 같이 개탄했다.

아! 가난한 선비가 논밭도 없고 벼슬이 없어 봉록도 받지 못하는데 다시 생계에 대해 말하는 것을 꺼리면서 그것을 도를 이루려

---

* 원주: "治生尤切於讀書."(『陳確集』, 158쪽)

** 원주: "學者之爲生計, 亦安貧而已矣."(「瞽言二·生計」『陳確集』, 437~438쪽)

*** 원주: "到得不求人, 不怨尤地位, 則貧亦不期忘而自忘矣, 斯眞能忘貧者矣."(「瞽言二·井田」, 같은 책, 438쪽)

**** 원주: "崇禎庚辰, 江南大饑, 人相食, 杭州諸生一夕無大小自經死 (…) 朝廷空言取人, 衣冠之子受書遊庠序, 呫嗶而外無恒業以資俯仰."(「狷士記」『楊園先生全集』 권17)

도모하는 것이라고 여기는 이는 반드시 지렁이가 된 뒤에야 자잘한 절조를 충족할 수 있을 것이다. 그렇지 않으면 틀림없이 승려들이 탁발托鉢하는 것을 의롭다고 여기고 좌선하여 도를 닦을 것이니 이 또한 말단 풍속의 잘못된 기풍을 따르면서도 습관이 되어 사실을 살피지 못하는 것이다.

噫, 貧士無田, 不仕無祿, 復欲諱言治生, 以爲謀道, 是必蚓而後充其操者也, 否則必以和尙之托鉢爲義, 坐關爲修道也, 亦可謂踵末俗之敝風, 習而不察者矣.(「備忘·1」,『楊園先生全集』권39)[58]

역당易堂의 위례魏禮는 더욱 통달한 식견을 지니고 있었다.

맹자孟子는 항상 변함없는 산업이 있는 이는 항상 변함없는 마음을 갖고 있다고 했는데, 항상 변함없는 산업이 없으면서도 항상 변함없는 마음을 가질 수 있는 것은 오직 선비만이 가능하다. 그러므로 선비는 일관되게 항상 변함없을 따름이다. 비록 그렇다고는 하지만 선비도 반드시 항상 변함없는 산업이 없을 필요가 어디 있는가! (…) 그러므로 예로부터 춥고 굶주린 현자는 있었지만 춥고 굶주린 성인은 없었다.

子興氏曰: 有恒産者有恒心, 無恒産者而有恒心, 惟士爲能. 故士者, 一其恒而已. 雖然, 士亦何必無恒産也 (…) 故自古有饑凍之賢者, 而無饑凍之聖人.(「邱氏分關序」,『魏季子文集』권7)

그는 "창고가 차 있어야 예절을 알고 입고 먹을 것이 풍족해야 영욕을 안다倉廩實而知禮節, 衣食足而知榮辱"라는 관자管子의 말이 '항상 변함없는 감정恒情'이라면서, "성인도 그 항상 변함없음에 힘썼을 따름이다.

이로 보건대 선비가 항상 변함없는 산업을 가지는 것도 그의 행운이다"*라고 말했다. 손기봉이 '가난에 처함處貧'을 언급한 것은 비록 도덕화시켰다는 단점에서는 벗어나지 못했지만 재물을 다루는 것을 이야기한 것이 결코 세상 물정을 모르는 진부한 생각은 아니었다.

> 『대학』에서 천하를 평정한다고 한 것은 실제로 사람을 써서 재물을 다루는 것이다. 즉 재물을 다루는 것은 또한 집에서 자급하고 사람들이 자족하게 만드는 것이며, 그것을 합치면 풍요롭고 안락한 상황이 만들어지는 것이다. 그런데 유학자와 속된 사대부들이 재물을 다루는 일을 모른 채 재물을 다룬다는 말을 꺼리기 때문에 민생이 날로 어려워지고 국가가 오랫동안 빈곤한 것이다.
> 大學平天下, 而其實際在用人以理財. 則財之理也, 亦唯使家自爲給, 人自爲足, 合之而成豐亨豫大. 自儒生俗士不知理財之務, 而諱言理財之名, 民生所以日促, 而國家所以長貧也.(「題貨殖傳後」, 『夏峯先生集』 권9)

안원顏元은 '도를 도모하는 것謀道'과 '밥을 도모하는 것謀食'에 대해 이야기했는데, 그 견해는 더욱 진부함과 거리가 멀다.

> 세상에 씨를 뿌리고도 수확을 도모하지 않는 이가 있는가? 그물을 지고 낚싯대를 들고 있으면서 물고기를 얻으려고 도모하지 않는 이가 있는가? (…) 송나라 때의 유학자들이 이 점에서 잘못을

저질러 후세 사람들은 생계를 도모하지 않게 되었는데, 이는 후
세 유학자들이 추구하는 도가 전혀 공자 문하의 도가 아님을 모
르는 처사다. 공자 문하의 육예六藝는 벼슬길에 나아가서는 봉록
을 얻을 수 있고, 물러나서는 밥벌이를 할 수 있게 한다. (…) 송나
라 유학자들의 학문이 밥을 도모하지 않았다면 굶지 않을 수 있
겠는가?

世有耕種, 而不謀收獲者乎. 有荷網持鉤, 而不計得魚者乎 (…) 宋儒
正從此誤, 後人遂不謀生, 不知後儒之道全非孔門之道. 孔門六藝,
進可以獲祿, 退可以食力 (…) 若宋儒之學不謀食, 能無饑乎.(『顔習齋
先生言行錄』「敎及門」,『顔元集』, 671쪽)

명·청 교체기의 문헌을 읽어보면 바로 '생계 도모'라는 지극히 현실
적인 과제가 유학자들이 지닌 사상의 은밀하고 미묘한 부분을 뒤흔들
었다는 것을 어렵지 않게 감지할 수 있다. 그리고 사대부의 역사 전체
와 기왕의 사상 자원이 모두 이 특정한 시각에서 수행한 선택에 관여
했다. 이러한 선택은 형이하학적일 수밖에 없어서 사대부들의 논의가
'산업業'이라는 화제에 부딪히면 갑자기 상당히 집중하는 모습이 두드
러진다. 앞서서 이미 언급했듯이 사대부에게 생계를 도모하는 수단이
결핍된 것은 사대부의 역사에 따른 결과였다. 구체적인 '생계 수단'이
라는 문제에 직면했을 때 사대부들은 벼슬살이와 밭일力田, 훈장 노릇
處館, 막료幕僚로 들어가는 것 정도가 그들의 기본적인 생존을 지탱하
는 구성 요소들이라는 사실을 어렵지 않게 발견할 수 있었다. 여기서
음미할 만한 것은 당시 생계와 관련된 사대부들의 갖가지 사고방식과
그들이 직업에 대해 평가할 때 배후에 놓여 있는 사상의 논리다.
　선택할 수 있는 각종 '산업'들 가운데 '농사'는 가장 이론異論이 적

은 항목이었는데, 이것은 당연히 "농사와 학문을 집안 대대로 물려주는耕讀傳家" 오래된 전통에서 그 이유를 찾을 수 있다. 이옹李顒은 이렇게 말했다.

> 세상의 도덕과 사람의 마음에 뜻을 두고 또 몸소 농사를 지어 욕심 없이 스스로 만족하며 바깥에 바라는 바가 없다면 최상이다. 세상의 도덕과 사람의 마음에 뜻을 두지만 농사에는 신경 쓰지 않는 것은 그다음이다. 만약 세상의 도덕과 사람의 마음에 뜻을 두지도 않고 농사도 짓지 않는다면 이런 사람은 대체 어떤 사람인가! 다른 일로 분주하기보다는 차라리 농사를 지어 무엇이라도 얻는 게 더 낫지 않겠는가?
> 志在世道人心, 又能躬親稼圃, 囂囂自得, 不願乎外, 上也. 志在世道人心, 而稼圃不以關懷, 次也. 若志不在世道人心, 又不從事稼圃, 此其人爲何如人. 與其奔走他營, 何若取給稼圃之爲得耶.(『四書反身錄』「論語下」, 『二曲集』 권38)[59]

재미있는 것은 가장 논쟁이 적었던 이 화제에서도 여전히 논쟁이 있었다는 사실이다. 왕부지는 "농사와 조악한 음식에 세월과 정력을 낭비하는 것"*은 '비천한鄙' 일이라고 했는데, 이것은 그가 한나라 때 '효제력전孝弟力田'을 장려한 일을 비판했던 것과 논리적 일관성을 보여준다.(이 책 제1권 2장 3절 참조) 왕부지의 반대 논의는 원시유학에 대한 이해와 해석—예를 들어 『논어』에 기록된 공자의 '농사農'와 '들일圃'에 대한 말—에까지 미쳤지만, 애석하게도 그가 외딴 산중에 살았

---

* 원주: "銷磨歲月精力於農圃簞豆之中."(「俟解」『船山全書』 제12책, 484쪽)

기 때문에 그의 사고방식이 동시대 다른 논자들의 주목을 끌 수 없었다. '농사'에 대한 토론은 여기에 그치지 않는다. 장이상은 '농사耕-공부讀'의 관계는 "유학자의 소질素質과 가풍家風을 타락시키지" 않는 것을 조건으로 해야 한다고 했으니, 이에 따르면 '농사'는 생계를 도모하는 수단일 뿐만 아니라 사대부가 자기 경계를 정할 때는 반드시 '공부'를 바탕으로 해야 한다는 것이다.(이 책 제1권 2장 3절 미주 71 참조) 진확도 '학문으로 농사짓기以學爲稼'와 '농사로 학문하기以稼爲學'를 나누어 분석한 바 있는데, 그가 보기에 '농사와 어업, 목축, 장사耕漁牧販'는 여전히 생계를 도모하는 것 이외의 의미에 따라 목표—즉 도道와 학學—를 지향해야 그 가치를 따져서 정할 수 있다.(『陳確集』「蔡養吾二子名字說」 참조)

비교적 논쟁이 적었던 또 다른 직업 선택은 '훈장 노릇處館'이었다. 이 책에서 논의하고 있는 이 시기에 이르면 훈장 노릇은 이미 사대부의 전통적인 직업이 되어 있었다. 그러나 훈장 노릇으로 생계를 유지한 장이상은 이것을 직업으로 하는 데 대한 굴욕감을 아주 감칠맛 나게 표현했다. 「처관설處館說」에서 그는 "오늘날 사람들의 계책이 아주 뛰어나서 훈장 초빙장關書을 계약서券契 따위와 똑같이 취급한다"*라고 하며 무척 수치스럽게 여겼다. 또 「답요림우答姚林友」에서도 이렇게 썼다.

> 제가 근래에 훈장 노릇하는 것을 실제로 살펴보니 정말 무례하고 모욕적인 밥을 존장尊長이 어린애 대하듯이 멸시하면서 줍니다. (…) 제가 스스로 이 일을 품팔이꾼에 비유하는 것은 주인이 똥을 짊어지라고 해도 어쩔 수 없이 해야 하기 때문이고, 또 대문을 지

---

* 원주: "今人計較多寡, 及關書等於券契之類."(『楊園先生全集』 권18)

키는 거지에 비유하는 것은 그에게 술과 음식을 주면 또한 기꺼이
받기 때문입니다.

弟近年以來實見處館一節, 眞如嘷蹴之食, 與爾汝之受 (…) 弟所以
自比此事於傭作之人, 主人使其挑糞, 則亦不得已而爲之, 又自比于
守門之丐, 與之酒食, 則亦欣然受之.(『楊園先生全集』 권18)

　그가 훈장 노릇을 '품팔이꾼'이나 '손님으로 지내며 밥을 얻어먹는
것旅食', '밥벌이를 찾아 밖으로 나가는 것就食'이라고 간주하는 것도
바로 이런 의미인데, 그래서 그는 "나는 그저 밭일을 해서 밥벌이를 대
신할 수 있다면 가족을 봉양하는 데 부끄럽지 않을 것"*이라고 했다.
여기서 주목할 만한 것은 훈장 노릇이라는 구체적인 직업에 대한 평가
보다 '고용관계'와 '계약 방식'—즉 '계약서券契'—에 대한 반응이다.
이 지점에서 밭일은 존엄을 보전하기 위한 선택이다. 사대부의 '전통
관념' 외에, 당시의 특정한 역사적 상황 속에서 사대부의 빈곤화가 물
질과 정신(즉, 존엄)이라는 이중적인 박탈로 체험되었다는 사실도 응당
고려되어야 할 듯하다.
　'막객幕客'도 나름대로 괜찮은 선택이 될 수 있었다. 역당易堂의 '삼
위三魏'는 이 전통적인 역할에 대해 비교적 높이 평가했다. 여유량은
'벼슬살이作宦'와 '훈장 노릇', '훈장 노릇'과 '막료생활幕館'을 비교하
면서 이렇게 썼다.

　이것은 의리義理를 강구할 필요가 없다. 그저 이해利害를 따진다
　면 위태로운 벼슬살이는 당연히 편안한 훈장 노릇보다 못하다. 벼

---

* 원주: "吾人惟有力田代食, 可以俯仰無怍."(「答許欲爾」『楊園先生全集』 권7)

슬살이의 경력은 꼭 이어지는 것이 아니니 당연히 훈장의 경력이
오래 지속되고 안정적인 것보다 못하다. 다만 막료 생활은 절대
해서는 안 된다. 훈장 노릇을 하면 그래도 자신의 옛 모습을 잃지
않지만, 일단 막료가 되면 바로 근본과 단절되어버린다.
此不必講義理, 只與論利害, 則作宦之危, 自不如處館之安, 宦資之
不可必, 自不如館資之久而穩也. 惟幕館則必不可爲, 書館猶不失故
吾, 一爲幕師, 卽於本根斷絶.(「與董方白書」, 『呂晩村先生文集』 권4)

왕부지가 막료와 책사策士를 혐오했던 것은 다른 사고방식에 따른
결론이기 때문에 이미 직업 평가의 범위에 포함되지 않는다.
당시 사대부들이 생계를 꾸리는 방법으로는 또한 매문과 의술, 점복,
풍수相地 또는 지사地師 등이 있었다. 매문은 전통적인 문인의 생계 수
단이었다. 위희는 「답시우산시독서答施遇山侍讀書」에서 자신이 "여러 해
동안 연이어 객지 생활을 하면서 글을 팔아 농사를 대신했는데, 갑자
기 요청에 따라 글을 쓰다 보니 마음과는 다른 것이 많았다"*라고 했
다. 풍수를 보는 것은 더욱 하급의 일이었다. 팽사망은 「여이매공소사
마서與李梅公少司馬書」에서 자신이 밭일하고 훈장 노릇을 하는 것 외에
"다시 청낭靑囊을 어깨에 지고 풍수 보는 일을 하며 강남에서 걸식했
다"**라고 썼다. 진확도 「모욕해侮辱解」에서 이렇게 썼다.

가장 좋은 것은 몸소 농사를 짓는 것이고 그다음은 점복을 파는
것이다. 이것들은 천하다고 할 수 없으니, 하물며 욕되다고 할 수

---

* 원주: "頻年客外, 賣文以爲耕耘, 求取猝應之文, 動多違心."(『魏叔子文集』 권6)
** 원주: "更肩靑囊治相地之術, 乞食江左."(『樹廬文鈔』 권4)

있겠는가!

太上躬耕, 其次賣蔔, 未可謂賤, 矧可謂辱.(『陳確集』, 357쪽)

결국 당시에 몸소 농사짓고 점복을 파는 일을 '욕되다'고 생각하는
이들이 대단히 많았음을 알 수 있다. '의술'이라는 직업에 대한 평가에
서 그 사고방식의 복잡함은 이미 오늘날 우리가 상상할 수 있는 정도
가 아니었다. 장이상은 다음과 같은 정장년程長年의 말을 기록했다.

의술을 알아야 하는 것이지만 시행해서는 안 된다. 의술을 시행하
면 이익과 가까워져서 점차 세속의 법에 익숙해지므로 인품과 심
성이 드디어 망가진다.

醫不可不知, 但不可行, 行醫卽近利, 漸熟世法, 人品心術遂壞.(『言
行見聞錄·二』『楊園先生全集』 권32)

황종희의 「고단중묘지명高旦中墓誌銘」(『黃宗羲全集』 제10책)에 따르면
의술을 행하는 이들은 "품류가 나뉘고流品分途" "의약과 관련된 기술
은 지저분하다方伎醒醴." 여유량은 의술을 행하는 벗에게 "이것은 매몰
되기 아주 쉬운 분야라서 많은 인재를 망쳤다"*라고 상당히 심각하게
충고했다. 이상과 같은 생계 수단에 대한 평가는 '효율적이고 유익한'
척도를 바탕으로 한 것이 아니라 도덕적 척도를 적용한 것이었다. 진확
은 자신의 벗에게 "의술은 농사보다 못하다"**라고 했는데, 이른바 '못
한' 이유라는 것이 모두 이와 같았다. 그러나 사대부들도 확실히 자신

---

* 원주: "此中最能溺埋, 壞卻人才不少."(『與高旦中書』『呂晩村先生文集』 권2)
** 원주: "醫不如農."(『陳確集』, 339쪽)

들만의 편견 속에서 세상인심에 대해 세밀하게 체험하고 고찰했음을
보여주었다.

거의 토론의 여지가 없고, 그렇기 때문에 종종 논의되지 않았던 직
업은 장사商賈였다. 굴대균은 이렇게 썼다.

나는 생계를 꾸리는 방법에 대해 아는 게 없고 하나하나 시행할
수도 없으니, 집에 밑천이 될 만한 재산도 없고 천성적으로 이익
에 담담하기를 좋아하여 종일 막연하게 하는 일이 없었다. 괜찮은
이익을 볼 만한 일이 눈앞에 있더라도 마치 더러운 것에 물들게
하는 것이 있는 것처럼 취급했다. 그러므로 물건貨物을 갖고 와서
이야기하는 이가 있으면 모두 웃으며 사절했다. (…) 오로지 농사
를 지어 본업에 힘쓰면 아마도 내 운명을 아는 데 가깝지 않을까
싶다.

予於治生之道, 靡所不知, 而不能一一見諸施設, 則以家無資財, 而
性好恬淡, 終日漠然無所營. 美利在前, 視之如有所染. 故凡有以貨
物來言者, 皆一笑謝之 (…) 惟爲農而務本業, 庶幾乎吾之知命云
爾.(「場記」, 『翁山佚文輯』 卷上)

여기서 '물건貨物' 운운한 것은 의심할 바 없이 장사하는 것을 가리
킨다.[60] 장이상이 '무역貿易'을 '마음의 재해心害'라고 했고(「答六孝垂」,
『楊園先生全集』 권6), 부산이 '대출을 구걸하는勾貸' 일에 대해 이야기한
것은 모두 충분한 결벽증의 표현인데 그는 그저 그것 때문에 명예가
손상되지 않을까 염려할 뿐이었다.(「雜記一」, 『霜紅龕集』 권36) 서방徐枋은
어쩔 수 없이 그림을 팔아야 했지만 '명예가 손상되는 것浼'을 피하기
위해 (그리고 세속과 접촉하는 것을 피하기 위해) 결국 원시적인 교역 방식

을 택했다.

 파는 사람은 누구인지 따지지 않고 사는 사람은 파는 이의 얼굴
 을 보려 하지 않는다. 마치 평생 대 껍질을 벗겨서 다듬어서 신을
 엮어 길가에 두면, 필요한 사람은 그 값어치에 따라 적당한 물건
 을 역시 길가에 두고 떠나는 것과 같다.
 賣者不問其人, 買者不謀其面. 若百年采箬, 桃椎織屨, 置之道頭,
 需者隨其所値, 亦置道頭而去.(「答友人書」, 『居易堂集』 권2)

 참으로 고심했다고 하지 않을 수 없다. 이와 비슷하게 풍자적인 의
미가 담긴 사례는 바로 여유량이 가난한 친구 대문에 「매예문賣藝文」을
써서 "기예를 팔기로賣藝", 즉 글이나 그림, 전각篆刻, 서예 따위를 팔기
로 약속했는데 뜻밖에 가난한 사대부들이 다투어 달려들어 도움을 청
했고, 심지어 "어떤 장인은 추천서를 들고 만나러 왔다有工挾薦牘請見."
이에 여유량은 다시 「반매예문反賣藝文」을 써서 '장사꾼貨殖'이라고 불
리는 것을 거부하고 이렇게 주장했다.

 기예란 원래 팔 수 없는 것이며 팔 수 있는 것은 기예가 아니다.
 (…) 또한 나는 차라리 남의 노비가 되어 저자에서 똥을 지고 답
 가踏歌를 부르며 노동하는 천한 일꾼의 대열에 끼는 게 낫다고 생
 각한다.
 藝固不可賣, 可賣者非藝 (…) 且吾寧與人奴市乞擔糞踏歌操作之賤
 工伍耳.(「反賣藝文」, 『呂晚村先生文集』 권8)

 사대부는 밥은 제대로 먹지 못한다 할지라도 결코 장사에 종사할

수는 없었다. 근대 사대부가 탄생하기 전, 근대 직업 관념이 나타나기 전 사대부의 생존에 내재된 희극성이 바로 여기에서 나타난다. 여유량이 '기예를 팔겠다'라는 내용의 글을 쓴 것을 스스로 후회한 것은 자신의 가치를 스스로 깎아내리고 신분의 구분을 혼란스럽게 뒤섞어버릴지도 모른다는 두려움 때문이었다. 이를 통해서 간난의 시대에 처한 사대부들이 생계의 문제에서 부딪혔을 곤혹을 짐작할 수 있다.[61]

왕부지는 「전가14계傳家十四戒」를 지었는데, 그 가운데 생계의 수단에 대해서는 이렇게 썼다.

> 사대부로 살 수 있으면 그렇게 하고, 그다음은 의생醫生이 되고, 또 그다음은 농사꾼과 장인, 상인이 되는 것인데 각자 능력과 때에 맞춰야 한다.
> 能士者士, 其次醫, 次則農工商賈, 各惟其力與其時.(『船山全書』 제15책, 923쪽)

이는 비교적 통달한 이야기 같지만, 이 또한 직업의 등급과 관련된 서열을 제시한 것이라고도 할 수 있다. '서열'은 당연히 사람에 따라 달라서 각자가 제시하는 직업을 그 가치 좌표상의 각도에 따라 제시할 수 있었다. 구체적인 직업 선택에 대해 이야기할 때 장이상은 생계 도모의 필요성을 이야기할 때의 통달한 견해와는 대단히 다른 모습을 보여주었다. 그는 생계는 당연히 도모해야 하지만 "직업을 택할 때는 신중해야 하며, 농사와 공부라는 두 가지 외에는 할 수 있는 것이 하나도 없다. 장사는 이익을 챙기는 데 가까워서 마음 씀씀이를 망치기 쉽다. 수공업 기예는 남에게 부림을 당하는 천박함에 가깝다. 의술이나 점복 같은 것들은 또 수공업이나 장사보다 한 등급 낮다. 이보다 아래의 일들은 더욱 천해서 더 이야기할 만한 것도 없다"*라고 했다. 생계에 대한 논의에서 현명하고 통달한 식견을 보여주었던 진확도 "우리는 책을 읽고 도에 대해 논하는 것 외에는 단지 농사일에나 힘쓸 수 있을 뿐이며, 반드시 어쩔 수 없는 상황이라면 의술을 행하거나 점을 치고, 별점을 보더라도 하책下策이라고는 할 수 없다"**고 했다. 오히려 이옹이 『논어』에서 '소도小道'라고 한 것에 대해 특별한 해석을 내놓았지만, 그가 나열한 것들도 여전히 일종의 등급에 따른 서열이었고, 글씨나 그림을 비롯한 각종 기예를 파는 것은 "할 만하지 않은不足爲" 일이라고 했다.62 논자들은 각기 빼기와 배제하기 등의 방법을 써서 저마다 '해서는 안 되고' '할 만하지 않은' 이유를 제시했다. 여기에서 우리는 도덕의 취약성을 쉽게 감지할 수 있다. 유학자는 자신의 품격 저하와 자아 상실에 대해 깊이 우려하고 두려워했는데, 그의 인생에서는 선택이 어렵고 살아갈 길은 좁았다. 앞서 언급한 여러 사람 가운데 이옹은 시종일관 생계에 집착하지 않은 듯한데, 그 제자의 「역년기략歷年紀略」에 따르면 그는 "곤경에 처할 때마다 백이와 숙제가 굶어 죽은 일을 읊으며 '지사志士는 죽어서 시신이 도랑에 구르는 법'이라는 말로 스스로 위로"***했다고 한다.63

직업의 등급과 관련된 유학자들의 관념은 원래 도덕론을 근거로 했다. 이른바 "도리에 맞게 구해야求之有道" 한다는 것은 유학자들이 늘 입버릇처럼 하던 말이었다. '밥食을 도모하는 것'과 '도道를 도모하는

---

* 원주: "然擇術不可不愼, 除耕讀二事, 無一可爲者. 商賈近利, 易壞心術. 工技役於人, 近賤. 醫蔔之類, 又下工商一等. 下此益賤, 更無可言者矣."(『訓子語上』 「祖宗傳貽積善二字」 『楊園先生全集』 권47)

** 원주: "吾輩自讀書談道而外, 僅可宣力農畝. 必不得已, 醫蔔星相, 猶不失爲下策."(「與同社書」, 『陳確集』, 483쪽)

*** 원주: "每値阨困, 則誦伯夷叔齊餓死, 幷志士在溝壑以自振."

것'을 대립적으로 봄으로써 '인륜人倫과 일용日用'에 관심이 있다고 주장하는 유학자들은 종종 형이하학적인 '생계 문제'를 의리義理와 도덕과 관련된 공허한 담론으로 만듦으로써 '생존'이라는 과제를 추상화해버렸다. 청초의 안원顔元은 "마땅히 해야 할 것을 바르게 하되 이익을 도모하지 않고, 도를 밝히되 공을 세우려 하지 않는다正其誼不謀其利, 明其道不計其功"라는 기존 학설을 격렬히 비판하면서 사대부가 생계를 꾸려갈 '산업業'이 없는 것에 대해 대단히 못마땅하게 생각했다.

> 요즘 세상의 유학자들은 농사를 겸하지 않으면 반드시 풍수를 보거나 의술을 행하거나 점을 친다. 그러지 않으면 생계를 꾸릴 수 없기 때문이다. 한나라와 송나라 때의 유학자들이 경전의 장구에 매달려 사람을 망치고 다시 첩괄帖括*로 인재를 선발하니 우리 유학자들은 도리와 산업, 기술이 모두 없어졌다. (…) 후세의 유학자들은 산업도 없으면서 거창하게 도덕을 이야기하고 소도小道는 천하게 여겨 하지 않으니 그야말로 승려나 도사가 생업에 신경 쓰지 않는 것처럼 변해버렸다.
> 今世之儒, 非兼農圃, 則必風鑑醫蔔, 否則無以爲生. 蓋由漢宋儒誤人於章句, 復苦於帖括取士, 而吾儒之道之業之術盡亡矣 (…) 後儒旣無其業, 而有大言道德, 鄙小道不爲, 眞如僧道之不務生理者矣.(『顔習齋先生言行錄』「學問」, 『顔元集』, 695쪽)

전통사회에서는 직업 관념이 발달하지 않았지만 편견으로 충만해

---

* 당나라 때에는 경전의 구절 가운데 일부를 떼어 제시하면서 수험생에게 짝을 맞춰 답하게 하는 '첩경帖經'의 방식을 썼다. 나중에 수험생들은 아예 경서의 문장 전체를 노래로 엮어 외우기 쉽고 응대하기 쉽게 했으니, 이것을 '첩괄帖括'이라고 한다.

있어서 기술적 성격의 지식과 기능에 대해 경시했으니, 이런 관행은 특수한 역사 시기에 유학자들과 사대부들의 생존에 심각한 방해가 될 수밖에 없었다. '군자불기君子不器'*이며 '도道'는 또한 직접적으로 비단이나 곡식 같은 물질로 환산할 수 없는 것이다. 이상에 설명한 직업 평가 가운데 나타난 갖가지 미묘한 부분들은 경제 관계가 천천히 변동하고 있는 시대에 사대부들의 부적응 상태와 생계 문제에 대해 그들이 느낀 무거운 도덕적 부담감을 잘 감지하게 해준다. 그러나 사대부들이 '생계 도모'를 '입신'과 관련된 것으로 여긴 이상(「答吳汝典」, 『楊園先生全集』 권14) 자신의 품성 보존에 대한 그들의 관심은 확실히 근본적인 성질을 지녔다. 사대부—특히 유민—가 '산업'을 선택하는 것은 당시 세상에서 자신이 처할 위치 및 당시 세상에서 그의 존재 방식에 대한 선택으로 간주되었다. 그것은 사대부로서 면모를 보전하는 것이면서 또한 유민의 면모를 보전하는 방법이기도 했다. 그러니 직업에 관계된 의미가 얼마나 컸던가!

그러나 이는 여전히 당시 사대부와 유민들의 '생계 도모'와 관련된 부분적 사실일 뿐이다. 황종회黃宗會는 이렇게 썼다.

> 시사時事가 이미 잘못되니 비로소 손수 농사를 지어 가족을 부양하려고 농부를 찾아가 스승으로 삼고 굽은 호미와 긴 보습을 벗으로 삼아 지내니, 또한 스스로 거듭되는 고난 속에 살면서 한탄 속에 술을 마시는 무료하기 그지없는 삶일 따름이다.
>
> 至於時事已非, 始欲躬耕以養, 求農圃而師之, 友於曲鋤長鑱中, 亦

---

* 군자는 그릇처럼 그 행실과 도량이 어떤 특정한 분야에만 쓰임새가 제한되거나 형식에 제약을 받지 않는다는 뜻이다. 그러므로 이 말은 군자는 어떤 한 가지 기예에만 뛰어나서도 안 된다는 의미로 쓰이기도 한다.

以自寓其礡硐連蹇飮恨無聊之至耳.(「縮齋記」, 『縮齋文集』, 79~80쪽)

이것은 '손수 농사를 짓는' 상황에 처함으로써 가슴속의 감정과 사상을 드러내 펼치는 계기로 삼은 것처럼 보인다. 그리고 역당구자易堂九子 가운데 하나인 팽사망은 역당의 문하생들과 자제들이 "농사짓고 공부하며, 낮에는 일하고 밤에는 경전을 낭송하는"* 모습을 묘사하면서 그 어조가 태연하고 또한 자부심에 차 있었다. 또 다른 역당의 인물인 위희가 기록한 주중위朱中尉 즉 '역당구자' 가운데 하나인 임시익林時益**은 나라가 망할 무렵 명나라 종실宗室의 인물이 취한 태도 가운데 한 예를 보여준다.

나날이 빈곤해지자 주중위가 말했다.

"농사를 짓지 않으면 먹을 것을 구할 수 없겠구나."

이에 처자식을 이끌고 산동의 관석산으로 이사하여 차를 심었다. 큰아들 즙손과 대대로 교유가 깊은 집안의 자제인 임안세와 임서, 제자인 오정명이 모두 짐을 지고 직접 호미질하고 삼태기를 졌으며, 손수 거름을 뿌리며 농사에 힘썼다. 밤이면 그들에게 『통감』을 강독하고 시를 배우게 했으며, 간혹 사냥을 해서 멧돼지를 없앴다. 관석산에 들른 외지인들은 밭 사이에 서너 명의 젊은이들이 머리에 두건을 쓰고 맨발로 호미질을 하면서 낭랑하게 아름다운 문장을 노래로 읊조리는 모습을 보고 모두들 속으로 감탄하며 옛

---

* 원주: "負耒橫經, 日作宵誦."(「與王乾維書」 『樹廬文鈔』 권1)

** 임시익林時益(1618~1678)은 본래 성명이 주의방朱議霶이고 자는 작림作霖으로서 명나라 종실宗室 익왕益王의 후손인데 흔히 주중위朱中尉라고 불렸다. 명나라가 망한 뒤에 이름을 임시익으로 바꾸고 자를 확재確齋라고 했다. 저작으로 『관석시집冠石詩集』과 『확재문집確齋文集』이 있다.

날 그림이 잘못된 것이 아니었다고 여겼다.

既日貧, 中尉曰: 不力耕不得食也. 率妻子徙冠石種茶. 長子楫孫通家子弟任安世任瑞吳正名皆負擔, 親鋤畬, 手爬糞土以力作, 夜則課之讀通鑑學詩, 間射獵除田豕. 有自外過冠石者, 見圃間三四少年, 頭著一幅布, 赤脚揮鋤, 朗朗然歌出金石聲, 皆竊嘆以爲古圖畫不是過也.(「朱中尉傳」, 『魏叔子文集』 권17)

비록 시적인 묘사라는 지적을 피할 수는 없겠지만, 이야말로 한 폭의 「유민 자제의 농사遺民子弟力田圖」라고 할 수 있겠다.

장이상의 「보농서補農書」는 그가 농사에 대해 얼마나 잘 알고 있었는지를 충분히 보여준다. 사대부에게 그것은 분명히 특수한 지식이었다. 『양원선생전집楊園先生全集』에 수록된 장이상의 「연보年譜」에는 이렇게 기록되어 있다.

해마다 전답 10여 마지기와 땅 몇 마지기를 가꾸었다. 씨 뿌리고 수확할 때가 되면 서원에서 강학하다가 반드시 귀향하여 몸소 일을 감독하면서 짚신을 신고 대껍질로 엮은 삿갓을 쓴 채 광주리에 새참을 날랐다. 그가 뽕나무 가지를 다듬을 때면 노숙한 농부도 따라잡지 못할 정도였다.

歲耕田十餘畝, 地數畝. 種劃兩時, 在館必歸, 躬親督課, 草屨箬笠, 提筐佐饁. 其修桑枝, 則老農不逮也.

이를 보면 그가 '농사-공부'의 관계를 이야기할 때 대단히 적절하고 감칠맛이 났던 것이 당연했다. 장이상에게 그것은 확실히 '경영'이자 '생업'이었으며 체험을 시화詩化한 인생이 아니었다.

당시 사대부들이 '몸소 농사짓고' '밭일'을 한 것에 대해서는 글의 기록을 그대로 믿고 이해하면 안 된다. 예를 들어 주학령이 말한 '농사耕'는 일꾼들이 밭 갈아 농사짓는 것을 감독하는 것이었다.(「江灣草庵記」,『愚庵小集』권9, 424쪽 참조) 굴대균의 「획기獲記」와 「장기場記」(『翁山佚文輯』卷上)는 자신이 경영한 전답의 일을 대단히 자세히 기록했다. 농사에 대해 상당히 친절하게 기술한 사람으로 또 황종회가 있다.(「西塘築圃記」,『縮齋文集』) 굴대균은 스스로 이렇게 말했다.

> 여름부터 가을까지 나는 논밭에 무성한 풀 때문에 근심하지 않은 날이 하루도 없었다. (…)『시경』에 "농사짓고 수확하지 않으면 어떻게 벼 300균囷*을 얻으랴?"라고 했다. 아아, 이제부터 나도 「벌단」을 노래한 군자에게 부끄럽지 않을 수 있었다.
> 自夏徂秋, 吾無日不以芃芃者爲憂也 (…) 詩曰: 不稼不穡, 胡取禾三百囷兮. 噫嘻, 今而後吾可以無愧夫伐檀之君子矣.(「獲記」)

그러니 그가 '몸소 농사지었다'라고 한 것은 그가 직접 농사일을 했다고 이해해야 할 듯하지만, 그렇다고 그가 반드시 직접 쟁기질을 했다는 의미는 아니다. 육세의도 갑신년(1644)과 을유년(1645) 이후로 조금씩 농사일을 직접 했다고 기록했다.

내게는 20마지기의 척박한 농토가 있는데, (…) 소작인이 너무 가난해서 스스로 파종조차 할 수 없었다. 이에 내가 돈을 내서 소와 농기구를 사고 직접 가서 감독하며 도와주었으니, 옛사람이

---

* 균은 원형의 곡식 창고를 가리킨다.

농사와 수확을 돌보았던 방법을 따라 실행하고 또 그 일에 대해 조금이나마 섭렵하여 농사와 수리에 대한 공부를 징험하고자 했기 때문이다.

予有薄田二十畝 (…) 佃甚貧, 不能自種, 予乃出工本買牛具自往督而佐之, 一則古人省耕省斂之方, 一則稍欲涉獵其事, 以驗農田水利之學也.(『思辨錄輯要』 권11)

육세의에게 농사는 자신이 '실학'이라고 생각한 것에 종사하는 일이었다.

유민들 가운데는 원래 경영에 뛰어난 이들도 있었다. 전조망은 「정림선생신도표亭林先生神道表」에서 고염무에 대해 이렇게 기록했다.

선생은 세상살이에 쓸모 있는 방략을 지니고 계셨지만 시행할 수 없었다. 하지만 이르는 곳마다 자잘하게 시험하여 논밭을 개간하고 땅을 측량하여 천금을 모았기 때문에 함께 사는 이들은 풍요로웠다.

先生旣負用世之略, 不得一逢, 而所至每小試之, 墾田度地, 累致千金, 故隨寓卽饒足.(『鮚埼亭集』 권12)

고염무의 『일지록』 권13 "가사家事" 조목에는 집안일을 잘 처리하는 예들을 인용해 산업을 잘하고 "장사를 잘한好貨殖" 사람을 칭찬하면서, "요즘 사대부들은 이것을 아는 이들이 드물기 때문에 가문의 부귀가 서너 세대 이상 전해지지 못하고 쇠락해버린다"*라고 썼다. 그는 자

---

* 원주: "今之士大夫, 知此者鮮, 故富貴不三四傳而衰替也."

신이 생계를 꾸린 일에 대해 이렇게 썼다.

> 오랫동안 서북쪽에 살며 날마다 그저 한나라 때의 은사 엄준嚴遵
> 처럼 100전 정도만 벌고 모두 자루에 담아두고 쓰면서 남에게 도
> 움을 청한 적이 없다.
> 久居秦晉, 日用不過君平百錢, 皆取辦囊橐, 未嘗求人.(「與李中孚書」,
> 『顧亭林詩文集』, 80쪽)

> 근래에는 자본을 조금 빌려서 안문의 북쪽, 오대의 동쪽에 황무
> 지를 개간하는 데 응모했다. 같이 일하는 사람이 20여 명이었는
> 데 풀을 제거하고 가시나무를 치워 거기에 집을 지었다.
> 近則稍貸貲本, 於雁門之北, 五臺之東, 應募墾荒. 同事者二十餘人,
> 辟草萊, 披荊棘, 而立室廬於彼.(「與潘次耕」, 같은 책, 140쪽)

그는 자신이 편찬한 『음학오서音學五書』를 간행하면서도 "그 비용은
재산을 팔아 마련했고 남에게 조금도 빌리지 않았다"[*]라고 했으니, 자
간과 행간에 자신감이 가득하다. 그러나 유민의 '생계 문제'를 어떻게
일괄적으로 논할 수 있겠는가!

생계-수절守節-행지行志

사대부와 유민 가운데 통달한 이들은 생계를 도모하는 일의 의의를

---

[*] 원주: "其工費則又取諸鬻產之直, 而秋毫不借於人."(「音學五書後序」, 『顧亭林詩文集』, 26쪽)

발견했으니 그 '시대적 흔적'이 선명했다. 예를 들면 '생계'와 '절조'에 관련된 경우가 그러했다. 여기서 생계는 절조를 보전하기 위한 조건이었다. 한때 논자들은 이런 의미에 대해 상당히 많은 견해를 제시했다. 진확은 '자립'하여 남에게 도움을 청하지 않는 것을 "중대한 절조를 빼앗기지 않는大節不奪" 조건으로 간주했다.(『陳確集』 「素行」) 그는 「학자이치생위본론學者以治生爲本論」에서 "가난 때문에 구차하게 도의에 어긋나는 일을 하는 이"*는 모두 이른바 '자신을 잃은失身' 사람이라고 했다. 육세의도 유사한 사고방식을 갖고 있었다.

생계를 소홀히 하여 생산에 대해 묻지 않는데, 호걸의 기질을 지닌 선비들이 종종 입고 먹을 것이 부족하여 작은 절조를 경시하다가 평생을 망치는 경우를 많이 보았으니, 조심하지 않을 수 있겠는가!

若忽視治生, 不問生産, 每見豪傑之士, 往往以衣食不足, 不矜細行, 而喪其生平者多矣, 可不戒哉.(『思辨錄輯要』 권10)

주학령도 생계를 꾸리지 않으면 "고고하게 자신을 지킬"** 수 없다고 했다. 절조의 상실에 대한 이러한 염려와 두려움도 확실히 보통 사람이 스스로 걱정거리를 만들어내는 행위가 아니었다. 『비전집』 권125 「손선생준성전孫先生駿聲傳」에 따르면 손준성孫駿聲은 "굶주림에 쫓겨 간혹 밖으로 나와 기실記室을 하면서 아울러 형사 사건刑名의 판결을 주관하여" 남들에게 조롱을 받았다고 했다. 장이상은 부유한 집안의 자제

---

* 원주: "凡因貧而苟爲非義者."(『陳確集』, 158쪽)

** 원주: "兀兀自守."(『純鄕草堂記』 『愚庵小集』 권9, 445쪽)

가 "농사를 지을 줄 몰라서 하루아침에 몸 둘 곳을 잃자 굶주림과 추위가 뒤따르니 지조 있는 행실을 하지 못하고 염치의 도리를 다 잃어버리는"* 문제를 언급했는데, 이것은 난세에 늘 나타나는 현상이었다. 황종희도 「만공택묘지명萬公擇墓誌銘」에서 이렇게 썼다.

> 세상에서 가난에 시달리다가 사대부의 절조를 지키지 못한 이가 많이 생기고 삼삼오오 교묘한 속임수의 방법에 익숙해지고는 그것을 구차하게 재주라고 여긴다.
> 世苦於貧, 多不持士節, 三三兩兩相習於機械之途, 以苟得爲才.(『黃宗羲全集』 제10책, 504쪽)

이와 같은 '가난'과 '절의節義' 사이의 관계를 발견한 것은 틀림없이 왕조 교체기의 경험에서 비롯했겠지만, 어쩌면 도덕의 물질적 기초와 관련된 소박한 경험론으로도 이해할 수 있을 것이다. 세상 물정에 어두운 유학자는 부질없이 '빈곤한 도덕'을 이야기하기도 하지만, 당진의 경우는 물질적 빈곤이 도덕적 빈곤을 초래할 가능성을 솔직하게 이야기하면서 "절조를 지킬 수 있는지 여부는 먹고사는 것이 충분한지 여부에 달려 있다"**라고 했는데, 사실 이렇게 말하는 것도 쉽지 않은 일이었다. 이런 사고방식도 문제를 단순화했다는 혐의가 포함되어 있지만, 분명히 상대적으로 오랫동안 답습된 '안빈安貧'의 주장에 대해 중요한 보충의 의미가 있다.

생계의 또 다른 의미, 즉 '생계'가 마음을 편하게適志 하고 의로움을

---

* 원주: "罔知稼穡, 一旦失所, 饑寒隨及, 以至志行不立, 廉恥道盡."(「題劉忠宣公遺事」『楊園先生全集』 권20)

** 원주: "節之立不立, 由於食之足不足."(「養重」『潛書』 上篇下, 91쪽)

행하는行義 데 도움이 된다는 사실을 발견한 것도 분명히 '시대적 주제'에 의탁한 결과이다. 명·청 교체기의 사대부들은 생존 능력이 '의지'를 보장한다는 사실을 태평한 시대를 살았던 이들보다 더 심각하고 절실하게 체험했다. 황종희는 난리의 와중에 신포남申浦南이 자신뿐만 아니라 남들도 구제해준 일을 기록하면서 그가 "그림으로 명성이 높아서 붓을 대기만 하면 모두들 귀중하게 여겼기 때문에 열 손가락으로 그 의지를 실행에 옮길 수 있었다"*라고 했으니, 중요한 것은 '의지를 실행'했다는 사실이었다. 이 또한 먹고 살기에도 힘겹게 가난한 이들의 부러움을 살 만한 일이었다. 사대부들 가운데 청렴하고 고고한 이들은 (그림이나 의술을 포함한) 기예를 천시하여 소도小道로 간주했다. 그러다가 서방徐枋이 살았던 시기에 이르면 기예와 그것을 행하는 사람들이 어느 정도 존중을 받았다. 황종희는 돌 쌓는 데 뛰어났던 정원 건축 전문가 장련張漣**에 대해 기록하면서 비록 편견에서 완전히 벗어나지는 못했지만 그와 네 아들이 "모두 (남에게 기댈 필요 없이) 그 직업으로 먹고 살았다皆衣食其業"라고 조금 정중한 표현을 썼다.(같은 책, 「張南垣傳」 참조)

문인은 '품류'와 같은 여러 화제에서 종종 유학자보다 조금은 통달한 식견을 나타냈다. 오위업의 문집에도 당시 다른 문인들의 문집과 마찬가지로 의사나 상인, 화가와 같은 기예인에 대한 기록이 상당히 많았다. 그가 쓴 어느 상인의 이야기에서는 재산의 부유함이 어질게 베풀기 위한 조건이라고 이야기하기도 했다.

---

* 원주: "以畫名, 落筆便爲人貴重, 故得以十指行其志也."(「申自然傳」 『黃宗羲全集』 제10책, 551쪽)
** 장련(1587~1673)은 송강松江 화정華亭(지금의 상하이에 속함) 사람으로 자가 남원南垣이다. 초상화와 산수화를 잘 그렸던 그는 산수화의 뜻을 담아 정원을 건축하고 돌을 쌓아서 송강 이봉신李逢申의 횡운산장橫雲山莊을 비롯해 많은 저명한 정원을 건축했다.

변고가 일어난 이래 어진 사람들과 어른들은 친지와 벗들이 떠돌며 고생하는 모습을 보고 도의상 거두어 도와주고 싶었지만 가진 힘이 그 바람에 맞지 않아 방황하며 한숨만 내쉬는 경우가 아주 많았다. 그런데 그는 주머니를 털어서 응했고 마음에 맞으면 실행에 옮겼으니, 그런 뒤에야 하늘이 그에게 부여한 것이 유달리 두터웠다는 것을 알게 되었다. 그리고 그가 평생 기꺼워 만족했던 것은 이것(즉 인시仁施) 때문이지 저것(즉 치부致富) 때문이 아니었다.

自變故以來, 仁人長者坐視親知故舊流離患苦, 義相收恤, 而力不副其願, 彷皇太息者, 比比然矣. 君則探囊以應, 稱心而行之, 然後知天之予君獨厚, 而君平生所快意適志者, 在此而不在彼也.(「太僕寺少卿席寧侯墓誌銘」, 『吳梅村全集』 권47, 965쪽)

같은 글에서는 또 "현명한 이는 재물로 자신을 지킨다賢者以財自衛"라는 주장을 제시하기도 했다.[64] "전국 각지에서 재난에 시달리는萬方多難" 상황은 사대부로 하여금 공전의 무력감을 체험하게 했다. 난세를 살면서 궁핍함에 시달릴 뿐만 아니라 연약함을 자각했던 사대부들은 재산에 따른 안전감과 자유감에 개탄하지 않을 수 없었으며, 그런 사람의 생활력에 어느 정도 존경심을 가질 수밖에 없었다. 오위업은 장사貨殖가 유학자의 일—즉 '지혜知와 어짊仁과 용기勇와 강인함强'을 기르는—임을 곧장 자인하면서 "학문이 깊지 않으면 할 수 없는 일"*이라고 했다. 이러한 논의는 같은 시대를 살았던 유학자들로서는 제시할 수 없는 것이었다. 오위업의 「보어정삼산묘표保御鄭三山墓表」에서는 어느 의사가 유민 서방徐枋을 도와준 이야기[65]를 제시하면서 이렇게 개탄했다.

---

* 원주: "非深於學者不能辦也."(「卓海幢墓表」 『吳梅村全集』 권50, 1027쪽)

나는 늘 세상의 사대부들이 번잡한 요역徭役과 부역賦役에 곤란을
겪는 모습을 보았는데 두문불출하고 선禪을 공부하는 이들은 더
욱 심했다. 그러면 그 친지들이나 벗들이 도의상 거두어 구휼해주
지만 억지로 도와줄 수는 없고, 밥을 보시하거나 중생을 이롭게
해주는 일은 늘 힘이 미치지 못하여 뜻을 굽힐 수밖에 없다. (…)
그러니 유학자는 궁핍하고, 유학자이면서 선가禪家인 이는 더욱
궁핍하다. 유독 의사만은 유학자와 선가 사이를 드나드니 그 지위
는 시기에 맞추어 중생을 제도濟度할 수 있으며, 그 교유는 남을
이끌어 권고할 수 있다. 그러므로 생사가 달린 위급한 재난에 처
했을 때 자금을 내서 도와주고 가람을 짓고 탑을 쌓기 위해 돈을
모아 장인匠人들을 갖추는 일은 오늘날 오직 의사만이 해낼 수 있
는 충분한 힘을 지니고 있다.

余每見世之士大夫困於更徭賦役之煩, 在杜門學佛者爲尤甚, 卽其
親黨故人, 義相收恤者, 不能單勉佽助, 而營齋利生, 恒詘於力之所
弗及 (…) 是儒者窮, 儒而禪者尤窮, 醫獨出入儒與禪之間, 其地位可
以權巧, 其交遊可以牽勸, 故急難死生, 捐金援手, 伽藍塔廟, 鳩財庀
工, 在今日唯醫之力饒爲之.(『吳梅村全集』 권50, 1030~1031쪽)

'의사'라는 직업에 대한 평가가 장이상이나 여유량 등과 얼마나 다
른가! 오위업은 여기서 생계의 의의를 유쾌한 만족과 도의의 실천이라
는 측면에서 정의했다. 그 시대에는 유쾌한 만족과 도의의 실천이 불가
능했다는 사실이 확실히 사대부들에게 지극히 큰 곤혹이었다. 여전히
'도덕화'했다는 비판에서 벗어나지 못했지만 '생계'의 의의에 대한 이
와 같은 발견이 사대부들에게는 일종의 '깨달음覺悟'으로 간주되었으
니, 단지 역사가 아직 이러한 사고방식을 전개할 조건을 제시해주지 못

했기 때문이리라.

마지막으로 언급해야 할 것은 '생계'가 비록 '삶의 도리生道'와 관련이 있다 할지라도 유민이 삶에 대처한 방법은 예를 들어 일상생활에서 '삶'에 대처한 방법과 같이 더 큰 범위에서 고찰해야 한다는 점이다. 황종희가 「여약수주유일양선생묘지명余若水周唯一兩先生墓誌銘」에서 기록한 두 유민 가운데 여증원余增遠(?~?, 자는 겸정謙貞, 호는 약수선생若水先生)은 "비바람도 가리지 못하는 세 칸 초가집에서 자라 껍질로 새는 빗물을 받았고, 침대 아래는 가축우리라서 발 디딜 곳조차 없어 살아있는 사람의 흥취가 완전히 사라진" 상태였으며, 주제증周齊曾의 경우 "(그의 거처는) 산림이 아름답고 작은 그릇 하나도 지극한 공예의 기교를 부렸다. 한번은 타고 남은 것들을 모아 향로를 만들었는데 금이나 옥으로 만든 것보다 더 정성스럽게 문질러 닦았다. 또 벼랑에서 자란 기이한 나무를 얻어서 등받이 의자를 만들고는 앉아 있을 때나 누워 있을 때나 항상 그것을 썼다"*라고 했다. 이들 두 사람은 청나라 초기에 살았으니 그야말로 '삶生-죽음死'의 관계로 형용하기에 딱 적합한 사람들이 아니겠는가? 한때 유민들 가운데는 죽기를 기원하고 목숨이 다할 날을 기다리면서 삶을 죽음으로 여기는 이들이 많았다. 명나라가 망할 때 죽지 않은 것은 마치 도저히 죗값을 치를 수 없는 죄업을 저지른 것처럼 여겨졌다. 바로 여기서 '삶과 죽음'이라는 주제가 포괄하지 못한 것이 없음을 발견할 수 있다.[66] 삶과 죽음의 선택은 '재난이 닥친臨難' 무렵에 그치는 것이 아니라 일상화되었던 것이다.

---

* 원주: "草屋三間, 不蔽風雨, 以鱉甲承漏. 臥榻之下, 牛宮鷄棲, 無下足處, 生人之趣都盡 (…) 山林標致, 一器之微, 亦極其工巧. 嘗拾燒餘爲爐, 拂拭過於金玉. 又得懸崖奇木, 製爲養和, 坐臥其間."(『黃宗羲全集』 제10책, 278쪽)

왕부지는 "황량한 초원의 차가운 안개 아래서 늙어 죽는 것"은 자신의 뜻이 아니라면서 죽지 못한 것을 유감으로 여겼지만(「石崖先生傳略」, 『船山全書』 제15책 참조), 「잡물찬雜物贊」에서는 "달 밝은 창가 안석에 앉아 있노라니, 가느다란 향 연기 허공에 얽히네明窗棐幾, 香縷縈空"와 같은 삶의 풍경에 대한 그리움을 숨기지 않았으니, 이 또한 비록 황량한 산에 살고 있지만 삶의 흥취를 아직 잃지 않았음을 증명한다. 어쩌면 그의 「관생거당련觀生居堂聯」은 유민으로서 그의 모순적인 태도를 가장 잘 묘사하고 있다고 하겠다.

> 육경은 나더러 새로운 면모를 개척하라고 질책하고
> 이 몸은 하늘을 따라 산 채로 묻히기를 바라노라!
> 六經責我開生面, 七尺從天乞活埋.(『船山全書』 제15책, 921쪽)

"육경이 나더러 새로운 면모를 개척하라고 질책"했으니 "적막한 시름과 괴롭고 울적한 심사로 앉은 채 세월만 허비하는"* 것은 '자신을 버리는自棄' 행위라고 여기는 것이 당연했으며, 이는 그 자신이 저술 활동에 적극적인 태도를 보인 이유를 스스로 확실하게 설명하는 것이다. 진확은 병들어 피폐한 상황에서도 삶의 정취를 잃지 않았다. 장차중張次仲**은 그에 대해 이렇게 기록했다.

---

* 원주: "坐銷歲月於幽憂困菀之下."(『宋論』 권2, 61쪽)

** 장차중(1589~1676)은 절강 해녕海寧 사람으로 원래 이름이 장윤창張允昌이고 자가 유문孺文이었으나, 훗날 이름을 바꾸고 자를 원호元岵라고 했으며 호가 대헌거사待軒居士, 절사유농浙汜遺農이다. 천계 1년(1621) 거인이 되었는데 명나라가 망한 뒤에는 고향에 은거하여 학문에 전념했다. 순치 연간에 현량방정賢良方正으로 천거되었으나 병을 핑계로 사양했다. 저작으로 『주역완사곤학기周易玩辭困學記』 『대헌시기待軒詩記』 『춘추수필春秋隨筆』 『좌전분국기사左傳分國紀事』 『대헌선생유집待軒先生遺集』 등이 있다.

(진확은) 손발이 곱아지는 병을 앓아서 다니기가 불편했는데 복사
꽃 살구꽃이 피는 봄이면 술을 싣고 남여를 탔다. 두 아들과 하
인 하나가 어깨에 메고 걸었는데, 논밭 두렁을 왕래하면서 농부
들에게 날씨를 점쳐주었다. 우거진 대밭이나 숲에 화초가 신선하
고 아름답게 피어 있는 풍경을 만나면 곧 몇 잔을 마시고 얼큰하
게 취했다.

患拘攣之疾, 不良於行, 桃李花時, 載酒乘籃輿, 二子一童肩之而趨,
往來阡陌, 與田夫野老占課晴雨, 遇竹木蓊鬱, 花草鮮奶, 輒飮數杯,
頹然而醉.(「張元岾次仲竹窗解頤雜錄」, 『陳確集』, 44쪽)

유민으로 살면서 아름다운 것을 감상하는 삶의 자세와 빼어난 삶의
예술을 간직한 이는 이들뿐만이 아니다. 황종희의 기록에 따르면 소명
성巢明盛은 "왕조가 바뀌자 묘막墓舍을 떠나지 않고 박을 심어 그릇을
만들었다. 향로와 병, 찬합 따위는 대단히 우아하고 정밀해서 값이 금
이나 옥으로 만든 것들과 같았다."* 그러니 그는 ('죽음'의 상징이라고도
할 수 있는) '묘막'을 선택한 후에도 여전히 삶의 창조적 열정을 억누를
수 없었던 것이다! 이런 것들을 보면 '생계'와 관련된 유민의 삶의 경계
및 '생계' 문제가 처해 있던 거시적 환경을 어렵지 않게 상상할 수 있다.
다만 본 절에서는 그 가운데 일부만 엿보았을 뿐이다.

---

* 원주: "鼎革不離墓舍, 種匏瓜用以製器. 香爐瓶盒之類, 欵致精密, 價等金玉."(『思舊錄』「巢明
盛」, 『黃宗羲全集』 제1책, 373쪽)

장례제도葬制

필자는 이미 '삶과 죽음'이 명·청 교체기에서 가장 중요한 주제 가운데 하나였음을 계속해서 언급했다. 당시의 충의지사 및 유민에 대한 전기나 행장 곳곳에서 이 주제가 얼마나 중대했으며 또 한 시대를 뒤덮었는지 잘 보여주고 있다. 그렇기 때문에 당시에 장례 의례가 중시된 것도 당연한 일이었다. 또한 당시 유민들이 장례 행사를 서로 열심히 도왔다는 사실은 주목할 만하다. 유학자들이 장례 제도를 수복修復하고 '종법宗法'을 수복하려고 노력했던 의도 역시 지극히 명백했으며, 이것은 당시 유학자들의 대대적인 행동이었다. 이 모든 것은 '죽음'뿐만 아니라 그와 관련된 의식의 의의를 강조하려는 것이었다.

'제도'로서의 장례에 대한 사고

이제부터 필자는 유민들이 장례 의식을 빌려 나타내고자 한 것, 도무지 물릴 줄을 모르고 추구했던 표현 방식의 개인성에 대해 논의하고

자 한다. 청나라 초기에 이르러 장례가 폐지되자 학자들은 『예기禮記』에 대한 학문의 황폐화로 인해 두드러진 예증이라고 생각했다. 이런 황폐화는 기나긴 과정으로 묘사되었으니, 주이존은 「독례통고서讀禮通考序」에서 이렇게 썼다.

> 당나라 때 '오례五禮'의 이름을 바꾸어 흉례凶禮를 다섯 번째에 두었다. 당시 허경종許敬宗(592~672, 자는 연족延族)과 이의보李義甫(614~666)가 '현경신례顯慶新禮'를 상주上奏하면서 흉례는 신하가 말하기에 마땅하지 않으니 「국휼國恤」 편을 삭제해야 한다고 하여 그때부터 천자의 흉례가 빠져버렸으니, 유종원柳宗元이 불학무식하다고 비판한 것도 마땅했다. 송나라에 이르러 강학이 나날이 번성했지만 예를 말하는 사람은 드물었고 흉사에 대해서는 전문 서적이 적었던 까닭에 『주자가례朱子家禮』가 민간에 성행했다. 그러나 세상의 유학자들은 나라의 흉사에 더 이상 신경을 쓸 수 없었다. 그나마 겨우 남아서 고찰할 수 있는 것으로 두우杜佑의 『통전通典』과 마단림馬端臨(1254~1323, 자는 귀여貴與, 호는 죽주竹洲)의 『문헌통고文獻通考』가 있을 따름이다.
>
> 自唐徒五禮之名, 置凶禮第五, 於時許敬宗李義甫, 上顯慶新禮, 以爲凶禮非臣子所宜言, 去國恤一篇, 自有天子凶禮邃闕, 宜柳宗元以不學訕之也. 迨宋講學日繁, 而言禮者寡, 於凶事少專書, 朱子家禮, 盛行於民間, 而世之儒者, 於國恤不復措意. 其僅存可稽者, 杜氏通典馬氏通考已焉.(『曝書亭集』 권34, 424쪽)

문제가 제기되기 시작한 것은 당연히 이때가 아니니, 숭정 17년(1644) 고경성顧景星*은 「복경학의復經學議」(『白茅堂集』 권27, 康熙 乙酉刻本)

를 상주하여 예禮를 다루는 데 흉상凶喪을 기피하는 것은 경학이 황폐한 증거의 하나라고 주장했다. 왕조 교체기의 유학자들은 각자의 방식으로『예기』와 관련된 의의를 구축하는 데 참여했다. 당시 유학자들은 '예'로서 다시 장례를 회복하는 데 착안했는데, 이것은 그들이 추진하고 있던 '종법의 재건'과 방향이 같았다. '제도'로서 장례에 대한 사고는 또 삼례학三禮學의 부흥을 동력으로 삼았는데, 바로 거기에 학술적 취미가 들어 있었다.

당시 동남 지역 유민 진확陳確의『장서葬書』는 장례의 여러 분야를 섭렵하여, 당시로서는 가장 완비된 장례에 대한 주장을 제시했다. 한때 유민 학자들이 흉례를 고찰하여 변별하면서 의례의 의의를 탐구한 것은 물론 옛것을 회복하기 위해서이지만 또한 속된 것을 멀리 하기 위한 것이기도 했다. 진확은 장례를 인심과 풍속을 구제하여 바르게 할 기회로 간주하고 이것을 빌려 "오랫동안 폐기되어 있던 의례를 시행하고 진작하여 죽어버린 마음을 일깨우려"*** 했기 때문에『장서』외에「상실의喪實議」와「상복망의喪服妄議」「사제의士祭議」등 일련의 글들을 썼다. 그가『장서』에서『주례周禮』의 족장법族葬法***을 회복하자고 주장한 것(같은 책 별집別集 권6, 권7 참조)은 만력 연간에 여곤呂坤이 주장했던 '정전장법井田葬法'과 사고방식의 교차점이 있는 듯하다. 그가 "장례는

---

* 고경성(1621~1687)은 호북 기주蘄州(지금의 치춘蘄春) 사람으로 자가 적방赤方이고 호가 황공黃公이다. 명나라 말엽 공생이었던 그는 남명 홍광 정권에서 추관推官을 지냈으며, 강희 18년(1679)에 박학홍사과博學鴻詞科에 천거되었지만 병을 핑계로 사절했다. 저작으로『백모당집白茅堂集』『독사집론讀史集論』『담지록㽏池錄』『고씨열전顧氏列傳』『남도내경집南渡來耕集』『완적영회시주阮籍詠懷詩注』『이하시주李賀詩注』등이 있다.

** 원주: "振行久廢之禮, 提撕旣死之心."(「答查石丈書」『陳確集』, 78쪽)

*** 족장법은『주례』「지관地官」「대사도大司徒」에 제시된 것으로서, 같은 고조의 자손들이 하나의 묘지를 함께 사용하는 것을 가리킨다.

죽은 자를 위한 것이지 산 자를 위한 것이 아니며"*"현명하고 지혜로운 사대부는 죽은 이 때문에 산 사람을 해치지 않는다"**라고 한 것은 모두 통달한 주장이다. 상례에 대한 논의에서 한때 동남 지역 유학자들은 서로 호응하여 동조했다. 황종희의 경우는 「독장서문대讀葬書問對」를 쓴 적이 있다.(『黃宗羲全集』 제10책) 진확과 항상 논지가 맞지 않았던 장이상도 진확의 장례론을 극구 칭찬하면서 자신이 이끌고 있던 '장친사葬親社'에 진확을 초청하여 취지를 설명해달라고 했을 뿐만 아니라, 이 시기에 쓴 그 자신의 서찰에도 장례에 대해 자주 언급했다.(『楊園先生全集』 권11 「答張佩蔥」 참조)[67] 명·청 교체기의 유학자들은 장례 제도의 폐지를 통해서 지방 인문의 쇠락을 발견하고 깊은 우려를 나타냈다. 장이상에 따르면 당시 '고을 풍속里俗'은 "그래도 혼례는 옛날의 의미가 보존되어 있지만 관례冠禮는 없어졌다. 하지만 상례喪禮와 제례祭禮만큼 예교禮敎를 거슬러 손상시킨 정도가 심한 것은 없다."***장이상은 당시의 '사회'에 대해 상당히 많이 비판했지만 그 스스로 '장친葬親'을 취지로 삼는 모임會社을 결성했으며, 이 모임은 당시의 모임들 가운데 취지가 더욱 엄숙했다.[68]

하지만 바로 '의식儀式'의 측면에서 당시의 유학자들은 복고를 구호로 내세우지 않았고 '죽음死-절의節義'의 관계에 대한 논의에서처럼 그들은 종종 실천성—여기에서는 곧 합리성—에 대해 관심을 보였다. 진확은 장례에 대한 논의에서 "감정에 맞추어 의례를 행할 것酌禮準情"을 주장하여 지극히 타당한 절충을 추구하는 데 힘쓰고, 당시 여론이

---

* 　원주: "葬爲死者, 非爲生者."(『葬書』 上「葬論」)

** 　원주: "明知之士, 不以死傷生."(『與同社書』)

*** 　원주: "昏禮猶存古意, 冠禮廢矣, 然未有違禮傷敎如喪祭之甚者也."(「喪祭雜說」 『楊園先生全集』 권18)

칭송하던 '지나침過'을 취하지 않았다. 손기봉은 「가례작서家禮酌序」에서 "쉽게 알고 간편하게 할 수 있다면 천하의 이치를 깨달을 것"*이라고 했다. 같은 시기 북방의 유학자 안원顔元도 이런 생각을 이야기한 적이 있다.

> 내 생각에 상례 가운데 국가의 제도를 고쳐야 할 것은 마땅히 실행을 준수하고 옛것으로 돌아가지 않도록 해야 한다. 율령에 기록되지 않고 정리에 맞지 않는 것은 모두 제거할 것인지 취할 것인지를 결단하여 고쳐야 한다. 한 사람이 행하면 예법이 되고, 몇 사람이 따라서 하면 학술이 되고, 많은 무리가 익숙해지면 풍속이 되는 것이다.
>
> 愚謂, 喪禮中惟國家制度更定者, 宜遵行而不返古. 若律令所不載, 情理所不合者, 皆當決斷去取而變更之. 一人行之爲禮法, 數人從之爲學術, 衆人習之卽成風俗矣.(『習齋記餘』 권10 「明弔奠禮」, 『顔元集』, 574~575쪽)[69]

진확은 '예법에 맞지 않는 의례非禮之禮'는 취하지 않겠다고 선언했다.(『陳確集』 「俗誤辨」)

의례를 실천하면서 경전의 글을 고찰하고 의례의 뜻을 짐작하는 것, 또 이른바 "상을 치를 때 『예기』를 읽는居喪讀禮" 행위는 원래 유학자들의 전통적인 공부였다. 손기봉과 안원 등 유학자들은 이 무렵에 "『예기』를 읽는 것"에 대한 서술을 '도를 깨닫는' 과정으로 여기고 '상을 치르는居喪' 상황에 특수한 의미를 부여했다.[70] 『손하봉선생연보』 권하

---

* 원주: "夫易知簡能, 而天下之理得."(『夏峯先生集』 권4)

卷下의 기록에 따르면 학문에 대한 위상추魏象樞*의 질문에 대해 손기봉이 이렇게 대답했다.

> 예로부터 진정한 유학자와 위대한 선비는 대부분 『예기』를 읽을 때 분발하여 일어났으니, 이때는 자식이 부모를 그리는 마음이 절실하여 진실한 성정으로 일하기 때문에 학문이 오롯이 되고 힘이 안정되는 것이다.
>
> 從來眞儒碩士, 多奮起於讀禮之時, 此時孺慕念切, 眞性用事, 故學專而力定.

그러나 상례喪禮를 실천하는 과정에서 남을 학대하거나 자학한 경우가 기록에 종종 보이니, 그것은 여전히 보편적인 경향이었다. 손기봉이 '묘막墓幕에서 시묘侍墓한' 것은 한때의 미담이었다. 안원은 비록 시묘에 동의하지 않았지만 자식으로서 상을 치르면서 '야위는瘠' 것을 '어진仁' 행위라고 여겼다.(야위지 않으면 어질지 않다는 뜻이다.) 그가 '적당함得中'을 말한 것은 '야위어야' 하지만 목숨에 지장이 있을 정도는 아니어야 한다는 뜻에 지나지 않았다.(『習齋記餘』 권10 「居恩祖妣喪讀禮救過」 참조) 이런 상황들을 보면 '예'가 사람들의 정성 어린 제작의 산물이며 결국 여기에 빠진 이들의 심성을 기형적으로 만들었다는 것을 어렵지 않게 감지할 수 있다.

그러나 풍속을 바꾸겠다는 유학자의 포부는 여전히 사대부들이 '죽음'에 대처하는 태도에 영향을 주었다. 진확은 자신의 동문 축연祝淵이

---

* 위상추(1617~1687)는 하북 울주蔚州(지금의 위蔚 현) 사람으로 자가 환극環極 또는 환계環溪고 호가 용재庸齋, 한송寒松이다. 순치 3년(1646) 진사에 급제하여 도찰원좌도어사都察院左都御史와 형부상서까지 역임했고, 시호는 민과敏果다. 저작으로 『한송당전집寒松堂全集』이 남아 있다.

스스로 목을 맨 일에 대해 이렇게 기록했다.

> 죽기 며칠 전에 「귀시」 「귀촉」 「귀금」을 지었으니 대체로 "나는 대
> 의에 따라 반드시 죽어야겠다"라는 뜻을 나타냈다. 그리고 일체
> 의 나쁜 습속을 통렬히 제거하고 장례는 모두 『주자가례』를 따랐
> 으며 베로 소박하게 시신을 염했다.
> 先數日作歸詩歸囑歸禁, 大槪言吾義必死, 及痛革一切惡俗, 喪葬悉
> 遵家禮, 以布素殮.(「祝子開美傳」, 『陳確集』, 278쪽)

풍속을 바꾸는 데 힘썼던 유학자들은 세속에서 중시하는 풍수가形
家나 장의사葬師의 화복설禍福說을 비판의 대상으로 삼았다. 황종희는
「독장서문대讀葬書問對」에서 이른바 '귀신의 음보鬼蔭'에 대한 주장들을
통렬하게 논박했으며, 「칠괴七怪」에서는 장지의 '방위'에 대한 주장들
을 가리켜 '지리 중에 사이한 주장地理中之邪說'이라고 했다.(이상, 『黃宗
義全集』 제10책 참조) 진확의 「장론葬論」(『葬書』 上)은 풍수가와 장의사를
겨냥한 논박이다. 그리고 『장서』 하에 수록된 「심차甚次」에서는 심지어
천하의 이단 가운데 "장의사가 가장 심하고, 불교가 그다음, 노장사상
은 또 그다음"이라고 했다. 장이상도 풍수가의 풍수설에 대해 준엄한
비판적 태도를 견지했다.(「喪祭雜說」, 『楊園先生全集』 권18)[71] 『비전집』 권
124에는 진정회陳廷會*의 죽음에 대해 이렇게 기록했다.

> 병세가 위급해지자 먼저 폭건과 홑겹으로 된 베옷으로 수의와 '옛

---

* 진정회(?~?)는 절강 전당錢塘(지금의 항저우) 사람으로 자가 제숙際叔 또는 첨운瞻雲이고 호가
동객鷳客이다. 명나라 말엽의 제생인 그는 육기陸圻(1614~?) 등과 더불어 '서령십자西泠十子'로
꼽힌다.

처사' 아무개라고 쓴 만장을 준비하게 하고, 속히 매장하되 풍수가의 말을 따르지 말라고 했다.

疾革, 先令以幅巾單布衣殮, 旌署故處士, 封宜速, 勿用陰陽家言.(「陳先生廷會傳」)

이상에서 서술한 인물들의 사상을 선도했다고 할 수 있는 이는 앞서 언급한 바 있는 만력 연간의 여곤呂坤이다. 그는 '정전장법'을 주장했을 뿐만 아니라 장의사를 내쳤으니, 명·청 교체기 사대부들이 계승한 것은 누적된 '비판사상'이었음을 알 수 있다. 심지어 여곤은 「영훈壄訓」에서 이렇게 주장했다.

옛날의 장례는 시신을 도랑이나 골짝에 두고 묻거나 비석을 세우지도 않았다. 장의사도 없었을 뿐만 아니라 묘역도 없었다. 이 어찌 당시에 모두가 가난하고 일찍 죽었기 때문이겠는가? 또한 황후와 사대부, 선비의 신분 차이가 어디 있었던가? 다만 서쪽 오랑캐들이 화장을 하고, 강남에서는 수장을 하는데 그 자손들은 각기 쇠망하고 흥성하는 차이가 있다.

古之葬者, 或委溝壑, 不封不樹. 旣無葬師, 亦無壄域. 當時豈皆貧賤凶夭, 如何又有王侯士庶. 至於西夷火化, 江南水葬, 乃其子孫, 各有衰旺.(『呂坤哲學選集』, 54쪽)

이처럼 그의 사고방식은 황종희나 진확에 비해 더 철저했던 것이다.[72]

'제도'로서의 장례는 예로부터 그 철학적 기초가 '죽음'의 관념적 배경과 관련되어 있었다. 공자는 "삶도 알 수 없는데 죽음을 어찌 알겠

느냐?"*라고 하여 '죽음'이라는 명제에 대한 유가 학파의 사유를 제한
했을지도 모르지만, 제도로서의 장례에 대한 그들의 생각은 여전히 일
정한 이론적 의의가 있다.

특수한 표현 방식으로서의 장례

명나라가 망할 무렵에 살았던 사대부들은 '죽음'과 관련된 언어 환
경을 만들기 위해 고심했다. 이른바 '충의'를 지키기 위한 죽음도 '의
경意境'의 측면에서 감상되었으니, 예를 들어 명나라가 망하기 전에 죽
은 고반룡高攀龍과 망한 후에 죽은 기표가祁彪佳가 그러했다. 원빙文秉
의 『선발지시先撥志始』에 따르면 고반룡은 "물이 겨우 하반신까지만 잠
긴 채 북쪽을 쳐다보며 가슴에 두 손을 모으고 꼿꼿하게 서서 꼼짝도
하지 않는"** 모습으로 죽었다. 황종희는 기표가의 죽음에 대해 이렇게
기록했다.

> 한밤중에 달빛도 컴컴하여 사당 안에 밝혀진 촛불을 나눠 들고
> 밖으로 나와 물가를 비춰보고는 물 가운데 단정히 앉아 죽었다.
> 집안사람들이 깨닫고 찾아보니 촛불은 아직 쓰러지지도 않은 상
> 태였다.
> 夜半月黑, 分廟中之燭, 出照水濱, 端坐水中而死. 家人覺而尋之, 燭
> 猶未見跋也.(『弘光實錄鈔』『黃宗羲全集』 제2책, 95쪽)

---

* 『논어』 「선진先進」: "未知生, 焉知死."
** 원주: "水僅濡下體, 北面捧心屹立不動."(文秉, 『先撥志始』, 神州國光社, 1951, 上海書店 復印, 190쪽)

진정혜陳定彗의 『산양록山陽錄』 「하이부윤이夏吏部允彝」에 기록된 하윤이夏允彝의 죽음은 그가 생사의 갈림길에서 차분하고 초탈했던 모습을 더욱 정성 들여 묘사했다.

> 을유년(1645)에 변고 소식을 듣자 그는 전대에 든 것을 꺼내서 풍성한 안주를 마련하고 거창한 주연을 벌였는데, 순식간에 기개 높은 협객들과 뛰어난 문장력을 가진 명사들, 서원에서 가무를 연출하는 손님들까지 노소가 모두 모여 노래와 웃음이 넘치는 가운데 주령酒令 놀이를 하며 술잔을 주고받았다. 손님들이 시끌벅적 술을 마시자 그는 자리를 피해 옷을 갈아입고 어느새 강물에 몸을 던졌다. 아아, 사나이로다!
>
> 乙酉聞變, 彝仲則出橐中裝, 椎肥擊鮮, 置酒高會, 一時射雕俠客, 繡虎名流, 西園歌舞之賓, 少長咸集, 歌笑淋灕, 觥籌交錯. 客方轟酒, 乃起避席更衣, 則已赴沉湘矣. 嗚呼, 男子哉.(『陳定生先生遺書』, 光緒乙未武進盛氏刊本)

이처럼 죽으면서도 명사의 면모를 잃지 않았던 것이다. 이런 모든 예를 통해 우리는 서술자의 심경과 미련을 어렵지 않게 감지할 수 있다. 당시 충의와 관련된 전기와 행장은 잔혹함에 물들기도 했지만 또한 주인공의 이야기를 낭만적이고 신비하게 만들어서 죽음과 관련된 갖가지 신화를 만들어냈다. 이 때문에 가끔 그것은 죽은 자와 서술자가 공동으로 창작해 낸 이야기인 것처럼 보이기도 한다.

명나라가 망할 무렵 사대부들이 남긴 글들은 격렬하고 처절한 감정을 쉼 없이 표출했다. 전조망에 따르면 오서吳鉏는 죽은 뒤 교동膠東*에 묻힘으로써 "바다로 뛰어들어 자살한 분노를 분명히 밝히고" "고향에 묻히기를 바라지 않는 원한"을 나타내고자 했다.** 굴대균은 '죽음'과 '장례'라는 테마를 빌려 자신의 뜻을 밝히고 또 스스로 '의관총衣冠塚'과 '장발총藏髮塚', 생광生壙을 만들었으며, 자신의 거처에 '사암死庵'이라는 이름을 붙였을 뿐만 아니라 각종 지명誌銘을 새겨 남들이 생각지도 못할 정도의 고심을 나타냄으로써 감동을 주었으니, 이것은 차라리 그의 강력하고 지대한 표현의 충동을 증명하는 것들이라 하겠다.

> 나는 남경성南京城 남쪽의 우화대雨花臺 북쪽, 목말정木末亭 남쪽
> 에 무덤을 만들어 의관衣冠을 숨기고 스스로 '남해 굴대균의 의
> 관총'이라고 썼다. '처사'라고도 하지 않고 '유민'이라고도 하지 않
> 은 것은 때가 되면 꺼내어 성인의 도를 먼저 행하여 평생을 초야
> 에서 보냄으로써 천하를 불행하게 만들고 싶지 않았기 때문이다.
> 予於南京城南雨花臺之北木末亭之南, 作一塚以藏衣冠, 自書曰南海
> 屈大均衣冠之塚. 不曰處士, 不曰遺民, 蓋欲俟時而出, 以行先聖人
> 之道, 不欲終其身於草野, 爲天下之所不幸也. (「自作衣冠塚誌銘」, 『翁
> 山文外』 권8)

이것은 그가 새 왕조에 순종하는 백성이 아님을 명확히 나타냈을 뿐만 아니라 심지어 명나라를 회복하려는 의지가 있음을 의도적으로 나타내고 있다. 당시 권력자들도 이런 의미를 읽어냈으니 건륭제가 그 무덤을 '파헤쳐剷毀' 버리라고 엄명을 내린 것도 당연했다. 이런 행동을 통해 당시에 대치하고 있던 쌍방의 '표현' 사이에 흐르던 극도의 긴

---

* 교동은 지금의 산둥반도에 있는 자오라이膠萊 이동以東 지역으로서 칭다오靑島 동부 지역과 옌타이煙臺, 웨이하이威海를 모두 포괄하는 지역을 가리킨다.

** 원주: "明其踣海之憤 (…) 不願首邱之恨."(「澗上徐先生祠堂記」 『鮚埼亭集』 권30)

장을 어렵지 않게 감지할 수 있다.

'죽음'이라는 중대한 사건에 대한 처리는 예로부터 형태가 다양했다. 스스로 묘지명을 쓰는 것은 당나라 때 한창韓愈*이 만든 석각石刻이 전해지고 있었다. 이 책에서 논의하고 있는 이 시기에 이르면 "스스로 장례 형식을 정하는自定終制" 일이 이미 상당히 보편화되어 있어서, 장이기張爾岐도 자신의 묘지명을 쓴 적이 있다.(『蒿庵集』권3 참조) 황종희는 「장제혹문葬制或問」에서 문답을 설정하여 자신의 아들에게 유언을 잘 지키라고 당부했는데, 그 중요한 뜻은 시적이면서 독특한 표현을 추구하는 것 외에도 개인의 의지를 강조하는 데 있었다. 방이지의 「자제문自祭文」은 임종 때가 아니라 그가 머리를 깎고 승려가 되어 청나라에 투항하는 것을 거부했을 무렵에 쓴 것이기 때문에 더욱 침통했다.

> 너는 오늘에야 죽은 것이냐? 갑신년(1644)에 이미 죽었도다!
> 汝以今日乃死耶. 甲申死矣.(『浮山後集』권1, 任道斌 『方以智年譜』,
> 173쪽 재인용)

장자열張自烈도 「자찬묘지명自撰墓誌銘」과 「자제문自祭文」을 써서 역시 "죽기도 전에 제사를 지낸未死先祭" 경우였다.(『芑山文集』권22 참조) 스스로 생광生壙을 만들고 묘비명을 쓰고, 묘지명을 쓰거나 생전에 묘지명을 써 달라고 부탁하는 것은 거의 유행이 되어 있었는데, 당사자의 입장에서는 어쩌면 이런 체험을 통해서 어떤 '생명을 지배하는 자주自主'의 기분을 느꼈을지도 모르겠다. 이에 대해 구유병邱維屏은 이렇게

---

* 한창(799~855)은 하양河陽(지금의 허난 성 멍저우孟州) 사람으로 어릴 적의 이름은 부符였고, 자가 유지有之다. 대화 1년(827) 진사에 급제하여 검교예부호부낭중檢校禮部戶部郎中을 역임했다.

탄식했다.

슬프도다! 요즘 사람들은 왜 삶을 기꺼워하지 않고 죽은 뒤의 일을 일찌감치 계획하는가?

悲夫. 今之人何不以生爲悅, 而爲終歿計之蚤耶.(「爲楊表微自作墓碑志」, 『邱邦土文鈔』 권2)[73]

순절하지 못한 후사자後死者로서 유민은 원래 '충의지사'에 비해 차분하게 준비하고 '죽음'을 아름다운 문장으로 만드는 데 힘쓸 수 있었다. 후세의 관점에서 보면 유민들이 장례를 통해 나타낸 풍부하고 우여곡절이 많은 표현 방식에 놀라게 된다. 그것은 옷차림冠服의 경우와도 유사하지만 그보다 더욱 유력한 표현 방식이었다. 유민이 처한 특수한 언어 환경을 고려했을 때 이것은 그에게 어쩌면 '최후의 표현'이었을 수도 있다. 명·청 교체기의 사대부들—특히 문인이나 명사의 습성을 지닌 사람들—은 독특한 생각으로 장례를 설계함으로써 '죽음'에 대한 자신의 이해 방식을 나타내면서 아울러 표현의 개인성을 완강하게 추구했다. 그리고 명나라 때 발달한 명사 문화는 분명히 이런 추구를 고무했을 것이다.

유학자들이 다투어 '의례의 의의禮意'를 추구할 때 유민들 속의 명사들은 다투어 '통달達'을 표방했다. 주이존의 『정지거시화靜志居詩話』에서는 진량陳梁(?~?, 자는 칙량則梁)에 대해 이렇게 기록했다.

(진량은) 만년에 은거하여 승복을 입은 채 고기를 먹고 성곽 밖에 생광生壙을 만들고 그 위에 3칸짜리 집을 지어 덮으면서 벗에게, "이건 망한 나라의 신전인 '박사毫社'의 남겨진 뜻을 나타낸 것일

세."라고 말했다. 그리고 그 기둥에 이렇게 썼다.

"이 부처 스스로 와서 미주米酒를 즐기리니, 지금 외로운 무덤에
는 매화가 피었구나."

또 이런 글도 썼다.

"세상에 무슨 근심 걱정이 있는지, 노승은 보지도 듣지도 않는다
네."

한가할 때면 손님을 불러다가 생광 앞에서 마음껏 마시며 즐겼으
니, 그 또한 통달한 인사였다.

晚歲隱居, 僧服茹葷, 治生壙於郭外, 結屋三楹覆之, 語其友曰:
此亳社遺意也. 題其柱云: 此佛自來耽米汁, 至今孤塚有梅花. 又
云: 天下何思何慮, 老僧不見不聞. 暇輒召客縱飮壙前, 亦達士
也.(656~657쪽)

한때 유민들 가운데 죽음을 처리하면서 '통달'한 사람이라는 평가
를 받았던 이들은 상당히 많다. 왕홍王弘이 쓴 「염처사수령전閻處士修齡
傳」*에는 이렇게 기록되어 있다.

아내 정丁씨와 함께 돌아가신 모친의 무덤에 성묘하러 갔다가 그
옆의 언덕을 가리키며 아내에게 말했다.

"나중에 우리 둘도 여기에 함께 묻혀서 영원히 부모님 곁에 있으
면 유감이 없겠소."

---

* 염수령閻修齡(1617~1687)은 산서 태원 사람으로 자가 재팽再彭이고 호가 음우수飮牛叟, 용
암庵容庵, 단려노인丹荔老人이다. 명나라 말엽 공생이었던 그는 명나라가 망하자 백마호白馬湖 근
처에 은거했다. 동시대의 두준과 부산, 왕유정王猷定, 위희, 염이매 등과 친했던 그의 저작으로는
『추심집秋心集』『추방집秋舫集』『동섭집冬涉集』『영각집影閣集』, 그리고 『권서당시문眷西堂詩
文』『홍학정사紅鶴亭詞』 등이 있다.

그리고 아내와 함께 한참 동안 풀밭에 앉아 있다가 돌아가서 미리 자신의 무덤을 만들었다. 사람들은 그가 통달했다고 칭송하면서 사공도司空圖에 비유하기도 했다.

攜妻丁孺人展考妣墓, 指旁一邱謂孺人曰: 吾他日與汝同穴於斯, 永依吾父母之側, 無憾矣. 與孺人藉草而坐, 久之, 歸, 遂預自造壙, 人稱其達, 方之司空表聖云.(『碑傳集』권125)

　귀장은 무덤 사이에 오두막을 짓고 거기에 "사방에 저승의 집들과 인접해 있으니, 사람은 얼마나 쓸쓸하고 귀신은 얼마나 많은가!四鄰接幽冥之宅, 人何寥落鬼何多"라고 써놓았다고 하니(『觚賸續編』참조), 굴대균이 자신의 거처에 '사암死庵'이라는 편액을 걸어놓은 것과 함께 모두 명사적인 행동이었다. 『정지거시화』에서는 황주성黃周星*에 대해 이렇게 기록했다.

　70세에 갑자기 슬픔을 느끼고 하늘을 향해 탄식했다.
　"아, 이제 죽을 수도 없는가!"
　그러더니 스스로 묘지명을 쓰고 「해탈음」 12장을 지은 후 처자식과 작별하고 거침없이 술을 마시더니, 한 말을 다 마시고 잔뜩 취

---

* 황주성(1611~1680)은 호남湖南 상담湘潭 사람으로 본명이 주성周星이고 자가 구연九煙 또는 경명景明이었다가 경우景虞로 고쳤으며 호로 포암圃庵, 이암而庵 외에 소창자笑倉子, 태옥주인 汰沃主人, 장취주인將就主人 등을 썼다. 만년에는 이름을 황인黃人으로 바꾸고 자가 약사略似, 호가 반비도인半非道人이라고 했다. 숭정 13년(1640) 진사에 급제하여 숭정 16년에 호부주사戶部主事에 임명되었으나 천하가 어지러워지자 부임하지 않고 부친을 따라 상담湘潭으로 갔다가 부친의 상을 치르고 나서 남경으로 돌아갔다. 청나라가 들어서자 벼슬길에 뜻을 접고 오吳·월越 지역에서 훈장 노릇을 하며 생계를 꾸렸다. 강희 19년(1680)에 박학홍사과博學鴻詞科에 천거되어 벼슬살이를 강요받자 두 번이나 강물에 몸을 던졌으나 구함을 받았고, 결국 단식을 해서 스스로 목숨을 끊었다. 저작으로 『하위당집夏爲堂集』『제곡지어制曲枝語』가 있고, 그 외에 전기 『인천락人天樂』과 잡극 『석화보惜花報』 및 『시관술회試官述懷』가 있다.

한 채 스스로 강물에 몸을 던졌다.

年七十, 忽感愴於懷, 仰天嘆曰: 嘻, 而今不可以死乎. 自撰墓
誌, 作解脫吟十二章, 與妻孥訣, 取酒縱飮, 盡一斗, 大醉, 自沈於
水.(648쪽)

생사의 갈림길에서 보여준 소탈함 속에도 남들은 모르는 비통한 슬
픔이 있었을 것이다. '통달'의 의미는 자연히 불교의 전파 및 사대부들
의 선열禪悅과도 관련이 있다. 유학의 입장을 견지한 이들은 여기에서
도 어느 정도 경계심을 가졌다. 심지어 불교에 몸을 담고 있는 이들 중
에도 이상에서 서술한 행위에 찬성하지 않는 이들이 있었다. 서방徐枋
은 「답퇴옹노화상서答退翁老和尙書」에서 주지서周之嶼(?~?, 자는 옥부玉鳧)
가 "담소하며 세속을 떠난談笑辭世" 것에 대해 계기홍저繼起弘儲가 "옛
명나라의 신하들과 유로遺老들이 이런 때 담소하며 떠나는 것은 적절
하지 않은 듯하다"*라고 평한 일을 기록했다.[74]

명대의 인물들 가운데는 이러한 '통달'을 특출하게 연출해내는 데
정성을 아끼지 않았던 이들이 줄곧 있었다. 『명계북략』에 따르면 학경
郝敬**은 스스로 장례를 정했을 뿐만 아니라 '장례 시각葬辰'을 몸소 정
하고 '생장문生葬文'을 돌에 새긴 다음, "서산西山에 가서 차분하게 가마
에서 내려 붓을 찾아 사당의 기둥에 글을 쓰더니" "잠시 후 자신의 입
과 코에 솜을 틀어막고 죽었다屬纊而絶"(권15, 264쪽)고 했으니, 참으로
소탈하기 그지없는 인물이었다고 하겠다. 진계유陳繼儒***는 죽어서도

---

* 원주: "謂故臣遺老, 當此之時談笑而逝, 似不相宜."(『居易堂集』 권2)
** 학경(1558~1639)은 호북 경산京山 사람으로 자가 중여仲輿고 호가 초망楚望이다. 만력 17년
(1589) 진사에 급제하여 진운縉雲과 영가永嘉의 현령, 예과와 호과 급사중, 강음지현江陰知縣을
역임하고 은퇴하여 고향에서 저작에 몰두했다. 뛰어난 화가이자 경학자였던 그의 저작으로는 『주
역정해周易正解』『상서별해尙書別解』『모시원해毛詩原解』 등 다수가 있다.

명사로서의 태도를 잊지 않았다.

(그가) 죽기 전에 자손과 빈객, 벗들을 불러놓고 말했다.

"내가 죽고 나서 제사를 지내는 것보다 생전에 술이라도 한잔 주는 게 더 낫지 않겠는가?"

이에 사람들이 줄지어 늘어서서 잔을 씻고 차례로 술을 올려서 마치 제사를 지내는 듯이 했다. 진계유가 하늘로 고개를 젖히고 단숨에 마시더니 사람들을 꾸짖었다.

"애절하게 통곡을 해야 하는 게 아니더냐?"

이에 좌우에서 모두 애통하게 통곡했고, 어떤 이는 「해가薤歌」를 불러 분위기를 도왔는데, 노래는 갈수록 비통해졌고 술을 계속해서 올리자 진계유가 기뻐 일어나서 춤을 추는데 모자에 꽃을 꽂고 덩실덩실 춤추다가 잔뜩 취한 뒤에야 그쳤다. 눈을 감을 때가 되자 또 귀신은 없다는 이야기를 유창하게 하더니, 박수를 치며 껄껄 웃고 나서 죽었다.

未歿前, 召子孫賓朋曰: 汝曹逮死而祭我, 不若生前醉我一杯酒. 於是群從雁行洗爵, 次第而獻, 如俎豆狀, 繼儒仰天大嚼, 叱曰: 何不爲哭泣之哀. 左右皆大慟, 或爲薤歌以佐觴, 歌愈悲, 酒愈進, 繼儒喜而起舞, 簪帽以花, 婆娑佻達, 盡醉乃罷. 將瞑目, 又暢言無鬼之旨, 鼓掌大笑而逝.(同書同卷, 265쪽)

*** 진계유(1558~1639)는 화정華亭(지금의 상하이에 속함) 사람으로 자가 중순仲醇이고 호가 미공眉公, 미공麋公이다. 서예와 그림, 시문에 두루 뛰어났던 그는 29살에 벼슬길의 뜻을 접고 은거했다. 그림으로 『매화책梅花冊』 『운산권雲山卷』 등이 있고 저작으로 『이고록妮古錄』 『진미공전집陳眉公全集』 『소창유기小窗幽記』 등 다수가 있다.

이상의 배경은 명나라 유민들 가운데 몇몇을 이해하는 데 도움이 될 수도 있지만 결국 세상을 놀라게 하면서 장례를 황당한 희극으로 아낌없이 만들어버렸다.

산음 땅의 처사 예순평은 변란이 일어난 뒤에 처자식과 결별하고 술자리를 마련해서 많은 빈객과 손님을 초청했다. 또 항아리 2개 를 사서 교외에 구덩이를 파고 그 속에 항아리 하나를 놓았다. 이 어서 통쾌하게 술을 마신 뒤 사람들에게 인사를 하고 떠나자 처 자식이 울며 따라갔다. 구경꾼이 천 명 가까웠다. 처사는 차분하 게 의관을 바로 하고 항아리 안에 앉아 다른 항아리로 위를 덮더 니 틈을 메우라고 호통을 쳤다. 그의 아들이 며칠 동안 항아리 옆 에 앉아 지켰는데, 불러도 대답이 없자 흙으로 덮었다.
山陰有處士倪舜平者, 變後訣別妻子, 置酒大會賓友, 市兩缸, 坎郊 外, 置其一坎內, 痛飮慷慨, 揮衆去, 妻子號泣隨之, 觀者千人. 處士 從容整衣冠, 坐缸中, 一缸覆其上, 叱令彌其逢. 子坐缸側數日, 呼之 不應, 乃掩.(王源,「金主事傳」,『居業堂文集』권3)

이런 식의 연출 행위에 대해서는 당시에도 비판이 있었다.[75] 그러나 결국 이런 연출을 통해서 우리는 당사자의 차분하고 느긋한 심경을 느 낄 수 있다. 필자는 이 책의 다른 부분에서 이미 명·청 교체기의 '죽 음'이라는 주제를 논의한 바 있다. 그런데 여기서 '죽음'이라는 것이 명·청 교체기 사대부들에게도 결코 시종일관 침중한 주제는 아니었다 는 점을 짚고 넘어갈 필요가 있다. '죽음'을 주제로 한 그들의 글은 여 전히 내용이 복잡하고 잡다하다.

명대 유민들의 장례 처리에 대한 상상력과 창조 열정은 여기에 그치

지 않는다. '통달' 외에 어떤 이들은 표현의 강도와 의미의 함량을 추구
했다. 사방득謝枋得은 「상승상류충재서上丞相留忠齋書」에서 이렇게 썼다.

> 살아서는 훌륭한 선비이고 죽어서는 묘표墓表에 "송나라의 처사
> 아무개의 무덤"이라고 했다.
> 生稱善士, 死表於道曰: 宋處士謝某之墓.(『謝疊山先生文集』권2)

또 다른 송나라 유민 정사초鄭思肖는 임종할 때 위패位牌에 '대송大宋
불충불효不忠不孝 정사초'라고 쓰라고 당부했는데, 이 또한 명나라 유민
들이 즐겨 따라하던 것이었다. 그에 비해 위에서 '통달'한 이들이라고
분류했던 이들에게는 이 또한 더욱 정치적인 표현이었다. 장례 제도를
뜻을 밝힐 최후의 기회로 간주한 왕부지는 자신의 묘비에 쓸 글을 스
스로 지었다.

> 유곤劉琨(271~318, 자는 월석越石)처럼 외로운 울분을 품었지만 나
> 타낼 운명을 타고나지 못했고, 장재張載(1020~1077, 자는 자후子厚)
> 처럼 학문을 바로잡기를 바랐지만 힘이 모자랐다. 다행히 이 언덕
> 으로 온전히 돌아가지만 당연히 영원토록 슬픔을 품고 있으리라!
> 抱劉越石之孤憤而命無從致, 希張橫渠之正學而力不能企. 幸全歸
> 於玆丘, 固銜恤以永世.(『船山全書』제15책, 228쪽)

이것은 틀림없이 한 글자 한 구절까지 세심하게 다듬은 것이다. 더욱
이 그는 "한 글자도 더하거나 빼지 말도록" 엄중하게 당부하여 자신의
의지가 바뀔 염려를 완전히 차단시켜버렸다. 진좌재陳佐才는 글을 통해
자신이 '투항하지 않음不降'을 분명히 나타냈다.

(그는) 만년에 돌을 파서 관을 만들고 스스로 만시挽詩를 지었다.

명말의 외로운 신하
죽어서도 절조를 바꾸지 않고
돌 속에 묻혀
낮이면 정신과 혼백을 단련하고
비 오면 눈물짓고 바람 불면 통곡하며
늘 추모객이 된다네.

원근의 지인들이 모두 화답하는 작품을 쓰니 『석관시』라고 이름
을 붙이고 전부 관 위에 새겼다.

暮年鑿石爲棺, 作詩自挽云: 明末孤臣, 死不改節, 埋在石中, 日煉
精魄, 雨泣風號, 常爲弔客. 遠近知交, 皆有和章, 名石棺詩, 俱鐫棺
上.(『明季滇黔佛敎考』 권5, 246쪽)

강채姜埰는 경정敬亭의 산기슭에 묻어 달라고 유언을 남겼는데, "병
세가 위독해져서 코와 입 위에 새로 솜을 얹으려고 할 때 혀가 잘 돌
아가지 않았음에도 여전히 '어서 선주宣州로 가라!' 하고 재삼 소리쳤
으니"* 여기서 나타내고자 한 것은 숭정제에 대한 자신의 변함없는 충
정이었다.(이 책의 부록으로 실린 『魚山剩稿』에 대한 논의를 참조) 유민이
'죽은 후'에 대해 특별히 관심을 기울인 것도 '절조를 잃는 것失節'에
대한 근심과 두려움에 뿌리를 두고 있다. 이런 장면에서 장엄성 외에

---

* 원주: "病革, 屬纊之頃, 舌根艱澀, 猶呼速往宣州再三."(『敬亭集』에 수록된, 그의 아들이 편찬한
年譜 續編을 참조)

어쩌면 유민의 처지에 대한 풍자성을 발견할 수도 있을 것이다.

앞서서 이미 유민이 의관을 정치적 정서를 표현하는 부호로 삼았다고 설명했는데, 장례와 관련된 기록에서도 '의관'과 같은 특수한 용어를 만나게 된다.

장례 때의 의관으로 투항하지 않았음을 보여주는 '유민의 방식'은 대의를 지켜 죽은 이들의 방식을 계승한 것이다.(이 장의 제2절 참조) 이 무렵 유민의 정치적 태도와 신분에 대한 선포는 실낱같은 구차함도 허용하지 않는다. 굴대균은 두건幅巾과 장삼深衣, 허리띠大帶, 방석方舃*으로 염殮을 하라고 유언을 남겼는데(「翁山屈子生壙自志」, 『翁山文外』 권8), 이것은 자신이 관방官方의 신분이 아님을 표명하는 것 외에도 착용한 것이 '명대의 의관'이요 '화하華夏의 의관'이라는 사실로 인해 장례에 다중적인 의미가 담기도록 했다. 후베이湖北 샹중湘中 지역 소수민족에게는 "살아서는 투항해도 죽어서는 투항하지 않는生降死不降" 습속이 있었는데, 그 표현 방식이 바로 장례 때 시신을 염하는 의관이었다. 차이가 있다면 명나라 유민 가운데 청나라 의관으로 염하는 것을 거절한 이들은 대부분 살아 있을 때도 투항하지 않던 이들이었다는 사실이다. 앞에서 이미 언급했듯이 명대 사대부들은 의관에 대해 문화적 취미가 있었다. 명·청 교체기에는 의관(및 두발)과 관련된 희극이 이런 정도까지 연출되면서 더할 나위 없이 훌륭해졌다. 이를 보면 죽음을 대하는 유민의 정중한 태도를 실감할 수 있으니, 그들이 장례에 심원한 의미를 담기 위해 대단히 고심했음을 알 수 있다.

유민 가운데 유학자들은 불교로 도피하는 행위를 "이씨(도교와 불

---

* 방석은 상방석尙方舃 또는 상방리尙方履라고도 부르며, 바닥을 여러 겹을 붙여서 만든 신을 가리킨다.

교)에게 절조를 잃은失身於二氏" 것으로 생각했으니(본장 제1절 참조), 유민들 가운데 유행하던 승복으로 염하는 일에 대해서도 틀림없이 쉽게 찬동하지 않았을 것이다. 여기서의 장례 제도는 '신앙'으로 나타나서 또 다른 엄중한 의미를 지니게 된다. 승복으로 염하는 것과 유생의 복장으로 염하는 것은 청나라 복장으로 염하는 것과 명나라 복장으로 염하는 것과 마찬가지의 차이가 있는 것으로 여겨졌고, 심지어 그 사람이 죽은 뒤에도 분쟁을 야기할 수 있었다. 황종희의 「오산익연대사탑명吳山益然大師塔銘」에서는 익연대사*의 장례 때 유학자의 복장으로 염해야 한다는 논의가 있어서 "여러 사람의 말이 혼란스러웠는데 결국 승려의 예법을 따랐다"**라고 기록했다. 여기서 장례는 살아 있는 이들이 죽은 이에 대해 정의를 내리고 평가하는 자리이니, 이 또한 털끝만큼의 구차함도 용납하지 않는 중대한 일이었다.[76] 그와 동시에 삭발하고 계戒를 받은 적도 없으면서 승복으로 염해 달라고 부탁한 일도 있으니, 예를 들어 고유효顧有孝***는 "여러 아들에게 승려의 예에 따라 자신을 염하라고 분부하고 호를 설탄두타雪灘頭陀로 바꾸기도"****했다. 각자의 처지와 동기에 따라 많은 차이가 있었던 것이다. 유민이 아닌 오위업이 승복으로 염해 달라고 한 것은 물론 그가 선禪을 좋아했기 때문이기도 하지만, 그보다는 '부끄러움愧'보다 '아픔痛'을 기록하려는 의도가

---

* 이 책의 저자는 '오씨'라고 지칭했으나 이는 오류다. 익연益然(?~1676)은 법호가 홍제弘濟이고, 복건 오산吳山에서 출가하여 고항선사古航禪師(1585~1656, 법호는 도주道舟)에게 법호를 받았다. 그의 출가 전의 이름이 왕목일汪沐日이고 자는 부광扶光인데, 숭정 6년(1633) 거인이 되어 소사마少司馬를 역임한 바 있다.

** 원주: "衆言淆亂, 卒從僧禮."(『黃宗羲全集』 제10책, 527쪽)

*** 고유효(1619~1689)는 강소 오강 사람으로 자가 무륜茂倫이고 호가 설탄조수雪灘釣叟다. 명나라 말엽 제생이었던 그는 명나라가 망하자 유학자의 의관을 불태웠고, 강희 17년(1678) 박학홍사과博學鴻詞科에 천거되었으나 사절했다. 저작으로 『설탄조수집雪灘釣叟集』이 있다.

**** 원주: "令諸子以頭陀殮我, 因更號雪灘頭陀云."(『碑傳集』 권125 「雪灘頭陀顧有孝傳」)

아닐까 싶다.[77]

불교의 세계관—예를 들어 윤회와 관련된 관념—은 분명히 '삶-죽음', 생명의 주기 등과 관련된 사대부들의 오랜 관념을 풍부하게 해주어서 '죽음'을 우주라는 거대한 생명과 관련된 낙관적인 신념과 더욱 적극적으로 연계시켰다. 이 왕조 교체기에 사대부들은 또 개인의 생명 주기를 치란治亂의 순환, '겁난劫難-부흥復興'—『주역』 박괘剝卦와 복괘復卦*—의 역사적·문화적 신념과 관련시켰다. 이 모든 것은 '죽음'과 관련된 언어의 내용을 전례 없이 복잡하게 만들었다.

명·청 교체기의 3대가 가운데 황종희는 고염무와 왕부지에 비해 문인의 기질이 더 많았다. 전조망은 그가 "문인의 습관과 기질을 다 버리지 못한文人之習氣未盡" 점을 비판한 바 있는데, 그것은 장례에서도 대단히 생생하게 나타났다. 그의 「이주말명梨洲末命」은 문장이 너무나 느긋하다. "무덤 안에는 향기가 충만하게 해야 하고" "그 아래의 작은 밭에는 세 개의 못을 파서 연꽃을 심고" 조문객은 "무덤 위에 매화나무 다섯 그루를 심어놓아 고개 숙여 감사할 수 있게" 하고, 무덤 앞의 기둥은 "두 개를 더 얻을 수 있거든 나무로 들보를 얹어 그 위에 작은 정자를 지으면 더욱 절묘할 것"이라고 했으니,** 일반적으로 유민들이 장례를 부탁할 때 보이는 슬픔 같은 것은 전혀 없고 분위기가 명랑하기 그지없다. 여기서 그의 관심은 시적인 의미에 치중되어 있다. 즉 '죽음'의 경지를 완전하게 하고 장례 행위를 우아하게 만들기 위해 문장 사이에 장례 형식에 대한 창작욕이 넘치면서, 표현의 개인성에 대한 갈망을 보

---

* '박괘'는 원래 벗겨 떨어짐을 의미하는 흉한 괘인데, 곤괘(☷) 위에 간괘(☶)가 얹힌 형상이다. '복괘'는 반복反復을 의미하는 길한 괘인데, 진괘(☳) 위에 곤괘가 얹힌 형상이다.

** 원주: "壙中須令香氣充滿 (…) 其下小田, 分作三池, 種荷花 (…) (來吊者)能於墳上植梅五株, 則稽首謝之 (…) (壙前望柱)若再得二根, 架以木梁, 作小亭於其上, 尤妙."(『黃宗羲全集』 제1책, 191쪽)

여준다. 앞서 여러 차례 언급했던 굴대균의 경우 유언이 의관에 대한
당부에 그치지 않고 덧널槨에 소나무 향이 나는 액을 채우고 그 안에
관을 넣어달라고 했으니, 이 역시 대단한 주도면밀하다고 할 수 있다.
또한 한때 사대부들은 절명시絶命詩를 쓰는 데 아낌없이 심력을 기울였
는데, 굴대균도 장례를 소재로 미리 시를 짓는 것을 피할 수 없었다. 어
쩌면 그가 가장 힘을 기울인 시가 바로 이것일 수도 있다.

또한 강희 34년(1695)에 황종희가 임종할 때 스스로 정한 장례는 시
인과 같이 예술적 경지를 탐닉하기도 했지만 아울러 그가 확실히 '청
왕조로 들어간入淸' 사실을 드러내기도 했다는 점을 짚고 넘어가도 될
것 같다. 이것은 엄격하게 유민의 자세를 지킨 이들로서 기꺼워하지 않
을 일이기도 했다. 그의 아들 황백가가 쓴 「선유헌문효공이주부군행략
先遣獻文孝公梨洲府君行略」에는 "요즘의 복장으로 염하라殮以時服"라는 황
종희의 유언이 기록되어 있는데, 이것은 오해의 여지 없이 바로 청나라
의 복장을 가리킨다. 또한 "관 대신 돌 침상을 쓰고 덧널 대신 바위굴
을 쓰라"*고 한 것이 정말 전조망이 「신도비神道碑」에서 이야기한 것처
럼 시신이 빨리 부패하기를 바라는 뜻이라고는 확신할 수 없다. 이 무
렵 그가 더욱 관심을 기울인 것은 "세속의 유행을 따르지 않고不循流
俗" "스스로 법을 창조하는自創爲法" 것이었으니, 그가 정성을 기울여
묘지를 설계한 것을 보면 그 묘지가 '영원'하리라는 바람이 담겨 있지
않다고 누가 말할 수 있겠는가? 옛 중국의 사대부들은 줄곧 죽는 것
과 죽지 않는 것이 있다고 믿어왔는데, 정신이나 의지 등등의 죽지 않
는 것들은 천지간의 원기元氣라고 생각했다. 뛰어난 시 작품도 죽지 않
는다. 그러므로 사대부가 장례에서 창조를 위해 노력한 것은 '죽음'이

---

* 원주: "易棺以石床, 易槨以石穴."(「葬制或問」『黃宗羲全集』 제1책, 189쪽)

라는 테마에서 불사不死를 추구한 것이며, '죽음'을 중시한 것은 또한 '삶'을 중시했기 때문이었다. 그들은 이런 시적인 행위를 통해서 일반적인 '삶'과 '죽음'의 논리적 관계를 복잡하게 만들었다. 유민들은 장례를 통해 당시에 중요한 테마 가운데 하나였던 '삶과 죽음'의 문제에 적어도 표현의 풍부성은 획득할 수 있도록 해주었다.

유민은 스스로 장례를 정하여 후사를 안배했지만, 죽은 후의 일을 모두 미리 안배할 수 있는 것은 아니었다. 유민의 후사는 더욱이 그가 생전에 미처 예견할 수 없었다. 유민은 장례를 통해 영원을 기대했지만 집권자들은 시신을 훼손하여 효수梟首하기도 하고 서판書板을 훼손하거나 금지시키는 것으로 응답하기도 했으며, 때로는 그런 기대를 완성하기에 충분한 여건을 마련해주기도 했다. 여기에도 왕조 교체기에 나타난 현상들의 풍자성이 담겨 있지 않은가?

제 7 장

시간 속의
유민 현상

유민은 원래 일종의 시간적 현상이다. '유민의 시공時空'은 가정假定에서 나온 것이며 또한 유민의 존재 조건으로 간주되었다. 시간 속에서의 유민의 운명, 즉 유민이 시간에 의해 침식당하는 것은 어쩌면 유민 현상 가운데 가장 비참한 측면일 수도 있다. 바로 그 시간이야말로 유민의 비극이 '숙명'일 수밖에 없는 이유를 설명해준다.

절조 상실에 대한 두려움

유민의 고민: 시간에 대한 염려

명말의 '충의지사'나 명나라 유민의 전기와 행장을 보면 도처에서 시간에 대한 그의 염려를 읽어낼 수 있는데, 특히 기울어가는 명나라가 아직 망하지 않은 시점이나 망하고 난 직후에는 더욱 그러했다. 이러한 염려는 당연히 나름대로 충분한 이유가 있었다. 저항에 참여한 경험 속에서 명 왕조 회복의 시기가 순식간에 지나가버린다는 것은 두려운 사실일 수밖에 없다. 구식사瞿式耜는 병술년(1646) 9월 20일에 집으로 보낸 편지에서 이렇게 썼다.

> 집안의 모습은 아마 올해가 오히려 태평할 터인데, 남쪽에 풍년에 들어 쌀값이 아주 싸다는 소식이 여기에도 전해졌다. 백성은 되레 평안한데, 300년 동안 태조 황제의 융성한 은혜를 입었거늘 어찌 달갑게 머리를 깎을 수 있겠는가? 설마 인심이 모두 식었단 말인가?

家中光景, 想今年反覺太平, 此間亦有傳來謂南方甚熟, 米價甚賤,
人民反相安, 只未知三百年受太祖高皇帝之隆恩, 何以甘心剃髮. 難
道人心盡死.(『瞿式耜集』권3, 253쪽)

당시 '대의에 참여'한 이들의 입장에서 가장 놀라운 것은 어쩌면 바
로 이렇게 '평안'한 소식이었을지도 모른다. 장황언張煌言은 때가 지나
려 하자 "원근에서 들리는 소문에 따르면 하늘 남쪽 천자에 대한 확실
한 소식을 오랫동안 알지 못하니 고국에 보은하려는 생각이 갑자기 시
들고 고국을 그리는 마음도 점점 식어가서"* "얼른 다스리지 못하면
고국에 보답하고자 하는 인사들의 기개가 갈수록 쇠약해지고 고국을
그리는 마음도 멈춰버릴 것"**이라고 염려했다. 구식사도 마찬가지로 긴
장했다.

지나간 일을 헤아려 보니 후한後漢 광무제光武帝는 건무建武 1년
(25)에 낙양에 도읍을 세우셨고, 당나라 숙종肅宗은 지덕至德 2년
(757)에 안사安史의 반란군에게 점령되어 있던 섬서陝西 지역을 회
복했으니, 중흥中興의 과업은 3년을 넘긴 적이 없었다. 우리 황상
께서 즉위하신 지 이제 3년이 되었는데, 말릉秣陵의 소나무 잣나
무는 아직 멀리 바라보이지만, 북평北平의 능원陵園은 까마득히
이민족의 영역에 잠겨 있다.
竊稽往事, 漢光以建武元年定鼎洛陽, 唐肅以至德二年恢復陝右, 中
興之業, 未嘗以三年淹也. 我皇上卽位, 今三年矣. 秣陵松柏, 尙在

望中, 北平寢園, 杳淪異域.(「謹獻芻言疏」, 『瞿式耜集』권1, 100쪽)

하지만 구식사는 이 이전에 지극히 낙관적인 생각을 하기도 했다.

생각건대 마땅히 영력제께서 등극하셨다는 소식을 들으면 각 지
역에서 바로 의병이 떨쳐 일어나 천자를 맞이할 것이니 (…)
謂宜聞永曆登極之信, 各省便當奮起義師, 迎鑾迎駕 (…) (같은 책,
권3, 261쪽)[1]

일정 정도의 기간 동안 '회복에 대한 기대'는 확실히 충의지사와 유
민들이 목숨을 지탱하는 의지처였다. 을유년(1645) 5월에 오응기吳應箕
가 여러 '중흥론'—「한광무중흥론漢光武中興論」「진원제중흥론晉元帝中
興論」「당숙종중흥론唐肅宗中興論」「송고종중흥론宋高宗中興論」—을 쓸 때
는 아직 '중흥'에 대한 기대감이 있었다. 노왕魯王이 국정을 맡고 있을
때 오종만吳鍾巒은 '와전된 회복 소식' 때문에 시를 지어 기쁨을 기록
했다.

이제부터 자손들은 옛 일을 찾아
술잔 들고 시 읊조리며 석양을 구경하겠구나.
從此兒孫尋舊業, 可將詩酒弄斜暉.(『黃宗義全集』 제2책, 234쪽)

서세부徐世溥의 「유징군전劉徵君傳」에 따르면 유성劉城은 "손톱으로 책
상을 긁으며" "속으로 생각해보니 아직 동진이나 남송의 일이 다시 실
행되어서 한족 왕조의 웅장한 의례를 새로이 볼 수 있을 것 같았기 때
문에 금릉과 임안의 지도와 기록志을 손에서 놓지 않았다."* 황도주黃

道周는 거의 죽을 때까지 회복의 희망을 버리지 않았는데, 당시의 정세에 대한 그의 생각은 이러했다.

우리 명나라는 주나라와 경력이 같아서 당나라 말엽에 바라던 것과는 달리 쇠퇴한 뒤에도 여전히 전국시대가 있다.
我明與周室同歷, 非唐季所望, 衰軼而後, 猶爲戰國.(「與陳無涯無枝書」,『黃漳浦集』권17)

그는 이런 뜻을 여러 차례 이야기했다.[2] 왕부지가 만년에『송론』을 쓸 때 여러 역사 사실을 빌려서 "이때를 지나면 수복의 희망이 없어진다過此無收復之望"고 한 것은 이미 해묵은 이야기를 다시금 꺼낸 것에 지나지 않았다.

석씨의 후주와 동진이 중국 땅을 갈랐던 초기에 북방의 사대부와 백성 가운데는 틀림없이 오랑캐 풍속을 수치스러워하며 슬피 수심에 잠긴 이들이 있었을 것이다. 그러나 기구에서 패전했을 때까지 모두 50년이 걸려서 원로들 가운데 생존해 있는 이들은 100명 가운데 하나도 없었다. 벼슬아치들은 후진의 녹을 먹고 농사꾼들은 그 일에 익숙해졌으며, 사치에 빠진 이들은 그들의 기호에 맞추어 아부하며 함께 어울렸다. (…) 그러므로 뜻 있는 선비들은 서둘러 때를 다투면서 오히려 이미 늦지 않았을까 염려하나니, 어찌 또 잠깐 기다리라고 말할 수 있겠는가!

---

* 원주: "爪掌畫幾 (…) 私心籌度, 以爲東晉南宋之事尙可復行, 而庶幾再見漢官威儀也, 故金陵臨安圖志至不釋手."(『嶧桐集』)

當石晉割地之初, 朔北之士民, 必有恥左袵以悲思者. 至岐溝敗績之
歲, 凡五十年, 故老之存者, 百不得一. 仕者食其祿, 耕者習其事, 浮
靡之夫, 且狃其嗜好而與之俱流 (…) 故有志之士, 急爭其時, 猶恐其
已暮, 何忍更言姑侯哉! (권2, 59쪽)

마음을 졸이며 잊지 못하는 것이란 여전히 명나라가 망한 직후의 그
걱정이었다. 유민이 세상사가 '밝고 평온한清平' 것을 보기 두려워한 것
또한 의사와 같았다. 유헌정劉獻廷은 자신의 경험을 이렇게 기록했다.

한수 근처에 살 때 한양령 장수민이 술자리에 초청했다. 대나무
젓가락과 질그릇 술잔, 그리고 조촐하게 5그릇의 안주가 차려졌
다. 뜰 안에는 노란 국화가 활짝 피었고 두 마리 백학이 그 옆에
서 물을 마시고 모이를 쪼고 있었다. 훌륭한 관리의 청렴한 기풍
이 여유롭고 즐거웠다. 세상 기풍이 갑자기 변해 이런 정도가 되
었으니 하늘의 뜻은 정말 헤아릴 수 없다. 돌아와서 제자인 황종
하黃宗夏와 그 일에 대해 이야기하며 탄식했다.
寓漢上時, 漢陽令張壽民招飮. 竹箸瓦杯, 寥寥五簋. 庭中黃菊粲然,
二白鶴飮啄於其側. 叔度淸風, 蕭然可樂. 世風一變至此, 天意誠不
可測也. 歸與宗夏言而嘆之.(『廣陽雜記』 권4, 200쪽)

명말에 극도의 부패를 겪었다 하더라도, 이런 풍경조차 유민들은 즐
거운 마음으로 볼 수만은 없었다.
　엄연히 '정통'을 자처하던 남명 왕조 역시 시간의 위협을 느꼈다는
사실에는 풍자적인 의미가 담겨 있다. 황종희의 『홍광실록초弘光實錄鈔』
와 이청李淸의 『남도록南渡錄』 등에 적힌 '보봉補封'과 '보시補諡', '증휼

贈恤', 정죄定罪, 그리고 '반역사건逆案'에 관련된 사람들에 대해서는 판결이 번복되거나 보복하는 일들이 모두 서둘러 진행되었다. 『홍광실록초』에는 완대성阮大鋮이 주표周鑣*를 죽이려 하면서, "시간이 다 되어 가니 나는 때맞춰 복수할 것인데, 또한 그가 누구(글자 누락―옮긴이)를 위하든 적을 위하든 무슨 상관이겠는가?"**라고 말했다고 기록되어 있다. 이를 보면 당시 남명 왕조의 군신들이 때를 맞추지 못할까 염려했던 말세의 심정을 뚜렷하게 느낄 수 있다.

그러나 설령 '바다의 조짐海氛'이 이미 '다스려진靖' 뒤에도 명나라 유민 가운데 완강한 이들은 여전히 '의병'이나 '회복'과 같은 아득한 희망을 버리지 못하고 이것을 생존의 의미를 지탱하는 기반으로 여겼다. 『비전집』 권124에 수록된 정량鄭梁의 「심선생인기묘지명沈先生遴奇墓誌銘」에서는 심인기沈遴奇의 사적을 상당히 생생하게 기록했다.

> (심인기는) 종종 남들에게 귓속말로 자신이 점치는 신선이라고 하면서 장차 어느 지역에서 군대가 일어날 것이고 모년 모월 모일에 천하가 큰 혼란을 맞을 것이라고 하곤 했다. 하루는 우리 밭여 백부 댁에서 묵다가 한밤중에 갑자기 몇 겹의 대문을 열고 밖으로 걸어 나가 이렇게 소리쳤다.
>
> "오늘 정말 군대가 몰려와서 포성이 하늘을 뒤흔들고 깃발과 군함이 강을 뒤엎을 것이다!"
>
> 이렇게 두세 번 소리치자 이웃이 놀라 도둑이 들었나 보다 생각하

---

* 주표(1600~1645)는 금단金壇(지금의 장쑤 성 창저우常州에 속함) 사람으로 자가 중어仲馭고 호가 녹계鹿溪다. 숭정 1년(1628) 진사에 급제하여 남경예부주사를 지냈으나, 남명 정권에서 좌양옥左良玉 사건으로 인해 자진하라는 명을 받고 스스로 목을 맸다. 저작으로 『소국충기遜國忠紀』 등이 있다.

** 원주: "鍾鳴漏盡, 吾及時報復, 亦何計其爲□爲賊乎."(『黃宗羲全集』 제2책, 89쪽)

고 모두 일어났는데, 선생은 벌써 문을 닫고 잠자리에 들어간 뒤였다. (…) 아! 여기에 그의 의지가 있었으니, 하루라도 전란을 싫어한 적이 있었던가!

往往耳語人曰: 吾乩仙云云, 某方兵且起, 某年月日, 天下當大亂. 一夕宿吾紻如伯父家, 夜參半, 忽開數重門走出, 大聲叫呼曰: 今日兵眞至矣, 炮響震天, 旌旗舳艫蔽江下矣. 如是呼者再三, 鄰右皆驚, 以爲有盜也, 則皆起, 而先生則已閉戶就寢矣 (…) 嗟乎, 此其志意之所存, 何嘗一日厭亂也哉.

심인기가 "전란을 이처럼 좋아하고" "전란을 맛있는 음식처럼 생각한嗜亂如旨"것은 당시 사람들의 마음에 보편적으로 퍼져 있던 '전란에 염증을 느끼는' 심정과는 대비를 이룬다. 이 또한 특수한 부분을 통해 유민의 적막한 심사를 드러낸 예라고 하겠다.[3]

'유민'은 일종의 신분일 뿐만 아니라 일종의 상태, 심리이기도 하다. 예를 들어 앞서 설명한 변란에 대한 태도에서는 심지어 이 때문에 자신을 기만하는 것도 마다하지 않게 된다. 정량은 앞의 글에서 이미 심인기가 '집안의 어른家大人'과 왕래하면서 "자리에 앉으면 반드시 복건과 광동, 운남, 귀주 등지의 소식을 거론하여 위로했는데, 어른께서는 선생의 말이 모두 그의 마음속 말이지 사실이 아니라는 것을 분명히 알고 계셨다. 하지만 한 번도 그 말을 듣고 웃지 않으신 적이 없었다"* 라고 했다. 전조망은 왕옥조王玉藻**에 대해 이렇게 기록했다.

---

* 원주: "坐定必擧閩粵滇黔間信息相慰藉, 大人明知先生所言皆其意中語, 非眞實事, 然未始不一爲破顔也."

경인년(1650)에 돌아가신 부친께서 그분을 방문하여 섬에서 일어
난 일에 대해 이야기를 나누셨는데, 그분께서 이렇게 말씀하셨다.
"지금은 마땅히 정강(1126~1127), 건염(1127~1130) 무렵과 같은
시기에 처한 것이라고 여겨야지 상흥(1278~1279) 연간처럼 생각
하면 망하게 될 것이오."
庚寅, 先大父嘗訪之, 相與語島上事. 公曰: 今日當猶在靖康建炎之
際耳, 君以祥興擬之, 下矣.(『鮚埼亭集』外編 권11 참조)

황종희가 「고효렴황계정선생묘지명故孝廉黃季貞先生墓誌銘」에서 "민간
의 와전된 소문을 듣고도 눈물을 흘렸다民之訛言, 亦爲破涕"라고 쓴 것
도 이와 유사한 감정 상태를 묘사한다.

이 무렵에 '회복에 대한 기대'는 확실히 분노와 불만을 펼쳐 낼 수
있는 테마였다. 신중하게 글을 썼던 부산조차도 "「자객열전」이나 「유협
열전」을 읽을 때마다 기뻐서 안색이 변했고" "근심 속에서도 잊지 못
하는 바가 있어서 이루어내어 기꺼워하게 되기를 바랐다."*** 굴대균은
여러 차례 "복수하여 치욕을 씻으려는" 뜻을 반복적으로 나타내서 속
내를 숨김없이 드러냈다.

쓸개로 그 마음을 괴롭히고 여뀌로 그 몸을 고달프게 하나니, 옛
사람들은 모름지기 그것을 치욕을 씻고 원수에게 복수하기 위한
계책으로 여겼을 따름이다. (…) 나는 원래 고달픈 사람이라 여뀌

** 왕옥조(?~?)는 강도江都 사람으로 자가 질부質夫고 호가 나산螺山이다. 숭정 16년(1643) 진
사에 급제하여 자계지현慈溪知縣을 역임했다. 명나라가 망한 뒤 남명 정권에서 병과급사중 등을
역임하며 청나라에 대항하다가, 남명마저 망하자 사대부의 의관을 바꾸지 않은 채 은거했다.
*** 원주: "每耽讀刺客遊俠傳, 便喜動顏色 (…) 耿耿之中, 有所不忘, 欲得而甘心者."(『雜記三』『霜
紅龕集』 권38, 1049쪽)

를 약으로 삼나니, 그것을 깔고 눕는다는 뜻이 아니라 그것을 마시고 먹는다는 뜻이다. 설사 씻을 치욕이 없고 갚을 원수가 없다 한들 반드시 아침저녁으로 이 여뀌와 함께 할 터인데, 하물며 마음속에 무척 잊을 수 없는 것이 들어 있음에랴!

苦其心以膽, 辛其身以蓼, 昔之人凡以爲雪恥復仇計耳 (…) 予本辛人, 以蓼爲藥石, 匪曰臥之, 又飮食之. 卽使無恥可雪, 無仇可復, 猶必與斯蓼相朝夕, 況乎有所甚不能忘者於中也哉.(「臥蓼軒記」, 『翁山文外』 권1)

또 진방언陳邦彦*에 대한 애도사에서는 이렇게 썼다.

분노한 군대 일으켰으나 원수를 갚지 못하고, 나라의 치욕 씻으려 부지런히 애썼지. 일찍이 미친 척하며 벼슬길에 나아가지 않았고, 몸에 옻칠하며 복수를 다짐했지.

憤師讎兮未復, 與國恥兮蓁蓁. 早佯狂兮不仕, 矢漆身兮報之.(같은 책 권14)

또한 「자작의관총지명自作衣冠家誌銘」에서는 대놓고 이렇게 썼다.

때를 기다렸다가 나서서 옛 성인의 길을 실천하고자 하지, 초야에서 평생을 마쳐 천하가 불행했다고 여기도록 하고 싶지는 않다.

---

* 진방언(1603~1647)은 순덕順德 용산龍山 사람으로 자가 영빈令斌이고 호가 암야巖野다. 20세 무렵부터 금암산錦巖山 아래에서 학당을 차려놓고 학생들을 가르쳤으나, 1644년에 명나라가 망하자 문을 버리고 무를 택하여 의병을 이끌고 청나라에 대항하다 순절했다. 저작으로 『설성당집雪聲堂集』 『남상초南上草』 『역운수법易韻數法』 『중흥정요中興政要』 등이 있다.

蓋欲俟時而出, 以行先聖人之道, 不欲終其身於草野, 爲天下之所不
幸也.(같은 책, 권8)

고염무가 사원沙苑의 질려蒺藜를 먹는다고 하고 굴대균이 여뀌를 깔
고 눕는다고 한 것은 뜻이 비슷한 말이다. 또한 고염무든 굴대균이든
간에 이와 같은 행위를 모두 숨기지 않아서, 어떤 때는 마치 그것이 틀
림없이 남의 눈에 띄기를 바라는 듯했다. 격정을 펼쳐내는 데 그치는
것이 아니라 때를 관망하고 움직이려 했던 것이다. 명나라를 회복하려
는 활동을 하다가 목숨을 잃은 이들도 대단히 많았으니 위경魏耕*도
그 중의 한 명이었다.(全祖望,「雪竇山人墳版文」,『鮚埼亭集』권8 참조) 오삼
계가 여러 차례 배신을 반복했음에도 여전히 그에게 희망을 기탁해야
했으니, 유민이 유민으로 사는 것도 슬픈 일이었다.4

귀장이 "이제부터 만사를 모두 하늘에 맡긴다"**라고 한 것은 마치
이 '기대'를 포기한 것처럼 보이는데, 그의「신춘소득백발新春梳得白髮」
에서는 "가련하게도 늙은 천리마의 마음은 여전히 씩씩하니, 소금 수
레나 끌며 이 삶을 마치지는 않으리라!"***라고 했으니 유민의 의기소침
과 무기력함을 매우 침통하게 묘사하고 있다. 양빈梁份도 "천지와 더불
어 다툴 수 없는 것을 다투고" "세상에 보여준 것 하나 없이 죽는" 이
의 평생의 한에 대해 쓴 적이 있다.**** 진확의「동명사이인기東溟寺異人

---

* 위경(1614~1662)은 절강 자계 사람으로 원래 이름이 벽璧 또는 시형時珩이고 자가 초백楚白이
었으나 명나라가 망한 후 이름을 경耕 또는 소甦로 바꾸고 자를 야부野夫, 호를 설두雪竇, 백의
산인白衣山人이라고 바꾸었다. 이후 명나라를 회복하기 위한 비밀 운동에 참가했다가 이른바 '해
통안海通案'에 연루되어 처형당했다. 뛰어난 시인이기도 했던 그의 저작으로는『식현당전후집息
賢堂前後集』『설옹시집雪翁詩集』이 있다.
** 원주: "萬事從此一任天."(「元日三首」『歸莊集』권1, 67쪽)
*** 원주: "可憐老驥心猶壯, 莫便鹽車畢此生."(위와 같음)

記」는 마치 한 편의 소설 같은데, 글의 마지막에서 북방의 의사가 "모두 벽랑호碧浪湖에 몸을 던져 죽었다"(『陳確集』, 214쪽)라고 한 것은 그야말로 절망의 부호라고 간주할 수 있다. 이 시기에 왕부지는 나라가 망할 무렵 "목숨을 남겨 기대하는 것은 대신大臣의 도리가 아니라고 했는데" 이 또한 그 자신이 이미 "기대하는 자는 결국 기대할 수 있는 게 없고, 마지막에 이른 뒤에는 마무리 지을 곳이 없는"***** 난감함을 깊이 맛보았기 때문일 것이다.[5]

'기대'가 결국 '기대할 수 없게' 되는 상황이 되자 황종희 등 저명한 유민들은 각자의 방식으로 바꿀 수 없는 사실 앞에서의 반응을 표현했다.

> 황종희는 문을 걸어 닫은 채 자취를 숨기고 있으면서도 해상 세력과 소식을 주고받아서 여러 번 지명수배를 당해 체포되기도 했지만 다행히 죽지 않았다. 그 뒤에 바다의 조짐이 다해 사라지고 더 이상 희망이 없어지자 모친을 모시고 고향으로 돌아왔고, 이때부터 온 힘을 다해 저술하기 시작했다.
> 宗義雖杜門匿影, 而與海上通消息, 屢遭名捕, 幸不死. 其後海氛漸滅, 無復有望, 乃奉母返里門, 自是始畢力著述.(『小腆紀傳』 권53, 572쪽)

황종희에 관해서는 전조망도 "만승훈萬承勳******이 내게 말하기를, 징군徵君께서는 임인년壬寅(1662) 전부터 노양魯陽의 전투*******에 대

**** 원주: "與天地爭所不能爭 (…) 一無所見於世而死."(『熊見可先生哀辭』『懷葛堂集』 권8)
***** 원주: "留生以有待, 非大臣之道 (…) 有待者終無可待, 到末後無收煞處."(『搔首問』『船山全書』 제12책, 627쪽)

한 바람을 끊지 않았으나, 남명 천자의 부고를 듣고 나서 비로소 조류가 멈추고 안개가 가라앉았다고 탄식하며 은거한 채 죽을 날만 기다리셨다고 했다"********라고 기록했다. 주지유朱之瑜는 일본에서 재물을 모아 "의거를 도모하여 항상 중원을 회복하려는 생각을 지니고 있었지만" 이 재물을 쓸 데가 없어지자 "임종할 때 모두 미토水戶의 창고에 넣어버렸는데"이때는 강희 25년(1686)이라 갑신년(1644)과는 이미 42년이나 떨어진 시점이고 영력제가 오삼계에게 피살당한 미얀마의 재난(1662)으로부터도 이미 25년이나 되었고, 대만臺灣의 명정明鄭 왕조가 망하고 삼번三藩이 평정되었다"********. 바로 '시간'이 유민의 생존 의의를 박탈해버렸는데, 그들의 '기대'를 허사로 돌렸을 뿐만 아니라 생존의 근거도 허위로 만들어버렸던 것이다. 이는 일종의 잔혹한 도덕적 처지가 아닐 수 없었다.

고염무가 이 (회복에 대한) '기대'에서 저 ('후세의 왕後王'에 대한) '기대'로 옮겨가기까지의 과정에는 바로 '신념'과 자기 기대의 변화가 있었다. "하루아침에 일이 터져서""옛것들이 다시 광복을 찾으리라는" 기대는 구체적인 데 비해 '후세의 왕'을 기대하며 "왕자가 일어나기有王者起"를 바라는 것은 아득한 추상적 기대라는 지적을 피할 수 없다.[6] '기대'를 가졌던 것에 대해 통렬하게 후회한 왕부지도 여전히 나름의

***

****** 만승훈(1670~1735)은 절강 은현(지금의 닝보 인저우 구) 사람으로 자가 개원開元 또는 우광宇光이고 호가 서곽西郭이다. 황종희의 사위인 그는 자주목磁州牧을 역임했다. 저작으로 『빙설집氷雪集』이 있다.

******* 노양魯陽의 전투 190년에 손견孫堅이 공성계空城計를 이용하여 동탁董卓의 군대를 물리친 유명한 전투다.

******** 원주: "萬西郭爲予言: 徽君自壬寅前, 魯陽之望未絶, 天南訃至, 始有潮息煙沈之嘆, 飾巾待盡."(『書明夷待訪錄後』『鮚埼亭集』外編 권31)

********* 원주: "志謀義擧, 常有恢復中原之圖 (…) 臨卒, 盡內於水戶庫 (…) 是時當康熙二十五年, 距甲申己四十二祀. 距緬甸之難亦已二十五祀, 鄭祚復斬, 三藩削平."(荀任, 「朱張二先生傳」『碑傳集補』권35)

'기대'는 있었으니, "천지의 기운은 500년 남짓 지나면 반드시 회복된다"*고 했다. 유민이 자신의 가치와 의의에 대해 해석하는 것도 이 때문에 가까운 데서 먼 곳으로, 얕은 곳에서 깊은 곳으로 나아간다. 이는 또한 유민이 '시간에 대한 염려'에서 벗어나 그의 역사와 인생에 대한 시야를 확장시켜 나가는 과정이기도 하다. 바로 유민이 '유민'에 대해 시간 현상으로 파악하는 것을 확인함으로써 그들의 성숙성을 나타내고, 자신들이 가진 '의의'의 경계에 대해 감지하며, 자신들이 처한 역사의 특정한 시각과 역사 과정 속의 특정한 위치에 대해 인식하게 된다고 할 수도 있을 것이다. 또렷이 깨어 있는 반성은 바로 이 시공에 대한 지각에 의지하여 진행된다. 이는 의심할 바 없이 유민이 비좁은 도덕적 분위기에서 벗어나는 데도 유리하다. '거대한 시간'은 유민들 가운데 걸출한 이들로 하여금 유민의 한계에서 벗어나 자신의 '삶生'을 위한 더욱 견실한 근거를 찾을 수 있게 해준다. 이 화제는 다음 글에서 계속 진행하도록 하겠다.

'절조 상실'의 악몽

시간에 대한 염려가 나타나게 되는 더욱 심각한 근거는 바로 '절조節操'가 시간 속에서 침식되고 마모된다는 사실이다. 고염무는 「광송유민록서廣宋遺民錄序」에서 당시에 "어찌 좁은 지식으로 스스로 만족한 이들이 한두 명쯤 없겠는가마는 도중에 행실을 바꾸고 말년에 처신을 잘못하게 된다"고 하면서 "내가 예전에 산의 동서와 장강 남북을 20여

---

* 원주: "天地之氣, 五百餘年而必復."(『宋論』 권15, 337쪽)

년 동안 유람한 적이 있는데 그곳 사람들은 갈수록 예전 같지 않았다. 장강 이남 땅에 물어보면 옛날에 우람한 대장부라고 칭송받던 이도 모습이 바뀌어 못난 사람의 행실을 배운다고 한다."* 그러면서 그는 "도도히 흐르는 것은 천하가 다 그러한데" "30년 사이에 세상이 두루 쇠약해지고 사람들의 품격도 두루 내려갔다"라고 했다.** 「여소이공與蘇易公」에서는 이렇게 썼다.

근래에 인심이 너무 명리名利를 다투어서 자신의 자리를 단단히 지킬 수 있는 사람이 드물다. 동지들 가운데 많은 이가 금마문金馬門의 부름에 응했을 뿐만 아니라 우리 문하생들도 결국 초지初志를 지킬 수 없게 되었다.
比者人情浮競, 鮮能自堅, 不但同志中人多赴金門之召, 而敝門人亦遂不能守其初志.(『顧亭林詩文集』, 206~207쪽)

장이상도 이렇게 지적했다.

예전에 대륙이 막 함락 당했을 초기에는 사람들이 분개하는 마음을 품고 있어서 굳이 조금이나마 의리를 아는 사람이 아니더라도 서둘러 피해 자연히 염치를 모른다는 비판을 받을 염려가 없었고, 누구나 벼슬길에 나아가는 것을 하찮게 여기는 뜻을 지니고 있었다. 이제 5, 6년이 지나자 그 기개가 점점 평탄해지고 마음

---

* 원주: "豈無一二少知自好之士, 然且改行於中道, 而失身於暮年 (…) 余嘗遊覽於山之東西, 河之南北二十餘年, 而其人益以不似. 及問之大江以南, 昔時所稱魁梧丈夫者, 亦且改形換骨, 學爲不似之人."(『顧亭林詩文集』, 33~34쪽)
** 원주: "滔滔者天下皆是 (…) 三十年之間世道彌衰, 人品彌下."(「常熟陳君墓誌銘」, 같은 책, 161쪽)

도 점차 바뀌어 비록 뚜렷하게 자신의 다름을 내세우며 동년배들에게 만족하지 못했던 이들이라 할지라도 모두 팔을 걷어붙이고 관직에 부임하여 모두가 한마음이 된 날에 재주를 선보이려 한다. 方昔陸沈之初, 人懷感憤, 不必稍知義理者, 亟亟避之, 自非寡廉之尤, 靡不有不屑就之之志. 旣五六年於玆, 其氣漸平, 心亦漸改, 雖以向之較然自異不安流輩之人, 皆將攘臂下車, 以奏技於火烈具擧之日.(「與唐灝儒」, 『楊園先生全集』 권4)

황종희의 비판은 더욱 신랄하다.

상전벽해의 교체기에 선비들은 대부분 훌륭하여 서대에서 죽판竹板을 치고 오래된 사찰로 깊이 숨어, 연호를 갑자 형식으로 쓰며 바리때를 손에 들고 동냥을 다녔다. 시대가 바뀌면서 초췌함을 감당하지 못할 지경이 되자, 물이 줄어들면 바위가 드러나듯이 기개와 절조를 땅바닥에 팽개친 이들이 나타났다. 桑海之交, 士多標致. 擊竹西臺, 沉函古寺. 年書甲子, 手持應器. 物換星移, 不堪憔悴. 水落石出, 風節委地.(「汪魏美先生墓誌銘」, 『黃宗羲全集』 제10책, 383쪽)

그는 이런 갖가지 행태를 모두 '위선僞'이라고 결론지으면서 또 이렇게 말했다.

분연히 연호를 갑자 형식으로 쓰고 동해로 뛰어들었던 이들이 얼마 후에 벌써 필기도구를 품에 안고 높은 벼슬아치의 막료로 들어가거나, 그렇지 않으면 고관대작의 집을 찾아가 문지기의 눈치를 살피게 되었다.

慨然記甲子蹈東海之人, 未幾已懷鉛槧入貴人之幕矣. 不然, 則索遊
而伺閣人之顔色者也.(「陸 汝和七十壽序」, 같은 책, 659쪽)

대명세도 이렇게 지적했다.

명나라가 망하자 제생들 가운데 스스로 물러나 벼슬길에 나서지
않겠다고 맹서한 이들이 많았는데, 그렇게 오래 지나고 나자 초심
을 바꾼 이들이 10명 가운데 7, 8명이나 되었다.
明之亡也, 諸生自引退, 誓不出者多矣. 久之, 變其初志十七八.(「溫溁
家傳」, 『戴名世集』 권7, 201쪽)

왕조 교체기에 처하여 지조와 절개를 보전하고자 하는 이들은 누
구나 예외 없이 시간의 위협을 느꼈다. 팽사망은 「서관반반시후書關盼盼
詩後」에서 사방득과 관반반關盼盼*의 죽음을 예로 들면서 "충신과 열부
되기가 지극히 어렵다는 것은 오래된 일"**이라고 했다.

시간 속에서 발생하여 비교적 은폐되고 또 그 때문에 더욱 두려워
할 만한 변화는 정신과 기상에서 일어났다. 황종희가 말했듯이 "세월
이 지나면서 드높았던 불만의 기운은 이미 참을 수 없는 굶주림에 녹
아 없어져버렸으니" "쓸쓸한 천하에서 지난날의 면모를 고수하고 있

---

* 관반반(785~820)은 당나라 때의 저명한 기생으로 서주수수徐州守帥 장음張愔의 첩이었으며, 장음이 죽은 후에도 개가하지 않고 서주의 연자루燕子樓에서 15년 동안 살면서 백거이白居易를 비롯한 문인들과 시를 주고받으며 교유했다.

** 원주: "忠臣節婦之所爲極難, 惟其久耳."(『樹廬文鈔』 권9)

는 이가 또 몇이나 되겠는가?"* 장이기 역시 「여등온백서與鄧溫伯書」에서 동년배들도 "인간사의 먹고사는 데 매여 의식이 지향하는 바가 점차 옛날과는 달라졌다"**라고 했다. 진호陳瑚는 이렇게 기록했다.

> 젊었을 때는 그래도 나라에 여러 사건이 생기면 의기가 헌앙하여 무기를 들고 공격하는 일을 모두 연구하며 익혀서 대략 알고 있었다. 그러나 어느덧 20여 년이 지나 머리카락도 듬성듬성해졌으니, 어찌하여 잘 단련했던 강철이 손가락에 감을 수 있도록 유약해져버렸는가! 매번 유곤劉琨(271~318, 자는 월석越石)의 시를 낭송할 때마다 책을 덮고 한없이 탄식하지 않을 수가 없었다.
> 予猶憶予少時, 當國家多故, 意氣軒擧, 凡弓刀擊刺之事, 無不一一究習, 略皆通曉. 顧荏苒二十餘年, 而髮且種種矣, 何百煉鋼化爲繞指柔. 每誦越石之詩, 未嘗不廢卷三歎.(「毛天回」, 『從遊集』卷下, 峭帆樓叢書)

이상의 모든 이는 죽음을 미룬 사람으로서 사람의 정신과 의지가 시간 속에서 손상되고 소모되는 모습을 자세히 관찰하고 체험할 기회가 있었지만, 그들 자신도 반드시 비판에서 자유롭지는 않았다. 시간 속에서 기개와 절조가 바뀌게 됨으로써 유민 행위의 의미를 복잡하게 만들었고, 세상을 피하거나 세상과 인연을 끊는 장엄한 행위가 점차 해학으로 변해갔다. 유민 행위의 극단성—'스스로 가두는自錮' 것과 같은—도 그 배경에는 이처럼 의식하게 된 위협이 존재하고 있었을

---

* 원주: "年運而往, 突兀不平之氣, 已爲饑火所銷鑠 (…) 落落實宇, 守其異時之面目者, 復有幾人."(「壽徐掖靑六十序」『黃宗羲全集』제11책, 64쪽)

** 원주: "亦爲人事衣食所累, 神識趨向, 漸異於舊."(『蒿庵集』권1, 55쪽)

터이다. 완강함 속에 바로 취약함이 들어 있었기 때문에 '유민'과 그들이 절조를 지키는 데도 취약성이 존재했다. '유민'은 이토록 지키기 어렵지만 쉽게 잃어버릴 수 있는 일종의 품성이었다.

"말로에서는 신중해야 한다末路不可不愼"는 것은 한때 유행했던 화두로서, 경계하고 두려워하는 심정이 그대로 드러나 있다. 이러한 유민의 감정 상태 역시 아낙이나 여자를 떠올리게 한다. 고염무 같은 위대한 유학자라 할지라도 이처럼 조심스러웠다. '남은 현자遺賢'를 천거하는 데 상당히 힘썼던 섭방애葉方藹*에게 보낸 답장에서 "다른 사람들은 모두 벼슬길에 나서도 되지만 나는 절대 그럴 수 없다"**라고 했고, 생질인 서건학徐乾學에게 보낸 편지에서도 "세상에 맹자가 있다면 혹시 제齊나라나 양梁나라 군주에게 조언을 할 수도 있겠지만 나는 평생 궤짝에 감춰진 보물로 살겠다"***라고 했다. 또 「답차경서答次耕書」에서는 "오직 물러나 못난 분수를 지키는 것만이 재난을 피할 수 있다"****라고 했고, 강학을 사절한 이유도 "한 몸의 거취를 사방에서 보고 있으니 신중하지 않을 수 없어서"*****라고 했다. 유민은 또한 정절을 지키는 여자와 같아서 조금이라도 신중하지 않은 것 같으면 즉시 청백淸白에 티끌이 생기게 된다. 그러니 여유량의 시에서도 이렇게 탄식하지 않았던가?

누가 발을 헛디뎌 낚시터 바위에서 떨어지게 하여

---

* 섭방애(?~1682)는 강소 곤산 사람으로 자가 자길子吉이고 호가 인암紉庵이다. 순치 16년(1659) 진사에 급제하여 한림원 편수를 거쳐서 예부시랑, 형부시랑을 역임했다. 저작으로 『독서재우존고讀書齋偶存稿』 『섭문민공집葉文敏公集』 『독상집獨賞集』 『고재집觚齋集』 등이 있다.

** 원주: "人人可出而炎武必不可出."(「與葉訒庵書」 『顧亭林詩文集』, 53쪽)

*** 원주: "世有孟子, 或以之勸齊梁, 我則終於韞匵而已."(「與公肅甥書」, 같은 책, 56쪽)

**** 원주: "惟退惟拙, 可以免患."(『顧亭林詩文集』, 77쪽)

***** 원주: "一身去就, 系四方觀瞻, 不可不愼."(「與友人辭往敎書」 『顧亭林詩文集』, 136쪽)

속마음 해마다 곳곳마다 어그러지게 하는가?

誰教失脚下漁磯, 心跡年年處處違.

이런 상황에서 뜻을 같이 하는 이들은 기개와 절조를 지키는 것
을 자신의 사명으로 여기지 않을 수 없었다. 반정장潘檉章이 고염무에
게 한 "높은 벼슬자리에 있는 생질 때문에 그 절조를 조금이라도 폄훼
하지 않도록 조심하라"*는 주의를 듣고 고염무는 반정장과 오염吳炎을
'두려운 벗畏友'이라고 여겼다. 고염무는 이인독李因篤에 대해 이렇게 비
판했다.

> 옛날에 주회가 육유를 두고 능력은 너무 높은데 행적이 너무 천
> 근淺近해서 힘 있는 자들에게 끌려가 자신의 지조와 절개를 보전
> 할 수 없을까 염려스럽다고 했는데, 바로 지금 아우를 가리키는
> 말일세.
> 昔朱子謂陸放翁能太高, 跡太近, 恐爲有力者所牽挽, 不得全其志
> 節, 正老弟今日之謂矣.(「答子德書」, 『顧亭林詩文集』, 74쪽)

분명히 유민에게 '절조'를 지키는지의 여부는 이미 개인적인 사건이
아니라 유민 집단 전체와 관련된 것으로 여겨졌다. 그러므로 '절조'를
지키는지의 여부에 대해 극단적으로 민감한 것도 결국 인성에 대한 인
식을 심화시키는 데 도움이 되었다고 할 수 있을 것이다. 당연히 진확
등이 각종 '구실托詞'과 '핑계遁詞', 온갖 '빌림借'에 대해 까발린 것은
지나치게 가혹한 면이 있었다고 비판할 수 있지만, 그 또한 같은 시대

---

* 원주: "愼無以甥貴稍貶其節."(「書吳潘二子書」, 같은 책, 116쪽)

부로서 동료의 '진실과 허위情僞'에 대해 오래 훈련된 통찰력에서 비롯된 것이 아니겠는가?

'벼슬길에 나아가고 물러남出處'은 태평성대에도 '사대부' 집단 전체와 관련이 있는 문제로 여겨졌으니, 하물며 왕조 교체기에는 어떠했겠는가! 명대의 위대한 유학자들 가운데 이 때문에 비난을 받았던 이들이 적지 않다. 오여필吳與弼도 비난 여론을 자초했고, 장창張昶*도 비난을 피하지 못했다. 『명유학안』 권45에서는 장창을 평하면서 그가 "원나라가 망하자 20년 동안 벼슬길에 나서지 않다가 경대瓊臺의 이해관계를 두려워하여 자신을 뜻을 이루지 못한"** 것을 안타까워하면서 그가 "고고하게 우뚝 설孤峯峭壁" 수 없었던 것은 그의 성품 탓이라고 결론지었다.(1081쪽) 이 분야에서 사대부의 여론은 관용의 여지가 없이 가혹했는데, 이러한 여론은 명대에도 시종일관했다.

오래 살다 보면 모욕도 많이 당하는 법이다. 도덕률이 항상 '시간'에 대적할 수 있는 힘을 가질 수는 없다. 황종희가 스스로 무덤 앞의 망주望柱에 쓸 명문銘文을 쓴 것은 이러한 그의 만년의 마음 상태를 가장 잘 보여준다.

왕후를 섬기지 않아 엄광嚴光과 같은 기개와 절조를 견지하고, 조

서를 쓰고 저술을 하니 우희虞喜***가 글을 남긴 것과 같도다.

---

* 장창(?~?)은 원나라 말엽 호부상서를 지냈으며 주원장朱元璋에게 투항을 권유하는 사자로 파견되었다가 거꾸로 억류되었다. 이후 명나라에서 다시 벼슬길에 들어서서 중서성中書省 참지정사까지 지냈으나, 북원北元과 내통하다가 발각되어 처형당했다.

** "業已二十年不出, 乃爲瓊臺利害所怵, 不能自遂其志."(『黃宗羲全集』 제8책, 376쪽)

*** 우희(281~358)는 절강 여요 사람으로 자가 중녕仲寧이다. 천문학과 경학, 참위학讖緯學에 두루 정통했던 그는 여러 차례 박사에 천거되었으나 사양하고 연구에 전념하여 중국에서 최초로 세차歲差 운동을 발견한 것으로 알려져 있다. 저작으로 『안천론安天論』 『모시석毛詩釋』 『상서석문尙書釋問』 등 10여 종을 남겼다.

不事王侯, 持子陵之風節, 詔鈔著述, 同虞喜之傳文.(「梨洲末命」,『黃宗義全集』제1책, 191쪽)

　엄광은 '일민'이지 '유민'이 아닌데, 이 차이는 경시할 수 없다. 더욱이 청나라 황제 밑에서 "조서를 쓰고 저술을 한" 것을 자랑스럽게 생각하는 것은 유민으로서 마땅한 처사가 아닌 듯하다.[7] 명·청 교체기의 3대가 가운데 황종희는 가장 늦게 죽었지만, 이와 같은 그의 태도를 또한 단순히 '나중에 죽은' 것을 통해서만 해석해서는 안 되며, 그의 역사관과 윤리관(군신론)으로 보충 설명을 해야 한다. 이옹은 만년에 비록 청나라 황제의 부름에 응하지 않았지만, 그의 아들에게 "황제의 행재소行在所로 찾아가 사정을 진술하고 자신이 저술한『사서반신록四書反身錄』과『이곡집二曲集』을 진상하게"* 했다. '왕조 교체' 또한 이를 통해서 최종적으로 '완성'되었다. 천위안은 "아! 유민이 되기는 쉽지만, 유민이면서 장수를 누리기는 어렵구나!" 하고 탄식하면서 그 예로 "오중번吳中蕃이 명나라가 망한 뒤 50여 년 동안 죽지 않았으니 집권자들과 우여곡절을 겪는 바람에 하마터면 만년에 절조를 지키지 못해 천하의 웃음거리가 될 뻔한" 사실을 들었다.** 설령 이런 인물들이 시간 속에서 점차 변하지 않았다 하더라도 생명까지 유실되는 것을 막을 수는 없었을 터이다. 유민 현상은 특수한 사람들 무리에서 일어나며 또한 그들과 처음과 끝을 함께한다. 모양冒襄은 유민 가운데 "장수를 누린享大年以終" 사람이다.『비전집』권126「잠효선생모징군양묘지명潛孝先生冒徵君

---

*　원주: "詣行在陳情, 以所著四書反身錄二曲集奏進."(『淸史稿』권480)

**　원주: "噫! 遺民易爲, 遺民而高壽則難爲 (…) 吳中蕃明亡後五十餘年末卒, 不能不與當事委蛇, 幾乎晩節不保, 爲天下笑."(陳垣,『明季滇黔佛敎考』권5, 254쪽)

※저자: 천위안陳垣이 이런 말을 했을 때의 태도는 바로 '당시'의 것이었다. 그러므로 '유민의 화법'과 그 언어 환경은 근대에 이르러서도 완전히 과거가 되지 못했음을 알 수 있다.

襄墓誌銘」에서는 "대개 선생이 돌아가신 뒤로 동남 지역 원로들의 기풍과 여운이 끊어졌다"*라고 했다. 왕원王源의 「이효각선생전李孝慤先生傳」에서도 이명성李明性이 "69세로 운명하자, 손기봉의 제자 왕여우가 '충효를 간직한 원로가 다 없어졌구나!' 하고 통곡했다"**고 기록했다. 그러나 어찌하랴!

시론과 '유민사회' 내부의 논의가 가혹했던 것은 바로 이와 같은 정세가 배경이 되었기 때문이다. 여론은 자기 감찰의 수단이 되어 줄곧 '사대부'의 존망과 관련된다고 여겨졌다. 양날의 칼로서 '청의'는 조정을 감독하는 한편 (사대부 사회) 내부의 청결을 유지하고자 했다. 유민은 그 특수한 처지 때문에 후자의 기능을 극도로 발휘했다. 이 분야에서 유민도 '사대부'의 생존을 위한 일반적 조건들을 강화했다. 가혹한 여론의 환경 속에서는 또한 의심스러운 논의에서 벗어나기가 어려웠다. 힘겹게 절조를 지켰던 서방徐枋과 같은 인물에 대해서도 주용순朱用純은 그가 "해학을 조금 좋아한 것微喜諧謔"을 병폐라고 여기면서 간곡하게 타이르기를 마다하지 않았다.[8] 아! '유민' 노릇하기 참으로 힘들구나! 그러니 오서吳鉏(1618~1679, 자는 패원佩遠)는 「답사재서答俟齋書」에서 이렇게 말했다.

뜻을 품은 선비가 고달픈 상황에 처했을 때 가장 알기 어려운 것이 마음속의 생각이고, 가장 논의의 대상이 될 만한 것은 행적이다. 정직하고 신실하며 학식이 광박하되 어진 어른을 만나지 않으면 뉘라서 그의 숨겨진 부분을 궁휼히 여기고 겉으로 나타난 모

---

* 원주: "蓋自先生沒, 而東南故老之流風餘韻於是乎歇絶矣."
** 원주: "年六十九而卒, 孫徵君門人王餘佑哭之曰: 忠孝遺老盡矣."(『居業堂文集』 권4)

습을 귀감으로 삼겠는가? 함부로 비난받는 이가 많을 것이다.

抱志之士, 遭值坎壈, 最難知者肺腸, 最可議者形跡. 不逢直諒多聞
仁人長者, 誰爲恤其隱而鑑其外, 橫被譏評者多矣.(羅振玉 輯, 『徐侯
齋先生年譜』 참조)

물론 이런 문제에 대해 여론도 여전히 일률적이지 않았다. 진확은
자신이 단지 벼슬길에 나서거나 한 것만을 가지고 시비를 따지지 않
겠다고 여러 차례 표명하면서, "벼슬살이를 했다고 해서 반드시 모두
잘못된 것은 아니고, 은거를 했다고 해서 반드시 모두 옳은 것은 아니
다"*라고 했다. 그는 '도道-속俗'이라는 이항 대립을 통해 처사가 시골
에 살면 '시골 풍속鄕俗'에 묻혀 그 문화적 존재로서 신분을 상실할 가
능성이 있다고 하며, 사대부가 직면한 문제에 대해 일반적인 '절의론'
과 같은 사고방식에 갇히지 않겠다는 뜻을 밝혔다.(『진확집陳確集』, 「도속
론道俗論」 상 참조) 시론의 관심은 오로지 사대부가 '절조'를 지켰는지
여부를 따지는 데 집중되었던 데 비해 진확은 '예의의 상실禮失'이라는
사실을 통해 사대부가 사대부로서 자격을 잃는 것에 대해 염려했으니,
그의 사고 또한 이로 인해 더욱 깊고 넓어졌다.

설령 유민들이 모두 흠집 없는 절조를 지킬 수 있다 하더라도 '유민
사회'는 아직 불가피하게 소실되고 있었다. 앞서서 필자는 여러 차례
유민의 고독과 고립孤絶을 언급한 바 있는데, 그들이 강렬하고 비상한
태도에 기대지 않으면 자신들의 존재를 보여주기에 부족했다는 사실만
으로도 그들의 심사가 자명하다. 그리고 마지막에는 현상으로서의 '유
민'의 엄준하고 혹독한 특성을 바로 이 '시간'이 더욱 뚜렷하게 윤색했다.

---

* 원주: "出未必盡非, 處未必盡是."(『陳確集』, 290쪽)

죽음: 유민은 세습되지 않는다

유민 현상의 '시간성'—일종의 유한성이기도 한—은 '세습되지 않는' 데서도 구현된다. 유민은 여기에서 자신의 '죽음大限'을 목격한다.

종법사회에서는 '뜻을 이어 일을 서술하는 것繼志述事'이 자식의 입장에서 인생의 의무였다. 왕부지는 이렇게 말했다.

> 뜻이란 단단히 지키며 옮겨가지 않는 마음이다. 여기에서 태어나 여기에서 죽으니, 몸은 죽었어도 자손의 정기가 이어져서 끊어지지 않는다.
> 夫志者, 執持而不遷之心也, 生於此, 死於此, 身沒而子孫之精氣相承以不間.(『讀通鑑論』 권13, 484쪽)

'뜻志'은 원래 시공의 한계를 초월하는 데 도움이 되며, 인간의 선택이 '계속됨繼'을 지정해주고 또한 필연적으로 거대한 역사와 시공을 축소시켜서 비극의 근원을 미리 매복시킨다. '세습'을 장려한 요인들 가운데는 응당 당사를 결성하기 좋아하는 명대 사대부들의 습성도 포함될 것이다. 복사에서 동림당의 '후예餘緖'들과 접촉하려 한 일 및 '복사의 자제들'이 활동했던 것과 관련된 기록은 명대 사람들의 방식과 취미를 충분히 보여준다.[9] 그 시절 황종희의 시나 산문에 대한 서문들은 거의 모두가 '부자父子' 관계를 통해 논의를 전개했으니, 당시의 황종희는 그 신분이 우선 '그 부친 황준소黃尊素의 아들'이었다. '뜻'이 '계승'될 수 있다는 확신은 사대부들의 신념이었으며, 여기서 그것이 쓰일 때는 단지 정치적 품성만을 유전적인 속성으로 간주하지 않았다.

'세습'은 확실히 명나라가 망할 무렵에 유민들이 보편적으로 기대했던 것이므로, 진확처럼 '절의'에 대해 통달한 식견을 지니고 당시 사람들의 '벼슬살이_仕'에 대해 관용적인 태도를 갖고 있었던 사람들조차도 유민의 자제는 벼슬살이를 해서는 안 된다고 생각했다. 그는 벗이나 '동지'의 자제가 벼슬살이하는 것에 대해서는 더욱 엄격했으며, 그의 죽은 벗 축연祝淵의 둘째 아들이 과거시험에 응시한 데 대해 진심으로 걱정했다.[10] 고염무도 이 문제에 대해서는 이렇게 말했다.

> 아들을 낳았는데 공부를 하지 못한다면 차라리 장사나 갖가지 기예를 익혀 밥벌이를 하는 부류로 만들지언정 벼슬살이를 추구하게 해서는 안 된다. 이것은 마치 딸을 낳았을 때 유서 깊은 명문가에 시집보내지 못하면 차라리 채소를 팔거나 품팔이를 하게 해야지 눈짓으로 노소를 가리지 않고 남자를 유혹하는 무리가 되게 해서는 안 되는 것과 마찬가지다.
> 生子不能讀書, 寧爲商賈百工技藝食力之流, 而不可求仕. 猶之生女不得嫁名門舊族, 寧爲賣菜傭婦, 而不可爲目挑心招, 不擇老少之倫.(「常熟陳君墓誌銘」, 『顧亭林詩文集』, 161쪽)

심지어 전겸익도 도잠을 화제로 삼아 '유민의 자제 문제'를 논의했으니, 이 부분의 동향에 대한 당시 사람들의 관심이 얼마나 컸는지 알 만하다. 도잠의 시 가운데 이런 구절이 있다.

> 비록 아들이 다섯이지만
> 모두 종이와 붓을 좋아하지 않고
> (…)

하늘의 운수가 이러하다면

또한 술이나 마시는 수밖에!

雖有五男兒, 總不好紙筆 (…) 天運苟如此, 且進杯中物.(「責子」)*

이 시를 풀이하면서 전겸익은 이렇게 썼다.

> 두보는 (「견흥遣興·3」에서) 도잠을 나무라면서 "자식 가운데는 현명한 이도 있고 우둔한 이도 있는 법이거늘 어째서 그것을 괘념한단 말인가?"라고 했으니, 또한 도잠을 잘 모르는 사람이다. 도잠의 뜻을 추측하자면, 그 아들이 늙을 때까지 아무것도 해놓은 것 없이 죽게 될까 염려했기 때문에 시의 제목을 「자식들을 꾸짖다 責子」라고 한 것이다. 그는 자식들을 기꺼워하고 또한 그들이 태어난 것을 행운으로 여겼기 때문이다.
>
> 杜少陵之譏淵明, 以謂: 有子賢與愚, 何其掛懷抱, 亦未知爲淵明者. 推淵明之志, 惟恐其子之不得蓬髮歷齒, 沉冥沒世, 故其詩以責子爲詞, 蓋喜之也, 亦幸之也.(「吳封君七十序」, 『牧齋有學集』, 947~948쪽)

이것은 옛사람의 언행을 해석하여 당대의 취미를 풍부하게 한 예 가운데 하나라고 할 만하다.

유민사회를 관철하는 도덕적 율령은 자식에 대한 아비의 권위에 기대어 형성되었다. 축연은 임종할 때 이렇게 유언을 남겼다.

---

* 원서의 인용은 일부 글자가 다르고, 이 네 구절이 이어진 것처럼 되어 있으나 '사고전서四庫全書'에 수록된 『도연명집陶淵明集』에 따라 교감하여 번역했다.

내 자손의 관혼상제는 모두 대명에서 정한 서인의 예법을 준수하여 시행하라. 과거에 응시하기 위한 책은 읽지 말고 어업을 하든, 도자기를 굽든, 농사를 짓든 간에 자기에게 맞는 직업에 종사하라. 이를 어기는 자는 패역의 죄를 따질 것이니라!

凡我子孫冠婚喪祭, 悉遵大明所定庶人之禮行之. 不得讀應擧書, 漁陶耕稼, 聽其所業, 違者卽以逆論.(「臨難歸屬」, 『祝月隱先生遺集』권4, 適園叢書)**11**

주지유朱之瑜는 일본에 있으면서도 잊지 않고 손자에게 "오랑캐의 벼슬虜官은 해서는 안 된다"라고 당부했다.

이미 오랑캐의 벼슬아치가 되었다면 용모가 말쑥하고 재기발랄하며 기개가 세련되었다 할지라도 나는 자손으로 생각하지 않을 것이다.

旣爲虜官, 雖眉宇英發氣度嫻雅, 我亦不以爲孫.(「與諸孫男書」, 『朱舜水集』권4, 46쪽)

서방은 「계자서誡子書」에서 "훈계하고 신신당부하며告誡諄復" 자신의 아들이 '모자라고不類' '못난不肖' 짓을 할까 걱정하면서 절대 "은거를 할 수 있는지 여부"를 따지지 말고 "단연코 평생 은거하지 않으면 안 된다"고 했다.* 굴대균이 서술한 바에 따르면 그의 부친은 이렇게 당부했다고 한다.

―――――――
* 원주: "可以隱可以無隱 (…) 斷不可以不終隱."(『居易堂集』권4)

이제부터 너희는 밭을 책으로 삼아 매일 농사를 지으면서 학교에서 배운 것은 쓰지 마라. 내가 은자인 하소장인荷篠丈人*이니 너희는 이런 나의 두 아들이다.

自今以後, 汝其以田爲書, 日事耦耕, 無所庸其弦誦也. 吾爲荷篠丈人, 汝爲丈人之二子.(「先考澹足公阡表」, 『翁山文外』 권7)

그런데 갑신년에 굴대균은 겨우 15세에 지나지 않았다. 심지어 '늦게 죽어서死遲' 비판을 받았던 위학렴魏學濂도 임종할 때 아들에게 글을 남겨 당부한 바 있다.

(그는 편지에서) 간절하게 타이르면서, '자손 가운데 갑신년 이후에 태어난 이가 아니거든 비록 공부는 시키더라도 그저 의리에 정통해지기만을 바라야지 벼슬살이를 해서는 안 된다'라고 했다.

諄諄以子孫非甲申以後生者, 雖令讀書, 但期精通理義, 不得仕宦爲言.(『明季北略』 권22, 611쪽)

진환은 더욱이 반박의 여지도 주지 않고 단언했다.

나는 그저 나의 정의로 판단할 뿐이다. 어찌 자제의 말을 듣겠는가?

吾惟吾正義之斷, 而奚聽子弟.(「使子弟出試議」, 『陳確集』, 173쪽)

---

* 『논어』「미자」에 따르면 자로子路가 공자를 뒤따라가다가 지팡이에 풀매는 도구篠를 걸어 어깨에 짊어진 노인丈人을 만났다. 이에 그가 "우리 선생님 보셨습니까?" 하고 묻자 그 노인이 "사지를 놀려 일도 하지 않고 오곡을 구별할 줄도 모르는데 누가 선생이라는 겐가?" 하고 되물었다. 이튿날 공자를 만난 자로가 그 이야기를 들려주자 공자는 '은자로다!' 하면서 자로에게 돌아가서 만나 보라고 했다. 하지만 자로가 그 노인의 집에 도착해 보니 그는 이미 외출한 뒤였다.

유민이 자신의 의지를 자손에게 강요하는 행위도 한 세대가 다른 세대의 운명을 지배한 것이기 때문에 어떤 잔인한 의미가 담길 수밖에 없다. 이런 갖가지 사실들은 유민사회 내부 관계의 긴장성을 실감하게 해준다.

그러나 여기에서도 도덕적 율령은 여전히 시간 및 현실 정치의 힘에 적수가 되지 못했다. 축연祝淵의 유언은 결국 그 자제들이 '벼슬길에 나아가는 것出'을 막지 못했다.『독통감론』에 따르면 동진東晉의 장준張駿이 북벌을 주장하는 상소를 올릴 때 "이전 세대 노인들이 스러지고 나면 후생들은 아는 게 없어서 (북방을) 그리는 마음이 나날이 멀어지고 잊힐 것"이라 했다고 기록하면서 "슬프도다, 그 말이여!" 하고 탄식했다.* 두려운 사실은 '후생'이 '잊어버리는 것'뿐만 아니라 심지어 유민 자신조차 '그리는 마음慕戀之心'을 길이 간직하지 못했다는 것이다. 이처럼 시간이 사람을 변하게 만든다. 유민 자제들의 처신이 달랐던 데도 어쩔 수 없는 고충이 종종 있었다.『진확집』에 수록된 허영유許令瑜**의 편지에서는 "오늘날 불행히도 이런 세상에 처하니 글공부를 하는 것이 모두 쓸 데가 없어졌는데" 경서를 읽으며 과거를 준비하던 일을 그만두고 나니 "온 정신이 갑자기 피곤해졌고" 자제의 상태도 염려스러워서 "심신이 쇠락하여 의기소침해지고 수습할 수 없을 정도로 무너져버릴 것 같았다"라고 했다.*** 유민 자신들처럼 자제들도 각종 압력과

---

* 원주: "先老消落, 後生不識, 慕戀之心, 日遠日忘 (…) 悲哉其言之矣."(『讀通鑑論』 권13, 483쪽)

** 허영유(1597~1650)는 절강 해녕 사람으로 자가 원충元忠 또는 지전芝田이고 호로 용재도인容齋道人을 쓰다가 명나라가 망한 뒤에는 영천통옹灤泉通翁으로 바꾸었다. 숭정 16년(1643) 진사에 급제하여 선유지현仙遊知縣을 지냈고, 남명 정권에서 예부주사와 급사중을 지냈으나, 명나라가 완전히 멸망한 뒤에는 고향에 은거했다. 저작으로『용암존고容庵存稿』『고신술孤臣述』『효경석의주孝經釋義注』 등이 있다.

*** 원주: "今日不幸處此世界, 事業文章都無用處 (…) 全副精神, 忽爾委頓 (…) (子弟)恐其頹墮委靡, 潰敗不可收拾."(『陳確集』, 71~72쪽)

유혹에서 자유로울 수 없었다. 진확이 말하길 축연의 아들은 "부친의 분부에 따라 과거에 응시하지 않았지만" 그 아우는 "모친의 분부에 따라 시험에 응시했다"라고 했다.[12] 이옹은 벼슬살이를 하지 않았지만 그의 아들이 과거에 응시한 데 대해서는 또 다른 설명이 있다.

> 제 선조는 모두 서민이라 저도 서민의 신분에 안주하고 있지만 자신을 지킬 공명功名이 없으니 모욕하고 멸시하는 이들이 많아 평생 시달림을 극도로 당했습니다. 제 아들은 제가 실패한 전철을 거울삼아 공명을 이루려고 애쓰고 있는데, 애오라지 거기에 기대어 자신과 집안을 지키고자 할 뿐인지라 세고歲考* 외에 과거에 응시하여 벼슬을 얻으려고 하지는 않았습니다.
> 僕之先世俱系庶人, 僕安庶人之分, 因無衣頂庇身, 衆侮群欺, 生平受盡磨難. 小兒鑑僕覆轍, 勉冒衣頂, 聊藉以庇身家, 歲考之外, 未嘗應科考以圖進取.(「答友人」, 『二曲集』권17)

모양冒襄의 경우는 그 부친과 함께 유민이었지만 그의 아들은 과거에 응시했고, 영도寧都 '3위三魏' 가운데 첫째인 위제서魏際瑞는 "벼슬길에 나서서 자신을 위하고 세상을 다스리기出應世務" 위해 권력자들과 어울렸으며, 셋째인 위희魏禧와 막내인 위례魏禮는 유민의 신분을 보전했는데, 이 모두가 사대부들의 생존 전략이었다고 할 수 있다. 한때의 위대한 학자들 가운데 이와 유사한 안배를 한 사람은 이옹뿐만이 아니었다. 전조망은 황종희의 일에 대해 이렇게 기록했다.

---

* 세고는 매년 학정學政이 부, 주, 현의 학교에서 수재와 부생附生, 증생增生, 늠생廩生들의 학업 성취를 점검하는 시험이다.

서원문徐元文*이 (황종희의) 아들 황백가黃百家를 사관에 참여시키
고 또 은현(지금의 닝보 인저우 구)의 처사 만사동(1638~1702, 자는
계야季野, 호는 석원石園)과 공생貢生 만언萬言(1637~1705, 자는 정일貞
一, 호는 관촌管村)을 불러서 함께 역사를 편찬하게 했으니, 이들도
모두 선생(황종희)의 제자들이다. 선생은 서원문의 편지에 답장을
하면서 농담으로 이렇게 말한 적이 있다.

"옛날 수양산의 두 늙은이 백이와 숙제가 상보尙父 강상姜尙에게
어린 자식을 맡겨서 3년 동안 나물을 먹어도 얼굴색이 망가지지
않았다고 하던데, 이제 나도 자식에게 그대를 모시게 하여 내 나
름의 안배를 할 수 있게 되었소."

徐公延公子百家參史局, 又徵鄞萬處士斯同萬明經言同修, 皆公門
人也. 公以書答徐公, 戱之曰: 昔聞首陽山二老托孤於尙父, 遂得三
年食薇, 顏色不壞. 今吾遣子從公, 可以置我矣.(「梨洲先生神道碑文」,
『鮚埼亭集』권11)

주이존과 진유숭陳維崧도 모두 자신들이 '벼슬길에 나아가는 것出'
이 부끄럽다고 말한 바 있으니,[13] 방 씨처럼 3대가 유민—방공소方孔炤
와 방이지方以智, 그리고 방이지의 세 아들—이거나 부산의 경우처럼
부자가 모두 유민이자 동지였던 경우는 결국 대단히 드물었다.[14] 고염
무 역시 "벗들 가운데 그 후예를 보면 조상의 현량한 덕을 본받아 이
전의 덕행을 새롭게 정돈하는 것을 상당히 어려워한다"**고 개탄했다.

---

* 서원문(1634~1691)은 강소 곤산 사람으로 자가 공숙公肅이고 호가 입재立齋다. 순치 16년 장
원으로 진사에 급제하여 한림원 수찬을 시작으로 문화전대학사文華殿大學士 겸 한림원장원학사
翰林院掌院學士까지 지냈으나, 1690년에 강남강서총독 부납탑傅拉塔이 그의 15가지 불법 행위
를 탄핵함으로써 해직되어 이듬해에 죽었다. 저작으로 『함경당집含經堂集』『득수원시집得樹園詩
集』이 있다.

전조망의 「제서견석전후題徐狷石傳後」에는 서개徐介 ***와 응휘겸應撝謙 ****
의 상당히 흥미로운 사적이 기록되어 있다.

서개는 응휘겸을 엄격히 섬겼고, 나중에는 응휘겸도 서개를 경외
했다. 하루는 서개가 응휘겸의 집을 방문했다가 물었다.

"무슨 일로 그리 바쁘십니까?"

"황공惶恐하게도 아들놈이 과거에 응시하려고 해서요."

"하하, 우리가 자제들을 영원히 가둬두고 유민의 신분을 세습할
수 없다는 것은 이미 자명한 일이지요. 응시하겠다면 그러도록 내
버려두는 것은 괜찮지만, 그런다고 해서 자제를 위해 안배를 해주
는 것은 잘못이지요."

이에 응휘겸이 사과하고 몹시 궁색해했다.

狷石嚴事潛齋, 其後潛齋亦畏狷石. 嘗一日過潛齋, 問曰: 何匆匆也.
潛齋答曰: 主臣以兒子將就試耳. 狷石笑曰: 吾輩不能永錮其子弟以
世襲遺民也, 亦已明矣. 然聽之則可矣, 又從而爲之謀, 則失矣. 於
是潛齋謝過, 甚窘.(『鮚埼亭集』 外編 권30)

이것은 '세습하지 않는다'는 말의 뜻을 분명히 나타낸 사례일 터이

** 원주: "朋友之中, 觀其後嗣, 象賢食舊, 頗復難之."(「與楊雪臣」 『顧亭林詩文集』, 139쪽)

*** 서개(1626~1698)는 절강 인화仁和 사람으로 원래 이름이 효직孝直이고 자가 효선孝先이었으
나 나중에 이름을 개介로 바꾸면서 자가 견석堅石, 호가 견암狷庵, 견석狷石이라고 했다. 명말 제
생이던 그는 청나라가 들어선 뒤로 벼슬길에 뜻을 접었으나, 조상에게서 물려받은 재산을 거의
잃고 처자식까지 죽게 되는 불행을 겪었다. 이후 그는 재혼도 하지 않고 50년 동안 흰옷만 입은 채
일정한 거처가 없이 곳곳을 떠돌았다.

**** 응휘겸(1615~1683)은 절강 인화 사람으로 자가 사인嗣寅이고 호가 잠재潛齋다. 명말 제생이
던 그는 강희 17년(1678)에 박학홍사과博學鴻詞科에 천거되었으나 늙고 병들었다는 이유로 사
양했다. 저작으로 『잠재문집潛齋文集』 『교양전서敎養全書』 『성리대중性理大中』 『고악서古樂書』
등 28종을 남겼다.

다. 서개가 말한 '한계'는 특히 주목할 만하다. 즉 자제의 뜻대로 하도록 "내버려두는 것聽之"은 "괜찮다可"는 것이다. 이를 보면 당시 유민들의 후속 세대가 '벼슬길에 나가는 것'이 이미 당시 여론에서 용납되고 있었다는 것을 알 수 있다.[15] 이러한 식견을 가진 이는 서개뿐만이 아니었다. 같은 책 권5 「명감찰어사퇴산전공묘석개문明監察御史退山錢公墓石蓋文」에는 전숙도錢肅圖*가 임종할 때 그 아들에게 당부한 말이 기록되어 있다.

> 옛 나라와 옛 군주에 대한 마음은 우리 세대가 죽으면 끝나는 것이니, 너희 세대는 망령되게 마음에 역천의 생각을 지니고 있어서는 안 된다.
> 故國故君之感, 此吾輩所當沒身而已者也, 若汝輩則不容妄有逆天之念存於其中.

육세의도 다른 사람이 과거에 응시하는 것에 대해 관대하고 온화한 견해를 견지했다.

> ……이어서 우리 형이 학교의 핍박을 받아 세상에 나가 과거에 응시했다는 소식을 들었다. 이 또한 중대한 문제는 아니다. 제생은 그래도 군주에게 입은 은혜가 가벼우니 반드시 과거에 응시해서는 안 된다는 이치가 없다. 시세가 그만둘 수 있다면 그만두고,

---

* 전숙도(1617~1692)는 절강 은현(지금의 닝보 인저우 구) 사람으로 자가 조일肇一이고 호가 퇴산退山, 동촌東村이다. 명말 제생이었던 그는 명나라가 망하자 친형 전숙락錢肅樂을 따라 의병을 일으켰고, 남명 정권에서 감찰어사에 발탁되었다. 이후 남명 왕실을 따라 주산舟山까지 갔다가 명나라가 완전히 망하자 귀향했다.

그렇지 않고 부형父兄의 분부나 자신 및 집안에 연루된다면 그 사이(벼슬길)에 순응해도 된다. (…) 근래에 오吳 지역 사람이 시를 지어서 6년 동안 보아온 일로 과거에 응시하는 이들을 비웃었다. 내 생각에 6년 후에 응시하는 것과 6년 전에 응시하는 것은 결국 다르다. 대개 신하가 군주를 섬기는 것은 자식이 어버이를 섬기는 것과 같을 따름이다. 군주가 모욕을 당하면 신하가 그를 위해 죽는 것은 당연히 신하로서의 대의이지만, 직분상 죽을 필요가 없는 것이 마땅하다면 어버이의 장례를 치르는 것과 똑같이 하면 그만이다. 어버이의 상은 3년 동안 치르는데 사대부가 6년 동안 과거에 응시하지 않는 것은 또한 자공子貢이 공자의 무덤가에 집을 짓고 3년을 더 살았던 것과 같은 뜻이니, 굳이 그런 이들을 비난하여 비웃고 풍자하며 비판해서 6년 전에 응시한 이들보다 더 못한 사람으로 만들려고 하는 것은 너무 심한 처사다.

……繼聞吾兄爲學校所迫, 已出就試. 此亦非大關係所在. 諸生於君恩尙輕, 無必不應試之理. 使時勢可已則已之, 不然, 或父兄之命, 身家之累, 則亦不妨委蛇其間 (…) 近吳中人有爲詩歌, 以六年觀望笑近日應試者. 予謂六年後應試, 與六年前應試者, 畢竟不同. 蓋臣之事君, 猶人子之事其親而已. 主辱臣死, 固爲臣之大義, 至於分誼不必死者, 則不過等於執親之喪. 喪以三年, 而爲士者能六年不就試, 是亦子貢築室於場之志矣, 而必欲非笑之, 刺譏之, 使之更不如六年前應試之人, 則甚矣.(「答徐次桓論應試書」, 『論學酬答』 권3)

과거에 응시하지 않은 것을 어버이의 상을 치르는 데 비유한 것은 그야말로 독특한 발상이라고 할 수 있다. 진확의 경우는 부득이한 벼슬살이를 구별했다.

지금 세상에 태어난 선비는 어쩔 수 없이 담당 관리 앞에 나아가 응시할 수도 있는데, 나는 이런 경우를 미워하지 않는다. 다만 응시하여 반드시 출세하려고 하는 것은 차마 입에 담을 수 없는 경우다.

士生乎今之世. 或不得已而出試於于有司, 吾無惡焉耳. 惟試而求必售, 斯有不忍言者矣.(「試訟說」, 『陳確集』, 251쪽)

이 또한 행위 자체는 가볍게 보고 마음을 추구하려는 그의 일관적인 태도에서 비롯된 견해일 터이다.

유민 신분을 '세습'하지 않는 것은 이전 사람들도 이미 그러했다. 『독통감론』에 따르면 양성楊盛은 "진晉나라가 망한 뒤에도 의희義熙 연호를 계속 썼지만" "임종할 때는 세자 양현楊玄에게 '나는 늙었으니 마땅히 진나라의 신하로 죽어야 할 테지만 너는 송나라를 잘 섬겨라' 하고 말했다."(권15, 554쪽) 같은 책에서는 또 "혜강嵇康도 자식에게 자신과 똑같이 살게 만들 수 없었고, 문천상은 아우에게 자신의 뜻을 일깨울 수 없었으며" 동진東晉의 장준張駿도 "그의 충정忠貞을 대대로 이어지게 하지 못했다"고 했으니* 유민의 어쩔 수 없는 심정이 문장에 드러나 있다.[16] 그런데 근대의 첸무는 앞서 언급한 서개의 말에 대해 상당히 불만스럽게 생각하여 "지금 따져보면 '내버려두는 것'과 자제를 위해 '안배를 해주는 것爲之謀'은 또한 50보 100보에 가깝다"고 했다.**

유민의 자제 가운데 벼슬길에 나선 이들에 대한 당시의 여론 중에는

---

* 원주: "嵇叔夜不能取必於子, 文信國不能喩志於弟."(『讀通鑑論』 권14, 542쪽) "(張駿)不能世其忠貞."(같은 책, 519쪽)

** 원주: "自今論之, 則聽之與爲之謀, 亦幾於五十步與百步也."(『中國近三百年學術史』 第二章, 72쪽)

'용인'에만 그치지 않고 칭송하는 경우도 있었다. 전겸익이 쓴 가원방柯元芳(?~?, 자는 월전月傳, 호는 초형楚蘅)의 묘지명에 따르면 그는 아들이 청나라에서 조음령棗陰令을 지내게 되자 "그가 기뻐하면서, '이제부터 즐겁고 편안한 마음으로 오래도록 일민逸民으로 살 수 있게 되었다'라고 말했다."* 대명세는 이렇게 말했다.

> 명나라가 망한 뒤로 동남 지역의 옛 신하들은 대부분 도의를 지켜서 벼슬살이를 하지 않았지만, 그 집안 자제들은 여전히 과거 공부를 해서 급제했고, 대부분 그것을 잘못이라고 여기지 않았다.
> 自明之亡, 東南舊臣多義不仕宦, 而其家子弟仍習擧業取科第, 多不以爲非.(「朱銘德傳」, 『戴名世集』 권7, 209쪽)

이것을 보면 한때 세속에서 심리적으로 애호하고 숭상했던 것이 무엇이었는지 알 만하다.[17]

이런 상황에 직면하자 유민 가운데 민감한 이들은 난감함과 처량함을 금치 못했을 것이다. '후대後代'가 없으면 '장래'도 없다. 유민은 결국 '외로이 남겨진子遺' 백성이다. 첸무는 유민의 세습 문제를 통해 유민 현상의 시간성을 논하고 유민의 시간에 대한 두려움을 함께 느끼는 듯한 기분을 나타냈다.

> 초야에 버려져 벼슬길에 오르지 않는 것은 오직 지난 왕조 유로들에서 끝났다. 여러 세대를 거치면서도 굴하지 않는 이는 대단히 소수다. 이미 나라가 망하고 정권을 빼앗겨 광복의 기미가 없어

---

* 원주: "君喜曰: 自今可以舒眉坦腹, 長爲逸民矣."(「柯元芳墓誌銘」, 『牧齋有學集』, 1108쪽)

자연스럽게 변해가니, 비록 여러 유로가 필사적으로 버티지만 그 친한 무리나 자손들은 결국 고집을 꺾고 이민족 앞에서 노예처럼 비굴하게 무릎을 꿇는 일을 피할 수 없다. 이 또한 지극히 슬프고 두려운 정세다.

棄身草野, 不登宦列, 惟先朝遺老之及身而止. 其歷世不屈者則殊少. 旣已國亡政奪, 光復無機, 潛移默運, 雖以諸老之抵死支撑, 而其親黨子姓, 終不免折而屈膝奴顔於異族之前. 此亦情勢之至可悲而可畏者.(『中國近三百年學術史』第二章, 71~72쪽)

고국과
새 왕조 사이에서

앞서 이미 설명했듯이 유민의 자기 인정은 시공에 대한 가정에 기댈 수밖에 없다. 전겸익은 서중방徐仲芳의 선친에 대해 이렇게 썼다.

> 남쪽으로 건너온 날 홍광 원년으로 연호가 바뀌었는데, 세시歲時에 집안 제사를 지낼 때는 여전히 숭정 연호를 썼다. 아! 홍광 연호를 쓰는 것도 차마 하지 못하거늘 하물며 어찌 다른 왕조의 연호를 쓸 수 있겠는가?
> 南渡日, 弘光改元, 歲時家祭, 稱崇禎年如故. 嗟乎, 稱弘光猶不忍, 況忍改王氏臘耶.(「書南城徐府君行實後」, 『牧齋有學集』 권49, 1604쪽)

굴대균도 유사한 기록이 있다. 황견태黃見泰*는 남명 융무 조정에서 벼슬살이를 한 적이 있는데 명나라가 망하자 "집안에 양황제襄皇帝(즉

---

* 황견태(?~?)는 복건 복청福淸(지금의 푸저우福州에 속함) 사람으로 자가 사필士必이다. 숭정 3년(1630) 거인이 된 그는 강직한 성격에 평소 명예와 절조를 중시했다.

융무제)의 위패를 마련해놓고 초하루와 보름마다 절을 올리며 목판을 홀笏로 삼고 무릎을 꿇은 채 상소문을 읽으니 낭랑한 목소리가 지게 문 밖까지 울려서 사람들이 모두 이상하게 여겼다. 현의 아역衙役이 문서를 들고 세금을 독촉하자 그는 문서 말미에 커다랗게 '대명大明에 한 치의 땅도 없거늘 박사博士에게 무슨 전답이 있겠는가?'라고 썼다."* 원래의 역할을 이렇듯 완강하게 견지하는 그의 태도와 자신의 경계를 획정할 때의 상상력에 누구나 경탄을 금치 못할 것이다.

그러나 스스로 상황을 설정하는 것은 결국 생존을 허황되게 만들 뿐이다. 유민은 시대와 세상이 이미 바뀌었다는 사실에서 도피할 방법이 없었다.

유민과 새 왕조 사이의 관계에서 집권자들의 구속은 한 부분에 지나지 않았다. 새 왕조의 정치에 대해 유민이 어떤 식으로든 참여하는 것은 사대부의 전통이자 유학자의 전통에 의해 선험적으로 결정된 일이었다.

앞서 언급했던, 극도로 견고하게 자신을 가둔 소수의 유민들에 비해, '남겨졌지만 세상을 잊지 않는遺而不忘世' 것이 더욱 보편적인 유민들의 생존 태도였다. 여기에 담긴 논리는 상당히 복잡했다. 자신들은 결코 지금 세상의 바깥에 살고 있지 않으며, 그들이 거절한 것은 그저 '조정'일 뿐이라는 것이다. '남겨짐'은 차라리 일종의 '민간 신분'에 대한 확인이라고 할 수 있다. 자신의 사명에 대한 사대부의 의식은 분명히 유민이 또 다른 왕조의 정치 국면에서 자신의 위치를 찾는 데 도움을 주었다. 그리고 명대에 민간 정치가 활발했던 것―당사, 강학, 청

---

* 원주: "家設襄皇帝位, 朔望朝拜, 以木版爲笏, 跪讀表文, 聲琅琅徹於戶外, 人皆怪之. 縣役持 檄催租, 見泰大署紙尾曰: 大明無寸土, 博士安有田."(「高士傳」『翁山文鈔』 권4)

의, 제생들의 정치 관여 등—도 명나라가 망할 무렵 및 왕조가 교체된 뒤에 사대부들이 적극적인 태도를 보인 이유를 설명해준다. 유학자의 사명을 버리지 않고 자신들이 인정한 사대부의 직분을 견지하기 위해 왕조가 바뀐 뒤에도 계속해서 민생에 이로운 것과 해로운 것에 관심을 갖고 이로움을 진흥하며 병폐를 없애는 것을 자신의 소임으로 여긴 것은 당연한 일이었다. 고염무는 "백성의 병 또한 유학자가 잊기 어려운 것"*이라고 분명히 밝혔다. 그러니까 고염무의 「이병서利病書」나 황종희의 『명이대방록』 같은 것들이 비록 '후세의 왕을 기다린다待後王'고 표방하기는 하지만 그것이 반드시 당대에 유익하기를 기대하지 않았다고는 할 수 없겠다. 고향에서 선행을 베푸는 것은 여러 유민의 전기나 행장에 늘 들어 있는 내용이다. 『비전집보』 권36 「허청암선생전許靑庵先生傳」에 따르면 그는 "고향에서 더욱 후한 덕을 베풀어서 죽을 때까지 원한을 맺는 이들을 보더라도 짧은 몇 마디로 쉽게 화해시켜 주었는데 충심과 신뢰로 명쾌하게 판결하여 사람들이 마음으로 신복信服했다."** 『청사고』 권480에 수록된 진호陳瑚의 전기에서는 그가 세상을 경영할 재능을 지녔지만 간언이 채용되지 않았고, "명나라가 망하자 벼슬길에 뜻을 끊고 곤산 울촌蔚村에 은거했다. 전답이 물에 잠기자 그는 고을 사람들을 이끌고 제방을 쌓아 물을 막았는데, 병가의 속오법束伍法***을 이용하며 단시간에 완성했다."**** 사실 진호가 한 일은 이것뿐만이 아니었다. 그가 쓴 육세의의 행장에서는 모여석毛如石이 벼슬살이를

---

* 　원주: "百姓之病, 亦儒者所難忘."(「與友人書」『顧亭林詩文集』, 190쪽)

** 　원주: "尤厚爲德於鄕閭, 遇鬪爭及塚宅構釁者, 不難片言立解, 忠信明決, 爲人素所折服."

*** 　속오법은 5명으로 하나의 대오隊伍를 이루어 임무를 수행하게 하는 것으로서 명나라 때의 명장 담륜譚綸(1520~1577, 자는 자리子理, 호는 이화二華)가 창립한 것으로 알려져 있다.

**** 　원주: "明亡, 絶意仕進, 避地崑山之蔚村. 田沮洳, 瑚導鄕人築岸御水, 用兵家束伍法, 不日而成."

할 때의 상황을 이렇게 기록했다.

(모여석이) 그(육세의)를 오라고 하여 도착하니* 정치와 형벌이 명확
해지고 풍속이 바로잡아졌으며 간사한 도적을 색출했는데, 그가 도
와준 힘이 많은 부분을 차지했다. 당시 나도 초 지역에서 현량하고
능력 있는 인재를 뽑기 위해 사대부들을 심사하여 평가했다.
以君行, 比至, 則明政刑, 正風俗, 鋤奸宄, 君相助之力居多. 予時亦
在楚中, 爲登善校士.(「尊道先生陸君行狀」, 『桴亭先生遺書』)

황종희도 사유査遺**에 대해 이렇게 썼다.

(그는) 스스로 경제를 기대했기 때문에 천하의 모든 일 가운데 다
른 이들은 수백 번 말해도 끝내지 못한 것들을 그가 몇 마디만
하면 그 이로움과 병폐가 모두 자세히 드러났다. 비록 시행할 바
가 없어서 안타깝기는 했지만 도랑과 보갑법, 사창법 같은 것들은
변통을 강구하여 조금이라도 시행되지 않은 것이 없었다.
以經濟自期許, 故凡天下之事, 他人數百言不能了者, 逸遠數言, 其利
病纖悉畢見. 雖鬱鬱無所施爲, 而溝渠保甲社倉諸法, 講求通變, 未
嘗不行之一方也.(「査逸遠墓誌銘」, 『黃宗羲全集』 제10책, 367쪽)

백성의 고통을 도외시하지 못하는 것이 바로 유학자의 본색이었다.
김보金堡는 「이관계시어벽당집서李灌溪侍御碧幢集序」에서 이에 대해 밝히

---

* 강서 안의령安義令으로 있던 모여석이 육세의를 막객으로 초빙한 것은 순치 18년(1661)의 일이다.
** 사유(?~?)는 절강 해녕 사람으로 원래 이름은 숭계崧繼고 자가 주청柱靑이었다가 나중에 이름
을 유遺로 바꾸고 자를 일원逸遠, 호를 학포學圃라고 했다. 명나라 말엽 제생 출신이다.

면서 그의 일관된 솔직함을 보여주었다.

> 선생은 관리들의 사악함과 정치의 혼탁함, 백성의 고통, 경학의 붕
> 괴에 대해서 들을 때마다 어쩔할 바를 몰라 탄식하며 밥 먹는 것
> 도 잊고 책상 앞에 앉아 있었으니, 연로했지만 더욱 독실했다. 어
> 떤 때는 왕조가 바뀌었지만 나하고 무슨 상관이냐고 했다. 새것과
> 옛것이 바뀌더라도 천지는 여전히 내 천지이고, 백성은 여전히 내
> 백성이고, 사물은 여전히 내 사물이니 어찌 그들의 고달픔을 보
> 고도 막연하게 아무 행동도 하지 않고 또 그로 인해 얼굴에 희색
> 을 지을 수 있겠는가? 그래서 나는 선생은 한 시대의 진정한 유학
> 자라고 추존한다.
> 先生每聞官邪政濁, 閭閻疾苦, 詩書崩壞, 仰屋而歎, 對案忘餐, 雖
> 老彌篤. 或謂此旣易代, 何與吾事. 夫新故卽移, 天地猶吾天地, 民猶
> 吾民, 物猶吾物, 寧有睹其顚沛, 漠然無動, 復爲之喜形於色者耶. 予
> 故推先生爲一世眞儒.(『遍行堂集』 권4)

세상을 경영하는 재능을 가지고 지방의 사무를 담당했을 때, 유민
은 당연히 집권자들과의 교섭을 피하기 어렵거나 또는 피할 마음이 없
었다. 물론 이것은 '민간 신분'으로 진행하는 것이다. 진확은 민생의 이
로움과 병폐에 관심이 많았을 뿐만 아니라 '곤궁한 백성窮黎'을 위해
분부를 내려달라고 청하며 여러 차례 집권자들에게 투서해 사정을 알
렸고(『陳確集』에 수록된 「投太府劉公揭」 「投當事揭」 등 참조), 심지어 집권
자의 힘을 빌려 자신이 제시한 '족장族葬'을 추진하려고 했다. 장이상
도 현실 정치에 대한 관심을 억제하지 않았다. 그가 갑신년 이후에 쓴
「서개전비후書改田碑後」(『楊園先生全集』 권20)는 명나라 때 호주 귀안歸安

의 세액이 균등하지 않았던 일을 거슬러 논의하고 있는데 이 또한 '백성의 병'에 대한 관심에서 비롯된 것이었다. 위례魏禮는 집권자들의 힘을 빌려 백성의 곤경을 해결해주는 것이 은사로 지내는 데 방해가 되지 않는다고 하면서, "전주田疇*도 위魏나라 군대에 의지해 자신이 살던 고을의 재해를 없앴다"**고 하며 이 예를 자주 인용했다. 「여이읍후서與李邑侯書」에서 그는 집권자에게 '논밭의 도둑田賊'을 없애 달라고 청하며 "옛날 전주가 서무산徐無山에 은거했을 때 오환족이 소요를 일으키자 위나라 군대에 의지하여 고을의 우환을 없앴다"고 했는데, 그가 보기에 "도의상 앞장서서 만민을 위해 분부를 청해야 비로소 배운 바를 저버리지 않게" 된다고 했다.*** 이 모든 것도 역당의 저 '경세학'이 규정하는 당대 및 현실 정치와 사대부의 관계에 토대를 두고 있다. '민간 신분'이라는 논리는 몇몇 저명한 유민에게 적용하기에는 너무나 뭉뚱그린 듯한 느낌을 준다. 육세의가 지방 정치에 참여할 때 그의 신분은 막객幕客에 가까웠다.[18] 유민의 글에서 지방관의 덕정을 칭송하는 내용은 더 쉽게 발견할 수 있다. 손기봉은 일찍이 일반 백성을 대신하는 태도로 「거사비去思碑」를 쓴 바 있다.[19] '민의'를 명분으로 지방관의 임면에 관여하는 것도 전통적인 수단에 속했다.

일부 유민들은 더욱 거리낌 없이 지방관이 학교를 일으키고 교화를 추진한 공덕을 이야기했으니, 예를 들어 굴대균은 「혜주부유학선사묘비惠州府儒學先師廟碑」(『翁山文鈔』 권3)에서 '문명을 일으킨 공興起斯文之功'

---

* 전주(169~214)는 우북평右北平 무종無終(지금의 허베이 성 위톈玉田) 사람으로 자가 자태子泰 또는 자춘子春이다. 후한 말엽 은사隱士였던 그는 건안建安 12년(207)부터 조조의 휘하에서 사공호조연司空戶曹掾과 의랑議郞을 지냈다.

** 원주: "田疇亦藉魏師去其所居鄕之害."(「李檀河八十序」『魏季子文集』 권7)

*** 원주: "昔田子春隱居徐無山, 以烏桓之擾, 藉魏兵除鄕里患害 (…) 義當挺身爲萬請命, 方爲不負所學."(같은 책, 권8)

을 이야기하면서 "올바른 학문을 제창하여 밝히고倡明正學" "학술을 밝히고 인심을 바로잡는明學術正人心"일을 학정學政의 직책에 있는 관리가 해주기를 기대했다. 이것은 권력 기구의 교화 기능을 부인하지 않을 뿐만 아니라 개인적인 방식으로 (집권자와 개인적인 교유를 통해) 간접적이나마 당대 정교政教에 영향력을 행사할 기회를 버리지 않은 것이다. 그러니 그가 '민간 신분'의 한계를 의식하고 있었음은 말하지 않아도 알 수 있다. 여기에서도 유민과 당시 세상 사이의 복잡한 관계를 발견할 수 있다. 이옹李顒은 '관학關學'의 진흥을 집권자에게 기대했다.

> 어쩌면 담당자의 마음을 장관張提臺의 마음과 같게 할 수 있을까요? 많은 인재를 양성해서 파도치며 흐르는 물결 속의 기둥이 되고 성쇠가 교차하는 인심에 학문의 불길을 피워내는 땔감이 됨으로써 하나의 선을 잇듯이 하여 지금처럼 나날이 쇠락하는 지경에 이르지 않도록 한다면 관중關中 지역에 얼마나 큰 발전이 있겠습니까?
> 安得當事者心同臺之心, 樸械作人, 砥柱波流, 於人心剝復之交, 使後火前薪, 似續一線, 不至當今日而落寞, 其大有造於關中爲何如耶.(「答張提臺」, 『二曲集』 권17)

여기서는 유학자의 학파 입장도 이와 같은 태도를 지탱해주었다.

손기봉과 이옹이 청나라 초기 강학을 통해 도를 전파하면서 집권자와 교류하는 것을 피하지 않은 것은 원래 이른바 '가르침이 있는 곳에 부류의 구분이 없는有敎無類' 경우에 속하며, 그 가운데도 강학을 통해서 당대의 정치에 영향을 주려는 자각이 담겨 있다. 심지어 이옹은 만주족 장수들을 가르치는 일조차 거절하지 않았으니(『二曲集』 권45 「歷年

紀略」참조),**20** 이런 태도는 그의 기본적인 목표와 신념에 위배되는 것이 아니었다. 그의 「사목보감司牧寶鑑」(『二曲集』권28)은 집권자들에게 권고하고 훈계하는 교재다. 손기봉이 집권자들을 피하지 않았던 것도 "인류을 염려한以民彝爲念"것이다. 그는 가르침을 청하는 이들에게 이렇게 말했다.

> 필부가 선을 행하면 자기 한 몸을 위로하여 구제할 수 있고, 높은 벼슬아치가 선을 행하면 한 세상을 위로하여 구제할 수 있다. 내 힘이 백성에게 미칠 수 없으면 벼슬아치가 조금이라도 해를 줄여서 백성이 그만큼 이로움을 얻을 수 있기를 바란다.
> 匹夫爲善, 康濟一身, 公卿爲善, 康濟一世. 某力不能及民, 願公減一份害, 民受一份之利.(魏裔介, 「夏峯先生本傳」)

똑같이 '이 길斯道'을 자신의 소임으로 여기지만 체인體認하는 사명은 사람에 따라 달랐다. 손기봉이나 이옹은 '도를 전하는 것傳道'을 무엇보다 우선하여 고려해야 할 목표로 삼았던 것이 분명하다. 도를 공적인 것으로 삼아 천하와 더불어 공유하려고 했으니, 확실히 이야말로 유학자의 진면목이었다.

육세의의 사고방식은 더욱 특이했다. 그는 교관教官은 '벼슬아치官'가 아니기 때문에 왕조가 교체된 후에도 옛 왕조의 남겨진 백성과 원로들이 그 역할을 맡을 수 있다고 주장했다.

> 학교의 직분은 신하이지만 사실은 스승이다. 예전처럼 관리의 품계를 나눌 필요가 없다면 그것은 완전히 스승이지 신하가 아니다. 옛날에 무왕이 기자를 찾아가 도에 대해 물으니 기자는 그에

게 「홍범」을 설명해주었다. 도는 바로 천하 후세가 공적으로 공유하는 것이니 (왕조의) 흥폐나 존망에 따라 달라지는 것이 아니다. 유민과 원로를 초빙하여 학교의 스승으로 삼는 것은 새 왕조에게 유익하고 원로들에게 해가 되지 않는 일이니, 그러면 도법이 천지간에 항상 시행될 수 있을 것이고, 개혁하는 무렵에 현인들이 모조리 내쫓겨 쓰이지 않는 상황에 이르지 않게 될 것이다.

學校之職, 臣也, 而實師也. 若能如前不用品級之說, 則全乎師而非臣. 昔武王訪道於箕子, 而箕子爲之陳洪範. 蓋道乃天下後世公共之物, 不以興廢存亡而有異也. 聘遺黎故老爲學校之師, 於新朝有益, 而於故老無損, 庶幾道法可常行於天地之間, 而改革之際不至賢人盡歸放廢矣.(『思辨錄輯要』권20)

심지어 그는 교관이라는 직무는 이전 왕조의 대신이 맡아도 된다고 주장했다. 그는 '현량한 인재'는 세상에 쓸모가 있으며 '성인의 도聖道'를 더욱 발전시킨다는 관점에서 시작했으니, 여전히 세상을 경영하는 데 뜻을 둔 유학자의 사고방식을 보여준다.[21]

이와 같은 유민들의 태도 뒤에는 다음과 같은 사실 즉, '명나라'는 확실히 이미 망했다는 사실에 대한 확인이 있다고 할 수 있겠다. '명-청'이 아니라 '조정-민간'의 관계 속에서 자신의 위치를 선택함으로써 앞서 설명했던 것과 같은 유민의 '남겨짐'은 '세상을 버린遺世' 것과는 다른 의미를 갖게 된다. 그들이 벼슬살이를 하지 않은 것은 '옛 명나라'에 대한 감정적 태도 즉, 이른바 '선비로 길러준 은혜養士之恩'에 보답하려는 데서 비롯되었다. 유민 가운데 일부는 자손이 '새 왕조'에서 벼슬살이하는 것도 '명나라'가 확실히 이미 망했기 때문이고, '보은'은 자신에게서 끝나도 무방하다는 생각을 솔직히 나타냈다.

예교禮教를 추진하여 백성을 교화하는 것은 원래 유학자의 전통적인 사명으로서, 고염무의 논리를 빌리자면 이는 또한 나라는 망했더라도 '천하'는 망하지 않게 하는 중대한 사업이었다. '예'가 '가르침'이 되는 과정은 종법사회에서 주로 '가족 정치'를 통해 실현되었다. 벼슬살이로써 세상에 쓰이지 못하면 '백성을 교화하는 것'을 사업으로 삼는 것은 원래 이전 시대 현인들이 제시한 모델이었다. 명나라 때의 유학자 여남呂枏은 이렇게 말했다.

> 등용이 된다면 백성이 복을 받을 것이고, 그렇지 않다면 향당붕우鄕黨朋友들과 학술을 논하여 몇 명이라도 교화할 수 있게 하니, 이 모두가 사업으로서 바로 『주역』「문언文言」에서 이야기했듯이 "사지의 행동으로 관철되고 사업으로 피어나는" 것이다. 그러니 어찌 반드시 벼슬살이를 한 뒤에야 사업이 있게 된다고 하겠는가?
> 若見用, 則百姓受些福, 假使不用, 與鄕黨朋友論些學術, 化得幾人, 都是事業, 正所謂暢於四肢, 發於事業也, 何必有官作, 然後有事業.(『明儒學案』 권8, 153쪽)

종족의 일에 종사하는 것으로 말하자면, 유가의 정치에서는 집안을 다스리는 것齊家이 나라를 다스리는 것治國과 관련이 있을 뿐만 아니라, 특히 후자는 바로 전자를 기반으로 하는 것이다. 유민의 전기와 행장 가운데는 이런 '정치'에 종사하여 '유학의 효용儒效'을 거둔 예가 적지 않게 수록되어 있다.『비전집』 권125「신향곽공사표묘지명新鄕郭公士標墓誌銘」에서는 그가 "종족에게 후덕하여 묘지에 조상의 사당을 세우고 사철 제사를 지내고 청소하며 종족을 대대적으로 모아 그 가운데서 예법을 익히게 했고, 제전祭田을 설치하여 제수를 장만하게 하고 남은 것은 종족의 혼사와 장례비용으로 쓰게 했다. 가회家會를 세워서 종족 가운데 글 솜씨가 뛰어난 이가 매달 한 번씩 시험을 치게 했고, 또 그 가운데 뛰어난 이를 선발하여 종족의 자제를 나누어 가르치게 하니 사대부 가문에서 전하여 가법으로 삼았다"*고 칭송했다.

조종을 존경하고 종족을 거두어 고을에서 시범을 보이는 것은 예로부터 유학자들이 중시하던 정치적 실천이었다. 고염무의 「화음왕씨종사기華陰王氏宗祠記」와 「양씨사당기楊氏祠堂記」(두 편 모두 『顧亭林詩文集』에 수록됨) 등은 모두 '인륜' '풍속' '정사' '국가'의 관계를 논하면서 이를 통해 '유학자의 효용'과 '교화의 권한' 등등을 이야기하고 있다. 「양씨사당기」에서 그는 이렇게 썼다.

> 쇠퇴하는 데서 흥성하게 하고, 소수에게서 다수를 다스리고, 외로이 홀로 남으면 만인이 영원토록 규범으로 삼을 일을 하기란 장대한 마음을 가진 군자가 아니면 해낼 수 없다.
> 若夫爲盛於衰, 治衆於寡, 孑然一身之日, 而有萬人百世之規, 非大心之君子莫克爲之矣.(『顧亭林詩文集』, 107쪽)

이러한 식견과 신념을 지니고 있던 고염무가 어찌 다만 "아직 할 만하기만尙有可爲" 했겠는가! 그 자신도 관중 땅에서 "장재가 남전에서 '사려四呂'와 같은 후학을 양성한 뜻을 본떠 예법으로 교화"**했으니[22] 확실히 이 또한 유학자의 '실천踐履'이었다.

---

* 원주: "厚於宗族, 建祖祠墓側, 歲時祭埽, 大會族人, 習禮其中, 置祭田以供饗祀, 有餘則以供族人嫁娶喪葬費. 立家會, 集族之能文者月一課之, 又擇其優者, 令分敎族之子弟, 縉紳家傳以爲法."

** 인용문의 원문과 '사려四呂'에 대해서는 제2장 각주 178과 179를 참조.

이와 같이 유민은 결코 스스로 '현실 정치'의 바깥에 있지 않았으며, 당연히 스스로 '당세當世'의 밖에 있다고 여기지 않았다. 이러한 일종의 '정치 현실주의'도 유학자의 성격에 속한다. 황종희는 신하의 도리를 논하면서 '벼슬살이仕'의 의의는 '천하'와 '만민'을 위하는 데 있는 것이지 '한 가문—姓'을 위한 것이 아니라고 했다.(『明夷待訪錄』「原臣」, 『黃宗羲全集』 제1책, 4쪽 참조) '남겨짐遺'의 의미 또한 언제나 이러했다! 고염무와 손기봉의 경우 그 행위 및 도덕적 자신감은 명철한 이성에 근거를 두고 있었다. 유가의 '민본' 사상은 유학자 전통을 현실 세계에 관철하는 것이었고, "백성을 동포로, 만물을 같은 부류로 여기는民胞物與" 어진 이의 마음이었으며, 학자와 같은 방식으로 근본의 극한을 규명함으로써 '유민의 경지'를 조성하는 역할을 했는데, 이것은 고염무의 경우를 보면 더욱 잘 알 수 있다. 물론 '유학자의 경지'는 예로부터 천차만별이었다.

유민 현상의 시간성은 당연히 새로운 왕조의 집권자들이 의도적으로 조성한 것이지만, 집권자들의 태도도 '속박'과 '박해'라는 두 가지로 귀결하기는 곤란하다. 예를 들어 관중 지역의 이옹과 강남의 역당에서 활동한 여러 인사는 모두 낙종린駱鍾麟*을 극도로 칭송했으며, 이옹뿐만 아니라 부산도 곽운중郭雲中(?~?, 호는 구지九芝)을 공경하며 정중하게 대했다.(『霜紅龕集』 권18 「題四以碣後」 참조) 유민 가운데는 당연히 '어렵게 절조를 지키면서 취하고 주는 것取與에 엄격하여 가난으로 굶어죽기를 마다하지 않는 이들도 있었고 또 집권자들이 보내준 예물을 받아들인 이들도 있었다. 위예개魏裔介의 「하봉선생본전夏峯先生本傳」

---

* 낙종린(?~?)은 절강 임안 사람으로 자가 정생挺生이고 호가 연포蓮浦다. 순치 4년(1647) 진사 부방副榜이 되어 안길학정安吉學正과 섬서 주질지현盩厔知縣, 서안부동지西安府同知, 강남江南 상주지부常州知府 등을 역임하며 선정을 베푼 훌륭한 관리로 칭송받았다.

에 따르면 손기봉은 "전답과 집이 채지采地로 들어가서 위衛 지역으로 이사했다. (…) 수부랑水部郎 마광유馬光裕가 전답과 집을 주어 겸산당兼山堂을 열고 거기서 『주역』을 읽었으며, 자손들을 이끌고 몸소 농사를 지어 자급하니, 문인들이 나날이 발전했다."* 낙종린은 이옹에 대해 더욱 극진히 예를 갖추어 대해서, "비바람을 가릴 수 있도록 집을 지어 기증하고, 수시로 곡식과 고기를 보내서 가족을 봉양할 밑천으로 삼게 해주었으며""임기가 차서 승진할 때는 자신이 떠난 뒤에 도와줄 이가 없어질까 염려하여 전답 10무를 마련하고 농사를 지을 수 있도록 해주었다."** 당시 부평령富平令 곽운중과 독학督學 허손전許孫荃*** 등이 이옹에게 도움을 주어서 "곡식을 대주는 늠인廩人과 고기를 대주는 포인庖人이 길에서 만나는"**** 상황이 나타나게 했다.²³

청나라의 시대를 살다 보면 언어 방식이 바뀌는 것은 단지 시간의 문제일 뿐이었다. 육세의는 「증교수오공거사서贈蛟水吳公去思序」에서 누현婁縣에 대해 이렇게 썼다.

명말부터 부세 징수로 곤경에 처해서 풍속이 쇠락했다. 국조(청)가
일어나 구원해주며 훌륭한 관리를 선발하여 이 지역을 안무按撫
하게 하니 백성이 활발하게 호전되기 시작했다.

自明末困徵輸, 俗始凋敝. 國朝起而拯之, '擇良吏撫循茲土, 民蒸蒸

---

* 원주: "因田廬充采地, 移家於衛 (…) 水部郎馬光裕贈夏峯田廬, 辟兼山堂, 讀易其中, 率子若孫躬耕自給, 門人日進."

** 원주: "爲之捐俸構屋, 俾蔽風雨, 時繼粟肉, 以資侍養 (…) 俸滿將升, 念去後無以贍給, 爲置地十畝, 聊資耕作."(『二曲集』권45 「歷年紀略」)

*** 허손전(1640~1688)은 합비合肥 사람으로 자가 사산四山이고 호가 손우蓀友다. 강희 9년(1670) 진사에 급제하여 호부주사戶部主事, 섬서제학도陝西提學道 등을 역임했다. 저작으로 『신묵당시집愼墨堂詩集』『화악당집華嶽堂集』 등이 있다.

**** 원주: "廩人繼粟, 庖人繼肉, 相望於路."(『二曲集』권45 「歷年紀略」)

有起色矣.(『柠亭先生遺書』권4)

　장이기는 지방관이 백성과 더불어 편히 쉬는 것을 칭송하면서 심지어 이렇게 이야기했다.

　　을유년(1645)으로부터 지금까지 시간이 얼마나 지났는가? 그런데
　　살펴보면 밭두렁은 지금과 옛날 중에 언제가 더 잘 정돈되어 있으
　　며, 목축은 언제가 더 많으며, 집과 담장은 언제가 더 가지런한가?
　　乙酉去今幾何時, 閱視田疇, 孰與昔治, 畜牧孰與昔多, 屋垣孰與昔
　　理(「送邑侯杜明府還里序」,『蒿庵集』권2, 89~90쪽)

　'청나라로 들어가는入淸' 것은 신분에 국한되지 않고 '상태'와 더 관련이 깊다. 이 시기에 쓴 이옹의 글에서는 '천안天顔' '신총宸聰' '황인皇仁' 등의 어휘들을 곳곳에서 볼 수 있다. "나라의 용이 요동에서 나왔다"*와 같은 논리가 유민의 글에서 발견되는 것은 너무 익숙해서 이상하지도 않다. 김보金堡는 명 태조가 충의를 제창한 일을 예로 들어 집권자들에게 충고하며 마치 새로운 군주에게 건의하는 듯한 어투로 "군주와 신하 사이의 대의는 두 군주가 공유하는 바로서 대단히 적절하고 분명하게 하니, 지난 왕조의 멸망에는 아무 도움이 되지 않았지만 새 왕조가 좋은 인상을 얻는 데 바탕이 되어 줄 수 있다"**고 운운했는데, 마치 이미 '지난 왕조勝國'의 유민으로 자처하지 않는 듯하다. 황종희도 만년의 글에서는 당시 세상을 '왕을 일으키는 세상興王之

---

*　원주: "國家龍興遼左."(冒襄,「狼山鎮諾公德政序」,『巢民文集』권2)
**　원주: "君臣大義, 二主之所共, 深切著明, 無所益於勝國之亡, 而能爲新朝資觀感."(「單質生詩序」,『遍行堂集』권4)

世'이라고 칭하고, '함께 공부하는 선비들'과 공동으로 강당을 세워서 "문화 교육을 중시하는 정치를 돕겠다贊右文之治"라고 했으며, 그 외에도 '지금 천자'라든가 '성스러운 천자', 그리고 '천자의 군대王師'와 '섬의 해적島賊' 등등의 어휘를 써 완전히 청나라 사람의 어투를 보여주었다.[24] 황종희의 이런 표현들을 당시 사람들의 글 사이에 놓고 보면 그가 당시 언어 환경의 테두리 안에 있었음을 알 수 있다. 이런 어휘들은 모두가 '한족 사대부'와 '청나라'라는 정치 실체, 그리고 '청나라 세상'이라는 '현실' 사이의 관계가 발전하는 과정에 있었음을 나타낸다. 어떤 식으로 설정하더라도 공기처럼 가득 한 말을 막을 수 없으며, 어휘의 공용共用을 막을 수는 없었다. '공용' 속에는 함께 시공時空에 처해 있다는 사실에 대한 인정이 담겨 있다. 물론 이옹과 황종희가 이와 같은 글을 쓰게 되었을 때 '유민사회'의 언론 환경이 이미 상당히 크게 변했을 것이라는 사실은 어렵지 않게 짐작할 수 있다. 시간이 유민에 대해 미치는 엄중한 영향이 여기서도 증명되지 않는가?

황종희와 손기봉, 이옹은 모두 유민으로서 천하에 명성을 날리고 죽어서도 많은 이가 애도했던 인물들이다. 그 가운데 손기봉과 이옹이 한 시대의 위대한 유학자로서 발휘했던 영향력은 부분적으로 바로 청나라 집권자들이 만들어 준 것이었다. 『이곡집二曲集』 권23 「양성기이襄城記異」와 권24 「의림義林」은 특히 왕조 교체기에 집권자와 유민이 함께 진행한 이야기 만들기의 한 예다.[25] 황종희가 '조초저술詔鈔著述'을 자랑스럽게 생각했던 것과 마찬가지로 풍자적인 의미를 지닌 것은 강희제가 친히 쓴 편액이 이옹의 집안 대청에 걸려 있었다는 사실이다.[26] 여기에 이르면 이옹을 빌려 '교육(교화)을 선전하려는 운동'이 최고조에 이르며, 그에 대한 포상과 장려도 더할 나위가 없을 정도가 된 셈이었다. 애석하게도 남아 있는 글만으로는 이 무렵 이옹의 진짜 느낌을 이미 알 수 없다. 당시 집권자들의 칭찬과 장려에 감격하여 눈물을 흘린 이들은 아주 많았다. 염약거 외에 김인서金人瑞*를 들 수 있는데, 그는 「춘감팔수春感八首」의 서문에서 이렇게 썼다.

> 순치 경자년(1660) 정월에 소점邵點(?~?, 호는 난설蘭雪)이 도성에서
> 돌아와 황상께서 내가 비평한 재자서를 보시고 사신들에게, "이
> 사람은 고문의 고수이니 시문의 관점에서 그의 글을 보지 말라"
> 는 등의 말씀을 하셨다고 이야기했다. 내 형님의 긴 글을 써서 내
> 게 자세히 알려주시니 나는 감격하여 눈물을 흘리며 북쪽을 향
> 해 머리를 조아리고 공손히 이 시들을 지었다.
> 順治庚子正月, 邵子蘭雪從都門歸, 口述皇上見某批才子書, 諭詞臣:
> 此是古文高手, 莫以時文眼看他等語, 家兄長文具爲某道, 某感而淚
> 下, 因北向叩頭敬賦.

이를 통해서 유민이 스스로를 청나라 세상에서 소외시켜 흙집에 살고 "밥을 먹을 때마다 고국을 잊지 못한" 사실을 돌아보면 오히려 그들이 오로지 자신을 간단한 상징으로 만들기 위해 노력했음을 알 수 있다. '위대한 청나라'의 땅을 밟으며 위대한 청나라의 곡식을 먹으면서도 황종희는 '상징'을 '사실'과 동등하게 취급되는 것을 거절했다. 그런 의미에서 그는 차라리 유민의 '유한성'을 직시한 인물이었다.(이 책의 제5장 2절에서 설명한 그의 백이숙제론 참조) 이것은 또한 황종희처럼

---

* 김인서(1601~1661)는 본명이 채采이고, 자가 약채若采인데, 명나라가 망한 뒤에 이름을 인서人瑞로 고쳤다. 널리 알려진 성탄聖歎은 그의 법명이다. 그의 사적에 대해서는 여러 가지 이설들이 있는데, 이에 대해서는 陳萬益, 『金聖歎文學批評考述』(臺北: 國立臺灣大學文學院, 1976)의 1~15쪽을, 그리고 기타 그의 생애에 관련된 문헌 및 논문에 관해서는 같은 글, 118~121쪽의 「주요참고서목」을 참조하기 바란다.

깨어 있는 학자로서도 피할 수 없는 선택이었다고 이해할 수 있다. 귀
장은 자조적으로 이렇게 말했다.

> 내가 지금 회음에서 객지 생활을 하고 있으니 원래 내 땅이 아니
> 다. 그렇다고 오吳 지역의 내가 태어나 자란 고을로 돌아간다 해도
> 여전히 내 땅이 아니다. 낙빈왕은 '보라, 오늘날 강역 안에 있는 것
> 이 누구의 천하인가?'라고 했다.* 몸은 이미 오랑캐의 고을에 빠져
> 서 스스로 구해 내지 못하니 자기 거처로 가 자기 서재를 가리키
> 는 것도 하안何晏(?~249, 자는 평숙平叔)이 '하씨의 집'이라고 한 것**
> 과 마찬가지다. (…) 손님이 말했다. "그대의 말씀은 그럴 듯하지만
> 옳지 않소. 옛날 현자의 가르침(즉 『중용』)에 '오랑캐의 나라에 있
> 으면 오랑캐처럼 행동한다'라고 하셨소. 공자께서는 구이의 땅에
> 살고 싶어하시면서 '군자가 사는데 누추하게 여길 게 무엇이냐?'
> 라고 하셨소. 땅바닥에 금을 그었다는 설은 자잘한 문제가 없을
> 수는 있겠지만, 아마 원래 뜻이 아니었을 겁니다."
>
> 余今客淮陰, 固非吾土也. 卽歸吳中我所生長之鄕, 猶非吾土也. 駱
> 賓王有云: 觀今日之域中, 是誰家之天下. 旣身淪左衽之邦, 不能自
> 撥, 不得已, 就其所居之處, 指爲己之齋, 亦猶平叔所謂何氏之廬
> 也 (…) 客曰: 子之言似矣. 顧前哲之訓曰: 素夷狄, 行乎夷狄. 孔子
> 欲居九夷, 曰: 君子居之, 何陋之有. 劃地之說, 得無少隘, 殆非本旨

---

* 낙빈왕駱賓王의 「위서경업토무조규격爲徐敬業討武曌叫檄」의 끝부분에 "보시오, 오늘날 강역
가운데 있는 것이 결국 누구의 천하요?請看今日之域中, 竟是誰家之天下"라는 구절이 들어 있다.

** 『세설신어世說新語』 「숙혜夙惠」에 따르면 하안何晏은 자신의 모친이 조조의 첩이 되는 바람
에 궁에 들어가 살았는데 조조가 특별히 아껴서 양자로 삼으려 했다. 그런데 하안이 땅바닥에 사
각형 틀을 그리고 그 안에 들어갔다. 누군가 그게 무엇이냐고 물으니 그는 '하씨의 집何氏之廬也'
이라고 했다. 나중에 이 이야기를 들은 조조는 그를 하씨 가문으로 돌려보냈다고 한다.

也.(「己齋記」, 『歸莊集』 권6, 352쪽)

이를 통해서도 유민이 '청나라 세상'에서 자신의 생존을 위해 논증을 제공하는 지난하고 고달픈 과정을 엿볼 수 있다. 단지 유민 가운데 특별히 선택한 인물들만 통해 보서라도 '유민'의 신분이 성립하기 위해 기댈 수밖에 없는 '청나라 세상에 처한' 상황에서, '청나라'라는 정치적 역사적 현실에서 '유민사회'의 내부가 결코 일률적이 아니었음을 알 수 있다. 우리는 아직 여기서 말하는 '남겨짐遺'과 '숨어 삶逸'의 차이, 즉 '오랑캐'로서 '청나라'를 거절하는 것과 청나라의 관방 정치를 거절하는 것의 차이에 대해서는 고려하지 않았다. '유민사회'의 복잡한 구성을 싸잡아 서술하는 방식으로는 그 전모를 모두 설명하기 어렵다.

앞에서 이미 언급했듯이 유민 행위는 종종 시간의 변화에 따라 전후의 차이가 있으니, 역당易堂의 여러 인사가 세상을 피해 산속에서 살다가 밖으로 나와 사방의 호걸들을 찾아 여행했던 (또한 집권자들과 교유하는 것을 피하지 않았던) 것이 바로 두드러진 예 가운데 하나다. 특별히 엄격하게 절조를 지킨 이라 할지라도 시간에 따른 변화를 피할 수는 없었다. 엄격한 의미에서 '세상을 버리는 것遺世'은 예로부터 단지 숨어 사는 무리 가운데 가장 '철저'한 부류에서만 발견되는 현상이었다. 더욱이 '유민 현상'의 효과는 유민의 시공時空에 대한 가정을 통해 한정시킬 수 없었다. 또한 청나라 조정 및 사대부들이 명나라의 '충의지사'와 유민에 대해 찬양한 것은 말할 필요도 없다. '청나라 세상'은 유민 이야기가 전개될 수 있는 무대였을 뿐만 아니라 유민 행위가 효과를 일으킬 수 있는 구체적인 시공이기도 했다. 유민 현상의 '동시대성'은 학술의 계승 과정에서 더욱 뚜렷하게 드러난다. 고염무가 '청나라 학문의 개산조開山祖'로 떠받들어지는 것은 그 자신도 미처 생각하지 못했을 터이다. 바로 '청나라 세상'이 유민에게 명대의 학술을 비판하고 명대 문학사를 정리할 언어 환경을 제공했고, '유민 학술'과 '유민 시문詩文'을 제작하는 데 필요한 환경과 분위기를 제공했다.(또한 이를 통해서 유민 가운데 주체적으로 '언어를 잊는失語' 이들이 쏟았던 고심을, 그들이 언어를 포기했던 이유를 어렵지 않게 짐작할 수 있다.) '유민'이라는 역할은 당연히 자주적 선택에서 비롯되지만, 유민은 '역사'가 안배하는 자신의 위치를 선택하거나 거절할 방법이 없었다. 그리고 당시 및 후세에 유민의 전기나 행장을 쓰는 서사의 관례는 종종 진실한 '관계'를 은폐해버렸다.

청나라 초기 강남에서 '곡묘안哭廟案' '과장안科場案' '주소안奏銷案' 등의 사건과 문자옥이 일어나기는 했지만 여전히 명나라 유민들이 겪은 처지를 특수하다고 간주하기에는 불편하다고 인정해도 괜찮을 것이다. 유민의 저술 가운데 청나라 조정을 '어기고 방해한違礙' 것들은 자주 금지되고 훼손되었지만 명나라 유민과 관련된 문헌들은 여전히 볼 만한 것들이 남아 있었다. 고염무는 왕기王璣*의 저작인 『신서信書』에 대해 "이것은 진정 송나라 유신遺臣들이 숨겨놓고 감히 쓰지 못했던 책"**이라고 했다. 청나라 초기에 사대부를 살육한 것은 그 잔혹성만 놓고 보자면 반드시 명나라 초기에 비해 심했다고는 할 수 없다. 청나라 초기의 집권자들이 저명한 인사들에 대해 더할 나위 없이 속박을 해도 고염무 같은 경우는 여전히 "여유롭게 자신의 뜻대로 행할 수倘佯自邃" 있었지만(『顧亭林詩文集』, 187쪽. 이 또한 시대적으로 중시하던 위대한

* 왕기(1487~1563)는 서안西安(지금의 저장 성 취저우衢州 커청柯成 구) 사람으로 자가 재숙在叔이고 만년의 호가 재암在庵이다. 왕수인의 제자이기도 한 그는 가정 8년(1529) 진사에 급제하여 병과급사중, 산동안찰첨사, 강서참의 등을 역임했다.

** 원주: "此固宋之遺臣所隱晦而不敢筆之書者也."(「歙王君墓誌銘」『顧亭林詩文集』, 117쪽)

학자만이 가질 수 있는 소탈함이었을 것이다), 명나라 초기에 새 왕조에서 벼슬살이를 거부했던 이들의 처지는 이보다 더 엄혹했던 듯하다.[27]

사실은 명나라 유민들이 이전 시대의 유민들에 비해 다행이기도, 혹은 불행하기도 했다. 청대의 문자옥은 '포악한 진나라'에 비견될 수 있지만, 청대 사대부들이 유민의 문헌을 정리한 작업의 방대함도 전례가 없을 정도였기 때문이다. 이것도 물론 명나라 유민들이 지닌 역량을 바탕으로 풍부한 저술을 남겼고, '역사를 보존存史'하려는 유민들의 의지가 완강했기 때문이었다. 유실된 역사를 수집 편찬하여 '수복修復'하고 형상을 복원하는 일은 청나라 중엽에도 진행되고 있었다. 청말에 이르면 다시 유민들의 문장이 대규모로 수집·정리되었고, 심지어 황종희와 고염무의 글 가운데 시대적으로 기피하는 것을 건드려 그들 생전에 삭제된 것들까지 모두 수집되어 간행되었다.

> 황종희와 고염무 두 분은 우리 청나라 유림의 우두머리이기 때문에 짧은 글 조각이라도 모두 귀중하게 여겨서 후세에 전해야 한다.
> 蓋黃顧二老, 爲國朝儒林之冠, 雖寸墨片楮, 皆當寶貴, 爲之流傳.(蕭穆, 「南雷餘集跋」,『黃宗羲全集』제11책, 458쪽)

이 또한 황종희와 고염무가 미처 생각하지 못했던 사건일 것이다.

유민과 '옛 명나라'의 관계는 지극히 복잡한 문제로서 단순히 충의지사와 유민의 전기나 행장만으로는 사실을 알 수 없고 더욱이 깊은 내막을 알 수 없으니, 명대의 정치와 역사에 대한 유민의 비판 속에서 실마리를 찾아야 할 듯하다. 양빈梁份은 스스로 노중련魯仲連* 같은 인물이 되겠다고 하면서 진秦나라와 조趙나라의 다툼에 대해 이렇게 말했다.

읍령에 비유하자면 각기 구관과 신관이지만, 탐욕스럽기는 마찬
가지다. 백성에게 익숙하면서 이미 염증을 느끼는 이는 구관이다.
이미 염치가 없다면 구관보다 더 현량한 이가 누구겠는가? 천하
사람들은 이걸 몰랐지만 노중련은 알았다. 그가 분란을 해결하고
곤란을 처리하려 한 것은 천하를 위해서이지 조나라를 위해서가
아니었다.

譬之邑令, 一舊一新, 貪均也. 與民習而欲旣厭者, 其舊也. 夫旣無廉
者, 則孰與舊令之猶賢也. 天下人不知此, 而仲連知之. 其欲解紛排
難, 爲天下非爲趙也.(『懷葛堂集』권1「與李中孚書」)

이 논리는 대단히 음미할 만하다. '고국'에 대한 유민의 정감은 원래
가문의 처지와 자신의 신세에 따라 달랐으니, 앞서 이미 언급한 바 있
는 웅개원의 경우가 그러했다. 황종희가 옛 명나라의 정치에 대해 엄격
하고 매섭게 비판적인 태도를 취한 것도 그의 배경과 관련이 있다. '역
사'는 항상 지극히 기괴하고 터무니없이 안배된다. 천계, 숭정 연간의
당쟁은 그대로 남명의 작은 조정까지 이어져서 완대성阮大鋮이 대규모
옥사를 일으켜 정적을 일망타진할 무렵에 일부 복사의 인사는 결국
'북방 군대北兵'의 남하 덕분에 목숨을 보전할 수 있었으니,[28] 그야말
로 울지도 웃지도 못할 상황이 아니었겠는가?

유민 현상이 시간 속에서 소멸되는 데는 당연히 후세 사람들의 '망
각遺忘'도 일조를 했다. 이에 대해서 유민과 유민을 표창한 이들은 아

---

* 노중련(기원전 305?~기원전 245?)은 전국 말엽 제나라 사람으로 노련魯連 또는 노련자魯連子라
고도 불린다. 탁월하고 비범한 책략을 지니고 있었음에도 벼슬살이를 하지 않고 고고한 절개를 지
켰다. 진나라에 포위된 조나라의 수도 한단邯鄲을 위기에서 구해주고, 연나라 군대에게 점령당한
제나라의 요성聊城을 편지 한 통으로 구해내기도 했다. 그러나 끝내 보상을 거부하고 은거하여
아무도 그의 종적을 찾지 못하게 만들었다.

무엇도 관여할 수 없었다. 전조망은 "선생(고염무─옮긴이)의 글을 읽는 이들은 많지만 그의 위대한 절조를 말할 수 있는 사람은 이미 드물어졌다"*고 했다. 이때는 고염무가 죽은 지 그렇게 오래되지 않은 시점이었다. 전조망은 또 다른 글에서 이렇게 개탄했다.

> 아아, 효자(이경렴李景濂─옮긴이)의 효성은 우리 고을 사람들뿐 아니라 높은 벼슬아치들과 천자도 알고 있다. 그러나 효자가 단지 효성만 지극한 것이 아니라는 사실은 어찌 아는 이가 하나도 없단 말인가!
>
> 嗚呼, 孝子之孝, 不特吾里中人知之, 而大吏亦知之, 天子亦知之者也. 而豈知孝子之不止於孝者, 則固無一人知之者耶.(「端孝李先生窆石銘」, 『鮚埼亭集』 권21)

'높은 벼슬아치大吏'와 '천자'의 경우는 의도적으로 망각한 경우에 해당하겠지만, 일반 백성의 '잊음'은 바로 집권자들이 '잊었음'을 잊어버린 것이다. 유민은 학술과 문장, 효도로 그 이름이 전해지지만 반드시 '절조'로 그 이름이 전해지는 것은 아니니, 다시 말해서 반드시 '유민'으로 그 이름이 전해지는 것은 아니다. 이 또한 전조망으로 하여금 건륭 연간에 명나라 유민의 전기와 행장을 쓰도록 자극한 사실이다. '충의지사의 사적'이 먼저 인멸되었던 것도 '유민의 운명'에 속했다. 이렇게 보건대 유민의 '시간에 대한 공포'가 어찌 고명한 식견에서 비롯된 것이 아니라고 하겠는가!

유민이 '유민 역사'를 서술함은 기억을 유지하려는 과정이며, 앞서

---

* 원주: "讀先生之書者雖多, 而能言其大節者已罕."(「亭林先生神道表」, 『鮚埼亭集』 권12)

서술한 '잊힘'에 대한 자각적인 대항이었다. '고국'에 의해 '남겨진遺' 존재로서 유민은 '나라'가 망함으로 인해 '옛故' 인물이 되어버렸고, 그들이 '(유민사를 포괄한) 역사를 보존'한 것은 '명나라를 존속'하기 위함이었다. 심지어 '명나라를 존속'하는 데 그치지 않는 경우도 있었다. 고염무는 당시 사람이 편찬한 『광송유민록廣宋遺民錄』에 대한 서문에서 그 책이 "천하에 인류를 존속시켰다"라고 하면서 스스로 "장차 이것으로 후세 사람들을 훈계하여 인도人道가 끊어지지 않기를 바란다"고 했다.* 그러나 상당수의 유민들은 끝내 문장이나 학술로 이름이 전해졌으니, '글文字'의 기능은 그야말로 저술에 힘썼던 유민들이 기대했던 바와 같았다. 전조망은 「중조육선생묘표中條陸先生墓表」에서 이렇게 썼다.

아아, 선생의 뜻과 절조가 오늘에 이르러서야 비로소 환히 밝혀졌구나! 그러나 선생에 대해 논하는 이들이 그 시만으로 논해서는 안 되지만, 선생이 오늘에 이르러 환히 밝혀지게 된 것 또한 결국은 그 시 덕분이었다.
嗚呼, 先生之志節至今日而始白. 然而論先生者不但當以其詩, 而先生之所以至今日而得白者, 亦終賴其詩.(『鮚埼亭集』 권14)

이 또한 유민의 운명이 가진 일종의 역설이다. 명나라 유민이 청나라에 반대했음을 담은 문헌들이 청말 지사志士들에 의해 인용되었던 사실은 더욱 '윤회'의 느낌을 갖게 한다. 이 또한 명나라 유민의 운명 가

---

* 원주: "存人類於天下 (…) 將以訓後之人, 冀人道之猶未絶."(「廣宋遺民錄序」 『顧亭林詩文集』, 34쪽)

운데 일부분일 것이다. 유민은 글에 의지하여 시간 속에 살아 있다기보다는 후세 사람들의 독해 속에 살아 있다고 할 수 있다. '유민'은 선택한 신분이었지만, 이는 또한 선택을 받아야 하는 것이기도 했다. 가치론은 시대에 따라 변동하는 것이어서 단순히 글만으로는 결국 유민의 실체를 '전달'할 수 없으니, 여기에서조차 인간과 시간 사이의 일반 관계를 엿볼 수 있다.

이 장을 마무리하는 시점에서 정리하자면, 유민이 자신의 경계를 규정하기 위해 의지했던 시공의 가정은 그들이 의식한 '시간의 위협'에 대항하기 위한 책략으로 간주해도 될 듯하다. 유민의 '고독'도 시간을 투과해야만 설명할 수 있다. 유민은 시간 속에서 시달리며 잠식당했지만 동시에 시간을 통해 보존되었다. 그들은 시간에 의해 끊임없이 형상이 만들어졌다. 이 또한 유민만이 가지는 운명은 아니니, 결국 유민 현상에 대해 탐구하는 과정에서 더 큰 주제, '사대부'의 주제 내지 '인간'의 주제에 맞닥뜨렸다. 유민은 그 특수함을 통해 '보편'을 실연해 보였다.

제 8 장

유민의
학술

'유민의 학술'이라는 명목에 이론의 여지가 없는 것은 아니다. '학술'은 바로 천하의 공적인 그릇이니, '유민의 학술'과 같은 표현 방식은 그 시야의 척도가 좁을 수밖에 없다. 그러나 학술은 결국 사람을 위해 봉사하는 것이다. '학술'이 원래 '유민'에게 속할 필요는 없지만 '유민 성遺民性'이 스며드는 것을 피할 수는 없다. 유민은 특수한 시대를 살았던 특수한 족속이어서 그들이 학술에 덧붙인 흔적은 식별하기가 어렵지 않다. 명나라 유민이 학술에 지대하게 공헌하며 광범한 분야를 섭렵했다는 점을 고려하면 '유민의 학술'을 평하는 것은 이미 필자의 능력을 벗어난 일일 터이다. 그러므로 필자는 그저 당시 '유민'과 '학술'의 관계에 대해서만 어떤 맥락을 제공할 수 있을 따름이다. 다음에서 논의하게 될 '유민의 학술'은 그 종사자가 특수성을 부여한 학술이며, 이 때문에 유민이 학술에 종사하게 된 특수한 조건과 방식, 그리고 그가 학술에 주입한 '유민의 성격'에 더 관심을 가질 수밖에 없다. 우리는 앞서 이미 유민의 문화 창조에 대해 살펴본 바 있다. 그러므로 명·청 교체기 '유민 문화'의 가치는 무엇보다도 유민의 학술을 통해 나타났다고 할 수 있다.

학술: 유민의 상황

필자는 유민 학자가 학문을 하는 조건, 즉 그들이 학술에 종사한 환경과 심경에 주목한다. 그들의 학술이 모두 그 처지에 영향을 받았다고는 할 수 없겠지만 그들의 어떤 취향과 방식은 확실히 이것을 통해 설명될 수 있기 때문이다.

'유민의 학술'이 지닌 유민성 가운데 가장 두드러진 것은 유민으로서 그의 저술 동기다. 예를 들어 고염무가 "왕 노릇할 사람이 나오길" 바라거나 "후세의 왕을 기다리고" 황종희가 '찾아오기를 기다린待訪' 것이 그것이다. 왕부지의 『황서黃書』「후서後序」에서도 '나라가 함락될 陸沈' 무렵의 정치에 대해 비평하는 것의 의의와 기대를 대단히 명백하게 나타냈으니 바로 "당시에 이를 이야기해도 세상에서 아무도 나를 알아주지 않았다. 분개하여 이를 서술하니, 또한 이로써 후세 사람들에게 충고하고자 한다"라는 것이다. 청나라의 시대를 사는 명나라 유민의 '동기'가 되는 그 고민은 어렵지 않게 짐작할 수 있을 터이다. 전조망은 만사동의 행장을 쓸 때 그를 원호문元好問에 비유하며 그가 적국敵國의 역사 편찬을 담당함으로써 고국에 보답했으니 그 의미가 원호문의 경우와 같지만, 자신의 고결함을 지킨 점은 원호문도 미치지 못한 바라고 했다.(「萬貞文先生傳」, 『鮚埼亭集』 권28 참조) 이렇게 '고국에 보답'해야 한다는 논리는 만사동 본인의 고백을 통해서 증명된다. 유방劉坊의 「만계야선생행장萬季野先生行狀」(『石園文集』에 수록됨)에 따르면 그는 자신이 평민의 신분으로 명사국明史局에 참여하여 참고 있는 이유를 이렇게 설명했다.

> 옛날 내 선조들은 4대가 군왕의 일 때문에 죽었는데, 이제 이것은 군왕의 일이 아닌가? 조상이 나라의 재난이 없을 때 죽었는데 그 증손이나 현손이 마음을 다해 지식을 긁어모아 부족한 것에 대비할 수 없으니, 그렇게 죽으면 지하에서 내 선조를 뵐 수 있겠는가?
> 昔吾先世四代死王事, 今此非王事乎. 祖不難以身殉, 爲其曾玄, 乃不能盡心網羅以備殘略, 死尙可以見吾先人地下乎.

그가 '평민布衣' 신분으로 명사국에 참여하여 관함官銜도 봉록도 받지 않은 것 역시 '임시방편行權'에 속한다. 이는 당시 사람들이 보기에 만사동이 '유민'의 신분을 유지하는 데 방해가 되지 않았을 뿐만 아니라 오히려 이 한 번의 '참음濡忍'으로 인해 별도로 어떤 비장한 의미를 지니게 되었다. 『청사고』 권501에 수록된 담천談遷의 전기에는 이렇게 기록되어 있다.

---

* 원주: "言之當時, 世莫我知. 聊愾竊而陳之, 且亦以勸進於來茲也."(『船山全書』 제12책, 539쪽)

명나라 말엽의 유민으로서 지조를 기키며 굽히지 않았고 몸은 비록 은거했지만 마음은 죽지 않았다. 일을 이룰 수 없자 분노를 드러내 공허한 글을 써서 뜻을 나타내고자 했다. 담천 같은 이의 우환과 분노가 어찌 끝나겠는가?

明末遺逸, 守志不屈, 身雖隱而心不死, 至事不可爲, 發憤著書, 欲托空文以見志, 如遷者, 其憂憤豈有已耶.

'유민의 동기'는 확실히 '유민의 역사학'에 더 잘 나타나 있다. 황종희가 말했던 것처럼, "이때 인사들 가운데는 몸소 상란喪亂을 겪었기 때문에 그 원인을 거슬러 서술하여 다음 세상을 보여주고자 하는 이들이 많았다."* 굴대균은 「동관시집서東莞詩集序」에서 이렇게 썼다.

선비가 살아서 난세에 처하여 글을 쓰려는 뜻이 있다면 마땅히 먼저 죽은 이들을 기록하고 나서 살아 있는 이들을 기록해야 한다. 『춘추』와 같은 역사서로 기록할 수 없다면 마땅히 시로써 기록해야 한다.

士君子生當亂世, 有志纂修, 當先紀亡而後紀存. 不能以春秋紀之, 當以詩紀之.(『翁山文鈔』 권1)

'역사를 보존하는 것'을 '고국을 보존하는 것'으로 여기고 또 이상에서 설명한 '보존存'을 개인적 생존의 근거로 삼았기 때문에 이 무렵에는 역사를 서술한다는 것의 의의가 중대하지 않을 수 없었다. 공자

---

* 원주: "當是時, 人士身經喪亂, 多欲追敍緣因, 以顯來世."(「談孺木墓表」『黃宗羲全集』 제10책, 261쪽)

진훼自珍은 자신이 생각하는 '빈빈賓賓'의 의미를 설명하면서 "자신이 태어난 왕조에서 벼슬살이를 해야 하겠지만, 하늘이 오로지 그 왕조만을 위해 이 사람을 태어나게 하지는 않았을 것"이라고 하면서 "공자가 '육경'을 서술한 것은 역사에 바탕을 둔 것이다. 역사란 바치는 것이고, 백성을 편안히 하는 것이다. 모두가 주周나라의 손님이니, 이름만 다를 뿐 내실은 같다"고 했다. 이에 대해 첸무는 그 설명이 "기특한 사고에 오묘한 뜻을 담아 특별한 세상을 연 것으로서, 이전 사람들은 감히 알지 못했던 것"이라고 했다.* 비록 '역사를 보전'하고 '명나라를 보전' 하는 데 뜻을 둔 이들이 유민들뿐만은 아니었다 하더라도 이런 역사 편찬 사업 역시 지금까지 유민의 사업으로 간주되었다. 집권자들도 이에 대해 잘 알고 있었기 때문에 청나라 초기에 역사 편찬과 관련된 사건을 통해 타격을 입히고자 했던 것 또한 바로 이와 같은 유민의 의지였다.

유민의 학술에 관한 '동기'는 산천과 지리에 대한 학문에서 더욱 쉽게 읽어 낼 수 있다.[1] 명대 사람들은 여행을 좋아했으며, 저명한 여행가의 여행에는 늘 학술적 취향이 담겨 있었다. 왕조 교체기의 여행—특히 변방 지역의 여행—은 종종 '회복'이 '유민의 열망情結'이라는 사실을 덮어버린다. 산천지리에 대한 학문이 '실학' 또는 '경세학'으로 불린 것은 원래 그것이 수리와 군사적 의미에 착안했기 때문이다. 양빈梁份은 「여팔대산인서與八大山人書」에서 명릉明陵에 대한 도해圖解를 쓰려는 의도를 밝히면서 그것을 송나라 유민들이 감탕나무冬靑를 심었던 일에 비유했다.

---

* 원주: "生乎本朝, 仕乎本朝, 上天有不專爲其本朝而生是人者在也 (…) 孔子述六經, 則本之史. 史也, 獻也, 逸民也, 皆於周爲賓也, 異名而同實者也. (…) (錢穆)奇思奧旨, 別開天地, 前人所未敢知."(『中國近三百年學術史』 제11장, 545쪽)

(그것으로) 성조 영락제와 신종 만력제를 기리는 활과 검이 영원히 천지간에 드리움으로써 역대 제왕들의 신령이 깃들었던 지역들처럼 망한 나라의 남겨진 산천에서 묻혀 사라지지 않게 하는 것이니, 이 거사가 감탕나무를 심는 것과 우열을 헤아릴 수 있기를 바랍니다. 저는 또한 이를 통해 조상들이 수백 년 동안 충성을 맹서하고 이 땅에 살게 해주신 은혜에 보답하고자 합니다.

俾聖祖神宗之弓劍, 永永垂於天壤, 不致如歷代帝王棲神之域, 或湮沒於剩水殘山者, 庶此舉與種冬靑可絜長量短, 而份且藉爲祖父報數百年茹毛踐土之恩矣.(『懷葛堂集』 권1)

그는 유민의 속내를 이처럼 분명하게 나타냈다.

유민의 열망으로서의 '회복'은 유민이 행한 저술의 의미를 복잡하게 만들었다. 황종희는 「파사론破邪論·제사題辭」에서 이렇게 썼다.

내가 일찍이 『대방록』을 써서 삼대의 다스림을 회복하고자 했는데, 곤산의 고염무가 보고 세상물정에 어둡다고 여기지 않았다. 이제 그것을 지었을 때를 헤아려 보니 벌써 20년이 넘었다. 원나라 때의 방사 진효산秦曉山이 호한胡翰(1307~1381, 자는 중신仲申 또는 중자仲子)에게 전해주었다는 '12운'이라는 것은 사람을 속이는 것이 아닌가? 이에 은거하여 목숨이 다할 때를 기다린다.

余嘗爲『待訪錄』, 思復三代之治. 崑山顧寧人見之, 不以爲迂. 今計作此時, 已二十餘年矣. 秦曉山十二運之言, 無乃欺人. 方飾巾待盡.(『黃宗羲全集』 제1책, 192쪽)

왕부지는 「악몽噩夢」을 서술하면서 "나도 늙었구나! 오직 이 마음으

로 천지간에 살아 있지만 이것을 누구에게 전수할까? 그렇기에 '악몽'
이라고 하는 것이다!"*라고 했다. 나중으로 갈수록 기대도 점점 아득
해졌다. 바로 이런 절망과 희망이 교차하며 뒤섞인 상황이야말로 유민
특유의 것이 아니겠는가? 유민의 인격과 인생 체험의 심각성도 후세
사람들이 '유민의 학술'을 통해 즐겨 읽어낼 수 있는 것이다.

유민 학자의 처지 가운데 후세 사람들을 더욱 감동시키는 것은 당연
히 '난리'라는 상황이다. '난리'가 학술의 상황이 되는 것은 확실히 태
평성대의 학자들이 꿈에서도 보기 어려운 일이다. 방이지는 명나라가
망하기 전에 산에 들어가 저술을 해볼까 생각했다며 이렇게 썼다.

> 고을에서는 쓰기 어려운데다가 계속해서 도적들이 오가며 살육
> 과 약탈을 자행하여 전쟁이 끊이지 않아 금릉을 떠돌아야 했으
> 니 어찌 끝낼 수 있었겠는가? 집안에서 대대로 선을 베풀기 좋아
> 했지만 그럴 수 없었고, 집안에서 대대로 학문을 좋아했지만 배우
> 지 못한 자들이 그것을 시기했다.
> 而里中難作, 繼以寇賊, 往來殺掠, 兵火不絕, 流離金陵, 豈得已哉.
> 家世好善, 而善不可爲, 家世好學, 而不學者嫉之.(『浮山文集前編』 권
> 3 『稽山堂二集』 卷下 「七解」注, 任道斌, 『方以智年譜』, 81쪽)

먼 지역은 고찰할 만한 책이 없고 기록한 것은 잘 잊어먹는 데다
가 다시 오류를 저지를까 염려스러웠으니, 양신楊愼(1488~1559,
자는 용수用修, 호는 승암升庵)이 폄적된 전남滇南 땅에서 논의한 것
을 호응린胡應麟(1551~1602, 자는 원서元瑞, 호는 소실산인少室山人)과

---

* 원주: "吾老矣, 惟此心在天壤間, 誰爲授此者. 故曰噩夢."(『船山全書』 제12책, 549쪽)

왕세정(1526~1590, 자는 원미元美, 호는 엄주산인弇州山人)이 공격하며 꾸짖었다. 그러니 나는 이제 재야의 노인들을 따라다니며 초목과 방언에 대해 물을 따름이다.

遐方無書可考, 所記善忘, 恐復秕繆, 用修貶所所論, 元瑞元美撝而詆之. 今隨野老問草木, 方言而已.(같은 책 권8, 『嶺外稿』卷中「又奇爾公書」.『年譜』永曆 2년, 152~153쪽)

방이지의 아들 방중통方中通도 부친의 행장에 "난리 통에 책을 쓰고 또 지팡이를 짚고 돌아다녔다"라고 쓰고, 그에 대한 주석에서 "『물리物理』와 『성언聲原』은 모두 난리 와중에 지은 것"이라고 했다.[*] 일찍이 '의군義軍'에 참여했던 황종희도 떠돌아 도망 다니던 와중에 공부를 했다.

당시에 웅여림과 유중조劉中藻,[**] 전숙락 등이 모두 죽고 황종희는 패전한 채 구원병도 없는 상태에서 상서 오종만과 함께 배 안에서 강학하며 유럽의 역법을 연구했을 따름이었다.

時熊汝霖劉中藻錢肅樂皆死, 宗羲失兵無援, 與尙書吳鍾巒坐舟中講學, 推算歐羅巴曆法而已.(『國朝漢學師承記』권8, 126쪽)

황종희는 이와 같은 경력에 대해 스스로 이렇게 썼다.

---

[*] 원주: "亂裏著書還策杖 (…) 物理聲原皆亂中所著."(「陪詩·哀逋」)

[**] 유중조(1605~1649)는 복건 복안福安 사람으로 자가 천숙薦叔이고 호가 형산逈山이다. 숭정 6년(1633) 거인이 되었다가 숭정 13년(1640) 진사가 되어 항인行人을 지냈다. 명나라가 망한 후 남명 당왕 정권에서 병부상서까지 지냈으나, 복안福安에서 청나라 군대에 포위되어 4개월을 버티다가 식량까지 떨어지는 지경에 이르자 자진했다.

나는 유종주 선생께 배웠지만 당시에는 과거에 응시할 뜻을 품고
있었기 때문에 어떤 깨달음을 얻지 못하고 그저 '즙산문인蕺山門
人' 가운데 한 명에 지나지 않았다. 천지가 바뀌어 깊은 산중에서
굶고 고생하다가 소장하고 있던 책을 모두 꺼내어 읽었다.
余學於子劉子, 其時志在學業, 不能有得, 聊備蕺山門人之一數耳.
天移地轉, 僵餓深山, 盡發藏書而讀之.(「惲仲升文集序」, 『黃宗羲全集』
제10책, 4쪽)

그의 「괴설怪說」(『黃宗羲文集』 제11책)에서도 자신이 재난 뒤의 여생
중에 전심전력으로 학문을 연구했던 상황을 스스로 서술했다. 이에 대
해서는 그의 아들 황백가黃百家가 쓴 「선유헌문효공이주부군행략先遺獻
文孝公梨洲府君行略」(『黃宗羲文集』 제11책)에 더 자세히 서술되어 있다. 황
종희와 왕부지 같은 이들이 '대의에 참여'함으로 말미암아 궁벽한 곳
에 숨어 지내며 경서를 연구하고 책을 저술한 것도 현란한 삶을 거쳐
서 평범하고 담담한 삶으로 돌아간 경우에 속한다고 하겠다. 앞서 설
명한 선택은 또한 사명에 대한 새로운 확인이 있어야만 지탱될 수 있었
다. 황종희의 자술自述 역시 이 무렵 학술 연구를 선택한 것을 생사가
걸린 환난 속에서 얻은 '깨달음悟'의 결과로 귀결시켰다. 학술사의 측
면에서 보면 확실히 '난리'가 당사자에게 다행이었는지 불행이었는지
는 단언하기 어렵다.

유민이 삶과 죽음에 대해 어떻게 대처했는지는 앞서의 서술에서도
여러 차례 언급한 바 있다. 학술에 대한 유민의 태도 역시 생사관에 입
각해서 설명해야 마땅하다. 동남 지역 유민 서방徐枋은 자신이 지은 책
이 수백 권이라고 하면서, "20년 동안 요행으로 살아남았는데 스스로
생각하기에 형에게 허심탄회하게 부끄러움이 없는 것은 그저 두문불

출한 채 목숨을 걸고 절조를 지키는 것만이 옳다고 여기지 않았기 때문"*이라고 했다. 여기서 저술은 생명의 의의를 부여하는 활동으로 간주되었다. 육세의도 이렇게 말했다.

> 군자가 속인과 같을 수밖에 없는 것은 의관과 금령 때문이고, 군자가 속인과 다를 수밖에 없는 것은 책을 읽고 저술을 하기 때문이다.
> 君子之所以不得不與俗同者, 衣冠禁令也. 君子之所以不得不與俗異者, 讀書著述也.(『思辨錄輯要』권5)

이를 보면 진확과 축연 등이 갑신년(1644)과 을유년(1645) 무렵에 유종주의 문하에서 노닐었던 것이 그들 본인에게는 중대한 선택이었음을 알 수 있다. 장이기도 이렇게 말했다.

> 숭정황제께서 돌아올 수 없는 길을 떠나신 해에 나는 비로소 팔고문을 불태워 버리고 다시는 읽지 않은 채 온 힘을 경학과 역사에 쏟으려고 생각했다.
> 崇禎皇帝大行之年, 予始焚棄時文不復讀, 思一其力於經與史.(「日記又序」, 『蒿庵集』권2, 74쪽)

한때 학술적 성격을 띤 결사結社가 흥성한 것에 대해서도 생존을 위한 선택이라는 의미를 부여해야 할 것이다.[2] 황종희는 장차중張次仲과

---

* 원주: "以二十年幸生而自謂尙可與兄披襟解帶而無愧者, 非獨以杜門守死爲然也."(「與葛瑞五書」, 『居易堂集』권2)

주조영朱朝瑛[*]에 대해, "두 사람 모두 상란喪亂을 만났으나 모두가 경학으로 이름을 날렸으니, 사람의 힘은 정말 하늘과도 다툴 수 있구나!"[**] 하고 평가했다. '하늘과 다투는' 것도 응당 남 이야기를 하면서 실제로는 자신에 대해 이야기한 것일 터다. 왕부지가 황량한 산에서 궁핍하게 살면서도 저술을 멈추지 않았던 것 역시 바로 심각한 반성에 바탕을 둔 뒤에 태도를 선택하고 의지를 표현한 행위였다. 왕부지와 같은 유학자에게는 교화를 선택하든 저술을 선택하든 모두가 사명에 대한 거듭된 확인이자 부담이었다. 그리고 거기에 그렇게 특수한 의의를 부여했기 때문에 태평성대의 학자들이 저술에 임하는 것과는 경지의 차이가 있었다.[3]

난세에 학문을 연구하는 것도 확실히 특수한 경험이 아닐 수 없다. 당시의 위대한 학자들에게 '고독'은 그가 학문을 하는 분위기였다. 황종희는 자신이 '단절된 학문絶學'을 했던 경험을 이야기했다.

옛날에 내가 외진 골짝에 살면서 창문 앞에 두 개의 폭포가 흐르고 한밤중에 원숭이 울고 귀신이 휘파람 부는데 산주算籌를 늘어놓고 추산하면서 멍청하기 그지없는 짓이라고 혼자 탄식했다. 학문을 완성하고 나니 쓸데없이 어렵기만 한 재간이라 아무 쓸 데도 없을 뿐만 아니라 더불어 이야기를 나눌 사람도 없었다.

余昔屛窮壑, 雙瀑當窗, 夜半猿啼鬾嘯, 布算簌簌, 自嘆眞爲癡絶.

---

[*] 주조영(1605~1670)은 절강 해녕 사람으로 자가 미지美之고 호가 강류康流, 뇌암儽庵이다. 숭정 13년(1640) 진사에 급제하여 정덕지현旌德知縣과 의제사주사議制司主事를 역임했다, 황도주의 제자이기도 한 그는 명나라가 망한 뒤에 20여 년 동안 은거하여 학문을 깊이 연구했다. 주요 저작으로 『독시약기讀詩略記』『독춘추약기讀春秋略記』『독역약기讀易略記』『뇌암잡술儽庵雜述』 등이 있다.

[**] 원주: "兩人皆遭喪亂, 而皆能以經術顯, 則人力信乎可與天爭矣."(「張元岵先生墓誌銘」『黃宗義全集』 제10책, 389쪽)

及至學成, 屠龍之伎, 不但無所用, 且無可與語者.(「敍陳言揚句股述」,
『黃宗羲全集』 제10책, 36쪽)

이것은 그가 구고학句股學 즉, 직각삼각형에 대해 연구했다는 뜻이다.
'상수학象數學'을 연구한 정황도 이와 유사하다.

제가 상수학을 좋아한 이래 처음에는 배울 때 자문을 구할 곳이
없어서 속이 타고 머리와 눈에 종기가 생길 정도였습니다. 하지만
학문을 이루고 나니 쓸 데가 없었습니다. 쓸데없이 어렵기만 한
재간이라 누가 묻지 않아도 거기에 대해 이야기하면 알아듣는 이
가 아무도 없었습니다.
自某好象數之學, 其始學之也無從叩問, 心火上炎, 頭目爲腫. 及學
成, 而無所用. 屠龍之技, 不待問而與之言, 亦無有能聽者矣.(「王仲撝
墓表」, 같은 책, 259쪽)

마치 빈 골짝을 걸어가듯이, 뚜벅뚜벅 발걸음 소리가 울리면 부질
없이 홀로 걷는 쓸쓸함만 더해질 따름인 것이다. 이런 쓸쓸함이 황종
희에서 시작된 것은 당연히 아니다. 황종희는 일찍이 이전 시대에 "끊
어진 학문을 몸소 담당한身任絶學"이의 운명에 대해 언급한 바 있으니
예를 들어 가정嘉靖 연간의 주술학周述學*에 대해 "박학하면서도 정통

---

* 주술학(?~?)은 절강 산음山陰(지금의 사오싱紹興) 사람으로 자가 계지繼志고 호가 운연자雲淵
子다. 역학曆學에 뛰어나서 『중경中經』을 저술했고, 또 오위를 연구하여 『성도오도星道五圖』를
저술했으며, 역대 역법들의 결함을 보완하여 『대통만년이력통의大統萬年二曆通議』를 편찬했다.
이 외에 각종 자연과학과 지리, 생물, 병법, 철학, 건축 등등 다양한 분야에 걸쳐서 1000여 권에
달하는 『신도대편神道大編』을 편찬하기도 했다. 그러나 그는 관운이 없어서 총독 호종헌胡宗憲
(1512~1565)의 막료로 잠깐 활동했을 뿐 일생을 평민 신분으로 보냈다.

하기로는 상하 천여 년 동안 오직 이 한 사람뿐"*이라고 했지만, 그 이름은 당시에 바로 묻혀버렸다. 유민의 관점에서 보면 이와 같은 유민 학자의 운명 속에 유민의 보편적인 운명이 들어 있다. 굴대균은 이렇게 썼다.

옛날 성스러운 왕조에서는 이전 성인의 끊어진 학문을 밝힌 이들이 대부분 출세하여 높은 자리에 있었다. (…) 이것이 이른바 진정한 공경대부로서 도를 지니고 있는 것을 귀중하게 여긴 이들이었다. 그런 관점에서 오늘날을 보면 어떠한가? 이 한두 명의 유민들은 비로소 누추한 거처에 유약하게 엎드린 채 거친 밥조차 제대로 먹지 못하고 미천한 몸으로 막중한 도통의 심맥을 짊어지고 있으면서 미친 것처럼 스스로 때를 묻히고 묵묵히 구차하게 몸을 보전하고 있다. 세상에서는 당연히 그들을 알 수 없고, 설령 안다고 한들 그들을 중용할 길이 없다.
昔在聖朝, 明先聖之絶學者多達而在上 (…) 是所謂眞公卿大夫, 有道以爲貴者也. 以視今日何如哉. 此一二遺民者, 方屛然伏衡茅, 疏水不繼, 以其幽賤之身, 而荷夫危微之統, 佯狂自穢, 默默苟全. 世固不得而知之, 卽知之亦何從而重之.(「送淩子歸襪陵序」, 『翁山佚文輯』卷中)

왕조 교체기의 유민은 당시의 학술 조건에 제약을 받을 수밖에 없었으며, 거기에는 명대 학문의 이른바 '황량하고 천박함荒陋'이 포함되었다. 전겸익은 「뇌고당문선서賴古堂文選序」(『牧齋有學集』 권17)에서 '경학

* 원주: "博而能精, 上下千餘年, 唯述學一人而已."(「周雲淵先生傳」 『黃宗羲全集』 제10책, 547쪽)

의 세 가지 오류經學之繆三'와 '역사학의 세 가지 오류史學之繆三'를 비롯한 문자학과 역학曆學, 선학禪學의 제반 '오류繆'들을 거론하면서 근대 학술의 암담한 풍경을 묘사했다. 그리고 강번江藩*의『국조한학사승기國朝漢學師承記』에서는 명대에 "유학자들 가운데 통달한 사람은 드물고 학문은 대부분 비천하고 속되었던" 까닭에 대해 "원·명 무렵에 팔고문八股文으로 인재를 뽑아 옛 학문이 거의 끊어졌고, 명나라 200년 동안 사방의 뛰어난 인재들이 팔고문에 갇혀서 (주희朱熹의) 강설講說을 경학이라고 여기고, 유서類書를 박학한 책이라고 여겼으니, 하염없이 긴 밤에 어지럽고 어두운 하늘을 보는 것처럼 참으로 슬픈 일"**이라고 했다. 이러한 분석에 유민들은 실제 증거를 제공한다. 주학령은 「전가질언傳家質言」에서 이렇게 썼다.

> 옛사람은 글공부를 하는 데 나이를 나누는 방법을 쓰면서 경서를 날줄로 삼고 역사서를 씨줄로 삼아 시간에 따라 점차적으로 발전하여 서른 살이면 학문을 완성했다. 나도 마흔 살 이전에 반쯤은 질병 때문에 공부를 폐기했고 반쯤에 과거시험 준비에 골몰했다. 비록 나중에 발분하려 했지만 정력과 지혜가 이미 점차 스러져 가고 있었다. 그러므로 지금 공허하게 쇠락하여 이루어놓은 것이 아무것도 없는 상황이 어찌 이상하다고 할 수 있겠는가!

---

* 강번江藩(1761~1831)은 강소 감천甘泉(지금의 양저우揚州에 속함) 사람으로 자가 자병子屛이고 호가 정당鄭堂, 절보節甫다. 혜동惠棟(1697~1758)의 학맥을 계승한 그는 완원阮元(1764~1849)의 초빙을 받아 낙양 여정서원麗正書院의 산장을 역임했고『광동통지廣東通志』의 편찬에 참여하기도 했다. 주요 저작으로『국조경사경의목록國朝經師經義目錄』『반전재제발半氈齋題跋』『주역술보周易述補』『이아소전爾雅小箋』『한학사승기漢學師承記』『송학연원기宋學淵源記』『예경문록經文』『병촉실잡문炳燭室雜文』『강조재주사江湖載酒詞』등이 있다.

** 원주: "儒罕通人, 學多鄙俗 (…) 元明之際, 以制義取士, 古學幾絶, 而有明二百年, 四方秀艾困於帖括, 以講章爲經學, 以類書爲博聞, 長夜悠悠, 視天夢夢, 可悲也夫."(『國朝漢學師承記』권1, 4쪽)

古人讀書有分年之法, 經經緯史, 隨時漸進, 至三十而學成. 余也
四十以前半荒棄於疾疾, 半汨沒於制科, 後此雖欲發憤, 精智已漸
銷亡矣. 然則今之空疏頹落而無所成也, 曷足怪耶.(『愚庵小集』附錄,
759~760쪽)

팽사망彭士望도 스스로 "젊은 날에 배울 시기를 놓쳤고 늙고 나니
더욱 사리에 어둡고 머리가 아둔해져서 장시長詩를 지으면 늘 운韻에서
실수를 저지르고 경서나 역사서를 읽으면 글자의 뜻을 잘못 풀이하는
일이 많은데, 그걸 알면서도 고칠 수는 없으니 자신이 생각해도 우습
다"*라고 했다. 장이상도 이와 유사한 유감을 표명했다.

나는 스무 살이 넘도록 소학의 책을 보지 못했다. 숭정 8년(1635)
에 이 책을 학교에 반포하고 책방에서도 간행하여 비로소 읽을
수 있게 되었다. (…) 일찍이 세교, 즉 지금 세상의 정통 사상과 예
교가 쇠락한 것을 한탄했다. 7살에 글방에 들어가면 바로 사서를
가르치고 곧이어 다시 경서를 가르친다. 스승이 가르치는 것이나
제자가 배우는 것이 모두 과거시험을 위한 글일 따름이고 경서에
대한 해설은 모르니, 이게 무슨 도리인가?
予年二十餘, 小學之書尙未之見. 崇禎八年, 頒此書於學宮, 坊間刊
行, 始得讀之 (…) 嘗歎世敎之衰, 自七歲就塾, 卽授四書, 旋復授
經. 師之爲敎, 弟之爲學, 無非擧業文字而己, 卻不知經書之傳, 是
何道理.(『楊園先生全集』권40,「備忘二」)

---

* 원주: "少壯失學, 旣老益昏瞶, 作長句詩恒失韻, 讀經史字義或多舛誤, 知之亦不能更, 自以
爲笑."(「六書釆序」『樹廬文鈔』권6)

장이상은 심지어 『학부통변學蔀通辨』* 같은 책도 한 번 읽어 보기 어려웠다. 벗에게 보낸 편지에서 그는 "한가한 때 『학부통변』을 엎드려 한 번 읽었는데, (…) 궁벽한 시골의 말학末學이라서 이 책을 일찍이 보지 못한 바람에 쓸데없는 힘만 쏟았을 뿐 늙어서도 아는 게 없음을 스스로 한탄했네"**라고 고백했다. 문화가 발달한 동남 지역에 살았던 장이상이 이러했으니, 영남嶺南의 굴대균이 이렇게 탄식한 것도 당연하다.

> 오경과 같은 진귀한 책에 대해 편집·저술하려 해도 종종 고증하여 바로잡을 책이 없어서 오랫동안 붓을 놓고 있었다. (…) 외진 영남 땅에 살아 도서가 드물어서 만 권의 책을 모두 보고 싶었지만 부귀영화와도 바꿀 수 없는 풍성한 장서를 갖추지 못해 벽을 마주하고 서 있노라니 믿고 싶어도 징험할 방도가 없음을 늘 한탄했다.
> 欲於五經寶書有所纂撰, 往往以無書考訂, 閣筆久之 (…) 每恨僻處 嶺南, 圖書鮮少, 徒欲萬卷咸披, 不得百城長擁, 面墻而立, 欲信無 徵.(「復吳綺園書」, 『翁山文外』 권15)

심지어 고염무도 50살이 넘어서 '삼례三禮'를 연구하고 싶었지만, "우환을 많이 겪었고 노년이 임박한 데다가 북방에서는 서적을 구매하기도 어려워서 이 경서(즉 '삼례')에 대해서는 얻은 바가 없었다"***라고 했다. 부산傅山은 이렇게 말했다.

---

* 『학부통변』(12권)은 명나라 때 진건陳建(1497~1567, 자가 정조廷肇, 호가 청란淸瀾)이 편찬한 것으로서 불교와 육구연, 왕수인의 학문을 『주자문집朱子文集』 『주자어류朱子語類』 『연보年譜』 등의 내용에서 인용하여 변증한 책이다.
** 원주: "承假學蔀通辨, 伏讀一過 (…) 自嘆窮鄕末學, 弗獲早見是書, 以致功夫枉用, 老而無聞 也."(『楊園先生全集』 권14, 「答吳汝典」)

그런 천성 때문에 10년 동안 문을 걸어 닫고 경서와 역사서를 읽지 못해 저술을 하려는 뜻을 시원하게 이루지 못한 것이 스스로 한스럽다. 지금은 변란의 때인지라 더 이상 책을 살 역량도 없고 간혹 만나면 섭렵할 따름이다.

自恨以彼資性, 不曾閉門十年讀經史, 致令著述之志不能暢快. 値今變亂, 購書無復力量, 間遇之, 涉獵之耳.(「訓子侄」, 『霜紅龕集』 권25, 670쪽)

생존의 곤경 또한 틀림없이 어떤 형식으로든 그 사람의 학술에 '진입'했다는 것을 믿어야 할 듯하다.

정치적 격변과 물질적 결핍은 예로부터 문화 창조를 억제하는 힘이었으며, 전적과 문헌이 흩어져 유실되는 것은 특히 학자에게 재앙이었다. 방이지는 자신의 집에 소장한 전적들이 원래 "베고 자기에 충분했는데自足枕籍" 그 이후의 상황에 대해 이렇게 썼다.

뜻밖에 떠돌다가 여기까지 오면서 따져보지도 않고 모두 버렸는데, 기억하는 것을 추억해보니 마치 꿈속 같다. (…) 보통의 책을 구하려 해도 모두 충분히 사기는 어려운데 하물며 특이한 책인 경우는 어떠하겠는가! 아, 평생의 고상한 뜻을 경학과 역사에 두었지만 내가 먼저 이렇게 한 것은 아니다. 전장의 틈바구니에서 궁벽한 골짝 속에 숨은 채 곤궁한 삶을 보살펴 줄 음덕을 몰래 기대하면서 하루아침에 처형을 당해도 좋다는 의지를 맹서했다.

***　원주: "而多歷憂患, 又迫衰晩, 兼以北方難購書籍, 遂於此經未有所得."(「答汪苕文書」『顧亭林詩文集』, 60쪽)

되는 대로 쓰고 잡다하게 기록하여 하나를 건지면서 만 가지를 잃는 소설가의 언사를 쓰고 있으니 어찌 슬프지 아니한가! 어리석은 이 도인이 올해로 36살이 되었으니, 책을 읽던 것도 원래 운명으로 정해져 있는 것이다.

詎知流離至此, 盡棄不問, 追憶所記, 仿佛夢中 (…) 欲求尋常書冊, 盈尺皆難, 況其異乎. 嗟乎, 生平雅志在經史, 而不自我先如此. 從刀箭之隙, 伏窮谷之中, 偸期不及夕之蔭, 以誓一旦之鼎鑊. 隨筆雜記, 做掛一漏萬之小說家言, 豈不悲哉. 愚道人今年三十六矣, 讀書固有命.(『通雅』 권3 「釋詁後記」, 康熙 丙午 立敎館 校讎)

'전쟁의 틈바구니'와 '궁벽한 골짝 속'에서 공부를 해야 했으니, 학자의 기구한 운명이 이보다 더한 경우는 없으리라! 황종희는 당시 학자들의 빈곤한 상황을 자주 서술했는데, 심계진沈繼震(?~?, 자는 자기子起)에 대해서는 이렇게 썼다.

낮은 안석은 다리도 부러졌는데 고개를 숙인 채 '육경'에 주석을 달았고, 아내는 어린 딸을 안고 네 벽을 서성거렸는데 찬바람이 으스스 스며들었다.

矮幾折足, 俯首以注六經, 婦抱女孩, 徒倚四壁, 寒風凜然.(「張元岵先生墓誌銘」, 『黃宗羲全集』 제10책, 391쪽)

학자의 빈곤이 이런 경우까지 있었다! 여기서 유민 학자들이 보여준 강한 인내는 응당 힘겹게 절조를 지키는 것과 정신적으로 일관된 행위일 터인데, '빈천貧賤의 근심'은 확실히 일부 유민들이 학자로서 성공할 수 있게 해주었다. 여기에서도 유학자가 탐닉했던 장엄성을 읽어 낼 수 있다.

'이어받고承' '연啓' 것을 고려하면, 예를 들어 황종희가 '끊어진 학문'을 연구했는데 그것이 근대에 이르러서야 드러난 것을 고려한다면 그 고독과 쓸쓸함이 개인적인 성격이 아니라고 인정해도 괜찮을 것이다. 그 또한 옛날 중국 '자연과학'이 짊어진 천 년의 고독인 것이다. 앞서 언급한 「서진언양구고술敍陳言揚句股述」에서 그는 이렇게 썼다.

> 구고학의 정수는 원을 그리고 측량하고 분할하는 데 있는데 이
> 모두가 주공과 상고가 남긴 기술이자 '육예' 가운데 하나였다. 그
> 런데 후학들이 연구를 하지 않으면서 주로 양생과 의약을 연구한
> 방기가들이 그것을 사유私有하게 되었다.
> 句股之學, 其精爲容圓測圓割圓, 皆周公商高之遺術, 六藝之一也.
> 自後學者不講, 方伎家遂私之.

도중에 쇠퇴한 것이 과학사 분야에만 그치는 것은 아니다. 황종희는 「학례질의서學禮質疑序」(『黃宗義全集』 제10책)에서 '삼례三禮'를 끊어진 학문이라고 했고, 주이존은 역학曆學이 끊어진 학문이라고 했다.

> 한나라 애제와 평제 이후 위후*가 잡다하게 나와 역술과 요사한
> 점술이 하나로 뒤섞여버렸다. 역서曆序를 살펴보면 미래를 미리 알
> 수 있다고 자부하지만 천명天命을 가리키는 부신符信을 세상의 군
> 주들은 꺼렸다. 칠위**가 불태워지고 결국 사적으로 천문을 공부

---

* 원래 위緯는 일월과 5성의 운행을 가리키고 후候는 월령 72후를 가리키는데, 대개 문헌에서는 천문을 보고 재난을 점치는 참위학讖緯學을 가리킨다.

하는 것이 금지되었다. 송나라 태평흥국(976~984) 연간에 이르러 조서를 내려 천하에서 별점을 칠 줄 아는 이들을 경사로 부르니 찾아온 이들이 100여 명이었다. 이들은 처형을 당하거나 바다의 섬으로 유배되었다. 이로 말미암아 별점에 대해 말하는 이들이 없어졌고, 조정의 사대부들도 역법을 꺼려서 배우지 않게 되었다.

自漢哀平之後, 緯候雜出, 於是曆術妖占, 混而爲一. 稽曆序者, 自詡前知, 受命之符, 爲世主所忌. 七緯旣焚, 遂致私習天文有禁. 逮宋太平興國, 詔天下知星者詣京師, 至者百餘人, 或誅或配海島. 由是言星占者絶, 朝之大夫士, 幷諱曆法不學矣.(「張氏定曆玉衡序」, 『曝書亭集』 권35, 435쪽)

여기서 말하는 것도 명·청 교체기 학자들이 학술에 종사한 조건이다. 한 시대 학자들의 인생이 처한 고독은 여기서 고대 중국 과학사의 황량함 속으로 흘러 들어가 모였다.

유민의 학술: 비판성

필자는 유민의 학술이 내포한 비판성, 특히 명대의 정치와 역사에 대한 비판에 주목한다. 세상에 널리 알려진 것으로는 고염무의 『일지록』과 『군현론郡縣論』, 황종희의 『명이대방록』, 그리고 왕부지가 역사 비평을 빌려서 진행한 정론政論들을 들 수 있다. 황종희의 『맹자사설孟子

** 한나라 때에 방사方士에 가깝게 변질된 유생들이 금문경학今文經學을 근거로 경서의 뜻에 덧붙여 만든 『상서위尙書緯』 『시위詩緯』 『역위易緯』 『예위禮緯』 『춘추위春秋緯』 『악위樂緯』 『효경위孝經緯』를 아울러 칭하는 말이며, 일반적으로 '칠경위七經緯'라고도 한다.

師說』은 유민의 경학에 담긴 비판성을 보여주는 예 가운데 하나이며, 그 가운데 특히 첨예한 것은 군신 간의 윤리와 관련된 정치 비판과 '삼대三代의 제도에 대한 고찰'을 빌려 진행한 가혹한 정치에 대한 비판—예를 들어 권3의 「등문공문위국滕文公問爲國」과 권5의 「주실반작록周室班爵祿」, 권6의 「이십이취일二十而取一」, 권7의 「유포루지징有布縷之徵」등—인데, 이것은 청대 학술의 거장인 대진戴震의 『맹자자의소증孟子字義疏證』과 취지는 물론이거니와 방법까지도 모두 차이가 있다. 명나라가 망한 이후 일정 기간 유민 사상가와 학자들이 진행한 비판은 명말 이래 사대부들의 정치적 실천의 연속이라고 간주해도 될 것이다. 바로 명·청 교체기의 정치에 대한 직접적인 참여는 그들이 기존 사상 자원을 처리할 때 (예를 들어 '봉건'과 '정전井田'을 논할 때나 '공사公私'와 '군신'에 대해 이야기할 때) 사고의 역량을 드러나게 했으며, 설령 오래된 화제라 할지라도 이따금 경계와 독려를 보여주었다. 예를 들어 왕부지는 '찬탈篡'과 '시해弑'에 대해 논하면서 '진퇴출처進退出處'를 이야기했고, 황종희의 '원군原君'과 '원신原臣'을 보면 그 사상의 예리함에 놀라지 않을 수 없다. 격변의 시대에 태어난 유민 학자들의 풍부한 경험은 '환원還原'과 '깨우침發覆'에 도움을 주어서 경전을 오독하는 것을 바로잡았다. 유민 학술의 현실적 품성은 결코 학술적 욕구와 서로 용납되지 않는 것이 아니었다.

명·청 교체기 유민 사상가들이 이전 시대 유민들과 달랐던 점은 당연히 경험의 심각성으로 인한 것이며 또한 비판적 경향과 비판적 사고가 광범했기 때문이기도 하다. 이런 비판의 넓이와 깊이는 심지어 비판자 자신이 비판의 대상이 되게 만들기도 했다. 앞서 설명한 비판에서 끌어들인 명제의 중대함과 비판자가 지니고 있던 사상적 역량은 '왕조 교체鼎革' 무렵이라는 시대적 고통 속에서 빚어지고 축적된 것이었음을 말할 필요도 없다. 물론 후세의 관점에서 보면 정치와 역사에 대한 유민의 비판이 그 논리적 가능성, 예를 들어 '군신'이나 '공사公私' 내지 '학교'—특히 황종희의 경우—와 관련되어 제도에 대해 더 깊이 규명하는 데까지 나아가거나 선도하지 못했다는 점은 유감스러울 수도 있다. 그러나 유민 사상가들에게 역사가 아직 제공하지 못했던 '전제前提'라는 것을 요구할 수는 없다.

유민 학술의 비판적 열정은 '명나라의 멸망 원인에 대한 탐구'라는 정치적이고 역사학적인 과제에서 집중적으로 나타났다. 유민의 학술은 여기서 그 엄준함을 충분히 보여주었다. '명나라의 멸망'이라는 사실은 명·청 교체기의 제도에 대해 사고할 수 있는 직접적인 동기를 제공했다. '봉건'과 '정전', '부병府兵', '학교'와 같은 오랜 명제 아래 엄폐되어 있던 것은 바로 지극히 현실적인 격정이었다. 이와 같은 제도에 대한 논의는 수백 년 뒤의 제도 변혁을 위한 사상적 자원까지 제공했다. 명나라의 멸망에 대해 원인을 규명하고 명나라 정치를 비판하는 과정에서 정치적 잘잘못을 학술의 순수함과 잡박함으로 귀결시키는 논리는 유민 학자에게서 흔히 발견되는 사유의 방식이었다. 왕부지와 황종희는 군주가 '사직과 함께 죽는 것'은 경전에 대한 오독에서 비롯된 것이라고 주장했으며(제1장 제2절 참조), 특히 황종희는 신하가 무조건적으로 군주를 위해 죽는 것은 『춘추』의 뜻'에 부합하지 않는다고 했다.(「巡撫天津右僉都御史留仙馮公神道碑銘」, 『黃宗羲全集』 제10책) 경전의 의미를 제대로 이해하지 못함으로써 정치에 해를 끼치게 되는 것은 분명히 왕조가 교체할 무렵의 통렬한 경험이었으며, 바로 여기서 정치 비평 또한 학술 비평과 통하게 되어 경학을 부흥해야 할 중요한 계기를 구성한다.

그리고 황종희의 학술적 거작인 『명유학안』과 (전조망이 뒤를 이어서 완성한)『송원학안』은 명·청 교체기 '학술사 비판'의 최고 성취뿐만 아니라 이러한 '비판'이 누적되고 비판의 요구가 점차 공동으로 인식되어가는 과정을 보여준다. 왕조가 교체할 무렵의 학술사 정리에는 또한 이학의 역사도 포함되었으니, 예를 들어 유종주의 『유명도통록有明道統錄』과 손기봉의 『이학종전理學宗傳』 등이 그것이다. 한 때의 뛰어난 학자들에게는 심지어 '오랑캐夷-화하夏'의 관계조차 이미 그 학술사의 시야를 제한하기에 부족했다. 방이지는 『동서균東西均』「확신擴信」에서 이렇게 썼다.

한나라는 장건을 사신으로 파견했고 당나라는 서역을 평정했지만 황하의 기원은 끝내 알지 못했다. 나중에 『원사』「지리지·6」 "하원부록河源附錄"을 읽으니 시야가 광활하게 열리면서 황하의 기원이 타감사柒甘思*까지 거슬러 올라갔다. 그런데 강의 기원에 대해서는 무주 문산만 상세히 설명되어 있고 마호강이 금사강까지 거슬러 올라간다는 사실은 모르고 있었다. 그러다가 『면전선위사지緬甸宣慰司志』에서 비로소 강의 기원이 토번의 이석까지 거슬러 올라감으로써 천고 강물의 진정한 근원이 처음으로 드러났다.
漢使張騫, 唐平西域, 河源終未明, 後覽元志, 闊闊乃溯河於柒甘思. 江源止詳茂州汶山, 而不知馬湖江溯金沙江, 緬甸志乃溯江於吐蕃之犂石, 則千古江漢之眞源始顯.(11쪽)

---

* 타감사는 타감柒甘 또는 다강多康이라고도 두르며, 기본적으로 모이는 지역이라는 뜻인데, 근대에는 일반적으로 그냥 '강康'이라고 부른다. 이곳은 오늘날 시짱西藏 자치구 창두昌都 지구의 동쪽과 쓰촨四川 간쯔甘孜 짱족藏族 자치주 및 아바阿垻 짱족藏族 자치주의 일부를 포괄하는 곳이다.

그다음에서는 "『우공禹貢』의 기록만 믿고 『원지』는 믿지 않는" 오류에 대해 언급했다.[4] 이 시기 학자들은 학문을 연구할 때 (학술의 규범을 잃은 것을 겨냥하여) '조상이 남긴 법도高曾規矩'를 이야기하고, 한나라와 송나라, 유림儒林과 도학, 통유通儒의 학문과 전문가의 학문 등을 거론했는데 취지는 서로 달랐지만 똑같이 학술사를 정리하고 명나라 학술의 병폐를 바로잡으려는 뜻을 나타냈다. 명·청 교체기의 사대부들은 (유민 학자들뿐만 아니라) '옛 학문古學'의 부흥을 내세우며 "경전으로 돌아가서 학술을 바로잡는 것을 세상을 구제하기 위한 우선적인 임무로 여겼"*고, 이는 당연히 '명나라의 멸망' 과정에서 자극을 받았기 때문이었다. 또한 명나라가 망한 뒤 유민의 처지도 확실히 한 걸음 더 나아간 반성의 조건을 제공했다. '갓 태어난' 이것으로 '장차 죽어 갈' 저것을 구제하는 것 역시 이 무렵 학자들이 자신을 위해 선택할 수 있는 사명이었다.

유민 학술의 '유민적 성격'은 자연히 그 사람의 시공에 대한 의식과 자기 위상의 정립에 의해 결정되었다. 즉 '명나라' 안에 있느냐, 아니면 밖에 있느냐 하는 것이다. (특정한 시기에) 유민은 '명나라'를 '옛 왕조'로 여기지 않았는데, 이러한 역사에 대한 지각은 그들의 태도를 결정했다. 그 비판의 격렬함은 오히려 이를 통해 더욱 잘 설명될 수 있다. 여전히 '명나라' 안에 있었기 때문에 비로소 조정에서 벌이는 논쟁과 같은 '현장감'이 있을 수 있었으며, 의분義憤이 표정에 나타나서 그 언어는 충분한 정서성情緒性을 지닐 수 있었다. 그 바깥에 있으면 비판을 학술적으로 만들 수 있어서, 앞서 설명한 것처럼 '명나라의 멸망 원인에 대한 탐구'를 통해 제도적 사고의 층위로 진입할 수 있었다. 그리고

---

* 원주: "反經正學爲救世之先務."(「新刻十三經注疏序」『牧齋初學集』 권28, 852쪽)

비교적 첨예한 어떤 비판들은 설령 '명대 언론'의 분위기를 완전히 나타내지는 않았지만 그것들도 확실히 '명나라'가 '옛 왕조'가 되었다는 사실 때문에 나올 수 있었다. 왕부지는 일찍이 "분란의 시대에는 입언立言을 하기가 쉽지 않다"*고 했는데, 명·청 교체기의 언론은 이에 대한 반증反證을 제시한다. 뚜렷한 증거 가운데 하나는 바로 다음에서 언급할 예정인 명나라 '국초國初' 역사에 대한 탐구이다. 반정장潘檉章의 『국사고이國史考異』와 전겸익의 『태조실록변정太祖實錄辨正』(『牧齋初學集』) 등 역사 저작에서 다룬 '용봉龍鳳 연호年號'와 같은 화제는 왕조 교체기에 나타난 금기의 해제 현상 덕분에 다뤄질 수 있었다. 황종희의 『맹자사설』에서는 자신의 스승 유종주의 설명을 기술하면서 원나라와 명나라를 함께 논했는데, 그 왕조의 '개창자'는 모두 살인을 좋아하고 '위세'로 '천하'를 겁박했으니 "진나라 수나라와 다를 바 없다"**고 했다. 이를 보면 황종희 사상의 사문師門과 연원을 알 수 있다. 이러한 언론들도 난세에 기대야만 비로소 발표 가능성이 생겼을 터이다.[5] 물론 여기서 말하는 '비판'이 '관계'라는 것을 간과해서는 안 된다. 비판자와 비판 대상의 상대적인 위치를 규명해야 하는 것이다. 비록 유종주가 저명한 '충의지사'라고는 하지만 황종희 또한 저명한 유민이었다. 다음에서는 유민 학술의 계승과 계발에 대해 논의할 것이다. 비판─명대의 정치와 역사, 문학, 학술에 대한 비판을 포괄하는─을 통해서 "계승하고 계발하는承啓" 것은 더욱이 유민 학자들의 적극적인 공헌이라고 봐야 할 것이다. 그들은 바로 '고국'과 '옛 물건舊物'에 대한 취사선택을 통해 학자로서 자신의 신분을 증명했다.

---

* 원주: "當紛亂之世, 未易立言."(『讀通鑑論』 권9, 362쪽)

** 원주: "與秦隋無異."(『黃宗羲全集』 제1책, 51쪽)

명대 200여 년의 역사를 비판적으로 정리한 것으로는 담천談遷과 사계좌査繼佐 등의 역사 저작과 고염무, 왕부지, 황종희 등의 남명사南明 史 서술이 있고, 그 외에 량치차오가 말한 "강을 지난 붕어 같은如過江 之鯽" 야사野史와 소설, 그리고 (황종희의) 학술사와 (여러 유민의 문집에 나타난) 문학사 등은 이처럼 거대한 문화 프로젝트였던 것이다! 그 외 에도 명대 문학에 대한 비평—시문론詩文論—과 진자룡 등의 『황명경 세문편皇明經世文編』, 황종희의 『명문안明文案』과 『명문해明文海』 같은 명 나라 문장들에 대한 대규모 집록輯錄 프로젝트는 모두 드넓은 시야와 기백에서 비롯된 것이므로 명·청 교체기 사대부들이 진행했던 대규모 '명대 역사에 대한 반성'의 구성 부분으로 간주해야 할 것이다. 그리고 이런 반성과 비판 역시 '왕조 교체'라는 상황이 만들어낸 도태와 침전 에 빚을 지고 있으니, 황종희는 그에 대해 "시대가 바뀌니 일도 변하고, 물이 줄어드니 바위가 드러난다"*고 했다. 유민을 포함한 식견 있는 인 사들이 명대의 학술과 문화에 대한 비판을 통해 보여준 시야와 식견, 재능은 명대의 학술과 사상의 활력이 아직 남아 있었다는 것을 증명 하며, 또한 명나라 200여 년의 문화적 역량이 축적되면서 인재가 많이 양성되었다는 것을 증명한다. 명나라 유민들이 문화의 전승 과정에서 기여한 탁월한 공헌은 유민 역사에서 특수한 현상이며, 이전 시대 유 민 형상을 부끄럽게 만들기에 충분했다.

명·청 교체기 유민 학자들의 이와 같은 반성과 비판이 명나라가 망 하기 전 상당히 오랜 기간에 걸쳐 축적된 사상과 (유민에게만 한정되지 않은) 상당히 많은 식견 있는 인사가 공유했던 사고방식의 방향 덕분 이었음은 굳이 설명하지 않아도 알 수 있을 것이다. '누적'된 것들 가

---

* 원주: "時運而事遷, 水落石出."(「壽李杲堂五十序」『黃宗羲全集』 제10책, 656쪽)

운데는 심지어 끊어진 학문으로 여겨지던 역학曆學도 포함되어 있었다. 황종희는 "명대의 역학이 역관曆官들에게는 없어졌지만 사대부들 가운데는 그 학설을 깊이 이해한 이들이 있었으니 동헌童軒*과 형운로邢雲路**뿐만이 아니었다"***고 하면서 명대의 역학이 이전 시대를 넘어섰다고 주장했다. 또 앞서 언급했듯이 「주운연선생전周雲淵先生傳」에서도 명대에 역학을 연구한 이들을 거론하며 주술학周述學에 대해서는 더욱 칭찬을 아끼지 않았고, 심지어 "박학하면서도 정통하기로는 상하 천여 년 동안 오직 이 한 사람뿐"이라고 했다. 이러한 주장은 명대 학문은 황폐하고 누추하다고 여기는 편견을 어느 정도 보완할 수 있을 듯하다. 유민의 학술은 명대 학술에 대한 비판을 빌려서 흥성했지만, 그런 비판 속에도 명대 학술에 대한 새로운 발견이 담겨 있었던 것이다.

유민 학술의 계승과 계발

유민 학술의 생명을 '계승과 계발承啓'에 연관시키는 것은 당연히 일종의 학술적인 관점인데, 평가의 유일한 척도는 결코 아니지만 그래

---

* 동헌(1425~1498)은 파양鄱陽 사람으로 자가 지앙志昻이다. 경태 2년(1474) 진사에 급제하여 급사중, 제독운귀학정提督雲貴學政, 태상시경太常寺卿 등을 역임하면서 흠천감欽天監의 일을 관장했다. 이후 남경이부우시랑과 예부상서를 역임하기도 했다. 천문과 역학曆學에 정통했던 그는 『역일소曆日疏』『청풍정고淸風亭稿』『침굉집枕肱集』『기몽요람紀夢要覽』『해악연애海嶽涓埃』『주변록籌邊錄』등의 저작을 남겼다.

** 형운로(1549?~?)는 하북 안숙安肅(지금의 쉬수이徐水) 사람으로 자가 자등子登이다. 만력 8년(1580) 진사가 되어 하남첨사河南僉事, 섬서안찰사부사부사陝西按察司副使 등을 역임했다. 뛰어난 천문학자였던 그는 『칠정진수七政眞數』『고금율력고古今律曆考』『무신입춘고증戊申立春考證』『경물동지정유庚物冬至正訛』『태일서太一書』『역원원曆元元』등의 과학 저작과 문집으로 『택우집澤宇集』을 남겼다.

*** 원주: "有明曆學, 亡於曆官, 顧士大夫深明其說者, 不特童軒邢雲路爲然.("答萬貞一論明史曆志書」『黃宗羲全集』제10책, 206쪽)

도 중요한 척도임에는 틀림없다. 첸무錢穆는 「위잉스의 『방이지만절고』」에 대한 서문余君英時方密之晩節考序」에서 이렇게 썼다.

> 명나라 말엽 유민들이 청나라 초기에 고결하게 절조를 지키며 행동을 절제하고 학문을 이루어 정밀하고 엄격한 저서를 써낸 것은 청나라 260년에 영향을 주었고 지금까지도 시들지 않고 있다.[*]

유민 학술의 계승과 계발을 고찰하게 되면 당연히 그것이 '명나라 학술'을 계승한 부분과 '청나라 학술'을 계발한 부분을 포괄하게 될 것이다. 하지만 복잡하고 지난한 이 논제에 대해 본 절에서는 그저 약간의 맥락만 제공할 수 있을 뿐이다.

청나라 초기에 명나라 말엽의 것을 '계승'한 것은 예를 들어 명나라 때 성행했던 강학의 기풍과 사학私學을 들 수 있다. 청나라 초기에 황종희는 송나라와 명나라 때 '강회講會'와 사학이 인재 양성에 공헌한 점을 언급했다.

> 과거제도가 성행하여 인재가 줄어들자 당시의 군자들이 강회를 설립하여 변통變通을 꾀함으로써 인재를 일으키니, 학교가 오히려 그에 미치지 못하는 바가 있었다. (…) 고금의 인재는 대략 여기에서 많이 배출되었다.
> 制科盛而人才絀, 於是當世之君子, 立講會以通其變, 其興起人才, 學校反有所不逮 (…) 古今人才, 大略多出於是.(「陳夔獻墓誌銘」, 『黃

왕부지도 삼대 이후 사학이 흥성하고 학통이 벼슬살이를 하지 않은 하층 선비들에게 있었다는 점을 높이 평가했다.(『讀通鑑論』 권17 참조) 황종희나 손기봉, 이옹李顒과 같이 유민 가운데 저명한 유학자들은 모두 유민의 신분으로 강학에 참여했으며, 또한 강학의 규모도 명말에 비해 더 컸다. 이 또한 근대의 학교가 생기기 전에 더없이 성행했던 최후의 대규모 강학이었다. 또한 청나라 초기에 명말을 '계승'한 부분으로는 '문호門戶'와 '논쟁'의 기풍이 있었다. 유학 학파들 사이의 논쟁과 유가-불가의 논쟁, 그리고 사대부가 불교 종파 사이의 논쟁에 적극적으로 개입한 것이 그것이다.(『清初僧諍記』 참조) 유학자들 사이에서 벌어진 주자학과 양명학 사이의 논쟁은 심지어 청나라 초기 사관史館에 참여했던 이들의 판단 척도에까지 영향을 주었다.(黃宗義, 「移史館論不宜立理學傳書」, 『黃宗義全集』 제10책 참조)

그런데 바로 '계승' 속에서 기풍의 전환이 이루어졌으니, 이것은 단지 고염무나 육세의 등이 강학을 비판했던 것만을 가리키는 것이 아니라 강학의 내용에도 변화가 있었음을 의미한다. 예를 들어 이공李塨의 연보에 기록된 바에 따르면, 만사동萬斯同 등이 경사京師에서 주재한 강회는 분명히 '순수 학술'의 성격에 가까웠다. 그런데 당시 명나라 사대부들이 '다툼'과 공격, 비난을 좋아한다고 여기는 것에 대한 비판은 다시 근본적인 의미에서 학술 통제에 대한 비판으로 이어졌으니, 학술사의 관점에서 보면 이는 이후의 학술—특히 경학—에 대해 더욱 중대한 의의를 지니고 있었다. 비판자들은 일반적으로 비판받는 이들이 구실로 내세우는 '절대의 권위'를 규명했다. 황종희가 '한 선생의 말—先生之言'이라고 한 것과 왕부지가 '일괄론—概之論'이라고 한 것이 그것이다. 그러므로 이것은 학술 전통과 문화 성격에 대한 일종의 반성이라고 할 수 있으며, 이러한 '전통'과 '성격'은 최고 권력자의 의지를 거쳐서 극단화되었다. 고경성顧景星은 명말에 쓴 「복경학의復經學議」에서 이렇게 주장했다.

> 태조께서 천하를 평정하고 선비들이 순일하지 못할까 염려하시어 여러 학자의 해설傳注을 모두 갖추고 정이의 『주역정씨전』과 주희의 『시집전』, 채심蔡沈*의 『서집전書集傳』, 진호陳皓의 『예기집주禮記集注』, 호안국胡安國**의 『춘추전』으로 학궁을 설립하셨으니, 이런 것이 아니라면 올바른 학문이라고 부르지 않았다. 그런데 선비의 등용문은 좁고 말류가 서로 인습因襲하여 '오경'에 대한 학문이 황폐해져버렸다.
>
> 高皇帝旣定海內, 恐士不醇一, 悉置諸家傳注, 以程朱之易詩, 蔡沈之書, 陳之禮, 胡安國之春秋立學宮, 非是則不名正學. 取途旣狹, 末流相沿, 而五經之學荒矣.(『白茅堂集』 권27)

그는 "선비를 중용하려면 무엇보다도 경학을 우선 회복해야重士, 莫先復經學" 한다고 주장했다. 고염무는 「여우인론역서與友人論易書」에서

---

* 채심(1167~1230)은 복건 건양建陽 사람으로 자가 중묵仲黙이고 호가 구봉九峯이며, 시호가 문정文正이다. 벼슬길에 뜻을 두지 않고 학문에 전념하여 주희를 사사했으며, 『상서』에 주석을 달아 『서집전書集傳』을 편찬했다. 그 외의 주요 저작으로 『홍범황극내편洪範皇極內篇』『채구봉서법蔡九峯筮法』이 있다.

** 호안국(1074~1138)은 복건 숭안崇安(지금의 우이산武夷山) 사람으로 이름을 호적胡迪이라고도 하며, 자가 강후康候고 호가 청산靑山, 시호가 문정文定이며, 학자들이 무이선생武夷先生이라고 불렀다. 소성 4년(1097) 진사에 급제하여 태학박사太學博士와 제거호남학사提擧湖南學事 등을 역임했다. 둘째 아들 호굉胡宏(1102~1161)과 함께 '벽천서당碧泉書堂'을 설립하여 '호상학파湖湘學派'를 개창한 것으로 유명한 그는 특히 『춘추』를 깊이 연구하여 『춘추전』을 썼고, 또 『자치통감거요보유資治通鑑擧要補遺』『문집文集』 등을 남겼다.

경학의 변천을 이야기하면서 당나라는 학관學官에 9경九經을 설립하여 "여러 학설을 배척하고 하나의 학설만을 펼쳐서 경전과 통하는 길이 좁아졌으며" 명나라 영락 연간에 이르러 "도술을 하나로 귀결시키려고 박사제사博士弟子에게 모두 『성리대전』을 공부하게 함으로써 경전으로 통하는 길이 더욱 좁아졌다"라고 주장했다.* 황종희가 "한 시대의 인심과 학술이 노비로 귀결되었다"**고 한 것도 당연히 군주의 권력의지로 인한 것이며 또한 이 의지를 제도화—과거제도—한 좋지 못한 결과이다. 그리고 '한 선생의 언론' 및 '일괄론'에 대한 인식론적 비판은 정상적인 학술 질서를 회복하려는 프로젝트인데, 이것은 청나라 경학의 태도와 방식을 준비하는 데 참여한 것이라고 볼 수 있다.(제4장 제3절 참조)

앞서 언급했듯이 명·청 교체기에 제왕의 기강이 느슨해진 것은 사대부의 입장에서 어떤 해방의 의의가 있었다. 이 시기에 '절대 권위'를 거절하는 행위는 분명히 학술에 대한 사대부들의 자신감을 다시 일으켜 세웠다. 황종희는 학문에서는 스스로 깨닫는 것이 중요하다고 여러 차례 이야기하면서 "각자가 스스로 쓸 수 있는 것이 바로 학문"이니 "스스로 자신의 독자적인 깨달음을 잘 이해해야" 한다고 했고,*** 또한 "건안에 주희가 없었고 금계에 육구연이 없었다 해도 학자가 스스로 깨달을 수 있다면 상제가 지켜보고 있으니 종주로 삼을 이가 없음을 걱정하지 않을 것"이라고 했다.**** 그리고 진확에 대해서도 그가 "학문에 기대는 바가 없고 눈치 볼 곳도 없어서" "자신감이 너무 지나친"

---

* 원주: "立九經於學官 (…) 排斥衆說, 以申一家之論, 而通經之路狹矣. (…) (永樂)欲道術之歸於一, 使博士弟子無不以大全爲業, 而通經之路愈狹矣."(『顧亭林詩文集』, 41~42쪽)

** 원주: "一世之人心學術爲奴婢之歸."(『明夷待訪錄』 「奄宦上」 『黃宗羲全集』 제1책, 45쪽)

*** 원주: "各人自用得著的, 方是學問 (…) 要自明其所獨得."(『陳叔大四書述序』 『黃宗羲全集』 제10책, 42쪽)

병폐에 이르렀다고 했다.[*****] 장자열은 「복급문제자변방서復及門諸子辨謗書」에서 이렇게 썼다.

> 사대부 군자는 행실이 올바르면 학술에서 스스로 믿는 것을 추구할 따름이다. 세속에서 비방한다 한들 귓전을 스치는 회오리바람에 지나지 않으니 무엇을 상심하겠는가! (…) 나는 세속의 천박한 논의에 절대 흔들리지 않을 것이다. 고인이 된 벗 오응기吳應箕가 갑술년(1634)에 보내준 시 구절을 지금도 기억한다. "온 나라가 비난해도 돌아보지 않거늘, 만 종의 봉록이 내게 무슨 영향을 끼치겠는가!" 그는 아마 나를 잘 알았던 사람인 듯하다.
> 士君子行誼學術求自信而已, 流俗誹謗, 譬飄風過耳, 庸何傷 (…) 某必不爲流俗浮論所搖惑. 猶記亡友吳次尾甲戌贈句云: 一國非之不顧, 萬鍾於我何加. 蓋庶幾知某者.(『芑山文集』 권6)

'자신감信心'은 명나라 사람들만 가졌던 것은 아니지만 명나라의 심학과도 관련이 있다. 사대부가 군중의 취향을 숭상하여 강학과 당사의 말류에 이르러 '저자처럼 시끌벅적해진─哄之市' 뒤에는 어느 정도 시대의 유행에 반하는 인생의 선택을 하게 되기도 한다. 학술 인생의 가치에 대한 자신은 또한 학술이라는 '위대한 생명'에 대한 신념을 통해서 얻어진다. 황종희는 주술학에 대해 논할 때, "주술학과 같은 학문을 하면 그야말로 천 년이 하루와 같을 테니 어찌 하루의 지식에 기댈 수

**** 원주: "建安無朱元晦, 金溪無陸子靜, 學者苟能自得, 則上帝臨汝, 不患其無所宗也."(「復秦燈嚴書」, 같은 책, 203쪽)
***** 원주: "學無所倚傍, 無所瞻顧 (…) 信心太過."(「陳乾初先生墓誌銘」, 같은 책, 350쪽)

있겠는가?"*라고 말했다.

　문호門戸의 울타리를 초월하는 것도 그 사람의 학술을 '키우는大'
데 도움이 되었다. 저명한 유민 학자는 자신의 '학술'에 대한 자기 경
계를 설정함으로써 자신이 결코 일반적인 유민의 경계 안에 갇혀 있
지 않을 것임을 다른 이들에게 확신하게 했다. 역사와 문화에 대한 그
의 신념과 스스로 떠맡은 사명은 자연히 그 사유 논리의 명석함과 일
관성, 그리고 그가 '학술'을 빌려 구축한 '자신의' 의미 체계에 바탕을
두고 있다. 사고謝翺가 '천하의 선비天下士'라고 불리는 것은 어디에 근
거를 둔 것인지 모르겠다. 가령 고염무나 황부지, 황종희 같은 이들쯤
은 되어야 그런 호칭이 어울리지 않겠는가? 그런데 당시 고염무가 황종
희를 존중하고 「광사廣師」를 쓴 것이랄지, 황종희가 같은 시대의 학자
들에 대해 평가하는 태도는 모두 한 시대를 장식한 위대한 유학자의
흉금과 기도에서 나온 것이며, 그 '학문'의 위대함이 바로 그 '사람'의
위대함에서, 그 사람의 위대한 도량에서 나왔음을 느끼게 해준다. 다
음에서 논의할 예정이지만, 명·청 교체기 유민 학자들의 지속적인 매
력 역시 이와 같은 '사람'과 '학문'의 경계와 합치된다. 물론 명·청 교
체기 유민 학자들이 청대 문화의 정신적 경지를 창조하는 데 기여한
공헌은 이보다 훨씬 더 심원하다.

　명·청 교체기에 강학에 대한 비판에서 제시된 한 가지 중요한 사실
이 있다. 바로 '학술'의 기능에 관한 사대부들의 의식이 은연중에 변하
게 된 것은 확실히 명·청 교체기에 일군의 유민 학자들이 도와준 결과
때문이라는 것이다. 민간 신분인 '유민'의 학술과 당시 조정 정치 사이

---

* 　원주: "學如逃學, 固千年若旦暮, 奚藉乎一日之知哉."(「周雲淵先生傳」『黃宗羲全集』 제10책,
548쪽)

의 괴리는 독립적 가치이자 경계로서 학술을 추구하도록 부추겼다. 황종희는 극단적인 경세론을 비판했다. 그는 가정과 나라, 천하를 잘 다스리는 것이 '격물치지'와는 관련이 없다는 주장에 대해 이렇게 논박했다.

> 내 마음이 아는 것은 그림쇠와 곱자이니 그것으로 가정을 다스리고 나라를 다스리고 천하를 평정하는 것은 그림쇠와 곱자로 네모와 원을 그리는 것과 같다. 반드시 가정과 나라, 천하에서 시작해서 '치지致知'에 이르러야 한다는 것은 네모와 원으로 그림쇠와 곱자를 얻고자 하는 것과 마찬가지다. 학자는 그림쇠와 곱자에 종사해야 하는가 아니면 네모와 원에 종사해야 하는가? 이것은 더 이상 생각할 필요도 없을 것이다. (…) 한 시대의 모든 이가 당시의 지위를 버리고 모두 나라를 다스리고 천하를 평정하는 데만 급급하다면 귀신에 들려서 미쳐 날뛰는 것과 무슨 차이가 있겠는가?
> 夫吾心之知, 規矩也, 以之齊家治國平天下, 猶規矩以爲方圓也, 必欲從家國天下以致知, 是猶以方圓求規矩也. 學者將從事於規矩乎, 抑從事於方圓乎, 可以不再計矣. (…) 使擧一世之人, 舍其時位而皆汲汲皇皇以治平爲事, 又何異於中風狂走.(「與友人論學書」, 『黃宗羲全集』 제10책, 146쪽)

그 주장이 비록 심학의 논리에서 나오지는 않았지만 결국 (가정과 나라, 국가에 대한) 인지認知의 독립적 가치를 긍정하고 있다. '유민'이라는 이 특수한 신분이 촉진한 '학자화'는 청대 학문의 '학술화'를 위한 준비였다. 학자와 전통적인 유학자 역할의 사명이 구분되는 것은 (다시 말해서 '학자'가 '부류類'로 발전하는 것은) 청대 학문의 '과정'에서 보편적으로 실현되었는데, 이러한 추세 역시 명·청 교체기에서 비롯되었다고 해도 무방하다. 명대에 발달한 경세학은 여기에 이르면 한 번의 변화 국면을 맞이한다. 이 모든 것은 사대부의 역할이 근대적 탈바꿈을 점 차적으로 준비하고 있었던 증거들이다.

학술사 연구자들이 즐겨 언급하는 명·청 교체기 '학술의 전환'은 당연히 원인과 시기가 맞아떨어진 결과이기도 하고 또한 여러 부류의 개인과 우연한 조건이 한 데 모인 결과이기도 하다. 다만 지나치게 목 적화 된 후세의 관점에서 보면, 일군의 재능 있고 지혜로운 사대부들 이 특별히 약속하지 않았음에도 어떤 임계점을 향해 함께 나아가고 있 었던 것처럼 보일 뿐이다. 유민 학자들 가운데는 확실히 기풍을 선도 한 사람이 있었으니, 방이지는 이렇게 말했다.

> 성음과 문자는 소학이지만 그것으로 도법을 수록하고 사물을 기
> 록하면 비로소 세상에 전해진다. 안팎을 합치고 고금을 고찰하여
> 잡다하되 정도를 넘어서지 않으니 참으로 잘 갖춰졌구나!
> 聲音文字, 小學也, 然以之載道法, 紀事物, 世乃相傳. 合外內, 格古
> 今, 雜而不越, 蓋其備哉.(『浮山文集前編』 권5 『曼寓草』 卷中 「此藏軒音
> 義雜說引, 『方以智年譜』, 110쪽)

『통아通雅』에 대한 서문에서도 그는 "누가 훈고訓詁가 소학이니 경시 弁髦해도 된다고 하는가!"라고 지적했다. 전징지錢澄之의 「통아서通雅序」 에 따르면 방이지는 자신이 물리를 탐구하고 음의音義를 고증하는 것 이 "오래전부터 익숙한 듯하여" "이것을 즐기면서 피곤한 줄을 몰랐 다"고 했다.* 북방 유민 가운데 부산傅山처럼 박식하고 단정한 사람도 문자학과 음운학, 금석학金石學의 지식을 운용하여 전적典籍을 읽어냈

기 때문에 그 방식이 '청나라 학술淸學'과 상통한다고 평가된다. 그리고 학술과 관련해서 방이지와 비슷한 유형은 어떤 관점에서 보면 근대 학술과 연관성이 있다는 연상을 불러일으킬 수도 있다. 『통아』 권수卷首·3 「문장신화文章薪火」에서 그는 이렇게 썼다.

> 질론과 통론에서 벗어나지 말아야 한다. 천지를 고찰하고 측정하는 이들이 제시한 상수역학과 율력, 성음, 의약 등의 학설은 모두 바탕質 가운데 통달한 것들이고 모두 사물의 이치다. 다스림과 교화만을 이야기한다면 재상의 이치이고, 철학通幾만을 이야기한다면 사물이 만들어지는 지극한 이치이니, 모두가 통달함으로써 그 바탕과 통하는 것들이다. 여러 학파가 어지럽게 나뉘어 있는데 어떻게 절충할 것인가? 성인께서는 느긋하게 쓰임을 감추셨고 무형의 도와 유형의 기를 통섭하셨으니 너그럽고 온화하시며 자신감이 풍부하셨도다!
>
> 要不出於質論通論. 考測天地之家, 象數律曆聲音醫藥之說, 皆質之通者也, 皆物理也. 專言治敎, 則宰理也. 專言通幾, 則所以爲物之至理也, 皆以通而通其質者也. 百家紛如, 何以折中. 聖人罕雅藏用, 彌綸道器, 優優乎, 洋洋哉.

『인수루별록仁樹樓別錄』에도 방이지의 말이 수록되어 있는데, 거기에서도 이렇게 주장한다.

> '가리켜 비판을 제시하는 것拈提'과 '고찰하여 규명하는 것考究'은

---

* 원주: "疑有夙習 (…) 樂此而不知疲."

원래 다른 길이었다. 욕망을 억제하고 잡념을 없애는 말과 만물을
갖추고 쓸모를 통제하는 학문도 양단이기 때문에 한쪽만 없애면
병폐가 생겨난다.
拈提與考究原自兩路. 制欲消心之言, 與備物制用之學, 亦是兩端,
偏廢則皆病矣.(『方以智晚節考』「方以智晚年詩文輯逸續篇」, 增訂版,
292쪽)

근대 사람들이 더욱 방이지를 칭송하는 것은 그가 근대 자연과학의
방법에 근접한 '실물을 관찰하고 실험으로 증명하는 학문質測之學'을
추구했다고 여기기 때문이다. 당시 왕부지는 방이지 부자의 이 학문에
대한 자신의 생각을 이렇게 밝혔다.

방이지 선생과 그 자제분이 '질측학'을 추구하는데 참으로 학문
과 사상을 아울러 다루는 실질적인 공부다. 격물이라는 것은 사
물을 통해서 이치를 궁구하는 것이니, 오직 실물을 관찰하고 실
험으로 증명하는 질측으로만 얻을 수 있다. 소옹이나 채원정蔡元定
(1135~1198, 자는 계통季通, 호는 서산선생西山先生) 같은 경우는
하나의 이치를 세우고 사물을 궁구했으니, 이는 격물이 아니다.
密翁與其公子爲質測之學, 誠學思兼致之實功. 蓋格物者, 卽物以窮
理, 惟質測爲得之. 若邵康節蔡西山則立一理以窮物, 非格物也.(「搔
首問」,『船山全書』제12책, 637쪽)

그는 '질측'으로 '격물'을 해석했으니, 이미 당시 이학의 관점을 넘
어섰음을 알 수 있다. 방이지는 「유자육천경혹문서遊子六天經或問序」(『浮
山文集後編』권2)에서 '질측'과 '철학通幾'에 대해 설명하면서 서구의 학

문과 당시의 질측학에 대해 모두 논했으니, 이것은 당시 서학西學과 관련된 관념 및 학술 동향을 고찰하는 데 자료를 제공한다. 유민 학자들 가운데 질측의 중요성을 인식한 이들은 그 외에도 또 있었다. 양빈梁份은 보측步測의 정확함을 추구했으니, 이는 근대 '과학 연구자'의 태도에 근접한 것이었다. 그는 「여주자록서與朱子綠書」에서 명나라 능침陵寢을 측량한 일에 대해 이렇게 썼다.

> 산의 뿌리와 강의 젖은 곳, 성터 등 곳곳을 계산하여 어디에서 어디까지는 몇 걸음이고, 어느 능에서 어느 능까지는 몇 걸음인지 헤아렸다. 또 방향을 잃을까 염려하여 상대 방향을 면밀히 고찰하고 24개의 산의 위치를 정해서 어떤 것은 어떤 방향에 있고 어느 능은 어느 방위에 있는지 살피면서 원근을 서로 참조하여 고찰했다.
> 因山之根, 河之濡, 城之趾, 處處計之, 某至於某若干跬, 某陵至某陵若干跬. 又恐迷於所向, 則考極相方定二十四山位, 某位某方, 某陵位某方, 遠近交互參相考.(『懷葛堂集』권1)

같은 글에서 그는 자신의 보측법이 "자신의 생각에서 나온 것이지 다른 것을 답습한 것은 아니出於心裁, 非有所襲者"라고 했다. 사대부의 활동 공간이 확장되고 외국과의 문화 교류가 확대됨에 따라 학술 자원도 전에 없이 풍부해졌다. 전조망은 유헌정劉獻廷의 『신운보新韻譜』가 "대부분 변방 너머 까마득한 곳에서 얻어왔고 너무나 광박하게 포괄하여 학자가 언뜻 보면 이해하지 못할 수도 있다"*고 했다. 자연 현상에 대한 육세의 추측은 종종 유치한 경우—심지어 송대 유학자들의 지식

---

* 원주: "多得之大荒以外者, 囊括浩博, 學者驟見而或未能通也."(「劉繼莊傳」『鮚埼亭集』권28)

수준보다 낮은 경우도 있을 정도로─가 있지만 서양 자연과학의 방법과 그것이 도달한 정확성에 대해 강한 흥미를 나타내고 있다.

> 천문도로 하늘을 아우른 것은 혼천도만 한 게 없다고 알려져 있
> 지만, 혼천도 역시 점차 하늘의 실제 모습과 달라지고 있으며, 오
> 직 서양의 그림만이 정밀하다. 그러니 그것이 이국에서 나온 것이
> 라고 소홀히 여겨서는 안 될 것이다.
> 天文圖蓋天不如渾天, 人知之矣. 然渾天舊圖亦漸與天不相似, 惟西
> 圖爲精密, 不可以其爲異國而忽之也.(『思辨錄輯要』 권14)

같은 책 권19에는 역법에 대해 이야기하면서 서학의 정밀함을 칭송했다.

> 아마 유럽 사람들은 군주와 신하가 모두 하늘에 마음을 쏟아서
> 1년 내내 관측하고 실험하기 때문에 이렇게 정밀할 것이다.
> 蓋歐羅巴人君臣盡心於天, 終歲測驗, 故其精如此.

또 권15에서는 '서학'의 '기하용법幾何用法'에 대해 설명하면서 그 '정밀함'을 칭송했으니, 그의 지식 가운데 일부가 어디서 유래했는지 짐작할 수 있다.[6]

거의 맥이 끊어졌던 음운학과 산학算學 등도 소생의 흔적이 나타났다. 『광양잡기』에는 당시 사람들이 지리학輿地學과 음운학, 산학 등을 연구한 정황이 상당히 많이 기록되어 있다. 북방의 유민 부산傅山은 문자학과 음운학, 금석학에 대한 지식으로 칭송을 받았다. 앞서 인용한 것처럼 황종희가 산학을 연구할 때 느꼈던 쓸쓸함을 호소한 적이 있지

만, 이러한 쓸쓸함을 달갑게 여긴 사람도 있었다. 위희의 「구유병전邱維屛傳」에 따르면 구유병은 산학과 『주역』, 역학에 조예가 있었다.

> 동성의 방이지가 승복을 입고 역당을 찾아와 구유병과 함께 산
> 주를 늘여놓고 추산해보더니, 물러나서 사람들에게, "이 사람은
> 신일세!" 하고 감탄했다. (…) 그의 저서 『역초설』과 『역수』, 역서
> 가 석 자 높이로 쌓여 있었는데, 모두 거의 완성 단계에 와 있었
> 으나 끝내지는 못했다.
> 桐城方公以智以僧服來易堂, 甞與邦士布算, 退而謂人曰: 此神人也
> (…) 所著易剿說易數曆書高三尺許, 皆垂成未竟.(『魏叔子文集』 권17)

위희와 팽사망彭士望 등은 고조우顧祖禹의 『방여기요方輿紀要』에 대해
서도 대단히 높이 평가했다.[7]
천위안陳垣은 이렇게 썼다.

> 명말에 심학이 성행하고 고증이 흥성하며 불교가 번창하고 의학
> 이 일어났지만 사람들은 불교가 말을 부질없다 여기고 면벽참선
> 하며 말과 글을 내세우지 않기 때문에 두려워할 필요가 없다는
> 것을 알았다. 그렇기 때문에 유가와 불학이 동시에 커다란 변화를
> 일으켜서 학문과 덕성을 함께 중시했으니, 서로 반대되는 듯했지
> 만 사실은 상생相生했던 것이다.
> 明季心學盛而考證興, 宗門昌而義學起, 人皆知空言面壁, 不立語
> 文, 不足以相慴也, 故儒釋之學同時不變, 問學與德性幷重, 相反而
> 實相成焉.(『明季滇黔佛敎考』 권2, 86쪽)

첸무는 『중국근삼백년학술사』에서 방이지가 학술 기풍의 전환 와 중에 수행한 역할을 이렇게 설명했다.

청대의 유학자들 가운데 고증의 근본을 다진 사람으로 고염무와 염약거閻若璩를 떠받드는 이들은 시대를 자기 왕조로 제한했기 때문인데, 그래도 그 일이 두 사람에 의해 특별히 조성되었다고 하지 않은 것은 더욱 내력이 없기 때문이다. (⋯) 오직 숭정 연간에 방이지만이 우뚝 나타나서 정밀하고 확실하게 고증하여 아득히 높이 올랐는데, 기풍이 열리고 나자 청나라 초기에 고염무와 염약거, 주이존 등이 그 여파를 따라 일어남으로써 비로소 근거 없는 억측만 늘어놓는 공허한 말들을 모조리 쓸어 없애버렸다.
清儒言考證推本顧閻者, 乃以本朝自爲限斷, 亦不謂其事由兩人特造, 更無來歷也 (⋯) 惟以智崛起崇禎中, 考據精核, 迥出其上, 風氣旣開, 國初顧炎武閻若璩朱彝尊等沿波而起, 始一掃懸揣之空談.(제4장, 136쪽)

방이지의 『통아』는 왕조가 바뀌기 전에 이미 정본이 나와 있었으니 명나라의 저작에 속한다. 그 자신이 쓴 「통아범례通雅凡例」에 따르면 이 책은 "음의音義의 절충에 주력했고" "명물名物을 타당하게 변별辨當했으며, 증거를 인용하여 그 뜻을 증명微引以證其義"했다고 했으니, 이는 첸무의 말을 빌리면 '정확한精核' '고거考據'로서 청나라 학술과 상통한다. 사실 청나라 학술의 엄청난 편찬학纂輯學—『일지록』 등을 모델로 한—에 영향을 준 것도 명대의 학술에서 전승된 고유한 지향이었다. 첸무는 위의 책 같은 장에서 "편찬의 기풍은 이미 명 중엽 이후부터 성행했고" 명·청 교체기에 이르면 "점차 정밀하고 탁월한 쪽으로

나아갔을 따름漸趨精卓耳"이라고 했다. 이 장에서 더욱 논의할 만한 것
은 여전히 기풍을 전이시키는 역할을 스스로 떠맡은 유민 학자들 특
유의 면모인데, 예를 들면 천위안의 말처럼 "학문과 덕성을 함께 중시
한"것과 같은 모습이다. 방이지가 허虛─철학 즉, '통기通幾' 혹은 '추
리推理'─와 실實─실증과학 즉, '질측質測' 혹은 '실리實理'─을 아울
러 거론하고 왕부지와 황종희 등이 의리와 실학─천문과 율력 등─
을 함께 중시한 것은 명대 학자들의 훈련과 가치에 대한 태도를 분명하
게 알아볼 수 있도록 해준다.

'덕성'과 '학문'뿐만 아니라 '넓고博' '간략함約'과 같은 오래된 명
제들도 명·청 교체기 학자들과 '청나라 학술'에 종사했던 이들 사이의
차이를 서술하는 데 적절한 기준이다. 고염무는 '성인의 도'를 '글에
박학하고' '실천함에 부끄러움을 아는 것'이라고 하면서 '박학'이란
"자기 한 몸으로부터 천하 국가에 이르는 모든 것이 학문의 일"*이라
고 풀이했다. 여기서 후세 학자들이 소홀히 생각하기 쉬운 것은 바로
"한 몸으로부터 천하 국가에 이르는" 것이다. 이와 같은 고염무의 '넓
음'이 전부 명나라 학술의 의경意境에서 나오지는 않았다는 것은 말할
필요도 없다.8 방이지는 『통아』의 「자서自序」에서 이렇게 썼다.

> 배울 것은 오직 옛날의 풀이古訓뿐인데 넓어야 비로소 간략해질
> 수 있다. 넓으면 간략한 것과 통하는 것이 있게 된다. 박학하고도
> 고금이 통하는 것을 살피지 못하고 또 의심할 줄 모른다면 '책 상
> 자에 지나지 않으니, 그런 사람을 어찌 중시하겠는가?9
> 學惟古訓, 博乃能約. 當其博, 卽有約者通之. 博學不能觀古今之通,

---

* 원주: "自一身以至天下國家, 皆學之事也."(「與友人論學書」『顧亭林詩文集』, 41쪽)

又不能疑, 焉貴書簏乎.

왕부지는 '한유漢儒 전문가의 학술'과 '전문가가 잔재를 보존하는 학술專家保殘之學'에 불만을 갖고 왕숙王肅*의 학술이 "정현鄭玄보다 훨씬 더 순정純正하다"**고 했다.[10] 고염무는 오역吳棫***의 『운보韻補』를 비판하면서 "학식은 많지만 하나로 관통하지 못한"****점을 지적했다. 여기서 유민 학자들은 의리義理를 중시했던 명대 사람들의 전통을 정식으로 계승하고 있다. 황종희는 스스로 "경서를 궁구했지만 하나로 귀결시키지 못하는"*****것을 유감으로 생각했다. 이렇게 "하나로 일치시킨다歸於一致"—즉 '간략함約'으로 돌아감—라고 했을 때의 '하나'는 당연히 '한 가지 옳음一是'이나 '한 선생의 말', '일괄론'의 '하나'와는 달리 '지식'이라는 의미의 경지를 훨씬 초월한 개념이다. 같은 글에서 그는 또 "학문이라는 일은 분석하는 것이 더욱 정밀하고 그곳으로 도피하는 것이 더욱 교묘하다"고 했는데, 비록 ('유림'과 '이학', '심학'의 '결렬裂'을 비판하려는 의도에서) 꼬집어 가리키는 바가 있어서 한 이야기였

---

* 왕숙(195~256)은 동해군 담현郯縣(지금의 산둥 성 탄청郯城에 속함) 사람으로 자가 자옹子雍이다. 삼국시대 위나라에서 난릉후蘭陵侯로서 산기시랑散騎侍郎 겸 비서감祕書監, 숭문관좨주崇文觀祭酒 등을 역임했고, 죽은 후에는 위장군에 추증되었으며 시호는 경후景侯다. 당나라 때 22명의 선현에 포함되어서 공묘孔廟에 함께 위패가 모셔졌고, 송나라 대중상부 9년(1009)에는 사공司空에 추증되었다. 금문경학과 고문경학古文經學에 모두 통달했던 그는 『공자가어孔子家語』와 『공총자孔叢子』의 편찬자로 알려져 있으며, 그 외에 『춘추좌전왕씨주春秋左傳王氏注』와 『모시왕씨주毛詩王氏注』 등 15종 남짓한 저작들의 일부가 남아 있다.

** 원주: "醇正於鄭玄遠矣."(『讀通鑑論』 권7, 권11)

*** 오역(1100?~1154)은 서주舒州(지금의 안후이 성 첸산潛山) 사람으로 자가 재로才老다. 정화 8년(1118, 일설에는 선화 6년(1124)) 진사에 급제했으나 벼슬살이를 하지 않다가 소흥 15년(1146)에 천주통판泉州通判을 지냈다고 알려져 있다. 『비전裨傳』 등의 저작으로 주희에게도 많은 영향을 주었다고 알려져 있지만, 지금은 『운보韻補』(5권)만 남아 있다.

**** 원주: "多學而識矣, 未能一以貫之."(「吳才老韻補正序」 『顧亭林詩文集』, 132쪽)

***** 원주: "窮經而不能歸於一致."(「留別海昌同學序」 『黃宗羲全集』 제10책, 628쪽)

지만, 이 또한 좁고 단편화된 사람들과 불공평한 문화의 생명에 대해 경계한 말이다. 비록 '분석'—여기서는 과학의 분화分化와 전문적인 분업分業을 가리킴—이 추세였다고는 하지만, 여기에 이르면 이미 피할 수 없게 되어 있었다.

종합과 체계를 중시하는 명대 학술의 전통은 이상에서 서술한 사람 들에게서만 발견되는 것이 아니다. 황종희가 스승으로 모셨던 명말 동 남 지역의 위대한 유학자 유종주는 속된 학술의 '지리支離'를 계속 비 판하면서 그 자신은 학술에서 감히 "지나친 분석太分晰"을 하려 하지 않고(『劉子全書』 권11 「學言中」), 통일과 종합, 체계의 유기성을 추구했다. 북방의 저명한 유민 손기봉은 '주희와 육구연의 조화'를 주장하여 주 목을 받았으니, 그가 종사했던 것도 또 다른 의미의 종합 가운데 하나 였다. 그는 이렇게 지적했다.

> 지파를 나누는 가운데 자연히 핵심적이고 중요한 내용이 통합되
> 어 만나는 지점이 있다. 도저히 통일할 수 없는 것이 있다면 그것
> 은 출발점이 나와는 다른 것일 따름이고, 하늘에 바탕을 둔 학문
> 이 아니다.[11]
> 支分派別之中, 自有統宗會元之地. 若其必不能一者, 是其端與我異
> 者耳, 非本天之學也.(「四書近指序」, 『夏峯先生集』 권4)

학술적 태도라고는 하지만 손기봉이 취한 '같음'이 '다툼爭'에 비 해 학술 발전에 반드시 더 유리하지는 않았다. 그러나 실천적 유학자로 서 손기봉의 태도에 명대의 학풍과 사대부 기풍에 대한 반성이 포함되 어 있다는 사실은 분명해보인다. 황도주의 경우에도 "육구연을 변화시 켜서 주희를 도와주고, 주희를 이용하여 육구연을 조절함으로써 육구

연은 고명한 데 빠지지 않게 하고 주희는 침잠하여 막혀 있지 않게"*
하려고 시도했으니, 한때 학자들이 추구한 '회통會通'—유가와 불가의
회통을 포함하여—의 취향은 분명히 동일한 기풍 속에 포함된다. 위잉
스는 『방이지만절고』에서 방이지와 황종희에 대해 언급하며 이 두 사
람이 "모두 송·명이래 종합과 체계를 중시한 유학의 전통에 깊이 물들
었고, (…) 명나라 말엽의 여러 유로遺老가 송·명 유학의 전통을 수정
했는데 개중에는 언론이 대단히 준엄하고 격렬한 이들도 있었다. 그러
나 어린 시절에 이미 깊이 물들어 있었기 때문에 마음속의 습관을 씻
기 어려웠던지라 언론과 사상 사이에서 과거의 속박을 완전히 벗어던
질 수는 없었다"**고 했다. 이렇게 "과거의 속박을 완전히 벗어던질 수
는 없는" 상황이 바로 '유민 학자'로서 그의 면모를 형성시켜주었는데,
학술사의 관점에서 보더라도 잘잘못을 이야기하기는 어려울 듯하다.[12]

명대 사람들은 '큰 것大'을 좋아했다. 이런 기호 때문에 지나친 과장
과 허황한 데 빠지는 상황을 피하지 못하기도 했는데, 예를 들어 전겸
익은 "거창한 말을 하고도 부끄러워하지 않고 미친 듯이 날뛰는 일을
계속하며 돌아오지 않는"*** 경우를 조롱했다. 또한 그런 이들은 학술도
지나치게 '넓은' 것을 추구하여 걸핏하면 "배움에 엿보지 않은 것이
없는於學無不窺" 것을 표방하곤 했는데, 어떤 이는 결국 자기 힘으로 감
당할 수 없는 '겸함兼' 때문에 남에게 질책을 당하기도 했다.[13] 그러나
이러한 기풍이 명·청 교체기 학자들의 학술적 경계를 조성하는 데는

---

*   원주: "化子靜以救晦翁, 用晦翁以劑子靜, 使子靜不失於高明, 晦翁不滯於沈潛."(「朱陸刊疑」
『黃漳浦集』 권30)

**   원주: "皆深有染於宋明以來儒學重綜合與統貫之精神焉 (…) 晚明諸老, 修正宋明儒統, 其言
有甚峻烈者, 然早年染涉旣深, 心習難滌, 故言思之間并不能盡脫舊縛."(『方以智晚節考』, 增訂版,
87~88쪽)

***   원주: "大言不慚, 中風狂走, 滔滔不返."(「答徐巨源書」『牧齋有學集』 권38, 1313쪽)

결국 긍정적으로 작용했다. '넓음'은 지식이 누적되어야 가능한 일이고, '널리 종합하여 통하는博綜' 것은 바로 학술적 창조에 해당하는데, 이것은 학문적 소양과 도량, 패기, 큰 안목과 기백, 그리고 그에 상응하는 학문적 실력이 있어야 가능하다. 예를 들어 방중통은 자신의 부친 방이지에 대해 이렇게 설명했다.

> 고금의 논의를 모아 자신의 논의를 만들어내고, 천하의 총명함을 모아 자신의 총명함을 만들어내셨다.
> 聚古今之議論, 以生我之議論, 取天下之聰明, 以生我之聰明.(『陪集』
> 『東西均』에 대한 侯外廬의 「序言」에서 재인용)

전조망도 황종희에 대해 이렇게 평했다.

> 선생은 주돈이와 이정을 도통으로 삼고 여러 학파를 종합하여 장재의 예교와 소옹의 수학, 여조겸呂祖謙*의 문헌학, 설계선薛季宣** 과 진부량陳傅良***의 치국 제도, 섭적葉適****의 문장까지 광범하게 추구하여 서로 관통시키고 구슬을 꿰어 연결하고 벽옥을 합치 듯이 훌륭한 성과를 이루어냈으니 예로부터 유학계에 유례가 없

---

* 여조겸(1137~1181)은 무주婺州(지금의 저장 성 진화金華) 사람으로 자가 백공伯恭이고 호가 동래선생東萊先生, 시호가 성成이었다가 충량忠亮으로 바뀌었다. 융흥隆興 1년(1163) 진사에 급제하여 남외종학교수南外宗學教授를 시작으로 직비각直祕閣, 주관명도궁主管明道宮까지 역임했다. 이른바 '절동학파浙東學派'의 성립을 선도한 그의 저작으로는『동래집』『역대제도상설歷代制度詳說』『동래박의東萊博議』등이 있다.
** 설계선(1134~1173)은 영가永嘉(지금의 저장 성 원저우溫州에 속함) 사람으로 자가 사룡士龍이고 호가 간재艮齋, 상주선생常州先生이다. 대리시주부大理寺主簿와 호주지주湖州知州 등을 역임했다. 전부田賦와 병제兵制, 수리水利 등에 대한 연구로 이른바 '영가학파永嘉學派'를 열었던 그의 저작은 대부분 사라지고『낭어집浪語集』『서고문훈書古文訓』등 일부만 남아 있다.

었다.

公以濂洛之統, 綜會諸家, 橫渠之禮敎, 康節之數學, 東萊之文獻,

艮齋止齋之經制, 水心之文章, 莫不旁推交通, 連珠合璧, 自來儒林

所未有也.(「梨洲先生神道碑文」, 『鮚埼亭集』 권11)

명·청 교체기에는 학자뿐만 아니라 '문인'으로 분류되는 이들 가운
데도 학문이 넓고 품행이 단정한 이들이 있어서 경학과 역사학, 불학
에 두루 통달했다.

이상의 서술로 보면 명·청 교체기에 이르러 마침내 기풍을 전환시
키기에 충분한 자질을 타고난 학자가 나타난 것처럼 보일 수도 있지만,
그럼에도 이 시기에 일어난 '전환'을 단순히 '역사'에 의해 준비된 성
대한 학술 잔치라고 간주하기에는 여전히 불편하다. 우리는 그저 논의
의 편의를 위해 관련 자료들을 우리의 목적에 따라 정리할 따름이다.
사실상 이 시기에는 그 이전이나 이후와 마찬가지로 다양한 취향이 공
존했던 복잡한 국면이 전개되고 있었다.

이른바 '청나라 학술'과는 지향이 크게 다른 경세학經世學은 명말에
서 청초에 이르는 이 시기에 시사時事의 자극 때문에 사대부들의 특별
한 관심을 끌고 있었다. 고염무의 『천하군국이병서天下郡國利病書』와 『조
역지肇域志』는 명나라가 망하기 전에 나온 명말 경세학의 중요한 성과

*** 진부량(1137~1203)은 절강 서안瑞安 사람으로 자가 군거君擧고 호가 지재止齋, 시호가 문
절文節이다. 건도 8년(1172) 진사에 급제하여 집영전수찬集英殿修撰 겸 보모각대제寶謨閣待制
까지 지냈다. 주요 저작으로 『주례설周禮說』 『춘추후전春秋後傳』 『좌씨장지左氏章指』 『독서보
讀書譜』 『건원편建院篇』 『역대병제歷代兵制』 『지재문집止齋文集』 『모시해고毛詩解詁』 『논조論
祖』 『오론奧論』 『영가선생팔면봉永嘉先生八面鋒』 등이 있다.
**** 섭적(1150~1223)은 절강 서안 사람으로 자가 정칙正則이고 호가 수심水心, 시호가 충정忠定
이다. 순희 5년(1178) 진사에 급제하여 세 황제를 모시며 권공부시랑權工部侍郎, 이부시랑 겸 직
학사원直學士院까지 역임하여 금나라에 대항하자는 주장을 펼쳤다. 저작으로 『수심집水心集』이
있다.

로서, 명나라가 망한 후에 황종희가 "다스림의 큰 법을 조목조목 갖추어條具爲治大法" 편찬한 『명이대방록』과 선후로 어울려 눈부시게 빛나고 있다.[14] 육세의와 역당易堂의 위희, 팽사망 등도 경세학에 종사한 대표적인 인물들이다. 육세의의 「성리존요서性理存要序」(『桴亭先生遺書』 권3)는 경세의 측면에서 『사서오경대전』과 『성리대전』에 대해 평가한 것으로 고염무 등이 경학의 측면에서 행한 평가와는 확연히 다르다.[15] 손기봉은 명말에 순절한 녹선계鹿善繼에 대해 이렇게 기록했다.

> 예전에 신종 만력제 말년에 고반룡高攀龍과 풍종오馮從吾, 추원표鄒元標가 경사에서 강학을 할 때 뜻을 같이 하는 이가 선생을 초빙해서 강의를 듣도록 했다. 얼마 후 조정의 정치에 대해서는 언급하지 말고 직무에 대해서도 논하지 말라고 서로 경계하는 말이 들리자 선생이 이렇게 말했다.
>
> '직무를 떠나서 학문을 이야기하는 것은 학문을 무용지물로 만드는 것이고, 성현을 쓸모없는 사람으로 만드는 것이오.'
>
> 그리고 그곳을 떠났다.
>
> 先是神廟末年, 高景逸, 馮少墟, 鄒南皋講學京師, 同志者邀公聽講. 旣而聞相戒不言朝政, 不議職掌, 公曰: 離職掌言學, 則學爲無用之物, 聖賢爲無用之人矣. 遂不住.(「鹿忠節公傳」, 『夏峯先生集』 권5)

장이상은 그 문인門人에게 이렇게 말했다.

> 모름지기 쓸모 있는 책을 읽어야지 오로지 팔고문만 익히지 마라. 나라를 경영하고 세상을 구제하는 학문에 힘써서 당나라에서는 육지陸贄를, 송나라에서는 이강李綱을 배워야 한다.

須讀有用之書, 毋專習制義, 當務經濟之學, 於唐學陸宣公, 於宋學
李忠定公.(『楊園先生全集』附錄「年譜」)

명·청 교체기 사대부들이 학술의 지향에서 중대한 분화分化가 있었
다면 특히 '덕성의 존중'과 '학문을 길로 삼기道問學'라는 전통적인 테
마에서 발생하곤 했다. 동남 지역 유민 진확은 '역행力行'을 강조하면
서 오직 '잘못을 고치는 학문改過之學'만을 강의해야 한다고 주장했다.
이는 동문인 황종희와 상당히 다른 생각으로, 그가 '강의講'할 만하다
고 생각했던 학문도 결코 당시 경사에 있던 만사동 등이 강의했던 것
이 아니었다.[16] 이옹李顒은 고염무의 학술적 취향에 더욱 분명하게 불
만을 나타냈다.

> 벗 가운데 '날마다 아는 것日知'으로 학문을 하는 이가 있어서 매
> 일 보고 들은 모든 것을 반드시 기록해놓는데 근거를 고찰하는
> 것考據이 상당히 자세하고 정밀하다고 칭송을 받는다. 하지만 나
> 는 그에게 이렇게 말한 적이 있다.
> "아는 사람은 모를 게 없어도 마땅히 해야 할 일을 시급하게 여겨
> 야 한다. 요순의 지식이 사물에 두루 미치지 않은 것은 먼저 해야
> 할 일을 시급히 여겼기 때문이다. 자신의 심신으로 절실히 해야
> 할 일을 내버리고 먼저 알려고 하지 않으면서 명물과 훈고의 말단
> 만을 열심히 살핀다면 어찌 먼저 해야 할 일을 시급히 여긴 것이
> 라고 할 수 있겠는가? 고금의 명물을 모두 고찰하고 고금의 의혹
> 과 오류를 모두 변별한다 하더라도 자기 심신을 궁구하는 데 무
> 슨 상관이 있겠는가? 정말로 '날마다 알고' 싶다면 안팎과 본말의
> 구별을 날마다 알아서 안을 우선시한 뒤에 밖을 추구하고, 근본

을 통해서 말단에 미치도록 해야 한다."

友人有以日知爲學者, 每日凡有見聞, 必隨劄記, 考據頗稱精詳. 余嘗
謂之曰: 知者無不知也, 當務之爲急. 堯舜之知而不遍物, 急先務也.
若舍卻自己身心切務不先求知, 而惟致察於名物訓詁之末, 豈所謂急
先務乎. 假令考盡古今名物, 辨盡古今疑誤, 究於自己身心有何干涉.
誠欲日知, 須日知乎內外本末之分, 先內而後外, 由本以及末, 則得
矣.(『四書反身錄』「論語下」, 『二曲集』 권40)

그는 편지에서 이런 뜻을 반복적으로 제시했으니 예를 들어 "잘못
된 자구에 대한 의혹을 해명하는辯疑誤字句" 것은 "굳이 해명할 필요가
없는 것을 해명하는辯乎其所不必辯" 일이고(자신의 심신과는 무관하기 때
문에), "자세함과 간략함을 고찰하고 차이를 찾아내는考詳略采異同" 일
은 "말단을 추구하는求於末" 일이라고 하면서 "구차하게 쉰 살을 넘겼
지만 시급한 것은 사실 여기에 있지 않다"*고 했다. 이렇게 보건대 '유
민의 학술'을 또 어찌 싸잡아 논할 수 있겠는가!

당시에 일어난 고거학考據學, 즉 고증학考證學에 대해 이옹이 이와 같
이 반응한 것은 결코 특별한 예가 아니었다. 손기봉은 이렇게 썼다.

공자는 기린이 잡힌 일에서 천도를 살폈고, 비로소 『주역』과 『시
경』 『서경』 『예기』 『악기』 『춘추』를 밝게 드러내어 만세에 깨우침
을 주었다. 이 두 가지는 천지를 끝맺고 다시 시작한 것으로서 그
공이 이처럼 크다. 그러니 글자 하나, 단어 하나의 잘못을 후세의
유학자들이 차분하고 객관적으로 헤아려 바로잡는 것은 괜찮지

---

* 원주: "區區年逾知命, 所急實不在此."(「答顧寧人先生」, 『二曲集』 권16)

만 어찌 글자 하나의 오류를 범죄로 간주하여 다룰 수 있겠는가!

孔子觀天道於獲麟, 始表章易詩書禮樂春秋, 以憲萬世. 此兩者終
天地而始天地, 其功如是其大, 而一字一辭之戾, 後儒正不妨平情定
氣而商訂之, 豈可以一字舛忤便成罪案耶.(「曹月川太極圖西銘述解序」,
『夏峯先生集』권4)

굴대균은 아예 "구경이 나를 설명하지 내가 경전을 설명하는 것이
아니다九經注我, 非我注經"라고 주장했다.

> 구경이라는 것은 내 마음을 자세히 설명하는 것이고 내 마음은
> 구경의 본문이다. 본문에서 얻지 못하고 단지 설명에만 종사한다
> 면 이를 일컬어 사물을 가지고 노는 것이라 한다.
> 九經者, 吾心之注疏, 吾心者, 九經之正文. 不得於正文, 但從事於注
> 疏, 是謂玩物.(「宗周遊記」, 『翁山文外』권1)[17]

왕부지는 "훈고를 하는 이들은 글에 얽매어 자잘한 변별을 한다"*
고 지적했는데, 그 어투가 훗날 건륭, 가경 연간의 학자들과는 전혀 달
랐다. 육세의는 학문을 논하면서 '정현鄭玄이나 왕필王弼 같은 무리'
의 해설傳注과 양웅揚雄(기원전 53~기원후 18, 자는 자운子雲)이나 장화張華
(232~300, 자는 무선茂先)처럼 '특별히 박식한奇博' 것에 대해 모두 '병폐
弊'라고 지적했다.(『思辨錄輯要』권1 참조) 진확이 『대학』을 변별할 때는
교의教義에 치중하며 여전히 '성학聖學'을 대하는 자세에서 벗어나지
못했으니, 청나라의 고증학과는 방법이며 목표에서 모두 차이가 있었

---

* 원주: "訓詁家拘文之小辨."(『張子正蒙注』『船山全書』제12책, 220쪽)

다. 이옹은 더욱 단호하게 '도를 묻는 학문道問學'의 독립적 가치를 부인하면서 그것은 부가적附加的이고 종속적이며 부차적副次的이라고 주장했다.

> 묻는 것은 이 덕성이요, 배우는 것도 이 덕성이다. 학문에서 덕성을 추구하지 않는다면 설령 박식하고 고상한 이에게 고금의 의혹에 대해 모두 묻고 고금의 전적을 전부 배워서 주공에 버금갈 정도로 많은 제도를 만들고 공자에게 뒤지지 않을 정도로 많은 산술刪述을 한다 한들 모두가 이목을 위해 봉사할 뿐이다.
> 問是問此德性, 學是學此德性. 若學問而不以德性爲事, 縱向博雅人問盡古今疑義, 學盡古今典籍, 制作可侔姬公, 刪述不讓孔子, 總是爲耳目所役.(『四書反身錄』「中庸」, 『二曲集』 권30)

고염무는 「곡장호암선생哭張蒿庵先生」에서 이렇게 말했다.

> 이때부터 산동에서 '삼례'에 대해 물었으니, 정현의 가법은 결국 누구에게 전해졌는가?
> 從此山東問三禮, 康成家法竟誰傳.(『蒿庵集』, 196쪽)

『사고전서총목』 「별집류존목別集類存目·8」에서는 『호암집』에 관해, "장이기張爾岐가 전문적인 명가가 된 것은 정현의 학문을 궁구했기 때문"[*]이라고 했다. 장이기는 '정현의 가법'을 고수하여 '정씨학'으로 '전문적인 명가'가 되었지만 또한 정·주 이학을 공부하여 심성에 대해 즐겨 이야기했으니, 이학의 언어 환경에서 결코 벗어나지 못했다. 고염무와 장이기가 주고받은 편지(張爾岐의 「答顧亭林書」, 『蒿庵集』 권1 참조)

와 앞서 언급한 바 있는 이옹이 고염무에게 보낸 편지, 그리고 황종희와 진확, 장이기 등의 문집을 보면 당시 학술적 분기점에 내재된 긴장을 느낄 수 있다. 황종희는 당시의 선택에 대해 이렇게 설명했다.

> 당시 나는 『십삼경주소』를 읽으면서 명물과 상수에 대해 고심하고 있었는데 강호江浩(?~?, 자는 도암道闇)는 그게 시급하지 않다고 여기고, "『이아』에 주석을 단 사람은 틀림없이 공명정대한 사람이 아닐 것"이라고 했다. 오직 인암선사仁菴禪師**만이 나와 뜻을 같이했다.
> 余時讀十三經注疏, 刻意於名物象數, 江道闇以爲不急, 曰: 注爾雅者必非磊落人. 獨仁菴與余同志.(「張仁菴先生墓誌銘」, 『黃宗羲全集』 제10책, 444쪽)

물론 더 큰 시야에서 보면 학술화 취향과 도덕적 실천을 견지하는 전통적 유학자의 역할 담당이 나뉘게 된 데는 연원이 있으며, 그것들은 역사의 기회와 인연을 빌려서 사대부의 문화적 성질을 심각하게 변화시킬 준비를 하고 있었다. 하지만 그런 상황은 여전히 지나치게 목적화된 서술에 비해 훨씬 더 복잡했으며, 그 후과도 간단히 논단하기 쉽지 않다.

앞에서 이미 언급했듯이 명·청 교체기 유민 학자들의 학술은 '연종淵綜'과 '회통'을 중시했으며, 학술과 인생에서 넓고 큰 경지를 추구했다. 그들은 학문을 통해서 세상을 경영하고, 사업의 공적을 세우고, 후세의 왕자王者를 기다리면서 "외딴 곳에 치우쳐 협소하고 비루한僻固狹

---

* 원주: "爾岐之專門名家究在鄭氏學也."(『蒿庵集』, 193쪽)
** 장기연張岐然(?~?)은 자가 수초秀初이고, 출가한 후의 법호가 인암선사仁菴禪師다. 저작으로 『춘추사가오전평문春秋四家五傳平文』이 있다.

陋"것이나 '진부한腐' 것, 자신의 마음을 닫고 보잘것없이 잔존하는 것만을 고수하는 어린애 같은 선비, 천지가 무너져도 "나와는 상관없는 일"이라고 치부하는 이른바 '도학' 같은 것들을 비천하게 여겼다. 백성과 일체의 사물을 사랑하는 유학자의 마음과 백성을 재난으로부터 구제하려는 사명을 자임하는 자세야말로 유민 학술의 내재적 생명이 되어 그들의 학술 속에서 밝게 빛나는 인격적 매력이 되었다. 황종희는 이렇게 말했다.

> 그러므로 '사서'를 풀이하려고 했던 선배 유학자들은 반드시 심성을 강령으로 삼아 깜깜한 어둠을 분석해놓아서 조목에 알 수 없는 부분이 없어졌다. 『서산독서기』와 『북계자의』 같은 것들이 이런 책이다. 그러나 학자의 공부가 심각한 곳에 이르지 못하고 그저 자의만을 분석해 설명한다면 말이 유창하고 매끄럽다 해도 결국 부질없는 것이라 결코 강물의 원류에서 마음껏 박수 치며 노래할 수 없다.
> 故先儒欲解四書者, 必以心性爲綱領, 頑陰解剝, 則條目無瀚霧矣. 西山讀書記北溪字義之類是也. 然學者工夫未到沉痛, 只在字義上分疏, 炙轂淋漓, 總屬恍惚, 決不能於江漢源頭酣歌鼓掌耳.(「陳叔大四書述序」, 『黃宗羲全集』 제10책, 42쪽)

황종희는 심성에 대한 학문이 학술의 의의에 대한 원천을 제공한다며 학술적 경지와 생명의 경지를 합치시켰다. "강물의 원류에서 마음껏 박수 치며 노래하는"식의 정신적 분발과 감정적 도취는 분명히 이후의 건륭, 가경 연간의 학자들로서는 체험하기 어려운 것이었을 터이다. 후세의 학자들로 하여금 탄복하게 만든 유민 학술의 매력은 분명히 유민의 인격과 관련이 있다. 유민 학자와 그의 '학술'의 이러한 연계는 그 학술의 품격을 어느 정도 규정했다. 고염무와 왕부지, 황종희 같은 유민 학자들은 학문을 연구할 때에도 '대의에 참여'하는 것과 마찬가지로 "모두가 숙연한 마음으로 임했으니" 여기에서 더욱 '유학자의 기상', 즉 도와 학에 대한 명대 유학자들의 어떤 장엄성을 느낄 수 있다. 유학자이면서 학자이고, 성도聖徒이면서 사상가라는 이중의 신분은 그들이 학술에서 덕성을 존중하고尊德性, 도를 묻고問道學, 의리에 대한 열정과 지식론知識論을 통일한 이유를 설명해준다. 어쩌면 그들은 중국 고대사에서 이와 같은 품성을 부여받은 마지막 세대의 학자라고도 할 수 있겠다.

청 중엽에서 청말까지 이러한 경지는 줄곧 학자들이 앙모하던 바였다. 전조망은 고염무가 추구한 경세학에는 더욱 순수한 유학자의 기상이 담겨 있어서 영가永嘉(145)나 영강永康(167) 연간의 학문이 비견할 수 있는 바가 아니라고 했다.(「亭林先生神道表」, 『鮚埼亭集』 권12) 첸무는 "종족宗族을 잊지 않고 세상을 경영할 뜻을 지니는 모든 것이 그가 확실히 고국의 유민이 되게 해주었으며 건륭, 가경 연간의 학문에 비해 정기가 훨씬 높았다"*고 했다.[18] '청'나라가 '명'나라를 대신했지만 그와 동시에 문화가 '격변'하는 것은 불가능했다. 갑신년(1644)과 을유년(1645) 사이에 한 왕조가 끝났음에도 그 즉시 어떤 문화적 과정이 단절되지는 않았다. '명'나라가 '청'나라에서도 연속적으로 이어진 현상을 볼 수 있는 것이다. 다만 이러한 계승과 계발 과정에서 '명대 사람의 면모'를 잃지 않았기 때문에 명·청 교체기 학술의 특수한 기상이

---

* 원주: "不忘種姓, 有志經世, 皆確乎成其故國之遺老, 與乾嘉之學, 精氣敻絶焉."(『中國近三百年學術史』 「自序」)

조성되었고, 이것은 이후의 학술사에서 다시 나타날 수 없는 현상이었다. 이 점에서 전조망이 병폐로 여겼던 당인黨人 및 문인의 습성이 황종희에게서 모두 없어지지는 않았다는 사실 또한 다른 관점에서 평가할 수 있다. 후세의 관점에서 보면 그와 그 학술의 매력은 어쩌면 그 '다하지 못한未盡'데 있을 수 있다.

명·청 교체기에 처한 유학 학자들에게도 학술 부흥의 신념과 그 사이에서 자신이 차지하는 위치에 대한 자신감이 결핍된 것은 결코 아니었다. 황종희는 진지문陳之問(?~?, 자는 영승升升, 호는 간재簡齋)의 말을 인용하여 이렇게 썼다.

> 병폐가 생겨난 곳이 바로 구제가 시작되는 곳인데, 그것을 깎아내면 점점 쇠퇴하고, 회복시키면 점점 번창한다. 내 학문은 하루도 끊어진 적이 없다.
> 敝之所生, 救之所始也, 剝之寢微, 復之寢昌也, 吾學蓋未嘗一日而絶也.(「陳令升先生傳」, 『黃宗羲全集』 제10책, 585쪽)

『주역』에 대한 연구 또한 이 시점에서 학술의 재건을 위한 낙관적 신념을 고무했다. 황종희는 『맹자사설孟子師說』의 말미에서 "다음 세대를 이을 이는 누구인가?孰爲貞下之元乎"라고 물었다. 즉 주돈이와 이정二程, 주희, 육구연, 왕수인, 유종주를 계승할 위대한 유학자는 누구냐는 것인데, 그 질문에는 은근한 기대의 심정이 드러나 있다. 유학의 부흥에 대한 큰 기대를 갖고 세대의 변천에도 그 신념을 잃지 않았던 것을 보면 문화라는 위대한 생명에 관심을 기울이는 유학자의 심정을 알 수 있다. 고염무는 자신의 『일지록』이 반드시 후세에 전해질 것이라고 했고,* 또 다른 편지에서는 "반드시 후세에 전해지리라고는 감히 자신하지 못하지만 근대 200년 동안 이런 책은 없었다는 것은 확실히 믿을 만한 일"***이니, "살아서는 비록 우둔했지만, 죽은 뒤에 분명히 약간의 명성이 남을 것임을 스스로 안다"***고 했다. 황종희도 "평생의 저술이 반드시 모두 후세에 전해지지는 않겠지만, 스스로 생각하기에도 옛날의 저명한 학자에 비해 뒤지지 않는다"****고 했다. 학술의 계승과 계발은 학자의 운명과 대단히 밀접한 관련이 있다. 그야말로 "뒤에서 앞을 보면" 앞서 언급한 위대한 유민들은 그다지 크게 쓸쓸한 것도 아니었다. 그들은 죽은 후 학술사에서 계속 '발견'될 뿐만 아니라 생전에도 이미 명성을 날려 자신이 살아 있을 때나 죽은 후에 학술사에서 차지할 지위를 충분히 자각하고 있었다. 거시적 관점에서 명·청 교체기의 학자들을 살펴보면 그들과 그들 전후 세대의 학자들 사이에 생동적인 호응이 이루어지고 있음을 알 수 있는데, '유민 학술'도 바로 이 호응 속에서 그 의의를 획득한다.

여기서 필자가 당시 유민 학술의 전모를 서술하고 유민 학자와 동시대 학자들 사이의 상호 영향, 그리고 광범한 연계를 포함하도록 유민 학술의 면모를 구성하는 각종 관계를 규정짓는다면 이는 필자의 역량의 범위를 훨씬 넘어서는 일이다. 안원의 경우만 하더라도 당시 유민과 교류하며 학술적으로 연계함으로써 이른바 그와 이공李塨으로 대표되는 '안이학顔李學'의 기본 상황을 구성하는 데 영향을 받았다.[19]

거듭 이야기하듯이 명대 학술은 창의성이 부족했지만, 결국 명대 학술—그리고 명대 이전의 학술—은 명·청 교체기의 학술 상황과 학자

---

* 원주: "自信其書之必傳."(「與楊雪臣」『顧亭林詩文集』, 139쪽)

** 원주: "雖未敢必其垂後, 而近代二百年來未有此書, 則確乎可信也."(「與人劄」, 같은 책, 244쪽)

*** 원주: "生平雖復鈍拙, 自知身後必有微名."(「與李紫瀾」, 같은 책, 199쪽)

**** 원주: "一生著述未必盡傳, 自料亦不下古之名家."(「與萬承勳書」『黃宗羲全集』 제11책, 84쪽)

들의 기상이 나타날 수 있도록 준비했다. 당시의 많은 위대한 학자가 학술적 경지와 인생의 경지를 합치한 것은 '옛 명나라'의 학술적·문화적 분위기와 활발한 언론 환경을 통해서 이해해야 한다. 그들이 명대 학술에 대해 비판한 것도 명 중엽 이후의 역사적 흐름과 문화적 변천 속에서 잉태되어 성숙한 결과였다. 명·청 교체기 학자들은 또렷하면서도 깊이 있는 '명대 학술 비판'으로 하나의 학술 시기를 마무리 지음과 동시에 명대 학술이 비판을 통해 청대 학술 속에서 '살아갈' 수 있도록 해주었다. 설령 비판자 자신이 여전히 그가 비판하는 시기와 그 시기의 시각에서 완전히 벗어나지는 못한다 할지라도 비판은 삶을, 그리고 새로운 기회의 시작을 촉진한다. 또한 이렇게 되어야만 비로소 진정한 '계승과 계발'이라고 칭할 수 있다.

건륭 시기에 이미 전조망은 청대 사람들이 유민 학자들을 단편화斷片化시키고 있음을 개탄하면서, 고염무의 글을 읽는 이들은 많지만 "그 위대한 절조를 말할 수 있는 사람은 이미 드물어졌다"*고 했다. 하지만 명나라 유민 현상의 더 지속적인 가치를 제시한 것은 바로 청대의 학술이었다고 해도 무방하다. 역사의 기억으로서 '절의節義'는 확실히 쉽게 닳아 없어지는 경향이 있으니, 이는 유민을 칭송하는 이들로서도 어찌 할 수 없는 사실이다. 명 유민의 '질량'은 확실히 고염무와 왕부지, 황종희, 방이지, 만사동 등 저명한 학자들을 표지로 삼는다. 이 학자들은 바로 명대—저 "학술이 황량하고 누추했던" 시대—의 학술이 지니고 있던 생명력을 보여주었다. 지금까지 서술한 것과 같은 유민들의 생동적인 학술적·문화적 창조를 통해 우리는 "부단한 생성과 사멸方死方生"이라는 생명의 세계를 목도할 수 있었다. 이와 관련된 또 하

---

* 원주: "而能言其大節者已罕有."(「亭林先生神道表」)

나의 두드러진 사실은 비록 한때 사대부들의 글에서 종종 '성쇠'에 대한 감개무량한 탄식이 발견되더라도, 왕조 교체가 결코 문화적 황량함을 조성하지는 않았다는 것이다. 이러한 '당시'와 '후세'를 통해서도 유민의 '고독하지 않음'이 증명되었으니, 그들은 그 시대 및 '역사'와 풍부하고 다방면에 걸친 연관을 맺고 있었다. 학술사에 단절과 지속이 있고, 왕조 교체기에 계승과 계발이 있었던 것은 예로부터 모두 그러했다. 그렇지만 명·청 교체기 유민들이 거기에 속한 위대한 학자와 그 학자들의 웅장하고 두터운 학술 실력으로 '새 왕조興朝'의 학술 기풍을 열고, 이를 통해 학술과 문화의 계승 및 계발을 실현한 것은 어쨌든 유례가 드문 현상이었다. 유민은 '고국'을 자신의 경계로 삼았으나 그의 생존 의의는 오히려 새로운 왕조를 통해 증명되었으니, 이 또한 '유민 운명'이 지닌 더욱 희극적인 측면이 아니겠는가!

2절

경학

'경학'은 몹시 중대하고 전문적인 테마라서 학식이 천박한 사람으로서는 함부로 언급할 수 없기 때문에, 여기서는 다만 '학술 전환'과 관련된 약간의 맥락만을 제공하고자 한다.

피석서皮錫瑞[*]는 "경학이 명나라에 이르러 지극한 쇠퇴의 시대가 되었지만" "쇠퇴가 극에 이르면 다시 회복되어 시운이 순환"하는지라 청대에 이르러 "경학이 번창하여 다시 성세를 이룸으로서 신속하게 옛 모습으로 돌아갔다"[**]고 하며 쇠퇴가 극에 달했다가 다시 흥성하게 된 때는 바로 명·청 교체기였다고 주장했다. 육세의는 당시의 학술 분위기를 이렇게 서술했다.

근래에 과거시험을 치러 급제하려는 이들은 모두 빨리 급제하는

---

[*] 피석서(1850~1908)는 호남湖南 선화善化(지금의 창사長沙) 사람으로 자가 녹문鹿門 또는 녹운麓雲이고 호가 사복선생師伏先生이다. 거인 출신인 그는 세 차례 회시會試에 고배를 마신 뒤로 강학과 저술에만 전념했다. 주요 저작으로『상서대전소증尙書大傳疏證』『사복당총서師伏堂叢書』『사복당필기師伏堂筆記』『사복당일기師伏堂日記』등이 있다.

[**] 원주: "剝極生復, 貞下起元 (…) 經學昌明, 乃再盛而駸駸復古."(『經學歷史』, 290쪽)

것만 중시한다. 그래서 한때 말단 학자들이 옛날에 배운 것을 잃어버리고 사서의 해설에만 골몰하니 뜻 있는 사람이 나와 옛 학문을 힘껏 존중한 덕분에 천하에 다시 아름다운 전적이 있게 되었다. 하지만 길거리의 하찮은 유학자들 가운데 경전과 역사에 통달하지 못한 이들은 무리를 지어 함께 그것을 비웃는다.

自近世科名之士咸貴捷得, 而一時末學, 放失舊聞, 汩乎篇章, 於是有志者出, 力尊古學, 而天下復知有典籍之美, 閭巷小儒有不通經史者, 則衆共哂之.(「古今文選要序」, 『桴亭先生遺書』 권3)

명·청 교체기에 경학이 '다시 흥성'한 것은 당연히 축적된 경험 때문이었다. 왕부지는 천계, 숭정 이래로 "경전을 궁구하여 궁극적인 취지를 이해한 이들이 간혹 나왔다"[*]고 했다. 더 넓은 관점에서 보면 이 무렵에 경학이 다시 흥성한 조건은 바로 '지극한 쇠퇴의 시대'인 명대였다.

명·청 교체기에 일어난 학술적 성격을 띤 결사들 가운데 '강경講經'을 내세운 것들은 더욱 주목을 끌었으니, 대표적인 예가 바로 황종희가 기록으로 남긴 명·청 교체기 용상 지역에서 성립된 '강경회'였다. 황종희에 따르면 제생 신분인 진적충陳赤衷[**]이 창립했는데, "10년도 되지 않아 절강과 하동 지역에서 일제히 유행하여 경전을 이해하고 옛것을 배우게 했다."[***] 이업사李鄴嗣는 당시 용상 지역의 모습에 대해 이렇게 기록했다.

---

[*] 원주: "窮經得歸趣者間出焉."(「夕堂永日緖論外編·52」 『船山全書』 제15책, 869쪽)

[**] 진적충(1627~1687)은 자가 기헌耆獻이고 호가 환촌環村으로 황종희의 제자다. 용상甬上에서 증인서원證人書院을 설립하여 강학에 힘썼던 그의 저작으로는 『환촌집環村集』이 있다.

[***] 원주: "不及十年而能轉浙河東黃茅白葦之風, 槪使之通經學古."(「陳耆獻五十壽序」 『黃宗羲全集』 제10책, 662쪽)

오경을 강론하는 모임은 매달 두 차례 열렸는데, 미리 어느 집에서 모이자고 약속하고 이날 아침 일찍 그곳으로 가서 옷자락을 치켜들고 대청으로 들어가 각자 경서를 들고 차례대로 자리에 앉는다. 먼저 강론할 부분을 암송한 뒤에 강론을 담당하는 이가 머리를 들고 논의하면 자리에 있던 이들이 각자 여러 학자의 같은 의견과 다른 의견을 들어 변론하고 분석하여 개중에 타당한 것을 찾기 위해 힘쓴다.

講五經之會, 一月再集. 先期於某家, 是日晨而往, 摳衣登堂, 各執經以次造席. 先取所講覆誦畢, 司講者抗首而論, 坐上各取諸家同異相辯折, 務擇所安.(「送范國雯北行序」, 『杲堂詩文集』, 445쪽)

장이기도 이렇게 썼다.

학업이 초보이거나 노숙하거나 따지지 않고, 경력의 크고 작음에 한계를 두지 않은 채 무리를 나누어 공부했으며, 매달 돌아가며 해설하니 이해가 더 깊었다.

業不計其生熟, 經不限乎大小, 分曹而治, 計月爲程, 循環紬繹, 浸灌優遊.(『蒿庵集』 권3, 142~143쪽)

이와 같은 결사들은 의심할 바 없이 경학의 부흥에 도움이 되었다. 기나긴 축적과 배양을 거친 뒤에 한때 식견 있는 이들 가운데는 논지가 서로 들어맞거나 사고방식이 통하는 경우가 종종 있었다. 앞서 언급했듯이 '일관론'이나 '한 선생의 언론'에 대해 의문을 제기한 것이 바로 그런 예에 해당된다. 경학과 관련된 것으로는 고염무가 '경학이 곧 이학'이라고 제기한 점을 들 수 있는데, 그와 전혀 교유가 없었던 방이지 역시 "경학 속에 이학을 담는다藏理學於經學"라는 주장을 펼쳤다.[20] 이 책에서 논의하고 있는 이 시기에 이르면 '옛 학문古學'을 부흥하는 것은 이미 일부 학자들의 공통된 요구사항이었다. '옛 학문'을 부흥하자는 주장이 명말에 처음 나온 것은 아니지만 그 '계기'는 이른바 "왕의 기강이 풀어진王綱解紐" 이 시기에서야 결국 나타났다. 물론 부흥하고자 하는 '옛것'은 사람에 따라 다를 수밖에 없었다. 진확과 안원, 고염무와 황종희가 '부흥'시키고자 했던 것은 똑같은 '옛 학문'이 아니었다. 이에 대해 전겸익은 이렇게 썼다.

> 군자는 상도常道를 회복시킬 따름이다. 진실로 사람의 마음을 바로잡으려면 반드시 상도를 회복하는 데서 시작해야 하며, 진실로 상도를 회복시키려면 반드시 경학을 바로잡는 데서 시작해야 한다.
> 君子反經而已矣. 誠欲正人心, 必自反經始, 誠欲反經, 必自正經學始.(「新刻十三經注疏序」, 『牧齋初學集』 권28, 851쪽)

'상도를 회복시킨다反經'라는 말은 『맹자』 「진심盡心 하」에 있는 다음 구절에서 비롯되었다.

> 군자는 상도常道를 회복시킬 따름이다. 상도가 바로잡히면 서민이 (착한 일에) 일어나고, 서민이 일어나면 사특한 짓이 없어진다.
> 君子反經而已矣, 經正則庶民興, 庶民興斯無邪匿矣.

전겸익은 이 글에서 상도로 돌아가는 것—즉 '반경反經'—과 '경전'으로 돌아가는 것—즉 "경학을 바로잡음正經學"—을 연계하여 경전의 원래 텍스트로 돌아가는 것도 상도로 돌아가는 것과 마찬가지라고 했다. '경학을 바로잡는' 구체적인 방향 역시 다양할 수밖에 없었다. 진확 등이 수신修身과 역행力行에 중점을 둔 것도 그들이 주장했던 원시유학의 정신으로 돌아가는 방법이었다.

'의심疑'과 '변별辨', '논증證'은 명·청 교체기 사대부들이 경학을 부흥시키기 위한 출발점이었다. 경전을 의심하고 잘못된 것을 증명하여 경전의 텍스트를 원래대로 복원하는 것이 곧 고대의 학술을 되돌리는 일이었으며, 그것은 바로 '경연에서 군주를 보좌하는 밑천經筵啓沃之資'으로 쓰이던 관방官方의 경학을 '학문'으로서의 경학으로 되돌리는 일이었다.

'의심'을 장려한 것은 정·주 이학이었고, 이는 명대에 이르러 더욱 유행했다. 이에 대해 진헌장陳獻章은 이렇게 말했다.

> 선배들이 말씀하시길 배움은 의심을 귀중하게 여기니, 조금 의심하면 조금 발전하고 많이 의심하면 많이 발전한다고 했다. 의심은 깨달을 수 있는 기회이며, 한 번 깨달을 때마다 한 번의 발전이 있다. 前輩謂學貴知疑, 小疑則小進, 大疑則大進. 疑者, 覺悟之機也. 一番覺悟, 一番長進.(「與張廷實主事·十二」, 『陳獻章集』 권2, 中華書局, 1987, 165쪽)

담약수湛若水도 "사람들로 하여금 의혹과 잡생각을 없애도록 유도해야 한다"고 주장하지만 "의심과 변별, 배움을 통해 깨닫는 것"이라고 했다.[*] 명·청 교체기에 이르러 유종주는 "반드시 큰 의심이 있고 나서야 큰 깨달음이 있다"[**]고 했고, 손기봉은 "의심은 깨달음으로 들어

---

[*] 원주: "主張導人去疑去思 (…) 由疑由辨由學而覺."(容肇祖, 『明代思想史』, 齊魯書社, 1992, 59쪽)

가는 문"***이라고 했으니, 이 모두가 방법으로서의 '의심'에 대한 자각에서 비롯된 말들이다. 황종희는 「학례질의서學禮質疑序」에서 만사대萬斯大****의 '질의'를 통해 자신은 "수많은 의심이 가슴을 메우고 있다"*****고 했고, 또 '의심'으로 '깊은 믿음'을 추구하며 "저 생각 없이 가볍게 믿어버리는 이들은 믿을 수 없으니 의심할 수도 없다"******고 하여 '의심'의 방법론적 의의를 더욱 명확히 지적했다.[21] 주학령도 경학의 흥망성쇠를 이야기하면서 "믿음은 변별에서 생기고, 변별은 의심에서 생기며, 의심은 한결같지 않은 말에서 생김"*******을 강조했다. 심지어 방이지는 "세상은 온통 의심의 바다天地間一疑海也"라고 하면서 '잘 의심하는 것善疑'을 강조했다.

잘 의심하는 사람은 남들이 의심하는 바가 아니라 남들이 의심하지 않는 것을 의심한다. 천하를 잘 의심하는 사람은 그가 의심하는 바를 의심하지 않는 것으로 해결한다. (…) 새로운 것도 옛것도 의심할 수 있고, 험한 것도 평이한 것도 의심할 수 있다.

善疑者, 不疑人之所疑, 而疑人之所不疑. 善疑天下者, 其所疑決之以不疑 (…) 新可疑, 舊亦可疑, 險可疑, 平更可疑.(『東西均』「疑何

** 원주: "必有大疑, 後有大悟."(「答葉潤山民部」『劉子全書』 권19)

*** 원주: "疑者悟之門."(「答王五修」『夏峯先生集』 권2)

**** 만사대(1633~1683)는 절강 은현(지금의 닝보 인저우 구) 사람으로 자가 충종充宗 또는 갈부褐夫이고 호가 파옹跛翁이다. 아우 만사동萬斯同과 함께 황종희의 제자인 그는 벼슬길에 뜻을 접고 경학에 전념하여 『종법宗法』『학례질의學禮質疑』『학례우전學禮偶箋』『의례상儀禮商』『주관변비周官辨非』『학춘추수필學春秋隨筆』 등의 저작을 남겼다.

***** 원주: "群疑塡膈."(『黃宗羲全集』 제10책)

****** 원주: "彼泛然而輕信之者, 非夫能信也, 乃是不能疑也."(「答董吳仲論學書」『黃宗羲全集』 제10책, 141쪽)

******* 원주: "信生於辨, 辨生於疑, 疑生於不一說."(「寄徐太史健庵論經學書」『愚庵小集』 권10, 487~488쪽)

疑」, 135쪽)

물론 의심에도 여러 종류가 있다. 황종희는 이렇게 지적했다.

과거시험을 위한 학문이 흥성하면서 한 선생의 언론이 표준이 되
더니 자잘한 것을 찾아내 설명하면서 의심할 필요가 없는 것을
의심하고 커다란 법도는 오히려 방치한 채 언급하지 않는다.
自科擧之學興, 以一先生之言爲標準, 毫杪摘抉, 於其所不必疑者而
疑之, 而大經大法, 反置之而不道.(「萬充宗墓誌銘」, 『黃宗羲全集』 제
10책, 405쪽)

화제가 '경학을 바로잡는' 구체적인 길에 미치면 조정에서 법령으로
규정한 전傳과 주注 같은 해설들이 즉시 도전을 받게 된다. 경전經을 믿
을 것인지 해설傳을 믿을 것인지에 대해 황종희는 만사대萬斯大의 말을
인용하여 이렇게 썼다.

여러 경전에 통달하지 않으면 하나의 경전을 이해할 수 없고, 해
설의 잘못을 깨닫지 못하면 경전을 이해할 수 없으며, 경전으로
경전을 해석하는 게 아니라면 해설의 잘못을 깨달을 방법이 없다.
非通諸經, 不能通一經, 非悟傳注之失, 則不能通經, 非以經釋經,
則亦無由悟傳注之失.(「萬充宗墓誌銘」)

여기서 이미 청대 학술의 법도를 뚜렷이 볼 수 있다.[22] 즉 '해설을
신봉'하는 데도 '한漢'나라의 것을 신봉하느냐 '송'나라의 것을 신봉
하느냐는 다르다. 청대 학술에서 시선을 끄는 '한-송'의 분쟁이 이미

여기서부터 진행되고 있었던 것이다. 주학령은 이렇게 썼다.

송나라의 유학자들은 참으로 전해지지 않은 학문을 얻었다. 명물
에 대한 주해나 사류에 대한 훈고는 반드시 근고의 것을 진짜라
고 여겼다. 지금도 오로지 4대 유학자를 조종으로 부르며 신봉하
면서 공안국과 모공, 마융, 정현 등 십여 분의 위패를 모두 없애버
렸으니, 경전에 능통하여 실제에 적용할 수 있는 인물이 세상에
드물다는 게 어찌 이상한 일이겠는가!
宋儒詮理, 誠得不傳之學, 若夫箋解名物, 訓詁事類, 必以近古者爲
得其眞. 今也專奉四大儒爲祖稱, 而孔毛馬鄭十數公, 盡擧而祧毁
之, 何怪乎通經致用者之世罕其人乎.(「寄徐太史健庵論經學書」)

주이존은 엄계륭嚴啓隆(?~?, 자는 이태爾泰)이 『춘추전주春秋傳注』를 편
찬한 데 대해 이렇게 썼다.

(그는) 호안국胡安國(1074~1138, 자는 강후康侯, 시호는 문정文定)의
해설이 잘못되었다고 여기면서도 감히 그 오류를 모두 바로잡지
못했는데 전겸익 상서께서 받아 보시고 고쳐 쓰라고 권하니, 이에
옛날 원고를 다듬어 그것을 완성했다. 그 말을 풀어서 요혈에 침
을 놓아 불치병을 고치기를 바란다.
以胡氏爲非, 不敢盡糾其繆. 錢尙書受之, 勸其改作, 乃復點竄舊稿
成之. 繹其辭, 庶幾針膏盲而起廢疾矣.(「嚴氏春秋傳注跋」, 『曝書亭集』
권42, 517쪽)

황종희는 아예 호안국의 해설을 의심할 수 있어야 "비로소 『춘추』

에 대해 더불어 이야기할 수 있다"*고 했으니, 여기서 의심한 것은 아직 '해설傳'이었다. 이보다 더 엄격한 의미를 지닌 것은 당연히 '경전' 자체를 의심하는 것이었다. 황종희는 만사대가 경전을 의심한 부분을 언급하면서 "『주관周官』을 위서라고 여긴 이들은 이전의 유학자들 가운데도 많았지만" 만사대처럼 "그것을 입증할 명확한 증거를 얻는 이는 아직 없었다"고 했고,** 또 『고문상서』와 『주례』에 대한 의혹을 이야기하면서 만사대가 찾아낸 뚜렷한 증거를 모두 이전 사람들에게 보여주지 못하는 것이 안타깝다고 했다. 염약거의 『상서고문소증尙書古文疏證』에 대한 서문에서는 황종희도 『고문상서』가 위서라는 증거를 제시했고(『孟子師說』,『黃宗羲全集』 제1책, 53쪽 및 159쪽 참조), 『주례』를 근거로 『맹자』에서 '뒤집은倒置' 부분을 의심하기도 했으니(같은 책, 55쪽 및 129쪽 참조), 확실히 그도 이미 경전을 의심하고 진위를 변별하려는 청나라 초기의 분위기 안에 있었음을 알 수 있다. '의심'을 올바르다고 여기고 '경전을 의심하는' 것을 진정한 학술 행위로 간주하며, '의심'하여 잘못을 바로잡고 진위를 증명하는 결과를 이루어 낸 것은 왕조 교체기에 유민을 포괄한 일단의 학자들이 공동으로 노력한 덕분이었다. 학술사에서 칭송받는 청대 학술의 규모와 기상은 확실히 이렇게 진위를 논증하고 고찰하여 변증하는 가운데서 은은히 나타나기 시작했다.

경전에 대한 이와 같은 고증과 변증을 통해 경학 규범의 재건이 실현되었다. 황종희가 만사대가 경학을 연구한 것을 두고 "각 경전에 두루 능통하여 빠진 것을 증명하고 모자란 것을 모아, (…) 정삭正朔을 받들어 비정통적인 윤위閏位를 비판하니, 온갖 해설들은 견고한 성城이

---

* 원주: "始可與言春秋."(「陳同亮刻胡傳序」,『黃宗羲全集』 제10책, 81쪽)
** 원주: "僞周官者先儒多有之 (…) 然未有得其左證明顯."(「答萬充宗質疑書」,『黃宗羲全集』 제10책, 187쪽)

없어져버렸다"**고 하는 등등의 예는 바로 그의 학술에 대해 방법론적으로 긍정한 것이었다. 고염무가 "구경九經을 읽는 것은 문장을 고증하는 데서 시작하고, 문장을 고증하는 것은 음音을 아는 데서 시작한다"**고 한 것도 청대의 학자들이 여러 차례 인용한 논거가 되었다. 그는 또 이렇게 주장했다.

> 온 천하의 책들이 모두 『주역』을 해설할 수 있지만, 『주역』을 해설한 온 천하의 책들이 주역의 뜻을 다 설명할 수는 없다.
> 盡天下之書皆可以注易, 而盡天下注易之書, 不能以盡易.(「與友人論易書」, 『顧亭林詩文集』, 42쪽)

이것은 경전을 이해하는 길은 넓어야 하고 여러 학설들도 나름의 존재의 가치가 있다는 주장이라고 할 수 있다. 황종희도 장구에 연연하는 하찮은 학자들이 "단지 자의만을 분석하여 해설하는只在字義上分疏" 외길을 걷는 것을 마땅치 않게 생각했으니, 여기서도 명대 유학자들의 면모를 목도할 수 있다.

'의심'이 학술 정신으로 형성된 것도 명대의 언론 환경 덕분이었다. 이는 한 편으로 신앙주의 내지 준準 종교적 태도였지만 다른 한 편으로는 역으로 이설을 세우고, 거꾸로 사유하고, (특히 역사 평론에서) 결론을 뒤집도록 고무했다. 명대 사람들이 경전을 의심한 것은 설령 엄격한 학술적 고증과 변증에 기반을 두지 않았다 하더라도 역시 명·청 교체기에 경전을 의심하고 진위를 변증하는 기풍이 나타나도록 하기 위

---

* 원주: "會通各經, 證墜緝缺 (…) 奉正朔以批閏位, 百注遂無堅城."(「萬充宗墓誌銘」『黃宗義全集』제10책, 406쪽)
** 원주: "讀九經自考文始, 考文自知音始."(「答李子德書」『顧亭林詩文集』, 73쪽)

한 복선으로 간주할 수 있다. 특히 어떤 학술적 태도와 방법론을 형성했다는 의미에서 그러하다. 이런 점에서 명나라 때 사대부 기풍이 확장되고 학술의 규범이 소실된 것이 사대부들에게는 확실히 어떤 '해방'의 의미가 있었다고 보인다. '깊은 사유를 통한 깨달음深維自得'을 중시했던 것도 자신을 존중하고 독자적인 견해를 내세운 그 자신감에서 비롯되었다. 황종희는 진확의 학술이 이 점을 발휘했다는 점을 지적하면서 이렇게 설명했다.

> 진확은 층층이 쌓인 『대학』에 대한 학문들이 공자에게서 나온 것이 아니라 학자들이 떠들어대는 것이라고 했는데, 왕안석도 이미 이런 말을 했다는 것은 몰랐다. 옛사람들이 힘써 행하여 높은 경지에 오른 것은 자기 마음을 스스로 믿어서 여기저기 구걸할 필요가 없었기에 무슨 『도』나 『서』 같은 것을 괴이한 망언으로 간주하고 『대학』을 별전으로 여겼기 때문이고, 말이 지나치더라도 문제로 여기지 않았으니, 남의 의견을 표절하여 학설을 만들어 내는 이들과는 거리가 멀었다.
> 乾初以大學層累之學, 不出於孔子, 爲學者所譁, 不知慈湖已有是言. 古人力行所至, 自信其心, 不須沿門乞火, 卽以圖書爲怪妄, 大學爲別傳, 言之過當, 亦不相妨, 與剿襲成說者相去遠矣.(『思舊錄』「陳確」, 『黃宗羲全集』 제1책, 391쪽)

이와 관련된 사고방식은 또 명·청 교체기 학자들이 '일괄론'과 '한 선생의 언론'을 비판했음과 상통한다. 육세의는 "세상 유학자들이 경전을 지나치게 존중하는" 것을 비판하면서 이렇게 말했다.

『서경』과 『춘추』는 후세의 역사다. (…) 『시경』은 후세의 시이고
『예기』는 삼대의 전례다. 후세의 제왕이 대대로 일어나서 각 조대
마다 제도를 만들었으니 전례는 없었던 적이 없다. 그러므로 나는
오경 가운데 오직 『주역』만이 속작續作이 필요 없을 뿐이고 그 나
머지 『시경』과 『서경』 『예기』 『춘추』는 모두 반드시 속작이 있어야
한다고 생각한다. (…) (내가 『시감』과 『서감』을 쓴 것은) 그것으로 공
자의 『시경』과 『서경』에 담긴 뜻에 덧붙이고 싶었기 때문이다.

其若書與春秋, 卽後世之史也 (…) 詩卽後世之詩也, 禮則紀三代之
典禮. 後世帝王代起, 一代則有一代之制作, 禮未嘗無也. 故愚以爲
五經之中, 惟易在所不必續, 其余詩書禮春秋, 皆在所必續 (…) (『詩
鑑』 『書鑑』)以竊附於孔氏詩書之義.(『思辨錄輯要』 권4)

육세의만 하더라도 아직 스스로 옛것을 만들지 않고 결국 스스로
'경전'의 속작을 쓸 따름이었다. 이것은 신성화도 아니고 또한 청대 경
학의 준비 과정에 속한다고 할 수 있다.[23]

또 하나 사실대로 지적해야 할 사항은 경학이라는 구체적인 범위에
서도 건륭, 가경 연간의 경학이 고증학을 위주로 한 것이라고는 할 수
없고, 합목적적인 발생 과정으로서 서술해야 한다는 점이다. 황종희와
진확 등은 의리를 변별하여 분석하는 데 더 흥미가 있었다. 흥기하고
있던 고증학에 대해 개방적인 태도를 견지했던 황종희가 염약거의 『상
서고문소증』에 서문을 쓸 때 주의했던 것도 '위미정일危微精一'이라는
16글자로 된 진언眞言*이 '이학의 좀벌레理學之蠹'(『黃宗義全集』 제10책,

---

* 『상서』 「우서禹書」 「대우모大禹謨」의 "사람의 마음은 위태롭고, 도의 마음은 미묘하니, 오로지
정순하고 일관되게 그 중용을 잘 준수해야 한다人心惟危, 道心惟微, 惟精惟一, 允執厥中"라는
구절을 가리킨다.

61~62쪽)라는 것이었다. 전조망이 "경전에 대해 더욱 직언을 하는說經尤諤諤"(「子劉子祠堂配享碑」) 사람이라고 했던 진확이 『대학변大學辨』에서 한 일이란 고증학자들처럼 경전을 의심하는 것이 아니라 텍스트 분석을 통해 '경전' 자체에 대해 의심을 제기하는 일이었다. 이것은 만력 연간에 여곤呂坤이 『의례儀禮』를 비판했던 것과 비슷한 방향에 있지만, 그보다는 '경전'에 대한 문화적 비판에 가깝다고 봐야 할 것이다. 그는 이렇게 썼다.

> 『대학』과 『중용』은 순전히 경세제민에 대해 말하고 있는 책인데 세상에서 그 점을 살피지 못하고 이것들이 도에 대해 말한 글이라고 하니 참으로 말문이 막혀 헛웃음이 나올 만하다.
> 學庸二書, 純言經濟, 而世不察, 謂是言道之文, 眞可啞然一笑.(『陳確集』, 74쪽)

당시 고증을 통해 진위를 판별함에 대해 더 큰 불만을 가진 이들도 있었다. 황종희는 『상서고문소증』의 서문에서 주조영朱朝瑛의 다음과 같은 말을 기록했다.

> 이제까지의 강학하는 이들 가운데는 '위미정일'의 뜻을 원류까지 거슬러 올라간 이가 없었다. 「대우모」가 없었다면 이학은 끊어졌을 터인데, 이를 가짜로 만들 수 있겠는가?
> 從來講學者, 未有不溯源於危微精一之旨. 若無大禹謨, 則理學絶矣, 而可以僞之乎.(『黃宗羲全集』 제10책, 61쪽)

학술의 분기分岐가 이러한 경학이라는 모퉁이에서 일어났음을 또한

분명히 알 수 있게 하는 대목이다.[24] 그러나 명·청 교체기의 유민 학자
들이 '경전을 의심하는' 전대 학자들의 전통 및 그들의 경전에 대한 고
증과 변증을 계승하여 이후 200여 년 동안 이어질 경향의 길과 방향
을 열어놓았다는 것이야말로 그들의 '계승과 계발' 가운데 가장 중대
한 의의를 지니는 행위다. 여기서 우리는 그 시대의 또 다른 격정을 감
지할 수 있다. 무성히 피어나는 학술의 생명력은 왕조 교체기의 황량
하고 쇠락한 분위기에 점철되어 있었다.

유민의 경학에서 『예기』와 『주역』에 대한 학술은 더욱 '두드러진 학
술'이었다고 할 만하다. 당시의 경학은 확실히 이 두 분야 학술의 부흥
을 통해 역사적 상황과 직접적으로 연계되었다. 왕부지는 "오직 예만
이 어지러움을 종식시킬 수 있다唯禮可以已亂"*라는 안자晏子의 말을 인
용하며 "뜻이 깊도다!"** 하고 감탄했다. 앞서 언급한 바 있듯이, 명나
라의 멸망은 바로 종법宗法의 파괴라는 유서 깊고 엄중한 사실을 제시
했는데, 새 왕조에 협력하려 하지 않는 사대부들은 '예교'를 사명으로
삼아 종법과 화하문명을 존속시키고자 했기 때문에 유민들의 『예기』
에 대한 학술은 실천적 성격이 두드러졌다. 『예기』에 대한 유민들의 연
구 가운데 더욱 실천적 성격을 지닌 것은 '흉례'에 대한 연구였다. 황
종희는 진확에 대해 이렇게 썼다.

> 의례에 대한 논의는 더 정밀했는데, 그 마음이 편안하게 여기는
> 바를 따라 옛날의 예법을 변통했으며, 흉례의 경우에는 풍수가들
> 이 사람을 현혹시키는 것을 더욱 통한으로 여기며 천하의 이단이

---

* 정초鄭樵의 「안자전晏子傳」에 따르면 이것은 안영晏嬰(기원전 578~기원전 500)과 제나라 경공
景公 사이의 대화에 들어 있는 말이다.

** 원주: "旨深哉." (「耐園家訓跋」 『船山全書』 제15책, 140쪽)

일으킨 재앙이라고 여겼다.

議禮尤精, 從其心之所安者, 變通古禮, 而於凶禮, 尤痛地理惑人,

爲天下異端之禍.(「陳乾初先生墓誌銘」,『黃宗羲全集』제10책, 356쪽)

흉례에 대해 진확은 의례의 의미를 자세히 추론하여 '정서情-도리
理'의 관계를 짐작하고, "옛날을 따르되從古" 약간의 절충이 필요하다
고 했다. 즉 그는 습속과 '시대의 제도時制', '시대를 다스리는 왕의 제
도時王之制'를 주로 참조하여 민간의 병폐를 바로잡는 데 목표를 두었
으니 확실히 실천적인 유학자의 태도였다. 제6장 제5절에서 이미 언급
했듯이, 유민 학자가 흉례에 흥미를 가진 것은 그것이 『예기』에 대한
학술 체계 속에서 차지하는 구조적 지위 때문만은 아니었다. 다만 관
련된 배경과 행동 원인이 이후 『예기』에 대한 연구가 학술화되는 과정
에서 점점 인몰되어 드러나지 않게 되었을 따름이다.

'학술'로서 『예기』의 연구는 종종 직·간접적으로 왕조 정치에 봉사
했다. 유학자들이 새 왕조의 제도 건립에 종사한 행위는 거의 '유儒'
의 원시적 사명을 실행한 것이며, 유학자의 준準 직업적 행위였다.(陳寅
恪,「隋唐制度淵源略論稿」참조) 이와 같은 전통은 불가피하게 『예기』에 대
한 연구가 현실 정치로서의 성격을 강화할 수밖에 없도록 만들었다. 유
민들의 『예기』 연구에 담긴 '유민성'은 오히려 그것이 새 왕조의 정치에
봉사하기를 거절한 데서 나타난다. 왕부지는 심지어 "오랑캐와 도적에
게 도통道統을 팔아 훔치게 하는 자"를 가리켜 '변절한 유학자'라고 했
다.* 그러므로 바로 '유민'이라는 특수한 신분이 '학술'로서의 『예기』에
대한 연구를 새롭게 건립할 수 있도록 도와주었다고 볼 수 있다.

---

* 원주: "鬻道統於夷狄盜賊而使竊者 (…) 敗類之儒."(『讀通鑑論』권13, 480쪽)

유민들 가운데『예기』연구에 더욱 정통했던 이로는 장이기張爾岐(자는 직야稷若)와 만사대萬斯大(자는 충종充宗) 등이 있다. 고염무는 "유독 '삼례'에 정통하여 탁월한 경학의 스승이 되는 부분에서 나는 장이기보다 못하다"[*]고 했다. 장이기의『의례정주구두儀禮鄭注句讀』는 "정현의 주와 가공언賈公彦[**]의 소, 주희의 전석을 취하여 분명하게 변별하고 고증하여 그 잘못을 증명하고 구두를 나누었는데, 선후로 30년이 걸려서야 비로소 그 일을 마쳤다."[***] 고염무는 그의 책이 "이전 시대 유학자들에게 바탕을 두고 간결하고 타당한 주장을 세웠다"[****]고 평가했다.

왕홍찬王弘撰은『지재제발砥齋題跋』「서역경전후書易經傳後」에서 300년 동안『주역』연구들이 저지른 잘못을 이렇게 지적했다.

지금 서방書坊의 판각본들 가운데는 정이의『역전』을 버려두고 주희의『주역본의』만 홀로 나돌고 있는데, 온전한 책이 아닐 뿐만 아니라 또한 여조겸 판본이 아닌 정현 판본과 왕필 판본을 의거로 하여 주희의 옛 뜻까지 상실된 상태다. 나라에서 학궁에 반포하여 이것으로 선비를 선발하는데, 법령으로 시행되는데도 이처럼 소홀하고 오류가 많다. 하지만 300년이 지났는데도 결국 바로잡을 수 있는 이가 없었다.

今坊刻置易傳而以本義孤行, 旣非全書, 且又不依呂氏本而依鄭王本, 幷失朱子之舊矣. 國家頒於學宮, 以此取士, 若爲令甲, 而疏誤若

---

[*] 원주: "獨精三禮, 卓然經師, 吾不如張稷若."(「廣師」『顧亭林詩文集』, 134쪽)

[**] 가공언(?~?)은 당주唐州 영년永年(지금의 허베이 성 한단邯鄲 동북쪽) 사람이다. 태상박사太常博士까지 지냈던 그는『주례의소周禮義疏』『의례의소儀禮義疏』의 편찬을 주도했다.

[***] 원주: "取鄭注賈疏朱子箋釋, 辨晰考訂, 證其舛訛, 分其句讀, 前後三十年始竣其功."(李煥章, 「蒿庵集舊序」『蒿庵集』, 5쪽)

[****] 원주: "根本先儒, 立言簡當."(「答汪苕文書」『顧亭林詩文集』, 60쪽)

此, 歷三百年卒無有能正之者.(小石山房叢書)

육세의도 명대에는 내내 "『주역』으로 세상에 이름을 날린 이가 없었다"*고 했다. 그러나 학술적으로 준비가 불충분했다 해도 왕조 교체기에 『주역』에 대한 연구가 흥성하는 데는 방해가 되지 않았다. 유민들의 『주역』 연구 가운데 방이지의 경우는 더욱이 가학의 연원을 가지고 있고 '삼교三敎'를 두루 관통하는 특색이 있었다.(제6장 1절 참조) '역당易堂'은 위희와 팽사망, 구유병邱維屛 등이 난리를 피해 『주역』을 읽어서 지어진 이름인데, '아홉 선생九子' 가운데 "『주역』에 조예가 깊은邃於易" 인물은 구유병이었다. 또한 장이기는 『역경설략易經說略』을, 황종희는 『역학상수론易學象數論』을 지었다. 황종염黃宗炎은 "『주역』 강의에서 독자적으로 심오한 경지를 연"** 인물로 평가되었다. 이외에도 남방의 유민 가운데 『주역』을 연구한 이로는 전징지錢澄之와 오운吳雲*** 등이 있었다.

이렇듯 유민의 전기와 행장만 보더라도 『주역』을 연구한다는 것이 당시에 이미 표준적인 유민의 행위가 되어 있었음을 느낄 수 있다.[25] 『비전집보碑傳集補』 권36 「장반전張班傳」에서는 고무현高懋賢에 대해 이렇게 기록하고 있다.

한 달에 아홉 끼만 먹고도 굶주림을 참으며 『주역』을 강의했는데, 근심하거나 고생스러워하는 기색이 없었다.

---

* 원주: "以易名世者未之有."(「與陳言夏論易序」『論學酬答』 권1)

** 원주: "講易獨開奧奧."(『靜志居詩話』, 686쪽)

*** 오운(1623?~?)은 강서 안복安福(지금의 지안吉安 서부) 사람으로 자가 천문天門이고 호는 방옹肪翁이다. 명말 발공생拔貢生이었던 그는 명나라가 망한 후 출가하여 승려가 되었으며, 방이지와 친분이 깊었다고 한다. 저작으로 『천문역학연구天門易學硏究』『천문시문고天門詩文稿』가 있다.

三旬九食, 忍饑講易, 無憂悴之色.

『비전집』 권125 「손선생준성전孫先生駿聲傳」에서는 손준성에 대해 이렇게 기록했다.

친척집에서 사는데 주방의 밥 짓는 연기가 자주 끊어지자 승복을 입고 아이들을 가르쳤으며, 다시 동지들과 함께 모임을 결성하여 『주역』을 강독했다.
因所親而居, 廚煙屢斷, 因以緇衣訓蒙, 復與同志結社講易.

손기봉은 이리저리 떠도는 와중에 『주역』을 공부하게 되었다고 고백했다.

나는 늙었지만 『주역』을 배워 본 적이 없었다. 경인년(1650) 가을 하남의 소문에 도착하여 삼무도인三無道人 이봉李對과 함께 문소루에 살면서 비로소 구두를 익혔다.
予老矣, 未嘗學易. 庚寅之秋, 抵蘇門, 同居聞嘯樓, 始習句讀.(「與三無道人讀易」, 『夏峯先生集』 권10)

손기봉은 『독역대지讀易大旨』를 저술했다. 굴대균은 『주역』에 더욱 깊이 빠져 있어서 스스로 "눈에 보이는 가늘고 굵고, 크고 작고, 기묘하고 똑바르고, 네모나고 둥글고, 구부러지고 반듯한 모든 것이 『주역』이 아닌 것이 없다"*고 말할 정도였다.[26] 『주역』으로 『시경』을 해석하고 또

---

* 원주: "所見言之精粗大小奇正方圓曲直, 無非易者."(「六瑩堂詩集序」『翁山文外』 권2)

『시경』으로 『주역』을 설명하며, 『시경』과 『주역』을 근거로 역사와 인물에 대해 논했으니, 왕부지나 굴대균의 경우에는 어디에서나 『주역』의 흔적을 볼 수 있다. 왕부지는 굴대균보다 더 '『주역』적인 세계관'을 가진 인물이라고 할 수 있다.

"『주역』을 지은 이는 근심이 있었구나!" 이처럼 환난을 당해 『주역』을 읽는 것도 상례喪禮를 치를 때 『예기』를 읽는 것과 마찬가지로 유학자들이 서로 관련 있는 '학술學'과 '상황情境'의 관계를 설정한 예인데, 이러한 설정은 '읽는' 행위를 의식儀式에 가깝도록 만든다. 이 의식은 명나라가 망하기 전부터 이미 진행되고 있었으니, 송나라가 강남으로 천도할 무렵의 상황을 떠올리게 한다. 주이존은 이렇게 썼다.

> 송나라가 강남으로 천도할 때 군주와 신하들이 『주역』의 뜻을 강론한 적이 많았다. (…) 우승상 장준이 조정에 들어가자 역시 비괘와 태괘를 써서 하사하셨다. 이에 장준과 재상 이강, 이광, 심해가 모두 『주역』의 해설서를 썼다.
> 宋之南渡, 君臣多講易義 (…) 右相張浚入朝, 亦書否泰二卦賜焉. 於時浚及宰相李綱李光沈該, 皆著易傳.(「易璿璣序」, 『曝書亭集』 권34, 420쪽)

대명세는 명나라 말엽의 명신 예원로倪元璐의 『아역兒易』에 서문을 쓰면서 이렇게 말했다.

> 명나라 말엽에 문정공(즉 예원로)과 함께 일어난 이로는 문명백 황도주黃道周가 있는데 그 학문이 지극히 심오하고 넓었으며 특히 『주역』에 대한 연구로 당시에 명성을 날렸다. 내가 예전에 그 책을

읽어본 적이 있는데 한없이 크고 넓었으나 송나라 유학자들의 논의와는 합치되지 않는 부분이 많았다. 그에 대해 이야기하는 사람들은 산만하고 자질구레한 것이 『주역』을 연구하는 이들의 일반적인 폐단이어서 현명한 이라 해도 피하지 못하는 부분이 있다고 한다. 그렇지만 나는 이런 자잘한 것들은 모두 논의할 만한 가치가 없다고 생각한다. 무릇 현량한 군자가 말세를 만나자 마음에서 분노의 감정이 가득 치미는지라 『주역』을 빌려 양기를 돕고 음기를 억제하려는 마음을 나타냈으니, 이 또한 우환에서 비롯된 행위다. (…) 군자가 숭정 연간의 일에 대해 읽고 이때를 당하여 응축된 음기가 불려 나와 같은 부류들과 함께 나아감으로써 괘에서는 비괘의 초육初六 효가 되고, 그 재앙이 막 형성되어서 아직 끝나지 않은 상태다. 선생께서는 세상을 경륜하는 재능을 다 쓰지 못하셨기에 『주역』 연구에 기대어 우환의 마음을 글로 쓰셨으니, 이것이 바로 『아역』을 쓰시게 된 이유가 아니겠는가!

當有明之季, 與文正公同時而起者曰文明伯黃石齋, 其學至爲奧衍, 而尤以易學名於時. 余嘗見其書, 浩博無涯挨, 然與宋儒之論頗多有所不合, 說者以爲支離破碎, 學易者之通弊, 雖賢者有所不免, 而余以謂是區區皆不足論. 大抵賢人君子, 遭世末流, 胸有鬱勃感憤, 借易以致其扶陽抑陰之意, 是亦出於憂患之所爲也 (…) 君子讀崇禎之事, 以爲當此之時, 凝陰感召, 連類幷進, 於卦爲否之初六, 其禍方形而未有止也. 公以經世之才, 不得盡用, 而托於學易以寫其憂患之心, 此兒易之所爲作乎.(「兒易序」, 『戴名世集』 권3, 82)

'유민의 『주역』 읽기'라는 측면에서 보면 확실히 이는 느리고 긴 의식의 과정이었다.[27]

사대부들은 『주역』에 의거하여 자신이 처한 격동의 시대를 읽었으니, 그야말로 '격동'이 사대부들의 생존 체험과 『주역』의 세계를 연결시켜주었던 셈이다. 저명한 승려 지욱智旭*은 「주역선해자발周易禪解自跋」에서 이렇게 개탄했다.

아아, 복건에서 오 땅까지 지리는 3000리 남짓밖에 되지 않고 신사년(1641)에서 을유년(1645)까지 시간은 1200일 남짓밖에 되지 않는데 꿈같은 세상사는 모든 것이 변해버렸으니 교체인가 변화인가? 천차만별의 시간과 지리를 모두 겪어서 모든 것이 변했지만, 변하지 않는 것은 여전히 옛날과 같다.

嗟嗟, 從閩至吳, 地不過三千餘里, 從辛巳冬至今乙酉夏, 時不過千二百餘日, 乃世事幻夢, 萬別千差, 交易邪, 變易邪. 至歷盡差別時地, 俱易而不易者, 依然如故.(『明淸佛敎』, 280쪽)

황종희는 「화천선생역사서畫川先生易俟序」에서 "384개의 효는 모두 다스려짐과 혼란함이 순환하는 맥락이고" "『21사』는 384개의 효가 흘러 간 흔적이니" "성인이 하늘의 현상을 묘사하여 상수象數를 만든 것은 인간사의 복선에 지나지 않는다"고 했다.** 유민이 『주역』을 읽은 것은 바로 세상의 치란과 성쇠를, 당대의 역사를, 자신의 운명을 읽는 것이니 그 친근함을 짐작할 만하다. 왕부지는 인식론적 측면에서 『주역』의 원칙을 더욱 확장하여 풍부한 매력을 지닌 자신의 사유 특징을 뚜

---

* 지욱(1599~1655)은 강소 오현吳縣 사람으로 출가하기 전의 성은 종종鍾 씨이고 자가 우익蕅益이다. 주요 저작은 그의 사후에 제자들이 모아 편찬한 『석론釋論』『영봉종론靈峯宗論』에 정리되어 있다.

** 원주: "三百八十四爻皆一治一亂之脈絡 (…) 一部二十一史, 是三百八十四爻流行之跡 (…) 聖人寫天象以爲象數, 不過人事之張本."(『黃宗義全集』 제10책, 98쪽)

렷이 나타냈다. 그가 '일괄론'과 '일체법'을 비판한 것이랄지 유형—이미 만들어진 흔적已然之成跡—과 불측不測—방향과 장소에 제한을 받지 않음不限於方所—에 대해 논한 것은 『주역』의 사유 방식에 기반을 두고 세계를 생동적으로 감지한 예다. 그는 뚜렷한 이분법이나 '경계를 나누어 정하는劃井分疆' 방식이 아니라 '서로 개입하고互相入' '엇섞이게錯之綜之' 했다. 그런 의미에서 유종주는 이렇게 말했다.

성인은 도체에 대해 '역'이라는 한 마디를 지적했으니 대단히 뛰어난 것이었다. 오직 이 한 마디가 천지간의 유무와 동정, 시종, 대소, 상변의 이유를 모두 기탁해냈으니, 천지간에 그 안에 해당하지 않는 것이 또 어디 있는가!
聖人於道體, 指出一易字, 大是奇特. 只此一字, 將天地間有無動靜終始大小常變之故, 一齊托出, 天地間更有何事不該其中.(『子劉子學言』권2, 『黃宗羲全集』제1책, 304쪽)

왕부지의 『주역』 연구 저작 가운데는 바로 이와 같이 『주역』에서 깨달은 시적詩的 의미의 느낌이 들어 있다.

명대의 당쟁과 나라가 망할 무렵의 정치 경력, 그리고 왕조가 교체된 뒤의 처지가 유민이 『주역』을 읽는 기본적인 경험의 근거를 구성했다. 『주역』을 논하면서 이른바 '군자와 소인, 성쇠의 시기'에 관심을 가지는 것이 명대 사대부들의 취미였다. 손기봉은 "『주역』을 읽고 거기에 해설을 단 의도는 대개 군주와 신하 사이의 윤리를 존속시키려는 것"*이라고 했다. 왕부지는 『주역내전周易內傳』에서 『주역』에 대해 해설하면

---

* 원주: "讀易而翼之以注, 意蓋存君臣."(『雲隱堂易注序』 『夏峯先生集』 권4)

서 그 이미지를 대부분 당시의 정치에서 취했다. 『주역내전』과 『주역대상해周易大象解』 등 그의 『주역』 연구 저작들을 보면 종종 가장 밀접한 정치적 경험—당쟁이나 군자-소인의 관계, 난세에서 사대부가 택해야 할 진퇴출처 등—을 읽어 낼 수 있다. 바로 여기에 명·청 교체기 학자들이 『주역』을 읽을 때의 '시대성'과 개인성이 담겨 있는 것이다. 『주역』을 논하면서 군신 간의 도리와 대신大臣이 "나라를 다스리고 인재를 등용하는體國用人" 방법, 그리고 군자가 소인을 대하는 방법 등을 이야기한 것은 『주역』 연구를 당시 정치에 대한 반성의 공간을 여는 의지依支로 삼았다는 것이니, 이 또한 유민 경학의 현실적 성격을 두드러지게 보여준다. '군자-소인'이 명·청 교체기에 『주역』을 논하던 이들이 보편적으로 흥미를 느끼던 화제라면 '숨은 덕隱德'을 명백히 밝혀내는 것은 곧 유민들의 『주역』 연구에서 특수한 주제였다. 그 무렵 『주역』 연구는 사대부들에게 세상 운세와 자기 개인의 운명을 탐구하는 형식—'둔屯'과 '명이明夷', '박복剝復' 등—을 제공해주었을 뿐만 아니라, 유민이 자신의 경계를 설정하는 형식—'비둔肥遯', 즉 은퇴하는 것과 "왕후를 섬기지 않고 (하늘의) 그 사업을 고상하게 여기는 것"*—도 제공해주었다. 유민은 『주역』을 근거로 삼아 그 시기에 생존하는 것을 체험했으니 예를 들어 황종희는 "동방에 막 새벽이 와서 밝아지기는 했지만 아직 환해지지는 않았다"**고 했고, 육세의는 "이런 때 자신에 대해 이야기하는 것은 자잘한 일인 듯하지만 우리는 끊어진 학문을 몸소 맡아 만고 역사에 책임을 져야 하니, 한 번의 죽음을 가벼이 볼 수 없다. 기자의 효 중 하나, 즉 '명이' 괘의 구삼효는 마땅히 숙독해야

---

* 원주: "不事王侯, 高尙其事."(『蠱卦』·上九爻辭)

** 원주: "夷之初旦, 明而未融."(『明夷待訪錄』『黃宗羲全集』 제1책, 1쪽)

한다"***고 했다. 장이상은 여유량에게 보낸 편지에서 '『주역』의 의미'가 담긴 "검약의 덕으로 재난을 피하고" "큰 곤란을 겪더라도 올바름을 견지하라"는 충고를 했다.**** 왕부지는 『장자정몽주張子正蒙注』에서 그 취지를 진지하고 밝게 드러내면서 종종 "올곧게 살다가 편안히 죽는다"*****고 주장했으니, 이것이 유민의 체험에서 나오지 않았다고는 할 수 없다. 그러므로 『주역』은 사대부의 경험에 형식을 부여했다고 할 수 있다.

포악한 정치 속에서 느낀 무상함과 상란 속에서 겪은 생사의 경험, 그리고 왕조의 회복에 대한 유민 방식의 기대들은 모두 사대부들로 하여금 이른바 "하늘과 인간의 이치가 어지러워지고 음양이 소멸하는 무렵天人理亂陰陽消息之際"에 『주역』을 통해서 나라와 시대의 운세 및 개인의 운명을 점치는 데 관심을 갖도록 하기에 충분했다. 유민들의 『주역』 읽기는 그것이 명나라가 망한 뒤에 행해졌기 때문에 더욱 침통한 의미를 지닌다. 큰 국면이 이미 정해진 뒤에 『주역』을 읽고 "시대와 더불어 흥성하고 쇠망함與時消息"을 깨닫는 것을 일부 유민들은 삶의 도리로 간주했다. 『주역』에서 "군자의 도리는 벼슬길에 나아가기도 하고 은거하기도 한다"******라거나 "왕후를 섬기지 않고 (하늘의) 그 사업을 고상하게 여기라"고 하거나, "군자는 세상을 피해 근심이 없이 홀로 서서 두려워하지 않는다"*******고 한 것들은 모두 이때 생존의 의의를 논증하는

***　원주: "此際論身, 似若細事, 然吾輩身任絶學, 責在萬世, 正不可輕視一死. 箕子一爻, 所宜熟讀也."(『寄如皐吳白耳書』 『論學酬答』 권3)

****　원주: "儉德避難 (…) 艱難守正."(『楊園先生全集』 권13)

*****　원주: "貞生而安死."(『船山全書』 제12책)

******　원주: "君子之道, 或出或處."(『繫辭上』)

*******　원주: "君子遯世無悶, 獨立不懼."※ 이 부분은 『주역』 「대과大過」 (상象): "君子以獨立不懼, 遯世無悶"을 잘못 쓴 것인 듯하다.

엄중한 의미를 획득했다. 황종희는 「정난고선생팔십수서鄭蘭臯先生八十壽序」에서 정진鄭溱*을 두고 『주역』에서 깨달음을 얻은 사람이라고 했으니, 바로 특수한 시세로 인해 강화된 『주역』의 기능을 일컫는다.

> 대개 완전히 태허의 몸이기 때문에 때에 따라 변하고 세상과 더불어 바뀔 수 있었다. 숨어야 할 때는 숨고, 드러내야 할 때는 드러내고, 비약해야 할 때는 비약하며 행할 수밖에 없는 것을 행하고 멈출 수밖에 없을 때 멈추었으니 당연히 지목할 만한 행적이 없고 재능을 드러내지 않았다. 그러므로 그를 가리켜 머리가 없는 사람이라고 한 것도 이런 이유 때문이다.
> 蓋渾然太虛之體, 故能隨時變易, 與世推移. 宜潛而潛, 宜見而見, 宜飛躍而飛躍, 行乎不得不行, 止乎不得不止, 自無形跡可指, 不露圭角, 故謂之無首者此也.(『黃宗羲全集』 제10책, 677쪽)

이 또한 고염무가 "자신을 지키는 방비책이요 사물을 다스리는 지혜"**라고 했다. 물론 "시대와 더불어 흥성하고 쇠망하고" "세상과 더불어 바뀌는" 생존의 지혜가 향원鄕愿과 같은 견유주의犬儒主義, cynicism와 혼동되지는 않을까 하는 우려가 있다. 그리고 『주역』이 유민의 생존에 대한 해석으로 이용되는 것도 『주역』 연구가 충분한 학술적 성격을 획득하는 데 방해될 수도 있다고 생각될 것이다.[28] 이 때문에 유민

---

* 정진(1612~1697)은 절강 자계 사람으로 자가 자평子平이고 호가 난고蘭臯, 별호가 진천秦川이다. 숭정 13년(1640) 부방副榜으로서 나중에 공생으로 국자감에 들어갔다가 통판通判에 해당하는 지위에 임명되어 귀향했다. 명나라가 망한 뒤에는 벼슬길에 뜻을 접고 은거하여 50년 동안 책을 읽고, 제자를 가르치고, 부모를 봉양했다. 저작으로 『역상대지易象大旨』『삼분연의三墳衍義』『시경췌화詩經萃華』『정통췌화正統萃華』『서대초당시선書帶草堂詩選』『서대초당문집書帶草堂文集』 등이 있다.
** 원주: "周身之防, 御物之智."(『日知錄』 권1 "凡易之情")

의 경학이 지니는 '유민성'은 당연히 진귀한 것이지만, 그래도 정상적인 학술적 질서가 회복되어야 비로소 '경학 문제'는 다시 경학의 대상이 될 수 있다.

유민 경학의 '유민성'은 당연히 『예기』와 『주역』의 연구에서만 구현되지는 않았다. 전겸익은 설정평薛正平(?~?, 자는 갱생更生)이 『효경』에 전주箋注를 쓴 일을 기록했다.

> (그는) 『효경통전』을 지어 돌아가신 황제께서 장려하신 지극한 뜻을 발휘하고, 도잠의 「오효전」을 부록으로 실었다. 그러면서 도잠은 진·송 무렵에 유후 장량이 5세대에 걸쳐 한나라의 재상을 지낸 뜻을 잊지 않았으니 고금의 효에 대한 이해는 여기에서 벗어나지 않는지라, 이에 감격하고 그것을 보존하여 올바로 설 수 있는 방도를 마련했다고 설명했다. 그의 마음 씀씀이가 이처럼 깊고 통절했다.
>
> 作孝經通箋, 發揮先皇帝表章至意, 取陶靖節五孝傳附焉. 謂靖節在晉宋間, 不忘留侯五世相韓之意, 古今之通孝, 不外於此, 激而存之, 有以立也. 其用意深痛如此.(「薛更生墓誌銘」, 『牧齋有學集』 권31, 1145쪽)

그 외에 명·청 교체기에 흥기한 제자백가에 대한 연구도 있었다. 방이지는 유교와 불교, 『장자』에서 「이소」에 이르기까지 회통에 힘을 기울였는데, 특히 『장자』에 대한 그의 해석은 상당히 미묘하다.

> 그 책을 전하고 싶어한 것은 순수하고 큰 것을 전하고자 할 따름이었지 장자를 전하고자 한 것은 아니었다. 장자를 전한다 하더라

도 그가 장자인 까닭을 전하는 것이지 반드시 몽성 출신의 늙은
이를 전하려 한 것은 아니다.

卽欲傳其書, 欲傳其純者大者耳, 非欲傳莊子也. 卽傳莊子, 傳其所
以爲莊子, 非必蒙城之叟也.(「向子期與郭子玄書」, 『浮山文集後編』 권1,
9쪽)

대단히 빼어난 견해라 하겠다. 장이기는 경학에 겸해 제자백가를 연
구하여 『노자설략老子說略』을 썼는데, 그 책의 발문에서 '해석解'에 대
해 풀이한 것도 통달한 견해다. 그는 "이 책으로 돌아가서 구해야" 한
다고 하면서 "해석에 집착하지 않고 해석하며, 이 책으로 돌아가서 이
책을 해석할" 것을 요구했으니,* 당시 경학의 연구 방법과 비슷하다.
이 분야에서 부산傅山도 기풍을 바꾼 인물 가운데 하나로 여겨지고 있
다.[29] 『잠구차기潛邱箚記』 권5 「여대당기與戴唐器」에서는 황종희의 『명이
대방록』 「취사取士」에서 제시한 과거법科擧法 —즉 주돈이와 이정二程,
장재, 주희, 육구연까지 여섯 선생을 한 과科로 하고, 손무孫武와 오기
吳起의 무경武經을 한 과로 하며, 순자荀子와 동중서董仲舒, 양웅揚雄, 그
리고 문중자文中子 왕통王通을 한 과로 하고, 관중管仲과 한비韓非, 노자,
장자를 한 과로 하여 해를 나누어 하나씩 논술 시험을 치르자는—을
비판했다.

내가 보기에 동중서가 대책에서 육예의 과목과 공자의 학술에 포
함되지 않는 것은 모두 그 도통을 끊어 진행되지 못하도록 해야
한다고 주장하니, 이에 무제가 제자백가를 폄하하고 배척하여 역

---

* 원주: "反求之是書 (…) 不執解求解, 反之是書以解是書."(「老子說略跋」, 『蒿庵集』 권2, 94쪽)

사에 길이 남을 성대한 전장제도로 삼았다. 남뢰선생(황종희)은 이 의리가 분명하고 정밀한 것을 대신하여 거꾸로 관중과 한비, 노자, 장자로 한 과를 만들었으니 사대부들의 조롱을 자초한 것이 아니겠는가? 또 철종 원우 2년(1087)에 여공저呂公著[*]가 국정을 담당하여 과거시험에서 노자와 장자, 신불해, 한비의 책으로 명제를 써서는 안 된다고 금지했거늘 선생은 어찌 그런 사실을 알지 못하는가?

按董仲舒對策, 以爲不在六藝之科, 孔子之術者, 皆絕其道勿進, 於是武帝罷黜百家, 爲千古盛典. 南雷先生當此理明義精之代, 反以管韓老莊爲一科, 得毋貽譏士林耶. 又按哲宗元祐二年, 呂公著當國, 禁科擧不得以老莊申韓書命題, 先生豈未之前聞耶.

어쩌면 이것이야말로 황종희가 유행을 선도했다는 사실을 증명하지 않을까? 유민 학자들이 이 분야에서 기울인 학술적 노력의 의의는 응당 방향을 제시한 데 있으며 청대 학술의 경지와도 차이가 있다. 그리고 이 의의는 당연히 이후 청대 학술의 방향을 통해서 인정되었다.

---

[*] 여공저(1018~1089)는 수주壽州(지금의 안후이 성 평타이鳳臺) 사람으로 자가 회숙晦叔이다. 구양수歐陽脩와 함께 강학한 벗이기도 했던 그는 용도각직학사龍圖閣直學士까지 지냈다. 특히 철종 원우 연간에는 사마광과 함께 희령신법熙寧新法을 추진했고, 사마광이 죽은 후 2년 가까이 국정을 혼자 운영하다가 원우 3년(1088)에 재상직을 사임하고 사공司空 겸 평장군국중사平章軍國重事로 승진했다. 죽은 후에는 태사에 추증되고 신국공에 봉해졌으며 시호가 정헌正獻이다. 저작으로 『오주록五州錄』 『여신공장기呂申公掌記』 『여정헌집呂正獻集』 『여씨효경요어呂氏孝經要語』 『규저집葵亭集』 등이 있다.

사학

왕조 교체기에 경학과 사학이 함께 흥성한 것은 당연히 관련성이 있다. 전겸익은 "육경은 역사의 조상"*이라고 했다.

> 육경은 역사의 종통이다. 육경 가운데는 모두 역사가 담겨 있으니
> 『춘추』의 세 해설서만 그런 것이 아니다.
> 六經, 史之宗統也. 六經之中皆有史, 不獨春秋三傳也.(『牧齋有學集』
> 권38, 1310쪽)

장자열張自烈도 "경서와 역사서의 원류는 서로 통하니 둘로 나눌 필요가 없다"**고 했으니, 이 또한 당시 사대부들이 '공통적으로 인식'하고 있었음을 알 수 있는 자료다. 이보다 앞서서 왕수인은 이렇게 말한 바 있다.

----

* 원주: "六經, 史之祖也."(『牧齋初學集』 권90, 1871쪽)

** 원주: "經史源流互通, 不必析爲二."(「與閣百詩書」 『芑山文集』 권9)

사건으로 이야기하는 것을 일컬어 역사라고 하고 도리로 이야기하는 것을 일컬어 경서라고 한다. 사건이 도리이고 도리가 사건이다. 『춘추』도 경전이고 오경도 역사다. 『주역』은 복희씨의 역사이고 『서경』은 요순 이하의 역사이며, 『예기』와 『악기』는 삼대의 역사다.

以事言謂之史, 以道言謂之經. 事卽道, 道卽事. 春秋亦經, 五經亦史. 易是庖犠氏之史, 書是堯舜以下史, 禮樂是三代史.(『傳習錄』上, 『王陽明全集』, 10쪽)

명나라가 망하기 전후로 명대 역사학의 환경을 비판한 이들은 상당히 많았다. 이청李淸은 자신의 견문을 근거로 『실록實錄』이 신뢰할 만한 역사서가 아니라는 것을 증명했다. 전겸익과 주이준 등도 『실록』을 믿을 만하다고 여기지 않았다.[30] 반정장潘檉章은 『국사고이國史考異』를 저술했는데, 『실록』과 『회전會典』 역시 잘못되고 내용이 어긋나서 "서적이 모호하여 내용을 알아볼 수 없고 연혁을 고증할 수 없는 것이 많으니, 이 때문에 여러 번 탄식했다"*고 했다. 고염무도 「서오반이자사書吳潘二子事」에서 명대 사학 환경과 역사 편찬의 황폐화에 대해 언급했다.(『亭林文集』 권5) 장대張岱는 자신의 『석궤장서石匱藏書』에 대한 자서自序에서 이렇게 썼다.

명대만 보면 국사는 사실 왜곡에 빠졌고, 가사家史는 아첨에 빠졌으며, 야사는 억측에 빠졌기 때문에 282년이 결국 거짓되고 허망한 세상이 되어버렸다.

---

* 원주: "版籍漫漶, 沿革之不可考者多矣, 爲之三嘆."(「高皇帝中」『明史考證抉微』권2, 65쪽)

第見有明一代, 國史失誣, 家史失諛, 野史失臆, 故以二百八十二年
總成一誣妄之世界.(謝國幀『增訂晚明史籍考』, 9쪽 참조)

   팽사망은 "명나라의 역사는 잡다하고 위조된 것"*이라고 했다. 경
학의 쇠퇴를 논할 때와 마찬가지로 사학의 쇠퇴 역시 그 원인은 '과거
를 위한 학술이 성행한' 데로 귀결되었으니, 황종희는 "과거를 위한 학
술이 성행한 뒤로 사학이 황폐해졌다"**고 지적했다. 이런 비판을 통해
우리는 유민 사학의 전개되는 데 필요했던 조건을 어렵지 않게 짐작할
수 있다.

   역사를 다루는 것은 학문에 속하는 일이며 또한 줄곧 특수한 글쓰
기로 간주되었다. 소위 '학자'뿐만 아니라 문인도 역사를 다루는 것
을 필생의 사업으로 여겼다. '학문'과 '문장'의 재능이 있다고 자임하
는 이들에게 사학은 기본적인 훈련 과정에 포함되었다. 난세가 이르러
시절이 위태로워지면 사학은 '경세제민'과 관련이 있기 때문에 역사를
쓰거나 연구하는 데서 모두 언어의 의미가 엄중해진다. 위희는 "세상
을 경영하는 임무는 역사에 가장 잘 갖춰져 있다經世之務, 莫備於史"라
고 하면서 자신은 『좌전』 연구를 통해 '경세제민'을 하고자 했다고 주
장했다.

   어려서 『좌전』을 좋아했는데 변란을 만나 산중에 20년을 숨어 지
   내며 수시로 꺼내 읽었다. 옛사람이 세상을 경영하기 위해 사용한
   위대한 방법과 좌구명이 숨겨놓고 밝히지 않은 뜻을 조금이라도

---

*   원주: "明之史雜而僞,"(「明名臣言行錄序」『樹廬文鈔』 권5)
**   원주: "自科擧之學盛, 而史學遂廢,"(「補歷代史表序」『黃宗羲全集』 제10책, 76쪽)

깨달으면 붓 가는 대로 평론하거나 해설하여 문인들에게 보여주
고자 했다.

少好左氏, 及遭變亂, 放廢山中者二十年, 時時取而讀之, 若於古人
經世大用, 左氏隱而未發之旨, 薄有所會, 隨筆評注, 以示門人.(「左傳
經世序」, 『魏叔子文集』 권8)

나라가 망한 뒤에 유민 학자들은 '국사'를 보존하는 것을 순절하지
못한 채 '나중에 죽는 이들의 책임'이라고 여겼는데, 송나라가 망할 무
렵 문헌이 유실되고 사실史實—특히 충의지사와 유민의 사적—이 묻
혀 사라져버린 예가 절실한 타산지석의 교훈을 제공했다. 황종희는 동
수유董守諭*의 묘지명을 쓰면서 이렇게 말했다.

일찍이 송나라 역사에 기록된 마지막 두 왕의 사적을 보니 너무
나 소략했다. 그들이 나라를 세우고 또한 삼년이 되었는데 문천상
과 육수부陸秀夫(1236~1279, 자는 군실君實 또는 연옹宴翁), 진의중
陳宜中(1230~?, 자는 여권與權), 사도청謝道清(1210~1283) 외에 어찌
다른 인물이 없었겠는가? 그러나 듣자 하니 육수부의 일기와 등
경록鄧景祿(?~?, 일명 광천光薦, 호는 중보中甫 또는 충보忠甫)의 『전해
록塡海錄』, 오래吳萊의 『상해유록』이 있었다 하니, 당시 문천상 등
과 함께 일했던 이들 가운데 틀림없이 그런 기록들에 찾아볼 수
있는 이가 있었을 테지만, 지금까지 인간 세상에 남겨진 이름을

---

* 동수유(?~?)는 절강 은현(지금의 닝보 인저우 구) 사람으로 자가 차공次公이다. 천계 4년(1624)
거인이 되었으나 이후 7번의 응시에도 불구하고 진사가 되지 못했는데, 남명 정권에서 호부귀주사
주사戶部貴州司主事 등을 역임했다. 명나라가 망한 뒤로는 벼슬길에 뜻을 접고 유민으로 생을 마
쳤다.

듣지 못했다. 나라는 멸망할 수 있어도 역사는 사라져서는 안 되
나니, 훗날의 군자들에게 유감이 없을 수 있겠는가?

嘗讀宋史所載二王之事, 何其略也. 夫其立國亦且三年, 文陸陳謝之
外, 豈遂無人物. 顧聞陸君實有日記, 鄧中甫有墳海錄, 吳立夫有桑
海遺錄, 當時與文陸陳謝同事之人, 必有見其中者, 今亦不聞存於人
間矣. 國可滅, 史不可滅, 後之君子能無遺憾耶.(『黃宗羲全集』 제10책,
300쪽)

바로 이런 의미에서 역사를 다루는 것은 준 정치 행위로 간주되었
으며, 개인이 역사를 서술한다는 것은 관방 정치에 대항하는 일종의
은폐된 형식이었다.

명·청 교체기 저명한 유민 학자들이 역사 편찬에 참여한 예로는 담
천의 『국각國榷』과 사계좌查繼佐의 『죄유록罪惟錄』, 장대의 『석궤장서石匱
藏書』 외에 이청의 『남도록南渡錄』과 고염무의 『성안기사聖安紀事』, 왕부
지의 『영력실록永曆實錄』, 황종희의 『홍광실록초弘光實錄鈔』와 『행조록行
朝錄』, 전징지錢澄之의 『소지록所知錄』, 굴대균의 『황명사조성인록皇明四朝
成仁錄』 등이 있는데, 이것들은 모두 유민에 의해 진행된 일이기 때문에
특별히 장엄한 의미를 부여받았다. 황종희는 『홍광실록초』에 대한 자
서에서 이렇게 썼다.

국사가 이미 없어졌으니 야사가 바로 국사다. 진수의 『촉지』와 원
호문의 『남관록』 또한 누가 그런 이름을 붙였는가? 그러나 그것을
국사라고 부르지 않는 것이 가능한가?

國史旣亡, 則野史卽國史也. 陳壽之蜀志, 元好問之南冠錄, 亦誰命
之. 而不謂之國史, 可乎.(『黃宗羲全集』 제2책, 1쪽)

일찍이 요수姚燧*와 원명선元明善**의 문집을 읽어보니 송·원의 흥폐에 대해 역사서에 자세히 기록되지 않은 부분을 여기서 살펴볼 수 있었다. 그러나 요수와 문명선은 모두 조정의 대신들이었기 때문에 기록한 것들 가운데 전공이 많았고 나는 초야의 궁핍한 백성인지라 명공과 높은 재상의 일을 서술할 수 없어서 기록한 일들이 대부분 망국의 대부들에 관한 것이다. 이것은 지위가 달라서 생긴 차이일 뿐이지 역사서의 빠진 기록을 보충하는 데 도움이 되기는 마찬가지다.

嘗讀姚牧庵元明善集, 宋元之興廢, 有史書所未詳者, 於此可考見. 然牧庵明善皆在廊廟, 所載多戰功, 余草野窮民, 不得名公巨卿之事以述之, 所載多亡國之大夫, 地位不同耳, 其有裨於史氏之缺文一也.(「南雷文定凡例四則」, 『黃宗羲全集』 제11책, 85쪽)

황종희는 일찍이 『명사안明史案』을 편집하고 『명사조례明史條例』—지금은 남아 있지 않음—를 편찬한 바 있지만 유민 학자들이 옛 명나라의 역사 서술에 가장 크게 기여한 것은 남명의 역사에 대한 정리였다. 남명의 역사 또한 청나라 초기 집권자들이 극력 은폐하여 언급을 꺼리는 부분이었기 때문이다.[31] 다음에서는 고염무와 황종희 같은 이들이 청나라 초기의 관청에서 『명사』를 편찬하는 데 영향력을 행사한 점에

---

* 요수(1238~1313)는 하남 낙양 사람으로 자가 단보端甫이고 호가 목암牧庵이며 시호가 문文이다. 원나라 때에 한림학사승지와 집현대학사를 지낸 그의 원래 문집은 현재 남아 있지 않고, 청나라 때에 모아 편집된 『목암집牧庵集』이 남아 있다.

** 원명선(1269~1322)은 청하淸河(지금의 허베이 성에 속함) 사람으로 자가 복초復初다. 한림대제翰林待制로서 성종成宗과 순종順宗의 실록 편찬에 참여하기도 했고, 한림직학사로 승진한 뒤에는 인종仁宗 실록 편찬에 참여했다. 죽은 후에는 자선대부資善大夫 겸 하남행성좌승河南行省左丞에 추증되고 청하군공淸河郡公에 추봉되었으며, 시호는 문민文敏이다. 『청하집淸河集』이 있었다고 하는데 지금은 개중의 일부만 남아 있다.

대해 논의하고자 한다.(고염무,『亭林文集』권3,「與公肅甥書」「答湯荊峴書」등 참조)[32]

　유민이 고국의 역사를 다루는 환경이 얼마나 흉험했는지를 보여주는 대표적인 징표는 바로 청나라 초기에 일어난 '장씨사옥莊氏史獄'이다. 유민에 대한 이 대규모 박해 속에서 목숨을 잃은 이들 가운데는 풍부한 재능을 갖춘 젊은 역사학자인 반정장과 오염吳炎이 포함되어 있었다. 그러나 "왕의 기강이 해이해진" 사실이 확실히 언론에 대한 금기가 어느 정도 느슨해지는 상황을 가져왔다는 것만은 거리낌 없이 말할 수 있을 터이다. 명나라의 멸망 원인을 추구하는 것은 당시 역사 서술에서 중대한 주제였다. 황종희에 따르면 '망한 이유'는 "왕조 교체가 이루어진 뒤에 분명해진다"*고 했는데, 당연히 '명나라'도 예외가 아니었다. 량치차오는 명나라 때 "사대부의 습속이 대단히 시끌벅적해서 士習甚囂" "야사가 물고기 떼처럼 많이 생겨났다野史如鯽"고 지적했다.[33] 만력 연간 이래로『실록』이 민간에 유포되었고 더욱이 '왕조 교체'라는 사실로 인해 명·청 교체기에는 야사가 더욱 많이 생겨났다. 심지어 건륭 39년 8월에 내려진 황제의 어명에서는 "명나라 말엽 야사를 만들어낸 것이 대단히 많은데" "이처럼 글을 써서 함부로 논하는 일은 대개 강소성과 절강성에서 다수를 차지"한다고 지적했으니,** 이들 두 지역에서 반청운동이 상당히 늦게까지 이어졌음을 부분적으로 알 수 있다. 명대의 활발한 언론과 입언立言에 대한 사대부들의 열정은 의심할 바 없이 역사학 인재의 발전에 도움을 주고 명·청 교체기 사학을 위한 조건을 준비해주었을 것이다. 청나라 초기에 평민의 신분으로

---

* 　원주: "所以亡之故 (…) 至於易代而後明."(「大學士機山錢公神道碑銘」『黃宗羲全集』제10책, 245쪽)

** 　원주: "明季造野史者甚多 (…) 此等筆墨妄議之事, 大率江浙兩省居多."

명사관明史館에 참여했던 만사동은 '박학다식博洽'하기로 명성이 높았다.(「補歷代史表序」, 『黃宗羲全集』 제10책 참조) 전대흔의 「만선생전萬先生傳」에서는 이렇게 썼다.

> (만사동은) 이전 시기 역사의 체례를 꿰뚫어 잘 알았으며 득실을 가리켜 진술하면 모두 중요한 관건을 지적해냈으니 유지기나 정초 같은 모든 이도 그를 따라잡을 수 없었다.
> 於前史體例, 貫穿精熟, 指陳得失, 皆中肯綮, 劉知幾鄭樵諸人, 不能 及也.(『潛硏堂文集』 권38, 『潛硏堂全書』, 光緖 10年 長沙 龍氏家塾 重刊)

　황종희와 만사동이 절동浙東의 사학史學에 참여한 일은 역사가들이 즐겨 언급하는 화제이기도 하다.
　사대부들이 '국사를 보존'하는 것이 곧 '명나라를 보존'하는 것이라고 여긴 이러한 사학의 특수한 콤플렉스는 역사 편찬을 가장 대표적인 '공동 사업'으로 만들었다. 『비전집보』 권35 「반역전전潘力田傳」(대립戴笠)에서는 반정장潘檉章에 대해 이렇게 기록하고 있다.

> 사가에서 가장 얻기 어려운 것이 실록인데 반정장은 재산을 팔아 그것을 매입했다. 그리고 곤산의 고염무와 강음의 이손지李遜之, 장주의 진제생陳濟生이 모두 전고에 능통하고 집안에 장서가 많았는데 모두 책을 내놓아 도와주었다. 반정장은 고증에 뛰어나고 고염무는 서사에 뛰어나서 서로 토론했다. 간혹 그 원고를 예부상서를 지낸 전겸익에게 보여주며 질문하니, 전겸익이 무척 기뻐하면서 감탄했다.
> "내가 이미 늙었는데 뜻밖에 오늘 두 분을 다시 뵙게 되었구려.

내 장서루인 강운루에 아직 남아 있는 책들을 모두 두 분께 드려
야 되겠구려."
그리고 그 책을 배에 싣고 돌아갔다.

私家最難得者實錄. 檉章鬻産購得之, 而崑山顧炎武江陰李遜之長
洲陳濟生皆熟於典故, 家多藏書, 并出以相佐. 檉章長於考核, 炎長
於敍事, 互相討論, 間出其稿質之錢宗伯謙益, 謙益大喜之, 嘆曰: 老
夫耄矣, 不圖今日復見二君. 絳雲樓餘燼尙在, 當悉以相付. 連舟載
其書歸.

같은 책 같은 권에 수록된 「오절사적민선생전吳節士赤民先生傳」과 고염
무의 「서오반이자사書吳潘二子事」(『亭林文集』 권5), 『목재유학집牧齋有學集』
에 수록된 반정장과 오염吳炎에게 보낸 편지들에 모두 그 일이 기록되
어 있다. 황종희는 명사국明史局에 참여하기 위해 떠나는 만사동을 전
송하면서 다음과 같은 시 구절로 '국사'를 부탁했다.[34]

사방의 평판이 맑은 물로 귀결되고
한 시대의 현인과 간신이 벼슬 없는 선비에게 맡겨진다.
四方聲價歸明水, 一代賢奸托布衣.(「送萬季野北上」)

이청의 『남도록』과 황종희의 『행조록』, 왕부지의 『영력실록』, 등개鄧
凱의 『야시록也是錄』은 모두 "몸소 겪은" 경험을 근거로 한 저술들이다.
전사형錢士馨*은 몸소 경험한 것을 토대로 『갑신전신록甲申傳信錄』을 편
찬했는데, 주이존은 그 책이 "상당히 사실적"**이라고 했다. "몸소 겪
은" 것이 역사 서술의 '객관성'을 보장해주는 것은 결코 아니지만[35]
'인간과 역사', 명나라가 망할 무렵 사대부들의 처지를 고찰하는 데는

진귀한 자료를 제공하며, 관방에서 편찬한 정식 역사가 제공할 수 없는
특수한 가치를 창조해냈다. 황종희는 『사구록』 「오종만吳鍾巒」에서 노왕
이 국정을 대신 맡아서 수행할 때 그를 따라 바다로 망명했던 일을 이
렇게 기록했다.

> (오종만은) 바다 위에서 내게 술을 권했는데 저무는 태양과 광란
> 하는 파도를 서글프게 바라보았다. 그저 예로부터 이어진 흥망성
> 쇠가 이때 모두 모인 것 같았다.
> 觴余於鯨背之上, 落日狂濤, 凄然相對. 但覺從古興亡, 交集此時.(『黃
> 宗羲全集』 제1책, 384쪽)

　　재난을 당한 후에 역사를 쓰게 되니 역사의 분위기는 개인의 체험을
통해서 역사 서술에 들어가게 된다. 유민이 서술한 역사의 매력은 어느
정도 경험의 개인성에서 비롯된다. 심지어 시대적 추세에 쫓긴 특수한
표현들, 즉 암시와 은어隱語, 그리고 의식적인 '공백留白'이 모두 이들의
언어 환경을 보여주면서 풍부한 유민 화법을 구성했다. 주이존은 관청
에서 편찬한 역사와 개인의 역사 서술을 비교하면서 "관청의 부서에서
이루어진 국사는 전문가 한 사람의 것보다 못하다"[***]고 하여 만사동의
견해와 비슷했다.(錢大昕, 「萬先生傳」 참조) 이에 대해서는 유민의 역사 서
술도 어떤 증거를 제공한다. 예를 들어 『국각』이나 『죄유록』 같은 방대
한 저작도 저자가 자신의 유민 정서를 깃들게 하는 데 아무 문제가 없

---

[*] 전사형(?~?)은 평호平湖 사람으로 이름을 병지甹只라고도 하며 자가 치졸稚拙 또는 치농稚農이
다. 숭정 15년(1642) 공생이었던 그는 명나라가 망한 뒤 벼슬길에 뜻을 접고 강호를 유랑하며 독서와
저술로 여생을 보냈다. 주요 저작으로 『갑신전신록甲申傳信錄』 『갱가집賡笳集』이 있다.

[**] 원주: "頗不失實."(『靜志居詩話』, 684쪽)

[***] 원주: "國史成於官局者, 未若一家之專."(「元史類編序」 『曝書亭集』 권35, 432~433쪽)

었다. 오위업은 「오육익시서吳六益詩序」에서 담천談遷에 대해 이렇게 썼다.

예전에 나귀를 몰고 행장을 꾸려 옛 왕조의 남은 흔적을 찾아다
니는데 초목이 무성히 우거지고 비석들은 마모되거나 손상되어
겨우 살아 있는 옛 노인의 입에서 한 글자라도 얻게 되면 즉시 주
머니에 넣어온 붓으로 재빨리 써서 잃어버리지나 않을까 염려했
다. 마침 큰 눈이 내려 길도 막히고 식량도 바닥이 나는 바람에
굶주림과 추위를 견디며 돌아오니 동학들이 무척 비웃었지만 그
는 신경 쓰지 않았다.
嘗策蹇衛, 襆被入西山, 訪舊朝遺跡, 草木蒙蔚, 碑碣殘落, 故老僅存
之口, 得一字則囊筆疾書, 若恐失之. 會天大雪, 道阻糧盡, 忍飢寒
而歸, 同舍生大笑之, 弗顧.(『吳梅村全集』 권30, 698쪽)

사계좌는 자신의 『죄유록』에 대한 자서에서 이렇게 썼다.

이 책은 갑신년(1644)에 시작하여 임자년(1672)에 완성했다. 그 사
이 29년 동안 추위와 밤낮을 가리지 않고 비바람과 눈서리를 맞
았으며, 배와 수레에서 자고 먹으며 병환과 고난을 겪었고, 원고
가 물에 잦고 불에 타거나 진흙이 묻고 쥐가 갉아먹는 등의 원인
으로 유실되고 파손된 것들을 정리하여 다듬고 보수했으니, 원고
를 고쳐 쓴 것이 수십 차례요 사람들의 말을 듣고 기록한 것이 수
천 명이었다.
此書之作, 始於甲申, 成於壬子. 中二十九年, 寒暑晦明, 風雨霜雪, 舟
車寢食, 疾痛患難, 水溢火焦, 泥塗鼠嚙, 零落破損, 整飭補修, 手草
易數十次, 耳採經數千人.

또 셰궈전謝國楨은 『국각』이 "상세하고 충실하며 다방면에서 논했기 때문에 충분히 믿을 만하니, 명나라 말엽을 기록한 역사서들 가운데 이 책을 훌륭한 것으로 꼽아야 한다"*고 했다. 무전손繆荃孫은 『예풍당 문만존藝風堂文漫存』 권4에서 사계좌에 대해 "그는 장정룡의 사화史禍에 직접 관련되었지만 다시 스스로 이 책을 저술했으니 의지가 굳은 사람이라 할 수 있겠구나!"**라고 했다. 유민의 정신은 각자의 문집에 수록된 비전문碑傳文 속에 더욱 잘 담겨 있다. 유민 역사가 가운데 운명이 비참했던 이들은 일반적인 역사 서술에서는 지닐 수 없는 비장한 색채를 유민 사학에 부여함으로써 역사를 다루는 행위 자체를 유민의 행위, 다시 말해서 명나라를 위해 순국한 '충의지사'의 행위와 가깝게 만들어 주었다.

청나라 때의 관찬 『명사』는 그 일에 참여한 이들의 신분과 그들이 처한 언어 환경, 분위기 등으로 인해 자간字間과 행간行間에 항상 어떤 유민적인 태도를 드러냈다. 중대한 정치 행위로서의 역사 편찬은 대개 '새 왕조'가 자신의 합법성을 긍정하는 수단으로 쓰였다. 그러나 역사를 편찬하는 이가 사대부인 이상 그의 문장은 여전히 전달하는 정보가 복잡할 수밖에 없고 표현 방식도 개인적일 수밖에 없다. 그리고 사대부들은 여기에 대해 상당히 자각하고 있었다. 하물며 만사동이나 황종희 같은 유민들은 그 일을 주관하기도 하고 사관史館에 의견을 제시하여 공헌하기도 하면서 모두 관방의 역사 편찬에 참여하거나 관여하지 않았던가! (전조망은 황종희가 "비록 부름에 응하지는 않았지만 사관史館에서 중요한 문제는 반드시 선생에게 자문을 구했다"***고 했다.) 『명사』에 수

---

* 원주: "詳贍博辨, 足資徵信, 在明季史乘中, 要以此書爲善."(『增訂晚明史籍考』, 36쪽)

** 원주: "東山身預莊氏史禍, 復能自著此書, 可謂有心人哉."(査繼佐, 『國榷』, 3쪽)

*** 원주: "公雖不赴徵書, 而史局大案必咨於公."(「梨洲先生神道碑文」『鮚埼亭集』 권11)

록된 명나라 말엽의 사료史料가 풍부한 것도 유민 역사가들의 공헌 덕분이었다. 그들이 명대 전장제도의 흥폐와 사건의 시말에 대해 정리하고 특히 그 안에 담긴 교훈을 뽑아 해석하고 의의를 귀결시킨 것도 명나라의 멸망을 전후로 상당히 장기간에 걸쳐 비판적인 사고를 진행해온 덕분이었다. 『명사』를 읽어 보면 종종 서술자가 서술하고 있는 사건의 한가운데 있다는 느낌을 받는다. 거기에는 은폐에 전혀 성공하지 못한 (혹은 심지어 은폐할 의도조차 없는) 서술자가 있다. 그러므로 흥망에 대한 사대부의 느낌이야말로 『명사』 전체에서 가장 큰 '진실'이라고 해도 무방하다. 『명사』의 편찬뿐만 아니라 유민의 서술 태도와 평가방식은 청대는 물론 지금에 이르기까지 명나라 역사 서술에 영향을 주고 있다. 우리는 도처에서 '태도'와 '방식'의 계승 흔적, 그리고 서술자의 역할에 대한 의식의 '문란' 현상을 발견할 수 있다.

남명의 역사 외에 유민 사학의 특수한 공헌은 또한 '국사'의 또 다른 한 측면인 '국초國初 역사'를 정리한 데도 있었다. 명나라 초기 역사에서 호칭을 정리하기 곤란한 부분에 대해 전겸익은 이렇게 지적했다.

> 이제 다른 것들은 잠시 논외로 치고 우리 성조께서 개국하신 것
> 은 용봉과 저양의 유적 때문인데, 사마천이 『초한월표』를 쓴 의미
> 를 누가 아는가? 한공(한임아韓林兒)이 멸족을 당하고 덕경후 요영
> 충廖永忠*이 사약을 받고 죽었는데, 나라에서 보관하는 중요한 역
> 사서를 쓰는 해진解縉이나 황준黃準**처럼 중요한 일을 기록하는

---

* 요영충(1323~1375)은 안휘 소현巢縣(지금의 차오후巢湖) 사람이다. 많은 전공을 세운 명나라의 개국공신으로 덕경후德慶侯에 봉해졌으나 주원장朱元璋이 내린 사약을 받고 죽었다. 이후 남명 홍광 연간(1644~1645)에 경국공慶國公으로 추봉되었다.

사람들조차 모두 그 일에 대해 잘 몰랐으니, 후세에 그것을 아는
이가 어찌 있겠는가?

今且無論其他, 卽我聖祖開國, 因依龍鳳滁陽之遺跡, 子長楚漢月表
之義, 誰知之者. 韓公之誅夷, 德慶之賜死, 金匱石室之書, 解黃諸
公, 執如椽之筆者, 皆晦昧不能明其事. 而後世寧有知之者乎.(「再答
蒼略書」, 『牧齋有學集』 권38, 1311쪽)

왕조 교체기에 사대부들은 '명나라 초기의 역사'에 흥미를 가지면
서 두 가지 큰 주제에 집중했으니, 여러 영웅이 제왕의 자리를 놓고 다
투던 '군웅축록群雄逐鹿'의 역사와 건문제 사건이 그것이었다. 전자에
서 흥미로운 점은 기원에 대한 고찰에 있었다. 이후 청나라 황제들이
건주建州의 역사—특히 명나라 사람이 '건이建夷'에 대해 고찰하는 문
장은 더욱 엄격하게 금지했는데—를 기피했듯이, 명대의 군주들도 군
웅 쟁투의 역사는 바로 그 자신의 신분 내력에 관련된 것이기 때문에
기피의 대상으로 삼았다. 특히 그가 군웅(혹은 군도群盜)과 함께했던 시
절의 역사는 더욱 기피했다. 그 때문에 이른바 '용봉 연호'라는 것이
명말 역사가들이 열중했던 대단히 중요한 문제가 되었다. 이 시기에 사
대부들의 관련 논의는 너무나 대담해서 그 이전 시기 역사가들은 감
히 꿈조차 꾸지 못하는 것들이었다. 진자룡은 진섭陳涉에 대해 이렇게
논했다.

** 황준(1367~1449)은 절강 영가永嘉(지금의 원저우溫州에 속함) 사람으로 자가 종예宗豫이고 호
가 개암介庵이다. 홍무 30년(1397) 진사에 급제하여 태조부터 선종에 이르기까지 5명의 황제를
섬기며 영록대부소보호부상서榮祿大夫少保戶部尙書 겸 무영전대학사武英殿大學士 지제고국
사총재知制誥國史總裁까지 지냈다. 저작으로 『성연집省愆集』 등이 있다.

만약 공자께서 살아 계셨다면 틀림없이 '도적'이라고 쓰지 않으셨을 것이다. 후세에 유독 양웅만이 그것을 일컬어 '반란'이라고 했다. 그렇다면 한 고조가 일어난 것은 진섭과 무엇이 다른가? 고조는 다행히 성공했을 따름이지만 역시 반란이 아닌가?

使夫子而在, 必不以盜書矣. 後世獨揚雄氏稱之爲亂. 果如所言, 則高帝之起, 與涉何異. 幸而成耳, 是亦亂耶.(「陳涉論」, 『陳忠裕全集』 권21)

장이상은 이렇게 주장했다.

여요의 잠광岑匡(?~?, 자는 한명漢明)은 이렇게 말했다.
"원나라 말엽에 호걸들이 나란히 일어났는데 우리 태조께서 모조리 제거하고 200년 동안의 전장과 예의를 갖춘 통치를 열어 천지에 공을 세우셨으니 당연히 우임금이 홍수를 다스린 것과 비견할만하다. 그러나 당시에 진우량과 장사성 같은 이들은 비록 일이 성공하지는 못했지만 역시 중국에 공이 없다고 할 수 없는 이들이다."

餘姚岑漢明曰: 元末豪傑幷起, 我太祖驅除廓淸, 開二百年衣冠禮樂之治, 有功天地, 固與禹治洪水相幷. 然當時陳友諒張士誠諸人, 事雖不成, 亦不可謂無功於中國者也.(「言行見聞錄·一」, 『楊園先生全集』 권31)

이러한 모든 예는 명나라 개국 역사를 다룬 언론 환경을 구성했다고 할 수 있다.

이런 상황에서 '용봉 연호'에 대한 금기의 해제는 자연스러운 귀결점이었다.[36] 황종희는 만방부萬邦孚*의 신도비神道碑에 자신이 만방부의 거처에서 '용봉 10년에 고조가 중서성에서 쓴 서명手押과 사충삼절상四忠三節像'을 직접 본 적이 있는데 "『실록』에서는 고조가 용봉 조정을 섬기지 않았다고 했으니 어찌 믿을 수 있겠는가!"**라고 썼다. 전겸익은 명나라가 망하기 전에 『태조실록변증』에서 관련된 역사 사실들에 대해 고증한 바 있고, 반정장의 『국사고이』는 고증이 더욱 상세하다. 이 책에서 그는 "역사를 다루는 신하들이 용봉 연간의 일에 대해서는 기피하는 일이 많아서 벼슬을 제수한 일과 위호位號들을 모두 삭제하여 싣지 않았다"고 했고, 태조가 「세덕비世德碑」에 대해 쓴 자서를 인용하면서 "태조는 권력을 장악한 것을 혐의로 여기지 않았는데 역사를 다루는 신하들이 그 사실을 모두 없애려 한 것은 무엇 때문인가?" 하고 의문을 제기했다.*** 그러나 반정장 본인도 고증하는 과정에서 수시로 고국의 군주를 위해 기피할 만한 내용은 다루지 않으려고 고심한 흔적이 드러났으니, 여기서 유민 역사가들의 복잡한 속내를 발견할 수 있다.[37]

명나라 초기의 역사가 애매하게 숨겨진 것은 군주의 의지가 억지로 관여했기 때문인데, 이것은 왕조 교체기에 '국초사國初史'를 고증하는 것이 명대 말엽의 역사를 다루는 것보다 훨씬 더 복잡한 의미를 지니도록 했다. 명대의 군주에 대한 철저한 연구는 사대부들의 은밀한 아픔을, 그리고 그들이 느끼는 운명에 대한 느낌을 덮어주었다. 고의적

---

* 만방부(?~?)는 절강 은현(지금의 닝보 인저우 구) 사람으로 자가 여영汝永이고 호가 서암瑞巖이다. 만력 연간 제생으로서 지휘指揮 벼슬을 세습받아 좌군도독부첨사左軍都督府僉事를 역임했다. 저작으로 『일지헌음초一枝軒吟草』가 있다.

** 원주: "龍鳳十年高皇帝中書省手押, 及四忠三節像, 實錄乃謂高皇不奉龍鳳, 豈足信哉."(「明驃騎將軍鎭守福建總兵官左軍都督府都督僉事瑞巖萬公神道碑」『黃宗羲全集』 제10책, 225쪽)

*** 원주: "史臣於龍鳳間事, 多所避諱. 故凡除拜位號之制, 俱削不載 (…) 太祖尙不以秉命爲嫌, 而史臣遂欲盡沒其實, 何耶."(『國史考異』 권1 「高皇帝·上」『明史考證抉微』, 43쪽)

으로 완곡한 문장을 쓰거나 어휘를 은밀하고 간략하게 사용하는 것은 자신의 뜻을 나타내고 의혹을 열어주는 데 적합했다. 그 효과는 이따금 가리어 꾸미는 것이 아니라 밝게 드러내는 데 있는 듯했다. 명나라의 멸망은 (용봉 연호와 관련된 것과 같은) 금기를 해제함으로써 '국초사' 서술이 학술적 성격을 획득할 수 있게 해주었다. 다시 말해서 그것은 명나라 군주가 정성껏 조작한 개국 신화를 타파하고, 많든 적든 간에 그 '내력'이 가진 신비하고 기이한 성질을 벗겨내버렸다. 그런데 유민 콤플렉스와 '망국의 사대부'로서 가슴에 품은 애통함은 역사적 사실을 분명하게 밝히는 데 방해가 되었다. '유민 사학'은 이와 관련된 당시 사대부들의 곤경을 잘 보여준다.

고국에 얽힌 유민들의 정감과 태도에 담긴 복잡성은 명나라 초기에 발생한 중대한 사건인 '건문제가 나라를 양보한建文遜國' 일에 대한 특수한 관심에도 나타난다. 사계좌의 『죄유록』에서는 '정난靖難'과 '탈문奪門의 변란', '예법 논의議禮'와 같은 사건의 서술에 힘을 기울이면서 또한 '서하용西河傭'과 '보과장補鍋匠' 등의 열전을 쓰기도 했다. 왕조 교체기에 처한 사대부들은 명나라의 멸망과 '건문제가 나라를 양보한' 상황의 유사성을 '발견'했을 뿐만 아니라 심지어 그 사이에 인과관계의 상관성이 있음을 발견하기도 했다. 유민들 스스로 '건문제의 유민'이나 '유신遺臣'에 비유하는 것은 두 가지 '남겨짐遺'의 성질에 대한 의도적인 혼동이라고 할 수 있었으며, 이를 통해 성조 영락제의 '정난'이 '찬탈簒'이라는 판단을 분명하게 나타내고, 자신들이 인식한 사건이 명대 역사에서 지니는 엄중한 의미를 강조했다. 이에 대해 필자는 이미 '건문제 사건'과 관련된 언론을 분석하는 과정에서 언급한 바 있다.(제3장 참조) 이와 같은 역사에 대한 감정을 바탕으로 건문제의 유민과 유신은 명나라 유민들이 고심하여 선택한 자아의 상징이 되었으며,

그 사적에 신뢰성이 있는지의 여부는 유민의 바람을 표현하는 것에 비해 그다지 중요하지 않게 변해 있었다. 왕조 교체기에 나온 건문제 사건과 관련된 서술 가운데는 명대 사대부들이 공유하던 어떤 비밀이 감춰져 있었다.

유민 사학의 비판성은 이와 같은 사학의 과제에서 더욱 분명하게 드러났다. '명나라의 멸망 원인에 대한 탐구'는 유민의 역사 서술과 역사 평론에서 또 다른 큰 주제를 구성했으며, 그것은 또한 유민이 역사를 다루게 된 기본 동력에 속했다. 역사 평론을 통해 '국운國運'을 탐구하는 과정에서 사대부들은 자신들의 운명을 탐구했다. 문장 사이에 가득한 처량한 느낌과 어찌할 수 없는 침통함은 깊은 상처를 느끼게 한다. 사론史論을 정론政論으로 삼는 것은 원래 사대부들이 정치에 대해 논의할 때 널리 사용하던 책략이었다. 비록 왕부지의 『독통감론』과 『송론宋論』처럼 경계하고 격려하는 저작은 결코 많지 않지만, 명나라의 멸망을 전후로 한 사대부들의 사론을 통해서 우리는 하나의 왕조에서 자신과 관련된 비판적 사상이 누적되는 과정을 볼 수 있다.[38] 명·청 교체기 사대부들이 명나라 시기의 사실을 논의할 때는 종종 구체적인 인물과 사건의 뒤엉킴을 고려하지 못하고 은혜와 원수라는 관점에서 인과관계를 귀결시켰으며, 조정 정치를 하나의 큰 베풂이라는 국면으로 간주했기 때문에 시야가 세속의 경험을 벗어나지 못했고 논자 역시 여전히 사건의 한가운데 섞여 있었다. 이것은 당연히 고대 중국에서 '인간론'―인격론과 도덕론―을 정론으로 간주했던 전통과도 관련이 있다. 『독통감론』과 『송론』은 왕부지 만년의 저작으로서, 악록서사에서 간행한 『송론』의 「편교후기編校後記」에 따르면 『송론』은 더 늦게(강희 30년, 1691) 완성되었다고 한다. 이 두 저작을 통해 우리는 왕부지가 옛 명나라 역사에 대해 냉정하게 깊이 고찰하는 태도를 지녔음을 알 수 있다. 정쟁에 대한 그의 논의는 '도덕-인격론'에 갇히지 않고 정치의 운용과 효율에 착안했으며, 군자-소인의 관계를 논할 때는 더욱 방법론적인 계시의 의의가 있어서 사대부 정론의 성숙 정도를 잘 보여준다. 왕부지의 역사평론은 '소인'과 간신의 죄를 논하는 데 그치지 않고 망국에 대한 선비와 '올바른 사람正人'의 책임까지 탐구함으로써 자신의 '부류類'와 관련된 사대부의 성찰 능력을 잘 보여준다. 그는 "역사에서 중요한 것은 지나간 일을 서술하여 미래의 사표로 삼는 것"이라고 하면서, "나라가 망한 것은 당연 그 이유가 있는데, 망하게 되면 스스로 망하게 한 잘못들이 분명하게 대중에게 보인다"고 했다.* 권력을 쥔 간신은 나라를 망하게 하기에 부족하다는 그의 논의는 "한 사람이 천하의 흥망과 관련이 있다"는 일반적인 사고방식을 넘어선 것이었다.³⁹ 비록 그가 '재앙의 시작'으로 그 원인을 탐구하여 인과관계를 귀결했다 할지라도 시론時論—당쟁은 나라를 망하게 한다거나 심성心性과 망국 사이의 관계에 대한 논의와 같은—에서 완전히 벗어나거나 '군자-소인'과 같은 관점을 넘어선 것도 아니었다. 그러나 그가 도덕적 입장이 아니라 정치의 운영을 통해서 명나라의 멸망을 논한 것은 여전히 사대부들의 일반적인 관점을 넘어서고 있었다. 역사에 대한 그의 식견史識 또한 명·청 교체기 사대부들의 풍부한 정치 경험을 통해 해석해야 한다.

명대에 『송사』를 다시 편찬하려는 이들이 없지 않았으니, 전겸익에 따르면 귀유광歸有光과 탕현조湯顯祖, 왕유검王惟儉** 등이 여기에 뜻이 있었다.(「跋東都事略」, 『牧齋有學集』 권 권46 참조) 왕조 교체기에 사대부

---

* 원주: "所貴乎史者, 述往以爲來者師也."(『讀通鑑論』 권6, 225쪽) "國之亡, 有自以亡也, 至於亡, 而所自亡之失昭然衆見之矣."(같은 책 권10, 373쪽)

들은 더욱 자각적으로 송나라 역사를 빌려서 자신들의 시대를 관조했다.(「書柯氏宋史新編後」, 『曝書亭集』 권45 참조) 필자는 이미 다른 곳에서 유민 학자들이 "송나라에 대한 논의로 명나라를 논한" 것에 대해 설명한 바 있다. '송'은 명대 및 명·청 교체기의 사대부들이 명나라 세상과 명나라 사대부, 명나라 정치를 비교 검증하여 고찰할 때에 줄곧 중요한 텍스트로 간주되었다. 사대부들은 송나라에 대한 논의가 자신의 존재와 관련된 서술이라고 여겼으며, 그것은 바로 당시에 옛 명나라에 대한 비평이 전개될 수 있도록 제공된 형식이기도 했다.

왕조 교체기의 유민 학자들은 역사의 법칙에 대해서도 많은 연구와 논의를 펼쳤다. 황종희는 이렇게 썼다.

> 나는 일찍이 동문들과 역사에 대해 논한 적이 있는데 반고와 사마천의 서사를 가슴속에 담고 있어도 결코 그것들을 비교할 수는 없었다. 그러므로 일은 원래 일상적이지만 기이한 절조와 들어맞고, 감정은 원래 평범하지만 감격과 분노에 덧붙여진다. 다만 세간의 인정과 사물의 이치만 보더라도 배고프면 먹고 목마르면 마시며, 흐리면 비가 오고 맑으면 햇빛이 비치면서 완곡하게 생애와 관계를 맺으면서 온갖 오묘함을 전개한다. 일은 신뢰를 징험하는 것을 귀하게 여기고 말은 감정을 바탕으로 정해지는데, 차라리 빠지고 모자란 조보를 쓸지언정 아주 빼어난 고문을 쓰지는 않으니 사학은 그 절반이 넘는다.

** 왕유검(?~?)은 상부祥符(지금의 허난 성 카이펑開封) 사람으로 자가 손중損仲이다. 만력 23년(1595) 진사에 급제하여 공부우시랑까지 지냈으나 위충현에게 밀려서 파직되었다. 『송사기』(250권)를 편찬한 바 있으며, 그 외의 저작으로 『문심조룡훈고文心雕龍訓故』 『사통삭번史通削繁』 『사통훈고史通訓故』 등을 남겼다.

余嘗與門士論史, 切不可有班馬之敍事於胸中而擬議之. 故事本常
也, 而參合於奇節. 情本平也, 而附離於感憤. 第就世間之人情物理,
饑食渴飲, 暝雨晴曦, 宛轉關生, 便開衆妙. 事以徵信爲貴, 言以原情
爲定, 寧爲斷爛之朝報, 無爲陵駕之古文, 史學其過半矣.(「曹氏家錄
續略序」,『黃宗羲全集』제10책, 100쪽)

여기서 "일은 원래 일상적이지만 기이한 절조와 들어맞고, 감정은 원
래 평범하지만 감격과 분노에 덧붙여진다"는 말은 분명히 겨냥하는
바가 있으니 바로 당시의 충의지사와 유민의 전기 및 행장과 같은 것
들이다. 왕부지는 '반고와 사마천의 서사'에 대해 더욱 격렬하게 비판
적 태도를 견지하여, 심지어『사기』를 '비방의 역사謗史'라고 하기도 했
다.(『讀通鑑論』권3, 140쪽 및 151쪽 참조) 그의『독통감론』권말卷末의 여
러「서론敍論」에 보이는 "정통을 따지지 않고不言正統" "큰 아름다움과
큰 악을 논하지 않는不論大美大惡" 등등의 논의들은 의심할 바 없이 역
사 서술의 방법과 사학의 규범, 역사를 다루는 원칙과 관련된 중요한
논의였다. 같은 책에서 최호崔浩(?~450, 자는 백연伯淵)에 대해 설명한 부
분은 더욱 의미심장하다.

북위에서 벼슬살이를 해서 북위의 역사를 썼지만 척발씨의 유래
를 보존하고 그들이 천자가 될 수 없는 사실과 그들이 기회를 틈
타 중원에 들어와 주인 노릇을 함으로써 재앙이 시작된 것을 상
세히 썼다. (…) 그러니 최호가 강상에 공을 세운 것도 위대하다고
하겠다.
仕於魏而爲魏史, 然能存拓跋氏之所由來, 詳著其不可爲君師之實,
與其乘間以入主中華之禍始 (…) 則浩之爲功於人極者亦偉矣.(『讀通

고염무가 『일지록』 권26 "원사元史" 등의 조목에서 "비록 적국에서 비방하는 말이지만 전혀 거리낌 없이 말했기 때문에 대통大通의 길을 밝혔다"*고 하여 역사 편찬의 관례를 제시한 데도 항상 깊은 뜻이 담겨 있었으니, 이는 바로 청나라 초기 사학 환경에 대한 비판이라는 것을 어렵지 않게 읽어 낼 수 있다.

유민이 당대의 역사 편찬에 참여하게 되면 대가를 치를 수밖에 없었다. 문호門戶의 견해는 왕부지와 황종희 등도 피할 수 없었다. 왕부지는 역사 서술에서 사실에 맞지 않게 과장하고 선악에 대해 지나치게 강조하는 것에 대해 깊은 불만을 나타냈으며(『讀通鑑論』卷末「敍論·三」, 1179쪽과 『宋論』권2, 62쪽 등 참조), 이자명李慈銘은 『영력실록』에서 하등교何騰蛟**와 김보金堡에 대한 평가가 "특히 명말 문호門戶의 기풍이 있어서 옳고 그름의 판단에 공정성을 잃었다"***고 지적했다. 황종희가 "명나라 역사는 당연히 명나라를 따라야 한다"****고 한 것도 사이비 주장일 따름이다. 관찬 『명사』의 진짜 병폐는 '명나라를 따른' 데, 즉 명나라 사람들의 관점과 식견, 시비 판단에서 벗어나지 못한 데 있었기 때문이다. 앞서 설명했던 것처럼 명대를 비판하는 이들이 아직 그 비판의 문화적 시각을 벗어나지 못했다는 사실이 여기에서도 증명된다. 유민이 역사를 서술하여 '명나라를 존속'시키고자 한 일이 풍자적인 까닭

---

* 원주: "雖敵國誹謗之言, 鹹肆其辭, 而無所革諱, 所以明大通之道也."

** 하등교(1592~1649)는 귀주貴州 여평黎平 사람으로 자가 운종雲從이다. 남명 정권에서 호광총독湖廣總督으로 여러 차례 큰 전공을 세웠으나 상담湘潭에서 패전하여 포로가 되었다가 장사長沙에서 처형당했다. 시호는 문열文烈이다. 저작으로 『명중상왕하등교집明中湘王何騰蛟集』이 있다.

*** 원주: "尤是明季門戶習氣, 失是非之公."(「受禮廬日記」『船山全書』제11책, 570쪽)

**** 원주: "明史自合從明."(「移史館論不宜立理學傳書」『黃宗羲全集』제10책, 215쪽)

은 이러한 의미에서 '명나라'가 확실히 사대부들의 논의와 유민의 역사 서술에서 계속 이어지고 있었기 때문이다. 역사를 다루는 목표—명나라를 존속시키거나 명나라의 멸망 원인을 탐구하는 것 등—를 설정하는 것은 당연히 유민 사학에 특수한 성격을 부여했지만, 또한 그것이 충분히 학술적일 수 없도록 방해할 수밖에 없었다. 이와 관련된 저술들의 '질'과 '양'이 어울리지 못한 이유도 여기에서 부분적이나마 설명할 수 있다.

4 절

문론

'학술 전환'은 명말 고문운동古文運動의 중요한 배경을 구성했다. '옛 학문古學'을 부흥시키자는 분위기 속에서 '학술'과 '문학', 경학 및 사학과 글쓰기 사이의 관계도 자연스럽게 강조될 수 있었다. 그리고 황종희와 같은 저명한 학자들의 참여도 이 운동에 짙은 학술적 색채를 물들여놓았다. 황종희는 "글이란 반드시 '육경'에 바탕을 두어야 비로소 근본이 있게 된다"*고 했고, 시를 배우는데 "단지 대가의 시만을 따라서 장구를 헤아리고 연마하며 경전과 역사, 제자백가를 이해하지 못한다면 결국 편벽되고 고루하며 좁고 누추해질 따름"**이라고 했다. 그는 또 학문을 하는 순서와 글공부를 하는 길에 대해 이렇게 설명했다.

> 책을 읽을 때는 마땅히 '육경'에서 시작한 뒤에 『사기』와 『한서』,
> 한유와 구양수 같은 대가의 글을 읽어야 한다. 그런 곳에 오랫동

---

* 원주: "文必本之六經, 始有根本."(「論文管見」『黃宗羲全集』제10책, 649쪽)

** 원주: "若只從大家之詩, 章參句煉, 而不通經史百家, 終於僻固而狹陋耳."(「南雷詩歷·題辭」『黃宗羲全集』제11책, 203쪽)

안 잠겨 있다가 이것들을 통해 피어나 시와 문장이 되면 비로소
바른 길이 된다.

讀書當從六經, 而後史漢, 而後韓歐諸大家. 浸灌之久, 由是而發爲
詩文, 始爲正路.(「高旦中墓誌銘」, 『黃宗羲全集』제10책, 314쪽)

그는 명대의 문장이 "도와 기예藝는 하나"라는 것을 척도 삼아 이
학가의 글을 중시한 것을 비판함으로써 유학자의 법도를 훌쩍 넘어섰
다.[40] 한때 문단을 이끌었던 전겸익 같은 이도 '옛 학문'의 부흥을 구
호로 내세우고 또한 이것을 고문 부흥의 필요조건으로 간주했다. 명나
라가 망하기 전에 그는 "조상을 받들어 공경하고 종족을 추스르는尊
祖敬宗收族" 것으로 문장과 관련된 일을 설명하고 '육경'을 '글의 조상
文之祖'으로, 『좌전』과 『사기』를 '서자庶子 계파의 시조*라고 했다. 청나
라 초기의 주이존도 "문장은 경학과 분리된 것이 아니다"고 하면서 서
한의 문장으로는 동중서와 유향을 존중하고 또 당시에 시가 "공소하
고 천박"했던 이유를 학문이 모자랐던 탓으로 돌렸다.[41] 이런 모든 것
이 바로 명·청 교체기의 '시론'이었다. 그리고 일단 학술이 '유행'이 되
자 폐단도 피할 수 없게 되었다. 황종희는 전겸익이 "육경의 말을 쓰기
는 하지만 경전의 뜻을 궁구하지는 못한다"**고 비판한 바 있다. 「논문
관견論文管見」에서 그가 "요즘 대가大家를 보면, 걸핏하면 경전의 문장으
로 글을 채워 넣어서 경학으로 간주되기를 바란다"***고 한 것도 전겸익
을 겨냥한 말일 터이다.

줄곧 '학술'과는 거리가 가장 먼 것으로 간주되었던 시가 경학 및

---

* 원주: "繼別之宗."(「袁祈年字田祖說」,『牧齋初學集』권26, 827쪽)
** 원주: "用六經之語, 而不能窮經."(「思舊錄」,「錢謙益」,『黃宗羲全集』제1책, 374쪽)
*** 원주: "近見巨子, 動將經文塡塞, 以希經述."(『黃宗羲全集』제2책, 271쪽)

사학과 관계를 맺게 하려면 오로지 '유행風會'을 통해서 해석하는 수밖에 없다. 고염무의 『일지록』 권21 "유자산부오庚子山賦誤"와 "이태백시오李太白詩誤" 등의 조목들은 문인들이 학문을 하지 않은 실제 사례들을 보여준다. 같은 책의 "문불귀다文不貴多"(권19)와 "작시지지作詩之旨"(권21) 등의 조목들에서 '문文'과 '도道'에 대해 논하고 「여인서與人書」에서 '조충전각雕蟲篆刻'이 세상에 도움이 되지 않는다고 한 것(『顧亭林詩文集』, 98쪽)도 모두 이러한 유행 속에서 나온 비평들이다.[42] 시윤장施閏章에게 보낸 편지에서 그는 자신의 『음학오서音學五書』가 이루어지게 된데는 "그 공이 『모시毛詩』와 『주역』에 주석을 달았던 데 있으니" 세속에서 이해하는 시인의 책이 아니라고 했는데(같은 책, 58쪽), 이 또한 경학의 지위 회복과 학술—여기서는 주로 경학을 가리키는데—의 가치 상승에 대한 정보를 전달하고자 한 진술이다.

이 부분에서도 왕부지는 기존의 견해에 함부로 동의하지 않았다. 시와 '학술'의 관계에 대해 그는 이렇게 썼다.

> 성정을 도야하는 데는 특별한 풍격과 취지가 있으니 전적이나 간독, 훈고학으로 관여해서는 안 된다.
>
> 陶冶性情, 別有風旨, 不可以典冊簡牘訓詁之學與焉也.(「詩譯」, 『船山全書』 제15책, 807쪽)

그는 항상 훈고학자의 방법이나 학문 연구의 방식, 그리고 "훈장의 말씀을 달달 외우는帖括塾師" 방식으로 시를 해석하는 것을 비웃었다.

> 작자는 일치된 생각을 쓰는데 독자는 각자 자신의 성정에 따라 스스로 깨닫는다. 사방득과 우집虞集*이 시를 설명하는 것은 구역

을 정해놓고 뿌리를 파는 방식이었으니 어찌 이것을 알 수 있었겠는가?

作者用一致之思, 讀者各以其情而自得 (…) 謝疊山虞道園之說詩, 并畫而根掘之, 惡足知此.(「詩譯」, 『船山全書』 제15책, 808쪽)

반드시 출처를 찾는 것이 송대 사람들의 비루한 점이다. 개중에 특히 고지식하고 변통을 모르는 것은 이미 시의 출처를 찾아놓고도 오히려 시를 출처로 삼아 사물의 이치를 고증한다는 것이다.

必求出處, 宋人之陋也. 其尤酸迂不通者, 旣於詩求出處, 抑以詩爲出處考證事理.(「夕堂永日緒論內編」『船山全書』 제15책, 835쪽)

이것은 편벽되고 우매한 당시의 유행에 대한 민감한 반응을 나타낸다. 그러나 '이치理'를 중시하는 점이 또한 왕부지의 진면목 가운데 하나였다. 그는 "시에는 오묘한 깨달음이 있으니 이치와는 상관없다"**는 주장에 반박하며 "이치가 아니면 무엇으로 깨닫는단 말인가?"***라고 했다.

그런데 명·청 교체기에 유행으로 인해 가치론에 치중하는 경향이 있었음에도 당시의 유민 학자들은 여전히 옛 명나라에서 훈련한 바를

---

* 우집(1272~1348)은 인수仁壽(지금의 쓰촨 성에 속함) 사람으로 자가 백생伯生이고 호가 도원道園, 소암선생邵庵先生이다. 한림직학사 겸 국자좨주, 견장각시서학사牽章閣侍書學士를 역임하고 조세연趙世延 등과 함께 『경세대전』을 편찬하기도 했다. 죽은 후에는 강서행성참지정사江西行省參知政事에 추증되고, 인수군공仁壽郡公에 추봉되었으며, 시호는 문정文靖이다. 저작으로 『도원집道園集』 『우도원문선虞道園文選』 『우문정공시선虞文靖公詩選』 『우도원학고록虞道園學古錄』 등이 있다.

** 원주: "詩有妙悟, 非關理也."

  * 이것은 엄우嚴羽(자는 단구丹丘 또는 의경儀卿, 자호는 창랑포객滄浪逋客)가 『창랑시화滄浪詩話』에서 한 말이다.

*** 원주: "非理抑將何悟."(「詩譯」『船山全書』 제15책, 813쪽)

나타낼 수 있었다는 점도 주목해야 한다. 고염무와 장이기의 문장은 간결하고 세련되어서 고문에서 팔고문에 이르기까지 수련이 잘 되었음을 뚜렷이 보여준다.(장이기는 스스로 팔고문을 연습한 사실을 여러 차례 언급했다.) 황종희가 문체에 보인 민간함은 문인들의 습성보다 정도가 더 심했다. 방이지는 박식하고 고상하기로 명성이 높았지만 문장에 대한 그의 논의들은 충분히 명사名士와 같은 자유로운 마음과 소탈한 식견을 보여준다.

수천 년 동안의 전적들에 담긴 기이한 정서와 억울함, 괴로움은 초목과 날짐승, 들짐승의 이름처럼 내가 골짝에서 소리치며 박자를 맞추는 소재를 제공해줄 따름이다. 그런데 왜 고사를 인용해서도 안 되고, 논의를 집어넣어서도 안 되고, 사물의 명과 실이 부합되는지 따져서도 안 되고, 느긋하게 노닐며 호흡하거나 내키는 대로 이것저것을 이야기하거나 자문자답하거나 스스로 위안을 해서도 안 된다는 것인가? 도는 말로 표현할 수 없는데, 성정이 이와 대단히 가까울 것이다. (⋯) 『주역』이 커다란 비유이듯 고금의 모든 것이 비유이고, 고금의 모든 것이 비흥比興이며, 고금의 모든 것이 시라는 것을 알아야 한다. 그것을 이해하는 것이 각자에게 달려 있다는 것이 바로 오묘한 점이다. 그러니 여러 말이 필요하겠는가?

數千年之汗靑蠹簡, 奇情冤苦, 猶之草木鳥獸之名, 供我之谷呼擊節耳. 何謂不可引故事, 何謂不可入議論, 何謂不可稱物當名, 何謂不可逍遙吞吐指東畵西自問答自慰解耶. 道不可言, 性情逼眞於此矣 (⋯) 知易爲大譬喩, 盡古今皆譬喩也, 盡古今皆比興也, 盡古今皆詩也. 存乎其人, 乃爲妙葉. 何用多談.(『通雅』卷首之三「詩說」)

그는 '고금의 모든 것'이라는 거대한 텍스트를 통해 '시'를 키우고 넓히고 띄웠으니, "천지간의 삼라만상 가운데 점과 획이 아닌 것이 없다"*는 그의 관점을 생각하면 몹시 당연했다. 이런 빼어난 모습을 고지식한 유학자가 어찌 꿈에서라도 볼 수 있었겠는가! 고염무는 비록 신화와 전설을 언급했지만 학구적인 분위기를 벗어나지 못했다. 그러나 '수사修辭'와 '가설假說'(『日知錄』 권19), '시제詩題'와 '시 형식詩體의 시대에 따른 변천', 그리고 '용운用韻'에 대한 식견(같은 책 권21)은 대단히 전문가적이었다.

왕조 교체기라는 시대적 위치를 편리한 근거로 세운世運과 유행風會에 따라 문운文運―학술과 문장이 '상승하고 하강하는 시기昇降之際'―을 설명한 황종희의 문론은 명나라 전체의 문학을 조감하는 거시적인 안목을 드러내는데, 학문으로 양성된 인식력과 폭넓은 시야 또한 거침없는 논의의 밑천이 되어 줌으로써 그는 하나의 역사 시기를 비평과 성찰의 대상으로 삼을 수 있었다. 자신이 편집한 『명문안明文案』에 대한 그의 서문은 명대 문학의 변천사와 명대 문학의 성취에 관한 지극히 간략하고 개괄적인 평가라고 할 수 있다. 「명문안서·상」에서 그는 명나라의 문장이 세 번의 전성기를 겪었는데, '숭정 연간의 흥성'은 "권세를 가진 이들의 충성심은 이미 없어지고 자잘한 이들도 조정에 나아가지 않으니 경전에 능통하고 옛것을 배우는 선비들의 이목을 가리는 것이 없어서 오히려 기존에 있었으나 못다 한 언론緒言을 정리할 수 있었기"** 때문이라고 했으니, 적어도 명나라 말엽의 문학이 '흥성'한 데 대해 문화 자체를 통한 해석을 제공한다고 하겠다.[43] 권위의 실

---

* 　원주: "兩間森羅, 無非點劃."(『通雅』 卷首之三 「文章薪火」)

** 　원주: "王李之珠盤已隆, 邾莒不朝, 士之通經學古者耳目無所障蔽, 反得以理旣往之緒言."(『黃宗羲全集』 제10책, 17쪽)

추와 왕권의 약화는 명·청 교체기의 어떤 문화적 번영이 조성되는 데 확실히 직접적인 관련이 있었다. 이러한 비평의 배후에 깔린 문화적 신념은 말할 필요도 없다. 회고와 정리는 바로 쇠망을 다시 일으키고 병폐를 구제하기 위함이었다.

명대의 문학사를 정리하고 문명을 비판한 것도 명·청 교체기 유민과 사대부들이 수행한 '명대 역사 문화 비평'이라는 장대한 프로젝트의 중요한 부분이었다. 명대의 문학 비평은 여전히 전후칠자前後七子*가 주장한 복고에 초점이 맞춰져 있었으며, 유민들의 문론도 이 점에서는 여전히 명대의 중요한 화제를 계속 이어가고 있었다. 이 무렵에 이미 유민들이 지은 시에 대한 정리가 나오기 시작했다. 진호陳瑚의 『이우집離憂集』과 굴대균의 『맥미집麥薇集』 등은 유민이 지은 시를 유민이 모아 편집한 것이다. 필자가 보기에 당시의 문론 가운데 더욱 유민적 특징을 지닌 화제는 유민시에 대한 평가를 둘러싸고 전개되었던 듯하다.

유민시에 대한 평가가 문제시 되기 시작한 것은 시의 '정격正'과 '변격變'이라는 정통 사상을 통해서이다. 유민시에 대해 어떤 이는 '유민 시풍'이라고 하면서 격렬히 비판했으니, 대표적인 인물이 바로 전겸익이다. 그는 '정변'을 통해 성쇠를 이야기하면서 전통적인 시교詩敎를 척도로 삼아 이른바 '급박하고 분노에 찬 소리噍殺恚怒之音'는 '각성角聲'이자 '음률陰律'이며, '하성夏聲'이고 '사성死聲'이며, '슬픈 세상의 소리哀世之音'라고 했다.[44]

---

* 명대에 복고적인 문학론을 주도했던 이들로서 홍치, 정덕 연간의 이몽양李夢陽과 하경명何景明의 주도 아래 함께 동조한 왕구사王九思, 변공邊貢, 강해康海, 서정경徐禎卿, 왕정상王廷相을 전칠자前七子로 꼽는다. 가정 연간에 주로 활동했던 후칠자後七子는 이반룡李攀龍과 왕세정王世貞을 중심으로 하고 거기에 사진謝榛과 오국륜吳國倫, 종신宗臣, 서중행徐中行, 양유예가 포함된다.

저는 이미 늙고 불교에 귀의하여 세상사에는 신경을 쓰지 않지만 유독 사고謝翱와 정사초鄭思肖 같은 분들의 시를 보는 것은 좋아하지 않으니, 귀신의 말처럼 쓸쓸하고 살아 있는 사람의 기운이 없어서 마음이 한없이 슬프게 하기 때문입니다. 또한 오래吳萊의 『상해유록桑海遺錄』과 정민정程敏政의 『송유민록宋遺民錄』은 모두 남송이 멸망한 뒤에 나왔는데, 오늘날 사람들이 감히 그것을 칭송하고 인용하는 것은 어쩌면 그 점을 생각하지 않기 때문일 것입니다.

僕西垂之歲, 皈心空門, 於世事了不掛眼, 獨不喜觀西臺皆井諸公之詩, 如幽獨若鬼語, 無生人之氣, 使人意盡不歡. 而亦以立夫桑海之編, 克勤遺民之錄, 皆出於祥興澌滅之後, 今人忍於稱引, 或未之思耳.(「答彭達生書」, 『牧齋有學集』 권38, 1333쪽)

「서계중시고서徐季重詩稿敍」에서도 그는 이렇게 썼다.

나는 늙어서 꺼리는 것이 많은데 사람들 사이에서 「월대」 「오정」 「곡음」 「월천」 등의 시가 인용되는 것을 듣기 싫어한다. 백양나무 우거진 황량한 들판에 벌레들과 새들이 울어대서 마치 고독한 이의 외로운 읊조림이나 『시경』 「소남·감당甘棠」의 음울한 노래와 같은지라 머리를 싸매고 피하며 그 여운이 내 귀를 스칠까 두려워한다.

余老耄多忌諱, 惡聞人間所稱引越臺吳井谷音月泉之詩, 白楊荒楚, 鳴號啁噍, 若幽獨君之孤吟, 若甘棠之冥唱, 蒙頭而避之, 唯恐遺音之過吾耳也.(『牧齋有學集』 권18, 796쪽)

같은 글에서 그는 이른바 '사성死聲'을 풀이하면서 "원망하고 분노하며 애달프게 수심에 잠겨 음조音調가 조화를 이루지 않고 급박한 소리가 그것怨怒哀思, 怗懘噍殺之音是也"이라고 했다. 절조를 잃은 몸으로서 이런 논의를 주절주절 늘어놓는 것을 보건대 이 노인의 드센 성격을 알 수 있지 않을까? 전겸익이 보기에 시대의 병폐는 이것뿐만이 아니었다. 그는 당시의 영매시詠梅詩에 대해 이렇게 비판했다.

> 오늘날 시를 논하는 이들은 기세가 첨예하고 방법이 험준하며 말라비틀어진 어휘로 시를 짓는 것을 최고로 생각한다. 매화를 노래하는 시들에는 더욱 황량하고 굶주려 수척하며 안개인 듯 꿈인 듯 몽롱한 구절만을 다투어 짓는다. 예를 들어 쓰르라미 소리가 지렁이 굴에서 나온다면 비록 처량하고 뼛속까지 으스스하겠지만 또한 어찌 들을 만하겠는가!
>
> 今之論詩者, 以勢尖徑仄, 捫枯扣寂爲宗. 若詠梅花詩, 尤爭爲荒寒瘦餓, 如煙似夢之句. 譬如螗蛄之聲, 發於蚯蚓之竅, 雖復凄神寒骨, 亦何足聽.(「書梅花百詠後」, 『牧齋有學集』 권47, 1559쪽)

여기서 전겸익은 어떤 정신적 징후와 질환에 대한 민감한 반응을 여러 차례 나타냈다. 그러나 그는 비록 시대의 병폐를 정확히 지적해냈을지언정 오히려 처음부터 줄곧 또 다른 편견을 포함하고 있었으며, 또한 시의 사회적 기능과 문화적 의의를 과대평가했다. 더욱이 시와 세상인심을 논하는 것은 원인과 결과를 전도顚倒시켰다는 혐의가 있다.[45] 유민시에 대한 비판은 이후에도 여전히 있었다. 나학붕羅學鵬의 『광동문헌廣東文獻』 4집 권19의 『국초칠자집國初七子集』에서는 굴대균의 시를 "뽑아 넣기에 마땅하지 않다"고 하면서 그 이유로 "본조本朝(청)에 살

면서 망령되게 이전 왕조를 그리워하는 이는 혼란을 조장하는 백성亂
民이다. 굴대균은 미친 듯이 시끄럽게 떠들어 대면서 망언으로 재앙을
자초하고 온유돈후溫柔敦厚의 뜻을 크게 잃어버렸다"고 했다.* 같은 권
의 『진독록집陳獨漉集』「열전」에서는 이렇게 썼다.

내가 보기에 선생은 나라가 망했음에도 전혀 촉급한 소리를 내지
않았으니 그 소양을 알 만하다. 굴대균에 비해 얼마나 차이가 큰가!
按先生爲破巢之完卵, 幷無噍殺之音, 其所養可知矣, 視屈翁山相去
何如耶.

명·청 교체기에 유민시를 변호한 것은 겨냥하는 바가 있는 행위였
다. 부산傳山은 아예 시가 '원망怨'을 해도 괜찮다고 했다.

유신庾信의 시는 글자마다 진실하고 원망에 차 있는데, 그에 대해
논하는 이들은 시란 차분하고 문아文雅해야 한다고 한다. 그런데
『시경』「소아·소변小弁」과 굴원의 작품은 언제 어디에서 지어진 것
인가? 그런데도 싸잡아서 차분하고 문아해야 한다고 비판한다면
수치심이 전혀 없다고 할 수 있을 것이다.
庾開府詩, 字字眞, 字字怨, 說者乃曰詩要從容爾雅. 夫小弁屈原, 何
時何地也, 而槪責之以從容爾雅, 可謂全無心肝矣.(「雜記 2」, 『霜紅龕
集』 권36, 999~1000쪽)

---

* 원주: "不宜入選 (…) 居本朝而妄思前朝者, 亂民也. 翁山叫囂狂噪, 妄言賈禍, 大失溫柔敦厚
之旨."

주학령은 더욱 의도적으로 전겸익과 다른 주장을 내세웠다. 그는 스스로 "천계, 숭정 연간 이래의 시를 고르면서 오로지 맑고 그윽하며 담담하고 심원한 경지를 나타내어 세속의 비린내를 말끔히 없앤 것들만을 취했다"고 하여 논변의 색채를 뚜렷이 나타냈으며, 명나라 말엽의 시를 논할 때도 전겸익과 취지가 아주 많이 달랐다. 그리고 그는 손님이 질문하는 형식을 빌려 이렇게 물었다.

"이들 여러 선생의 시는 바로 세상에서 비웃는 종담체鍾譚體*로서 귀신의 취향과 정벌 전쟁을 노래한 망국의 소리인데, 선생께서는 왜 그런 것들을 고르셨는지요?"**

그다음에는 이른바 '우성羽聲'과 '촉급함噍殺', '사람의 잘못이 아님非人之過'에 대해 설명했다

성음의 이치는 세운과 통하고 성정에 감응한다. (…) 여러 선생은 취한 듯 본성을 잃은 시절에 태어나 나라가 망하는 일을 당했으니 사물에 접촉하면 슬픔을 품고, 맑은 마음에 소리가 울려 원망하고 분노하며 슬퍼하고 상심한 것은 본디 마땅한 일이다. 또한 12율律의 선상위궁旋相爲宮***이라는 학설을 들어보지 못했는가?

---

* 명대 만력 연간에 이른바 경릉파竟陵派 문학운동을 주도한 종성鍾惺(1574~1624, 자는 백경伯敬, 호는 퇴곡退谷)과 담원춘譚元春(1586~1637, 자가 우하友夏)의 시문 풍격을 아울러 가리키는 말이다. 이들은 기본적으로 공안파公安派와 마찬가지로 시와 산문을 지을 때 성령性靈을 펼쳐 발휘할 것을 강조하여 자연스럽고 천진한 풍격을 내세움으로써 전후칠자前後七子의 복고주의에 반대했다. 그러나 오히려 그들이 내세운 이른바 '유심고초幽深孤峭'한 풍격은 난해하고 편벽된 형식으로 가독성을 떨어뜨리는 악영향을 주었다고 평가되기도 한다.

** 원주: "選啓禎以來之詩, 專取幽淸澹遠盡掃俗葷者 (…) 此諸君子之詩, 乃世所嗤鍾譚體, 爲鬼趣爲兵征, 亡國之音也, 夫子何取乎爾."(『寒山集序』『愚庵小集』, 407~408쪽)

*** 12율의 선상위궁이란 12율의 각 율조가 모두 순서대로 돌아 궁음宮音이 될 수 있다는, 다시 말해서 궁음이 12율 가운데서 순환하고 왕복하며 움직인다는 설이다. 물론 어떤 율을 궁음으로 결정할 것인지, 전체 음조가 어떤 순서로 옮겨가는지를 의미하는 '조고調高'의 전환은 일정한 규칙이 있다.

궁, 치, 상, 우, 각의 격팔상생* 순서로 말하자면 12관은 모두 궁음이 될 수 있고, 12관의 궁은 모두 우성에 응할 수 있다. 선왕께서 우성을 없애지 못하고 8음이 된 것은 조리사가 식초와 젓갈, 소금, 매실을 버리면 5가지 맛을 낼 수 없는 것과 마찬가지다. 「다섯 선생의 노래五子之歌」**가 반드시 『하서』에 수록되고 『시경』「왕풍·서리」가 왕나라에서 삭제되지 않은 것도 모두 이런 물건과 이런 뜻을 나타낸 것이다. (…) 어찌 목객의 슬픈 읊조림과 외로운 사람의 쓸쓸한 말에 함부로 비유하여 헐뜯고 배척할 수 있겠는가!

聲音之理, 通乎世運, 感乎性情 (…) 諸君子生濡首之時, 值焚巢之遇, 則觸物而含淒, 懷淸而激響, 怨而怒, 哀而傷, 固其宜也. 且而不聞十二律旋相爲宮之說乎. 以宮徵商羽角隔八相生之序言之, 則十二管皆可爲宮, 十二管之宮皆可應以羽. 先王之不能廢羽聲而成八音也, 猶雍人不能舍醯醢鹽梅而濟五味也. 五子之歌必錄於夏書, 黍離之詠不刪於王國, 皆此物此志也 (…) 而安得以木客之悲吟幽獨君之冥語漫比而訾斥之哉.(「寒山集序」, 『愚庵小集』, 407~409쪽)

이것은 거의 전겸익을 호명하며 논박하고 있는 셈이다. 그는 「죽소헌시집서竹笑軒詩集序」에서도 '유심고초幽深孤峭'한 풍격을 위해, "이런 멋도 어찌 없앨 수 있겠는가!"***라고 변호했다.[46]

---

* 고대 중국에서 율수律數의 크기에 따른 차례 가운데 가장 어울리는 음조를 찾아내는 방법이다. 율수의 차례는 황종黃鍾, 대려大呂, 태주太簇, 협종夾鍾, 고선姑洗, 중려仲呂, 유빈蕤賓, 임종林鍾, 이칙夷則, 남려南呂, 무역無射, 응종應鍾이다. 여기서 황종을 12궁宮의 자子의 자리에 두고 나머지를 원형으로 늘어놓으면 해음諧音의 자리가 모두 8번째 자리에 있게 된다. 예를 들어 황종의 해음은 임종인데, 이것은 황종으로부터 정확히 8번째의 음조인 것이다. 같은 방식으로 임종의 해음은 그로부터 8번째인 태주다.

** 하나라의 군주 태강太康이 향락과 사냥에 빠져 지내다가 나라를 잃게 된 것을 그의 다섯 아우들이 애도하며 지은 노래라고 하며 『사기』「하본기夏本記」와 『상서』에 수록되어 있다.

'변격變'이 명나라가 멸망한 뒤에 시작된 것은 아니다. 방이지는 임신년壬申(1632) 문인 결사結社가 성행하던 때 이미 "그 소리가 변했음을 스스로 알지 못했다"****고 했다. 같은 글에서 그는 또 이렇게 썼다.

진자룡이 예전에 여러 차례 편지를 보내 내게 주의를 주면서 슬픈 노래가 이미 너무 상서롭지 못하다고 했다. 아, 변성은 응당 경계해야 하지만, 경계한다고 해도 어찌 피할 수 있으랴? 송존표宋存標*****는 이렇게 말했다.

"교연(730~799, 자는 청주清晝)은 자신의 뜻을 속이지 않았을 따름이다."

시란 뜻이다. 자신이 좋아하는 것을 따라 죽을 때까지 끊임없이 이어 나가는 것이다. 변하는지의 여부는 무엇 하러 따지겠는가!

臥子嘗累書戒我, 悲歌已甚不祥. 嗟乎, 變聲當戒, 戒又安免. 子建曰: 皎然不欺其志已耳. 詩也者, 志也. 從吾所好, 曼衍以窮年. 變不變, 何問焉.

그는 또 이렇게 썼다.

공자 이래로 천하가 시를 써서 원망의 극한에 이르렀다. 원망이 극한에 이르러 흥성하는 것은 마치 봄에 태어나게 해서 겨울에

***   원주: "此種風味亦何可少."(『愚庵小集』, 410쪽)

****   원주: "不自知其聲之變矣."(『宋子建秋士集序』『浮山文集後編』권1, 27쪽)

*****   송존표(1601?~1666)는 화정華亭(지금의 상하이 쑹장松江) 사람으로 자가 자건子建이고 호가 추사秋士, 겸가추사兼葭秋士다. 숭정 연간의 공생이었던 그는 명나라가 망한 뒤에 유민으로 여생을 마쳤다. 그의 저작으로는 『사의史疑』『국책본론國策本論』『추사향사秋士香詞』『체화집棣華集』, 그리고 잡극 『난대사향蘭臺嗣響』 등이 있다.

반드시 죽이는 것이 그 기운을 울창하게 피워내기 때문과 같다. 시를 읊어 원망하고 탄식하여 심장을 찌르고 뼈에 사무쳐서 도저히 어찌 할 수 없는 지경에 이른다. 도를 갖춘 선비가 서로 바라보며 노래하면 소리가 악기에서 나온다. 그 또한 크게 어찌 할 수 없는 것이 있는데, 이를 존속시키는 것이 천지의 마음이다. 천지 간에 바람과 번개가 없다면 천지는 암울할 것이다. 아, 시가 죽은 마음에서 얻어지지 않는다면 그 시는 틀림없이 남의 마음을 아프게 하거나 남의 눈물을 흐르게 하지 못할 것이다.

尼山以興, 天下屬詩, 而極於怨. 怨極而興, 猶春生之, 必冬殺之, 以鬱發其氣也. 行吟怨嘆, 椎心刻骨, 至於萬不獲已. 有道之士, 相視而歌, 聲出金石. 亦有大不獲已者存, 存此者, 天地之心也. 天地無風霆, 則天地暗矣. 噫嘻, 詩不從死心得者, 其詩必不能傷人之心下人之泣者也.(「范汝受集引」, 『浮山文集後編』 권1, 24쪽)

두준杜濬은 자신의 당호를 '변아變雅'라고 하고 또 그것으로 자신의 문집에 이름을 붙였으니, 이 역시 일종의 입장을 나타낸 것이라 하겠다. 팽사망은 추세의 '부득이'함을 통해 견해를 제시했다.

세상이 그렇게 되면 글도 따라서 변하는데 글을 쓰는 이의 마음 씀씀이가 힘겨울수록 곡절이 많아지고 곡절이 많아질수록 괴로워지니 마치 천지의 탄식하는 기운이 울창하게 뭉쳐서 펼쳐지지 않으면 격발되어 천둥번개가 되고, 응결하여 괴이한 우박이 되고 일렁거려서 무너지도록 재촉해 물이 넘치고 산이 무너지는 것과 같다. 어찌 상서로운 구름이나 아침 해, 감미로운 비, 따스한 바람이 되고 싶지 않겠는가? 하지만 추세가 다하여 부득이한 것이다.

世則有然, 文從而變, 而作文者之用心彌苦彌曲, 彌曲彌厲, 如天地
之噫氣, 鬱不獲舒, 激爲雷霆, 凝爲怪雹, 動蕩摧陷, 爲水溢山崩. 夫
豈不欲爲卿雲旦日甘雨融風, 勢有所窮, 不得已也.(「與魏冰叔書」, 『樹
廬文鈔』권2)

위례魏禮도 "고금의 시론詩論은 온후하고 평화로운 것을 정음正音이
라고 여겼는데 분노하고 원망하여 뼈에 사무치는 것도 어찌 없앨 수
있겠는가? 그 사람이 처한 시대와 장소를 살펴야 한다"*고 주장했다.
황종희도 시의 정변正變은 시대와 관련된 것이니, "슬퍼하더라도 사적
인 기분에 젖지 않는다면""바르지 않을 게 어디 있겠는가?"라고 했
다.22** 또 「김개산시서金介山詩序」와 「만정일시서萬貞一詩序」에서도 시의
'정'과 '변'에 대해 논하면서 '처량하고 비통하며 가슴에 사무친凄楚蘊
結'것을 병폐로 여기지 않았다.(『黃宗羲全集』 제10책) 또 『해외통곡기』에
서 그는 해상으로 망명했을 때의 일을 이렇게 기록했다.

> 여러 신하와 할 일이 없어서 서로 심심풀이로 왕래하며 시를 지었
> 다. 여러 신하 가운데 오종만과 장긍당만이 원래부터 시를 잘 짓
> 기로 유명했고, 그 외의 사람들은 비록 시를 지어본 적이 없지만
> 지극히 고심하고 풍경과 사물에 감명을 느껴서 붓이 가는 대로
> 작품을 만들었다.
>
> 與諸臣無所事事, 則相徵逐而爲詩. 諸臣唯吳鍾巒張肯堂故以詩名,
> 其他雖未嘗爲詩者, 愁苦之極, 景物相觸, 信筆成什.

---

* 　원주: "古今論詩, 以溫厚和平爲正音, 然憤怨刻切亦復何可少, 要視其人所處之時地."(「甘衷素
詩序」, 『魏季子文集』권7)

** 　원주: "哀而非私 (…) 何不正之有."(「陳葦庵年伯詩序」, 『黃宗羲全集』 제10책, 45쪽)

황종희는 여러 신하의 시가 "설령 두보가 살아나서 지었다 한들 그보다 더 나을 수 없었다"*고 평가했다. 이런 것들은 모두 전겸익의 시론과는 다른 취지를 나타냈다. 이는 당연히 황종희 본인이 사건의 한가운데서 그런 감정과 풍경을 모두 몸소 겪어 자연스럽게 동정심과 자상한 배려를 느꼈기 때문일 것이니, 가공의 논의가 아니었다.[47] 유민이 유민의 글을 읽을 때는 국외자가 읽는 것과 다를 수밖에 없다. 황종희는 「축재문집서縮齋文集序」에서 자신의 아우 황종회의 글에 대해 이렇게 평했다.

> 그의 글은 아마 천지간의 양기일 것이다. 양기가 아래에 있으면 무거운 음기가 그것을 가두는데 두드리면 우레가 되고, 음기가 아래에 있으면 무거운 양기가 그것을 감싸는데 뭉쳐서 바람이 된다. 其文蓋天地之陽氣也. 陽氣在下, 重陰錮之, 則擊而爲雷, 陰氣在下, 重陽包之, 則搏而爲風.(『黃宗羲全集』제10책, 12쪽)[48]

이어서 그는 또 음양을 통해 '「채미采薇」의 노래'(상나라의 멸망)를 설명하고 '사고謝翱와 방봉方鳳,** 공개龔開의 글'(송나라의 멸망)과 '석모席帽와 구령九靈의 글'(원나라의 멸망)에 대해 논술했는데, 모든 논의가 '사람人'과 '글文'이 그 시대와 맺는 관계에 대해서였다. 역사의 전환 속에서 '문인文人의 글'의 운명과 시대의 충돌 속에서 나타난 인성人性, 그리고 추상적 이념과 영원한 척도―즉 '시교詩敎'―로 유민시를 비판

---

* 원주: "卽起杜甫爲之, 亦未有以相過也."(『黃宗羲全集』제2책, 209쪽)
** 방봉(1241~1322)은 절강 포강浦江 사람으로 자가 소경韶卿 또는 소보韶父, 경산景山이고 자호가 암남노인巖南老人이다. 82살까지 과거에 급제하지 못했지만 특별히 용주문학容州文學에 임명되었는데, 송나라가 망한 후 선화산仙華山에 은거했다. 저작으로 『야복고野服考』『존아당유고存雅堂遺稿』가 있다.

할 때에는 경험과 인생의 이해 정도에 따라 견해가 다를 수밖에 없다.

귀장은 자신의 『낙화시落花詩』에 대한 자서에서 이전 사람의 관련된 시 작품이 비록 이미 "모든 것을 극도로 묘사窮態極致"했다고 하면서도 이렇게 덧붙였다.

> 그러나 여러 선생은 모두 흥성하던 시절에 태어나 시문을 받들어 칭송하고 성세를 선양했기 때문에 꽃이 떨어짐이 비록 시들어 스러지는 풍경이지만 그것을 노래하는 작품들에는 아름다운 어휘들이 많았다. (…) 나는 좋지 못한 때 태어나 많은 일을 당했으며, 남쪽에서 나그네살이를 하지는 않았지만 언제나 꽃과 열매가 가득한 들판을 생각하고, 몸은 강남에 있으면서도 여전히 시드는 큰 나무에 대한 감상을 느꼈다. 부모가 돌아가신 극도의 통한과 형제를 잃은 깊은 슬픔을 느꼈으며, 계단 아래 난초도 씨앗을 남기지 못했다. 꽃잎 하나가 처음 날리면 이따금 눈물을 뿌렸고, 수많은 숲이 쓸어버린 듯 되면 한없이 상심했다. 이에 풍정을 본떠 쓰고 용모와 자태를 새겨 그렸는데, 이전 사람들이 극한까지 이르러버렸기 때문에 그 뒤를 잇기가 어려웠다. 정감을 기탁한 것도 이전의 여러 선생이 지니고 있던 것과는 달랐다.
>
> 然諸公皆生盛時, 推激風雅, 鼓吹休明, 落花雖復衰殘之景, 題詠多作穠麗之辭 (…) 我生不辰, 遭値多故, 客非荆土, 常動華實蔽野之思. 身在江南, 仍有大樹飄零之感. 以至風木痛絶, 華萼悲深, 階下芝蘭, 亦無遺種. 一片初飛, 有時濺淚. 千林如掃, 無限傷懷. 是以摹寫風情, 刻畫容態, 前人詣極, 嗣響爲難. 至於情感所寄, 亦非諸公所有.(『歸莊集』 권1, 119~120쪽)

이것은 당연히 유민의 속내를 나타냈다고도 풀이할 수 있지만, 또한 그의 도덕적·미적 자신감을 어렵지 않게 감지할 수 있다. 주학령도 재난을 당한 이후의 문장은 또 다른 아름다움을 나타낼 수 있다고 주장했다.

> 이로부터 취약한 것은 견고하게 하고, 젖은 것은 말리고, 유약한 것은 굳세게 하니, 꽃과 열매는 거둬들여야 현란하게 결실을 맺고, 은행나무 단풍나무는 서리를 겪어야 꽃처럼 되어 붉은 잎과 짙푸른 녹음이 아름답게 뒤섞이니 그 가운데 있는 이는 기분이 서늘하고 멀리서 바라보는 이는 눈이 아찔하다. 이 또한 천하의 장관이요 절정의 색채인 것이다. 만약 가을 기운에 곤욕을 치르고 매서운 추위에 살을 찌르는 경험을 하지 않았다면 어찌 이런 경지를 나타낼 수 있겠는가!
> 自是而脆者堅, 潤者燥, 靡者勁, 華實斂藏, 結爲絢爛, 鴨脚楓柏, 經霜作花, 紅葉翠陰, 參差綺縟, 當之者神寒, 望之者目眩. 此亦天下之壯觀絶采也. 使非秋氣坎壈寒威砭肌之後, 其何以得此哉.(「纈林集序」,『愚庵小集』권8, 379쪽)

전조망은 또 사람들이 유민시에 대해 평한 말을 인용하면서 이렇게 썼다.

> 생각건대 그 사람은 왕유王維나 위응물韋應物 같은 사람이어서 노래하고 탄식한 여운이 우음과 처음의 변성이 되어 바람처럼 우레처럼 울리는데, 모르는 이들은 시가 그 사람을 죽였다고 여기지만 아는 이들은 시인이 시에 사상과 정감을 기탁했다고 여길 것이다.

意其人爲右丞蘇州一流, 乃唱嘆之餘, 則爲羽徵變聲, 如風如雷, 不
知者以爲詩殊其人, 其知者以爲人寄於詩也. (「陸披雲先生阡表」, 『鮚埼
亭集』外編 권6)

당시와 이후의 독자들 가운데도 유민의 시를 독해하는 능력을 갖춘
이가 없지 않았던 것이다.[49]

왕부지는 『시광전詩廣傳』에서 「관저」를 논하면서 애락哀樂의 감정을
숨기지 않아야 한다는 주장을 펼쳤다.

> 슬픔을 숨기면 슬픔이 은폐되어 맺히고 즐거움을 숨기면 즐거움
> 이 숨어서 혼자 탐닉하게 된다. 즐거움을 탐닉하고 슬픔이 맺히면
> 그 추세가 오래 갈 수 없어서 반드시 곁으로 흐르게 된다. 곁으
> 로 흐른 슬픔은 근심과 참담함으로 인해 결국 원망하게 되고, 원
> 망하는 것을 동정하지 않아서 곁으로 흘러 즐거움에 빠지게 되면
> 심성心性이 바뀌지만 스스로 알아채지 못한다.
> 匿其哀, 哀隱而結, 匿其樂, 樂幽而耽. 耽樂結哀, 勢不能久, 而必於
> 旁流. 旁流之哀, 慄慄慘簷以終乎怨, 怨之不恤, 以旁流於樂, 遷心
> 移性而不自知. (『船山全書』 제3책, 299쪽)

이것을 보면 그의 유민시를 해석하는 태도를 미루어 짐작할 수 있
다. 정욕을 막힘없이 통하게 하여 올바른 곳으로 돌아가게 하는 것은
원래 일종의 유학자적인 사고방식이었다. 그러나 어떤 특정한 시제詩題
―예를 들어 가난에 대한 사대부의 원망이나 정치적 성격을 지닌 '노
래를 통한 풍자歌謠諷刺'와 같은―를 만났을 때, 당시에 널리 퍼져 있
던 '지독한 미움戾氣'에 대한 민감한 태도로 인해 왕부지의 지론도 전

겸익의 그것과 암암리에 부합하는 곳이 있으며, 그 척도의 '좁음陋'도 바로 여기에서 뚜렷하게 나타난다. 왕부지는 시인이 시 때문에 춥고 배고픔에 시달린다는 주장을 지극히 혐오하면서 『시경』「패풍·북문北門」은 처음으로 나쁜 선례를 만든 작품이라고 지적했다.

> 도잠은 "가난이 나를 몰아갔다"라고 하여 거기에 빠지는 실수를 저질렀다. 두보도 자세히 살피지 않고 그 여파를 장려했다. 그 뒤를 이어 추위와 굶주림을 울며 하소연하거나 남에게 도움을 구걸하는 이들이 시를 예물처럼 받들었는데, 진앙陳昂*과 송등춘宋登春**에 이르러서는 추잡하고 더러움이 극에 이르렀다.
> 陶公饑來驅我去誤墮其中. 杜陵不審, 鼓其餘波. 嗣後啼饑號寒望門求索之子, 奉爲羔雉, 至陳昂宋登春而醜穢極矣.(『夕堂永日緖論內編』『船山全書』제15책, 840쪽)

그는 또 한유의 「진학해進學解」와 「송궁문送窮文」이 "버럭 화를 내고 펑펑 눈물을 흘리는" 것은 "도를 모르는 것이 양웅揚雄과 같다"고 했다.*** 그는 '제물과 이익貨利'에 대해 극단적으로 도덕적인 관점에서 부정했기 때문에 사대부들이 물질생활에 대해 불평불만을 가지는 것을

---

* 진앙(?~?)은 복건 포전莆田 사람으로 자가 이첨爾瞻 또는 운중雲仲이고 자호自號가 백운선생白雲先生이다. 만력 초기 제생이었던 그의 시는 같은 고을의 송각宋珏이 모아서 『백운집白雲集』(7권)으로 간행했다.

** 송등춘(1515?~1586)은 기주冀州 신하新河(지금의 허베이 성 싱타이邢台에 속함) 사람으로 자가 응원應元이고 호가 해옹海翁, 아지鵝池다. 30대에 아내와 다섯 자녀를 모두 잃고 수염과 머리가 하얗게 변한 그는 양아들로 삼은 조카와 함께 천하를 두루 돌아다니다가 만년에 강릉江陵 천아지天鵝池(지금의 허베이 성 스서우石首에 속함)에 거처를 정해 살았으며, 훗날 전당강錢塘江에 몸을 던져 죽었다. 그가 남긴 시문은 『송포의집宋布衣集』(3권)에 수록되어 있다.

*** 원주: "悻悻然怒, 潸潸然泣 (…) 不知道, 與揚雄等."(『夕堂永日緖論內編』『船山全書』제15책, 855쪽)

'도리理'와 '욕망欲'의 관점에서 이해하였고, 재물과 이익을 추구하는 것은 '인간의 도리人理'를 없애는 길이라 여겼으니, 여기서 이학의 논리는 극단으로 치달았다. 사대부의 '노래를 통한 풍자歌謠諷刺'에 대해 부정하기란 바로 유학자의 '질서' 의식에 뿌리를 둔다. 그는 사대부의 기풍이 나날이 쇠퇴해가는 시대에 "성인은 『시경』의 가르침으로 그 혼탁한 마음을 씻고 저물어가는 기운을 진작振作하셨으니, 그들을 호걸의 무리에 받아들인 뒤 성현의 역할을 하기를 기대하는 것이야말로 난세에 인간의 도리人道를 구제하는 큰 권한"*이라고 했다. 비록 경력과 처지는 무척 달랐지만 왕부지와 전겸익은 모두 각자의 경험과 이해에 의지하기를 피하지 못하고 이른바 '온유돈후'한 '시교詩教'를 절대화했다. 왕부지가 원망과 분노가 담긴 소리를 혐오하고 '조화和'의 절대적 의미를 강조한 것도 분명히 명나라가 망할 무렵의 반성 속에서 생겨난 극단적인 심리상태에서 비롯된 것이다.[50]

명나라가 망한 뒤에 시는 비단 사대부들만의 생존 방식이 아니었다. 전조망은 이렇게 말했다.

명나라가 망한 뒤 용상 지역에 은거한 이들이 천하에서 가장 많았는데 모두들 초췌하고 메마른 소리로 월천사의 여러 유로를 따라 시를 주고받았다. 가장 저명한 것으로 사사四社가 있다.

有明革命之後, 甬上蜇遁之士甲於天下, 皆以蕉萃枯槁之音, 追蹤月泉諸老而唱酬. 最著者有四社焉.(「湖上社老曉山董先生墓版文」, 『鮚埼亭集』外編 권6)

---

* 원주: "聖人以詩教以蕩滌其濁心, 震其暮氣, 納之於豪傑而後期之以聖賢, 此救人道於亂世之大權也."(「俟解」 『船山全書』 제12책, 479쪽)

왕조가 바뀔 무렵 우리 고을의 여러 유로 사이에 결사가 매우 성행했는데 호상의 '일곱 선생七子'이 절조를 굳게 지킨 일이 가장 유명했다.

改玉之際, 吾鄉諸遺老社會極盛, 而湖上之七子苦節爲最.(「宗徵君墓幢銘」, 『鮚埼亭集』外編 권6)

그가 기록한 '일곱 선생'의 결사 또한 당시에는 일종의 전형적인 유민 행위였다.

'일곱 선생'이 조각배를 타고 함께 나들이를 갔는데 자식을 생각하며 눈물 흘리는 이와 큰소리로 노래를 주고받는 이, 눈을 크게 뜨고 살펴보는 이도 있어서 물가의 사람들이 대부분 이상하게 여겼다.

七子以扁舟共遊湖上, 或孺子泣, 或放歌相和, 或瞠目視, 岸上人多怪之.

그는 또 「육설초전陸雪樵傳」에서 육곤陸崑(?~1659, 자는 만원萬原, 호는 설초雪樵)의 시 중 묘사하고 있는 석사汐社의 모임 장면을 이렇게 기록했다.

이야기하는 사람, 묵묵히 입을 다문 사람, 설렁설렁 책을 넘기는 사람, 미친 듯이 마시며 세상을 질시하는 사람, 통곡하며 끝없이 하늘에 호소하는 사람 등을 모두 시에 나타냈다.

語者, 默者, 流觀典冊者, 狂飮作白眼者, 痛哭呼天不置者, 皆見之詩.(「陸雪樵傳」, 『鮚埼亭集』外編 권12)

이로 보건대 유민이 쓴 글뿐만 아니라 쓴 사람의 이와 같은 표정과 거동도 모두 '시'로 읽을 수 있으며, 그도 확실히 이것을 '시'로 간주해서 썼음을 알 수 있다. 또한 그 배에 타고 있던 사람들과 물가에 있던 사람들의 차이를 어렵지 않게 짐작할 수 있을 것이다. 이 '배 안'은 유민이 설정한 자신에 대한 형상적 묘사象喩, 그 자신과 당시 세상 및 당시 세상 사람들 사이의 관계와 상대적 위치에 대한 형상적 묘사이다.

두준杜濬은 「정자목천방가서程子穆倩放歌序」에서 "시는 역사의 거짓을 바로잡을 수 있다"*고 했다. 유신시의 가치에 대한 논의에서는 유민이 시로 '역사'를 쓰는 행위의 의의가 '명나라'를 존속시키는 데 있다고 했으니, 이는 아주 통상적인 사고방식이었다. 굴대균은 이렇게 주장했다.

> 사대부가 난세에 태어나 글을 쓰려는 뜻을 지니거든 마땅히 먼저
> 망한 것을 기록하고 나서 존속하는 것을 기록해야 하며, 『춘추』와
> 같은 역사서의 형식이 아니라도 마땅히 시로 기록해야 한다.
> 士君子生當亂世, 有志纂修, 當先紀亡而後紀存, 不能以春秋紀之,
> 當以詩紀之.(「東莞詩集序」, 『翁山文鈔』 권1)

그는 또 "두보는 시로 역사를 썼고 정사초는 마음으로 역사를 썼다少陵以詩爲史, 所南以心爲史"라는 관점에서 이렇게 썼다.

> 아, 군자가 난세에 처하면 염려하는 것은 무심한 것일 따름이다.
> 마음이 존재한다면 천하가 존재하고, 천하가 존재하면 역사도 그
> 로 인해 존재하게 된다. 그것이 지금은 드러날 수 없지만 후세에

---

* 원주: "詩可以正史之僞."(『變雅堂遺集』 文集 권1)

는 반드시 드러날 것이니 어찌 충신을 칭송하고 역적을 처단하며 올바른 뜻과 엄격한 어휘를 모두 소리와 시 사이에 드러내서 세상의 금기를 어겨야 하겠는가? 그러나 내 뜻은 결국 두보 같은 사람이 되고 싶지 정사초 같은 사람이 되고 싶지는 않다. 두보는 그래도 시에 통달한 사람이지만 정사초는 정말 시에 곤궁한 사람이다. 하늘의 뜻이 결국 나를 곤궁한 데 둘 것인지 통달한 데 둘 것인지는 모르지만 또한 오로지 그것을 따를 따름이다.

嗟乎, 君子處亂世, 所患者無心耳, 心存則天下存, 天下存則春秋亦因而存, 不得見於今, 必將見於後世, 奚必襃忠誅逆, 義正詞嚴, 盡見於聲詩之間, 以犯世之忌諱爲乎. 然吾之志, 終願爲少陵, 而不願爲所南也. 少陵猶詩之達者也, 所南則眞詩之窮者也. 不知天之意, 其終置予於窮耶, 達耶. 則亦惟聽之而已.(「二史草堂記」,『變雅堂遺集』文集권2)

이것은 시인의 운명과 관련된 명제로서 세상 운수가 바뀌기를 바라는 굴대균의 소망이 고스란히 입 밖으로 나오려 하는 듯하다. 황종희도 "역사가 없어진 뒤에 시가 나타났다"고 하면서 "운명이 극한으로 흐르면 사관史館에서는 단지 사건과 공적만을 기록할 뿐이고, 천지가 무너지지 않고 명교名敎가 겨우 남아 있게 되는 까닭은 대부분 망국의 인물들 덕분"이라고 했다.* 이는 또한 일반적으로 유민의 생존 의의에 대한 논증이기도 하다. 여기에 대한 전겸익의 소견은 시론時論과 전혀 차이가 없었다.[51] 그는 또 유민시도 유민을 존재하게 하기 위한 것이

---

* 원주: "史亡而後詩作 (…) 逮夫流極之運, 東觀蘭臺但記事功, 而天地之所以不毁, 名敎之所以僅存者, 多在亡國之人物."(「萬履安先生詩序」,『黃宗羲全集』제10책, 47쪽)

라고 했다. 유민 본인도 종종 그 시에 의지하여 이름이 전해지니, "고몽유顧夢遊*의 시를 존속시키는 것은 그를 존속시키는 길"**이다. 왕부지는 이 화제에 대해 여전히 다른 견해를 지니고 있었다.

시를 역사로 쓸 수 없는 것은 마치 입과 눈이 서로를 대신할 수 없는 것처럼 오래된 일이다.

夫詩之不可以史爲, 若口與目之不相爲代也, 久矣.(「詩譯」, 『船山全書』 제15책, 812쪽)

그러나 '유민시'의 전파는 결국 그것이 '시'의 품성을 지닌다는 사실에 의존할 수밖에 없다. 시로써 역사를 보존하기란 결국 바람일 뿐이다. 뜻은 있지만 그것을 나타낼 재능이 없거나 혹은 재능과 힘이 미치지 못함은 유민시인에게서 통상적으로 발견되는 어쩔 수 없는 한계였다. 풍자적인 면은 전겸익과 오위업처럼 절조를 잃은 이들이 쓴 시들이 더욱 '역사 보존'의 가능성을 지니고 있었다는 사실이다. 심지어 천인췌는 전겸익의 『투필집投筆集』에 수록된 여러 시를 두고 "군대와 국가의 관건이 되는 상당히 많은 일에 그가 직접 참여했으니, 두보의 시가 단지 멀리서 전해들은 소식을 이야기하고 고국에서 평화롭게 살던 시절을 추억하는 것과는 달랐다. 그러므로 이 점에서 『투필집』은 사실상 명·청의 시사詩史이며 두보에 비해 한층 뛰어나니, 바로 300년 이래의

---

* 고몽유(?~1660)는 강소 오강 사람으로 자가 여치與治다. 숭정 15년(1642) 세공생歲貢生이었던 그는 청나라가 들어서자 벼슬길에 뜻을 접고 유민으로 생을 마쳤다. 저작으로 『고여치시집顧與治詩集』이 있다.

** 원주: "存與治之詩, 所以存與治也."(「顧與治遺稿題辭」『牧齋有學集』 권49, 1591쪽)

가장 위대한 저작"*이라고 했다. 물론 '군대와 국가의 관건'만이 '역
사'가 될 수 있는지의 여부는 별개의 문제다.

에 필 로 그 1

유민시는 더욱이 글자가 없는 곳을 읽어내야 한다. 그러나 문자는 공개적인 표현이기 때문에 여전히 해석의 재료를 제공한다.

'표현 방식'으로 말하자면 지금까지의 장절에서 한 설명들로는 당연히 부족하다. 유민이 자신의 소속과 신념을 표현할 때 일상적으로 쓰는 방식은 바로 자신에 대한 명명命名—일반적인 방법은 여전히 자字와 호號, 실명室名, 별명別名 등인데—이다. 『비전집보』 권35 「오절사적민선생전吳節士赤民先生傳」에서는 오염吳炎이 "왕조가 바뀌는 사태를 당하자 고국을 마음에서 잊지 못해 차마 등져 내버리지 못했기 때문에 호를 적민赤民으로 바꿨다"*고 했다. 이와 같은 자신에 대한 명명도 생존에 의의를 부여하는 활동이다. 고염무가 이름을 염무炎武로 고친 것도 같은 경우다. 서방徐枋의 「항헌설恒軒說」에는 귀장이 자호를 '항헌'이라고 한 이유를 이렇게 설명했다고 기록했다.

---

* 원주: "以遭逢鼎革, 繫心故國, 不忍背棄, 故更號赤民云."

또한 세상의 변란을 겪고 나자 나는 하얀 실도 결국 물들어버리고 전초와 혜초 같은 향초도 지붕을 이는 띠풀이 되어버려서 모두가 영원한 것이 없음에 슬퍼했다. 그래서 이 자호로 자신에게 기대하고 또 자신을 경계했다.

且吾自經世變, 吾終悲夫素絲之終染, 荃蕙之爲茅, 是皆無恒者也, 故以爲吾號以自期, 亦自儆也.(『居易堂集』 권9)

이를 보면 유민들이 자기에게 명명하는 행위를 엄숙하게 여겼고, 부호의 의미에 대해 진지하게 연구했음을 알 수 있다.

성품과 정서가 다르고 뜻과 행동이 다르듯이 '이름'을 부여하는 행위에도 당연히 차이가 있다. 황종희는 「사일원묘지명査逸遠墓誌銘」에서 주인공이 "처음 이름은 숭계崧繼였고 자는 주청柱靑이었는데, 나중에 이름을 유遺로 바꿨다"*고 했다. 『비전집보』 권37 「장목암선생전張鶩庵先生傳」에서도 주인공이 "다시 호를 목암鶩庵으로 바꾸어 초야의 유민으로서 장차 들오리처럼 물위에 떠 흘러 다닐 것임을 알려주었다"**고 했다. 그 외에 도징陶澂(?~?, 자는 계季 또는 계심季深, 호는 소만昭萬) 같은 이는 "왕조의 말년에 처하자 자칭 '계季'라고 하여 드디어 자字로서 널리 알려지게 되어 도계陶季라고 했으니"*** 이 또한 왕조 교체라는 사건에 대한 반응이었다. 또한 이름을 바꿔 자신의 경력을 기록하기도 했다. 전겸익은 「설갱생묘지명薛更生墓誌銘」에서 이렇게 썼다.

---

* 원주: "初名崧繼, 字柱靑, 後改遺 (…)"(『黃宗羲全集』 제10책, 367쪽)

** 원주: "更號曰鶩庵, 嗡草際遺民, 將如野鶩之漂流水上也."

*** 원주: "身當末造, 以季自稱, 遂以字行, 曰陶季." ※ 원서에서 인용문 출처를 밝히지 않음.

그는 본명이 정평이고 자가 갱생이었는데 (…) 나라에 변고가 일어
났다는 소식을 듣자 통곡하며 바다에 뛰어들어 죽으려 했으나 동
행한 이가 힘껏 만류해서 귀향하도록 했다. 이에 그가 "내가 오늘
진짜 설갱생이 되었구나!"라고 탄식하고 이름을 바꿨으니, 그 일
을 기록하기 위해서였다.

君諱正平, 字更生 (…) 聞國變, 慟哭欲投海死, 同行者力挽之歸. 嘆
曰: 吾今日眞薛更生矣. 更名, 所以志也.(『牧齋有學集』 권31, 1144쪽)

진확이 이름을 '확確'으로 바꾼 것도 갑신년(1644)과 을유년(1645)
이후의 일이었다. 이름 바꾸기는 비록 한 때의 유행이었지만 거기에 설
정하는 의의는 사람에 따라 달라서 반드시 모두 정치적인 의미가 담겼
다고는 단정할 수 없다.

팽사망은 「수산탁루기首山濯樓記」에서 방이지에 대해 이렇게 기록했다.

묵력노인은 승려로서 강설할 때는 무가와 부려, 약지, 늠산, 수창,
목립, 청원, 우자 등의 호를 썼고, 동성에서는 방밀지 선생이라고
했으며, 을유년(1645)과 병술년(1646) 무렵에는 오석공이라고 했다
가, 마지막으로 서창에서는 묵력이라 했다.

墨歷老人者, 於高座爲無可浮廬, 爲藥地廲山壽昌, 爲木立靑原, 爲
愚者, 桐城爲方密之先生, 乙酉, 丙戌間爲吳石公, 最後西昌爲墨
歷.(『樹廬文鈔』 권8)

방이지가 썼던 이름은 이것들뿐만이 아니었다. 그는 자신의 평생에
남긴 행적만큼이나 자주 이름을 바꾸었다.(任道斌, 『方以智年譜』 「傳略」 참
조) 그 스스로 "7년 동안에 다섯 번 성명을 바꾸었다"고 했으니(「書周

思皇紙」,『浮山文集後編』권1, 22쪽), 바로 정처 없이 떠돌던 와중이었다. 같은 시대의 오정吳鼎은 "원래 명성을 피하려고逃名 자주 명호를 바꾸었는데" 천위안이 설명했듯이 "이른바 '이름을 남겨 감히 역사를 더럽히지 않으려' 한 것이니 또 어찌 후세 사람들이 본명을 고찰하기 어려울 것이라는 점을 고려할 겨를이 있었겠는가!"* 방이지의 동기는 틀림없이 훨씬 더 복잡했을 것이다. 앞서 언급한 바 있는 귀장은 이러했다고 한다.

> (그는) 이름을 자주 바꾸었는데, 숭정 연간에 갑자기 학사에게 부탁하여 이름을 조명으로 바꾸었다. 이후로 때로는 귀매로, 때로는 귀호래라고 칭하기도 했으며, 자는 원공 또는 원공, 현궁이라고 했다. 항헌은 그의 별호인데 또한 보명두타, 오오거산인이라고 하기도 했다.
>
> 名字屢更, 崇禎中, 忽請於學使者, 改名祚明. 自是以後, 或稱歸妹, 或稱歸乎來, 表字或稱元功, 或稱園公, 或稱懸弓, 恒軒其別號, 亦號普明頭陀, 又號鏖鼇鉅山人.(『靜志居詩話』「歸莊」, 680쪽)

귀장은 자신의 「산유시山遊詩」에 대한 자서에서 이렇게 썼다.

> (나는) 평생 이름과 자호를 자주 바꿔서 십여 개를 헤아리는데 지금 이름은 옛것을 따르고 자는 새것을, 호는 개중에 괴상한 것을 따른다.
>
> 平生名字號屢更, 以十數計, 今名從其舊, 字從其新, 號從其怪者

---

* 원주: "所謂姓名不敢汗靑史, 又何暇顧後人之難於考索耶."(『明季滇黔佛敎考』 권5, 225쪽)

云.(『歸莊集』권3, 212쪽)

이를 보면 그는 여전히 명사의 면모를 벗지 못하고 있다.

이름과 자호의 해석은 일종의 문장 종류 가운데 하나로서 사대부의 문집 가운데 비교적 자주 보인다. 유성劉城은 「왕한자서汪漢字序」에서 왕씨가 '한漢'이라는 이름을 쓴 의의에 대해, "하물며 오늘날의 상황을 한나라 때와 비교하면 개탄하지 않을 수 있겠는가?"라고 하여 상당히 깊이 있게 풀이했다. 같은 글에서는 또 왕씨가 자를 '서경西京'이라고 한 것이 "옛것이 다시 빛을 보기를光復舊物" 바라는 기대를 담았다고 했다.

한나라에는 두 개의 도읍이 있었으니 거의 주나라와 같다. 그러나 주나라는 동쪽으로 천도하여 다시는 떨쳐 일어나지 못했지만, 한나라가 옛것이 다시 빛을 보게 만든 것은 바로 동쪽 도읍洛陽에서였다. (…) 파총산嶓冢山*에서 발원하여 함께 흐르며 잠겼다가 만을 이루는 '한수이漢水 강'이 아니라 실은 한 고조의 고향 패풍읍에서 시작하여 장안에 이르러 고조와 문제, 경제, 무제로 이어지며 백성을 교화한 '한나라'인 것이다. 이것은 망한 진나라가 앞에서 막지 못하여 주나라가 정통을 드리워주었으며, 왕망의 신 정권과 조씨의 위나라도 그 후손을 찬탈하지 못하여 천년만년 중국인들이 그 국호를 전하여 그 복을 오래도록 이어가게 한 것이다. 그 사람은 한나라를, 한나라가 보존한 옛 성왕들의 오상과 육경의 도

---

* 파총산은 한왕산漢王山이라고도 하며 지금의 산시陝西 성 한중漢中에 있다. 이곳은 오늘날까지 창장長江 강의 가장 큰 지류인 한수이 강의 발원지다.

를 잊지 않고 찬란하게 세상에 갖춰지게 하려 했으니, 그래서 서경은 장렬하다. 그러므로 '한'이라는 것은 중국의 통상적인 어휘이고 '서경'이라는 것은 한나라가 가장 번성했던 시절의 도읍이다. 그 사람의 이름을 보면 그가 어찌 요즘 사람들과 같은 생각을 가졌다고 할 수 있겠는가? 그가 자신의 자를 살핀다면 감히 그 실질을 자세히 추구하여 옛 성왕의 도를 보존하기 위해 힘쓰지 않을 수 있겠는가?

夫漢有二京焉, 殆與周同. 然周之東也不復振, 而漢以光復舊物, 乃有東都 (…) 非發源嶓塚幷流潛沱之漢, 而實豐沛長安, 高文景武所漸摩之漢云爾. 是亡秦不能距於前, 而周爲之垂其統, 新莽曹魏不能簒其後, 而千萬世中國人爲之傳述其號, 久長其祚者也. 夫生不忘漢, 不忘漢所存古聖王五常六籍之道, 燦然明備於世也, 是則西京爲烈矣. 故夫漢者, 中國之通辭, 西京者, 又漢之最盛. 視生之名, 生豈猶夫今人之志意也哉. 生自視其字, 生敢不詳求其實, 而力務所以存古聖王之道也哉.(『崍桐集』권9)

이것은 유성의 문집 가운데 드물게 격정에 찬 문장이라 하겠다. 유성 본인은 글 뒤에 첨부한 집안에 보내는 편지에서 "이것은 이른바 진나라를 빌려서 비유한 것으로서 그저 한 번 생각을 발휘해 본 것인데 마치 오랫동안 마음에서 다듬어 온 것 같다. 이것을 읽을 때는 옛날에 대한 논한 것을 읽듯이 해도 무방하다"*고 썼다. 이것을 보면 그가 얼마나 신중했으며 글의 책략에 대해 얼마나 잘 자각하고 있었는지 알 수 있다.

---

* 원주: "此所謂借秦爲喩也. 聊一發揮, 似仍蘊藉. 讀之如論古, 正不妨也."

강채姜埰는 생전에 변방으로 폄적되어 수자리를 선 적이 없지만 자호를 '경전산인敬亭山人'이니 '선주노병宣州老兵'이라고 지은 것은 선제先帝(숭정제)에 대한 징치懲治의 태도를 나타내기 위해서였다고 하겠다. 그의 아들이 편찬한 『연보속편年譜續編』에 따르면 그는 선주宣州에서 여생을 마쳐서 "경정에 초가집을 짓고 변방으로 폄적되어 수자리를 서는 운명을 다하려"* 했다고 했으니 이 또한 일종의 특수한 유민의 표현 방법이었을 따름이다.

축연祝淵이 자신의 네 아들에게 각기 건명乾明과 항명恒明, 승명昇明, 진명晉明이라고 이름을 바꾸도록 유언을 남긴 일은 풍자스러운 의미가 있다. 그가 죽은 후 가족들이 편찬한 문집의 주석에 인용된 『가보家譜』에서는 "건명은 지금 이름을 익건翼乾으로 바꾸었고" "항명은 지금 이름을 익항翼恒으로 바꾸었다"고 했으니, 무슨 이유 때문인지는 몰라도 어쨌든 그들의 부친이 개명을 통해 억지로 나타내려 한 의지를 거부했다고 간주할 수 있겠다. 하지만 축연 본인의 다음과 같은 말은 통달한 견해를 담고 있다.

> 옛날 현인이 임종할 때 자제子弟들이 후사後事에 대해 묻자 그저 '안배하지 마라'라고만 대답했으니 참으로 오묘한 말이다.
> 昔先正臨歿, 子弟問以後事, 但云莫安排, 此三字最妙.(「臨難歸屬」, 『祝月隱先生遺集』 권4)

물론 표의表意의 부호로 쓰인 것이 이뿐만은 아니다. 고염무가 '복당復堂'과 '정렬당貞烈堂'의 이름을 붙인 의도는 아주 명백하다. 「정렬당기

---

* 원주: "欲結廬敬亭, 以終謫戍之命."(『敬亭集』)

貞烈堂記」에서 그는 "단지 건물 한 채의 이름을 글에 기탁함으로써 자손들에게 잊지 않게 보여주려"* 한다고 했다. 팽사망은 자기 벗의 장례를 치르고 나서 "저는 그 사람보다 늦게 죽는 것이 부끄러워 감히 편안히 지내지 못해 집을 버리고 들판을 떠돌며 길에서 여생을 마치려 합니다"**라고 썼다. 이것은 그의 '치궁당恥躬堂'이라는 당명堂名에 대한 설명이라고 할 수 있겠다. 육농기陸隴其***는 조포刁包가 "성 모퉁이 외진 곳에 서재를 지어놓고 잠실潜室이라 이름 붙였고, 정자 이름은 비둔肥遁이라 했다"****고 썼다. 특히 문인들은 끊임없이 창의적인 것을 추구했다. 굴대균은 자신의 '와료헌臥蓼軒'에 대해 이렇게 풀이했다.

내가 거처에 '헌'이라고 이름을 붙인 까닭은 천하 사방에 일이 있음을 잊지 않기 위해서이다. 거기에 여뀌를 깔고 누웠는데, 여뀌의 생애는 봄에 싹이 터서 가을에 꽃을 피우는데 대부분 물가 모래밭 부근에서 자라며 그 맛이 매우 맵다. (…) 쓸개로 마음을 쓰리게 하고 여뀌로 그 몸을 고생시키는 것을 옛사람들은 대개 치욕을 씻는 계책으로 삼았다. 나는 원래 고생스러운 사람이라서 설령 씻어야 할 치욕이 없고 갚을 원수가 없다 할지라도 오히려 종일 이 여뀌와 함께 하는데, 하물며 마음속에 너무나 잊을 수 없

---

* 원주: "僅以一堂之名托之文字, 以示子孫不忘."(『顧亭林詩文集』, 107쪽)

** 원주: "弟恥後之, 用不敢寧居, 棄家率野, 窮年道路."(「與陳君任書」『樹廬文鈔』권1)

*** 육농기(1630~1692)는 절강 평호平湖 사람으로 원래 이름이 용기龍其인데 피휘避諱 때문에 농기로 개명했고, 족보에 적힌 이름이 세표世穮이고 자가 가서稼書, 호가 당호선생當湖先生이다. 강희 9년(1670) 진사에 급제하여 사천도감찰어사四川道監察御史까지 지냈으며, 죽은 후 내각학사 겸 예부시랑에 추증되고 공묘孔廟에 종사從祀되었다. 시호는 청헌淸獻이다. 청대 제일의 이학자理學者로 꼽히는 그의 저작으로는 『곤면록困勉錄』 『독서지의讀書志疑』 『삼어당문집三魚堂文集』 등 다수가 있다.

**** 원주: "於城隈辟地爲齋, 曰潜室, 亭曰肥遁."(「刁文孝先生生平事實記」『用六集』)

는 것을 가진 사람이라면 어떠하겠는가!

吾以軒名其所居, 蓋不忘有事於天下四方也. 布之以蓼以臥, 蓼之
生, 春苗秋華, 多在洲渚之間, 其味甚辛 (…) 苦其心以膽, 辛其身以
蓼, 昔之人凡以爲雪恥計矣. 予本辛人, 卽使無恥可雪, 無仇可復, 猶
必與斯蓼相朝夕, 況乎有所甚不能忘者於中也哉.(「臥蓼軒記」,『翁山文
外』권1)

도잠은 송나라가 들어서자 갑자甲子를 쓰지 않음으로써 자신이 처
한 시대 및 세상과 자신 사이의 관계를 보여주는 일종의 표현 방법으
로 사용했다.『독통감론』권15에는 다음과 같은 내용이 들어 있다.

(도잠은) 송나라가 진나라를 찬탈하자 의희 이후로는 갑자를 기록
하면서 송나라게 제정한 달력을 따르지 않으니, 천고의 역사에서
도잠 선생의 높은 절조를 추앙한다.
宋之簒晉, 義熙以後以甲子紀, 而不奉宋之元朔, 千古推陶公之高
節.(『船山全書』제10책, 554쪽)

위잉스의 『방이지만절고』에서는 이렇게 말했다.

간지干支로 해의 이름을 쓴 것은 또한 도잠이 송나라가 들어선 뒤
로 갑자를 쓰지 않은 뜻을 따른 것으로서, 만명의 유로들과 방이
지 부자가 모두 그러했다.
以歲陽歲名系年者, 亦淵明入宋後不書甲子之意, 晩明遺老及密之父
子莫不皆然焉.(增訂版, 20쪽)

전겸익은 「서남성서부군행실록書南城徐府君行實錄」에서 서씨가 '홍광개
원弘光改元' 이후로 "해마다 집안에서 제사를 지낼 때 여전히 숭정 연
호를 썼다"라고 하면서 "아! 홍광이라는 연호를 쓰는 것도 차마 하지
못하거늘 하물며 새 왕조의 연호를 쓸 수 있겠는가?" 하고 탄식했다.*
연호 문제의 엄중성은 또한 청나라 집권자들이 문제를 제기하는 요인
이 되었다. 대명세는 바로 「여여생서與余生書」에서 영력 연호에 대해 논
했다는 이유로 처형되었다. 그러나 기년紀年의 방식으로 글을 쓰는 것
은 확실히 일종의 '유민 전통'인 듯하다. 전겸익은 「발본초跋本草」에서
금나라 유민들에 대해 이렇게 적었다.

> 금나라는 오랑캐지만 문치를 숭상했고, 강남과는 떨어져 있었다.
> 그들이 남긴 책들 가운데는 더욱 귀중하게 여길 만한 것들이 있
> 는데, 평수平水**에서 간행된 『본초』에는 태화 갑자 이하 기유세라
> 고 적혀 있다. 금나라 장종의 태화 4년(1204)은 송나라 영종 가태
> 4년이다. '기유세'는 송나라 이종의 순우 9년(1249)이니 태화 갑자
> 년과는 45년이나 떨어져 있고, 금나라가 망한 지 이미 16년이 되
> 는 해다. 그런데도 책에 태화 갑자라고 쓴 것은 몽고가 비록 금나
> 라를 멸망시켰지만 아직 연호를 정하지 않았고 또 여후가 섭정하
> 면서 국내적으로 혼란한 때인데, 금나라 사람들이 아직 고국을
> 잊지 못했기 때문에 태화 갑자 아래 기유세라고 쓴 것이 아닐까?

---

* 원주: "歲時家祭, 稱崇禎年如故 (⋯) 嗟乎, 稱弘光猶不忍, 況忍改王氏臘耶"(『牧齋有學集』 권
49, 1604쪽)
** 평수는 옛날 평양부성平陽府城(지금의 산시山西 성 린펀臨汾)의 별칭으로서, 그 성의 서남쪽을
흐르는 평수의 지류 때문에 그렇게 불리게 되었다. 금·원 시기에 이곳은 수준 높은 도서를 간행한
것으로 유명하여, 역대의 장서가들은 여기서 나온 책들을 '평수본平水本' 또는 '평수판平水板'이
라고 하며 높이 평가했다.

金源氏以夷狄右文, 隔絶江左. 其遺書尤可貴重, 平水所刻本草, 題
泰和甲子下己酉歲. 金章宗泰和四年甲子, 宋寧宗嘉泰四年也. 至己
酉歲, 爲宋理宗淳祐九年, 距甲子四十五年, 金源之亡, 已十六年矣.
猶書泰和甲子者, 蒙古雖滅金, 未立年號. 又當女後攝政國內大亂之
時, 而金人猶不忘故國, 故以己酉繫泰和甲子之下與.(『牧齋有學集』
권46, 1522쪽)

명·청 교체기에 이르러 이러한 암호의 풀이는 이미 오랜 관행이었
고, 유민들이 쓰게 되면서 다른 이들이 이해하지 못할까 염려한 듯이
방식도 계속해서 바뀌었다. 왕부지는 스스로 쓴 묘석에 '무신기원후戊
申紀元後'―무신기원은 바로 홍무 1년―라고 썼으니 더욱 깊은 뜻이
담겨 있으며(『船山全書』 제15책, 227쪽 참조), 또한 유민의 표현 방식이 창
의성을 추구했음을 보여주는 하나의 예이기도 하다.

물론 이상의 갖가지 예들만으로는 '유민 표현'의 풍부한 방식들을
모두 아우를 수 없다.

고국을 그리는 유민의 정서는 일반적으로 옛날의 사물에 기탁하곤
했다. 그 옛 사물은 개인의 인장 같은 것일 수도 있다. 유성劉城은 「인
기印記」에서 자신이 가진 '수십여 개의 개인 인장'에 새겨진 글을 기록
했는데 사고의 『희발집晞髮集』과 정사초의 『심사心史』를 아울러 가리키
는 '사발정심謝髮鄭心'나 '금자존종今字存宗' '경자존종更字存宗' '명지유
민明之遺民' '송유회맹, 명즉존종宋有會盟明卽存宗' 같은 것들이었다.(『嶧
棟集』 권8) 이것들은 유민이 자신의 신분과 생존 이유에 대한 선언으로
해석할 수 있는 것들이다. 또한 옛 사물은 화폐가 될 수도 있다. 임고
도林古度*는 "어린 시절에 만력 연간의 동전 하나를 얻어서 평생 허리

에 차고 다녔는데, 오가기吳嘉紀[**]가 그를 위해 「일전행一錢行」이라는 부賦를 지어 주었다."[***] 이경신李景新이 쓴 「굴대균전」에 따르면 굴대균은 "영력 동전 하나를 얻자 노란 끈으로 묶어서 노란 비단 주머니에 넣고 팔꿈치와 겨드랑이 사이에 차고 다님으로써 잊지 않고 있음을 보여주었다."[****] 굴대균은 공문시孔聞詩[*****]가 "쓰고 다니는 모자에 항상 숭정 연간의 동전 하나를 꿰매고 다녔다"[******]고 기록했다. 이것들은 모두 특별히 약속하지 않아도 일치된 행위들이었다. 굴대균은 이렇게 썼다.

후관 땅의 임고도 선생에게 만력 동전이 하나 있어서 50여 년 동안 팔에 매고 다니니, 태주의 오가기가 「일전행」이라는 부를 지어 증정했다. 내게도 동전이 하나 있으니 '영력통보'라는 글자가 새겨져 있으며 그 구리는 붉고 글자는 소전체이고 동전의 크기가 유난히 큰데, 그것을 31년 동안 품고 지냈다. (…) 동전은 노란 비단 주머니에 넣고 노란 끈으로 묶어서 왼쪽 팔꿈치나 오른쪽 팔뚝에 매고 다니며 그것과 더불어 운명을 길이 함께하기를 바랐다. 동전이 있으면 나도 길이 살아 있을 것이고, 내가 길이 살아 있으면 장

* 임고도(1580~1666)는 복건 복청 사람으로 자가 무지茂之이고 호가 나자邪子, 별호가 유산도사乳山道士다. 시문으로 명성을 날리던 그는 명나라가 망하자 유민으로 자처했는데, 만년에 궁핍하게 살면서 두 눈이 실명하기도 했다. 그가 죽은 후 왕사정王士禎이 『무지시선茂之詩選』(2권)을 간행해주었다.

** 오가기(1618~1684)는 강소 동대東臺(지금의 옌청鹽城에 속함) 사람으로 자가 빈현賓賢이고 호가 야인野人이다. 명나라 말엽 제생이었던 그는 청나라가 들어서자 벼슬길에 뜻을 접고 태주泰州의 안풍염장安豐鹽場에 은거했다. 저작으로 『누헌시집陋軒詩集』이 있다.

*** 원주: "兒時一萬曆錢, 佩之終身, 吳嘉紀爲賦一錢行."(錢仲聯 主編, 『淸詩紀事』 「明遺民卷」, 江蘇古籍出版社, 1987, 8쪽)

**** 원주: "取永曆錢一枚, 以黃絲繫之, 貯以黃錦囊, 佩肘腋間以示不忘."

***** 공문시(?~1643)는 공자의 62대 후손으로서 자가 지언知言 또는 사가四可이고 호가 과정過庭이다. 천계 2년(1622) 진사에 급제하여 중서사인中書舍人, 이과급사중吏科給事中 등을 역임했다.

****** 원주: "所著帽, 常綴一崇禎錢."(「孔氏四忠節傳」, 『翁山文鈔』 권4)

차 어디에나 존재하게 될 것이다. 이처럼 관련된 문제가 중대하니, 어찌 그저 보배로 삼을 만한 골동품에 지나지 않는다고 할 수 있 겠는가!

侯官林茂之先生有一萬曆錢, 繫臂五十餘載, 泰州吳野人爲賦一錢行 以贈之. 予亦有一錢, 文曰永曆通寶, 其銅紅, 其字小篆, 錢式特大, 懷之三十有一年矣 (…) 錢以黃錦囊貯之, 黃絲繫之, 或在左肘, 或 在右肱, 願與之同永其命, 錢在則吾長在, 吾長在則將無所不在, 所 關者大, 夫豈徒以爲古物之可寶而已哉.(「一錢說」, 『翁山文外』 권5)

이렇게 보면 굴대균은 그 영력 동전을 시詩로 간주한 듯하다.

고염무와 황종희, 왕부지 외의 명나라 유민 가운데 독자들에게 가 장 잘 알려진 인물에는 장대張岱도 포함되어 있을 것이다. 그런데 그의 「몽억夢憶」과 「심몽尋夢」을 읽고 '한적함' 속에 담긴 괴로움을 느끼고, 나아가 '유민의 정서'를 읽어낼 수 있는 이는 아마 많지 않으리라. 유 민의 '고국에 대한 그리움'은 원래 지극히 개인적인 근거를 가지고 지 극히 자잘한 사물에 기탁한다. 예를 들어 모양冒襄의 「개차휘초岕茶彙 鈔」와 「선로가주宣爐歌注」—이들 모두 여고모씨총서如皐冒氏叢書에 포함 됨—와 같은 것들이 그러하다. 장조張潮*는 「선로가주소인宣爐歌注小引」 에서 이렇게 썼다.

훌륭한 물건은 사람이나 지역, 혹은 왕조에 따라 이름을 붙이는

---

* 장조(1650~?)는 안휘 흡현歙縣 사람으로 자가 산래山來고 호가 심재거사心齋居士이다. 부유한 가정에서 태어나 풍부한 소양을 갖추었음에도 과거시험에 급제하지 못한 그는 저작에 전념하여 『단 기총서檀幾叢書』(1695)와 『소대총서昭代叢書』(1697) 등의 대형 총서와 유명한 문언소설집 『우초신 지虞初新志』를 편찬하고, 『유몽영幽夢影』『심재시집心齋詩集』 등 다수의 저작을 남겼다.

데, 이름은 다르지만 그 물건의 훌륭함은 한결같다. (…) 상나라의 술병이나 주나라의 세발솥, 진나라의 옥새, 한나라의 비석은 왕조에 따라 이름을 붙인 것들이다. 하찮은 물건 하나에 번거롭게 왕조의 명칭을 따라 이름을 붙이는데 그것이 오래 되면 왕조는 이미 망했지만 물건은 더욱 없어지지 않기 때문이다. 그러나 어찌 물건이 왕조로 인해 중시되고, 왕조가 물건 때문에 전해지겠는가? 명나라 300년 동안 훌륭한 물건은 헤아릴 수 없이 많았지만 선로라는 이 종류는 이전에 본받을 사례도 없고 후세에도 이어갈 사람이 없으니 어찌 우주 간에 유일하고 절묘한 골동품이 아니겠는가!

物之佳者, 或以人名, 或以地名, 或以代名. 名雖不同, 其爲物之佳則一也 (…) 至于商彝周鼎秦璽漢碑, 則以代名者也. 夫以一物之微, 而致煩一代之名名之, 及其久也, 代已亡而物尤不朽, 豈物以代重耶. 抑代以物傳耶. 有明三百年間, 物之佳者不可勝數, 而宣爐一種, 則誠前無所師, 後莫能繼, 豈非宇宙間一絶妙骨董乎.

이렇게 보면 장조는 참으로 유민에 대해 잘 이해하고 설명할 줄 아는 사람이었다고 하겠다. 모양 본인은 「선동로가위방탄암선생부宣銅爐歌爲方坦庵先生賦」에서 이렇게 노래했다.

지금 어루만지면서 옛날을 추억하며 재삼 탄식하나니
가련하게도 너도 여러 구리 낙타와 다르지 않구나.
화로 하나라 해도 한 왕조와 관계가 작지 않나니
여러 성현의 은택이 조금씩 스며들었기 때문이지.
撫今追昔再三嘆, 憐汝不異諸銅駝.

一爐非小關一代, 列聖德澤相漸摩.

진정혜陳貞慧의 『추운잡패秋園雜佩』에 수록된 「묘후차廟後茶」「난초蘭」 「방공진龐公榛」 등의 소품문—『진정생선생유서』 참조—은 사물을 통해 사건을 기록하고 있기 때문에 그 글을 근거로 명말 귀족-문인들의 정밀한 감상 방식과 빼어난 생활 예술을 알 수 있으며, 또한 세월의 창상滄桑과 흥망에 대한 감회가 깃들어 있음을 발견하게 된다. 「앵무탁금배鸚鵡啄金杯」에서는 "태평성대의 이 유물을 보노라니 당나라 현종 천보 연간의 비파에 대한 감회를 이길 수 없다"*라고 했다. 「상관湘管」에서는 자신이 소장한 상죽湘竹이 "거의 말라비틀어진" 것을 개탄하면서 이렇게 썼다.

> 하물며 천하의 지기들 가운데 무두질하는 혜강이나 거문고 타는 완적 같은 이들은 대부분 죽어서 시인이 혼만이 부질없이 노래하고 붓 무덤은 막혔는데, 상죽湘竹 하나를 보니 남들을 비꼬는 소식蘇軾의 우스갯소리와 비통한 「광릉산廣陵散」이 아득하게 뒤섞여 모인다.
> 況海內知交, 稽鍛王琴, 多化爲異物, 騷魂徒賦, 筆塚成封, 睹一湘管, 而坡老磨人之謔, 廣陵絶調之悲, 茫茫交集.

이런 글들은 특히 여러 사대부의 문집에 수록된 '명銘' 종류의 문체에서 자주 보이는 것으로서, 문인이나 명사들만의 전유물은 아니었다. 왕부지도 「잡물찬雜物贊」이라는 글을 쓴 바 있다.

---

* 원주: "睹此太平遺物, 不勝天寶琵琶之感."

어쩌면 그 자잘함으로 인해 '창상의 감개'와 '고국에 대한 그리움'이 더욱 절실해지게 되는지도 모른다. 그리고 '한적함'도 반드시 유민의 신분에 어울리지 않는 것은 아니다. 진확의 「죽관기竹冠記」와 「재작상관기再作湘冠記」 등에 한적한 취미가 담겨 있지 않은 것이 아니라, 이 또한 유민이 '남겨짐遺'으로 인해 '느긋해진逸'예 가운데 하나다. 물론 관점을 완전히 바꾸어 이런 글들이 그것을 빌려서 '고국에 대한 그리움'이라는 큰 주제를 나타내려는 문인 고유의 버릇을 보여주고 있으며, 자신이 한때 차지하고 있었던 재산과 문화적 자원에 대해 귀족의 방식으로 자랑하는 것이라고 이해할 수도 있다.

'신분'의 일종으로서 유민에만 주목하지 말고 '심정情懷'으로서 유민에 눈을 돌린다면 유민 현상이 한없이 '광범泛'해진다는 것을 발견할 수 있다. 진유숭과 안원, 왕원王源 등의 문집이 깊은 인상을 주는 것은 바로 그 당시가 '유민 분위기'로 가득 차 있었다는 사실 때문이다. 그러나 필자는 이 '분위기'가 단지 글에만 존재하지는 않는지 의심스럽다.

'유민 심정'은 문인들에게 묵은 인연이 있었다. '천연의' 유민적 경향처럼 보이는 것도 부분적으로는 정통문학의 전통을 통해 이해할 수 있다. 유민의 후손으로서 진유숭의 신세와 생애는 그가 옛 명나라의 정신 및 정감과 연계될 수밖에 없도록 만들었다. 오웅기와 모양, 방이지 등에 대한 그의 기록과 집안家世에 관련된 글들은 그가 품고 있었던 유민 심정을 스스로 설명해준다. 「제강여수문祭姜如須文」*에서 그는 이렇게 썼다.

나는 어렸을 때 여러 선생과 어른들을 따라 고상하게 노닐어서 한

때 황도주黃道周와 장채張采, 오응기, 진자룡 등 여러 선생에게 분
에 넘치는 격려를 받아 내 윗세대와 어울렸다. 개중에 나를 아끼
던 이들은 죽었고 나를 아끼지 않았던 이들은 아직 죽지 않았으
며, 나를 그다지 아끼지 않았던 이들도 아직 죽지 않았다. 이런 이
들이 죽는다 하더라도 그다지 슬프지는 않을 것이다.

維崧則髮未燥時, 從諸先生長者爲雅遊, 一時如黃淸漳張婁東吳秋
浦陳雲間諸先生, 謬承獎拔, 厠我上流. 其愛我者死矣, 其不愛我者
未嘗死也, 其愛我不深者未嘗死, 卽死矣, 未嘗最可悲也.(『湖海樓全
集』 권6)

진유숭은 '복사의 자제'로서 오응기에게 학문을 배웠는데, 「오자반
독사만형서吳子班讀史漫衡序」에서는 그의 스승 오응기에 대해 기록하며
깊은 정을 나타냈다.

상자 안에는 단지 『누산당집』 몇 권만 보관하고 계셨는데 언제나
문집에서 역사에 대해 논한 글들을 읽으실 때면 슬피 노래하며
일어나 춤을 추시며 마치 주변에 아무도 없는 것처럼 하셨고, 때
로는 치성의 변성으로 노래하시며 여러 줄기 눈물을 흘리셨다.

篋中僅僅保守樓山堂集數卷, 每讀集中論史諸作, 時而悲歌起舞, 旁
若無人, 時而作爲變徵聲, 泣數行下.(같은 책 권1)

---

* 강해姜垓(1614~1653)는 산동山東 내양萊陽 사람으로 자가 여수如須이고 호가 저석산인㣁石
山人이다. 급사중給事中 강채姜采의 아우인 그는 숭정 13년(1640)에 방이지와 함께 진사에 급제
하여 행인行人에 임명되었다가 벼슬을 내놓고 소주蘇州에 살았는데 완대성阮大鋮에게 모함을 당
하자 성명을 바꾸고 영파寧波로 도주했다가, 명나라가 망한 후 오吳 지역으로 돌아와서 생을 마
쳤다. 『운당집篔簹集』 『저석산인고㣁石山人稿』 등을 썼다고 하지만 지금은 『유람당시고잔편流覽
堂詩稿殘編』의 일부만 남아 있다.

진유숭과 옛 명나라 사이의 감정적 인연은 바로 사람과 관련있었다. 이는 대단히 침통한 기억이었기 때문에 그가 이처럼 반복하여 노래하고 탄식했다. 「왕서초취문치어서王西樵炊聞厄語序」*에서는 자신의 생애에 대해 이렇게 서술했다.

> 보잘것없는 재주를 내세워 현량하고 명망 높은 어르신들과 노닐었으니 아름다운 북리의 서곡을 들으며 때때로 그분들 사이에서 잔치를 벌여 교유했고, 애절한 음악도 사흘이 넘도록 들어보지 못한 적이 없었다. (…) 그렇기 때문에 지난날의 부질없는 일들을 모두 잊을 수 없고 이를 넘어선 망상도 중단할 수 없어 온갖 생각의 실마리들이 일어나니, 암담하여 마치 깊은 골짝의 샘물이 높이 솟은 바위를 치듯 오열하며 뜻대로 행동할 수 없었고, 바람에 날려 천지간에 가득한 버들 솜처럼 규방이든 변소든 그 처지에 따라 들어가게 되었다.
> 負其薄藝, 以與賢豪長者遊, 則北里西曲之靚麗, 輒時時征逐其間, 哀絲豪竹之音, 又未嘗三日而不聞於耳也 (…) 以故前者之泡影未能盡忘, 過此之妄想亦未能中斷, 百端萬緒, 窅窅茫茫, 如幽泉之觸危石, 嗚咽而不能自遂也, 如風絮之散漫於天地間, 簾茵糞溷之隨其所遇也.(같은 책 권3)

이야말로 세상사의 망망함에 대한 무량한 감개를 이기지 못하는 상황이라 하겠다. 세상사의 흥성과 쇠락, 자신의 어제와 오늘은 예로부터

---

* 왕사록王士祿(1626~1673)은 산동山東 신성新城 사람으로 자가 자저子底 또는 백수伯受이고 호가 서초산인西樵山人이다. 저작으로 『십홀당시선十笏堂詩選』 『취문사炊聞詞』 등이 있다.

'시간 형상'을 구성하는 재료였는데, 진유숭은 또한 개인적 의미를 각기 부여했다. 그 가운데 더욱 눈에 띄는 것은 '가족 배경'으로서, 그와 관련된 인간사가 가깝든 멀든 간에 모두 이 배경으로 통하거나 그것을 지향했다. 곳곳에서 감흥이 일어나니 옛 명나라의 역사는 자연히 그 사이에서 부침하며 드러나고 숨기를 반복하고, 그 개인의 시간 경험 역시 여기에서 유민의 보편적인 경험과 연결되었다.

왕원王源은 누차 '늙어 쇠약해짐老成凋謝'을 한탄했다.

> 나는 어찌해야 할지 모른 채 기나긴 세월을 겪었는데 움직인들 아
> 무 쓸모가 없어서 천하에 이루어놓은 것이 하나도 없고, 그저 충효
> 를 실천하며 은거해 지내는 이들을 글로 써서 나타내고 격앙되어
> 슬피 노래하며 하늘에 호소하지만 아무도 응대해주지 않았다.
> 予偃偃然獨立天荒地老, 俯仰無聊, 一無所成於天下, 徒以文字表彰
> 忠孝遺逸, 而悲歌慷慨, 呼天而莫之應.(「廖處士墓誌銘」, 『居業堂文集』
> 권17)

이는 마치 남겨진 유민의 심정을 묘사한 듯하다. 그의 「십삼릉기十三陵記」(상·하)와 「경태릉기景泰陵記」(『居業堂文集』 권19)에서는 명나라 황릉을 찾아간 일을 기록하고 있는데, 그 마음은 유민과 다를 바 없었다. 그의 부친(왕세덕王世德, 자는 극승克承)과 스승(양이장梁以樟, 자는 공적公狄, 별호는 초림鷦林)과 유헌정劉獻廷, 양빈梁份 등 친한 벗들을 보면 그와 유민 사이의 인연을 어렵지 않게 짐작할 수 있다. 그는 「북성고서北省稿序」에서, "내 서재의 벽에는 숭정제께서 독사督師를 지내신 양사창楊嗣昌께 하사하신 친필로 적은 시를 새긴 서각書刻이 걸려 있고, 그 옆에 돌아가신 부친의 초상화가 걸려 있다"*고 하고, 또 스스로 이렇게 이

야기했다.

> 부친과 스승이 모두 환난을 당하셔서 구사일생으로 목숨을 건지
> 고 타향을 떠돌며 아침저녁으로 노래하고 통곡하시는데 너무나
> 애통했다. 우리 형제는 매일 곁에서 시중을 들었으니 감개무량하
> 고 불만스러운 데 익숙해진 것도 당연하다.
> 父師皆以患難, 九死餘生, 萍聚他鄕, 晨夕歌哭, 淋灘酣痛. 予兄弟日
> 侍左右, 其習於感慨無聊不平, 宜也.(같은 책 권14)

어쩌면 전적으로 유민의 심정을 '세습'했기 때문만은 아니고 사대부
의 유사한 경향을 유민의 방식을 빌려 나타나려고 했기 때문일 수도 있
다. 자신의 정체성을 유민으로 인정하는 것은 자기표현의 필요에서 비
롯되었을 것이라는 뜻이다. 신분 확인이라는 복잡하고 번거로운 수속
이 필요 없이 문인 가운데 상당 부분은 원래부터 '유민'이었다.
왕원은 스스로 명나라 역사에 뜻을 두고 있었다고 했다.

> 나는 어려서부터 돌아가신 부친께서 들려주시는 전대 왕조의 조
> 정 의례와 전고, 당신께서 목격하신 중국과 외국의 훌륭한 사건
> 들을 들으면 흥미진진하여 피곤함도 잊었다. 어떤 때는 밤이 깊도
> 록 모시고 술을 마시면서 서로 마주보고 흐느끼느라 잠을 이루
> 지 못하기도 했다. 경사로 돌아올 무렵에는 노인들이 다 돌아가셔
> 서, 벼슬길에 뜻을 접고 재야에 계신 노인들을 종종 찾아가 당시
> 의 일에 대해 여쭙곤 했다.

---

* 원주: "予齋壁懸莊烈賜楊武陵督師詩墨刻, 而先人畫像掛於傍."

源自幼聞先君子談前代朝儀典故, 暨目擊中外軼事, 娓娓忘倦, 或侍飮至夜深, 相對欷歔不寐. 及來京師, 耆舊盡矣, 往往從布衣野老訪問當年之事.(같은 책 권16,「送廷尉常公歸里序」. 그 외에 권6의「家大人八十徵言啓」와 권12의「家譜序」등도 참조할 만하다.)

그가 쓴 전기와 행장들은 경기京畿와 직례直隷 일대의 저항과 관련된 역사적 사실들을 상당히 많이 보존하고 있으며, 그가 기록한 북방의 의사義士와 위대한 협사 또한 당시의 '양하충의兩河忠義'에 해당하기 때문에 남방 사람들이 편찬한 충의지사와 유민에 대한 기록에서 빠진 부분을 보충할 수 있다. 북방 충의지사와 유민의 사적은 안원과 대명세 등의 글에서도 발견된다. 유림성楡林城과 보정성保定城의 수비에 관한 대명세의 기록도 관련 기록의 부족한 부분을 보충할 수 있다. 황종회도 왕부지처럼 북방을 '오랑캐'화된 지역으로 지목하면서, "지극히 어지럽고 무너진 날에 빼어난 절조와 비분강개한 선비를 찾으려면 지금 세상에는 없어서 한 번 보기가 어려울 정도로 상황이 나쁘다"*고 했는데, 이것은 당시 남방 사대부들 사이에 비교적 보편적으로 퍼져 있던 편견이었던 듯하다. 안원과 왕원 등이 북방의 충의지사들을 위해 전기를 쓴 것은 당연히 이런 시론을 겨냥한 행동이 아니었을까?

유민의 인격적 매력은 대체로 동시대의 안원을 통해서 어렵지 않게 읽을 수 있으니, 그는 이렇게 말했다.

나는 늦게 태어나서 요순과 주공, 공자를 만날 수 없었는데 요순과 주공, 공자를 공부한 이들을 만난 것도 행운이었다. 그런 이들

---

* 원주: "於極亂毀壞之日, 而欲求奇節慷慨之士, 磽乎曠世而一睹焉."(「地氣」『縮齋文集』, 9쪽)

을 만나지 못했더라 하더라도 요순과 주공, 공자의 가르침을 전한 이들을 보게 된 것도 행운이라 하겠다. 약관 무렵에 그런 사람들을 두루 찾아보니 지금 세상에 징군 손기봉 선생과 효렴 조포그包 선생, 처사 장석경張石卿 선생, 석실 장공의張公儀 선생, 의사 왕여우王餘佑 선생 등이 있다는 이야기를 들었다.

元生也晚, 不得堯舜周孔而見之, 得見夫學堯舜周孔者亦幸矣, 不得學堯舜周孔者而見之, 卽得見夫傳堯舜周孔者亦幸矣. 弱冠時博訪其人, 聞今世有孫徵君鍾元先生, 勹孝廉蒙吉先生, 張處士石卿先生, 張石室公儀先生, 王義士介祺先生.(「與上蔡張仲誠書」,『顏元集』, 433쪽)

이런 여러 사람에 대해 마음으로 동경하는 데 그치지 않고 분주히 '인사를 나누고拜交' '직접 가르침을 받고자親炙' 했다. 안원은 이명성李明性에 대해 "이에 책상 위 필통에 그분의 성씨를 써놓고 멀리서라도 보이면 반드시 공손히 손을 모아 절을 올리며 매일 엄한 스승을 대하듯이 했다"[*]고 존경심을 나타냈다. 그는 또 손기봉을 빌려 자신의 학문을 넓히고자 했다.

타고난 재능은 당연히 차이가 있다. (…) 하늘이 왕 노릇을 하도록 태어나게 한 사람은 그 기질이 세통世統의 기운을 주재하기 때문에 천하를 맡기기에 충분하나, 그런 자격을 갖추지 않은 이에게는 천하를 주지 않는다. 그런데 어찌 유독 유학자가 세상을 교화하는 것만이 다르겠는가? 자격을 갖춘 사람이라면 천하가 그에게

---

[*] 원주: "爰書尊姓字於案上筆筒, 望見必拱, 日對如嚴師."(「祭李孝愨文」『顏元集』, 532쪽)

귀의하겠지만 그렇지 않다면 남보다 배운 게 많더라도 종사宗師로
서 우뚝 서지 못한다. 용이 이르는 곳에 공기가 모여 구름이 되듯
이 자격이 되지 않으면 억지로 할 수 없는 것이다. 하물며 나는 헤
아릴 수도 없이 평범하고 초라한 존재가 아닌가! 스스로 생각건대
그저 유학계 가운데 모난 늙은이*나 될 따름이다.

天生材自別 (…) 蓋天生王者, 其氣爲主持世統之氣, 乃足系屬天下,
非其人不與也. 儒者敎世, 何獨不然. 是其人也, 天下附之, 非其人
也, 學卽過人, 而師宗不立. 如龍所至則氣聚成雲, 否則不可强也,
況愚之庸陋不足數乎. 自料只可作名敎中一董三老耳.(『存學編』 권1
「學辨一」, 같은 책, 52쪽)

그러나 이후에 그는 다시 손기봉에 대해 실망하게 된다. 그 외에 그
는 육세의를 마음으로 신봉하기도 했다.

송나라의 학자들 가운데 오직 호원胡瑗**과 장재張載만이 공자 문
하에서 백 명에 하나로 꼽을 만하고, 오늘날 학자들 가운데는 오
직 태창太倉 땅의 육세의만을 꼽을 수 있다. 그러나 육세의가 세
상을 떠난 뒤로는 그런 사람을 아직 보지 못했다.

宋儒中止許胡安定張橫渠爲有孔門之百一. 今儒止許太倉陸道威爲

---

* '모난 늙은이'라고 번역한 '동삼로董三老'는 명나라 때 진위甄偉가 편찬한 역사소설 『동서한연
의東西漢演義』의 제54회에서 한 고조 유방의 길을 막고 간언을 한 시골 노인으로 등장한다.
** 호원(993~1059)은 태주泰州(지금의 장쑤 성 루가오如皐) 사람으로 자가 익지翼之다. 30세 무렵
에 7번이나 과거에 응시했다가 실패하자 40세 무렵부터는 벼슬길에 뜻을 접고 태주에서 안정서원
安定書院을 세워 학생들을 가르쳤다. 이후 범중엄范仲淹의 추천으로 벼슬살이를 시작해서 태자
중사太子中舍, 광록시승光祿寺丞, 천장각시강天章閣侍講 등을 역임했다. 저작으로 『송자현학기
松滋縣學記』 『주역구의周易口義』 『홍범구의洪範口義』 『논어설論語說』 『춘추구의春秋口義』 등
이 있다.

有孔門之百一, 自陸氏辭世, 未見其人也.(「寄關中李復元處士」, 같은
책, 435쪽)

그는 경사를 둘러싼 기보織輔 지역의 '충의'를 이야기하면서 집안의
보물처럼 여겼는데, 의사 왕여우에 대해서는 이렇게 썼다.

> (그분은) 봄바람처럼 온화한 기운으로 내 모난 성품을 교화하시고
> 크고 넓은 마음으로 내 좁고 막힌 마음을 씻어주셨으며 웅대한
> 식견과 책략으로 내 어리석음을 일깨워주셔서 고루한 사람이라
> 해도 심복하시 않을 수 없게 하셨다. 효렴 조포刁包 선생이 상주喪
> 主를 대신해 손님을 접대하셨는데. 장석경張石卿 선생과 장공의張
> 公儀 선생이 세상을 떠나고 나니 내가 스승처럼 부친처럼 공경하
> 고 의지하는 분은 오직 선생 한 분밖에 없다.
> 春風淑氣, 化我乖棱, 巨量闊懷, 蕩我褊隔, 偉識雄略, 啓我庸頑,
> 使固陋之子不容不心折也. 刁文孝捐客, 石卿公義棄世, 某所敬佩倚
> 望如師如父者, 獨先生一人.(「祭壯譽王義士文」, 같은 책, 530쪽)

어쩌면 유민 정신과 관계가 있기 때문일 텐데, 당시 세상에서 '3대代
일민逸民'이라고 꼽히던 것(안원, 「답허유산어사서答許酉山御史書」)에 대해서
그 자신도 늘 영예로 생각하고 있었다.

'유민 심정'이 옛 명나라에 대한 그리움과 명나라의 멸망에 대한 한
을 표징으로 삼는다면 이런 정서가 당시 사대부들의 보편적인 정신적
취향이었음을 충분히 인정할 수 있다. 심지어 전겸익과 오위업, 공정자
龔鼎孳* 등 변절자의 글에서도 이러한 정서를 읽을 수 있으며, 이는 그

보다 더 후세인 전조망 등의 글에서도 발견된다.

'유민 상황'과 '유민 심정'이 전겸익과 같은 '가짜 유민'—확실히 전겸익은 늘 자신을 '유민'이나 '유로遺老'라고 지칭했으니—을 통해 쓰임으로써 때로는 더 충분하고 더 흥미진진한 느낌을 준다는 점은 풍자적이다. 전겸익과 오위업의 글들은 몇몇 진정한 유민의 그것에 비해 독자를 하여금 '왕조 교체기에 처한 사대부'를 인식하는 데 더욱 설득력이 있다. 유민의 '특수한 현상' 역시 '보편적 현상'을 포함한다는 것은 부정할 수 없는 사실이며, 이러한 '표현'의 가치를 부인할 필요도 없다. 그러므로 사대부에게 '유민적 태도'는 또한 그 자신의 창조물—예를 들어 흥망성쇠에 대한 감회를 서술하여 고국에 대한 그리움을 깃들게 한 시나 산문—에 도움을 받아 형성된다고 생각할 수 있지 않을까? 오위업은 「대창주정원시집서戴滄州定園詩集序」에서 공정자의 시에 "격정에 찬 남방의 노래가 많다"고 하면서 "문인과 재능 있는 선비가 품고 있는 것은 대체로 같다"고 결론을 지었다.[**] 전겸익이 유민으로 자처한 것을 경멸할 수도 있겠지만 그와 '옛 명나라' 사이의 정감적 연관 관계를 부인할 수는 없다. 이는 인간과 그의 '과거'를 연결하는 것이자 아울러 사대부와 지나간 역사 시대 사이를 연결하는 것이기도 하다. 여기서 우리는 사대부로서 '유민'의 존재 방식이 지니는 보편성을 다시 발견하게 된다.

방이지에 대해서도 조금 보충 설명이 필요할 듯하다. 위잉스는 방이

---

[*] 공정자龔鼎孳(1615~1673)는 안휘 합비合肥 사람으로 자가 효승孝升이고 호가 지록芝麓, 시호가 단의端毅다. 오위업吳偉業, 전겸익과 더불어 '강좌 3대가江左三大家'로 꼽히는 그는 숭정 7년(1634) 진사에 급제하여 병과급사중兵科給事中까지 지냈으며, 청나라가 들어선 뒤에는 변절하여 형부와 병부, 예부의 상서까지 역임했다. 주요 저작으로 『정산당시문집定山堂詩文集』 『시여詩餘』 등이 있다.

[**] 원주: "慷慨多楚聲 (…) 文人才士, 所蘊略同."(『吳梅村全集』 권27, 659쪽)

지 만년의 절개를 고찰하면서 그가 "스스로 황공탄惶恐灘*에 빠져 죽었다"라고 단정하며 "이 사건은 반복적인 해명을 통해 그 죄에 대한 논의가 결국 결정"되었다고 했다.** 그러나 이 사건이 이미 끝났다고 여기지 않는 이들도 분명 적지 않다.

명나라 유민들 가운데 당시에 바로 '낭만적 영웅성傳奇性'을 지니게 된 이들로는 남방의 방이지, 북방의 부산傅山과 염이매閻爾梅 등이 있다. 그 가운데 방이지의 이야기가 가장 모호하고 환상적이다. 방이지와 관련된 기록들을 읽어보면 그런 묘사들이 각기 연결시킬 수 없는 조각들을 이루고 있어서 이른바 '온전한 인물상'을 살펴보기 어렵게 만든다는 것을 깨닫게 된다. 예를 들어 몇 가지 조각을 살펴보자.

우선 여회余懷의 『판교잡기板橋雜記』에 들어 있는 방이지와 관련된 몇 가지 이야기들을 보자.

> 왕월은 자가 미파다. (…) 동성 땅의 손무공이 그녀를 어여삐 여겨서 품에 안고 서하산 하설동으로 가서 한 달이 넘도록 나오지 않았다. 기묘년 칠석 저녁에 방이지가 와서 지내고 있는 물가의 누각에 많은 미희美姬를 모았다. 이에 사방의 현량한 선비들과 호걸들이 수레와 말을 타고 찾아와 골목을 가득 메웠다. 기루의 성원들이 세 반이나 나와서 함께 누각 밖에서 연주를 했고, 둥글게 둘러 늘어선 배들이 마치 담장 같았다. 산해진미를 차린 화려한 탁자가 준비되고 층층의 누대가 세워져 장원 20여 명의 자리를 마련했다.

---

* 황공탄惶恐灘은 공강贛江 상류인 강서 만안성萬安城 밖에 있다.

** 원주: "自沈惶恐灘 (…) 此案經反復辯難, 其讞終定."(『方以智晚節考』 「增訂版自序」)

王月, 字微波 (…) 桐城孫武公昵之, 擁致棲霞山下雪洞中, 經月不出. 己卯歲牛女渡河之明夕, 大集諸姬於方密之僑居水閣. 四方賢豪, 車騎盈閭巷, 梨園子弟, 三班駢演水閣外, 環列舟航如堵墻. 品藻花案, 設立層臺, 以坐壯元二十餘人.(中卷)

내양姜垓 땅의 강해가 기생 이십랑의 집에 놀러 갔다가 여색에 빠져 문밖을 나오지 않았다. 방이지와 손림孫臨은 모두 병풍 위를 넘어 다닐 수 있었다. 밤이 깊어 은하수가 밝게 빛나자 둘이 함께 몰래 다니며 가무에 뛰어난 기생들 사이를 지나는데, 주렴을 내리고 방문을 닫았고 밤이 깊어 인적도 드물었다. 두 사람이 단번에 지붕으로 뛰어올라 곧장 침실로 가서 문을 밀치며 고함을 지르니 그 기세가 마치 도적이 쳐들어온 것 같았다. 이게 강해가 침대에서 내려와 무릎을 꿇고 애원했다.

"나리들, 살려주십시오! 저 사람을 해치지 마십시오!"

그러자 두 사람은 칼을 내던지고 껄껄 웃으며 말했다.

"아가씨가 낭패를 당했군! 아가씨가 낭패를 당했어!"

그리고 다시 술상을 차려오라고 해서 실컷 마시고 모두 취해 헤어졌다.

萊陽姜如須遊於李十娘家, 漁於色, 匿不出戶. 方密之孫克咸幷能屏風上行. 漏下三刻, 星河皎然, 連袂間行, 經過趙李, 垂簾廢戶, 夜人定矣. 兩君一躍登屋, 直至臥房, 排闥哄張, 勢如盜賊. 如須下床, 跪稱大王乞命, 毋傷十娘. 兩君擲刀大笑曰: 三郎郎當, 三郎郎當. 復呼酒極飲, 盡醉而散.(下卷, 嘉慶庚辰刊本)

그런데 난세의 위태로운 시기가 되자 모습이 완전히 바뀐 듯했다. 진자룡은 「방밀지유우초서方密之流寓草序」에서 이렇게 썼다.

방 선생의 부친이신 대중승 방공소方孔炤 어른께서 바야흐로 초
지역의 병력을 장악하시고 형·악 지역을 다스리게 되셨는데, 어명
을 받은 날 집안의 재산을 풀어 정예병을 모집하고 당일에 주둔
지로 떠나셨다. 방 선생도 좌우에 활집과 총을 들고 예닐곱 명의
젊은이를 결집해서 따라갔다.
方子尊人大中丞方握全楚之師鎭荊鄂, 受命之日, 散家財募精卒, 卽
日之鎭. 而方子亦左櫜鍵右鉛管, 結七八少年以從.(『陳忠裕全集』 권
25)

방이지의 이런 모습을 직접 목격했던 진유숭의 기록은 더욱 사실적
이다.
『명계북략』에서는 이렇게 기록하고 있다.

숭정 15년(1642) 8월에 정왕 주자형朱慈炯이 전각에 나와 책을 읽는
데 훈강은 방이지였고 방서는 유명한이었다. 강연하는 날 방이지의
차림새가 지나치게 화려했지만 정왕은 아무 말도 하지 않았다.
崇禎十五年八月, 定王出閣讀書, 訓講爲方以智, 仿書爲劉明翰. 演儀
之日, 方以貌過莊, 王不啓齒.(권18, 314쪽)

방이지가 "병풍 위를 넘어 다닐 수 있었다"라는 여회의 말은 소설
가의 말과 비슷하지만, 금릉의 옛 정원에 살던 방이지와 정왕의 강관講
官이었던 방이지는 도무지 동일 인물로 보이지 않는다.
갑신년(1644) 무렵에 이르러 『명계북략』에서는 그 사람에 대해 이렇

게 기록했다.

몰래 녹미창祿米倉 뒤쪽의 좁은 골목으로 갔다가 초가집 옆에 있
는 큰 우물을 발견하고 뛰어내리려 했는데 마침 물지게꾼 몇 명이
오는 바람에 실행하지 못했다. (…) 이튿날 아침 집안사람들이 네
명의 병졸과 함께 그를 수소문해 찾았는데, 집안사람들이 재앙을
두려워하여 이미 그를 대신해서 명단을 제출했던 것이다. 네 병졸
이 그를 붙들고 반란군 가운데 형벌을 담당하는 관리에게 가니
약간의 은을 바치겠다는 각서를 쓰라고 윽박질렀다. 나중에 기회
를 틈타 도망쳐 집으로 돌아갔다.
潛走祿米倉後夾衒, 見草房側有大井, 意欲下投, 適擔水者數人至,
不果 (…) 次早, 家人同四卒物色及之, 則家人懼禍, 已代爲報名矣.
四卒挾往見僞刑官, 逼認獻銀若干, 後乘間逃歸.(권22, 585쪽)

홍광弘光 조정의 관련 문헌에서는 이를 근거로 그를 처벌해야 할 '투
항자'와 '부역자' 명단에 포함시켰다. 『남도록』권4에는 홍광 조정의 형
부상서 해학룡解學龍이 상소를 올려 적에게 투항하여 반역을 저지른 신
하들의 죄상을 고발했는데, 방이지는 '5등五等의 귀양을 보내 죗값을
치르게 해야 하는 자應徒擬贖者'에 속했다. 그에 대한 어명은 이러했다.

방이지는 정왕의 강관인데, 지금 정왕은 어디 있는가? 그러니 어
찌 그에게 귀양을 보내는 것으로 처벌을 그치겠는가?
方以智系定王講官, 今定王安在, 何止一徒.(186쪽)

당시 방이지가 '절조'를 지켰는지의 여부에 관해 격렬한 논쟁이 있

었는데, 이에 대해서는 방중통方中通의 『배시陪詩』「애술哀述」과 그에 대한 주석을 참조할 만하다.

남명 조정에서 잠시 방이지와 함께 했던 정치 경력이 있는 왕부지는 이렇게 썼다.

> 내각학사 방이지가 광동에 있을 때는 멋대로 노닐면서 오 지역 노래를 부르고 풀잎 싸움을 하면서 웃고 떠들며 엄숙하게 점잔을 빼지 않았으니, 사람들이 모두 그가 통달하지 못했다고 비판했다. 方密之閣學之在粵, 恣意浪遊, 節吳歈, 鬪葉子, 謔笑不立崖岸, 人皆以通脫短之.(「搔首問」,『船山全書』제12책, 635쪽)

'멋대로 노닐었다' 등등의 표현은 너무 간략하다는 느낌이어서 구체적인 모습을 상상하기 어렵다. 진호陳瑚가 편집한 『이우집離憂集』권상卷上「해외기인海外奇人」에 수록된 구공미瞿共美(?~?)의 시에 대한 서문은 좀 더 구체적인 묘사를 제공한다. 구공미는 구식사瞿式耜의 사촌동생으로, 그의 「육십초도자술시자팔수六十初度自述示子八首」의 서문에는 이렇게 적혀 있다.

> 예전에 광동에 있을 때 동성 땅의 방이지와 무척 친하게 지냈다. 하루는 나와 방이지가 벌거벗고 머리카락을 풀어헤친 채 대사마 저택의 대문으로 쳐들어가서 예형禰衡(173~198)이 「어양삼고」를 연주했던 일을 흉내 내려 했다. 장동창張同敞*이 다급하게 다른 구멍으로 나가 유수부에 가서 상황을 보고했다. 이에 태사 구식사 어르신께서 소동천에 술상을 차려놓고 우리 둘을 부르셨는데, 장동창의 면전에서 우리 둘에게 훈계를 내리려는 뜻이었다. 그러

자 방이지는 박달나무 박판을 치면서 입에서 나오는 대로 큰 소리로 노래를 불렀고, 나는 작은 돌에 앉아 바둑판을 늘어놓고 있었다. 이렇게 되자 장동창도 어쩔 도리가 없었다. 정강부의 이원은 솜씨가 절묘하기로 천하에 으뜸인데 무더운 날이면 나는 늘 방이지와 함께 그곳에 가서 구경하고 독수산 아래에서 술을 마셨다. 당시는 나무 색깔이며 호수 물빛, 화려한 담장이 서로 어울려 아름다움을 다투고 있어서 마치 인간 세상이 아닌 봉래산이나 낭원에 있는 것 같았다. 방이지가 경사의 궁전에서 순라꾼들이 순찰하는 요도에 대해 이야기하는데 마치 눈앞에 있는 것처럼 또렷했으며, 손짓을 해가며 이야기하니 서경의 성대한 모습을 상상하게 했다. 그러다가 얼마 후에는 개탄하며 슬피 노래하면서 자신을 이 산인에 비유했다.

昔在粵時, 與桐城方密之相得甚歡. 一日, 余與密之裸程披髮, 闖大司馬門, 效漁陽三撾. 張別山倉黃從別竇出, 造留守府言狀. 太師因置酒小東泉, 召我兩人, 意欲別山面規我兩人耳. 密之則拍檀板, 肆口高唱, 余則坐小石布棋局, 張亦無可奈何. 靖江府梨園妙絕天下, 每酷暑, 余與密之往觀, 酌酒獨秀山下. 時樹色湖光朱墻畫壁相映爭奇, 如蓬萊閬苑, 非復人世. 密之道京都宮殿徽道, 歷歷在目, 手指口談, 令人想見西京盛事. 旣而慷慨悲歌, 以李山人自況.

이러한 이야기가 뒷받침되어 있기 때문에 방이자가 승려가 된 뒤에

---

* 장동창(?~1650)은 호북 강릉江陵 사람으로 자가 별산別山이다. 장거정張居正의 증손자로서 음보蔭補로 중서사인中書舍人이 되었던 그는 남명 영력 조정에서 병부시랑과 계림총독桂林總督을 역임했다. 그러나 영력 4년(1650, 순치 7년) 스승인 구식사와 함께 청나라 장수 공유덕孔有德에게 포로로 잡혔는데, 끝까지 절조를 지키다가 순국했다. 저작으로 『장충렬유집張忠烈遺集』이 있다.

"승복을 입고 중 노릇을 한衣壞色衣, 作除饉男"일이 비로소 놀라운 이야 깃거리가 될 수 있었다. 승려가 된 뒤의 방이지는 확실히 기색이 크게 바뀌어서, 앞서 『명계북략』에서 인용했던 글에서도 그 이후 방이지는 "기세가 온화해져 예전에 강관으로 있을 때의 엄숙했던 모습과는 달랐다"*고 했다.

전겸익은 검수화상劍叟和尙에 대해 "평생의 면모가 눈 깜짝할 사이에 바뀌어서 모습이 완전히 변했다는 느낌이 들게 했다"**고 기록했다. 방이지에 관한 기록 또한 같은 생각이 들게 만든다. 이렇듯 어지럽게 부서진 조각들은 어쩌면 단지 서술의 결과나 기술 방식, 혹은 취미의 결과일 수도 있으니, 반드시 기록자가 일부러 기이한 이야기를 만들어 낸 것은 아닐 것이다. 그러나 이러한 서사의 조각들 외에 또 어디에서 방이지를 찾을 수 있겠는가?

방이지의 다른 면모를 직접 목격했던 진유숭은 그 놀라운 마음을 글로 나타냈다. 「방전백시서方田伯詩序」에서 그는 명나라가 망하기 전의 상황을 이렇게 기록했다.

말릉(남경)의 전성기에는 국자감 생도들이 모두 한 때의 명사였다. 방이지 선생은 비단옷을 입고 화려하게 치장한 말을 타고 풍악을 울리면서 대단히 우아하고 멋진 모습이었다. 또한 사방 교외에 보루가 많이 있고 더욱이 보창步槍을 든 도적들이 안휘 종양 땅을 핍박하여 새해에 갑자기 경고하는지라 선생은 더욱 격앙하여 무술을 익히고, 집안에 힘센 말을 기르고, 칼을 찬 우락부락한 하인

들에게 자신을 호위하게 하여 대문을 드나들 때면 늘 수십 명이나 백 명을 거느리니 그 모습이 무척 호탕했다. 그로부터 얼마나 시간이 흘렀을까? 선생은 이미 승복을 입고 있었다. 선생이 장간(남경)에서 승려가 되시자 나는 늘 죽관을 찾아가 선생을 따라 노닐었으며, 당시에 선생의 큰아들인 방중덕方中德도 관중 지역에 있었다. 내가 다시 죽관을 방문했을 때 선생은 친구의 아들이 왔다고 반드시 억지로 밥을 먹였는데, 밥은 모두 거친 멥쌀이었고 반쯤은 쌀겨와 쭉정이가 섞여 있었다. 반찬은 더욱 초라해 가난한 승려도 감당하기 어려울 정도였지만 선생은 태연히 앉아 잡수시면서 금방 예닐곱 그릇을 비우셨다. 금릉에 살던 시절을 돌이켜 생각하면 시대도 사물도 갑자기 바뀌어 격세지감을 느끼게 한다. 아, 감개무량하구나!

襪陵全盛, 六館生徒皆一時名士. 密之先生衣紈縠, 餙駬騎, 鳴笳疉吹, 閑雅甚都. 又以四郊多壘, 尤來大槍之寇, 薄於樅陽者, 歲輒以警告, 以故先生益慷慨習兵事, 堂下蓄怒馬, 築黠奴之帶刀劍自衛者, 出入常數十百人, 俯仰顧盼甚豪也. 曾幾何時, 而先生則已僧服矣. 先生之爲僧於長干也, 崧常過竹關從先生遊, 時田伯亦在關中. 崧再過竹關, 而先生念崧故人子, 必强飯之, 飯皆粗糲, 半雜以糠粃, 蔬菜尤儉惡, 爲貧沙門所不堪者, 而先生坐啖自若, 飯輒盡七八器. 回思金陵時, 時移物換, 忽忽如隔世者, 噫, 可感也.(『湖海樓全集』文集 권2)

진유숭을 감개무량하게 만든 것은 당연히 방이지의 물질적 환경이 전후로 큰 차이가 나는데도 그가 끝내 "태연히 앉아 잡수실" 수 있었기 때문이다! 사실 방이지는 원래 이런 고생을 견디도록 훈련한 바 있으

니, 바로 그가 세상 예법에 얽매이지 않고 하고 싶은 대로 행하는 훈련
을 했던 것이다.(이에 대해서는 이 책 제6장의 미주 53번 참조)

위희는 이렇게 썼다.

> 어르신은 스스로 고생하며 이런 힘겹고 쓸쓸한 일을 하시면서도
> 엿처럼 달게 받아들이시고, 늙어서도 그 뜻이 시들지 않으셨으니
> 그분이 다하고자 한 것은 무슨 마음이었을까?
> 丈人乃自苦而爲此枯槁寂寞之事, 甘之如飴, 至老而不衰, 彼其所欲
> 盡者何心也.(「同林確齋與桐城三方書」, 『魏叔子文集』 권5)

이는 방이지의 속내를 직접 드러내는 듯하다. 하지만 그것이 결국
무슨 마음이었는지는 여전히 불분명하다.

앞서 인용한 왕부지의 글은 방이지가 광동에 있을 때 '마음대로 노
닌' 것이 그가 승려가 된 뒤에 적막하게 지냈던 것과 대비된다고 했다.

> 이에 승려가 된 뒤에 방이지는 비록 청원산에 살았지만 어울려 지
> 내는 이들이 모두 고고하게 절개를 굽히지 않는 인사들이었다. 또
> 한 서원을 부흥하여 추 선생과 섭 선생 등이 남긴 유업을 닦았으
> 며 집안에는 투구를 쓴 손님이 없었다. 장자와 불교를 빌려 담론
> 을 하면서 그것들을 바로잡으려 했다. 또 제자들을 사방으로 보
> 내 재물을 구하는 것도 상관하지 않았다.
> 乃披緇以後, 密翁雖住靑原, 而所延接者類皆淸孤不屈之士. 且復興
> 書院, 修鄒聶諸先生之遺緖, 門無兜鍪之客. 其談說借莊釋, 而欲繁
> 之以正. 又不屑遣徒衆四出覓財.(「搔首問」, 『船山全書』 제12책, 635쪽)

방이지에 대한 왕부지의 후반부 기록은 응당 전해들은 이야기일 것이며 결코 확실한 사실은 아닐 것이다.(이 책의 제6장 제3절 참조) 이 기간 방이지와 상당히 많이 교유했던 위희가 본 것이 모두 왕부지와 같지는 않았다. 위희의 「여목대사서與木大師書」에는 "받아들이는 것은 넓을 수밖에 없고, 간알干謁하는 것은 함께 할 수밖에 없으며, 사양하고 받는 것은 너그러울 수밖에 없으니 몸이 머물러 사는 곳에 뜻과 기개는 점점 변해갔다"*는 등의 말이 들어 있다. 비록 역당易堂 인물의 '간언諫'이 종종 어투가 준엄했지만 무에서 유를 만들어낼 수는 없었다. 이를 보더라도 방이지의 습관이 오래 쌓여 승려가 되어서도 명사의 면모를 벗어 던지지 못했음이 증명된다.

그러나 어쨌든 인생의 극적인 변화를 겪고 남들이 감당하지 못하는 처지에 있으면서도 차분히 이를 지켜낸 것은 확실히 감탄하며 흠모할 수밖에 없는 일종의 경지였다. 방이지 이야기의 특별한 점은 귀족의 몸으로써 남들이 하기 어려운 일을 해냈다는 데 있다. 바로 이 때문에 위희는 스스로 "집안에서 편히 즐기면서 어르신을 떠올리면 부끄러운 마음이 생긴다"**고 말할 수밖에 없었다. 진유숭은 방이지 가문의 처지에 대해서도 상당히 불만이 많았다.

> 방씨는 환동의 명망 높은 가문이자 높은 벼슬살이를 통해 천하에 어울려 돋보였으며, 방중덕方中德의 조부는 또 풍성하고 위대한 공업을 세워 역사에 이름이 밝게 비치는 분이었다. 그런데 하루아침에 왕조가 바뀌자 방씨 가문은 세상에서 꺼리면서 거의 괴

---

* 원주: "接納不得不廣, 干謁不得不與, 辭受不得不寬, 形跡所居, 志氣漸移."(『魏叔子文集』 권5)

** 원주: "家居晏安歡娛之下, 念丈人則心爲之戁."(「同林確齋與桐城三方書」)

물처럼 여기게 되어버렸고, 방이지 선생도 하남과 광동을 전전하면서 한없이 참고 숨어 지내야 했다. 그러나 그 마을에는 황금을 허리에 차고 다니는 이들도 아주 많았다.

方氏旣爲皖桐望族, 貂蟬簪組, 掩映天下, 而田伯祖父又皆豐功偉業, 光照竹帛, 一旦陵谷變遷, 方氏一門爲世所忌諱, 幾類怪物, 密之先生又轉徙豫粵, 隱忍無窮時, 然其里中兒黃金橫帶者, 又比比然也.(「方田伯詩序」)

진유숭의 이 글은 방씨 가문의 재난이 일어나기 전에 쓰인 듯하니, 방이지의 흉험한 처지가 이미 공개적인 화제였음을 증명해준다.

방씨 가문의 재앙에 대해 위희는 확실히 선견지명을 자부할 만했다. 「동림확재여동성삼방서同林確齋與桐城三方書」에서 그는 '삼방三方', 즉 방이지의 세 아들에게 다른 곳으로 피신해 목숨을 보전하라고 권했다. 그는 "눈앞의 편안함에 안주하여 자잘한 이익을 탐하지 말고 세속에 초연하여 몸과 명예를 보전"하라고 권하고, 『시경』「소아」「면수沔水」의 "백성의 잘못된 소문을 어찌 금하지 않는가? 벗이여, 경계하라. 참언이 이렇게 일어나고 있으니!"라는 노래를 인용하면서 "이제 변란이 일어나니 불을 피하듯 하게. 용마루와 들보를 태우고 서까래를 부러뜨리며 담을 무너뜨리고 벽돌에 금이 가게 해도 막을 수 없네"라고 했으니,* 이 모두가 배후에 큰 사연이 있음을 믿을 수밖에 없게 한다. 그러면서 위희는 '삼방'에게 "각자 한 가지씩 일을 맡아 서로 도움이 되게 하게. 누군가는 전답의 소작을 받아 곡식으로 제사를 지내고 모친을 봉양하고, 누군가는 세파에 몸을 적시고 교유하여 절충을 하고, 누군가는 나가서 유랑하며 삼대의 학문을 전하고, 또 교대로 집에 머물거나 밖으로 나가도록 하게" 하고 권했으니, 이것이야말로 '삼위三魏'의 생존 전략이었다. 역당의 팽사망과 위희가 방이지와 관련해서 쓴 글은 비록 완곡하게 숨긴 부분이 없지는 않지만 그렇다고 너무 심하게 언급을 조심한 것도 아니니, 방씨 가문의 재난이 설령 금기에 가까운 화제라 할지라도 그 금기 또한 여전히 한도가 있었음을 알 수 있다. 그리고 일찍이 방이지와 교유했던 황종희 등의 문집에는 방이지의 죽음에 관한 사소한 기록이나 혹은 암시가 거의 없으니 너무나 영문을 알 수 없는 일이다.

방이지가 굴원처럼 스스로 강물에 몸을 던졌는지의 여부와는 상관없이 그의 '말로'가 일단 앞서 설명한 이처럼 현란하게 어지러운 큰 배경 위에 놓이게 되면 보는 사람의 심혼이 놀랄 수밖에 없다. 팽사망은 「수산탁루기首山濯樓記」에서 방이지의 죽음을 서술했는데, 그 내용이 확실히 의혹을 일으킬 만하다.

또한 노인은 경진년(1640)부터 침통하고 궁핍한 몸으로 사형을 기다리는 죄수로 갇혀 있기도 하고, 외로운 나그네, 도망자, 승려가되어 늙고 병든 몸으로 죽음에 이르게 될 때까지 집안은 무너져 위태롭기 그지없고 오랑캐의 장독이 서린 황량한 땅에서 제사상의 억센 뼈와 썩은 고기를 구걸해 먹으며 바람과 파도가 말하고 글을 쓰는 깊은 연못과 굽이진 함정을 전전하며 한 순간도 몸을 편히 하여 인생의 즐거움을 누리지 못했다. 거의 10년 동안 청원산에 은거하여 성실하게 설법하고, 「포장」과 「팽설」을 지어 유교

---

* 원주: "不苟安目前而貪尺寸之利, 超然世俗以保其身名 (…) 民之訛言, 寧莫之懲. 我友敬矣, 讒言其興 (…) 今夫亂之發也, 辟猶火然, 燎棟梁, 折榱桷, 崩墉裂甓而不可止 (…) 各治一事而相爲用, 或綜田賦之任, 奉粢盛屍毋饗, 或浼身浮沈以交遊爲折衝, 或出侍瓢笠傳三世之學, 又或迭爲居行."

와 불교의 경계를 드나들면서 흐릿한 것을 분명히 변별하며 산수와 샘, 바위, 구름, 숲 사이에서 노닐며 조금이나마 스스로 기분을 풀었다. 그리고 여전히 승려들과 함께 바리때 밥을 먹으며 건량이나 볶은 쌀도 달게 먹었으니, 다른 이들은 감당할 수 있는 것이 아니었다. 그런데도 유언비어에 중상모략을 당했지만 뜻밖의 사태가 일어났음에도 즐거이 평소처럼 행동하면서 겁을 내어 마음이 흔들리지 않았다. 결국 등에 등창이 나 피와 살이 문드러지는데 태연히 담소를 나누다가 무더위 속에서 수레를 타고 달려나가 목숨을 잃었다.

且夫老人自庚辰爲勞人窮子, 爲刀環上人, 爲覊囚, 爲孤旅, 爲逋客, 爲僧, 爲老病以至於死, 展轉於破巢壘卵, 蠻煙瘴霧天荒, 丐食僵骨腐腸鼎俎, 風濤口語文章之重淵曲窐, 曾不能一日安其身, 以有生人之樂. 近十年托跡靑原, 勤開示, 爲炮莊烹雪, 出入儒釋之際, 辨晰微茫, 以徜徉於山水泉石雲樹之間, 稍自陶寫, 猶與僧徒同食盋頭飯, 甘糒糗, 非人所堪. 乃蜚語中之, 自天而下, 怡然行素, 不爲怔撓, 而卒以疽發於背, 血肉崩潰, 言笑從容, 觸暑載馳, 終焉致命.

팽사망의 이 글은 유민으로서 유민에 대해 통곡한 것으로 리듬이 촉급하고 풍부한 암시가 담겨 있어 빼어난 문장이라고 할 수 있으며, 어쩌면 당시에 지어진 방이지의 죽음과 관련된 글 가운데 가장 침통한 문장이라고도 할 수 있겠다.

만년으로 갈수록 방이지는 '학술 전환'의 표지로 담론의 대상이 되었다. 이 인물은 사실 아주 다방면에서 그 시대의 표지가 되어서 그 시기 사대부들의 선택과 그들의 태도 설계, 다른 왕조 치하에서 그들이 택한 존재의 방식, 존재의 조건 등등을 잘 보여준다. 그리고 자료가 부족한 부분에서는 공교롭게도 상상의 여지가 남겨져 있다. 이 인물의 매력은 바로 그 비어 있다는 사실 덕분에 배양된다.

명·청 교체기의 글을 읽을 때마다 유민의 속내가 상당히 음미할 만하다고 느낀다.

위잉스 선생은 여갱신余賡臣의 「송전아유월서送栓兒遊粤序」에서 인용한 방이지의 말이야말로 그가 "복명 활동에 참여했다는 가장 명백한 자백"이라고 단정했는데, 그가 인용한 말은 다음과 같다.

> 지금 천하는 어지럽고 일이 많으니 천하 사람들은 사방의 형세를 알아야 하고 산천의 풍속을 알아야 하며 분란과 변고도 자세히 알지 않으면 안 된다. (…) 갑자기 천하에 일이 생기면 나는 마땅히 그 소임을 맡아서 경략을 안배하여 눈에 담고 손에 취해야 신속하게 처리할 수 있다.
> 今天下肴肴多事, 海內之人不可不識四方之勢, 不可不知山川謠俗, 紛亂變故亦不可不詳也 (…) 一旦天下有事, 吾當其任, 處分經略, 取之眼中手中, 可以猝辦.(「方以智自沈惶恐灘考」, 『方以智晚節考』 增訂版, 245쪽)

그러나 이 증거는 약하다는 지적을 피할 수 없다. 더욱이 "갑자기 일이 생기면" 운운한 것은 한때 유민들이 늘 하던 말투인 듯하다. 고염무는 자신이 화산 아래에 거처를 정한 것에 대해 이렇게 설명했다.

화음 땅은 관중과 황하의 입구를 장악하여 통제하니 대문 밖으로 나가지 않더라도 천하 사람을 볼 수 있고 천하의 사건을 들을 수 있다. 일단 변란이 생기면 산으로 들어가 험준한 요새를 지키는데 10리도 떨어져 있지 않다. 사방을 평정할 뜻을 지녔다면 관문을 나서기만 해도 또한 지리적으로 유리한 위치를 차지한다. 華陰縮轂關河之口, 雖足不出戶, 而能見天下之人, 聞天下之事. 一旦有警, 入山守險, 不過十里之遙. 若志在四方, 則一出關門, 亦有建瓴之便.(「與三姪書」, 『顧亭林詩文集』, 87쪽)

사대부가 이런 곳에 살게 되면 자연히 이 '일'이 무슨 일인지 어렵지 않게 알 수 있다. 예를 들어 모양冒襄과 오서吳鉏 등이 영문을 모르도록 다급해 어쩔 줄 몰라 했던 것도 모두 이 '일' 때문에, '갑자기 일이 생기기'를 기다렸기 때문이었다. 역당의 팽사망은 "갑자기 곤란한 사변에 닥쳤을 때" "훌륭한 계책을 세워 변고를 평정하고 분란을 해결하여 서로 의지하며 패하지 않을" 사람을 부지런히 찾아 다녔다.* 위희도 "군대가 궤멸된行伍屠沽" 와중에 '뛰어난 사람非常之人'을 물색하고자 한다는 마음을 여러 차례 표시했다. 증거가 부족한 상황에서 이러한 설명은 유민의 속내를 나타낸 것이라고 해석된다. 예를 들어 『모양연구冒襄硏究』

---

* 원주: "一旦處事變之窮 (…) 倜儻劃策, 定非常, 解紛難, 互相持於不敗."(「送王若先南遊敍」 『彭躬庵文鈔』 권5)

(顧治, 江蘇文藝出版社, 1993)에서는 단지 행적과 교유 등을 근거로 그 인물이 복명활동에 종사했다고 단정했는데, '고증'의 방법을 사용한 것 같지만 너무 간략하다는 지적은 피할 수 없다. 이외에 필자는 시를 통해 역사를 증명하기란 그 한계가 뚜렷하다는 점을 강조하고 싶다. 결국 "시는 뜻을 말하는 것詩言志"이기 때문이다.

위잉스는 『방이지만절고』에서 역당에 대해 이렇게 언급했다.

> 아홉 선생은 청나라 초기에 명나라의 회복을 도모하는 데 가장 적극적이어서 평생 사방을 분주히 다니며 호걸들을 연결하여 만 명의 유민을 위해 이채로운 모습을 발휘했다.
> 九子於淸初圖謀恢復最爲積極, 畢生奔走四方, 連結豪傑, 爲晚明遺民放一異彩.(增訂版, 25쪽)

역당의 인물들 가운데 팽사망과 증찬曾燦*은 확실히 명나라가 망할 무렵에 반청反淸 운동에 종사한 바 있다. 그러나 위제서魏際瑞(1620~1677, 자는 선백善伯)와 위례魏禮 같은 위씨 형제가 한 일은 모두 성격이 복잡하다. 앞서 서술한 것과 같은 판단의 근거가 단지 "사방을 분주히 다니며 호걸들을 연결한" 것이라면, 당시에 이런 일은 일부 유민—심지어 유민에게 국한되지도 않는데—이 공통적으로 보여준 모습이지 역당의 인물들만 그러하지는 않았다는 점에서 문제가 있다. 안

---

* 증찬(1622~1688)은 강서 영도寧都 사람으로 원래 이름이 전찬傳燦이었고 자가 청려靑藜 또는 지산止山이며 자호가 육송노인六松老人이다. '역당의 아홉 선생易堂九子' 가운데 하나인 그는 명나라가 망한 이후 승려가 되어 복건과 절강, 광동, 광서 등지를 떠돌다가 귀향하여 육송초당六松草堂을 짓고 몸소 농사를 지어 모친과 조모를 봉양했다. 훗날 강소 지역에서 20여 년을 지내다가 북경을 여행하던 도중에 사망했다. 저작으로는 『육송초당문집六松草堂文集』 『지산집止山集』 『서엄초당집西崦草堂集』 『과일집過日集』 등이 있다.

원이나 왕원王源 등도 모두 그러했던 것이다. 이에 대해 필자는 이를 '태도'로 간주해야지 "명나라의 회복을 도모"하는 실제 행위라고 보아서는 안 된다고 생각한다. 위잉스는 한 걸음 더 나아가 다음과 같이 추측한다.

> 대개 방이지가 명나라의 회복을 위해 활동할 때는 항상 막후에서 은밀히 계책을 세웠으며, 실제 그것을 집행하고 연락하는 일은 모두 그의 세 아들을 통해 이루어졌다.
>
> 大抵密之之復明活動常居幕後爲暗地之策劃, 而實際之執行連絡或皆由其三子爲之.(같은 책, 246쪽)

이런 추측은 확실히 흥미롭지만 문헌 증거가 부족함은 어찌 하겠는가!

'갑자기 일이 생긴' 상황을 생각하노라면 '삼번의 변란三藩之變'에 대한 명나라 유민들의 반응을 떠올리게 된다.

류펑윈劉風雲의 『청대삼번연구淸代三藩硏究』에서는 "이전 명나라 유민들도 기회를 틈타 청나라에 반대하는 거사를 일으켰으니 복건과 강서 일대가 그런 예"(210쪽)라고 했는데, 애석하게도 이 책에서는 단지 종실宗室 주통창朱統鋂(?~1678, 호는 명예明裔, 자칭 의춘왕宜春王)이라는 단 하나의 '실제 사례'를 제공할 뿐이고 그 사건 속에서 보이는 유민의 동향—심리상태의 변화를 포함해서—에 대해서는 더 자세히 설명하지 않았다. 이 사건에서 유민의 반응과 참여는 어쩌면 그다지 큰 부분을 차지하지 않았을 수도 있지만 사건의 배경에서는 중요한 부분을 이루었음이 확실하다.

유민과 삼번의 변란 사이의 관계는 확실히 일일이 사실을 고증하기 어렵다. 유민의 문집에서 드러난 것은 대부분 이른바 '실마리'에 지나지 않는다. 근대의 이경신이 쓴 「굴대균전」(『옹산문초翁山文鈔』)에서는 굴대균과 위희 사건 사이의 관계 및 그가 삼번의 변란에 참여한 사실에 대해 비교적 많은 것을 기술했다.

> 당시에 위경魏耕*이라는 이가 바다를 통해서 정성공과 소식을 주고받으며 한족 왕조의 회복을 도모하자 굴대균도 그 모의에 참여했다. 영력 15년 신축(1661)에 일이 실패로 끝나서 위경은 책형을 당했고, 굴대균의 이름도 수배자 명단에 올라 동려로 피신했다. 當時有魏耕者, 通海爲鄭成功通聲息, 謀復漢臘, 大均預其謀. 十五年辛丑事敗, 魏耕被磔, 大均之名亦在刊章, 乃避地桐廬.

> 영력 27년 계축(1673)에 굴대균은 초 지역에서 종군했다. 대개 이 무렵에 오삼계가 청나라에 항거하여 국호를 주라 하고 몸소 20만 병력을 이끌고 호광으로 가니 손연령孫延齡**이 그에게 투항했다. 굴대균은 오삼계에게서 안찰사부사라는 벼슬살이를 했는데, 일설에 따르면 오삼계에게 명나라 종실의 후예를 황제로 세우게 하려는 뜻이었다고 한다. 그러나 오삼계가 단지 제위를 찬탈하려는 생

---

* 위경(1614~1662)은 절강 자계 사람으로 원래 이름이 벽璧 또는 시형時珩이고 자가 초백楚白이 었는데, 명나라가 망한 뒤 이름을 경耕 또는 소甦라고 바꾸고 자를 야부野夫, 호를 설두雪竇, 백 의산인白衣山人이라고 했다. 명나라 회복을 위해 노력하다가 이른바 '통해안通海案'에 연루되어 처형당했다. 저작으로 『식현당집息賢堂集』 『설옹시집雪翁詩集』이 있다.

** 손연령(?~1677)은 한군漢軍 정홍기正紅旗 출신의 장수다. 강희 12년(1673) 오삼계가 반란을 일 으켰을 때 무만장군撫蠻將軍의 신분으로 당시 광서순무 마웅진馬雄鎮과 함께 진압에 나섰다가 이듬해 오삼계에게 투항했다. 그러나 또 얼마 후 공사정孔四貞의 권유를 받고 다시 청나라에 투항 하려다가 오삼계의 종손 오세종吳世琮에게 피살당했다.

각뿐이라는 것을 알고 영력 29년 을묘乙卯(1675)에 벼슬을 사직하
고 귀향했다.

二十七年癸丑, 大均從軍於楚. 蓋是時吳三桂抗淸, 改國號曰周, 自
率兵二十萬至湖廣, 孫延齡降三桂. 大均受吳三桂署官爲按察司副
司, 有說三桂立明後意. 然知三桂僅圖僭竊, 二十九年乙卯, 乃謝歸.

그 외에 삼번의 변란이 일어나기 전에 무창武昌과 의창宜昌 일대에서
활동했던 이로 이인독李因篤이 있었다고 한다.[1] 삼번의 변란이 일어났
을 때 왕부지도 손연령에게 부를 지어 보냈는데 그 가운데 "왕업 일으
키는 일을 도와 중원을 모두 바로잡기를!"* 등의 표현이 들어 있다.

역사가 및 근대 사람들이 명나라 회복 운동과 관련된 유민의 활동
에 대해 서술한 것은 대부분 추측에 속한다. 『청사고』권501에 수록된
왕홍찬王弘撰의 전기에는 다음과 같은 내용이 들어 있다.

왕홍찬은 일찍이 고염무와 손지울, 염이매 등 수십 명이 보낸 서찰
을 모아 하나의 책으로 만들고 그 제목을 『우성집』이라고 했다. 그
가운데는 고염무가 화음에 거처를 정할 일을 논의한 내용이 들어
있는데, "이 일은 세상사 및 인심과 큰 관련이 있어서 사실상 모두
가 기대는 바이니 그저 신속하게 도모해야 한다"라고 했다. 아마
당시 화음 땅에서 모여 논의한 일이 실제로 있었던 듯하다.

弘撰嘗集顧炎武及孫枝蔚閻爾梅數十人所與書劄合爲一冊, 手題曰
友聲集, 中有爲謀炎武蔔居華下事, 言此擧大有關系世道人心, 實皆
攸賴, 唯速圖之. 蓋當日華下集議, 實有所爲也.

---

* 원주: "光贊興王, 胥匡中夏."(「雙鶴瑞舞圖」, 『船山全書』제15책, 929쪽)

셰궈전謝國楨(1901~1982)은 『고영인선생학보顧寧人先生學譜』「학려고學侶考」(上海商務印書館, 1957)에서 이렇게 썼다.

나는 일찍이 관중이 서쪽 변방의 외진 곳인데 어째서 인문이 유독 빼어난지 의아했지만 오래도록 의문이 풀리지 않았다. 나중에 양종시楊鍾義＊의 『설교시화』를 읽고 비로소 그 의미를 알았다. (…) 관중이 멀리 외딴 지역이라 청나라의 세력이 아직 미치지 못했기 때문에 명나라 말엽 종실과 몇몇 유로가 그 지역에서 노닐면서 종적을 숨길 수 있었다. 그러니 굴대균과 고염무 같은 먼 지방의 인사들이 불원천리 찾아온 것도 그런 이유 때문일 것이다. 나는 이런 증거를 가지고 있는데, 더 나아가 이야기하자면 훗날 삼번의 변란이 일어나서 오삼계가 운남 지역에서 독립했을 때 왕보신이 섬서에서 호응한 것도 아마 이 몇 명의 유로와 관련된 상당한 이유가 없지 않을 터이다.

吾嘗疑關中, 僻壤塞西, 何以人文獨勝, 久疑不決, 後讀及楊鍾義雪橋詩話, 始知其意. (…) 蓋關中僻遠, 淸人勢力尙未能顧及, 故明末宗室, 及二三遺老, 尙得盤遊其間, 遁影無涯, 是以遠方之士若屈大均顧寧人, 皆不遠千里而來, 亦卽其因. 吾卽有此證, 更有進而言者, 及後三藩之亂, 吳三桂獨立雲南, 王輔臣卽相應於陝西, 蓋與此二三遺老不無有相當之原因.(153~154쪽)

이 또한 추측이다. 덩즈청鄧之誠(1887~1960)의 『청시기사초편淸詩紀事初編』(中華書局, 1965)에서도 이렇게 설명하고 있다.

아마 명나라가 망하고도 변방 병사들 가운데 생존한 이들이 많았을 것이다. 강양姜瓖*이 변란을 일으키면서 변방 병사들을 모집하여 공격전을 벌였는데 청나라 군대가 일 년이 되도록 격파하지 못했다. 이인독과 굴대균이 변방을 돌아다닌 것도 이런 생각이 있었기 때문일 것이다.

蓋明亡邊兵多有存者, 姜瓖之變, 募邊兵事攻戰, 期年淸人不能克. 李因篤屈大均走塞上, 意卽在此.(2쪽)

필자는 자료가 부족한 상황에서 이런 여러 사람이 변방을 돌아다니고 중원에서 분주히 움직였던 것은 일단 격정의 표현이며, 유민 특유의 어의 창조semantic creation 행위에 포함할 수 있다고 생각한다.

재미있는 것은 복명지사復明志士로 꼽히는 역당의 인물들이 삼번의 변란에 대해 보인 반응들이다.

당시에 위희가 쓴 편지는 반군과 난민이 소요를 일으키는 지방에 대해 상당히 분개했으며, 심지어 그의 「주좌군수서周左軍壽敍」(『魏叔子文集』 권11)에서는 그들을 '소탕'하는 것이 강서의 백성에게 이로운 일이라고까지 말했다. 그가 "배반하고 복종하기를 반복하면서 오로지 도적질만

---

* 강양(?~1649)은 섬서 유림楡林 사람이다. 진삭장군鎭朔將軍의 신분으로 대동총병관大同總兵官에 임명되었지만 숭정 17년(1644) 이자성의 대순大順 정권에 투항했다가 다시 청나라에 투항했다. 1649년에는 대장군이라고 자칭하며 대동을 거점으로 반란을 일으켰으나, 부하 장수인 장진위楊振威에게 피살당했다.

일삼는 자"*라고 한 것은 의심할 바 없이 삼번을 가리키는데 누구를 '배반叛'하고 누구에게 '복종服'했으며, 또 어떤 식의 '반복'이었는지는 엄밀히 생각하지 않은 듯하다. 그의 「증만령군파관서贈萬令君罷官序」에서는 영도현령寧都縣令 만궐생萬闕生이 반란을 평정한 공을 칭송했다.

> 나는 선생이 을묘년(1675)과 병진년(1676)의 반란을 처리한 데 제일 감복한다. 갑인년(1674)에 서남 지역에서 변란이 일어났을 때 현 경계의 100리에 걸쳐서 강적에게 둘러싸이고 10리마다 도적 무리가 많았으며, 성문 안쪽에서도 간사한 백성이 몽둥이를 쥐고 들고일어나려 서로 눈치를 보고 있었다.
>
> 予最服夫君之處乙丙之亂也. 方甲寅西南變起, 境百里環強敵, 十里多伏莽, 門以內奸民之欲持白梏而起者相視.

그다음에는 만궐생의 부서部署에서 변란을 막은 일을 기록했다.(당시 위희는 산중에 있었다.)

> 이에 영도현의 백성은 편안히 부모와 처자식을 지키면서 토벌이 반복되는 재앙을 면할 수 있었다.
>
> 於是寧民得宴然保其父母妻子免反覆誅討之殃.(권10)

육인서陸麟書**가 쓴 「팽궁암선생전彭躬庵先生傳」에 따르면 팽사망은 "요행을 바라고 이랬다저랬다 하는 무리를 마음속으로 비난하고 있었

---

* 원주 : "叛服反覆, 唯以盜賊爲事者."
** 육인서(?~?)는 진양鎭洋(지금의 장쑤 성 타이창太倉에 속함) 사람으로 자가 불정黻庭이고 호가 자유子愉다. 저작으로 『하소정고夏小正詁』 『서병산관시문존胥屏山館詩文存』 등이 있다.

는데 김성환金聲桓*이 반란을 일으키려 하자 옛날에 대학사를 지낸 강
왈광姜曰廣**이 모의에 참여하여 팽사망을 불렀으나, 팽사망은 거절하고
돌아보지도 않았다***고 했다. 이 기록은 이른바 "배반하고 복종하기를
반복하는叛服反覆" 행위에 대한 설명이자 역당의 선생들이 삼번의 변
란에 대해 보인 태도를 해명하는 데도 적용될 수 있을 듯하다. 같은 시
기의 김보金堡도 오삼계를 '두 왕조의 반역자兩朝之叛', 즉 '청나라의 반
역자'이자 '명나라의 원수明之仇讎'라고 했으니(「傅竹君中丞壽序」, 『遍行堂
集』권2), 이 또한 의미심장하다.

　　이것들은 어쩌면 유민 개인의 처지가 사건과 시국에 대한 그의 관
찰과 반응에 영향을 준 사례들이라고도 할 수 있다. 삼번의 변란 와중
에 강서 일대에서 일어난 소란에 관해서는 『청대삼번연구淸代三藩硏究』
(212쪽 및 274쪽)를 참조하기 바란다. 강서 지역은 왕조 교체기에 엄청
나게 파괴되어서 "왕조가 바뀔 무렵 영도현寧都縣 백성은 저자에서 병
력을 일으켜 현 치소治所의 대문 앞에서 백주에 살인과 겁탈을 자행했
다".**** 위례魏禮는 「이단하팔십서李檀河八十序」에서 '근년에 동남 지역에서
일어난 변란', 즉 삼번의 변란에 대해 이렇게 언급했다.

---

*　김성환(?~1649)은 요동(지금의 랴오닝遼寧 성 랴오양遼陽) 사람으로 자가 호신虎臣 또는 호부虎
符이다. 처음에 좌양옥左良玉 휘하에 있다가 그의 아들 좌몽경左夢庚을 따라 청나라에 투항하
여 총병總兵에 임명되었으나, 영력 2년(1648)에 남명 정권에 투항하고 얼마 후 청나라 군대가 남
창을 포위하여 성이 함락되자 강물에 투신해 순국했다. 시호는 충무忠武다.

**　강왈광(1584~1649)은 강서 남창 사람으로 자가 거지居之고 호가 연급燕及, 희호노인浠湖老
人이다. 사가법史可法, 고홍도高弘圖와 더불어 남명의 '남중삼현상南中三賢相'으로 꼽히는 그는
만력 47년(1619) 진사에 급제하여 숭정 연간에 첨사詹事를 역임했고, 남명의 복왕 정권에서 예부
상서 겸 동각대학사東閣大學士를 지냈다. 이후 김성환金聲桓과 함께 청나라에 반대하며 군대를
일으켰으나 남창에서 패전하자 강물에 투신해 순국했다. 저작으로 『석정산방문집石井山房文集』
『황화집皇華集』『유헌기사輶軒紀事』『과강칠사過江七事』등 다수가 있다.

***　원주: "顧心非徼幸反側之徒, 金聲桓之將叛, 故大學士姜曰廣與其謀, 召士望, 士望辭去不顧
云."(『樹廬文鈔』)

****　원주: "改革之際, 寧之民皆稱兵於市, 白日而殺人劫人於縣治之門."(「贈萬令君罷官序」)

독충들이 벌떼처럼 일어나서 사는 곳이 죽 끓듯 혼란스러웠으니 저마다 의병이라고 내세우며 서로 처자와 그릇, 재물을 약탈하고 살인을 저질렀으며, 외지고 험한 고을에서는 무리를 지어 싹쓸이를 하면서 패악이 더욱 심했다.

孟臈蠭起, 所在麋沸, 人人稱義兵, 互掠其妻子器用財賄, 系殺其人, 僻險之鄕, 結聚根括, 爲虐益甚.

위희는 왕조 교체기 감주贛州와 영도의 혼란과 살육에 대해 여러 차례 기록했다. 그가 '변란의 평정弭亂'을 어진 정치라고 한 것도 민생의 입장에서 한 말일 터이다. 삼위三魏 가운데 하나인 위제서는 바로 삼번의 변란 때문에 죽었다.(魏禧, 「先伯兄墓誌銘」 참조) 위희는 삼번의 변란을 통해 명나라가 망한 이래 세상인심의 변화를 이렇게 묘사했다.

을유년(1645)과 병술년(1646) 이래 처음으로 왕조가 바뀌는 것에 대해 걱정했으니, 사람의 심정이 마치 자상한 어미를 잃은 어린아이처럼 따를 곳이 없어져버렸다. 사대부들은 격앙하여 슬피 노래하며 쓸쓸히 분개하는 이들이 많았고, 초야의 여린 백성도 서로 염려하며 마치 그날 하루도 무사히 넘기지 못할 것처럼 시름에 겨워 한숨을 내쉬었다. 그러다가 천하가 통일되어 사방에 전쟁이 사라지자 태평함에 사람들의 마음이 편안해졌고, 지난날처럼 격앙하여 슬피 탄식하는 일도 드물어졌다. 그런데 작년 갑인년(1674)에 서남 지역에서 변란이 일어나 천하에 많은 일이 생겼다. 내가 사는 조그마한 고을도 여러 차례 병사들과 도적에게 피해를 입었는데, 지금까지도 끝나지 않고 있다. 사람들은 부모와 처자식을 지키며 집에 있을 수 없어서 또 가족을 이끌고 산을 파서 험준한 곳에 올라가 살았던 것이 벌써 2년 남짓이다. 그러니 아마 사람들의 심정은 을유년과 병술년 무렵에 비해 더 심할 것이다.

方乙酉丙戌以來初罹鼎革, 夫人之情悵然若赤子之失其慈母. 士君子悲歌慷慨, 多牢落菀勃之氣, 田野細民亦相與思慕愁嘆, 若不能以終日. 及天下旣一, 四方無事, 人心安於太平, 而向之慷慨悲嘆, 邃亦鮮有聞者. 而去年甲寅, 西南變起, 天下多事. 吾彈丸之邑, 數被兵寇, 至於今未已. 人不得保其父母妻子, 有其廬室, 又相率鑿山梯險而居者已二年所, 而夫人之情視乙酉丙戌間, 殆有過之.(「諸子世傑三十初度敍」,『魏叔子文集』권11)

"사람들의 심정이 더 심할 것"이라는 표현은 의미가 모호해서 '걱정思慕'하는 마음을 가리키는지 아니면 변란에 염증을 느끼는 마음을 가리키는지 알 수 없다. 왕조 교체기에 감주는 더욱 심하게 파괴되었으니, 잘 다스려지는 세상을 바라는 백성의 마음 또한 그러했던 것이 당연하다.

그러나 사실이 반드시 이처럼 간단하지는 않았을 터다. 심지어 위희가 글로써 연막을 쳐서 자신의 행적을 숨겼을 가능성도 배제할 수 없다. 그런 단서 가운데 하나는 바로 그의 제자 양빈梁份과 삼번의 변란 사이의 관계이다. 왕원王源은 양빈의 문집에 대한 서문에서 이렇게 썼다.

양빈은 순박하고 정의가 극진하며 강인하여 일찍이 홀로 수만 리를 다니면서 팽사망과 위희 두 선생의 뜻을 계승하려 했다.
質人樸摯強毅, 嘗隻身走數萬里, 欲繼兩先生志.(「梁質人文集序」,『居業堂集』권13)

양빈이 계승하려 했던 것은 어떤 '뜻'이었을까? 양빈에 대해 당시 사람들은 전국시대戰國時代 제齊나라의 노중련魯仲連 같은 사람이라고 했고, 그 본인도 굳이 스스로 그런 사람이 되고 싶어하지 않았을 리는 없다.

> 선생께서 저를 노중련에 비유하셨는데 감당할 수 없지만 또한 감히 힘쓰지 않을 수 없습니다.
> 先生知份以魯仲連爲況, 不敢當, 亦不敢不勉.(「與李中孚書」, 『懷葛堂集』 권1)

그는 자신과 스승 위희 사이의 관계에 대해 이렇게 말했다.

> 예전에 스승님이 여릉 만산에 사실 때 내가 옷을 걷어붙이고 밤낮으로 물길을 달려 100여 리를 달려가 대사를 계획했는데, 그 뒤에 성패가 조금도 차이가 없었다.
> 昔夫子居盧陵萬山中, 份揭衣水行, 日夜百十里, 就區畫大事, 其後成敗不失錙黍.(「哭魏勺庭夫子文」, 같은 책 권8)

여기서 계획한 것은 어떤 '대사'였을까? 유헌정의 『광양잡기』에서는 양빈과 서북 변방의 장수에 대해 이렇게 기록하고 있다.

> 양빈이 변방 일에 관심을 가진 것은 이미 오래되었다. 요동 출신의 왕연찬王燕贊(?~?, 자는 정산定山)이 하서의 정역후 장용張勇*의 중군장군으로 있었는데 양빈과 아주 사이가 좋아서, 그 덕분에 양빈도 하서 지역을 두루 돌아다녔다. 하서 지역에는 변방 이민족

이 잡다했는데 정역후가 발에 병이 있어서 여러 일을 중군장군이
주관했기 때문에 그 산천의 험난한 요지와 이민족이 유목하며 머
무는 부락, 그리고 그들 세력의 강약과 인원의 많고 적음, 이합집
산의 정황 등을 모두 불에 비춰보듯 환히 알고 있었다. 그리하여
모두 수십 권에 이르는 책을 하나 썼는데 그 제목이 『서수금략』이
라고 했다.

梁質人留心邊事已久. 遼人王定山, 諱燕贊, 爲河西靖逆侯張勇中
軍, 與質老相與甚深, 質人因之遍歷河西地. 河西番夷雜遝, 靖逆以
足病, 諸事皆中軍主之, 故得悉其山川險要部落遊牧, 曁其強弱多寡
離合之情, 皆洞如觀火矣. 著爲一書. 凡數十卷, 曰西陲今略.(같은 책
권2, 65쪽)

아마도 양빈이 모반을 책동한 일에 종사했던 것을 학술 활동인 것처
럼 은폐했을 거라고 충분히 상상할 수 있을 터이다. 비록 정역후 장용
이 반역에 동조하지 않고 오히려 반란군을 평정하여 공을 세운 인물
이기는 하지만 말이다. 『광양잡기』에 따르면 양빈은 확실히 사건의 한
가운데 있었던 적이 있으며, 또한 오삼계의 군대에서 그 부대와 청나라
군대 사이에 벌어진 교전을 목격한 적도 있다.

양빈은 강서에서 한대임韓大任**을 구원하려 했는데 오삼계는 먼
저 안왕을 격파하고 나서 길안의 한대임을 구원하여 3월 초하루

---

* 장용(1616~1684)은 섬서 함녕咸寧(지금의 시안西安) 사람으로 자가 비웅非熊이다. 원래 명나라
의 부장副將이었다가 청나라에 투항해서 여러 차례 공을 세우고 감숙총병甘肅總兵, 운남제독雲
南提督 등을 역임했으며, 정역후靖逆侯에 봉해지고 소부少傅 겸 태자태사의 직함이 더해졌다. 죽
은 후에는 소사少師에 추증되었으며 시호는 양장襄壯이다.

에 포위에 합류하기로 약정했다. 그리고 양빈을 성에 남겨두며 말
했다.

"그대는 성벽 위에서 내 군대의 위용을 보고, 돌아가거든 동방의
여러 호걸에게 그것을 이야기해주도록 하라."

梁質人自江西爲韓非有求援. 三桂之意先敗安王而後援吉安, 訂於
三月初一日合圍. 留質人曰, 汝於壁上觀吾軍容, 歸以語東方諸豪傑
也.(같은 책 권2, 77쪽)

왕원王源은 「요소보전姚少保傳」에서 한대임에 대해 이렇게 기록했다.

한대임이 오삼계를 위해 길안을 지켰는데 오랫동안 포위되어 있었
지만 오삼계 구원병을 보내지 않는지라 길안을 포기하고 감강을
통해서 정강으로 갔다. 그는 지모가 많고 전투에 뛰어나서 작은
한신이라고 불렸다.

大任者, 爲三桂守吉安, 被圍久, 三桂不救, 乃棄吉安, 由贛趣汀. 爲
人多智善戰. 人呼爲小韓信.(『居業堂集』 권5)

『광양잡기』 권2에서는 또 방이지, 팽사망과 모두 교유가 깊었던 소
백승蕭伯升(?~?, 자는 맹방孟昉)이 한대임을 맞이하여 양곡을 제공한 일
을 기록하고 있다. 팽사망의 「복우인서復友人書」(『樹廬文鈔』 권3)에서 "양
빈이 기세로 영토를 개척했다質人以氣矜辟地"라고 한 것도 삼번의 변란

---

* 한대임(?~1690)은 원래 오삼계의 부장部將이었으나 삼번의 변란이 평정되고 나서 청나라에 투
항하여 내무부 포의참령布衣參領이 되었다. 강희 29년(1690)에 동국강佟國綱(?~1690)을 따라 갈
단噶爾丹을 정벌하러 갔다가 우란푸퉁烏蘭布通에서 매복이 발각되는 바람에 동국강이 전사했
다. 이에 자신에게 책임이 돌아올까 하는 걱정에 적진으로 돌진하여 적병 수십 명을 베고 전사했다.

이 평정된 뒤 양빈의 처지를 이해하는 데 참고가 될 수 있다.

어쩌면 바로 이와 같이 서로 모순되는 자료들 때문에 역당의 팽사망, 위희 등과 삼번의 변란 사이의 관계가 더욱 애매해진 것인지도 모른다.

한때 떠들썩했던 진몽뢰陳夢雷*와 이광지李光地**의 '납환고발臘丸告變'*** 사건[2]에서 서로 원수처럼 싸웠던 두 사람이 경정충耿精忠****의 '반역'이라는 문제에 대해서 전혀 이견이 없었다는 사실은 풍자적이다.(경정충을 역적으로 간주한 것은 바로 청나라의 정통성을 인정한 셈이다.) 심지

---

* 진몽뢰(1650~1741)는 복건 민현閩縣 사람으로 자가 칙진則震이고 호가 성재省齋, 천일도인天一道人, 송학노인松鶴老人이다. 강희 9년(1670) 진사에 급제하여 한림원 편수가 되었으나, 강희 12년(1673)에 가족을 보러 고향으로 갔다가 이듬해 경정충耿精忠의 반군에게 붙들려 고초를 겪었는데, 그 일로 무고를 당해 옥에 갇혀 참형을 선고 받았다. 이후 1682년에 형부상서 서건학徐乾學의 도움으로 사형을 면하고 봉천奉天(지금의 랴오닝 성에 속함)에서 수자리를 서고 나서 귀향하여 독서와 저술에 전념했다. 강희 37년(1698)에는 성경盛京(지금의 선양瀋陽)을 순시하던 강희제에게 시를 바쳐서 사면을 받고 북경으로 갔고, 강희 40년(1701)에는 어명을 받고 『고금도서집성古今圖書集成』의 편찬을 주관했다. 주요 저작으로는 『주역천술周易淺述』 『송학산방집松鶴山房集』 『천일도인집天一道人集』 『한지당집閑止堂集』 등이 있고 『성경통지盛京通志』를 비롯해서 『덕승현지承德縣志』 『해성현지海城縣志』 『개평현지蓋平縣志』를 편찬하기도 했다.

** 이광지(1642~1718)는 복건 천주泉州 사람으로 자가 진경晉卿이고 호가 후암厚庵, 용촌榕村, 시호가 문정文貞이다. 강희 9년(1670) 진사에 급제하여 한림원 편수를 지낸 이래 이부상서, 문연각 대학사 등을 역임했다. 저작으로 『역상요의曆像要義』 『사서해四書解』 『성리정의性理精義』 등이 있다.

*** 강희 19년(1680) 이광지가 자신의 숙부 이일황李日煌을 통해 당시 경정충耿精忠의 반군에게 붙들려 있던 진몽뢰陳夢雷와 내통하여 반군의 정황을 강희제에게 보고하기로 밀약했는데, 훗날 진몽뢰가 '부역附逆' 혐의로 무고를 당했을 때 이광지는 그런 사실을 부인함으로써 결국 진몽뢰가 참형을 선고 받도록 만들었다. '납환臘丸'이란 당시 진몽뢰가 이광지에게 보낸 밀랍으로 봉인한 서찰인데, 이광지는 강희제 앞에서 그것의 존재를 부인함으로써 진몽뢰와 논쟁이 벌어졌다.

**** 경정충(1644~1682)은 요동 개주위蓋州衛 사람이다. 그의 조부 경중명耿仲明(1604~1649)은 처음에 모문룡毛文龍(1576~1629) 휘하의 장수로 있다가 모문룡이 원숭환袁崇煥(1584~1630)에게 피살당하자 누르하치에게 투항했고, 이후 도르곤을 따라 중원으로 들어와서 1649년에는 정남왕靖南王에 봉해졌다. 이후 경중명이 죽고 나자 아들 경계무耿繼茂(?~1671)가 작위를 물려받았고, 그것이 경정충에게 이어졌다. 강희 12년(1673) 청나라 조정에서 '삼번三藩'을 철폐한다는 조령詔令이 내려지자 오삼계가 반란을 일으켰고, 이듬해 경정충도 '복명復明'을 명분으로 반란을 일으켰다가 전세가 불리해지자 강희 15년(1676)에 다시 청나라에 투항했다. 그러나 여전히 반란을 꾀하다가 부하의 밀고로 적발되어 작위를 박탈당하고 능지형을 당해 죽었다.

어 진몽뢰는 "나라에서 30여 년 동안 선비를 양성했다"*고 말하기도 했다. 양장거梁章鉅의 『귀전쇄기歸田瑣記』 권4 「이문정공李文貞公」에 기록된 이광지의 진술을 보면 자신의 행위에 대해 솔직했음을 알 수 있다. '유민의 입장'을 고집하지 않는다면 오히려 진몽뢰 등의 태도가 더 이해하기 쉽다.

명대의 역사적 사실을 언급할 때는 유민보다 더 유민 같았던 왕원王源은 「요소보전姚少保傳」에서 삼번의 변란을 기록하면서 청나라 사람의 입장을 견지하며 명나라의 잔여 세력을 '도적'이라고 간주했다. 그가 기록한 요씨는 삼번의 변란을 평정하고 정성공鄭成功과 그의 아들 정경鄭經을 토벌하여 멸하는 과정에서 큰 공을 세운 인물이다. 이 글에서는 왕조 교체의 과정에서 복건 지역의 민생이 파괴된 실정을 상당히 많이 기록했는데, 요씨가 죽을 무렵에 대해서는 이렇게 기록하고 있다.

> 복건 백성은 신분의 귀천이나 노소를 막론하고 모두가 눈물을 흘리며 그의 초상화를 그려 제사를 지냈다. 매장하는 날에는 전송하는 이들이 수백 리에 걸쳐서 울부짖었으며, 지금도 그를 위한 제사가 수그러들지 않고 있다. (…) 복건에 복을 주니 그 덕이 무척 크고 그 공이 무척 위대하다.
> 閩人無貴賤老幼, 莫不流涕, 肖公像祠之. 其歸葬也, 送者號咷數百里, 至今猶祠祭之不衰焉 (…) 造福於閩者, 其德甚大而功甚偉.(『居業堂文集』 권5)

근대 사람의 역사학 저술에서는 삼번의 변란에 대해 일찌감치 평가

---

* 원주: "國家養士三十餘年."(陳夢雷, 「絶交書」『閑止書堂集鈔』 권1)

가 끝나서 이미 의심을 제기할 필요가 없어졌다. 그러나 유민의 글을 너무 많이 보게 되면 이렇게 '의심을 제기할 필요가 없는' 상황에 대해 의문이 생겨서 '역사 진보'의 이념이 인정하는 '정통론'이 정말 빈틈없이 엄밀하고 논리적인가 하는 생각을 하게 된다.

유민 가운데 사적이 애매한 이는 종종 무슨 운동에 참여했던 건 아닌가 하는 추측을 하게 만든다. 『길기정집鮚埼亭集』 권28 「유계장전劉繼莊傳」에서는 유헌정劉獻廷에 대해 이렇게 기록했다.

> 그 사람의 종적은 일반적으로 유람하는 선비들이 겪은 바가 아니기 때문에 뭔가 남들에게 알리지 않고 꺼리는 바가 있는 듯하다. (…) 나는 유독 유헌정이 왕조가 바뀐 뒤에 집을 나가서 곤산의 형제들을 만나고 평민의 신분으로 늙어 죽었다는 사실에 의심이 간다. 또한 그가 오·초 지역을 분주히 다니면서 고향 생각을 하지 않을 수 없었을 테니, 사람을 피해 망명하는 이의 행위와는 거리가 멀다. 이는 이유가 없을 수 없는 일이지만 결국 그 이유를 밝힐 수 없다.
>
> 其人蹤跡非尋常遊士所閱歷, 故似有所諱而不令人知 (…) 予獨疑繼莊出於改步之後, 遭遇崑山兄弟, 而卒老死於布衣. 又其棲棲吳頭楚尾間, 漠不爲枌楡之念, 將無近於避人亡命者之所爲. 是不可以無稽也, 而竟莫之能稽.

그러니 우리도 '그 이유를 밝힐 수 없는' 이 사실을 인정할 수밖에 없다. 유민의 이야기가 금기에 가려지고 시간에 부식되어 결국 의문 또는 '영원한 비밀'이 되는 것이 또 어찌 이것뿐이겠는가!

유민을 이해할 때 '흔적'을 근거로 추측하는 것은 괜찮지만, 추측은 결국 추측일 뿐이다. 언론을 있는 그대로의 '언론'으로 간주하고, 사대부의 자신에 대한 상상과 그 '실제'를 구분하고, 그의 설명과 표명을 '작위作爲'와 구분해야 한다. 최소한 이렇게 '구분'하는 사고방식을 지키는 것이 어쨌든 필요하다. 더욱이 필자는 시를 언론의 형식으로 간주하는 하는 것은 원래 온갖 환각, 무엇보다도 시인 자신에 관한 환각을 용납하는 데 알맞다고 생각한다. 언론을 근거로 '사실'을 추정할 때는 어떤 상황에서도 그 과정에서 생기는 오차를 고려해야 한다. 물론 유민의 사적에서 빠진 부분이 생긴 것은 명나라 유민이 지금까지 남겨놓은 글 가운데 본인이 고심해서 숨긴 흔적과 친척이나 벗, 후손이 숨기고 '세탁'한 것들, 그리고 글을 간행한 이들이 삭제한 것들을 외에도 조정의 법령에 따라 함부로 고치거나 훼손한 부분들이 있기 때문이다.

유헌정 본인의 경우는 『광양잡기』에서 삼번의 변란에 대한 자신의 복잡한 태도를 거의 숨기려 하지 않았다. 이 책이 비록 오삼계가 백성에게 해를 끼친 일을 기술하고 있지만 또한 오삼계가 형주荊州 지역의 '백만 백성生靈'을 불쌍히 여겨 제방을 무너뜨리는 계책을 쓰지 않았다는 사실을 기록하면서, "그 때문에 나는 한참 동안 생각에 잠겨 감탄했다"*고 썼다. 왕보신王輔臣에 대한 기록에서는 그에 대한 동정심을 더욱 숨기지 않으면서 그의 어쩔 수 없는 상황에 대해 설명했다. 그런데 왕원의 「유처사묘표劉處士墓表」에서는 유헌정에 대해 이렇게 기록했다.

한참 후 서남 지역에서 큰 변란이 일어나 백성이 두렵고 당혹하여 편히 살 수 없게 되자 처사(유헌정)는 동정산으로 들어가 더욱 학

---

* 원주: "予爲沈吟感嘆者久之."(『廣陽雜記』 권3, 204쪽)

문에 힘썼다.

久之, 西南大亂, 民惶惑不聊生, 處士乃入洞庭山, 學益力.(『居業堂文集』 권18)

이를 보면 마치 유헌정이 삼번의 변란과는 아무 관계가 없었던 것 같다. 그런 유헌정에 관해 전조망은 이렇게 썼다.

> 또한 여러 선생의 저술이 모두 천하에 두루 퍼져 있지만 유독 유헌정의 책만은 그다지 유포되지 않아서 거의 20년 가까이 찾았지만 구하지 못하다가 최근에야 비로소 항주의 조씨 집에서 그의 『광양잡기』를 볼 수 있었다.
> 且諸公著述皆流布海內, 而繼莊之書獨不甚傳, 因求之幾二十年不可得, 近始得見其廣陽雜記於杭之趙氏.(「劉繼莊傳」, 『鮚崎亭集』 권28)

이것은 『광양잡기』에 앞서 설명한 바와 같은 기록이 들어 있음에도 금지나 훼손을 당하지 않았다고 풀이할 수도 있는 설명이다. 다만 전조망이 보았다는 『광양잡기』의 면모가 어떠했는지는 알 수가 없다. 세상에 전해지는 『광양잡기』는 유헌정의 제자가 정리한 것이고 또 여러 차례 삭제를 겪었으니(중화서국에서 간행한 『광양잡기』에 수록된 潘祖蔭의 「廣陽雜記跋」 참조), 그 판본의 상황도 연구할 만한 가치가 있지 않을까?

유민뿐만 아니라 충신의 속내도 흥미롭기 그지없다.

남명 조정의 일을 기록한 글은 늘 당시 사대부들의 굴욕감을 느끼게 한다. 진자룡은 서석기徐石麒*의 행장에서 이렇게 기록했다.

하루는 조회가 끝났을 때 환관 하나가 갑자기 무리들 속에서 인사를 하며 물었다.

"이부상서 서 선생이 아니십니까?"

"그렇소."

"제 문하생 아무개가 재능도 있고 현량하여 선생의 속리로 쓸 만한데, 어떠신지요? 제가 궁중에 있으니 선생을 도와 드릴 수 있습니다."

선생은 깜짝 놀라 거절하고 집에 돌아와 혼자 생각했다.

'이전 왕조에서 환관들의 전횡이 극심할 때도 조정에서 공개적으로 사람을 천거한 이가 없었는데, 기강이 완전히 무너졌구나!'

一日朝罷, 有一中貴, 忽於衆中揖公曰, 公非大塚宰徐公耶. 曰, 然. 曰, 某有門生某令者, 才而賢, 可任公屬吏, 公有意乎. 某居中, 能爲公地也. 公愕然拒之. 退而自念, 雖先朝閹寺極橫時, 亦無公薦人於朝堂者. 紀綱墮壞盡矣.(『陳忠裕全集』 권29)

이런 '조정'을 보아야 하는 충신의 심정은 어떠했겠는가?

구식사瞿式耜는 집안에 보내는 편지에서 이렇게 썼다.

사람들은 내가 두 달 안에 급사중에서 부승으로, 순무로, 시랑으로 승진했다가 재상이 되는 것을 보고 관운이 대단히 잘 트였다

---

* 서석기(1577~1645)는 원래 이름이 문치文治이고 자가 보마寶摩, 호가 우구虞求다. 천계 2년(1622) 진사에 급제하여 공부영선주사工部營繕主事에 임명되었으나 위충현에게 미움을 사서 관직을 삭탈당했다가 숭정제가 즉위하면서 원래 직위를 회복했다. 남명 복왕 조정에서는 이부상서를 지냈으나 곧 사직하고 풍경楓涇에 은거했다가 청나라 군대가 가흥嘉興을 점령하자 목을 매어 순국했다. 건륭 연간에 시호를 내려 '충의忠懿'라고 했다. 저작으로 『관작지官爵志』 『가경당집可經堂集』 등이 있다.

고 여길 것이다. 내가 보기에는 분명히 연극판에서 아무나 붙들어 원수로, 도둑으로 삼는 것과 마찬가지로 임시로 국면을 꾸밀 필요가 있어서 어쩔 수 없이 다그쳐 일을 이룬 것일 뿐이다. 사실 숭정제 이후로 무슨 조정이니 천하가 있었는가? 세상 한 귀퉁이의 정통을 내세우며 또 여러 관리를 두다보니 재상은 한낱 평범한 관리에 지나지 않고 그 총독도 한낱 잡스러운 직책에 지나지 않을 뿐이다.

人見我兩月內自給諫而府丞, 而巡撫, 而侍郎, 而拜相, 似乎官運利極矣. 以我觀之, 分明戲場上捉住某爲元帥, 某爲都督, 亦一時要裝成局面, 無可奈何而逼迫成事者也. 其實自崇禎以後, 成何朝廷, 成何天下. 以一隅之正統而亦位置多官, 其宰相不過抵一庶僚, 其部堂不過抵一雜職耳.(『瞿式耜集』 권3, 260쪽)

이런 '재상'이 되었으니 구식사의 마음을 짐작할 만하다.

이 책의 제1장 제2절에서는 당시 사대부들이 불가능함을 알면서도 절망적으로 반항할 수밖에 없었다는 사실을 설명했는데, 이는 확실히 처절하기 그지없는 격정이었다. 왕유전汪有典*의 『사외史外』「오부방전吳副榜傳」에는 모양冒襄이 오응기를 위해 쓴 서문을 인용하고 있는데, 여기서는 명나라가 망하기 전의 오응기에 대해 이렇게 묘사하고 있다.

오직 나만이 오응기가 오악을 가슴에 품고 있음을 알았다. 보이는 것마다 놀라며 일과 상황이 어그러진 데 낙심하여 소매를 떨치며

---

* 왕유전汪有典(?~?)은 안휘 무위無爲 사람으로 자가 계모啓謨고 호가 정완訂頑이다. 10여 년의 정성을 기울여 명나라 300년 동안 절의를 지켜 죽은 이들의 사적을 모아 『사외史外』 32권을 편찬하고, 건륭 13년(1748)에 간행했다. 그 외의 저작으로 『망고집望古集』 등이 있다.

격앙하기도 하고, 수염을 곧추 세우고 껄껄 웃기도 하며, 이웃집 여인 옆에 눕기도 하고, 북을 치며 앉아 꾸짖기도 했으니, 이 모두가 3년 뒤의 죽음을 예견한 복선이었다.

惟余知樓山五嶽在胸, 觸目駭心, 事與境迕, 潦倒拂逆, 或奮袖激昂, 或戟髥大噱, 臥鄰女旁, 摑鼓罵坐, 皆三年後死事張本也.(『樓山堂集』)

이는 오응기의 낙심과 순절을 인과관계로 보았으니, 이 또한 그 사람의 심리에 대한 일종의 통찰이라고 하겠다. 유성劉城이 쓴 오응기의 전기에서도 그가 세상에서 뜻을 이루지 못하고 세속과 어울리지 못하여 울적하게 불만이 쌓여서 풀어 낼 길이 없었다고 하며 이렇게 썼다.

마침 세상이 변하여 남쪽 영토가 함락되니, 충성스럽고 의로운 이들이 일어나 회복하고자 했다. 이에 오응기는, '내 스스로 드러낼 방법이 있다'라고 했다.

劉城爲吳氏所撰傳, 也記其人不得志于世, 不諧于俗, 拂鬱憤懣, 不得發舒, "會世變, 南土陸沈, 忠義者起恢復, 次尾曰︰吾有以自見矣.(「吳次尾先生傳」, 『嶧桐集』권10)

황종희의 「왕유일전王卣一傳」에 기록된 왕유일의 상황도 이와 유사하다.

그는 한낱 포의의 신분으로 팔고문에 정력을 쏟았지만 끝내 알아주는 시험관을 만나지 못하자 함께 공부했음에도 군대가 무엇인지도 모르는 한두 명의 벗과 함께 팔을 걷어붙이고 그 일을 했다.

君以區區布衣, 勮精劫力於時文, 而卒不得一遇於有司, 乃與一二同塾之友, 不知兵革爲何事者, 攘臂而爲之.(『縮齋文集』, 132~133쪽)

왕조 교체기에 그가 의거를 일으킨 것이 과거시험에서 뜻을 이루지 못했기 때문이라는 설명이다. 오응기는 그가 직접 쓴 역사 평론에서도 자신의 속내를 스스로 설명했다. 『누산당집樓山堂集』권6 「진원제중흥론晉元帝中興論」에서 그는 이렇게 썼다.

> 제갈량이 어찌 한나라가 부흥할 수 없고 적을 당장 멸할 수 없다는 것을 몰랐겠는가? 그러나 그는 이렇게 말했다.
> "왕업은 중국 전체가 아닌 한 지방에 안주해서는 안 되고, 앉아서 망하기를 기다리느니 차라리 도적들을 멸하는 게 낫다."
> 이에 해마다 군대를 움직여 오로지 적을 물리치기만 추구하면서 죽을 때까지 나라를 위해 온 힘을 다했다.
> 諸葛武侯豈不知漢不可復興, 賊不可卽滅, 而其言曰, 王業不偏安, 坐而待亡, 何若滅賊. 於是連年動擧, 惟敵是求, 而鞠躬盡瘁, 至死後已.

이런 모든 것은 루쉰이 말한 '혁명 대오' 속의 사람을 떠올리게 한다. '목적을 이루기' 위해서는 '길이 달라도' 상관없으며, 어떤 경우는 "차라리 자살을 위해" 그렇게 하기도 한다.(魯迅, 「非革命的急進革命論者」)

또한 이 책의 제1장 제2절에서 황종희가 진자룡을 '다급하게 달아나던望門投止' 동한 때의 장검張儉에 비유한 적이 있다는 사실을 설명했다. 『후한서』권97 '당고黨錮'에 수록된 장검의 전기에서는 장검이 환관 후람侯覽(?~172)을 탄핵하고 같은 고향 출신의 주병朱幷에게 원한을 사게 되었다고 했다.

> (원한을 품은 이들이) 드디어 상소를 올려 그가 같은 고을 24명과

결당했다고 고발하여 수배령이 내려졌다. 장검은 요행으로 목숨을 구해서 몰래 도망칠 수밖에 없었는데 눈에 보이는 대문을 향해 아무 곳이나 뛰어들었지만 모두들 그 명성과 품행을 중시하여 집안이 망할 위험을 무릅쓰고 받아들여 주었다. (…) 그가 거쳐 간 지역에서는 처형된 이가 열 명을 헤아렸고, 가족과 친척은 모조리 살해당했으며, 군현도 그 때문에 파괴되었다.

遂上書告儉與同郡二十四人爲黨, 於是刊章討捕. 儉得亡命, 困迫遁走, 望門投止, 莫不重其名行, 破家相容 (…) 其所經歷, 伏重誅者以十數, 宗親幷皆珍滅, 郡縣爲之殘破.

그런데 위례魏禮의 「여양공적서與梁公狄書」에서는 "장검의 사람됨은 만 명의 집안에 누를 끼치기에는 부족하다"*고 했다. 이 '부족함'은 바로 나중의 결과를 놓고 한 이야기로, 장검이 도망치던 시점에서의 사람들은 전혀 이렇게 생각하지 않았던 듯하다. '나중의 결과'를 장검의 도주에 귀속시키면서 집권자들의 추격과 과도한 살육은 문제 삼지 않는 것을 보면 여론의 비겁함과 가혹함, 비정함을 실감하게 한다. 진자룡 사건은 연루된 이들이 광범하여 확실히 장검 사건과 유사한 면이 있다. 서병의徐秉義**의 『명말충렬기실明末忠烈紀實』 권16 「진자룡」에는 다음과 같이 기록되어 있다.

진자룡을 숨겨준 죄로 죽은 이들은 후기증侯岐曾*** 일족과 연안추

---

* 원주: "儉之爲人, 不足以累萬家."(『魏季子文集』 권8)

** 서병의(1633~1711)는 강소 곤산 사람으로 처음 이름이 여의與儀고 자가 언화彦和, 호가 과정果亭이다. 강희 12년(1673) 진사에 급제하여 내각학사와 첨사詹事 등을 역임했다. 저작으로 『명말충렬기실明末忠烈紀實』외에 『운포배림당대언집耘圃培林堂代言集』『경학습여經學拾餘』등이 있다.

관 고함정, 제생 고천규와 고천린, 장관, 하지욱 등이다.

其以匿子龍死者. 侯岐曾一門, 延安推官顧咸正, 諸生顧天逵, 顧天

遯, 張寬, 夏之旭.(354쪽)

　　여기서도 진자룡이 순국하기 전에 도망친 일에 대한 가혹한 평가
가 있었다.『명말충렬기실』의 같은 권에 수록된 「하지욱夏之旭」에는 그
가 남긴 절명시가 수록되어 있는데, 그 가운데 "애석하구나 진자룡이
여! 어이해 일찍 죽지 않았는가?惜哉臥子, 何不早決"라는 구절이 들어 있
다.(355쪽) 같은 사건에 대한 또 다른 반응으로 오기吳騏****의 「춘감春感」
에서는 이렇게 읊었다.

　　천하에는 겹 벽에 숨겨줄 사람 없어
　　천 년의 한을 흐르는 강물에 맡겼구나!
　　四海無人藏復壁, 千秋遺恨托江流.(『陳子龍詩集』, 797쪽)

고염무는 「곡진태복자룡哭陳太僕子龍」에서 이렇게 썼다.

　　아아, 그대는 젊은 나이에
　　천하의 절반이 그대를 알았지.
　　위제가 망명했을 때
　　신릉군도 난색을 지었지.

***　후기증(?~1647)은 소주부蘇州府 가정嘉定(지금의 상하이에 속함) 사람으로 자가 옹첨雍瞻이다.

****　오기(1620~1695)는 강소 화정華亭(지금의 상하이 쏭장松江) 사람으로 자가 일천日千이고
호가 개룡鎧龍, 철애鐵崖, 구봉-유려九峯遺黎, 배계계제주培桂桂齋主다. 숭정 연간의 제생이었
던 그는 청나라가 들어서자 벼슬길에 뜻을 접고 유민시인으로 살았다. 저작으로 『함함집顄頷集』
이 있다.

사태가 급하여 비로소 구함을 받았으나

잠시 머물렀던 집안은 각기 고초를 당했구나!

嗚呼君盛年, 海內半相識.

魏齊亡命時, 信陵有難色.

事急始見求, 棲身各荊棘.(『顧亭林詩集彙注』, 上海古籍出版社, 1983,

182쪽)

　　진자룡의 말로를 이야기하자면 유감스럽지 않을 수 없다. 애석하게
도 진자룡의 죽음이 늦었다는 것 역시 일종의 시론時論이었다.

　　혹자는 이렇게 말한다.

　　"문천상이 순국할 때도 반드시 왕염오王炎午가 살아 있는 이의 제
사를 올리는 일이 필요했다. 진자룡이 죽었지만 갑신년(1644)이
아니라 정해년(1647)에 죽었으니 3년을 늦추며 범려范蠡처럼 떠돈
것은 3년을 먼저 멱라강에 몸을 던진 것만 못했다."

　　或曰: 文山之烈, 猶必待炎午之生祭, 軼符死矣, 不死於甲申, 而死於
丁亥, 遲三年作鴟夷, 不如先三年而爲汨羅.(徐世楨,「丙戌遺草序」,『陳
忠裕全集』卷首)

　　지금 생각하면 진자룡에게서 도망칠 권리를 박탈한 이들은 바로 이
상에서 설명했던 것과 같은 이해관계를 따졌기 때문이었다. 당시 진자
룡의 절망적인 처지는 누구나 상상할 수 있을 것이다. 이는 정말 잔혹
하기 그지없는 경험의 일종이었다.

　　앞서 인용한 바 있는 오조석吳祖錫의 「답후재서答俟齋書」에는 이렇게
적혀 있다.

뜻을 품은 선비가 고달픈 상황에 처했을 때 가장 알기 어려운 것이 마음속의 생각이고, 가장 논의의 대상이 될 만한 것은 행적이다. 정직하고 신실하며 학식이 광박하며 어진 어른을 만나지 않으면 뉘라서 그의 숨겨진 부분을 궁휼히 여기고 겉으로 나타난 모습을 귀감으로 삼겠는가? 함부로 비난받는 이가 많을 것이다.*

그러나 유학자가 절조와 관련된 주제에서 '인심人心'에 대해 특별히 민감했다는 점은 인정할 수 있을 것이다. 진자룡은 「신절민공전申節愍公傳」에서 신가윤申佳胤**에 대해 이렇게 기록했다.

누군가가 물었다.
"적당한 방법으로 중국에 보답하고자 하는데, 괜찮겠습니까?"
그러자 선생이 대답했다.
"그건 핑계일 뿐이다."
曰:庶幾得當以報漢, 可乎. 公曰:是藉口也.(『陳忠裕全集』권29)

유종주는 이렇게 말했다.

지금 생각하니 죽지 않아도 되는데 죽거나, 기다릴 수 있는데 죽거나, 너무 일찍 죽거나 하는 것은 상당히 명예를 추구했다는 혐

———
* 원문은 제7장 1절 참조.
** 신가윤(1602~1644)은 광평부廣平府 영년현(지금의 허베이 성 한단邯鄲) 사람으로 자가 공가孔嘉 또는 준원浚源이고 호가 소원素園이다. 숭정 4년(1631) 진사에 급제하여 대리시평사大理寺評事, 태복시승太僕寺丞 등을 역임했으나 갑신년의 변란이 일어나자 순국했다. 이후 태복시소경太僕寺少卿에 추증되었고 시호가 절민節愍이다. 청나라 때에는 또 단민端愍이라는 시호가 내려졌다. 저작으로는 『신단민공시문집申端愍公詩文集』이 있다.

의가 있다. 그렇다고 아무 곳으로나 탈출한다면 결국 삶을 탐하고
죽음을 두려워하는 무리가 될 따름이다.

今謂可以不死而死, 可以有待而死, 而蚤死, 頗傷於近名, 則隨地出
脫, 終成一貪生畏死之徒而已.(「答秦嗣瞻」,『劉子全書』권20)

손기봉은 이렇게 말했다.

결국 절의를 지켜 순국한 신하는 모름지기 지혜로움 속의 어리석
음과 어짊 속의 잘못을 갖추고 있어야 비로소 충분히 구색을 만
족할 수 있다. 어질면서 유순한 이는 갑자기 결단을 내리지 못하
고, 지혜롭고 꾀가 많은 사람은 여러 문제의 단서를 피할 방법을
마련하지만 순간적으로 실수하면 평생 죄를 씻을 수 없게 된다.
예로부터 이런 잘못에 연루된 이들이 당연히 적지 않았다.

總之, 仗節殉義之臣, 須具一知中之愚, 仁中之過, 方得淋漓足色.
彼仁柔者悠忽不斷, 知巧者規避多端, 一瞬失之, 終身莫贖. 從來坐
此咎者, 正自不少.(「賀公景瞻傳」,『夏峯先生集』권5)

이것은 이른바 '어리석음愚'과 '충성忠' 사이의 관계를 말한 것이니
의미심장하지 않은가? 문인에게 결여된 것은 아마 이 '어리석음'이리
라. 손기봉은 적절하게도 "충분히 구색을 만족할 수 있다"라고 했으니,
가혹한 곳에서도 인성에 대한 유학자의 통찰력을 보여주었다. 위희도
이와 비슷한 말을 한 적 있다.

저도 이렇게 말한 적이 있습니다.
"위대한 현인 이하는 반드시 어느 정도 어리석은 마음을 지니고

있어야 비로소 철저하게 충효와 인의를 알고 실천하는 사람이 될 수 있습니다."

弟亦嘗云, 大賢以下定要帶些愚意, 方做得徹底忠孝仁義之人也.(「答石潮道人」,『魏叔子文集』권7)

고염무는 이인독李因篤에게 이렇게 충고했다.

옛날에 주희는 육유의 재능이 높고 행적이 너무 가까워서 힘 있는 이에게 견제를 당해 자신의 의지와 절조를 온전히 할 수 없었다고 했는데, 바로 지금 아우님을 두고 한 말인 듯하네.

昔朱子謂陸放翁能太高, 跡太近, 恐爲有力者所牽挽, 不得全其志節, 正老弟今日之謂矣.(「答子德書」,『顧亭林詩文集』, 74쪽)

황종희는 위학렴이 늦게 죽은 것은 바로 "공리功利가 그를 그르쳤기"[*] 때문이라고 했는데, 이런 모든 것이 '절조'를 흉내 내는 조건이란 무엇인지 알려준다. 오응기는 "생사의 경계에서는 쉽게 결정하지만 부귀를 바라는 마음은 식히기 어렵다"[**]고 했으니, 이 또한 사람이 생사의 경계에 처한 경우에 대한 일종의 관찰이며 오응기 자신만의 이야기가 아니다.

절조를 잃은 사람에게는 또 다른 논리가 있다. 『갑신핵진략甲申核眞略』에는 왕오영王鰲永[***]의 다음과 같은 말이 기록되어 있다.

---

[*] 원주: "功利誤之."(「翰林院庶吉士子一魏先生墓誌銘」,『黃宗羲全集』제10책)

[**] 원주: "生死之際易決, 而富貴之心難冷."(「啓禎兩朝剝復錄」권2)

오늘의 일을 천지간에 어디로 피하겠는가? 공자께서도 (『중용』
14장에서) 지금 오랑캐의 땅에 있거든 오랑캐의 방식으로 행하라
고 하셨다.

今日之事, 何所逃於天地之間. 孔子曰, 素夷狄行乎夷狄.(39쪽)

'충의지사'나 '유민'에 비해 청나라 초기에 과거에 응시하고 황제의
부름에 응한 이들의 속내는 확실히 더욱 흥미로운 데가 있다.

『청사고』「성조기聖祖記」에 따르면 강희 17년에 "박학홍유과를 개설
하고 조정 안팎의 관료들이 각기 알고 있는 이를 천거하여 궁궐로 보
내라는 어명을 내렸다."**** 염약거의 『잠구차기潛邱箚記』 권5 「여유초종
문與劉超宗文」에는 다음과 같이 기록되어 있다.

보낸 명단을 열어보니 인화 땅의 오지윤*****이 들어 있어서 무척
기분이 좋았다. (…) 글씨를 써서 계정******에게 주었는데 내용은 이

*** 왕오영(1588~1644)은 산동山東 치박淄博 사람으로 자가 극공克鞏이고 호가 형고衡皐, 간소
澗溯다. 천계 5년(1625) 진사에 급제하여 운양순무鄖陽巡撫, 첨도어사僉都御史 등을 역임했다가
이자성李自成의 군대에 사로잡혔으나 은을 지불하고 풀려났다. 이후 순치 1년(1644) 청나라에 투
항하여 호부시랑 겸 공부시랑으로서 산동총독山東總督을 역임했다. 그러나 이자성의 비장裨將
이었던 조응원趙應元이 투항을 가장하여 청주青州를 점령하자 그를 꾸짖다가 살해당했다.

**** 원주: "詔開博學鴻儒科, 中外各官各擧所知徵詣闕下."

***** 오지윤吳志伊(1628~1689)은 절강 인화 사람으로 자가 임신任臣인데, 대개 오임신吳任臣으
로 통했기 때문에 자를 지이志伊 또는 이기爾器로 바꿨다. 원래 이름이 홍왕鴻往이었고, 호가 탁
원托園이다. 강희 18년(1679) 박학홍사과를 통해 검토檢討가 되어 『명사』 편찬에 참여했다. 주요
저작으로 『주례대의周禮大義』 『자휘보字彙補』 『춘추정삭고변春秋正朔考辨』 『예통禮通』 『탁원
시문집托園詩文集』 『산해경광주山海經廣注』 등이 있다.

****** 구상수邱象隨(1631~1701)를 가리키는 듯하다. 구상수는 강소 산양山陽 사람으로 자가 계정
季貞이고 호가 서헌西軒이다. 순치 11년(1654) 발공생拔貢生으로 강희 18년(1679) 박학홍사과를
통해서 검토檢討가 되었고, 이후 세마洗馬까지 역임했다. 저작으로 『서헌시집西軒詩集』 『서산기
년집西山紀年集』 등이 있다.

러했다. 어찌 하면 두준杜濬이나 염이매, 주용周容,* (…) 강신영姜
宸英,** 팽사망, 구유병邱維屛, 고조우顧祖禹, 유정劉埕,*** 고염무, 엄
승조嚴繩祖,**** 팽계彭桂,***** 고정관顧貞觀****** 등 수십 명의
명단을 모두 적어 올리고 일제히 궁궐 대문에 모이게 하여 참으
로 재야에 천거되지 못한 현량한 인재가 없음을 축하할 수 있게
할까?

見開送單有仁和吳志伊, 深快人意 (…) 作字與季貞云, 安得將杜于
皇濬, 閻古古爾梅, 周茂三容 (…) 姜西溟宸英, 彭躬庵士望, 邱邦士
維屛, 顧景范祖禹, 劉超宗某, 顧寧人炎午, 嚴蓀友繩祖, 彭爰琴桂,
顧梁汾貞觀一輩數十人, 盡登啓事, 齊集金馬門, 眞可賀野無遺賢
矣.(乾隆十年 睿西堂 刊本)

당시에는 확실히 새 왕조를 위해 인재를 끌어들이면서 여력을 남기
지 않았다는 이유로 자신의 난처한 상황을 가렸던 이들이 있었으니,
예를 들어 다음에 소개할 이인독李因篤은 그래도 극단적인 예에 해당
하지는 않는다. 『이곡집二曲集』 「역년기략歷年紀略」에는 강희 17년(1678)

---

* 주용周容(1619~1692)은 절강 은현(지금의 닝보 인저우 구) 사람으로 자가 무산鄮山 또는 무삼茂
三, 무산茂山이고 호가 벽당蘗堂이다. 명나라 때의 제생이었던 그는 명나라가 망한 후 출가하여
승려가 되었다가 환속했고, 강희 18년(1679) 박학홍사과에 천거되었으나 사양했다. 저작으로 『춘
함당집春涵堂集』이 있다.

** 강신영姜宸英(1628~1699)은 절강 자계 사람으로 자가 서명西溟이고 호가 담원湛園, 위간葦間
이다. 명나라 말엽 제생이었던 그는 강희 19년(1680)에 포의布衣의 신분으로 명사관明史館에 들
어갔고, 또 서건학徐乾學을 따라 동정산洞庭山에 들어가 『대청일통지大淸一統志』의 편찬에 참
여하기도 했다. 이후 강희 36년(1697) 진사에 급제하여 한림원 편수가 되었으나, 2년 후 순천향시
順天鄉試 부고관副考官이 되었다가 비리에 연루되어 옥사했다. 저작으로 『담원미정고湛園未定
稿』 『담원제발湛題跋』 『위간시집葦間詩集』 『서명문초西溟文鈔』 등이 있고 이것들은 후세 사람
들이 엮은 『강선생전집姜先生全集』에 수록되어 있다.

*** 유정劉埕(?~?)은 산양山陽 사람으로 자가 초종超宗이다. 강희 연간에 세공생藏貢生이 되어 청
양훈도靑陽訓導를 역임했다.

에 이인독이 이옹李顒에게 황제의 부름에 응하라고 권한 일을 기록하
고 있다.

> 태사 이인독도 박학홍사과에 천거되어 불려가게 되자 선생(이옹)
> 에게 작별인사를 하러 왔는데, 관리들의 기세가 흉흉하여 그야말
> 로 추상같은지라 선생이 고집을 부리다 재앙을 초래할까 염려하
> 여 경사로 가시라고 권유했다. (…) (총독이) 어명을 어겼다는 이
> 유로 탄핵하려 하자 이인독은 선생의 위험이 심해지는 것을 보고
> 눈물을 흘리며 권유하니, 선생이 웃으며 말씀하셨다.
> '사람이 태어나면 결국 한 번은 죽기 마련인데 다만 적당한 때 죽
> 지 못할까 염려스러울 뿐이지. 오늘이 바로 내가 죽을 때로구먼!'
> 李太史亦以博學宏詞被薦就徵, 來別先生, 見官吏洶洶, 嚴若秋霜,
> 恐先生堅執攖禍, 勸先生赴都 (…) (總督)欲以違旨題參, 李太史爲先
> 生危甚, 涕泣以勸, 先生笑曰, 人生終有一死, 惟患死不得所耳, 今日
> 乃吾死所也.

**** 엄승조(1623~1702)는 강소 무석無錫 사람으로 자가 손우蓀友이고 호가 우탕어인藕蕩漁人
이다. 주이존, 강신영姜宸英과 더불어 '강남삼포의江南三布衣'로 명성이 높았던 그는 강희 연간에
박학홍사과를 통해 검토檢討에 임명되어 『명사』 편찬에 참여했고, 중윤中允까지 역임했다. 저작
으로 『추수집秋水集』이 있다. 『객가대백과客家大百科』에 수록된 『엄씨가보嚴氏家譜』에는 그의
이름이 엄승손嚴繩孫으로 되어 있다.

***** 팽계(1631~?)는 안휘 율양溧陽 사람으로 원래 이름이 의의倚이고 자가 원금爰琴 또는 상형
上馨이다. 순치 11년(1654) 제생이었던 그는 강희 18년(1679) 박학홍사과에 천거되었으나 모친의
병을 이유로 응시하지 않았다. 저작으로 『초용집初蓉集』『초용각집初蓉閣集』 등이 있다.

****** 고정관(1637~1714)은 강소 무석無錫 사람으로 원래 이름이 화문華文이고 자가 원평遠平
또는 화봉華峯, 화봉華封이고 호가 양분梁汾이다. 강희 5년(1666) 거인이 되어 비서원전적祕書
院典籍에 발탁되었으며, 강희 23년(1684)에 벼슬을 사직한 후 독서로 여생을 마쳤다. 진유숭陳維
崧, 주이존과 더불어 '사가삼절詞家三絶'로 불리던 그의 저작으로는 『탄지사彈指詞』『적서암집積
書嚴集』 등이 있다.

유민들은 이처럼 은밀하고 미묘한 심리에 대해서도 상당히 잘 파악할 수 있었다. 고염무가 이인독의 이러한 행동에 대해 언급할 때는 말투 속에 조롱과 풍자가 섞여 있었다. 「답이인독答李因篤」에서 그는 이렇게 썼다.

관중 사람들이 전하는 바에 따르면 사천총독 주유덕周有德(?~1680, 자는 이초彝初)이 이렇게 말했다고 했네.

"이인독이 스스로 부름에 응한 것은 괜찮지만 왜 또 이옹에게 권유했단 말인가? 이해를 내세워 그를 꾀인 것은 아마 춘추시대 위나라의 거원이 혼자 군자로 칭송받는 것을 부끄러워한 것과 같은 뜻이리라."

내 생각에는 자네가 몸소 출세했다면 마땅히 친구를 지켜줄 계책을 마련해야 하네. 굳이 그를 끌어들여 자신과 똑같이 만든다면 그가 만년에 절조를 무너뜨리게 되거나 아니면 틀림없이 그가 천수를 누리지 못하고 일찍 죽게 만들 걸세. 『주역』에 "군자의 도리는 벼슬길에 나가거나 은거해 있거나 상관없이 두 사람이 한 마음이면 그 날카로움이 쇠도 끊는다"라고 했네. 나도 아우님께서 그렇게 하시길 바라네!

關中人述周制府之言曰：天生自欲赴召可爾, 何又力勸中孚, 至誑之以利害, 殆是蘧伯玉恥獨爲君子之意. 竊謂足下身躡靑雲, 當爲保全故交之計, 而必援之使同乎己, 非敗其晩節, 則必夭其天年矣. 易曰, 君子之道, 或出或處, 二人同心, 其利斷金. 吾於老弟乎望之.(『顧亭林詩文集』, 76쪽)

황종희도 이와 비슷한 생각을 내비쳤는데 말투는 상대적으로 완곡했다. 예를 들어 "사람이 서로를 아는 데는 마음을 아는 것을 중시한 다"*라거나 "옛사람은 벼슬길에 나아가거나 은거해 있거나 상관없이 늘 친우의 힘에 의지했다"**라는 식이다 그러면서 상대방에게 "억지로 하지 않고不強之" "덕으로 다른 사람을 사랑하며愛人以德" "다른 이의 미덕을 이루게 해주되成人之美" "남을 불의에 빠뜨리지는陷人於不義" 말 고, "제가 초야에서 느긋이 노닐고 싶은 내 성정대로 살 수 있게 해주 며"*** "또한 내가 의심받을 일이 없게 해줄 것"**** 등등을 바란다고 했으 니 당시 저명한 인사들의 '사양辭'과 '사절謝' 예술을 살펴볼 자료를 제공한다고 할 수 있다.³ 그러나 섭방애葉方藹가 자신을 '황상皇上'에게 천거한 과정을 서술할 때는 감명하는 마음이 반드시 없었다고는 할 수 없다.⁴ 황백가黃百家는 황종희가 조정의 부름에 도피한 것에 대해 이렇 게 기록했다.

> 진석하陳錫嘏*****에게 편지를 보내 이렇게 말씀하셨다.
> "그대와는 평소 잘 아는 사이인데 어째서 힘껏 막아주지 않는 것 이오? 이것은 위야魏野가 말했던 것처럼 '이 늙은이의 목숨을 끊 는 일'******이오!"
> 寓書陳庶常介眉, 謂與君相知有素, 胡不爲力止. 此魏野所謂斷送老 頭皮也.(「前遺獻文孝公梨洲府君行略」, 『黃宗羲全集』 제11책, 426쪽)

---

* 원주: "人之相知, 貴相知心."

** 원주: "古人或出或處, 未嘗不藉友朋之力."

*** 원주: "使義得遂麋鹿之性."

**** 원주: "且使義得免於疑論."

***** 진석하(1634~1687)는 절강 은현(지금의 닝보 인저우 구) 사람으로 자가 개미介眉. 강희 15년 (1676) 진사에 급제하여 한림원 서길사庶吉士가 되었다.

서방徐枋도 다른 사람이 자신에 대해 선전하지 말라고 간청하면서 심지어 '입에 올리지도齒及' 말라고 했다.

바라건대 천하에서 나를 아는 이들이 가련히 여기고 용서하여, 내 어리석음을 불쌍히 여기고 작은 바람이나마 그럭저럭 보전하도록 뜻을 꺾지 말아주십시오.

願天下知我者之哀憐而容宥之, 俯矜迂愚, 曲全微尙, 毋奪其志.(「與馮生書」, 『居易堂集』 권3)

이 무렵에는 사방득의 저명한 '각빙서卻聘書'가 명나라 유민들에게 저본을 제공했다. 사방득은 「상정설루어사上程雪樓御史」에서 이렇게 썼다.

속담에 "선비는 자신을 모르는 이에게는 굴복하고 자신을 아는 이에게는 당당하다"고 했습니다.

語曰, 士屈於不知己而伸於知己.(『謝疊山先生文集』 권2)

그러나 고염무는 결국 이인독과 절교하지 않았으니, 준엄한 왕홍찬의 태도와는 달랐다.

부산博山은 필사적으로 황제의 부름을 거부했음에도 고염무는 그에 대해 "중서中書 벼슬을 일단 받고 나니 오히려 그때 괜히 거절하며 고생

****** 송나라 때 조영주趙令畤(1061~1143, 자가 경관景觀 또는 덕린德麟)의 『후청록侯鯖錄』 권6에 따르면 이것은 진종眞宗(재위 998~1022) 때의 은사隱士인 양박楊樸이 황제의 부름을 받고 경사로 가게 되자 그의 아내가 전송하면서 읊은 시에 들어 있는 말이라고 했다. 그 시의 전문은 다음과 같다. "더 이상 낙심하여 술만 탐하지 말고, 또한 미친 듯이 시 읊기도 좋아하지 마소. 오늘 잡혀서 궁중으로 가게 되었으니, 이번에는 영감 목숨 잃게 되겠구려!更休落魄貪杯酒, 亦莫猖狂愛詠詩. 今日捉將宮裏去, 這回斷送老頭皮."

했다고 생각했을 것"*이라고 조롱했다. 손지울孫枝蔚이 유민록에서 제명된 것은 당연히 그가 박학홍사과에 응시하는 고생을 했기 때문이었다. 그의 응시는 당시에도 벌써 논쟁의 대상이었다. 두준杜濬은 「여손표인서與孫豹人書」에서 이렇게 썼다.

이에 며칠 이래로 사람들 사이에 말이 많은데, 심지어 그대는 좋은 일이 생기면 표정으로 드러나고 기름칠한 수레와 치장한 말을 제 때 마련하지 못할까 염려한다고 합니다.
乃數日以來, 人言藉藉, 至謂豹人喜動顏色, 脂車襪馬, 惟恐後時.

그가 손지울에게 "도의상 권면勸勉한" 한마디는 "언행이 일치하지 않는 사람兩截人이 되지 말라"는 것이었는데, 그 논리는 이러했다.

무릇 젊은 나이에 언행이 불일치하면 남은 일생이 아직 길겠지만, 늘그막에 언행이 불일치하면 남은 일생이 얼마나 되겠는가!
且夫年在少壯, 則其作兩截人也, 後截猶長, 年在遲暮而作兩截人,
後截餘幾哉. (『變雅堂遺集』文集 권4)

말의 의미가 침통한데, 이는 유민이 당시의 현량한 인물과 논쟁한 하나의 예다. 유민이 만년에 절조를 지키지 못할까 염려하는 것은 심지어 유민뿐만이 아니다. 당시의 엄연한 '선비 무리士類'라면 누구나 저 유민 족속을 위해 손에 땀을 쥐며 걱정했다.

시윤장施閏章은 「송손표인귀양주서送孫豹人歸揚州序」에서 손지울이 시

* 원주: "中書一授, 反覺多此一番辛苦."(「與蘇易公」『顧亭林詩文集』, 207쪽)

험에 응시하도록 핍박받은 상황을 기록했다.

손지울이 북경에 들어가자 처음에는 담당 관리에게 핍박을 받았
다. 그곳에 머문 지 한참이 되었는데 경사에서 시험을 기다리는
여러 사람은 대부분 사부詞賦를 짓는 훈련을 하고 있었지만 손지
위만 홀로 다른 책들을 두루 읽었다. 그리고 간혹 손님에게 이렇
게 말했다.
"제가 광릉揚州(양주揚州)에서 타향살이를 하고 있는데 먹여 살려
야 할 식구 수십 명이 저를 기다리고 있소이다. 만약 내가 경사에
서 벼슬살이를 한다면 온 집안이 다 굶어 죽지 않겠소?"
궁중에 들어가 시험을 치르고 나서 낙방하자 그는 무척 기뻐하며
책을 싸 들고 남쪽으로 돌아갔다.
豹人北首入都, 初迫於有司. 居旣久, 諸待試闕下者多務硏練爲詞賦,
豹人獨泛覽他書, 間語客曰: 吾僑居廣陵, 數十口饔飱待我, 使我官
京師, 不令擧家餓死乎. 已入試不中, 良喜, 遂束書南歸.(『施愚山集』,
162~163쪽)

시윤장은 이를 근거로 손지울이 "비록 황제에게 부름을 받았지만
벼슬살이를 하지 않고 은거하겠다는 마음을 바꾸지 않았으니, 결백하
고 꾸밈없는 처사라고 할 수 있다"*고 평가했다. 다만 당시 사람들이
모두 이렇게 생각했던 것은 결코 아니었다. 손지울은 부산과 함께 중서
사인中書舍人에 제수되었으니, 양자 사이의 차이는 어쩌면 단지 부산이
시험에 응시하지 않은 데 비해 손지울은 "들어가 시험을 치르고 나서

---

* 원주:"雖有蒲輪之徵, 不改懸車之素, 可謂皭然無添士者也."

낙방했을" 뿐일 터이다. 하지만 여기에서 '유민'의 자격에 대한 심사와 감정이 얼마나 엄격했는지 알 수 있다. 유민의 관점에서 보면 청나라 초기의 기미정책羈縻政策은 고의적인 모욕에 가까웠으니, 사회를 더럽히거나 불량한 기풍을 퍼뜨리는 이른바 '염항정책染缸政策'이었다. 손지위가 시윤장에 대해 "은사도 아니고 벼슬아치도 아닌 중간에 처해 빈천한 몸으로 조정에서 벼슬을 받았으니, 명성은 부귀했지만 초야에 은거했다"*고 했을 때도 결국 말투 속에 풍자가 담겨 있었으니, 다른 사람의 눈에는 어쩌면 그 사람이 벼슬길에 나아가고 물러나 은거한 것이 근거 없는 행위처럼 보일 수도 있겠다.

이 책에서는 이미 여러 차례 유민의 절조 문제, 유민의 절조가 '문제'가 되는 이유에 대해 언급했다. 유민이라는 특수한 부류에게 '출出'이 가리키는 것은 이미 '벼슬살이出仕'에 그치지 않고 때로는 그 경계도 모호한 모신치세謀身治世의 "세무에 나서서 응하는 것出應世務"—이것은 응당 관방官方 혹은 집권자와 관련된 활동을 두루 가리킬 터인데—까지 포괄한다. 유민은 당연히 '나서지 않음不出'을 기본 표지로 삼지만 이른바 '나섬'에 대한 이해는 여전히 사람에 따라 달랐다. 예를 들어 육세의는 스스로 이렇게 말했다.

> (내가) 은퇴한 늙은 제생으로서 집권자의 초빙을 받아 이학에 관한 책—즉 『유종리요』—을 편집했는데, 이것은 여전히 '은거'한 것이지 '나선' 것이 아니다.
> 以一退老諸生, 而被當道之聘, 輯理學書, 此仍是處, 非出耳.(「答江上

---

* 원주: "處不隱不仕之間, 身貧賤而拜官於朝, 名富貴而遁跡於野."

이는 분명히 모종의 비난을 겨냥한 해명일 터이다. 하지만 만사동萬斯同이 포의의 신분으로 명사국明史局에 참여한 것은 오히려 미담으로 전해졌다. 공인된 유민은 '행적을 숨기는' 정도에 여전히 차이가 있었고, 척도를 장악하는 것은 사람과 환경에 따라 차이가 있을 수밖에 없었다. 예를 들어 지방지의 편찬이나 '향음주鄕飮酒' 같은 의식에 참여하고, 강학 요청에 응하는 것 등등에 대해서는 괜찮다 이도 있었고 그래서는 안 된다는 이도 있었다.

역당의 여러 선생은 은거하고 나가는 것—여기서 '나감'은 나서서 모종의 일을 처리하는 것을 가리킴—을 결정할 무렵에 비교적 소탈했던 것 같다. 위희는 「선백형묘지명先伯兄墓誌銘」에서 삼위三魏의 서로 다른 선택에 대해 이렇게 기록했다.

> 갑신년(1644)에 나라의 변고가 일어나자 나와 아우 위례는 모두 제생 학위를 포기했다. 형님魏際瑞은 한참을 주저하더니 가슴을 치며 탄식했다. '나는 장자인데 조상의 사당에 제사를 올리고 부모님을 봉양하는 일을 누구에게 맡길 것인가?' 이에 결연하게 격이 떨어지는 청나라 복식을 하고 벼슬길에 나아갔다. 영도의 난민들이 성내를 함부로 점거하고 '의병'임을 내세우자, 우리 나머지 형제들은 부모님을 모시고 취미산에 살았다. (…) 형님이 돌아가시자 천하의 선비들이 모두 그 마음을 알지는 못해서 형님이 관청에서 상을 받기를 바랐다고 여기기도 하고, 공명을 세우려 했다고 여기기도 하니, 애통하도다!
>
> 甲申國變, 丙丁間, 禧禮幷謝諸生. 兄躊躇久之, 拍心嘆曰: 吾爲長

子, 祖宗祠墓, 父母屍饗, 將誰責乎. 乃慨然貶服以出. 寧都亂民橫據
城市, 稱義兵, 禧等奉父母居翠微山 (…) 伯之死, 天下士有不盡知其
心者, 或以爲冀官賞, 或以爲欲立功名. 哀哉.(『魏叔子文集』17)

그가 개탄한 것은 난세에 사대부들의 입신이 얼마나 어려운가 하는
것이었다. 위례도 「음생인빈재지취미봉서陰生寅賓再至翠微峯序」에서 다른
사람의 말을 인용하여 이렇게 썼다.

맏이의 행실은 동생들보다 어렵고 맏이의 마음은 동생들보다 수
고롭다. 아! 내 큰형님의 마음을 누가 이해할 수 있겠는가!
伯子之行, 難於叔季, 伯子之心, 苦於叔季. 嗚呼!吾伯孰能明其心
乎.(『魏季子文集』권7)

구유병邱維屛의 「중제위선백부자문衆祭魏善伯父子文」에서는 위씨 형제
의 맏이인 위제서魏際瑞의 속내를 밝혔다.

그대는 부자와 형제가 함께 은거하여 외진 골짝에 숨어 살았으나
묘지와 사당의 제사를 보살필 길이 없어서 곧 가상의 임무를 지
니고 나와 세무를 떠안았소. 하지만 우리가 조금이라도 도시에 모
습이나 행적을 드러내면 그대는 그로 인해 머뭇거리며 슬퍼 탄식
을 금치 못하셨소. 그래서 그대 스스로 행하려던 뜻은 또 결렬되
어버렸소.
子則以父子兄弟幷相棲遁, 掩蔽窮石, 而墳墓祠祀無以爲顧, 遂以家
相之任, 出膺世務, 然吾人有稍露影徇跡於城市者, 子則爲之踧踖憮
悵, 嘆息而不已, 而子自爲之志則又決矣.(『邱邦士文鈔』권2)

이러한 묘사 속에는 엄연히 위제서가 자기희생—위희의 표현을 빌리면 '스스로 더럽힘自汗'—을 함으로써 "(자신의) 목숨을 버려 천만 명의 목숨을 구했던"* 사실을 볼 수 있다. 그러나 위제서는 결국 이로 인해 유민의 자격을 잃었다. 그러나 사실 '유민록'에 이름이 올라 있는 위례도 속세의 일에 상당히 많이 관여했으며(그의 문집을 보라), 이 책에서도 이미 언급했듯이 육세의가 만년에 행했던 역할은 거의 막료에 가깝다. 어쩌면 가장 민감한 경계선은 여전히 '공'과 '사' 사이, 즉 그와 교유했던 이들이 집권자 개인인가 아니면 권력 기구인가 하는 것이며, 교유할 때 민간의 신분을 유지하고 있었는가 아니면 버렸는가였다. 위제서의 이력 가운데 가장 치명적인 것은 응당 '공생貢士의 신분으로 북경 국자감에 응시한' 부분이었다. 이를 통해서도 청나라 초기에 응시 여부가 얼마나 중요한 결정이며 선택이었는지 알 수 있다.

유민록에 기록된 인물 중에는 당연히 생전에 이 신분을 자각한 사람도 있었지만, 신분으로서의 '유민'은 여전히 주로 그가 죽은 후에 인정되었다. 여러 유민록의 취사선택이 일치하지 않는 것도 감별의 엄격성과 일치된 기준의 결여를 증명한다. 유민사회가 공인한 규범은 바로 이전 시대 유민들의 사적인데, 이에 대해서도 각자 나름대로의 해석이 가능했다. 청나라 말엽과 중화민국 초기, 현실적 필요에 의해 나온 '유민의 발견' 과정에서 명나라 유민록에 대해 마음대로 확충했던 것도 기준이 통일되지 않았기 때문이었다. 필자도 더 이상 정밀하게 감별하지는 않았지만 구체적인 논의 과정에서는 어쩔 수 없이 취사선택을 했다. 사실 '자격' 문제는 여전히 논의가 필요하다. '유민'의 경계를 규정하는 것이 결국 유민 문제를 논의하는 토대가 되기 때문이다.

---

* 원주: "舍生以救千萬人之生."(『邱邦土文鈔』 권2)

절조를 잃은 이들의 난감함은 어렵지 않게 짐작할 수 있다. 여유량이 주양공周亮工의 『분여집焚餘集』에 서문을 써주면서 솔직하게 털어놓은 말들은 독자로 하여금 할 말을 잃게 만든다. 그 서문에서는 작자의 속내를 추론하며 불가피하게 중요한 문제는 회피하고 가벼운 부분만 이야기하면서 하고자 했던 것이 아닌 말을 했다. 그는 주양공이 왜 "상란의 고난을 겪고 나서 평생 비춰줘야 할 횃불을 들었는지" 이유를 설명하며 "마음속에 너무나 감당하기 어려운 바가 있었기" 때문이라고 했는데,* 그럼에도 끝내 주양공이 '너무나 감당하기 어려워 한' 것이 무엇이었는지는 분명하게 말하지 않았다. 여유량 본인도 바로 그렇게 말하기 어려운 것을 숨기곤 했다. 그는 누차 '몸을 숙여 치욕을 당한 일降辱'에 대해 언급하고 '구차하게 살아감偸息'을 수치로 여겼는데, 가장 침통한 표현은 응당 다음과 같은 시 구절이다.

누가 발 헛디뎌 물가 낚시터에서 떨어지게 했는가?
속내는 해마다 곳곳에서 어그러지는구나!
誰敎失脚下漁磯, 心跡年年處處違.**

이 모두는 난세를 사는 인생의 비참함과 가련함을 실감하게 한다. 여유량은 유민록에는 수록되지 않았지만 속내와 행위는 유민과 유사한 사람이었는데, 어쩌면 그 또한 의도적인 보충 행위였는지도 모른다. 그가 박학홍사과에 천거된 것을 필사적으로 거부하며 삭발하고 산으

---

* 원주: "於喪亂顚躓之後, 擧平生所作乡之束炬 (…) 有所大不堪於中."(「櫟園焚餘序」『呂晚村先生文集』권5)

** 이것은 여유량의 「우경시耦耕詩」 가운데 제1~2구이며, 나머지 부분은 다음과 같다. "雅集圖中衣帽改, 黨人碑內姓名非. 苟全始終談何易, 餓死今知事最微. 醒便行吟埋亦可, 無慙尺布裹頭歸."

로 들어가 "인간 세상과 절연하고 도피絶人逃世"[5]하고자 한 것은 모두 표준적인 유민의 행위이다.

주양공에 대해 당시의 몇몇 저명한 유민은 이미 '양해諒'하는 데만 그치지 않았다. 모양은 「발주태옹길상상跋周太翁吉祥相」에서 "역원檪園 선생은 덕을 쌓아 가문을 일으켰으니, 천하에는 거기에 의지해 살아가는 이들이 수천만 명"[*]이라고 했다. 위희 또한 주양공이 사람의 재능을 알아보고 중용하는 데 감동하면서, 「뇌고당집서賴古堂集序」에서는 주양공의 문장과 그의 사람됨을 극찬했다.

벼슬 없는 선비를 불러서 자문을 구하고 의논했으며, 누구든 하나의 장기라도 가졌거나 한 마디 좋은 말을 하면 반드시 기록해서 칭송했는데, 나이의 많고 적음이나 신분의 귀천, 사는 곳이 큰 도회지든 외진 시골이든 따지지 않으셨다. 면식이 없고 통성명을 하지 않은 우리 부자와 형제 같은 경우도 마찬가지였다. (…) 선생께서 위난을 당하시자 사람들은 기꺼이 그분을 위해 죽으려 했고, 선생께서 돌아가시자 천하의 저명한 인사들이 의지할 곳이 없어졌다며 슬퍼해 마지않았던 것이 어찌 우연이겠는가!
延見布衣之士, 相與諮詢議論, 聞人有一藝之長, 一言之善, 則必紀錄而獎譽之, 不問其老稚貴賤, 大都僻邑. 未謀面未通名氏之人, 如禧之父子兄弟, 其一也 (…) 公蒙難而人樂爲之死, 公死而天下知名士悵悵乎無所依歸, 豈偶然哉.(『魏叔子文集』 권8)

그러면서 주양공이 삼위三魏의 글에 대해 높이 평가해주었다는 이야

---

* 원주: "檪園先生以積德起家, 天下賴以生活者數千萬人."(『巢民文集』 권6)

기를 듣고 "하염없이 흐르는 눈물을 멈추지 못했다"[*]고 했다. 두준杜濬도 주양공에게 지기라고 느꼈다.

> 일찍이 선생께서 옛 법도를 홀로 실천하시며 우의가 돈독하여 벗을 위해 죽음도 불사하신 데 탄복했습니다. 예전에 임종과 태충 두 선생께서도 그러셨고 근래에는 맹정과 우일, 여치 같은 여러 벗이 남긴 글을 모두 비용이 얼마나 들든지 따지지 않고 남김없이 힘을 기울여 표창해주셨습니다.[**]
> 嘗竊伏嘆先生古道獨行, 誼篤死友, 如向日於林宗太沖兩先生, 近日於孟貞于一與治諸老友之遺文, 皆不計有無, 表章之不遺餘力.(「與周樨園言黃濟濟所注六書」,『變雅堂遺集』文集 권4)

그 외에 유민과 관련된 주양공의 선행으로는 임고도林古度의 장례를 치러준 일이랄지 옥에 갇힌 방이지를 구원해준 일 등이 있다.[6] 이러한 모든 것도 속죄를 위한 행위였을 터이다.

주양공 본인은『인수옥서영因樹屋書影』에서 이렇게 썼다.

> 위요옹魏了翁[***]은 "인륜의 변화에 대처하려면 마땅히『시경』의 노래들을 정통으로 삼아야 할 것"이라고 했다. (⋯) 소식은 황주에 있을 때나 혜주, 담주에 있을 때도 근심하거나 기피하여 숨기는 일이 없었으니, 지나치게 호방해서 위세를 두려워하거나 공경하는 마음이 부족한 것을 걱정해야 했다. 예를 들어 "이번 나들이는 너

---

[*] 원주: "不禁其涕泗之橫流也."(「賴古堂集序」,『魏叔子文集』권8)
[**] 임종林宗 이하 여치與治까지 자호로 언급된 인물의 성명에 대해서는 추후 연구가 필요하다.

무나 신기하고 절묘한데, 모자란 것은 한 번의 죽음뿐"****과 같은 노래는 그 기운이 그다지 평범하지 않다. (…) 내 생각에 선비가 불행하게 환난을 당하면 붓과 벼루는 당연히 태워 없애야 하니, 원망은 당연히 재앙을 부추기고 평온도 억지를 부리는 것일 뿐이다. 승상 범순인范純仁*****이 영주에 폄적되었을 때는 문을 닫고 혼자 지내서 얼굴을 알아보는 이가 드물었으며, 굳이 만나려 하는 손님이 찾아오면 간혹 나와서 간단한 인사만 나눌 뿐이었다. 그런 다음 하인이 걸상을 쓸고 베개를 갖다놓으면 손님에게 읍을 하고 허리띠를 푼 다음 한참 동안 마주보고 누워 있었는데 곧 우레처럼 코를 골았다. 그러면 손님은 아직 일어나면 안 되겠다고 생각하고 함께 깊은 잠에 빠졌다. 손님은 늘 그렇게 날이 저물 때까지 잠을 나고 나서야 떠났다. 화산의 도사들이 쓰는 오룡법 같은 것은 필요 없었지만 범 승상의 이렇게 잠자는 법은 어디서 배운 것인지 깊이 잠들었던 손님은 더욱 신기하게 생각했다. 이 손님이 깊이 잠들었는지 그렇지 못했는지는 승상도 보지 못했을 수 있다. 이는 환난에 잘 대처하는 이의 방법으로서, 많은 갈등을 줄일 수

*** 위요옹(1178~1237)은 공주邛州 포강蒲江(지금의 쓰촨 성 청두成都에 속함) 사람으로 자가 화보華父이고 호가 학산鶴山이다. 경원 5년(1199) 진사에 급제하여 예부상서, 단명전학사端明殿學士, 동첨서추밀원사同簽書樞密院事 등을 역임했고, 죽은 후에는 태사에 추증되고 진국공秦國公에 봉해졌으며, 시호가 문정文靖이다. 저작으로 『구경요의九經要義』 『고금고古今考』 『사우아언師友雅言』 『학산장단구鶴山長短句』 등을 포괄한 『학산전집鶴山全集』이 있다.

**** 이것은 소식의 「6월2일야도해六月二十日夜渡海」에 들어 있는 "九死南荒吾不恨, 兹遊奇絶冠平生"라는 구절과 「증정청수수재贈鄭淸叟秀才」에 들어 있는 "年來萬事足, 所欠唯一死"라는 구절을 뒤섞은 것이다.

***** 범순인(1027~1101)은 범중엄范仲淹의 차남으로 남경에서 태어났으며 자가 요부堯夫고 시호가 충선忠宣이다. 황우 1년(1049) 진사에 급제하여 성도로전운사成都路轉運使, 급사중給事中, 동지추밀원사同知樞密院事 등을 역임하다가 철종 때에 영주永州에 폄적된 적이 있으며, 휘종이 즉위한 뒤에 관문전대학사觀文殿大學士로 복귀했다. 죽은 후에는 개부의동삼사開府儀同三司에 추증되었다. 저작으로 『범충선공집范忠宣公集』이 있다.

있을 것이다.

魏鶴山云, 處人倫之變, 當以三百五篇爲正 (…) 東坡在黃, 在惠, 在
儋, 不患不偉, 患其傷於太豪, 便欠畏威敬恕之意. 如茲遊最奇絶, 所
欠唯一死之類, 詞氣不甚平 (…) 余謂士君子不幸而當患難, 筆硯便
當焚却, 怨懟固足鼓禍, 和平亦是矯情. 范丞相堯夫謫永州, 閉門獨
處, 人稀識面, 客苦欲見之者, 或出則問寒暄而已. 家僮掃榻具枕,
揖客解帶, 對臥良久, 鼻息如雷霆, 客自度未起, 亦熟睡, 睡覺常及
暮, 乃去. 不必華山五龍法, 只范丞相此睡何處得來, 熟睡之客更奇.
此客不能熟睡, 公亦未必見之. 此可爲善處患難者法, 省却多少葛
藤.(권7)

이 글에서 "평온도 억지를 부리는 것일 뿐"이라는 구절이 가장 음
미할 만하다. 다만 범순인이 깊이 잠든 것은 또 언제 억지가 아닌 적이
있었던가!

『여만촌선생문집』의 부록에는 그의 아들이 부친을 위해 쓴 「행략行
略」이 수록되어 있는데, 여기에 시윤장과 관련된 기록이 있다.

예전에 금릉(남경)에 갔을 때 여러 사람이 모여 앉은 자리에서 시
윤장 선생을 만난 적이 있다. 시윤장 선생이 학문을 논하는데 선
친께서 몇 마디 하지 않으셨지만 그분의 은밀한 아픔을 건드리셔
서, 시윤장 선생이 자기도 모르게 눈물을 펑펑 쏟으며 목이 메니,
자리에 있던 손님들이 물러나 피했다.
嘗遊金陵, 遇施愚山先生於廣座. 愚山論學, 先君不數語中其隱痛,
愚山不覺汍瀾失聲, 坐客皆驚, 遷延避去.

여기서 말하는 '은밀한 아픔'이 무엇인지 궁금하지 않을 수 없는데, 어쩌면 주이존이나 진유숭 등의 은밀한 아픔과 유사한지도 모른다.

한때의 저명한 유민과 절조를 잃은 사람과의 관계도 흥미로운 부분이다.

이청의 『삼원필기』에 기록된 숭정 연간의 언관 공정자龔鼎孶를 보면 간사한 소인배와 다를 바 없는데, 두준은 「송송여상지관사천안찰사서送宋荔裳之官四川按察使序」에서 이렇게 썼다.

> 지금 세상에서 찾아보면 은거하여 자신을 위한 사람으로는 당연히 선성의 심수민沈壽民 선생 같은 분이 있고, 벼슬길에 나가서 백성을 위한 사람으로는 합비의 공정자 선생 같은 분이 있다. 심수민 외에 은거한 현자는 자세히 논하지 않겠지만 공정자 외에 벼슬길에 나간 현자로는 완릉의 시윤장과 내해의 송완宋琬* 같은 분들이 있다. 두 분 모두 나와 절친한 사이인데 늘 백성을 위해 마음을 쓰는 분들이다.
>
> 求之當世處以爲身者, 當如宣城沈耕巖先生, 出以爲民者, 當如合肥龔芝麓先生. 耕巖而外, 處而賢者不具論, 芝麓而外, 出而賢者, 則又有宛陵施公愚山, 萊海宋公荔裳, 二公皆余石交, 而稔其心乎爲民者也.(같은 책, 권5)

여기서 말하는 공정자는 당연히 왕조가 교체된 뒤의 공정자이다.

---

* 송완(1614~1673)은 산동山東 내양萊陽 사람으로 자가 옥숙玉叔이고 호가 여상荔裳이다. 순치 4년(1647) 진사에 급제하여 호부하남사주사戶部河南司主事를 비롯해 통의대부사천안찰사사안찰사通議大夫四川按察使司按察使까지 역임했다. 뛰어난 시인으로서 시윤장施閏章과 함께 '남시북송南施北宋'으로 불리며 명성을 날렸던 그의 저작으로는 『안아당집安雅堂集』『이향정사二鄕亭詞』 등이 있다.

같은 책 권8에 수록된 「제공태부인문祭龔太夫人文」에서도 공정자가 청나라 초기에 사구司寇, 즉 형부상서를 지낼 때 "잘못된 판결을 바로잡아 수천 몇 백 명의 목숨을 살렸다"**고 기록하고 있다. 같은 권에 수록된 「곡공효승선생문哭龔孝昇先生文」에서는 심지어 이렇게 썼다.

비록 세상이 크고 인물도 많지만 선생처럼 인재를 아끼고 우의가 돈독한 인물을 찾으려면 아마 단연코 다시 찾지 못하리라, 단연코 다시 찾지 못하리라! 오호, 애통하도다!
世界雖大, 人物雖衆, 求一人焉如先生之憐才篤友, 恐斷斷然不可再得也, 斷斷然不可再得也. 嗚呼, 痛哉.

같은 권에는 또 「제소첨오공문祭少詹吳公文」과 「제주공역원시어문祭周公櫟園侍御文」도 들어 있다. 이 세 편의 글은 각기 공정자와 오위업, 주양공을 위해 통곡하고 제사를 올리는 내용인데, 한때 유민의 문집에서 주목을 끌 수밖에 없었던 부분이다.

딩바오취안丁寶銓(1866~1919)이 편찬한 연보를 통해 알 수 있듯이 부산은 옥에 갇힌 뒤에 "온갖 고문을 다 받다가備極拷掠" 기영종紀映鍾**과 공정자의 노력으로 석방되었는데(『霜紅龕集』附錄, 1313쪽 참조), 세상에 전하는 『상홍감집』에서 부산은 이에 대해 거의 한 마디도 언급하지 않았다. 염기閻圻는 「문절공백탑산인가전文節公白耷山人家傳」에서 공정자가

염이매를 구해준 일을 기록했다.

형부의 염 상서는 산인(염이매)의 친구였는데, 갑자기 석방을 위해 힘쓰면서 스스로 이렇게 맹서했다.

"내 어찌 잠깐의 벼슬살이에 연연하여 천하의 호걸 현자를 저버리겠는가! 충성스럽고 의로운 이들이 다시 환난을 걱정하는 것을 나는 차마 보고만 있을 수 없다."

을사년(1665) 12월 11일에 특별히 석방을 촉구하는 글을 썼다. (훗날 염이매가 북경에 가자) 공 상서는 산인이 왔다는 소식을 듣자 기꺼이 찾아가 만났는데, 정신을 추스르고 나서 비로소 서로 읍을 하고 통곡했을 뿐 감사 인사는 하지 않았다.

刑部龔尙書, 山人故友也, 輒力爲解, 自矢曰: 某豈戀旦夕一官, 負天下豪賢哉. 夫以忠義再罹難, 吾不能忍矣. 乙巳十二月十一日特書題釋 (…) 龔聞山人來, 喜就見, 三返始相揖而哭, 不謝.(『闇古古全集』 권1)

염이매 본인도 이에 대해 전혀 언급을 회피하지 않았으니, 「공동산서崆峒山序」에서 그는 "고명한 이는 분란을 해결하여 재난을 없애 주고도 공로를 자랑하지 않았다高人解紛排難, 口不言功"라는 구절에 대해 직접 다음과 같은 주석을 붙였다.

공정자가 형부상서로 있을 때 나를 위해 상소문을 써서 일이 해결될 수 있었다.

龔孝昇爲大司寇, 爲余題疏, 事得解.(같은 책, 권6)

공정자가 이렇게 한 것은 친구를 생각하고 교유를 온전히 하기 위한 뜻 외에도 분명히 스스로 속죄하려는 마음이 있었기 때문일 터이다. 물론 두 왕조를 섬긴 이신貳臣은 더욱 철저히 속죄하고자 해도 복명復明 활동에 종사하기를 넘어설 수는 없었으니, 청나라에 투항한 후에 전겸익이 한 일이 그런 예에 해당된다.(자세한 내용은 『柳如是別傳』 참조) 그러니 이미 속죄할 방법이 없어진 셈이라고 할 수 있다. '절조를 잃는 것'은 아무리 오랜 시간이 지나도 회복할 수 없는 죄였다. 천인췌는 가혹한 논지를 견지한 이들이 전겸익의 회개를 용납하지 않았던 것에 대해 여러 차례 격분하며 유감을 표시했다.

지금까지 설명한 유민과 절조를 잃은 사람 사이의 관계에 대해 논의의 여지가 결코 없는 것은 아니다. 웅사리熊賜履*는 두준에게 보낸 편지에서 두준이 "평생 천 길 절벽처럼 고고했다生平壁立千仞"라고 하며 이렇게 썼다.

> 선생의 평가는 곤월의 포폄보다 준엄하여 털끝만큼도 거짓되게
> 할 수 없어야 한다고 생각합니다. 그런데 문집을 자세히 읽어보
> 면 그 가운데 주고받은 증답贈答의 글들과 술자리에서 지은 노래
> 와 만사輓詞와 같은 여러 작품이 모두 어느 정도 지금 세상의 높
> 은 자리에 있는 이에게 공을 돌리고 있는데, 이른바 지금 세상의
> 높은 자리에 있는 이들은 또 명성을 망치고 절조를 잃은 염치없는

---

* 웅사리(1635~1709)는 호광湖廣 한양부漢陽府 효감孝感(지금의 후베이 성에 속함) 사람으로 자가 경수敬修 또는 청악青嶽이고 호가 소구素九, 우재愚齋다. 순치 15년(1658) 진사에 급제하여 무영전대학사武英殿大學士 겸 형부상서, 동각대학사東閣大學士 겸 이부상서를 역임했다. 죽은 후에는 태자소보에 추증되었고 시호가 문단文端이다. 『성훈聖訓』『명사』 등 왕실에서 편찬한 여러 책의 총재관을 역임한 바 있는 그의 저작으로는 『경의재집經義齋集』『한도록閑道錄』『학통學統』『조수당집澡修堂集』 등이 있다.

사람들이라서 사대부의 반열에 나란히 놓기에 부족하다고 우리가
지목한 이들입니다. 향 풀과 누린내 풀은 같은 그릇에 담으면 안
되고, 안회와 도척은 한 집에 함께 살 수 없으니 선생께서도 그 점
을 잘 헤아려주시기 바랍니다. 무슨 이유로 또 이런 황당한 글을
쓰셨는지 모르겠습니다.

謂宜先生之予奪嚴於衰鉞, 不可以毫髮假也, 乃細讀大集, 其中往來
贈答與觴詞挽章諸作, 不無一二歸命於當世之達尊, 而所謂當世之
達尊, 則又吾儕之所目爲敗名喪節, 寡廉鮮恥, 不足齒於士夫之列者.
薰蕕不同器, 顔蹠不共居, 諒先生籌之熟矣, 不知何故而復有此荒唐
之作也.(『經義齋集』 권11, 康熙 庚午 退補齋 刊本)

웅사리는 또 다른 편지에서 두준의 답장에 들어 있는 다음과 같은
말을 인용했다.

친척은 친척으로 삼을 자격이 있고, 친구는 친구로 삼을 자격이
있어야 한다.
親者無失其爲親, 故者無失其爲故.(『變雅堂遺集』 附錄 1)

그보다 더 널리 알려진 사실은 응당 귀장, 주학령과 전겸익 사이의
관계이다. 귀장은 「모선생팔십수서某先生八十壽序」에서 전겸익에 대해 이
렇게 썼다.

선생이 근래에 『태공사고』를 지으셨는데 역사에서 이야기한 바와
서로 참조하여 그가 80세에 문왕을 모셨고 100세가 되어 영구에
봉해진 것을 알게 되셨으니, 선생이 담은 뜻을 알 만하다.

先生近著有太公事考篇, 擧史傳所稱而參互之, 知其八十而從文王,
垂百歲而封營丘. 先生之寓意可知.(『歸莊集』권3, 253쪽)

또 「제전목재선생문祭錢牧齋先生文」에서는 이렇게 썼다.

선생의 뜻을 헤아려보니 또한 도중에 마음에도 없는 길을 돌아온
것을 후회하며 지난 과오를 만회하고자 하셨는데, 어찌 하늘은 선
생에게 가혹하게 대하여 결국 이루지 못한 뜻을 품은 채 돌아가
시게 했단 말인가?
窺先生之意, 亦悔中道之委蛇, 思欲以晚蓋, 何天之待先生之酷, 竟
使之賫志以終.(권8, 471쪽)

이 정도라면 확실히 전겸익의 지기라고 할 만하다.

전겸익과 주학령이 두준에게 해명한 사건에 대해서는 천인췌가 이
미 자세히 설명한 바 있다.(『柳如是別傳』, 993~1006쪽 참조) 주학령은 「여
오매촌좨주서與吳梅村祭酒書」에서 '우산공虞山公' 전겸익을 위해 공평한
평가를 요청했는데, 문장의 정조가 격앙되어 있어서 귀장의 저 의미심
장한 「오매촌선생육십수서吳梅村先生六十壽序」(『歸莊集』 권3)와 함께 읽어
볼 만하다. 주학령은 이렇게 썼다.

생각건대 예전에 선생(오위업)께서 제 집에 왕림해주실 때 늘 우산
공(전겸익)의 풍성한 글과 저작에 대해 말씀하시며 높이 평가하셨
는데 이상은이 「한비韓碑」에 한유의 식견을 칭송한 정도가 아니었
다. 그런데 운간 땅에서 온 손님이 보여준 송군이 새로 간행한 것
에서는 우산공을 지극히 헐뜯어 모욕했으며, 또한 그가 선집한

명나라의 시들은 글 파는 장사꾼筆傭인 정가수程嘉燧의 손에서 나온 것이었고, 그가 쓴 명나라의 역사는 바로 태창 왕씨(즉 왕세정)의 책에서 몰래 표절한 것이었습니다. 제가 읽어보니 저도 모르게 실소가 터졌습니다. 우산공의 강직한 일생은 역사가 저절로 정평을 내릴 것이니 제가 어찌 감히 끼어들겠습니까? 그분은 뛰어난 재능과 박학으로 고금을 두루 아우르셨으니 한 시대에 까마득히 높고 탁월한 경지에 이르셨다고 하겠습니다.

憶先生昔年枉顧荒廬, 每談虞山公文章著作之盛, 推重諈諉, 不啻義山之嘆韓碑. 乃客有從雲間來者, 傳示宋君新刻, 於虞山公極口　罥, 且云其所選明詩出於筆傭程孟陽之手, 所成諱史, 乃掩取太倉王氏之書. 愚閱之, 不覺噴飯. 夫虞山公生平梗槪, 千秋自有定評, 愚何敢置喙. 若其高才博學, 囊括古今, 則敻乎卓絶一時矣.(『愚庵小集』 권10, 482~483쪽)

그리고 「서왕우승집후書王右丞集後」에서 이렇게 썼다.

왕유는 정건鄭虔(691~759, 자는 추정趣庭 또는 야제若齊)과 함께 안녹산의 반란군 밑에서 벼슬살이를 했는데 두보의 시에서는 둘 모두에 대해 비판하는 말이 없으니, 옛사람의 마음 씀씀이가 충후한 것은 단지 교유하는 우정을 온전히 하기 위해서만은 아니었음을 알 수 있다. 지금 사람들은 재주와 명성 때문에 자신과 알력이 있는 이에 대해서는 반드시 그 흠집을 드러내서 공격하고 그 정도가 원수를 대하는 수준이 아닌데, 화해시키려는 사람이 있으면 이렇게 말한다.

"문인 사대부가 서로 알력이 있는 것은 예로부터 그러했소."

아, 진실로 문인 사대부라면 어째서 서로 헐뜯는단 말인가!

右丞與鄭虔同汙祿山僞命, 乃子美詩皆無刺語, 可見古人用心忠厚,
非獨以全交情也. 今人於才名軋己者, 必欲發其瘢垢, 掊擊不啻仇讎,
解之者則曰, 文士相軋, 自古而然. 嗚呼, 使誠爲文士也, 豈有相傾者
耶.(권13, 637쪽)

당연히 주학령도 절조를 잃은 이들에 대해서는 또 다른 주장을 펼
치기도 하니(같은 책 같은 권의 「書元裕之集後」 참조), 이 또한 독자로 하여
금 전겸익을 떠올리게 한다.

죽을 때까지 전겸익과 우의가 변치 않았던 저명한 '충의지사'는 몇
명이 더 있다. 전겸익은 「계정야승서啓禎野乘序」에서 황도주에 대해 이렇
게 기록했다.

(그는) 순절하는 날 벗에게, "우산(전겸익)이 아직 살아 있으니 국
사는 아직 죽지 않았다"고 차분하게 말했다.

就義之日, 從容語其友曰, 虞山尚在, 國史猶未死也.(『牧齋有學集』 권
14, 687쪽)

황도주는 융무隆武 조정의 대신이니, 그가 순절한 것은 틀림없이 전
겸익이 청나라에 투항한 뒤의 일이다. 그리고 구식사瞿式耜와 전겸익 사
이의 우정은 오위업도 미담으로 인용한 바 있다.

구식사는 옥에 갇혀 있을 때도 「빈몽목사」라는 시를 쓴 적이 있
다. 그들 사제지간의 의기와 정의는 10여 년의 환난을 겪으면서
비록 말로가 갑자기 달라졌음에도 초심이 달라지지는 않았다.

稼軒在囚中, 亦有頻夢牧師之作. 蓋其師弟氣誼, 出入患難十餘年, 雖末路頓殊, 而初心不異.(『梅村詩話』『吳梅村全集』권58, 1147쪽)

필자는 여전히 이러한 '개별적'인 사실들을 근거로 어떤 가치 있는 판단을 내릴 수 있다고는 전혀 생각하지 않는다. 단지 조금 놀라운 것은 '명백한 구분別白'을 고취하고 '분명'함을 추구하는 것을 숭상하던 그 시기가 지난 뒤에야 이렇게 뒤섞여 혼란에 이르는 상황이 나타났다는 사실이다.

두 왕조를 섬긴 신하들의 속내는 너무나 우여곡절이 많고 또한 고의로 드러난 적이 전혀 없지도 않다. 두준은 「곡공효승선생문哭龔孝昇先生文」에서 이렇게 썼다.

선생은 세상에 가득하도록 공훈을 세우고도 스스로 선하다고 여기지 않으셨고, 다른 이들에게 은혜를 베풀면서도 스스로 덕이 있다고 여기지 않으셨다. 종종 술자리와 연회가 밤이 깊어 파할 무렵이면 나와 함께 차를 따라놓고 마주앉아 하염없이 눈물을 흘리곤 하셨다.
先生勳業滿世, 而不自以爲善, 利濟在人, 而不自以爲德. 往往於酒闌燭炧歌殘舞罷之際, 與潛酌之茗相對, 泫然流涕焉.

황종희의 『홍광실록초弘光實錄鈔』에서는 홍광 조정의 완대성阮大鋮이 저명한 포교捕校 심수민沈壽民에게 적에게 투항한 진명하陳名夏를 그의 집에 도피시켜 숨겨주라는 뜻을 내비치자 심수민이 성명을 바꾸고 금화산金華山으로 들어가버렸다는 이야기를 기록하고 있다. 청나라 사람들이 이 일을 기록할 때는 항상 심수민이 진명하의 천거를 단호히 거

절한 일—심부름꾼이 보는 앞에서 편지를 불태웠느니 어쩌니 하면서
—을 애써 과장했다. 그러나 이 사건의 배후에는 틀림없이 훨씬 복잡
한 사연이 숨어 있을 터이다. 이 책의 제6장 제2절에서 영완아寧完我가
진명하에 대해 '혼란을 조장倡亂'한 죄로 탄핵하자 진명하가 영완아에
게 자신이 '머리를 기르고' '의관을 회복해야' 한다고 주장한 일은 사
실이라고 숨김없이 털어놓은 적 있다는 일화를 언급한 바 있다. 이에
대해 천인췌는 이렇게 분석했다.

> 진명하는 영완아가 힐문한 여러 항목이 모두 허위라고 변명하면
> 서도 가장 물증이 없어서 죄목을 피할 수 있었던 명나라 제도를
> 회복했다는 것에 대해서만은 사실이라고 인정했다. 이는 그가 명
> 나라를 회복하려는 데 뜻을 두고 그 마음을 천하 후세에 알리고
> 자 한 것이니 참으로 애통하다고 하겠다.
> 夫百史辯寧完我所詰各款皆虛, 獨於最無物證, 可以脫免之有關復
> 明制度之一款, 則認爲眞實. 是其志在復明, 欲以此心告諸天下後世,
> 殊可哀矣.(『柳如是別傳』, 1162쪽)

물론 이는 추측에 불과하지만 상당히 흥미로운 추측인 것만은 분명
하다.

이상한 것은 오히려 청나라 사람들이 명나라 유민들에 비해 지론이
더욱 가혹하고, 두 왕조를 섬긴 신하들에 대해서 더욱 멸시했다는 사
실이다. 『소전기전小腆紀傳』에 따르면 두준은 "전겸익이 찾아가자 문을
걸어 닫고 만나주지 않았다"*고 했는데, 이것이 사실이 아님은 이미 천

---

* 원주: "錢謙益嘗造訪, 至閉門不與通."(『補遺』 권4 杜濬傳, 798)

인췌가 규명한 바 있다.(『柳如是別傳』, 1083~1084쪽 참조) 이상의 설명에서 알 수 있듯이 두준이 정말 전겸익을 문전박대했다면 그 또한 틀림없이 다른 이유가 있었을 터이다. 그리고 정말 그를 천시했다면 그 이유 역시 전겸익이 절조를 잃었다는 것은 아닐 것이다.(전겸익과 두준의 갈등에 관해서는 『潛邱箚記』 권5 「又與戴唐器」에 약간의 정보가 드러나 있는 듯하다.) 『사고전서총목제요四庫全書總目提要』의 주학령 『우암소집愚庵小集』 조목에는 그가 "전겸익과 같은 고향 출신이고 처음에는 그가 사단詞壇의 원로이기 때문에 주고받은 노래가 제법 많았다. 그러다가 그가 우유부단하고 속마음이 자주 바뀌는 것을 보고 그의 사람됨을 천박하게 여겨서 절교하게 되었다"*고 했는데, 이 또한 당연한 일이었던 듯하다. 앞서 언급했던바, 주학령이 오위업에게 보낸 편지는 전겸익이 세상을 떠난 뒤에 쓴 것이니, 설령 천인췌의 설명처럼 다른 의도가 있었다 할지라도(『柳如是別傳』, 994쪽 참조), 결국 일종의 공개적인 태도였던 것이다. 두준과 주학령 본인은 거리낌 없이 이야기했지만 후세 사람들(청나라 사람들)은 오히려 그들을 위해 '오명을 씻어줄洗洗' 필요가 있다고 생각했던 것도 흥미로운 현상이다.

---

* 원주: "與錢謙益爲同郡, 初亦以其詞場宿老, 頗與倡酬. 旣而見其首鼠兩端, 居心反覆, 薄其爲人, 遂與之絶."

내가 읽은
부산傳山

이 글에서 이야기하는 부산은 바로 『상홍감집霜紅龕集』(丁寶銓 刊本, 山西
人民出版社, 1984년 영인)에 나타난 그의 모습이다. 그러나 『상홍감집』은
부산 자체가 아니므로 당연히 이를 통해서 부산이라는 인물 전체에
대해 알 수 있기를 바랄 수는 없다. 그러나 설령 읽는 사람에 따라 해
석이 다르다 할지라도 그 안에는 부산의 모습이 담겨 있다. 이 글에서
말하고자 하는 것은 필자가 읽은 '문인'이자 '명사', '유민'으로서 부
산의 모습이다.

문인 부산

명나라 때의 강남(특히 동남 지역)은 문인 문화가 번성했는데, 그에
비해 북방은 '무겁고 문채가 없어서厚重無文' 인문 풍물은 소박하고 운
치가 없었던 것처럼 보인다. 산서에서 태어나 자란 부산은 문인 취미가
풍부했지만 그가 유민이자 의사, 금석문과 서화의 대가, 의협을 행한

것으로 명성이 높았기 때문에 '문인'으로서의 명성은 이런 것들에 가려질 수밖에 없었다.

양웅揚雄이 '조충전각雕蟲篆刻'과 같은 자잘한 기예는 대장부가 할 일이 아니다(『法言』「吾子」)라고 한 이래 문인은 비록 닭 한 마리라도 직접 잡을 재간이 없었음에도 항상 '세상을 경영經世'한다고 큰소리치면서 문화나 교육에 관련된 일인 '문사文事'는 거론할 가치가 없는 것으로 치부하는 듯했다. 부산은 비록 우연히 이런 말을 답습했지만, 그 자신은 확실히 문사를 존중한다는 뜻을 여러 차례 밝힌 바 있다. 여기에는 의심할 여지 없이 분명한 가치 부여의 태도가 들어 있다. 「노승의사소老僧衣社疏」에서 그는 "시가 무엇이고 시인이 어떤 사람이기에 그에 대해 쉽게 이야기하는가!"* 하고 말했다. 그에게 글과 서예, 그림은 모두 경계가 서로 통하는 것이었다. 하지만 그는 "모든 시문의 오묘함은 부처가 되고자 하는 이들과 경계가 가장 비슷하다"**고 했으니, 이는 오히려 오묘함에 대해 참오參悟하는 듯한 말이다. 그는 또 이렇게 말했다.

경전을 이해하기란 그다지 어렵지 않으니 옳고 그름과 사악하고 정의로운 것이 뚜렷하고 쉽게 드러나기 때문이다. 그러나 글을 짓는 마음은 빙빙 돌려 거짓말하거나 희롱하니 정말 물정을 모르는 사람으로서는 헤아리기 어려운 것이다.

明經處到不甚難, 以其是非邪正顯然易見, 而文心揣摩甖譴, 實鏖糟所難得窺測.(「文訓」, 권25, 673쪽)

* 원주: "若夫詩是何事, 詩人是何如人, 何談之容易也."(권22, 606쪽)
** 원주: "一切詩文之妙, 與求作佛者境界最相似."(「杜遇徐論」, 권30, 818쪽)

유학자의 입장에서 보면 아마 이것은 쉽고 어려움의 위치를 뒤집어 버렸다는 느낌이 들 것이다. 부산은 문자의 아름다움에 심취했고 글을 논한 자신의 수법에도 상당한 자부심을 지녀서 스스로 "가슴속에 몇 편의 「문부」가 있다胸中有篇文賦"(25권, 693쪽)[1]라고 하기도 했다. 그러나 다음과 같은 진술은 오히려 문인—혹은 문인에 국한되지 않을 수도 있는—과 같은 방식의 과장이라는 지적을 면치 못할 듯하다.

> 세간의 일을 잘 보는 것도 글에 달렸고 일을 망치는 것도 글에 달렸고, 일이 망쳐졌을 때 수습하는 것 또한 글에 달렸다.
> 世間底事, 好看在文, 壞事在文, 及至壞事了, 收拾又在文.(「老子十三章解」 "絶聖棄智", 권32, 853쪽)

청나라 초기 북방 유민들 가운데 부산은 박식하고 고상하며 소탈하여 충분히 강남의 인사들과 비견할 수 있는 인물이었다. 「여대풍중與戴楓仲」(권24)에서 말한 글을 쓰는 순서를 보면 그가 글을 쓰기 전에 준비한 지식들을 알 수 있다. 여기에는 제자백가와 역사 외에 불교와 도교 경전들—서방의 『능엄경棱嚴經』과 동방의 『남화경南華經』(『장자』) 등—도 포함된다. 부산 본인이 문장을 쓰거나 구절의 표현을 구사할 때는 늘 규범적인 척도를 벗어나 있었으니, 바로 다방면에 걸친 자신의 학문적 소양과 재능에 기댄 결과였다. 특히 그의 화론畫論은 자신의 글에 대해 스스로 제시한 해설이라고 할 만하다.[2] 그는 마치 서예가와 화가의 입장에서 글을 쓴 듯하다. 다시 말해서 서예와 그림을 그대로 문장 안에 집어넣었다는 뜻이다. 그렇기 때문에 그 글이 나타내는 바도 종종 급작스럽고 놀라워서, 무언가를 진부하다고 느끼면 바로 신선한 것을 만들어 냈다.

「이왜종석생서梨娃從石生序」(권16)는 글의 첫 구절에서 "이왜梨娃는 막 진수의 수문에 기대었다"*고 하여 '그림 같은 의미'가 자못 풍부하니, 오로지 당·송의 것만 모방하는 이들로서는 절대 써낼 수 없는 것이었고, 하물며 '제예制藝', 즉 팔고문을 훈련한 이들은 말할 필요도 없다. 쉽고 평범해 보이는 글 사이에는 항상 간결하고 날카로운 기운이 넘쳤으니, 이 또한 작자의 성정을 숨길 수도 없고 숨기려 하지도 않은 경우라고 하겠다.

부산은 사실을 기록하는 데 뛰어났지만 역사가의 수법을 따라하지 않았고, 전기나 행장의 문장에는 항상 소설의 필법을 섞어 썼기 때문에 사소한 부분을 채택하거나 혹은 작은 것은 생략하고 큰 것—자신이 생각하기에 '큰' 것—만 남겨놓아서 서술의 개인적 성격을 조성하기에 충분했다. 취지 또한 특이했다. 예를 들어 「용도인전聲道人傳」에서는 '용聲'—즉 '롱聾'—의 뜻을 발휘했고, 「서령감재경敍靈感梓經」(권16)에서는 '고생하고受苦,' '고생으로부터 구원 받고受救苦,' '고생하는 것을 구해주는救受苦' 것을 구별해서 설명하고 있으니 발상과 논리의 연결이 활발하고 논의도 다양하면서 기세가 힘차다. 다음에서 서술할 「서산해경후書山海經後」는 더욱 교묘하게 논의를 설정하고 비유를 사용한 예에 해당된다. 이른바 "정신을 종이에 가득 채워야 한다精神滿紙"는 등의 저 "두세 마디 경구三兩句警策"(권25)를 그 자신은 아주 쉽게 해내는 듯하다. 또한 일반적인 전기나 행장과 다른 부분은 주인공의 정치적 업적을 그다지 많이 기록하지 않고 일상의 자잘한 일들을 즐겨 서술한다는 점이다. 이 또한 부산의 가치 판단의 태도, 즉 그가 중시하는 것과 경시하는 것이 무엇인지를 드러낸다. 「분이자전汾二子傳」은 사대

---

* 원주: "梨娃方倚晉水之門."

부의 처지, 즉 속세의 어리석은 군중들 사이에 처한 사대부의 상황에 대한 우언으로 해석해도 무방하다. 이 글에서는 왕王씨와 설薛씨의 행위가 '분汾 땅 사람들'에게 비웃음을 받았으며, 그들이 대의를 위해 순절한 뒤에 "분 땅 사람들은 모두 그들을 더욱 비웃었다"고 했다. 여기서 '분 땅 사람들'은 또한 300년 뒤에 루쉰의 글에 등장하는 '루전魯鎭* 사람' 내지 '웨이좡未莊** 사람'과 같으며, 마치 어떤 '총체적인 이름總名' 같다. '군중 속의 사대부'는 부산이 관심을 기울였던 주제 가운데 하나로서, 이런 주제 또한 그가 정한 자신의 경계와 난세에 대처하는 태도를 설명해준다.

부산의 글은 '졸렬'하지만 해학적 취미가 풍성하다. '졸렬함'은 바로 그가 좋아하는 것이었다. 그러나 졸렬하다고 해서 소박하기만 하다는 뜻은 아니니, 그가 좋아한 것은 고졸하면서도 '운치'가 있는 종류였다. 그 자신의 글은 온통 소박하고 후덕한 것이 특징인데, 고졸함에서 비롯해 생경함에 이르는 방식으로 '인성人性의 역량'을 보여주기 때문이다. 여기서 그 '졸렬함'은 문학적 경지이자 인성의 경지다.[3] 그 소박하고 졸렬함은 모두 두들기고 연마하고 불에 단련하는 것과 같은 과정을 거쳤기 때문에 나무나 바위의 정령처럼 정기를 안에 품고 있다가 글자들 사이에서 조금씩 누설시킬 따름이다. 반쯤 구어화되고 비 규범화된 (문법에 맞지 않는) 그의 이런 표현은 고의적으로 떠는 수다를 통해 일종의 해학적 취미를 충분히 배양한다. 풍정을 묘사한 글은 원래 해학적이지만, 길 떠나는 이를 전송하는 글도 (권22 「草艸付」처럼) 조롱조로 쓸 수 있고, 전기나 행장은 (「明李御史傳」처럼 말 더듬는 것을 흉내 내서)

---

* 루쉰의 단편소설 「쿵이지孔乙己」의 배경이 되는 가상의 도시다.
** 지금의 사오싱紹興에 속한 곳으로, 루쉰의 중편소설 『아Q 정전』의 배경이 되었다.

장엄함과 해학을 뒤섞기도 한다. 그의 글에서는 해학적 취미와 시골의 촌스럽고 속된 분위기, 화류계 취미와 같은 다양한 성분들이 뗄 수 없는 관계로 나타난다. 훌륭한 해학이란 원래 일종의 사고 능력인데, 부산에게 그것은 또한 따뜻한 세속의 인간적인 감정에 근원을 둔 것이었다. (권22 「紅土溝道場閱藏修閣序」와 같이) 장엄한 문체에 장엄한 언어를 쓰지 않는 것은 또한 부산 특유의 지혜를 발휘하는 형식이다. 그는 일찍이 그 글이 장엄하지 못한 것을 참회한 적 있지만,[4] 여기서도 자신의 성정을 숨길 수는 없었다.

부산의 인물과 글에 대해 아와 속 사이에서 위치를 규정하는 일은 대단히 어렵다. 남방 인사들은 그의 고향 풍속과 시골 모습을 통해 '소탈함蕭散'을 읽어 낼 수 있다. 예를 들어 다음과 같은 짤막한 편지 「무제失題」의 전문을 보자.

늙은이는 몸을 움직이기를 무척 귀찮아해서 글이라도 두어 줄 쓰면 눈곱이 아교처럼 들러붙게 되지요. 그래도 거기 노래를 잘 하는 이가 있으니 시골 늙은이들하고 모두 걸상에 앉아 무슨 「비룡료구란」인가 하는 것을 들으며 시간을 때우면 그래도 괜찮겠지요. 요 형님께서 19일에 노래 구경하는 데 초대하면서 고기 두 근에다 떡 좀 굽고 가지 좀 볶으면 충분히 먹을 만할 거라고 하셨는데, 그게 제대로 된 초대인지는 모르겠구려. 가서 보고 별 게 없다 싶으면 홍토구에 가서 큰 솥에 끓인 죽이나 먹어도 되겠지요.
老人家是甚不待動, 書兩三行, 眵如膠矣. 倒是那裏有唱三倒腔的, 和村老漢都坐在板凳上, 聽甚麼飛龍鬧句欄, 消遣時光, 倒還使的. 姚大哥說, 十九日請看唱, 割肉二斤, 燒餠煮茄, 盡足受用, 不知眞個請不請. 若到眼前無動靜, 便過紅土溝喫碗大鍋粥也好.(권23)

이처럼 향토색이 뒤섞이고 예스러운 의미가 넘치는 글은 도시의 소비문화가 발달한 강남(특히 동남 지역)에서는 이미 사대부들의 글 가운데 찾아보기 힘들다. 그래서 부산의 글을 좋아하는 것도 어쩌면 문화에 대한 그리움 때문일 수 있다. 사실 남방 인사들이 느끼는 '소탈함'이 북방 인사들에게는 오히려 솔직하게 쓰는 일상적인 태도인데, 서로 다른 상황 속에서 읽기 때문에 '한적함'이 되었을 가능성이 있다. '통속에 가까운' 부산 문장의 이러한 특성에 가까운 것은 바로 '시골의 통속함村俗'—'도시의 통속함市俗'과는 다른—이기 때문에 북방생활 자체의 '시골화'를 통해서 이해해야만 한다. 중국 북부의 '도시화' 수준은 오랫동안 강남(특히 동남 지역)에 비해 낮았으며, 부산은 또 진상晉商으로 대표되는 그런 문화를 거절했다.5 그의 고풍스러움과 시골 분위기는 환경뿐만 아니라 능동적인 선택에 의한 결과였다. 다만 그의 이런 짧은 글이 같은 시대의 장대張俗 등이 쓴 소품문들과 인생 및 글에 담긴 경지는 다르더라도 모두가 느긋하고 여유로운 인생의 풍경을 보여주고 있다는 점은 인정할 수 있겠다.

부산처럼 방언과 속어를 아주 능숙하게 운용하는 것은 또한 강남의 박식하고 고상한 사대부들이 하찮게 여겼던 동시에 할 수 없는 일이기도 했다. 그러니 이 또한 부산의 뛰어난 면모 가운데 하나라고 할 수 있다. 여기서 '시골의 통속함鄕俗'은 특별한 흥취가 된다. 부산은 비록 각종 문체를 잡다하게 사용했지만, 필자가 보기에 가장 원래의 면모에 가깝고 능통한 것은 「초초부草草付」나 「무제失題」와 같이 가볍게 쓴 글들이다. 이런 글에서 발산되는 세속 인간의 분위기는 바로 스스로 '방외方外'의 인사로 자처했던 부산이 떨쳐버리지 못했던 것이라고 할 수 있다. 그런데 그의 문체 취미에도 그 형식에 맡긴 삶의 방식에 대한 긍정적인 태도가 담겨 있다.

부산 외에도 당시 북방의 인물들 가운데 손기봉 같은 이들은 모두 '도는 평이平易하다'라는 식의 의리義理에서 나온 것이 아닌, 천성에서 우러나온 듯한 '평민성'을 지니고 있었다. 필자가 보기에 손기봉은 더욱 그 기상이 대지처럼 순박하고 자연스러우며 너그럽고 온화하여 동시대의 이학자들과는 상당히 달랐다. 그러나 그것은 '향토색'을 띠면서 '장엄'한 것으로 유학자라는 그의 신분과 일치했기 때문에 그 기풍과 맛이 부산과는 여전히 달랐다. 부산은 그 평민적 기질 또한 문인의 성정에 뿌리를 두고 있었다.[6] 그리고 그와 비슷한 인생의 경지에 대해 부산은 대단히 잘 파악하고 칭송하는 능력이 있었다. 「제당동암서책題唐東巖書冊」에서는 당이唐頤(?~?, 호는 동암東巖)의 아들 근암노인近巖老人의 일화를 기록할 때 그가 "소박하고 성실하여 귀공자의 습성이 없었다質室無公子習"라고 하며 이렇게 썼다.

듣자 하니 부친을 찾아올 때는 늘 나귀에 탄 채 건장한 하인 하나만 데리고 왔다. 한참 앉아 있노라면 하인이 깊이 잠들어 일어나지 못했다. 선생이 그를 재촉하여 나귀를 끌라고 해도 바로 응하지 못하면, 웃으면서 그가 잠이 깨기를 기다렸다.
傳聞訪先大夫來時, 每騎一驢, 隨一粗廝. 坐久, 廝睡熟, 不能起. 先生麾之, 令牽驢, 不卽應, 笑而待其寤.(권18, 539쪽)

이처럼 통속적이었던 부산이지만 글을 쓸 때는 예스럽고 심오하여 문구가 까다롭고 읽기에 부자연스럽게 쓰는 데도 능숙했기 때문에, 그 또한 당시의 복고 분위기 속에서 옛것을 좋아하는 (당연히 그가 '옛것을 좋아하는' 것은 전후칠자前後七子의 근거와 반드시 같다고는 할 수 없을 텐데) 특징이 있었다고 믿게 만든다.[7] 청나라 사람들 및 근대 사람들이 부산과 청나라의 학문 및 청나라 학자들 사이의 관계—예를 들어 그와 금석학과 훈고학 및 염약거 사이의 관계—를 즐겨 이야기하는 것은 마치 그것들이 부산을 통해 더 강화되었다고 여기고 싶어하는 것처럼 보인다. 그러나 부산의 모습은 학자의 그것과는 확연히 다르며, 그가 사용한 방식도 엄격한 의미의 학술적 방식이 아니었다.[8] 문구가 까다롭고 읽기에 부자연스러운 문장으로 묘사하기 어려운 경지를 묘사하여 흐리멍덩하게 진실과 환상, 허구와 사실, 꿈과 현실, 밝음과 어둠, 있음과 없음 사이를 드나드는 것도 그의 글이 진부하고 익숙한 상황에서 벗어나게 해주기 충분했다. 어떤 때는 이것이 주화입마의 상황에 빠진 것 같기도 하지만 여전히 정성을 기울여 설계한 문체 전략으로 간주해도 무방하겠다. 개중에는 간혹 사대부의 '무식不學'에 대한 반어적인 풍자에 은밀하게 담겨 있기도 하다. 「서서북지문序西北之文」에서는 필진희畢振姬*의 글에 대해 "침울하여 살이 부드럽고 개운하지 않을 따름이다. 독자는 문구가 어렵고 까다로워서 잘못된 문장이라고 여긴다"**고 했는데, 이는 고스란히 그 자신의 이런 글에 대한 묘사라고 해도 될 것이다. 이렇게 보면 부산이 '졸렬함'을 좋아하면서도 어렵고 까다로우며 읽기도 부자연스러운 글을 쓴 것은 당연히 성품 및 학식과 관련이 있으며, 아울러 세속에 영합하는 것을 피하려는 자각적인 문화적 태도에서 비롯되었다고 생각할 수 있겠다. 사실상 그는 이른바 '세속의 노예奴俗'을 지극히 천시하고 증오했으며, 이러한 속됨에 대해 거의 병적으로 민감하게 반응했다.[9] 여기에 또 그의 결벽증이 있으니, 어떤 문화의

---

* 필진희(1612~1681)는 산서 고평高平(지금의 진청晉城에 속함) 사람으로 자가 양사亮四이고 호가 왕손王孫, 힐운頡雲이다. 순치 3년(1646) 청나라에서 최초로 실시한 과거에서 진사에 급제하여 산서山西 평양부교수平陽府敎授를 시작으로 광서안찰사廣西按察使까지 지냈다. 저작으로 『상서주尙書注』『서하유교西河遺敎』『사주문헌四州文獻』『삼천별지三川別志』 등 10여 종이 있다.

** 원주: "沈鬱, 不膚脆利口耳. 讀者率佶倔之, 以爲非文."(권16, 465쪽)

'순결성'에 대해 가혹하리만치 요구하는 것이다. 통속에 가까우면서도 '속됨'을 극단적으로 배척하는 것─'조화和' 및 '동화同'와 동화和同에 대한 거부─은 바로 이렇게 글의 층위에 나타나고 있다. 그러므로 부산은 개인화의 방식으로 이른바 '칠원漆園' 즉『장자莊子』의 문화적 품성에 고유하게 담긴 모순성을 드러냈다.

문자와 이렇게 깊은 인연이 있었기 때문에 그는 선종과 승려들이 말하는 이른바 '불립문자不立文字'와는 그다지 뜻이 맞지 않았다. 문인들의 선열禪悅에서 '좋아하는悅' 것은 종종 '문자에 실린 지혜文字智慧'에 있었다. 일반적으로 이는 또한 문인과 불교 사이의 인연이었다.[10] 문자에 대한 부산의 흥미는 '무용지변無用之辨'에 대한 흥미였고 마음속 지혜의 기쁨에 대한 추구였으니 확실히 그가 왜 불경에 탐닉했는지를 이해하는 데 도움을 준다.[11] 그는 여러 차례 '속물俗漢'과 '운치 있는 선비韻士'를 대립하여 거론했다.「공희恭喜」에서 그는 "여러 부처와 보살은 모두 박학한데 언어와 문자가 필요 없다고 한 것은 모두 거짓말"*이라고 했다.「열화상모소劣和尚募疏」(권22)에서는 '속물俗漢'과 '풍운군자風韻君子' 사이의 종교 취미에 대한 차이를 비교했는데, 이 또한 '문인과 종교'의 관계에 관한 그의 해석으로 볼 수 있다. 이 글에서는 사영운謝靈運 같은 문인들을 두고 '불자가 될 타고난 기질作佛根器'을 지니고 있다고 했는데, 사영운은 또한 황종희가 '산림의 신山林之神'으로 여겼던 '지혜의 업연을 타고난 문인慧業文人'이었다.(「斬熊封遊黃山詩文序」,『黃宗羲全集』제10책 참조) 민간신앙과 문인 신앙의 뿌리는 원래 다르다. 문인은 종교에서 '인생관'을 추구할 뿐만 아니라 시와 인생의 예술적 경지意境를 이루는 재료를 찾기 때문에 망령되게 부처에게 복이나 기구하는 이

---

* 원주: "諸佛菩薩無不博學, 語言文字謂不用者, 皆爲誑語."(629쪽)

들과는 당연히 동력이 다르다. 부산은 「약령녕녕연藥嶺寧寧緣」에서 "장
엄한데 운치가 없고 운치는 있지만 장엄하지 않다면 모두 잘못된 것"[*]
이라고 단호하게 말했다. 이는 문인의 특성을 끌어들인 것이니 즉 '장
엄'과 '운치'의 종교적 경지를 융합시켰다. 남북은 어쩌면 서로 다른
지혜의 형식을 가지고 있으니 예를 들어 남방은 의리에 대해 흥미를
갖고 있고 북방은 실천의 열정이 강하다. 하지만 '문인성'에는 남북의
차이가 없다. 부산도 이를 근거로 (사영운의 경우처럼) 아름다운 산수를
사랑하는 것과 '불자가 되는 것' 사이의 내재적 연관을 해석했다.

부산과 불교 및 도교 사이의 인연은 글에서만 발견되지 않는다. 그
는 불경을 좋아해서, 「불경훈佛經訓」(권25)에서는 불경에 "오묘한 진리로
가는 지름길이 많이 들어 있다大有直捷妙諦"라고 하며 이렇게 덧붙였다.

> 무릇 이 학파(유학)에서 애매모호하여 문답하기 곤란한 부분을
> 저곳(불경)에서는 모두 부수어 이야기하기 때문에 잘 뒤집어 즉시
> 철저히 이해함으로써 양다리를 걸치지 않도록 해준다.
> 凡此家蒙籠不好問答處, 彼皆粉碎說出, 所以教人翻好去尋討當下
> 透徹, 不騎兩頭馬也.(682쪽)

이때 불교는 반드시 신앙으로 간주되지 않는다. 그렇기 때문에 "반
드시 위대한 『주역』과 노자에게서 근원으로 돌아가 생명의 본질을 회
복하는 방법을 찾아야 한다"[**]고 했던 것이다. 이는 또한 그가 왜 "승복
을 입지披緇" 않고 "도사 차림새를 한 채黃冠" 지냈는지의 이유를 설명

---

[*]   원주: "若云莊嚴不是風韻, 風韻不是莊嚴, 都無是處."(권22, 631쪽)
[**]   원주: "須向大易老子尋個歸根復命處."(682쪽)

해준다. 불교는 남방에서 성행했고 도교는 북방에서 성행했기 때문에 각기 근거를 가지고 있었다. 하지만 부산이 도사 차림새를 한 것은 그의 '궁극적 관심'과 엄숙하면서도 예법에 얽매이지 않는 처신을 통해 이해해야 한다.

여기서 말하는 문인 부산은 '문인'—이 또한 일종의 사대부讀書人인데—을 신분과 역할로 삼은 것이니 이 또한 언제나 선택의 결과였다! 부산이 '공부讀書'를 생활 방식으로 선택한 것은 바로 '순결한 인생'을 선택한 것이었으며, 이는 "일체의 지저분한 인간사가 눈앞에, 마음에 이르지 않도록"*함이었다. 그는 또 자식과 조카들에게 "모든 바깥일에는 관여하지 말지니, 그러면 공연히 공부하는 마음만 어지럽히게 될 것"**이라고 훈계했다. 왕조 교체기에 이러한 '문인'이라는 역할을 선택한 것도 당시의 시대와 자신 사이의 관계를, 당시의 시대를 살아가는 방식을 선택한 것이니, 그 의미를 알 만하다. 심지어 그는 자신이 상상하는 문인이 살아가는 모습을 구체적으로 묘사하기도 했다.

지게문을 보면 아무도 없는 듯 적막한데, 휘장을 걷고 보면 안에 사람이 있다.

觀其戶, 寂若無人, 披其帷, 其人斯在.(「家訓」, 704쪽)

여기에는 또 만년의 부산이 바랐던 삶의 상태가 담겨 있다. 결벽증에 가깝도록 순정한 삶을 가혹하게 추구하는 데는 예로부터 문인 방식의 '나약함'이 들어 있다. 말할 필요도 없이 이것은 퇴보적이고 보수

---

* 원주: "一切醒齪人事不到眼前心上."(「佛經訓」, 684쪽)
** 원주: "凡外事都莫與, 與之徒亂讀書之心."(권25, 701쪽)

적인 인생이다. 이에 대해서는 부산도 더욱 '도인'에 가까운 면모를 보여준다.

저우쮜런周作人은 스스로 "『상홍감집』의 사상과 문장을 무척 좋아한다"*고 고백하면서 「부산에 관하여關於傳靑主」(『風雨談』)를 쓴 바 있는데, 이 글은 대부분 초록抄錄이지만 오히려 그가 얼마나 '많이甚' 좋아했는지를 알 수 있게 해준다. 저우쮜런은 부산과 안원을 비교하며 논했는데, 필자는 오히려 당시 절서浙西에 살았던 진확을 떠올린다. 안원의 사상이 비록 고염무와 황종희에 비해 '낡고 괴이古怪'하지만 그가 풍기는 공자의 제자라는 분위기는 부산과 어울리지 않는다. 진확은 비록 유종주를 스승으로 모셨지만 타고난 성정이 이학과는 맞지 않은 것처럼[12] 태어날 때부터 지니고 나온 문인의 습성이 있었으며, 글재주와 손기술이 뛰어나고 정감과 운치도 풍부했다. 그의 '운치'는 그야말로 부산의 그것에 가까웠다. 뼛속까지 고집스럽고 날카로운 기질도 서로 비슷했다. 다만 진확은 비록 이학과 맞지 않았다 하더라도 방건方巾을 쓴 도학자의 기질을 완전히 벗지 못한 유학자여서 불교를 배척할 때는 반박의 여지를 주지 않고 독단적인 주장을 내세웠기 때문에 부산처럼 사상의 '너그러움寬博'이 없었다.[13] 그러나 진확이 투철했던 부분은 또한 부산이 꿈에서라도 볼 수 없었던 것이었으니, 이에 대해서는 뒤에서 좀더 자세히 설명하도록 하겠다.

---

* 원주: "甚喜霜紅龕集的思想文字."(『風雨談』「鈍吟雜錄」)

명사 부산

저우쭤런은 "중국 사회에서 부산의 가장 명성이 높았던 부분은 의사라는 점이고, 그다음은 아마 서예가일 것"*이라고 했다. 필자는 부산이 살았던 당시에 사람들의 입소문을 타고 전파되었던 그의 사적 가운데는 틀림없이 그 외에도 (어쩌면 '그보다 더') 의협심이 강하고 의리를 중시한 점이 있을 것이라고 믿는다. 그의 전기라고 할 수 있는 몇 가지 글들은 모두 숭정 9년(1636)에 그가 무리를 이끌고 대궐로 찾아가 원계함袁繼咸의 억울한 누명을 벗겨 달라고 청원했던 장한 행동을 언급하면서, 그것이 부산의 명성을 크게 높인 중요한 사건이라고 했다. 바로 이 거사로 인해 우리는 왕조 교체기에 그가 옥에 갇히는 몸이 되어야 했던 것이 그가 운명적으로 겪어야 할 재난 가운데 하나였다고 믿게 된다. 부산 본인은 결코 자신을 호걸이라고 내세우지 않았으며, 「인인사기因人私記」에서는 세상의 인정과 '사대부의 정서士情'을 드러내면서도 옥에 갇힌 일은 더할 나위 없이 조심스럽게 언급을 회피했다. 그러나 그의 혈기에 찬 성품과 호쾌한 기상은 여전히 거의 모든 글에서 나타나며, 아울러 북방식의 혈기와 호쾌함은 '차가운 분위기氷雪氣味'를 물들였다.

「서풍림일지敍楓林一枝」에서 그는 단풍각 밖에 눈이 내려 "낙엽 진 나무들이 모두 칼날이 되어 너무나 놀라게 했다"**고 썼다. 대정식戴廷栻(1618~1691, 자는 풍중楓仲)의 『풍림초楓林草』 가운데 일부 남아 있는 작품을 읽고 그는 그 작품이 "모두가 얼음과 눈처럼 차가운 분위기를 띠

---

* 원주: "傅青主在中國社會上的名聲第一是醫生, 第二大約是書家吧."(「關於傅青主」『風雨談』, 岳麓書社, 1987, 3쪽)

** 원주: "落樹皆成鋒刃, 怪特驚心."(권16, 463쪽)

고 있음俱帶氷雪氣味"을 발견했다고 하는데, 부산은 바로 이러한 차가운 정서를 지니고 있었다. 그의 형 부경傅庚은 그에 대해 이렇게 설명했다.

> 봄날의 쌀쌀함도 아랑곳하지 않고 갑자기 분하의 얼음 위에 서서 빼어난 일꾼들을 지휘하여 천 마지기의 유리 같은 밭을 깎으며 서재에 있던 등불을 제공했다.
> 無問春側側寒, 輒立汾河氷上, 指揮凌工鑿千畝琉璃田, 供齋中燈 具.(권14, 傅庚, 「冷雲齋氷燈詩序」, 369쪽)

이와 같이 호쾌한 흥취와 기이한 상황 및 정서를 좋아하는 것이야말로 바로 명사의 면모이다.

진정한 명사는 누구나 이른바 '타고난 사람性情中人'이니, 황종희가 말했듯이 "정이 지극해지면 단번에 깊어지는"* 것과 마찬가지다. 감정에 깊이 빠지는 이는 또한 감정에 의해 상처를 입는다. 부산 본인도 "지극한 성정이 없는 이는 슬픔과 즐거움을 모르고, 지극한 성정을 가진 이는 슬픔과 즐거움에 모두 상처를 받는다"**고 했다. 손기봉은 「정모군진씨묘지명貞髦君陳氏墓誌銘」에서 부산의 모친에 대해 이렇게 기록했다.

> 갑신년(1644)의 변고가 일어나자 부산은 집을 버리고 떠돌다가 마음 내키는 대로 모친을 봉양하러 가니, 모친은 옛일을 전혀 개의치 않고 거친 채소 반찬이라도 편안하게 여겼다. 그러다가 갑오

---

* 원주: "情之至者, 一往而深."(「時禋謝君墓誌銘」『黃宗羲全集』 제10책)

** 원주: "無至性之人, 不知哀樂, 有至性之人, 哀樂皆傷之."(「佛經訓」, 권25, 686쪽)

년(1654)에 부산이 유언비어 때문에 옥에 갇히게 되어 무슨 재앙을 당하게 될지 예측하기 어려워지자 그를 따라 노닐던 이들이 구명을 위해 함께 상의했다. 그러자 그의 모친이 사람들에게 말했다. "도인으로서 내 아들은 자연히 오늘과 같은 일을 당해도 마땅하오. 설령 죽는다 하더라도 팔자이니, 구하려 할 필요가 없소. 하지만 내 아들에게 자식이 미眉 하나밖에 없으니, 정말 생각해주신다면 이 아이가 죽지 않아서 부씨 집안의 제사를 존속하게 해주면 충분하오."

이듬해 유언비어의 진상이 밝혀져서 부산이 옥에서 나와 모친을 뵈니, 모친은 그다지 슬퍼하지도 기뻐하지도 않고 그저 고개만 끄덕였을 뿐이었다.

當甲申之變, 山棄家而旅, 隨所寓奉母往, 母絶不以舊業介意, 沙蓬苦苣, 怡然安之. 迄歲之甲午, 山以飛語下獄, 禍且不測, 從山遊者僉議申救. 貞耄君要衆語之云: 道人兒自然當有今日事. 卽死亦分, 不必救也. 但吾兒止有一子眉, 若果相念, 眉得不死, 以存傅氏之祀足矣. 逾年, 飛語白, 山出獄見母, 母不甚悲, 亦不甚喜, 頷之而已.(『夏峯先生集』 권7)

이처럼 부산의 모친은 확실히 난세의 빼어난 여인이었다. 다만 '빼어나서殊' 일상적인 인정의 수준을 벗어나게 되면 그저 분위기가 썰렁하여 인간 세상에 있는 사람이 아닌 것 같은 느낌이 들게 할 뿐이다. 하지만 부산의 도행道行은 결국 이런 경지까지는 이르지 못한 듯하다. 『상홍감집』 권14의 「곡자시哭子詩」 연작은 친아들의 감정을 묘사하고 있는데 작품마다 피눈물이 흥건하고 비탄이 넘친다. "무정한 이는 진정한 호걸이 아닌 법!無情未必眞豪傑" 필자가 보기에는 오직 이런 경우에만 비로소 명사라고 불릴 자격이 있다.

감정에 빠지면 집착하는 바가 생겨서 인간 세상에 대해 연연하게 되기 때문에 세속의 전설에서 말하는 저 사람도 신선도 아닌 괴물과는 달라진다. 부산은 「명호부원외지암대선생전明戶部員外止庵戴先生傳」에서 대정식의 부친인 대운창戴運昌(?~?, 호는 지암止庵)에 대해 "천성이 면밀하고 강인한 사람天性專精堅靭人也"이라고 했는데, 이야말로 남의 이야기를 빌려 자신에 대해 이야기한 셈이라 하겠다. 이렇게 '면밀하고 강인함'은 다음에서 설명하게 될 '얽매이지 않고不沾沾' '개의치 않는不屑屑' 것과는 결코 서로 용납될 수 없었다. 저우쭤런은 부산의 '굳셈倔強'과 '신랄함辣'을 읽어냈으니(「關於傅靑主」), 고염무와는 견해가 달랐다. 하지만 부산의 매력이 비교적 오래 유지될 수 있었던 것은 확실히 고염무가 이야기했던 것처럼 "소탈하고 느긋하게 세상 바깥에 있으면서 스스로 천기天機를 깨달은"* 데서 더 찾을 수 있다. 그 소탈하고 느긋함도 마찬가지로 성정에 뿌리를 두고 있으며, 또한 이성의 단련을 거친 인생의 태도였다. 서예를 하든지, 시를 쓰든지, 불교 수행을 하든지 간에 그는 언제나 '의도적인有意' 태도를 취하지 않았고, 그렇게 해야만 자신의 '천성'을 잃지 않을 수 있다고 생각했다. 그가 쓴 인물들에 관한 글도 이에 대한 보충 설명이 될 수 있다. 「모화주자전帽花廚子傳」에서는 그 인물이 "그런대로 제생이 되긴 했지만 제생의 학업에 얽매이지 않았다"**고 했다. 「태원삼선생전太原三先生傳」에서는 왕王 선생이 "바둑을 좋아하여 밤낮으로 종일 두어도 지치지 않았으며 또한 신경도 쓰지 않고 손이 가는 대로 수담手談을 나눌 따름"***이었다고 했다. 또 전錢 선생에

---

* 　원주: "蕭然物外, 自得天機."(「廣師」『顧亭林詩文集』, 134쪽)

** 　원주: "聊爲諸生, 不沾沾諸生業."(권15, 454쪽)

*** 　원주: "好圍棋, 終日夜不倦, 亦不用心, 信手談耳."(권15, 440쪽)

대해서는 이렇게 썼다.

> 수시로 시를 쓰는데 그다지 고심하지도 않았고, 훌륭한 구절이든
> 소략하고 조악한 구절이든 간에 자신이 지어낸 것을 지치지 않고
> 이야기하여, 그야말로 두보가 많은 뛰어난 구절을 즉석에서 읊는
> 것 같았다. 70세 이후로는 나이가 들수록 더욱 건장하고 소탈하
> 고 담박해졌는지라, 늙어서 안 됐다는 생각이 전혀 들지 않았다.
> 時時有詩, 不屑屑嘔心, 所得佳句率粗健淡率, 極似老杜口占諸奇句.
> 七十以後, 益老益健益率益淡, 絶不爾恤也.(441쪽)[14]

  하지만 더욱 가상한 것은 먹고사는 일에 '얽매이지 않은' 점이라고
할 수 있는데, '칠원漆園'의 화법을 빌리자면 바로 이 '사물物'에 '부림
을 당하지役' 않았던 것이다.[15] 이런 소탈함이 있어야 사람이 비천—
「帽花廚子傳」에서 말하는 '비부鄙夫'의 비천함을 가리킴—해지지 않는
다. '얽매이지 않고' '개의치 않는' 것은 바로 급급하지 않고不亟亟, 열
중하지 않으며, 분주히 다투지도 않는 것이다. 이렇게 해야만 비로소
그의 매력이 자리한 그 느긋함과 관대함, 그리고 남들이 기꺼이 칭송하
는 '소탈함'을 지닐 수 있게 된다. 고집하는 듯하면서도 고집하지 않는
이런 태도가 있어야 이른바 '칠원漆園의 가법家法'이라는 것을 이야기
할 만한 자격이 있다.
  부산과 같은 방식의 소탈함은 자연히 인위적으로 '해낼' 수 없다.
그런 소탈함은 결코 천진함에서 비롯된 것이 아니라 오히려 세상에 깊
이 들어감으로 인해 생길 수 있는 것인 듯하다.[16] 부산은 세상 물정과
인정에 대해 깊이 알고 있었고, 심지어 '사람'에 대해서는 반드시 순수
한 유학자와 같은 낙관적인 관점을 가지지 않아서, "가장 난잡하고 해

로운 존재는 인간"*이라고 할 정도로 사람이 사람에게 가하는 박해에 대해 큰 상처를 입고 깊은 고통을 느끼는 것 같았다. 이는 '소탈함'의 한계를 보여주기에 충분하다. 「분이자전汾二子傳」은 어리석은 대중의 무감각함과 냉막함을 묘사했고, 「인인사기因人私記」에서는 "권세에 따라 뒤바뀌는 인심의 변화人情反復, 炎涼向背"를 묘사함으로써 모두 으스스한 한기를 풍겼다. 그 역시 애초부터 현실 세계에 대한 관심을 숨길 생각이 없었다. 스스로도 일찍이 자신의 '소탈함'이 부득이한 것이라고 이야기한 바 있다.

이 아우의 노래는 직접 찾아와 들으실 필요가 없습니다. 정중程仲 선생은 제게 도의를 갖춘 벗이니 당연히 믿을 수 있습니다. 그러나 호랑이 탄 신선이 되어서 누군가는 그분이 세상 밖을 소요하려는 운치가 있다고 하는데, 그분의 청빈淸貧을 누가 알겠습니까? 弟之中曲, 不必面傾. 示周吾之道義友, 自能信之. 然成一騎虎神仙人, 或謂其有逍遙之致, 誰知其集蓼茹蘖也.(「寄示周程先生」, 권23, 637쪽)

이렇게 소요하는 와중의 괴로운 흥취 또한 유민에 대해 잘 아는 사람만이 감별할 수 있다. 사실 부산은 열렬함과 소탈함을 겸비한 인물이었다. 시종일관 격렬하기만 하면 제대로 된 인생 같지 않고, 소탈하기만 한 인생 또한 무게가 떨어진다. 그러니 고염무의 견해가 반드시 오해는 아니었던 셈이다.[17]

명사의 기풍을 가진 이상 식견은 자연히 속된 무리들과는 다를 수

---

* 원주: "最庸最毒者人."(「雜記」 3, 권38, 1054쪽)

밖에 없었다. 명사들은 '색色'을 이야기하는 데 거리낌이 없었고, 통상적으로 또한 이 때문에 도학을 견지하는 이들이나 예법에 얽매인 사대부들과 대립했다. 『상홍감집』 권2 「방심方心」의 서문에서는 아예 "색이란 얼마나 좋아하기 쉬운 것인가!"*라고 했다. 「서장유우지장후書張維遇志狀後」에서는 장씨가 '감히 죽은敢死' 것을 허락하면서 이렇게 썼다.

> 침대에서 감히 죽는 것과 전쟁터에서 감히 죽는 것은 같다. 또한
> 요즈음 술을 함부로 마시고 여색을 좋아해서 죽음을 기약한 이
> 들로 말하자면 우리 무리들 가운데도 몇 명이 있다!
> 敢死於床簀, 與敢死於沙場等也. 且道今世縱酒悅色以期於死者, 吾
> 黨有幾人哉.(권17, 496쪽)

확실히 이는 '특별한 관점'에서 나온 것으로, 이른바 "보통 사람들은 놀라지만 통달한 사람은 허락한다"**는 것이다. 「이왜종석생서犁娃從石生序」에서는 풍류를 묘사하면서 주제는 엄숙했지만 여전히 행간으로 새 나오는 화류계 취미狹邪趣味를 느낄 수 있다. 「석석곡夕夕曲」(권2)과 같은 악부樂府들은 더욱 농염한 색향을 풍긴다. 어쩌면 부산은 저우쭤런이 말한, 사람은 신중한데 글은 방탕한偶一放蕩 부류의 사람인지도 모른다. 그가 지은 전기傳奇는 결국 그 글을 편찬하여 간행한 사람에 의해 불태워져버렸으니 그 '외설 취미'를 짐작할 만하다.[18] 부산이 좋아했던 풍류風情는 동남 지역 명사들이 좋아했던 고상한 문인風雅文人이나 기루의 재능 있는 미녀들 사이의 '풍류'와는 뚜렷한 질적 차이가

---

* 원주: "色何容易好也."(36쪽)
** 원주: "常人駭之, 達者許之."(『書郝異彦卷』)

있다. 앞서 언급했던 진확의 경우는 글을 쓸 때 부산과 같은 시골 기질이나 통속문화의 맛이 전혀 없다. 어쩌면 여기서도 시골 같은 북방이 상대적으로 도시가 발달한 남방과 문화 및 취미가 달랐다는 것을 확인할 수 있겠다.

'색'을 이야기하는 태도가 세속적이듯이 '음식食'에 대해 말하는 것도 마찬가지다. 부산은 자칭 '주육도인酒肉道人'(「帽花廚子傳」)이라고 했으니 확실히 자신의 그 '가죽 주머니皮囊'를 박대하지 않았다. 그는 배와 입의 욕망에 대해 말하기를 꺼려하지 않았을 뿐만 아니라 '먹고 마시는 것喫'을 묘사하는 것도 침이 고일 정도로 맛깔스러워서 마치 일부러 고상한 사람을 모독하려는 것처럼 보이기도 했다. 예를 들어 앞서 인용하여 수록된 「무제失題」에서 "떡 좀 굽고 가지 좀 볶는다燒餅煮茄"라는 표현과 '큰 솥의 죽大鍋粥', 그리고 「연선올타남부麵饉嘔陀南賦」(권1)와 「흘차소부䬶麷小賦」(권2), 「무료잡기無聊雜記」(권7)에서 '틀국수合絡'를 노래한 것[19] 등을 들 수 있다. 그는 음식에 대해 사치를 바라지 않아서, 글에 쓴 것은 대부분 민간에서, 또한 지방에서 볼 수 있는 간식 또는 야생 요리野味였다. 그의 향토 사랑은 앞서 설명했던 글들에서도 대단히 절실하게 나타나 있다. 이런 글들을 통해 우리는 또 부산이 비록 '왕조 교체易代'를 언급할 때는 비통함을 이기지 못했지만, 그렇다고 그로 인해서 자학하는 일은 결코 없었음을 알 수 있다. 그의 '유민 생애'는 흔히 상상하는 것처럼 그렇게 메마르고 쓸쓸하지는 않았던 것이다.

부산은 "도인으로서 승려의 어투로 말하기"*를 좋아했다. 그는 비록 도학과는 마음이 맞지 않았지만, 도학자이면서도 '충의지사'인 사람에

---

* 원주: "以道人說和尙家語."(권21 「天澤碑」)

대해서는 칭찬을 아끼지 않았다. 심지어 '문호'를 언급할 때도 초연함을 표방하지 않고 시론에 영합했다.(권15, 「明李御史傳」 참조) 그의 「제삼교묘題三敎廟」에서는 조롱조로 이렇게 말했다.

> 부처는 서방에서 왔으니 손님인지라 가운데 앉고, 노자는 우리 선
> 생님(공자)보다 연장자이니 왼쪽에 앉고, 우리 선생님은 주인이니
> 오른쪽에 앉으시게 해야지. 그렇긴 하지만 그 세 분이 이미 자리
> 를 잡고 앉으셨는데 내가 설마 끌어내릴 수 있겠는가?
> 佛來自西方, 客也, 故中之. 老子長於吾子, 故左之. 吾子主也, 故右
> 之. 雖然, 他三人已經坐定了, 我難道拉下來不成.(권18, 545쪽)

'삼교'의 경계를 나누지도 않았을 뿐만 아니라 삼교 이외의 종교도 배척하지 않음으로써 포용력 있는 도량—당시의 표현대로라면 이른바 "동정심으로 이해함"—을 보여주었지만, '이교異敎'라는 개념은 전혀 없는 듯하다.[20] 문호와 종파의 다툼이 물과 불처럼 서로 용납하지 않았던 명나라 말엽에 그는 특이한 사람들 가운데도 특히 특이했던 인물이었다. 필자가 보기에 그는 이러한 덕분에 당시의 명사들에게 비해 더욱 '철저한' 명사였으며, 또한 더욱 성실하고 거짓 없는 신도였다.

부산은 '출가'를 신도가 되는 표지로 생각하지 않았을 뿐만 아니라 "진정한 불자는 진짜 부처님 사리도 지니지 않는다"*고 했다. 그의 글을 보건대 부산은 '도사'가 되어서도 행적에 얽매이지 않고 시종일관 자유자재했음을 알 수 있다. 「서선수문현석書扇壽文玄錫」에서는 이렇게 썼다.

---

* 원주: "眞作佛者, 卽眞佛牙亦不持."(「傳史」, 772쪽)

현석이 하늘을 섬기는지는 모르겠지만, 그 무리가 엎드린 사원이
아니라 혼자 방 안 서북쪽 옥루에서 근엄하게 그대를 지켜보고
있으니 여기에 살면서 위엄과 징벌을 두려워하지 않았던 적이 없
었다.

不知玄錫之事天, 不於其衆所匐伏之寺, 而獨於其屋漏, 儼然臨汝,
無時不畏威懲住此.(554쪽)

하지만 '하늘을 섬기며' "혼자 방 안 서북쪽 옥루에서 근엄하게 그
대를 지켜보는" 것이 "엎드린" '무리'에 비해 종교에 대해서는 예로부
터 더 경건한 믿음을 지니고 있었다. 물론 부산이 신앙에만 그런 태도
를 보이지는 않았다. 그는 애초에 자신을 예법의 바깥으로 내쫓은 적
이 없으며, 예법의 질서에 직면하면 그의 표정은 더할 나위 없이 장중
했다. 이 또한 『장자』 이래로 수천 년간 이어온 사대부 역사의 결과였
다. 신종이 "대단히 불경大不敬"(「書神宗御書後」)하다고 비판했던 그는 황
종희가 『명이대방록』「원군原君」에서 보여준 것과 같은 사고방식을 절대
가질 수 없었다. 그는 일찍이 '성性의 역사'를 편찬하면서 "효도와 우
정의 이치를 깊이 논했는데" "모두가 일상에 반하는 논의"였다고 한
다.* 여기서 '일상에 반하는' 것은 대부분 계율을 지키지 않는 것과 같
은 경우다. 하지만 이는 경전을 존중하고 의리義理를 깊이 탐구함으로
써 나타난 결과였다. 이것만 보더라도 그가 불자의 비문을 써 주는 경
우에조차 주절주절 충효에 대해 늘어놓았을 것을 알 수 있다. 그 스
스로 "상당히 방탕하여 통제가 되지 않는다"**고 했고 또한 가끔 화류

---

* 원주: "深論孝友之理 (…) 皆反常之論."(「文訓」)
** 원주: "頗放蕩, 無繩檢."(「跋忠孝傳家卷」 권18, 533쪽)

계 취향의 글을 써서 남녀 간의 애정사에 특히 심취하는 태도를 보였지만, 순절에 관해 통달한 식견이 부족함은 또한 동남 지역 인사인 귀유광歸有光이나 귀장 등과 같았다. 독자들은 그가 전겸익처럼 하동군河東君, 즉 유여시柳如是 같은 기녀를 측실로 들여서 "정실과 같은 예로 대우"할 수 있으리라고는 결코 상상할 수 없을 것이다.(황량한 북방에서 하동군 같은 재녀가 나올 수 있었는지의 여부는 일단 논외로 치자.) 그가 다음과 같은 발언을 할 때는 절대적으로 엄정한 태도를 보여준다.

> 망령된 이가 불경의 한두 조목을 대충 보게 되면 바로 방자하게
> 삼계를 높이 벗어나려는 뜻을 품으니 선왕이 말씀하신 예라는 것
> 을 또 어찌 알겠는가? 예라는 것은 성곽이 되고 갑주가 되는 일이
> 니 물러나 지키거나 나아가 싸울 때도 모두가 이에 따라야 한다.
> 凡妄人略見內典一二則, 便放肆, 有高出三界意, 又焉知先王之所
> 謂禮者哉. 禮之一字, 可以爲城郭, 可以爲甲冑, 退守進戰, 莫非此
> 物.(「雜記·二」, 권37, 1015~1016쪽)

이야말로 윤리강상을 통해 그 사람의 '심령의 자유'에 내재된 한계를 측정할 수 있는 경우다. 그러므로 반역적인 윤리 사상이 오히려 풍류 넘치는 남방, 상업화와 도시화의 수준이 상대적으로 높은 남방, 고상한 문인風雅文人이나 기루의 재능 있는 미녀들이 공존했던 남방에서 잉태되어 길러졌다고 믿어도 되겠다. 당시 북방의 뛰어난 사대부들은 항상 그 지역처럼 소박한 지혜를 보여주었으며 심지어 '외설 취미'조차 피하지 않았음에도 사실은 뼛속까지 고지식하고 초라했을 가능성이 있다. 부산이 글을 논하고 자제들을 훈육할 때는 그야말로 단정하고 올바른 사대부의 면모를 보여주었다. 사람들이 칭송했던 그의 활달

하고 담백한 모습의 바탕에는 이렇듯 도덕적 자율이 깔려 있었다. 저 우쭤런이 비록 부산의 사상과 글을 '무척 좋아'했지만 그의 가훈에 대해서는 별로 동의하지 않았던 것도 바로 이 때문일 것이다.(「鈍吟雜錄」, 『風雨談』) 그러니 통달한 사대부가 지닌 그다지 통달하지 못한 부분을 통해 그 사람과 시대 사이의 더욱 깊은 정신적 연계를 볼 수 있다.[21]

따라서 앞서 설명한 부산의 소탈함과 얽매임 없는 행동거지는 그가 지킨 엄격한 자율과 구차하지 않은 일처리, 사람됨을 함께 고려해야만 제대로 이해할 수 있다. 부산은 확실히 '사람 노릇作人'을 좋아했다. 그의 서예론은 종종 인격론과 다르지 않았다. 그가 계속 강조했던 것은 글씨를 쓰는 행위의 엄숙성이다. 조맹부趙孟頫의 인격을 비하하고 심지어 젊은 시절에 조맹부 글씨를 공부한 것을 "친하지도 않은 사람과 어울린 것比之匪人"으로 여긴 것[22]은 그 자신도 지나쳤다고 인식하고 있었다. 예술에 대해서조차 이러했으니 시종일관 초탈한 모습을 유지했던 남방 명사와는 당연히 마음의 경지가 크게 달랐다.

부산이야말로 진정한 명사였다. 이 모든 호걸 기질과 협객 기질, 치정癡情, 그리고 대단히 고상하면서도 통속에 가까운 갖가지 모습들은 모두 그의 '진정함眞'을 이룬 요소들이었다. 그러나 여기서 '명사'로서 부산을 이야기하는 것을 어쩌면 그 자신은 좋아하지 않을 수도 있겠다. 사실 그 시대에는 '명사'가 없지 않았다기보다는 너무 많았기 때문에 부산은 가짜 명사들을 조롱했던 것이다.

> 고양의 명성을 훔쳐서 남들에게 "나는 주광이오"라고 속인다. 만약 유령劉伶 같은 이가 가래를 메고 있다가 그런 이를 만난다면 틀림없이 가래로 그의 머리를 마구 두들겨 팰 것이다.
>
> 竊高陽之名, 欺人曰, 我酒狂. 若令伯倫家荷鍤見之, 必以鍤亂拍其

頭矣.(「老僧衣社疏」, 권22, 606쪽)

유민 부산

명나라 사람들 가운데는 산서山西에 마음을 둔 인물이 상당히 많았다. 부산과 동시대의 오위업은 이렇게 말한 적이 있다.

> 듣자 하니 산서의 기풍이 나무랄 데가 없어서 빼어난 인재들이 견실하고 유능하여 마치 북산의 훌륭한 재목이나 기야의 뛰어난 말과 같아 엄혹한 서리에도 가지가 바뀌지 않고 긴 산비탈을 달려도 걸음이 흐트러지지 않으니, (…) 또한 얼마나 장한가!
> 吾聞山右風氣完密, 人材之挺生者堅良廉悍, 譬之北山之異材, 冀野之上駟, 嚴霜零不易其柯, 修阪騁不失其步 (…) 抑何其壯也.(「程崑崙文集序」,『吳梅村全集』권29, 683쪽)

하지만 명나라 말엽에 부산이 나온 뒤에야 산서는 비로소 그 지역 문화의 자부심으로 내세울 만한 인물을 가지게 되었다. 그런데 명·청 교체기에 부산은 우선 저명한 유민으로 세상 사람들의 주목을 받았다.

부산은 결코 유민으로서의 면모를 스스로 숨기지 않았으며, 오히려 의도적으로 그 점을 두드러지게 보이려고 했다.『상홍감집』권10 「풍문섭윤창선생의거風聞葉潤蒼先生義擧」에서는 "산중에서『시경』「진풍秦風」의 「무의無衣」를 읊을 수 없어, 멀리서나마 도사가 의군의 깃발 향해 절을 올린다"*고 했고, 「갑신수세甲申守歲」에서는 "꿈속에서 남쪽의 도읍

건업으로 들어간다"**고 했으며, 「우현이생일용운右玄貽生日用韻」(을유乙酉)
에서는 "살아 있는 날은 이제부터 비정통의 왕조라서, 이런 상황에 상
심하여 이국에서 만나나니""하루하루 구차하게 사는 인생 나그네 같
다"***는 등등의 표현은 모두 당시의 '전형적'인 유민의 화법이었다. 그
는 스스로 "자객, 유협의 전기를 탐독하노라면""기뻐서 안색이 바뀌
었다"라고 하며 "근심 속에서 잊지 못하는 게 있어서 마음을 달랠 수
있는 것"이 있다고 했으니,**** 이 모두가 유민의 속내를 사람들에게 내보
이면서 혈기에 찬 남자의 억눌린 마음을 서술하고 있다. 「순무채공전巡
撫蔡公傳」과 「분이자전汾二子傳」 같은 글들이 감동적인 것도 그 안에 '유
민 정서'가 담겨 있기 때문이다. 「사훈仕訓」(권25) 등의 글들은 왕조가
바뀐 세상에서 유민이 살아가야 하는 원칙에 대한 자신의 생각을 더
욱 잘 알려준다. 부산에게 '유민'은 결코 무슨 특별한 표지가 아니었
고, 일련의 특수한 행위를 나타내는 데 도움이 되는 수단이었을 따름
이다. 앞서 설명에서도 알 수 있듯이 '문인' 및 '명사'로서 그의 태도
에는 항상 '유민'이라는 신분적 자각이 깃들어 있었다. 사실상 『상홍
감집』의 글들은 대부분 이 '유민' 상태와 경험에 대한 기록이라고 해
도 틀리지 않다. '유민'은 시간 현상이지만 그와 관련된 사대부의 경험
가운데는 시간에 국한되지 않는 것들도 있다. 예를 들어 앞서 이미 설
명했듯이 부산은 자신의 글을 통해서 사대부가 생존하는 체험의 혹독
함을 두드러지게 나타냈다.

---

* 원주: "山中不誦無衣賦, 遙伏黃冠拜義旗."
** 원주: "夢入南天建業都."
*** 원주: "生時自是天朝閏, 此閏傷心異國逢 (…) 一日偸生如逆旅."
**** 원주: "耽讀刺客遊俠傳 (…) 喜動顏色 (…) 耿耿之中有所不忘, 欲得而甘心者."(「雜記·3」, 권38,
1049쪽)

『상홍감집』에서는 또한 부산 및 (고염무와 염이매 등) 동시대 남북의
저명한 유민들 사이의 왕래와 피차간의 정신적 위로, 호응을 알아볼
수 있다. 고염무에게 보낸 시에서는 "황릉 알현기謁見記를 몰래 읽노라
니, 신하의 몸에 흐르는 땀이 적삼을 적신다"*고 했다. 또 염이매에 대
해서는 이렇게 썼다.

> (그는) 지금 세상에 호응하지 않고 막연하게 고향을 떠났다. 옛날
> 에는 기마와 활쏘기도 잘했지만 지금은 거두어 들여놓고 시험해
> 보지 않는다. 이따금 시와 술에 호탕한 기개를 맡긴다. (…) 나는
> 속세를 떠난 몸이지만 그런 소식을 들으면 일어나 춤을 출 정도로
> 기운이 늘어난다.
> 不應今世, 汗漫去鄕國. 舊善騎射, 今斂而不試. 時寄豪詩酒間
> (…) 我方外之人, 聞之起舞增氣.(「奉祝碩公曹先生六十歲序」, 권19,
> 550~551쪽)

그러나 저명한 유민으로서 부산이 경험한 상황의 풍자성은 그의 '유
명세' 때문에 당시의 군주—청나라 군주—와 여러 사람—만주족과
한족을 포함한 왕공, 구경, 현사대부賢士大夫에서 마부와 의사, 농부, 저
자의 신분이 낮은 백성까지 이르는 이들을 포괄하는데, 이에 대해서는
혜증균嵇曾筠의 「부징군전傳徵君傳」 참조—에 의한 강요보다 더 심한 것
이 없었다. 어쩌면 이 또한 『장자』의 문도로서 만날 수 있는 가장 풍자
적인 상황일 수도 있겠다.

그의 죽음과 절조에 대해 이야기는 모두 시론詩論 속에서 진행되었

---

* 원주: "祕讀朝陵記, 臣躬汗浹衫."(「顧子寧人贈詩隨復報之如韻」, 권9)

는데, 이 또한 일반적인 논자들보다 더 격렬했다. 그리고 이런 면은 이른바 '칠원가학漆園家學'과는 분명히 아무 관계가 없다. 그는 '벼슬길에 나아가고 물러나는 것'의 '중대성'에 대해 즐겨 언급했지만, 일단 충의를 언급하게 되면 어투가 격앙되어서 그것이 사람이 '사람다워지는' 것과 관련된 일이라고 생각했으며(권28, 「博史」 참조), 그것은 동시대의 유학자들이 말한 '인도를 보존하는 것存人道'과 상통하는 사유 방식의 결과물이었다. 이 글의 첫머리에서 '문인'으로서 부산에 대해 설명한 바 있지만, 그가 모범적인 '문인'이었음을 알기 위해서는 그가 강조한 '문행文行'의 일관성과 "문장은 기개와 절조에서 나온다"*는 설명을 함께 고려해야 한다. 그는 자신의 절조에 대해서도 상당히 자부하고 있었다.

> 내가 변란을 당한 이래로 더금더금 40년이 되었지만 싫어하는 사람과 옷, 언어, 행사에 대해서는 주견主見 없이 억지로 받아들이거나 휘청거리며 따르지 않았다.
> 山自遭變以來, 浸浸四十年, 所惡之人與衣服言語行事, 未嘗少爲之婀娟將就, 趑趄而從之.(「書金光明經懺悔品後」, 卷17, 522쪽)

그의 '유민 도덕'은 시대적 유행보다 더 엄격했다. 그는 사람들이 "거짓되게 유인劉因의 무리를 들어 자신을 현명하다고 여기는" 것을 바라지 않았을 뿐만 아니라 오징吳澄이나 우집虞集 등에 대해서도 긍정적으로 평가하지 않았다. 그는 이 두 사람이 "자기 왕조를 버리고 남의 왕조에 투항한"* 이들이라고 하여 동시대의 유민인 손기봉이나 유종주

---

* 원주: "文章生於氣節."(권27, 「歷代名臣像贊」 "韓文公")

보다 더 가혹한 주장을 펼쳤다.[23] 「조맹부론」에 들어 있는 엄중한 표현들도 유민사회 언어 환경의 긴장감을 실감하게 해주는데, 이는 절조 상실과 자아 상실에 대한 걱정과 두려움을 반영하고 있다. 앞에서 이미 설명했듯이, 부산은 '세속의 노예奴俗'를 혐오했다. 그가 보기에 조맹부는 응당 세속에 아부한 것이 두드러진 인물이었으며, 세속에 대한 아부도 일종의 절조 상실이나 마찬가지여서 오랑캐에게 절조를 잃음과 같은 뿌리였다.

유민으로 부산은 자신이 생존하는 시대를 심각하게 느끼고 있었으며, 생존 처지에 대한 자신의 느낌을 절실하게 나타냈다. 그는 당시 사대부들이 처한 언론 환경을 여러 차례 묘사하면서 풍자적인 문장 사이로 냉엄한 현실감을 드러냈다. 이 부분과 관련해서는 앞서 인용한 바 있는 「서산해경후書山海經後」가 가장 뛰어난 글이다. 이 글은 『산해경』 「남산경南山經」의 다음 내용에서 시작한다.

순산에 (…) 짐승이 사는데, 양처럼 생겼지만 주둥이가 없다. 하지만 죽일 수는 없으니, 그 이름은 환이라고 한다.
洵山 (…) 有獸焉, 其狀如羊而無口, 不可殺也, 其名曰㺍.

이 부분을 그는 이렇게 설명했다.

죽일 수 있는 것은 단지 입이 있기 때문이니, 입이 없다면 죽을 일이 없다. 글을 쓰는 선비는 갑자기 저술하거나 주장을 펼침으로써 비로소 입이 있는 경우와 같도록 만들지 말아야 하니, 그렇게 되

---

* 원주: "棄其城而降於人之城."(「歷代文選序」, 권16)

면 비로소 살신의 재앙을 부추기기 때문이다. 평상시에 내뱉은 한 마디 반 구절이라도 모두 소인배의 시기를 사게 되어 전쟁의 실마리가 된다. 개모는 말이 몸의 무늬라고 했는데, 내 생각에는 무늬일 뿐만 아니라 거의 자신을 표적으로 삼아 남이 화살을 쌓도록 만드는 것이다.

可以殺者, 職有口也, 無口則無死地. 文章士不必輒著述持論始爲有口, 始鼓殺身之禍, 居恒一言半句, 皆爲宵人忌, 皆是兵端. 介母曰: 言, 身之文也. 愚謂不但文, 幾以身爲的而積人矢鏃者.(514쪽)**24**

사대부와 문인의 흉험한 처지를 감칠맛 나게 묘사했다. 그다음은 『산해경』「서산경西山經」의 내용이다.

천산에는 (…) 신이 있는데 그 모습은 노란 자루 같고 단화처럼 붉다. 다리가 여섯 개이고 네 개의 날개가 있는데 눈, 코, 입의 형체가 없다. 이 신은 노래와 춤을 잘 아는데, 사실은 제강이다.

天山 (…) 有神焉, 其狀如黃囊, 赤如丹火, 六足四翼, 渾敦無面目, 是識歌舞, 實爲帝江也.

이를 근거로 '자루囊'에 대해 설명하는데, 이는 더욱 묘미가 있다.

노자는 차라리 배가 될지언정 주둥이는 되지 않겠다고 했는데* 배라는 것은 중간이고 자루이다. 공자도 『주역』「계사·상」에서 중요한 일에 기밀이 지켜지지 않으면 재해가 만들어진다고 했으니 또한 자루(입)를 신중히 닫아야 한다는 뜻이다. 그러므로 자루라는 것은 천하의 오묘한 도리이지만, 입이 없는 데서 시작해야 한다. 입이 없어야 자루가 될 수 있고, 살해당하지 않을 수 있다.
(…) 입이 없는 상황이 될 수 없었는데도 살해당하지 않았다면 요
행일 따름이다. 다른 사람이 죽이지 않으면 조물주가 죽일 것이
다. (…) 자루의 시대적 의의는 지극하구나! 그러나 자루가 되기는
어려우며, 입이 없어지기는 혹시 가능할 수도 있다.

老子曰, 寧爲腹, 不爲口. 腹也者, 中也, 囊也. 孔子亦曰, 幾事不密
則害成, 亦申括囊之謹. 故囊者, 天下之妙道也, 然而自無口始, 無
口而後可囊, 可不殺 (…) 不能無口而不見殺者, 幸而已矣. 人不
殺, 造物者殺之矣 (…) 囊之時義至矣哉. 然囊難能也, 無口或可能
也.(515~516쪽)²⁵

착상이 기묘하기 그지없다. 이야말로 세속에 분노하고 사악한 것을
미워하는 이의 말인데, 이는 또한 청나라 학자들의 훈고학과는 다른
방법이자 취향을 보여준 예 가운데 하나라고도 할 수 있다. 이것은 『산
해경』이라는 우언을 풀어 해설한 또 하나의 우언, '말言'에 관한 우언
이다. 그런데 풍자적인 것은 『상홍감집』에 첨예하게 드러난 것이 바로
말의 재앙을 언급한 이 글이라는 사실이다. 그렇기 때문에 그는 '말의
재앙'을 이야기하면서도 공자진이 "문자옥에 대한 이야기를 듣기 두
려워 자리를 피한다"고 말한 것처럼 오히려 진심으로 재앙을 전혀 두
려워하지 않고 언론을 펼칠 틈을 의식했음을 표명했다. 같은 글의 말
미에서는 '거짓誕'과 '진실實'에 대해 언급했다. '거짓'은 바로 현실 자

---

* 『노자』 제12장에 "그러므로 깨달은 사람은 배를 채울 것을 추구하지 눈에 보기 좋은 것을 추
구하지는 않는다是以聖人爲腹不爲目"라는 구절이 들어 있다. 한편 『전국책戰國策』 「한책韓
策·1」에 "차라리 닭의 주둥이가 될지언정 소의 항문은 되지 않겠다寧爲鷄頭, 不爲牛後"라는 구
절이 있다.

체의 품성이고, '현실'이란 모두가 한 편의 커다란 우언이다. 「서산해경후」에서 현실의 거짓됨을 이야기한 것은 바로 『장자』와 같은 방식의 지혜로 『장자』와 같은 명제를 이야기한 것이라 하겠다. 이런 글들을 통해서 부산과 '칠원漆園'의 관계를 추측해보면 그가 결국 '도사'가 된 것도 이해할 만한 일이다.

부산은 생전에나 죽은 후에나 상당히 여러 가지 해석의 가능성을 끌어들이는 인물이다. 그의 벗 대정식戴廷栻이 쓴 「석도인별전石道人別傳」(『霜紅龕集』附錄·1)에는 잡다한 전설을 채용하고 있어서 이미 부산을 일반적인 사람으로 보지 않고 있는 듯하다. 그러니 그는 이미 살아 있을 때부터 전설적인 인물로 변하고 있었던 셈이다. 가령 이 전기의 뛰어난 부분은 이런 서술이다.

> 도인은 과거 공부를 하면서도 방외의 책들을 읽었고, 도사가 되어
> 서는 다시 유가의 책을 찾아 읽었다.
> 道人習擧子業, 則讀方外書; 及爲道人, 乃復乙儒書而讀之.(1156쪽)

부산의 문화적 태도를 익히 짐작할 만하게 하는 내용이라 하겠다. 곽현郭鉉이 쓴 전기에 따르면 부산은 "더욱 기이한 책을 써서 원고를 산속에 숨겨놓았다"*고 했으니, 마치 죽을 때가 되어서도 여전히 마음을 쓰고 있었던 것처럼 보인다. 그 외에도 대궐로 달려가 억울한 죄를 하소연한 일이랄지, 도사가 된 일 같은 것들은 여러 전기마다 서로 차이가 있는데, 모두 글을 쓴 사람마다 견해가 달라서 각기 자신이 보고 싶은 것을 보고 기록해놓았다.

---

* 원주: "更著奇書, 藏其稿於山中."(1162쪽)

필자가 보기에 여러 전기나 행장 가운데 명나라 유민을 잘 이해한 것으로 유명한 전조망의 「사략事略」이 부산의 정신을 가장 잘 나타낸 것 같다. 전조망은 부산의 기개와 절조, 현실 세계에 대한 관심을 강조하면서 그가 장자와 열자에 대한 공부를 통해 자신을 감추었다고 했다. 그리고 유민으로서 그의 신세를 서술하면서 그 속내를 해부해 드러냈으며, 그가 쓴 전기 또한 '유민 부산'의 모습을 더욱 강조했다. 그러나 '유민'은 결국 부산이라는 인물 전체를 대변하는 말이 될 수 없다. 청나라 말엽에 딩바오취안丁寶銓 등이 묘사한 부산은 그의 유민 정신을 부각시키려 하다가 오히려 그를 더욱 단편적으로 만들어버렸다.[26] 단편화하든, 오독하든, 일부러 오해하든 간에 부산 본인에 대해서는 이미 아무 손익을 끼치지 못할 것이니, 시대를 알고 사람을 논할 때 비춰지는 것은 늘 '읽는' 사람 자신의 기대 내지 면모일 터다. 이 글도 이런 점을 피할 수 없었기 때문에 제목에 "내가 읽은我讀"이라는 말을 썼다.

『어산잉고』에 나타난
명·청 교체기 사대부들의 윤리적 곤경

『어산잉고魚山剩稿』는 강희 25년(1686)에 간행되었으며(이 글은 상하이 고
적출판사의 1986년 영인본을 토대로 함), 작자 웅개원熊開元(1599~1676)은
자가 현년玄年이고 호가 어산魚山이다. 가장 널리 알려진 웅개원의 사적
은 그가 숭정 15년(1642)에 수보首輔 주연유周延儒(1593~1643)를 탄핵한
일 때문에 금의위의 옥에 갇혀 목숨을 잃을 뻔한 고난을 겪었다는 것
과 명나라가 망할 무렵에 당시의 명승名僧인 영암저화상靈巖儲和尙 이홍
저理洪儲의 제자가 되어 명신에서 명승으로 변신했다는 것이다. 숭정 연
간에 일어난 강채姜埰와 웅개원의 옥사는 당시 조야의 모두가 관심을
기울였던 사건으로서, 한때의 명신들 가운데 이 사건으로 인해 파면된
이로는 유종주劉宗周와 김광신金光宸, 서석기徐石麒 등이 있다. 『명사』 권
258에 수록된 전기에서는 이렇게 쓰고 있다.

> 복왕이 불러들여 이과급사중으로 기용하려 했지만 모친의 상을
> 당해 부임하지 않았다. 당왕이 즉위하자 공과좌급사중으로 기용
> 했고, 연이어 태상경 겸 좌첨도어사로 승진했으며, 정벌군을 수행

하는 동각대학사가 되었다.

福王召起吏科給事中. 丁母艱, 不赴. 唐王立, 起工科左給事中. 連擢
大常卿, 左僉都御史, 隨征東閣大學士.

웅개원의 입장에서 이것은 뒤늦게 찾아온 영예였다. 승려가 된 이후
의 웅개원은 '유명'하기는 했지만 실제 처지는 상당히 궁색했던 듯하
다. 황종희에 따르면 그가 "갑진년(1664)에 오목삼봉사烏目三峯寺에 가
서 보니 지객승知客僧은 농부 같았고 시동侍童은 목동 같아서 시골의
초라한 암자와 다를 바 없었다"*고 했다. 그리고 그가 불교로 도피하기
는 했지만 불교 내부의 분쟁에서는 벗어나지 못했으니, 이 또한 일종의
풍자이다. 같은 시기에 승려들의 논쟁에 휘말렸던 황종희는 웅개원에
게 준 시에서 이렇게 썼다.

조정의 당파싸움에서는 벗어날 수 있었지만
불문에서도 여전히 전쟁이 벌어지고 있었구려.
脫得朝中朋黨累, 法門依舊有矛戈.

1

『어산잉고』 권1과 권2에 수록된 웅개원이 융무隆武(1645~1646) 조정에
서 올린 주소奏疏는 "백성의 목숨 보전"을 가장 큰 주제로 삼고 있었
다. 후세 사람들로 하여금 "미심쩍게 의문을 제기할 만한異議可怪" 것은

---

* 원주: "甲辰, 至烏目三峯寺, 其知客如田夫, 侍童如牧童, 無異於三家村庵也."(「思舊錄」『黃宗羲
全集』 제1책, 393쪽)

그가 융무 조정의 대신이면서도 "백성을 위해 분부를 청하는爲民請命"
자세로 "군비와 식량을 없애야去兵食" 한다고 주장했다는 사실이다.*

당시의 문헌과 '대의에 참여한' 이들의 사후 기록들을 살펴보면 그
당시 군비 문제는 대단히 중요했으니, 확실히 후세 사람들로서는 상상
할 수 없는 점이 있었다. 황종희의 『행조록行朝錄』에 따르면 융무 조정
의 정지룡鄭芝龍이 "군비를 마련하는 것이 시급하다고 하면서 양세兩稅**
에서 징수하는 한 섬石 가운데 은 한 냥을 미리 징수하자고 상주했다.
하지만 백성이 기꺼이 따르지 않아 오히려 법에서 정한 부세조차 제대
로 징수하지 못했다." 그리고 이부주사 왕조웅王兆熊이 "집집마다 다니
며 긁어모으면서 내지 않는 사람의 대문에 의롭지 못하다는 방을 붙
이자 고을이 시끄러워졌다"고 했다.*** 웅개원은 융무 조정이 위태롭기
그지없던 무렵에 "백성이 목숨을 유지하기도 어려운" 상황을 들어 "일
을 할 수 없다"는 잔혹한 사실을 인정했던 것이다.

> 천하의 재물을 모아 한 부분을 섬기는 것은 모기나 등에의 피를
> 착취하여 드넓은 바다를 메우는 것과 같습니다.
> 竭天下物力以事一方, 不啻胘蚊虻之血塡蒼海.(『魚山剩稿』, 59~60쪽.
> 이하 쪽수만 표기함)

---

* 『논어』「안연顔淵」. "공자께서 말씀하시길, 음식과 군비가 풍족하면 백성이 (조정을) 믿을 것이
라고 하셨다. 자공이 그 세 가지 가운데 어쩔 수 없이 하나를 없애야 한다면 무엇을 먼저 없애야
하느냐고 묻자, 공자께서는 군비를 없애라고 하셨다. 자공이 다시 나머지 두 가지 가운데 어쩔 수
없이 하나를 없애야 한다면 무엇을 먼저 없애야 하느냐고 묻자, 공자께서는 식량을 없애라고 하시
면서 예로부터 사람은 모두 죽었지만 백성이 믿지 않으면 그 나라는 제대로 설 수 없다고 하셨다
子曰, 足食, 足兵, 民信之矣. 子貢曰, 必不得已而去, 於斯三者何先. 曰, 去兵. 子貢曰, 必不得已
而去, 於斯二者何先. 曰, 去食. 自古皆有死, 民無信不立."

** 여름과 가을에 징수하는 토지세를 가리킨다.

*** 원주: "奏軍興餉急, 請兩稅內一石, 預借銀一兩. 民不樂從, 反愆正供. (…) 沿門搜括, 不輸者
榜其門爲不義, 於是閭里騷然."(『黃宗羲全集』 제2책, 114쪽)

천하의 한 귀퉁이에 병비와 식량이 얼마나 되겠습니까? 종일 힘겹
게 보급한다 해도 기껏 병사 수만 명하고 식량 수백만 석을 채우
는 정도밖에 되지 않을 텐데, 폐하께서는 이 수만 명으로 단번에
적을 물리칠 수 있겠습니까? 만약 승리하지 못한다면 또 어찌 되
겠습니까?

一隅兵食幾何. 終日焦勞悉索, 不過兵數萬餉數十百萬耳, 皇上能必
此數萬衆一擧而勝敵乎. 如不勝且若何.(83쪽)

"사방의 병비와 식량을 고갈시키면" 백성에게 원망을 사게 되고, "병
비와 식량을 없애면" 빨리 망하게 된다. 청나라 군대가 점점 압박을
가해 오던 시기에 웅개원이 주장한 것은 결국 "백성과 더불어 쉬는與
民休息" 것이었다.(85쪽)[1] 이 무렵 웅개원이 "백성을 위해 분부를 청한"
것은 융무 조정의 '회복' 사업에 대한 포기를 완곡하게 표현한 것이
며, 그럴 경우 그는 "병비와 식량을 마련하지 않으면 또 어찌해야 하는
가?"라는 그 작은 조정의 생사와 직결된 물음에 답할 필요가 없었다.
그가 상소에서 묘사한 것은 바로 다음과 같은 절망적인 상황이었다.

지금 한나절도 지속할 수 없는 계책을 세우는 것은 깜깜하게 결
과를 알 수 없는 승부에 행운을 바라고 먼저 천자의 도의를 망치
고 천하의 의혹을 사는 일입니다.

今爲旦夕不可久之計, 幾幸於窅冥不可知之勝負, 而先虧萬乘之義,
結四海之疑.(84쪽)

'회복'이라는 목표와 '민생'이라는 관심사는 일치하기 어렵기 때문
에 당시 사대부들의 고통을 더욱 깊게 만들었다. 웅개원은 자신의 방식

으로 '위국爲國'과 '위민爲民' 사이의 관계를 해석했다.

> 거창하게 나라를 위한다는 이들은 언제나 백성을 위한다고 말하
> 지만 틀림없이 그러지 못하고, 백성을 위한다는 이들은 입을 닫고
> 나라를 위한다는 말을 하지 않는 것이 바로 나라를 위하는 길이
> 라고 생각합니다.
> 大要爲國者恒言爲民, 必不能爲民, 爲民者絶口不言爲國, 而卽以爲
> 國.(80쪽)

당시의 정세 하에서 웅개원은 당연히 윤리적 분석을 할 겨를이 없었
다. 그러나 윤리적 난제로서 위국-위민과 존주尊主-안민安民도 결코 웅
개원의 식견과 역량으로는 감당할 수 없었다. 사후, 다시 말해서 융무
조정이 망한 뒤에 그가 쓴 글들도 여전히 완곡한 어휘로, 뭔가 막힌 듯
이 속내를 털어놓지 못하고 있다. 확실히 그는 분명하게 말하기 어려운
고충이 있었으니, 분명히 '안민'을 더 중대한 윤리적 목표로 삼아 '존
주'보다 위에 두었다.(어쩌면 '안민'을 '존주'의 조건으로 삼았을 수도 있
다.) 논증의 곤란함 뒤에는 선택의 곤란함이 있었다. 「송륙군실선생유
적서宋陸君實先生遺跡序」에서 그는 이렇게 자문자답했다.

> 누군가가 이렇게 말했다.
> "백성을 편안히 하는 것에 힘써야 하나니, 강태공은 북해에서 군
> 사를 일으키는 것을 거절했고, 기자는 서기西岐의 도읍으로 가서
> 도를 논했소. 선생께서는 그것을 허락하시겠습니까?"
> "아닐세."
> "왜요?"

"은나라가 백성을 편안히 하는 데는 한두 가지로 될 일이 아니라서 반드시 무왕을 필요로 했던 것은 아니고, 무왕이 온전히 선한 것도 아니기 때문일세."

或曰, 必安民是務, 太公倍北海稱兵, 箕子就西京論道, 吾子許之乎. 曰, 不許也. 何以不許. 殷之可以安民者不一二足, 不必武王, 武王未盡善也.(439~440쪽)²

할 말을 잃게 만든다. 사실 논의는 바로 여기에서 시작해야 한다. 즉 '백성의 목숨'을 보전하고 또 '나라의 운명'을 보전하고자 한다면 어떻게 해야 하는가?

그런 시대에 처한 사대부가 선택하기 곤란해했던 것은 웅개원의 벗 김성金聲이 왕조 교체기에서 겪어야 했던 신세를 통해서도 한 부분을 엿볼 수 있다. 『어산잉고』는 김성의 조카에 의해 간행되었다.(상하이 고적출판사 판본의 「出版說明」 참조) 웅개원은 주소奏疏에서 김성이 의거에 실패한 원인을 분석하며 이런 말을 했다.

그의 생각은 백성이 오랑캐 문화를 강요당하는 것을 차마 볼 수 없었지만, 또한 많은 군사와 엄청난 군량으로 백성을 번거롭고 수고롭게 하는 일도 차마 할 수 없었습니다.

其意不忍百姓之左袵也, 而又不忍以多兵厚餉煩苦百姓.(64쪽)

어쩌면 차마 "백성을 번거롭고 수고롭게" 하지 못하는 '어짊仁'과 '대의'로서 회복 사이의 충돌이 김성으로 하여금 불가피한 패망을 맞게 했다고 해야 할 것이다. '차마 하지 못함'이야말로 서생과 당시 거짓 대의의 기치를 내걸었던 도적들 및 비적들 사이를 구별시켜주지만, 이는 또한 김성과 같은 의거를 일으킨 이들의 결말을 미리 예정해놓기도 했다. 그리고 웅개원은 이 점을 아주 잘 통찰하고 있었다.

> 그가 차마 하지 못한 것은 어짊이고, 감히 하지 못한 것은 충성
> ─감히 편의에 따라 행사하여 마음대로 간사한 자들을 처결하지
> 못한 것을 가리킴(저자)─이었습니다. 오직 충성과 어짊만이 만
> 세대를 유지할 수 있는 길임에도 한 순간을 버티지 못한 것은 사
> 실 하늘이 그렇게 만든 것이지 김성의 죄가 아니옵니다.
> 其不忍, 仁也. 其不敢, 忠也. 惟忠與仁將以持萬世, 而不能支一時,
> 則天實爲之, 非聲罪也.(65쪽)

왕부지가 장순張巡과 허원許遠에 대해 논했던 것─이 책의 제1장 제1절 참조─도 '어짊'의 원칙을 서술하고 있다. 다만 웅개원이든 왕부지든 간에 더 높은 도덕적 율령으로서 '어짊'을 강조하고 둘 다 상황을 엄격하게 규정하면서도 이를 절대화하는 것은 신중하게 피했다. 이 또한 문제 자체의 복잡성과 윤리 관념이라는 체계 자체의 모순, 체계 내부의 제반 이론들 간의 상호 제약에 대해 인식하고 있었기 때문이다.

이와 같은 이론의 충돌은 원래 존재하던 관념의 틀 안에서는 해결 불가능할 뿐만 아니라 또한 빌려 쓸 새로운 사상적 자원도 없었던 마당이니 이를 논의하는 것이 얼마나 어려웠을지는 짐작할 만하다. 그 곤란함은 바로 '어짊'과 '충의'가 '도덕-가치'의 좌표 위에서 차지하는 위치(순서)에 있다. 어쩌면 왕부지가 만년에 역사 비평을 쓸 때는 그 문제가 현실에서 가지는 첨예성을 이미 회피할 필요가 없었기 때문에 웅개원에 비해 더 심도 깊이 분석할 수 있었던 건지도 모른다. 왕부지는 '어짊'이라는 근본 원칙에서 출발하여 장순과 허원이 성을 사수한

것이 어질지 못한 행위였다고 지적하고, 심지어 '백성의 생사'에 비해 '한 왕조의 존망'은 '사적인' 것이라고 대놓고 이야기하기도 했다. 그는 두 가지 해로움—'도적寇賊의 소요'와 '시해 찬탈의 반역'—을 비교하여 일부러 문제를 극단으로 몰아갔다.(『讀通鑑論』 권17, 669쪽 참조) '어짊'을 극단적으로 강조한 이유는 응당 명나라 때의 정치적 경험, 특히 왕조가 바뀔 무렵의 고통스러운 경험을 통해 이해해야 한다. '어짊의 원칙'을 제시하는 것은 의문의 여지 없이 '충의'와 같은 가치들을 절대화하는 극단적인 고집에 대해 경계하는 의미를 지닌다.[3]

지혜로운 사람이라면 '회복'을 위한 거사가 부질없이 백성의 병폐를 유발할 뿐이라는 사실을 알고 있겠지만 말을 꺼내기가 쉽지 않았을 것이다. 그런 의미에서 웅개원은 남들이 감히 하지 못하는 말을 했다. 적어도 이때는 아직 숭정제의 조정에서 간언할 때의 면모를 잃지 않고 있었다. 이 무렵에는 불가함을 알면서도 행하는 것과 불가함을 알고 하지 않는 것, 불가함을 알고 그것이 불가함을 직언하는 것 모두가 도덕적 용기를 필요로 하는 일이었다. 그러나 웅개원은 '불가함'을 알고도 결국 한 번의 '행위'를 했으니, 오히려 이것이 구체적인 역사 상황 속에서 사대부들의 선택이 지난했음을 더 잘 증명해준다. 흥미로운 것은 명나라가 망한 뒤에 '명승'이 된 웅개원과 방이지 모두 '최후의 저항'에 참여한 적이 있다는 사실이다. 웅개원이 출가하기 전에 올린 장주章奏와 잡문을 보면 그처럼 지극히 직접적인 정치 경험이 그가 결국 불교에 귀의하게 된 근거가 된 것은 아닐까 하고 생각할 수밖에 없게 만든다.

『어산잉고』에 수록된 「감사췌언感事贅言」(권2)은 융무, 영력 정권이 망한 뒤에 쓴 것으로 보인다. 이 글에서 그는 의거의 득실에 대해 이야기했는데, 주제가 엄중하고 지극히 절실한 반성이 담겨 있다. 여기서 웅개원은 오직 이 시기에만 충분히 전개될 수 있었던 '응당 그러함應然'을 논하면서 적아敵我와 주객主客, 대소大小, 강약 같은 형세를 몹시 명쾌하게 분석했는데, 그 전략적 사상—예를 들어 속전速戰과 허를 찌르는 책략用奇, '병력에 따른 대적因兵於敵'과 '군량에 따른 대적因餉於敵', '관직에 따른 대적因官於敵' 등—도 매우 현명하고 지혜로워서 사대부의 정치적 지혜를 증명하는 글로 간주할 수 있을 듯하다. 서생이라 할지라도 항상 병법을 잘 알았던 것이다! 여기서 더 깊이 연구해볼 점은 오히려 서생의 현명하고 지혜로운 견해를 결국 '공담空談'으로 만들어버린 정세情勢다. 역사에는 당연히 가설이라는 게 없지만 '응당 그러함'은 여전히 일종의 반성의 관점으로서 충분한 가치가 있다. 하지만 비록 설정한 생각이 여러 가지였더라도 왕조가 바뀔 무렵의 역사 환경 속에서는 실현 가능성이 거의 없었다.

불가함을 알면서도 또 하지 않을 수 없는 상황은 바로 '앎知, 智, 理性'과 '도의義, 도의적 책임' 사이의 충돌이며, 이는 또한 당시 사대부들에게는 보편적인 경험에 속한다고 하겠다. 이 당시 웅개원의 장주에는 벼슬길에 나아가고 물러남에 대해 이야기하고, 병이나 다른 핑계를 대는 내용들이 들어 있는데, 이것들은 모두 모순적인 심정을 숨기려는 방책으로 풀이할 수 있다. 그리고 여기에서도 명·청 교체기 사대부들이 '대의에 참여한' 경험에 내재된 복잡성을 발견할 수 있다. 이 시기 사대부들의 정치적 경력은 오랜 기간 지속적인 반성의 자료가 되었다. 왕조가 바뀔 무렵의 충의지사와 유민에 관한 비문 및 전기들은 불가함을 알면서도 행한 (종종 "노양魯陽이 창을 휘두른" 일에 비유되곤 하는) 용기와 '기미를 아는見幾/知幾' 것과 같은 정치적 지혜를 함께 긍정적으로 평가했다. 그러나 이는 결국 사후의 판단일 뿐이다. 웅개원이 「감사췌언」에서 말한 '대의 참여'의 조건은 동지들이 모두 "이 한 몸을 도외시외차일신[身]"하고 이해관계를 따지지 않는 것 등등이었는데(167쪽 참조), 이 또한 사후에 지어낼 수 있을 따름이었다. 진정한 '운동'이라면 어떤 것이든 간에 참여자의 도덕적 순결성에 의지하여 전개될 수 없기 때문이다.

숭정제의 조정에서 간언할 때 웅개원은 결코 언관이 아니었는데, 융무제 조정에서 올린 주소는 오히려 명나라 언관들의 이른바 '풍채風采'를 떠올리게 만든다. 문제의 핵심을 간파하고 직접적이고 통쾌하게 논의를 전개하는 모습은 충분히 그가 정치적 사무를 노련하게 처리하면서 관리는 법을 어기고 백성은 속이는 세태와 인심을 통찰했다고 추측하게 한다. 예를 들어 "길거리에 떠도는 소문에 따르면, '백성은 적은데 벼슬은 많고, 조정은 작은데 벼슬은 크다'라고 합니다"*라는 서술도 그러하거니와 또 이런 서술도 있다.

> (명분을 내건) 떳떳한 도적들이 횡횡하는 것은 군과 현에서 그렇게 시키고 다그치기 때문이며, 군과 현에 탐관오리가 있는 것은 조정에서 그렇게 시키고 다그치기 때문입니다. 저는 예전에 가까운 비유를 든 적이 있습니다. 여기 열 명의 도적이 있는데 열 번째에서 두 번째까지 체포했는데도 도적질이 사라지지 않는다면 무엇 때문이겠습니까? 저들이 아홉 명을 징벌 당한 경우라고 생각하지 않고 단지 한 명만으로 권장했다고 생각했기 때문입니다. 그 첫 번째 사람을 체포할 수 있어야 도적질을 완전히 멈추게 할 수 있습니다.
>
> 彝盜之橫, 郡縣教之, 郡縣逼之. 郡縣之貪, 則廷臣教之, 廷臣逼

---

* 원주: "道路所云百姓少而官多, 朝廷小而官大."(61~62쪽)

之也. 臣嘗有近喩, 設十盜於此, 自第十人捕至第二人, 盜不衰, 何
也. 彼不以九人爲懲, 只以一人爲勸也. 能捕其第一人, 則截然止
矣.(74쪽)

법을 하나 더 만들면 간신을 하나 더 키우는 것이요, 관리를 한 명
더 파견하면 백성을 착취하는 호랑이를 하나 더 늘리는 것입니다.
立一法則長一奸, 遣一差則增一虎.(216쪽)

모두 훌륭한 논의다. 어쩌면 웅개원이 결국 불교로 도피한 것은 오히
려 사건의 핵심을 투철하게 간파했기 때문이라고 봐야 할 듯하다.

2

왕조가 바뀔 무렵 사대부들의 선택이 지난하고 고통스러웠던 상황은
불가피하게 종법사회 윤리체계 내부의 각종 모순을 첨예하게 만들었
다. 앞서 언급한 '위국'—여기서 '위국'은 '위군爲君' 내지 관청이나 황
실을 위한다는 뜻으로 대체할 수 있다—과 '위민', '어짊'과 '충의' 사
이의 갈등은 그래도 당시 사대부들이 겪었던 윤리적 곤경의 전부라고
할 수 없다. 양난兩難의 선택은 그보다 '군주君'와 '어버이親' 사이에서
발생했다.
　이보다 앞서 유종주는 자신만의 방식으로 이런 난제를 처리했다.

　(그가) 상소문을 올려 심일관*을 규탄하려고 초고를 쓴 다음 벗에
　게 보여주자 벗이 물었다.
　"선생께서 연로하신 부친이 계신데 만약 뜻밖의 변고가 생기면 어

쩌시렵니까?"

선생은 묵묵히 대답이 없었는데, 이튿날 연로하신 부모를 봉양하기 위해 사직을 청했다. 벗이 다시 와서 깜짝 놀라 물었다.

"선생, 어제 상소문을 쓰셨는데, 오늘은 왜 그러셨습니까?"

"기왕 연로하신 부친 때문에 뜻을 실행하지 못하니 사직하지 않고 무얼 기다린다는 말씀이오?"

將上書糾沈一貫, 脫草以示友人, 友人曰, 公有老親, 萬一加以不測之禍, 奈何. 先生默然, 明日遂請終養. 友人復來, 訝之曰: 公昨且擬疏, 今胡爾耳耶. 先生曰: 旣以老親故不得行其志, 不告歸更何待乎.(『劉子全書』 권40 「劉子年譜錄遺」)

나라가 망하고 가문이 무너지는 마당에 '대의에 참여'하고 '대의를 위해 죽는' 것은 여전히 사대부들이 절대적으로 행해야 하는 도덕적 율령으로 여겨지지 않았으며, '어버이가 살아 계시는親在' 조건이라면 더욱 그러했다. 진자룡은 자신의 벗 하윤이夏允彝가 순국한 뒤에 자신은 부친이 살아 계셔서 나라에 대한 충성을 다하지 못했던 곤란한 상황을 이렇게 서술했다.

(온교溫嶠처럼) 옷자락을 자르고 갈 것인가? (부친이) 의지할 곳 없이 홀로 계시게 될 터인데, 내 스스로 못된 짐승이 아니거늘 어찌 차마 그럴 수 있었겠는가? 그래서 군주와 어버이 사이에서 배회

---

* 심일관沈一貫(1531~1615)은 절강 은현(지금의 닝보 인저우 구) 사람으로 자가 견오肩吾 또는 불의不疑, 자유子唯고 호가 용강龍江, 교문蛟門이다. 융경 2년(1568) 진사에 급제하여 첨사부詹事府 소첨사少詹事, 한림원翰林院 시독학사, 이부상서, 건극전대학사建極殿大學士, 수보首輔까지 역임했으나 정적들의 탄핵을 받아 사직하고 귀향했다가, 10년 뒤에 세상을 떠났다. 시호는 문공文恭이다. 저작으로『탁명집啄鳴集』『역학易學』『경사초경事草』 등이 있다.

하다가 전투를 치르면서 (사로잡힐 때까지) 자결할 수 없었다. 슬프
구나, 슬프구나! 연로하신 부친은 여든의 연세로 들판을 떠돌다가
돌아가셨으니 충성과 효도의 큰 예절을 둘 다 철저하게 망쳐버렸
구나. 나는 정말 사람도 아닐세!

絶裾而行乎. 孑然靡依, 自非豺狼, 其能忍之. 所以徘徊君親之間, 交
戰而不能自決也. 悲夫, 悲夫. 老親以八十之年, 流離野死, 忠孝大
節, 兩置塗地, 僕眞非人哉.(「報夏考功書」, 『陳忠裕全集』 권27)

굴대균도 이렇게 말했다.

내가 어려서 변란을 당해 도랑이나 골짝에 시신이 버려지더라도
지사志士의 길을 가겠다는 뜻을 40여 년이나 쌓으면서 우유부단
하게 지금에 이르러서도 아직 적당한 때와 장소를 얻지 못하고 있
으니, 단지 연로하진 모친이 계시기 때문일 따름이다.

予少遭變亂, 溝壑之志積之四十餘年, 濡忍至今, 未得其所, 徒以有
老母在焉耳.(「屈沱記」, 『翁山文鈔』 권2)

심지어 손기봉은 "어버이의 뜻을 거스르지 않는다不違親"는 원칙에
의거하여 솔직하게 다른 사람에게 청나라에서 벼슬살이를 하라고 권
하기도 했다.(「藍田知縣乾行楊君墓誌銘」, 『夏峯先生集』 권6 참조) 사대부들은
자신이 처한 윤리적 곤경 속에서 결국 합리성에 대해 지난하게 탐구하
며 당시의 도덕률이 자연과 인성을 위반하고 있음을 비판했다.
　여기서 사대부들은 '충'과 '효'의 '위상'이라는 문제에 직면할 수밖
에 없었으며, 둘 가운데 어떤 것이 더 근원적인 도덕적 의무인지에 대
해 답을 내려야 했다. 그런데 답안은 명확한 것처럼 보였다. 즉 "부자의

혈친 관계를 바탕으로 군신 사이의 도의를 세운다"*는 식의 논리 안에 답이 있는 듯했다. 그런데 명백해 보이던 것이 명나라 말엽 '충의의 성행'을 겪고 난 뒤에는 새롭게 분석할 필요가 생겼다. 이 때문에 황종희는 『명이대방록』「원신原臣」에서 '사부事父'와 '사군事君'을 엄격히 구분하여 신하와 자식을 함께 칭하는 것은 잘못이라고 했다.

> 아비와 자식은 하나의 기운을 공유하나니, 자식은 아비의 몸을 나누어 제 몸을 만든다. (…) 군주와 신하라는 명분은 천하를 따라 생기게 된다. 그런데 나는 천하에 대한 책임이 없으니, 군주의 입장에서 나는 낯선 행인일 따름이다.
> 父子一氣, 子分父之身而爲身 (…) 君臣之名, 從天下而有之者也. 吾無天下之責, 則吾在君爲路人.(『黃宗羲全集』 제1책, 5쪽)

이와 관련해 청나라 초기 당진唐甄의 비판은 더욱 직접적으로 왕조교체기 사대부들의 윤리적 실천을 겨냥하고 있다.

> 옛날 공자가 제자들에게 말할 때는 효제만을 중시했을 뿐 충에 대해서는 말한 경우가 드물었다. 강물이 원류이고 바다가 말단이며, 효제가 원류이고 충이 말단이니, 말단을 우선시하고 원류를 뒤로 해야 하겠는가? 원류가 왕성한데도 말단이 고갈된 경우가 있었던가?[4]
> 昔者孔子之語其徒也, 孝悌惟亟, 而言忠或寡焉. 江漢源而海委, 孝悌源而忠委, 有先委而後源者耶, 有源盛而委竭者耶.(『潛書』 上篇「明

---

* 원주: "原父子之親立君臣之義."(『日知錄』 권6 "愛百姓故刑罰中")

‘위국’과 ‘위민’을 선택해야 하는 경우라면, 이러한 윤리적 원칙은 구체적인 상황에 처했을 때 여전히 처치가 곤란하다. 왕조 교체기 사대부들이 비슷한 처지에서 서로 다른 선택을 한 것을 보면 그 안의 내막을 어느 정도 짐작할 수 있다. 그러나 윤리적 곤경은 당연히 일부 사대부들의 정신적 시련을 한층 심각하게 만들었지만, 또 다른 일부 사대부들에게는 불가함을 알기 때문에 하지 않을 수 있도록 생존의 공간을 제공해주었다. 각종 윤리적 난제에서 원시유학은 이미 토론의 여지를 미리 남겨놓았는데, 명·청 교체기에 살았던 사대부들은 윤리 체계의 갖가지 틈새를 이용하기를 결코 마다하지 않았다. 이 시기 문헌 어디에서나 ‘어버이가 살아 계신다親在’라거나 ‘어버이가 연로하다親老’와 같은 자기변호를 발견할 수 있으며 시론時論과 사대부 여론, 그리고 사후에 회상하며 쓴 서술들은 몸 바쳐 대의에 참여하는 것과 기미를 알고 물러나는 것에 대해 종종 ‘이중적 기준’을 유지했다.(즉 “둘 다 칭송”했다.) 심지어 대의를 위해 순절하는 것이 효도를 해친다고 지적한 이도 있었다. 이러한 논리적 추론을 물고 나가면 필연적으로 ‘절조를 잃은’ 것에 대한 변호가 된다. 웅개원은 이렇게 말했다.

> 이지李贄는 왕릉王陵*과 조포趙苞**가 모친을 살해한 역적이라고 했고, 정호程顥는 조포의 입장에서는 항복하는 길밖에 없었다고 했다. 이 모두 어진 효자들의 마음에서 우러난 논의이다. 대개 군주는 여럿이 공유하지만 어버이는 나 혼자와 관련된 존재이다. 일신의 거취는 나라의 존망과 관련이 없지만 어버이의 생사를 놓고 판단하면서 오히려 머뭇거릴 수 있다면 마음이 어지럽지 않다고

하겠는가?

李龍湖曰, 王陵趙苞, 殺母逆賊. 程明道曰, 爲趙苞計, 唯有一降而
已. 皆仁人孝子根心之論. 蓋君, 衆所同, 親, 我所獨. 一身去就, 無
繫於國之存亡, 而立判乎親之生死, 是尙可徘徊瞻顧, 云方寸不亂
耶.(242~243쪽)

오위업이 청나라 황제의 부름에 응한 것을 두고 연로한 부친의 뜻에
따른 일이었다고 해석하는 것도 바로 이러한 언어 환경에 의지했다고
볼 수 있겠다.

어버이를 섬기는 것을 '개인적인 일私'이라고 여기지 않고 '공적인
일公'과 대립시켜 보는 것에 대해서는 이미 원시유가에서 고전적인 사
례를 제공했으니, 순임금이 몰래 부친을 업고 도망친 일이 그런 예에
해당된다. 명나라 태조가 "효로 천하를 다스린" 일은 이러한 모순을
더욱 첨예하게 만들었다. 명 왕조에서 조정 대신들은 '탈정奪情'***에
대해 여러 차례 논쟁을 벌였고 글들도 모두 이 문제에 대한 것들이다.
윤리 체계의 내재적 모순이 정쟁의 유력한 무기로 쓰였던 것이다. 대
립되는 두 항목을 설치하기란 군주를 '공적인 것'과 동등하게 여기고
'충'을 절대적인 도덕 율령으로 삼는 것에 대해 의문을 제기하는 것과
마찬가지였다. '군주'와 '어버이' 사이에서 하나를 선택해야 한다는 상

---

* 왕릉(?~기원전 181)은 전한 시대 패현沛縣(지금의 장쑤 성에 속함) 사람이다. 유방과 항우가 대치
하고 있을 때 당시 항우의 진영에 있던 왕릉의 모친은 아들이 유방에게 귀순하게 하려고 자살했
고, 진노한 항우는 그녀의 시신을 삶게 했다. 이에 왕릉은 유방에게 귀순했고, 훗날 안국후安國侯
에 봉해졌다. 혜제 때에는 우승상右丞相까지 지냈으나 여후가 집권하면서 태부로 강등시켜 재상
의 실권을 박탈하자 사직하고 집안에 칩거해 있다가 죽었다. 시호는 무후武侯다.

** 조포(?~178)는 동한 감릉甘陵 동무성東武城(지금의 산둥 성 우청武城 서쪽) 사람으로 자가 위호威
豪다. 효렴孝廉으로 천거되어 요서태수遼西太守를 지냈는데, 선비족鮮卑族이 그의 모친과 아내를
인질로 성을 공격하자 둘의 목숨을 돌보지 않고 전투를 벌여 선비족을 물리쳤다. 그러나 모친과 아
내는 선비족에게 살해당했고, 이후 장례를 마친 뒤에 그도 피를 토하고 죽었다고 한다.

황도 군권이 지고무상하지 않음을 말해준다. 고염무는 "나라가 망하기도 하고 천하를 잃기도 한다有亡國有亡天下"라고 하여 '천하'와 '나라'의 층위에 차이가 있음을 강조했다. '군주'는 '나라'와 '사직'에 직접적으로 연관되지만 '천하'는 '나라'에 비해 더 상위의 개념이다. 이러한 층위 구분은 사대부들이 '위천하'와 '위군', '위만민爲萬民'과 '위일성爲一姓'을 대립적으로 보기에 편하도록 만들어준다. 명·청 교체라는 특수한 역사적 시각에서 이러한 '천하'와 '나라'라는 어휘를 선택적으로 쓰는 것은 사대부들이 자신의 사명에 대해 확인하는 엄중한 의미를 담은 행위였다. 그러므로 이와 관련된 이념과 사대부의 윤리적 실천이 '국가지상國家至上' 관념의 발생을 저지할 수 있었다고 할 수도 있겠다. 그리고 가치 이원론은 윤리 체계가 그 내재적 충돌을 극복할 길이 없게 만들었을 뿐만 아니라, 그로 인해 관념 체계가 어느 정도 탄력성과 틈을 유지할 수 있게 해주었다. 도전적인 명제를 제기하기 위해서는 바로 이런 조건이 필요했다.

명·청 교체기에는 윤리적 모순이 첨예해짐으로 인해 그와 관련된 사대부들의 사유를 촉진했다. 이 시기 사대부들은 『맹자』의 명제—예를 들어 '백성-사직-군주'의 관계와 관련된—를 다시 제기하여 몇몇 민감한 화제들이 전개될 수 있는 공간을 만들어냈다. 이 문제를 해석하는 과정에서 그들은 사상의 생동성과 구체적 조건 및 상황에 대한 분석 능력을 보여주었다. 더욱 인상적인 것은 유민 사상가들이 윤리적 난제에 대한 해답을 제시하려고 시도할 때 보여준 도덕적 용기이다. 이

*** '탈정기복奪情起復'의 줄임말이다. 고대 중국에서는 부모의 상인 정우丁憂가 생기면 벼슬을 내놓고 집에서 상을 치르고, 기한이 다 차면 다시 직책을 받는 것이 정상적인 예법이었다. 그러나 국가에서 필요한 경우에는 소복을 입은 채 수행하던 직무를 계속하되 천신과 지기, 인귀에 대한 제사인 길례에는 참여하지 않았다.

에 대해서는 필자가 이 시기 사대부들의 '군주론'에 대해 논의할 때 다시 언급할 것이다.

3

『어산잉고』에 수록된 글들 가운데 권3 「죄유罪由」부터 권4의 자서인 「죄상본말罪狀本末」까지는 그야말로 경악을 금치 못하게 한다. 어쩌면 『어산잉고』의 가치는 무엇보다도 그것이 명나라 말엽 사법司法 현장의 흑막에 관한 진귀한 문헌을 제공한다는 데 있다고 해야 할 것이다. 이 책은 옥사獄詞 등의 원시 기록을 수록했을 뿐만 아니라 사법 절차와 고문刑訊 과정에 대해 상세하게 서술했다. 「죄상본말」에서는 옥에 갇힌 몇 달 동안 직접 목격하고 겪은 갖가지 일들을 조정과 옥중, 막전과 막후의 사정까지 자세히 서술했다. 그리고 대금오大金吾*와 형부의 관원에서 그 문하의 사람들과 일반 백성에 이르기까지 각계각층의 사람들이 그 사건에 대해 보인 각종 반응들도 자세히 기록하고 있어서 당시의 세태와 인심을 살펴보는 데도 참고할 만한 자료를 제공한다. 다만 필자가 보기에 이와 관련된 웅개원의 글들이 가지는 문헌적 가치는 특히 이와 같은 과정이 사람들의 심리에 미치는 영향과 이런 과정에서 겪게 되는 사람들의 정신적 손상을 폭로하고 있다는 데 있다. 그의 회상은 확실히 자신이 겪은 존엄성의 유린과 재난으로 인해 조성된 정신적 타격을 강조하고 있다.

강채와 웅개원 사건의 심리는 길고 우여곡절이 많았는데, 거기에는

---

* 옛날 경성을 방위하는 부대를 관장하는 벼슬아치로서, 여기서는 금의위도독錦衣衛都督을 가리킨다. 오늘날의 수도방위사령관에 해당된다.

최고 당국자(군주)의 직접적인 관여, 군주 및 조정 대신과 당사자 사이의 긴장이 가득 차 있다.[5]『명사』권95 형법지 3에는 다음과 같이 기록되어 있다.

강채와 웅개원이 옥에 갇히자 황제가 금의위도독 낙양성에게 분부를 내려 그들을 은밀히 죽이라고 했다. 그러자 낙양성이 황제의 말을 누설하면서 이렇게 덧붙였다.

"두 신하를 죽여야 한다면 응당 담당 부서에 맡겨서 그 죄상을 기록하여 천하에 분명히 알려야 합니다. 만약 은밀히 신하를 시켜 그들을 죽인다면 천하 후세 사람들이 폐하를 어떤 군주라고 여기겠습니까?"

마침 대신들 가운데 강채 등을 위해 간언하는 이들이 많아서 두 사람은 오랫동안 옥에 갇혀 있게 되었다.

姜埰熊開元下獄, 帝諭掌衛駱養性潛殺之. 養性泄上語, 且言: 二臣當死, 宜付所司, 書其罪, 使天下明知. 若陰使臣殺之, 天下後世謂陛下何如主. 會大臣多爲埰等言, 遂得長繫.

이러한 상황이 웅개원의 서술에서는 더욱 생동적이다.

대금오가 나와서 말없이 생각에 잠겨 길을 가고 있는데 갑자기 환관이 단단히 봉한 황제의 칙서를 가져왔다. 받아서 열어 보니 웅개원과 강채의 목숨을 끝장내고 병으로 죽었다고 소문을 내라는 비밀 조서였다. 대금오는 자기도 모르게 안색이 변해서 같은 반열의 관원에게 이야기했다. 그러자 그 관원이 말했다.

"웅 아무개를 어찌 죽일 수 있단 말씀이오!"

金吾出, 方沉吟道上, 重封手勅忽從中使衙來, 則令取開元琛畢

命, 以病聞, 密詔也. 金吾不覺失容, 語同列, 同列曰, 熊某何可

殺.(343쪽)

　이 사건의 희극적 성격은 또한 역에도 있다. 웅개원이 공격했던 주연
유가 이미 낭패를 당한 뒤에도 숭정제는 여전히 진노가 가라앉지 않았
던 것이다.(권3 「刑曹三讞」 참조) 바로 이런 경험을 하고 난 뒤에 웅개원은
오창시吳昌時*의 옥사에 대해 황제가 자신의 뜻대로 신하의 생사를 좌
우한다고 이야기할 수 있었다.

　글이 올라오기도 전에 고가**로 보내서 여생을 궁핍하게 갇혀 지내

　게 하여 모든 이가 목숨을 장담하지 못하게 하니 교훈으로 삼을

　수 없다.

　愛書未上, 遂付槁街, 使環堵餘生, 人人莫必其命, 未可以爲訓

　也.(374쪽)

　당시 사람들이 웅개원의 옥사에 대해 논할 때는 종종 '은원恩怨'이
라는 사고방식에서 벗어나지 못했다. 웅개원이 주연유에 대해 의심한
부분에서는 오히려 개인적 이해관계를 초월하여 그 사건의 성질—즉
숭정제의 독단—을 통찰하고 있으며,[6] 이 지독한 고초를 겪고 난 뒤에
도 여전히 군주에 대한 비판의 척도를 유지하고 있었다.

---

* 　오창시(?~1643)는 절강 수수秀水 사람으로 자가 내지來之다. 천계 4년(1624) 같은 지역의 명사 장
채張采, 양정추楊廷樞 등 11인과 더불어 복사復社를 설립했고, 숭정 7년(1634) 진사에 급제하여 예
부주사와 이부랑중을 지냈다. 숭정 14년(1641)에 그는 문선낭중文選郎中으로서 조정의 정권을 농단
하다가 수뢰죄受略罪로 탄핵을 당했고, 결국 숭정 16년(1643)에 참수형 처해졌다.
** 　원래 속국의 사절이 머물던 관사인데, 죄인을 구금하는 데에도 쓰였다.

웅개원의 기록 가운데 가장 인상 깊은 것은 '능욕'의 경험과 관련된 것이다. 이런 능욕에는 "도적이나 악당奸宄들과 한 방에 수감되고" 유두柳斗*를 쓴 채 형부로 압송되면서 "고개를 숙인 채 몸을 움츠리게 하여 더 이상 사람 취급을 하지 않는躬首卷蹐, 無復人理" 것—그는 이것을 돼지를 끌고 저자로 들어가는 것에 비유했음—과 사람에게 가혹한 형벌이 멋대로 자행되는 것, 그리고 무엇보다도 최고 당국자(황제)의 권력 의지가 조정 신하의 목숨을 멸시하는 것—웅개원은 이것을 "신하의 생명이 황상皇上의 호흡에 달려 있다"고 표현했음—을 포괄했다. 이런 경험에 대한 기록에는 문장 곳곳에 굴욕감이 넘쳐흘러서 그가 이 옥사를 마음속에서 지우지 못하는 이유를 충분히 설명해준다. 당시의 기록자와 역사가들은 사대부가 고난을 받아들이는 도덕적 용기에 대해 즐겨 이야기했다. 도덕화는 사건의 잔혹성을 부분적으로 해소시키고 엎어 감춰버리는데, 또한 그런 이유로 웅개원이 제공하는 상처의 경험이 더욱 가치 있어진다.

강채가 스스로 쓴 연보와 강해姜垓의 「피체기사被逮紀事」(모두 『敬亭集』에 수록됨)는 웅개원의 기록과 상호 참조가 될 만하다. 『연보』에는 다음과 같이 기록되어 있다.

> 당시 경사에 큰 역병이 돌아서 주상이 형부에 옥을 비우라고 분부하여 (강채도) 석방되어 모자가 만날 수 있었다. 그런데 겨우 열흘 후에 주상이 형부상서를 불러 강채 등의 죄상은 함부로 보호해서는 안 될 것이라고 질책하시고, 강채와 웅개원의 이름에 몸소 붓을 들어 각기 가위표를 그으시며 이 둘이 큰 악인이라고 하셨

---

* 버들가지로 엮은 고리로서 죄인을 호송할 때 머리에 씌운다.

다. 형부상서는 모자를 벗고 사죄했다.

時京師大疫, 上命刑部淸獄, 因釋出得母子相見. 僅十日, 上召見司
寇, 責埰等罪狀, 不宜縱保. 埰與開元名, 御墨各交一叉, 曰, 此兩大
惡. 司寇免冠請罪.

이 또한 숭정제가 강채와 웅개원을 징치한 것이 노기를 발설한 행위
였음을 알 수 있게 한다. 강채는 언관으로서 언관을 변호했기 때문에
죄를 짓게 되었으니[7] 어찌 풍자적인 사건이 아니겠는가? 그는 언관으
로서 「인사진언소因事陳言疏」를 써서 조옥詔獄을 비판했다.

하물며 조이고 곤장을 치고 온갖 독물을 두루 동원하고 나서 수
갑과 차꼬를 채우고 형틀에 채우니 사지가 온전하지 못합니다. 간
혀 있을 때는 포승으로 묶고 하얀 사슬을 채우고, 잠은 더럽고 습
한 구덩이에서 잡니다. 햇빛도 들지 않고 벽에는 푸른 인광만 가
득합니다. 오랫동안 세수도 못 하고 머리도 감지 못한 지저분한
몰골인데 하찮은 병졸들도 짓밟을 수 있고, 귀신이나 도깨비도 능
멸할 수 있으며, 벌레와 쥐들도 쳐들어가 섞여 지낼 수 있습니다.

況夾梐笞敲, 五毒備至, 拳桎鈕械, 四體不完. 處則繫縲銀鐺, 寢則
坎窞汙濕. 白日無光, 靑燐滿壁. 囚首垢面, 隸卒得而躪之, 鬼物得而
淩之, 蟲鼠得而侵之伍之.(『敬亭集』 권7)

여기서 묘사한 바를 나중에 그도 직접 경험하게 되었다. 그럼에도
그는 오히려 언관으로서 '수자리를 서고 있는 신하'인 장정신章正宸*의
원직 회복을 청원하기도 했다.(같은 책, 「戍臣可原疏」 참조) 이 모든 사실
은 사후의 관점에서 보면 모두 풍자적이다.

당시 사람들이 강채와 웅개원의 우열을 논할 때 내세운 이유는 이러했다. 강채는 명나라가 망한 뒤에 '선주노병宣州老兵'으로 자칭하며 자신이 죽으면 수자리에 묻어 달라고 부탁함으로써 '원망하지 않음'을 보여주었을 뿐만 아니라 죽어도 변치 않는 '충정'을 보여주었다. 그 때문에 '경정산방敬亭山房'이나 '선주노병'은 자주 사람들의 시제詩題가 되었다. 시론時論의 논리는 이러했다. 숭정제가 가혹하고 매정하게 대할수록 강채의 무조건적인 충성이 더욱 드러났다는 것이다. 강해의 「피체기사」에 따르면 그의 형이 "지독한 고문이 시작되면 늘 태조太祖 이하 15명 황제의 묘호를 외치며 스스로 위안했다"**고 했으니, 확실히 충신다운 행동이었다. 귀장의 「경정산방기敬亭山房記」에서는 웅개원이 "돌아가신 황제를 언급할 때마다 원한이 없을 수 없었는데" 강채는 "군주를 원망하는 마음이 전혀 없었으니" "충후忠厚하다고 할 수 있다"고 했다.*** 위희魏禧도 같은 제목의 글에서 신하의 몸으로 군주에게 잘못을 돌리고 원망하는 것은 대단히 잘못된 일이라고 했다.

같은 시기의 유명한 신하도 당시 상황에 대해 논하고 물러나 문서를 보완했는데 면전에서 아뢰었던 말과 앞뒤가 부합하지 않았다. 황상께서 진노하시며 속이는 행위라고 여기셔서 거의 극형에

---

* 장정신(?~1646)은 절강 회계會稽(지금의 사오싱紹興) 사람으로 자가 우후羽侯이고 호가 격암格庵, 칭동아대俺東餓大다. 숭정 4년(1631) 진사에 급제하여 예과와 호과 급사중을 역임했으나 수보首輔인 주연유周延儒와 병부상서 진신갑陳新甲을 탄핵하고 서창西廠을 없애야 한다고 주장하다가 균주均州로 폄적되어 수자리를 섰다. 이후 남명 정권에서 대리승大理丞을 지내다가 귀향하여 의병을 모아 청나라 군대에 대항했고, 이후 출가하여 승려가 되었다. 저작으로 『장격암유서章格庵遺書』가 있다.

** 원주: "每至創摧痛煩, 歷呼高帝以下十五廟號以自解."

*** 원주: "(熊)每言及先朝, 不能無恨 (…) (姜)絕無怨懟君父之心 (…) 可謂厚矣."(『歸莊集』권6, 361쪽)

처할 뻔 하셨으니, 이렇게 해서 양쪽에 모두 죄를 짓게 되었다. 그
일은 선생(강채)과는 달랐는데 나라가 망한 뒤에 오히려 화를 내
며 원망하는 마음을 풀지 않았으니, 선생은 아마 단지 남들보다
조금 나은 정도가 아니었던 듯하다.

同時有名臣, 亦嘗論時相, 退而補牘, 與面奏語前後不相蒙, 上震怒,
以爲欺罔, 幾抵極刑, 是以持兩端得罪. 其事與先生不同, 而國亡後
猶悼悼然不能釋其懟怨, 先生蓋不僅加人一等矣.(『魏叔子文集』 권
16)

그런데 오늘날의 관점에서 보면 강채의 행동이 지극한 정성에서 비
롯되어서 오위업도 "부질없이 세월을 보내면서도 오히려 옛 군주를 애
통해 했다"*고 했지만 그 또한 여전히 느끼한 칭찬이라는 비난을 피할
수 없으며, 차라리 웅개원의 반응이 더 자연스러운 인정에 부합한다고
하겠다.

웅개원도 확실히 원망을 숨기지 않았다. 『어산잉고』를 통해 그의 원
망과 분노가 얼마나 깊었는지 느낄 수 있다.

천위안의 『청초승쟁기清初僧諍記』에서는 『혜변잡기蕙薆雜記』에 수록된
다음과 같은 웅개원의 일화를 인용했다.

　(웅개원은) 나라에 변고가 일어나자 승려가 되었다. 하루는 동료들
　과 함께 종산으로 나들이를 갔는데, 남방 출신의 석암이라는 이
　만 가지 않았다. 웅개원이 돌아오자 석암이 물었다.
　"자네들 오늘 효릉에서 어떻게 예를 올렸는가?"

* 원주: "髀肉猶爲舊君痛."(「東萊行」)

웅개원이 깜짝 놀라더니 천천히 대답했다.

"제가 왜 예를 올려야 합니까?"

석암이 크게 화를 내며 한참 동안 질책했다. 이튿날 웅개원이 석암을 찾아가 사과하자 석암이 또 꾸짖었다.

"나한테 절할 필요는 없으니, 효릉에 가서 참회의 절이라도 몇 번 올려라!"

國變爲僧, 一日攜侶遊鍾山, 有楚僧石巖者獨不往. 及熊歸, 石巖問曰, 若輩今日至孝陵, 如何行禮. 熊愕然, 漫應曰, 吾何須行禮. 石巖大怒, 叱罵不已. 明日熊軋石巖謝過, 巖又罵曰, 汝不須向我拜, 還向孝陵磕幾個懺悔去.

석암은 틀림없이 웅개원이 효릉에 가서도 예를 올리지 않은 것을 그가 옥에 갇혀 고초를 겪었던 일과 연관시켰을 것이다. 굴대균도 웅개원이 승려가 된 뒤에 효릉에서 절을 올리지 않은 일에 대해 논한 바 있다.

아! 사대부가 불행하게 군주의 크나큰 변고를 당했다면 그 모습을 승려로 바꾼 것은 괜찮지만 벽암檗庵(웅개원)처럼 그 마음까지 승려로 바꾸어서는 절대 안 된다. 그 마음을 전부 승려로 바꾸면 오히려 군주에게 죄를 짓는 것이다.

嗟夫, 士大夫不幸而當君父之大變, 僧其貌可也, 而必不可僧其心若檗者. 僧其心之至盡, 而反得罪於君父者也.(「書嘉興三進士傳後」, 『翁山文外』 권9)

이로 보건대 그 일이 얼마나 널리 알려졌으며 또 얼마나 강렬한 반응을 야기했는지 알 수 있다. 그렇게 참혹한 일을 겪은 이에게 원망을 하지 말라고 바라는 것은 단지 시론의 무정함을 증명할 따름이다. 웅개원은 성품이 강렬해서 그가 절을 올리지 않은 것은 차라리 그의 진면모라고 할 수 있는데, 오히려 그를 꾸짖은 승려가 유민보다 더 유민다운 모습을 보이고 있다. 당시 사람들이 받아들일 수 있는 것은 바로 '유민 승려', 이른바 '충효화상忠孝和尙'이었다.

또 다른 관점에서 보자면 비교할 만한 인물로 강채만 있지는 않다. 오번창吳蕃昌*의 「개미축자유사開美祝子遺事」(『祝月隱先生遺書』)에는 축연이 제생의 신분으로 간언했다가 체포된 일을 기록하고 있다.

> 관례에 따르면 장주를 황제가 보고 나서 가부를 표시하기 전에 각신들에게 내려 표의를 작성하고 황제에게 가부를 결정해주십사 청해야 하는데 이 상소만은 선제(숭정제)께서 손수 상소문 위에 "축연은 악인이라 할 수 있으니 통정사에서 (조치하고) 보고하라" 하고 하부에 내려서 그대로 시행하게 하셨다. 이는 축연이 직접 내게 한 말이다. 또 초야의 천민이 무례하여 망령되게 황제의 노여움을 샀지만 몸소 상소에 비답을 적으셔서 멀리 귀양을 보내신 것도 한때의 특이한 현상이라고 했다.[8]
>
> 舊例, 章奏經帝覽後, 未示可否, 旋下閣臣票擬, 以請定奪, 而此疏獨蒙先帝手書祝淵可惡, 通政司回話九字於疏面, 閣中因衍九字爲三十餘字上之, 依擬下部. 此語出開美親語蕃者. 且曰草茅無狀, 妄膺帝怒, 然親批疏稿, 遠被檻車, 亦一時之異數也.

황제가 직접 "축연은 악인이라 할 수 있다"라고 쓴 것이 결국 축연

---

* 오번창(?~?)은 절강 해염海鹽 사람으로 자가 중목仲木이며, 효자로 유명하다.

으로 하여금 영광스러운 일이라고 인용하게 했으니(이것은 강채가 "황제께서 몸소 붓을 들어 각기 이름 위에 가위표를 그으셨다"고 서술한 것과 비슷한 마음일 터인데), 그 반응이 웅개원과 얼마나 다른가!

원망이 없을 수는 없지만 결코 그 때문에 명나라의 멸망을 바라는 정도까지는 이르지 않았다. 웅개원은 옥에서 풀려난 뒤에 방악공方岳貢[*]에게 보낸 편지에서 이렇게 썼다.

> 제가 일찍이 간언 때문에 죄를 지어 죽을 지경에 빠진 적이 있으니, 입을 조심했는데도 오히려 혼비백산할 일을 피하지 못했습니다. (…) 속마음을 살펴보니 아직 못다 뿌린 피가 남아 있습니다. (…) 차마 연이어 물에 빠지는 모습을 앉아 지켜볼 수 없었습니다.
> 開開元嘗以言獲罪, 沉淪萬死, 三緘其口, 猶魂搖不免 (…) 由內探孤懷, 尙有未盡灑之血 (…) 不忍坐視胥溺.(221~222쪽)

명나라가 망할 무렵에 그는 다시 융무제 조정에서 벼슬살이를 하여 나라가 위태로운 상황 속에서 소명을 다했다. 이 시기에 그가 올린 주소들은 여전히 거침없이 세태에 분노하고 사악함을 미워하는 정신이 행간에 서려 있어서 전혀 처음의 면모가 달라지지 않고 있었다. 웅개원과 융무제는 "잘 어울리는 군주와 신하의 만남"으로 세속의 칭송을 받았지만[9] 융무제에 대한 웅개원의 평가는 지극히 깔끔했다.[10] 이 점을 분명히 하면 그에게 온 마음으로 간구했던 것에 대해서도 어렵지

---

* 방악공(?~1644)은 곡성谷城(지금의 후베이 성 샹양襄陽에 속함) 사람으로 자가 사장四長이고 호가 우수禹修다. 천계 2년(1622) 진사에 급제하여 숭정제 때에는 호부와 병부의 상서를 겸하고 또 문연각대학사文淵閣大學士까지 겸했으나, 이자성李自成의 군대가 북경을 점령하자 스스로 목을 매었지만 구함을 받았고, 이후 태자와 함께 구금되어 있다가 순국했다. 저작으로 『국위집國緯集』 『경세문편經世文篇』 『시정편是政篇』 등이 있다.

않게 이해할 수 있다. 그런데 오위업은 「서송구청일사書宋九靑逸事」에서 웅개원과 정우현鄭友玄*을 언급하면서 이렇게 썼다.

> 두 분은 간언하는 일로 죄를 얻어 쫓겨나 떠돌았으며 또 집이 호
> 북에 있어서 날마다 미친 도적들에게 시달려 곤란하고 의지할 데
> 도 없이 살았는데, (…) 웅개원은 노장과 불교로 도피하여 지금 세
> 상에 뜻이 없었다.
> 兩公用言事得罪, 流離放廢, 又家在湖北, 日逼狂寇, 坎壈無聊生
> (…) 魚山欲逃諸老佛, 無當世意矣.(『吳梅村全集』 권24, 607쪽)

귀장도 웅개원이 "선견지명의 식견을 가진"** 사람이라고 했다.[11] 이 또한 당시의 견해 가운데 일종일 터다. 방이지와 웅개원 같은 명·청 교체기의 유민 승려들은 각자 복잡한 세속 경력을 지니고 있는데, 그들이 불교로 도피한 것은 당연히 저항이 실패했기 때문이기도 하고 정치에 대해 깊이 실망했기 때문이기도 했다. 그런데 그런 세속의 경력을 어떻게 철저하게 '페이드아웃淡出'시킬 수 있겠는가! 웅개원이 승려들의 논쟁에 말려 들어간 것도 필연적인 기세 때문이었을 터이다.

시윤장施閏章의 「증벽암화상贈檗庵和尙」에는 다음과 같은 구절이 들어 있다.

보아하니 그대 출가한 호남아인데

---

* 정우현(?~1660)은 호광湖廣 경산京山 사람으로 자가 원위元韋이고 호가 담석澹石이다. 천계 5년(1625) 진사에 급제하여 청포지현靑浦知縣, 감찰어사 등을 역임했고, 남명 정권에서 양회순염어사兩淮巡鹽御史를 지내다가 모친상을 당해 귀향한 후 16년 동안 두문불출하고 저술에 전념했다. 저작으로 『역관易觀』 『시기詩起』 『담석문집澹石文集』 등이 있다.

** 원주: "具先幾之識."(「與檗庵禪師」 『歸莊集』 권5, 335쪽)

예전 왕조에선 드센 생선뼈 같은 신하였지!

看君出世好男子, 舊是先朝骨鯁臣.

앞서 설명했던 바와 같이 출가한 뒤의 웅개원은 여전히 이야깃거리가 되는 것을 피하지 못했다. 심지어 전조망조차 웅개원에 대해 완곡하게 비판하기도 했다.(「書熊魚山給諫傳後」, 『鮚埼亭集』外編 권30) 그러나 웅개원은 결국 승려가 되었고, 남명이라는 작은 조정을 위해 순국할 필요가 없다고 생각했다. 그러니 이런 행위도 여전히 비난에서 자유로울 수 없었다. 숭정제 조정에서 간언했던 시절의 '미천한 신하小臣'로서 남명의 작은 조정에서 '대신'이 되었기 때문에 어떤 이들은 '대신의 도리'를 들어 그를 질책하고, 그가 순국하지 않았다는 이유를 들어 '이류第二義'로 떨어뜨리기도 했다.(王夫之, 「搔首問」, 『船山全書』 제12책, 627쪽 참조) 난세의 인생이란 난감하고 황량하다는 것을 웅개원을 통해서도 그 일면을 볼 수 있다.

저 자 후 기

이 책을 쓰게 된 동기에 대해서는 필자가 이미 여러 차례 설명한 바 있다. 근래 몇 년 동안 썼던 산문들에서 필자는 1990년대 초에 중국 현·당대 문학에서 '명·청 교체기'로 전향한 데 대해 여러 차례 회상했다. 현대문학 전공에 들어서던 당시처럼 그저 내가 근무하던 중학교를 벗어나기 위해 명·청 교체기에 발을 들여놓았는데, 이 또한 그저 문학을 연구하다가 생긴 심리적 피로 때문이었던 듯하다. 결국 이 일대 연안을 정박지로 선정하게 된 데는 틀림없이 더 깊은 연유가 있을 테지만 잠시 정리하기가 어려울 따름이다. 비록 필자도 스스로 '사대부 연구'가 나의 현대문학 연구와 같은 방향의 연장선에 있다고 여러 차례 이야기한 적이 있지만, 6년 동안 이 연구를 진행한 뒤에 해온 작업들에 대해 분명하게 설명하기는 여전히 어렵게 느껴진다. 확실히 현대문학을 연구했을 때는 '선비士'에 관한 자신의 사이비적 편견을 정리할 의도가 있었다. 나중의 경험을 통해 증명되었듯이 원래의 그 자명해 보이던 개념이 한정된 시간 속에서 의문을 제기하고 교정을 가하자 현상의 복잡성이 드러났다.

명말·청초가 사상사에서 지니는 중요한 의미는 이미 논증이 필요 없을 정도다. 팡푸龐樸 선생은 근래에 발표한 글에서 자신은 "중국에서는 명·청 교체기에 계몽사조 또는 초기 계몽사조라고 부를 만한 것이 나타났다고 생각한다"고 이야기했다.(「방이지의 원이신方以智的圓而神」, 『전통문화와 현대화傳統文化與現代化』 1996년 제4기) 일본의 미조구치 유조溝口雄三는 "중국을 통해 중국의 근대화 과정을 살펴보면" 명말·청초의 정치에서 군주관의 변화와 경제에서 전제론田制論의 변화는 "응당 청말 변화의 근원으로 봐야 하며" "여기에서 중국 근대의 맹아를 찾는 것이 결코 근거 없는 시도가 아니다"라고 했다.(『중국의 사상』, 111쪽) 그러나 이것은 여전히 필자가 '명·청 교체기'를 선택한 최초의 이유가 아니다. 현대문학을 연구할 때도 필자가 테마와 만나는 이유는 일반적으로 직관에 의지해서, 마음이 맞는다는 어떤 느낌 때문이었다. 처음에 필자는 단지 명·청 교체기라는 시대 분위기와 그 시기 사대부의 정신적 기질에 매료되었다. 그래서 거의 아무 준비도 없이, 동시에 자신의 역량에 대한 충분한 고려도 전혀 없는 상황에서 그 문지방을 성큼 넘어버렸다.

이 책 제1권에 나오는 연구 자료들은 '화제話題'로 처리하고, 관련 화제의 분류 원칙도 그와 마찬가지로 미리 정하지 않았다. 다만 이런 관점의 연구가 어느 단계에 이른 뒤에야 비로소 이렇게 이해하게 되었다. 즉 명·청 교체기의 '사상사적 의의'는 무엇보다도 사대부들이 '언론'을 통해 제공했다는 것이다. 언론은 일반적으로 '화제' 속에서 전개되며, '화제'는 구체적 역사 상황 속에서 전개된다. 언론은 언제나 그가 생성된 환경을 반영하며, 여기에는 화제가 전개될 수 있는 언론 환경이 포함된다. 명·청 교체기 언론의 활약은 역사적 기회와 인연에 힘입었다. 예를 들어 이른바 '제왕의 통치 기강 해이'가 조성한 어떤 느슨함,

어떤 화제들에 대한 금기의 해제 그리고 명대 사대부들의 기풍과 습속
—'양명학 좌파'를 포함해서—이 고무시킨 회의와 다른 견해를 내세
우는 경향 같은 것들이다. 이외에도 제도상의 원인, 특히 '언론'과 비교
적 직접적으로 관련된 명대의 감찰제도도 있다. 명·청 교체기가 처음으
로 필자를 매료시킨 부분으로는 당연히 당시 활발했던 언론 환경과 생
동적인 언론 방식, 그리고 간결함 속에 깊은 의미를 지닌 논의를 들 수
있다. 이 책에서 논의한 '화제'를 분류한 원칙은 당연히 필자의 개인적
취향과 경험, 준비된 지식, 이론적 관점과 더 관련이 있으며, 이것은 능
력과 훈련 및 기존 연구들을 통해 미리 규정된 것이기도 했다.

'명·청 교체기'는 시작과 끝이 불명확한 일단의 시기다. 이 책에
서는 대체로 숭정崇禎(1628~1644) 말년에서 강희康熙(1662~1722) 초기
를 가리킨다. 이 책 제1권(『증오의 시대』)의 장들을 집필할 때 필자에게
'명·청 교체기'는 우선 활발하면서도 소란한 담론 지대였다. 서로 다
른 목소리를 구별하면서 필자는 사상의 맥락을 발견하고 확인하기 편
하도록 언어의 의미를 분류해 처리했다. 거의 시작하자마자 필자는 '그
말들'에 매료되어버렸다. 일반적으로 하나의 논제를 정하는 것은 필자
의 정신을 진작시키는 '논리說法'를 만나고 난 뒤였다. 확실히 현대문학
연구에서 그랬듯 필자는 어떤 비상한 표현 방식에 쉽게 끌리는 것 같
다. 선장서線裝書나 양장서洋裝書의 글자와 행간에 노닐 때면 마치 사냥
꾼이 된 것처럼 수시로 언론과 언론 환경을 사냥하려고 준비했다. 이
런 상황은 사실 필자가 원래 작업하는 방식과 유사한 면이 없지 않다.
현·당대 문학 작품에서 노닐 때도 필자는 종종 명확한 목표가 전혀
없었지만 이와 똑같은 방식을 통해 기대를 만족시켰고, 수시로 독특한
지식 및 그 통찰의 형식에 격동될 준비를 하고 있었다. 물론 이후에 언
론 자료를 '화제'의 맥락에 따라 정리할 때는 이미 최초의 격정에서 벗

어나 언론의 배후에 내재한 논리와 언론 및 그것을 행하는 사람의 경험, 그리고 당시 사대부들의 보편적 경험과 맺도록 하는 관련성을 찾으려고 노력했다. 당연히 필자도 최초에 필자를 격동시킨 언론 자료들로 「'지독한 미움'에 관하여說"戾氣"」(『중국문화』)와 「명·청 교체기 사대부의 죽음 및 죽음과 관련된 화제明淸之際士人之死及有關死的話題」(『학인』) 같은 글들(제1권 1장의 1절과 2절)을 쓴 것이 결코 우연이 아니었다는 것을 안다. 어쩌면 아직 분명하지 않았던 필자의 사고가 우연히 만난 자료들 덕분에 활력을 얻어 명쾌해졌을 가능성이 더 크다.

'지독한 미움'과 관련된 화제들이 필자를 매료시킨 점은 무엇보다도 그 시대 정치의 포학함─이런 묘사가 자극적이라는 것은 여러분도 이미 '명대의 특무정치特務政治'에 관한 딩이丁易의 저작에서 느꼈을 텐데─이 아니라 명나라 정치의 포학함에 대한 '사대부'의 비평 관점과 이를 통해 나타나는 그들의 자기반성 능력이었다. 그들은 정치의 포학함이 인성에 미치는 부정적 결과와 사대부의 정신적 파괴에 대해 탐구했으며, 보편적인 정신질환에 대해 진단하고, 이를 통해 '이상적 인격'에 대한 바람을 나타냈다. 그리고 왕조 교체기에 지극히 중대하게 여겨졌던 절의節義 문제─이것은 또한 생사의 문제이기도 했는데─는 필자로 하여금 어떠한 역사적 상황과 언론 분위기가 '죽음'을 '응당한 것'으로, 심지어 '필수적인 것'으로 만들었는지 관심을 갖게 했다. 이는 또한 그런 조건으로 인해 모종의 도덕률이 유효성을 발휘하게 되었음을 의미한다. '혼자의 뜻을 따른用獨' 것은 왕부지의 생각이었다. 이 테마를 빌려 필자는 반청反淸 운동과 관련된 당시 사대부들의 경험에 대한 서술을 정리하고자 시도했다. 여기서 왕부지를 많이 인용한 이유는 그의 반성이 더욱 깊이와 역량을 갖추고 있었기 때문이다. 뛰어난 철인이자 시인으로서 타고난 품성을 발휘하여 그는 당시 사대부들의 선택과 관련된 곤란함과 정신적 고통을 대단히 흥미진진하게 나타냈다.

화제로서 '남북'은 오랜 역사를 지니고 있으며 항상 새롭다. 여기서 필자가 관심을 둔 부분은 이 화제가 명·청 교체기라는 특수한 시기에 전개되는 양상이었다. 당시 사대부들은 이 화제를 빌려서 무엇을 이야기하고자 했으며, 또한 그것을 어떻게 이야기했는가? 이와 관련된 필자의 논제가 성립할 수 있게 해준 것은 무엇보다도 명대 정치사에서 지역과 관련된 자료였고, 여기에는 조정에서 벌어진 남북론도 포함된다. 또한 왕조 교체기 사대부들, 특히 '학자'들의 '파천播遷'에 대한 태도도 필자를 매료시켰다. 그들은 파천하는 과정에서 능동적으로 문화를 선택하고 지역적 정체성을 확인했다. 명·청 교체기 언어 환경에서 '세족世族'과 '품류流品'는 서로 관련된 두 화제였다. 흥미로웠던 부분은 역사 과정으로서 세족의 쇠락이 사대부의 존재 상태에 영향을 주었고, 사대부들은 그 문화적 품성을 보존하기 위해 노력했다는 사실이다. 더긴 시간의 관점에서 보면 이러한 화제의 배경이 되는 것은 기나긴 시간에 걸쳐서 진행된 '귀족문화'의 쇠락과 사대부의 '평민화' 과정이었다. 이에 대한 사대부들의 반응과 대책은 고찰할 만한 가치가 있었다. 필자가 보기에 '품류'라는 개념이 낯설어진 데는 세족이 쇠락했다는 사실 외에도 지식인의 자아의식이 약화되고 사대부 집단의 자아인식 능력이 변질되었다는 사실과 관련이 있다.

'건문제의 양위遜國'는 명나라 '왕조 초기 역사'에서 대단히 중요한 사건이었다. '왕조 교체'라는 특수한 배경은 그와 관련된 담론의 성격을 복잡하게 만들었다. 필자는 이와 관련된 사대부들의 담론에 드러난 감정적 태도가 흥미로웠다. 이는 '옛 명나라'와 명대의 군주, 그리고 사대부의 운명에 대한 감정이었다. 필자는 명나라 초기에 발생한 '건문제의 양위'라는 사건이 200여 년 동안 사대부들의 심리에 심각한 영향을 주었으며, 왕조가 바뀔 무렵 사대부들은 이 화제를 통해 명나라 역사에 대해 비판하고자 했다는 것을 밝히고자 했다.

이런 화제를 논의하자면 그러한 화제들이 전개될 수 있게 해준 언론 환경에 흥미를 느낄 수밖에 없다. 당시의 언론 마당에 참여하고 이를 구성한 것은 바로 '언론'에 대한 사대부들의 언론이었다. 의심할 바 없이 이것은 이른바 자기 방해라고 할 만한 역설적인 상황이었다. 언론의 기능에 대한 사대부들의 이해를 표출하는 일은 자기 역할에 대한 기대, 그들 자신의 위상 정립과 직접적으로 연관된다. 그런 식의 기능에 대한 이해와 역할에 대한 인식은 우리에게도 결코 낯설지 않다. 당시의 언론 행위에 대한 명·청 교체기 사대부들의 비판도 바로 그들이 참여하고 구성한 언론 환경 속에서 전개되었으며, 심지어 그들의 비판 태도와 방식 역시 당시 언론의 조건을 통해 이해되어야 한다. 이런 언론을 정리하면서 필자가 중시했던 것은 여전히 명대의 정치와 밀접한 관계가 있는 부분이었다. 그것은 바로 '언로言路'와 '청의淸議', 즉 언관言官과 조정 정치의 관계, 그리고 언관 정치가 사대부들의 언론 방식과 태도에 미치는 영향이었다. 청의는 명대의 정치생활 속에 있었다. 이와 관련된 현상을 설명하기 위해 필자는 명대의 '언로'에 대해 제도적인 고찰을 시도했지만 세밀한 변별 능력이 부족했던 관계로 어쩔 수 없이 예정했던 목표를 부분적으로 포기하고 일반적인 진술에 만족해야 했다. '모호한 영향'은 어쩌면 인문 연구에서 일상적으로 발견되는 병폐일 것이다. 이 논제에서 아직 전개하지 못했던 것으로는 또 문체文體로서의 제의制義, 즉 팔고문八股文과 책론策論, 그리고 장주章奏가 사대부의 언론 방식과 정치적 논의 방식에 마치는 영향이었다. 논증하기는 어렵지만 필자는 여전히 필자의 논제에서 이러한 관점이 필수불가결하다고 생각한다.

언론 자료를 다룰 때 필자는 엄밀한 조직을 갖춘 질서정연한 '공공 논단論壇'이 아니라 '여러 목소리가 떠들썩했던' 그 언론 마당을 재현하고자 노력했다. 당연히 필자 역시 비슷한 지점까지만 해낼 수 있었다. 미리 설정한 명확한 이론은 없었지만 자료를 수집하여 정리하고 배열할 때는 여전히 어떤 '질서'에 따랐다. 필자가 할 수 있는 것은 상호 모순되는 논의와 진술들을 최대한 보존하는 것이었는데, 왜냐하면 이 방식이 발견에 유리하고 심지어 문제를 분명히 밝히는 데 도움이 된다고 믿었기 때문이다. 필자의 난제는 시종일관 이론적 도구가 결핍되어 있다는 데 있었다. 바로 이것이 우리 세대 인문 연구자들이 극복하기 어려운 한계다. 또한 이 때문에 필자는 심지어 이미 희미하게 '보았던' 가능성조차 실현할 수 없었다. 어느 친구에게 보낸 편지에서 필자는 언어철학과 기호학, 서사학 등을 모르기 때문에 자료를 읽는 과정에서 낭비를 피할 수 없다는 사실을 나 자신도 분명히 알고 있다고 썼던 적이 있다. 도구를 적용한다면 틀림없이 문헌 속에서 더 많은 것을 읽어낼 수 있으리라고 필자도 분명히 알고 있다.

필자는 이후로도 '화제'—명·청 교체기 사대부들의 '군주론'과 '정전론井田論' '봉건론' '문질론文質論' '이단론異端論' 등—에 대한 연구를 계속할 예정이다. 이 책 제1권에 수록된 여러 화제에 비해 이런 것들은 의심할 여지 없이 좀더 전통적이고 유학과 관련된 화제이며, 더욱 인내심을 갖고 신중하게 다루어야 한다. 사실 이런 연구들은 이미 진행 중이며 아직 자료를 수집하는 과정에 있다. 이런 여러 과제는 거의 동시에 진행되어야 할 뿐만 아니라 서로를 파생시키는 관계에 있다. 이 때문에 수시로 기갈 상태에 처해서 지식의 결핍을 느끼거나 확보한 자료, 특히 화제의 '역사'와 관련된 자료, 그리고 그 화제에 대해 축적된 언론 자료의 부족을 느끼곤 한다. 필자는 학문적 소양이 부족하고 미진함을 보충할 길이 없다는 사실을 깊이 체감하고 있다.

　명나라 유민을 다룬 것도 다른 경우와 마찬가지로 결코 이 현상의 중요성을 고려했기 때문이 아니라 이 시기에 발을 들여놓은 지 얼마 지나지 않아 '인물들'—고염무, 황종희, 왕부지, 부산, 방이지, 진확, 위희 등—에게 매료되었기 때문이다. '유민'은 사대부들이 고심하여 만들어낸 자기 모습이고 태도에 대한 자각적인 설계의 산물이다. '유민'은 일련의 방식(내지 기호)을 빌려 자신을 확인하고 또 다른 이들에게 변별적으로 인식되었다. 그러나 구체적인 연구에서 필자는 유민의 특수성을 지나치게 강조하기보다는 '사대부'로서 그들의 일반적 품성에 더 관심을 기울였다. 유민은 특수한 역사적 기회와 인연 속을 살았던 사대부에 지나지 않는다. '유민'은 사대부가 당시 세상과 맺는 관계 형식의 일종이며, 역사의 변동 속에서 사대부가 자신의 정체성을 확인하는 형식이었다. 사대부는 '역사의 비정상적 상태'에 반응할 때 종종 사대부의 보편적인 생존 처지와 생존 전략을 바탕으로 삼는다. 이러한 인식 때문에 필자는 책의 첫머리에서 '명나라 유민'의 서술과 관련된 상대적으로 넓게 열린 배경을 제시하려고 시도했다. 물론 여기에서도 해석의 틀이라는 측면에서 한계에 봉착할 수밖에 없었지만……

　곤란의 원인은 당연히 지식적 한계 때문이었다. 위잉스는 『방이지만절고』 「증정판자서增訂版自序」에서 이렇게 썼다.

　　다만 내가 방이지의 만년 절조를 고찰하면서 느낀, 통상적인 고증
　　에서는 느낄 필요가 없는 또 하나는 곤란은 바로 은어隱語 체계에
　　대한 해석이었을 뿐이다. 은어를 통해 마음의 곡절을 전하는 풍조
　　는 명말·청초에 가장 성행했다. 왕조 교체기에는 노래하고 흐느

낄 일이 지극히 많기 때문에 새 왕조에 살아남은 유민들은 차마 그 사실을 은폐해 없애지 못하고 또 감히 그 일에 대해 직접적으로 이야기하지 못했으니, 방중리方中履(1638~?, 자는 소백素伯, 호는 합산合山)가 "꺼려서 감히 말하지 못하고, 말을 하더라도 감히 자세히 하지 못한다諱忌而不敢語, 語焉而不敢詳"라고 한 것이 바로 이 때문이다. (…) 고염무는 여러 유민 가운데 가장 직설적인 문장을 썼는데, 그의 시를 살펴보면 운목韻目*으로 글자를 대신한 경우도 종종 있다. 그러므로 유민의 사적을 고증하려면 은어를 파해야만 효과를 거둘 수 있다.

그런데 필자의 경우 이런 작업은 겨우 얕은 수준에 이른 정도에 지나지 않았고, 학식의 한계로 인해 이후로도 수준이 깊어지리라고 보장할 수 없다. 이 때문에 유민의 글을 읽어서 올바르게 해석할 수 있다고 결코 감히 자신할 수 없다. 하물며 유민의 글들은 아득하게 사라져가고 있으며, 더욱이 그 '글'들이 이른바 '진실'을 은폐하기에 알맞은 것일 수도 있는 상황이 아닌가! 그러나 필자는 전통적인 고거考據 방법에 대해서도 결코 보류하는 바가 없지는 않다. 이 책 제2권(『생존의 시대』)의 '에필로그餘論'에서 필자는 '시로 역사를 증명하는' 것의 한계를 언급했다. 필자가 보기에 풍부한 증거를 인용하여 독자를 경도하게 만드는 몇몇 고증이 증명하는 것은 작자의 박학다식 외에 그보다도 더 많은 상상력과 인간사에 대한 통찰력 내지 '문학적 재능'이다. 그런 밀집된 자료들이 설령 대단히 풍부한 시사성을 지닌 추측을 제공한다 할

---

* 운서에서 같은 계열의 운자들을 대표하는 글자로 이름을 붙인 운의 목록이다. 예를 들면 상평성上平聲 동운東韻과 강운江韻 등등이 그런 예다.

지라도 결국 갖가지 가능성 가운데 하나에 지나지 않는다. 똑같은 방식으로 필자가 이 책에서 제시한 추측과 판단도 마음에 품은 채 망설이던 것들이고, 그것은 독자들도 이 책의 문장을 통해 읽어낼 수 있었을 터이다. 이를 통해서 필자는 역사 생활과 사건을 글로 복원해낼 수 있는 정도와 어떤 설명의 '개방성'을 유지하기 위해서 마땅히 취했어야 할 서사 태도에 대해 생각하게 되었다.

명나라 유민에 관해 필자가 섭렵한 것은 극히 제한적인 부분에 지나지 않는다는 사실은 필자도 아주 잘 알고 있다. 어느 벗의 견해에 따르면 유민의 주장은 새 왕조에 받아들여져서 제도를 구축하는 자원이었고, 그들의 사상 저작은 청나라 초기의 주류 문화를 구성했으며, 그들 본인도 이 과정에서 자기 정체성을 확인했다고 한다. 이는 틀림없이 명나라 유민의 운명에서 더욱 희극적이고 풍자적인 부분이며, 또한 필자의 연구에서도 좀 더 깊이 들어가야 할 부분이다. 청대를 통해 보면 명·청 교체기 사대부—특히 저명한 유민—의 명대 정치에 대한 비판은 복잡한 의미를 담고 있다. 예를 들어 '언로'와 관련된 비판과 '당쟁'과 관련된 비판, 강학과 당사黨社에 관련된 비판 등이 그러하다. 그러나 필자도 당시의 비교적 중대한 논제에는 모두 여러 다른 논의가 있었다는 점에 주목했다. 일치된 것처럼 보이는 언론의 배후에도 종종 전제와 논리의 편차가 있었다. 필자가 할 수 있는 것은 어쩌면 여러 목소리가 떠들썩한 언론 마당을 드러내고 언론의 배후에 자리 잡은 '동기'에 대해 어떤 설명을 제공하는 것에 지나지 않을지도 모른다. 이 책에서 서술한 명·청 교체기 집단들이 자신들과 고국(명)의 관계에 마음을 더 기울이고 있게 된 것도 청나라에 대한 필자의 지식이 부족했기 때문일 수 있다. 그리고 유민의 사상이 청대의 제도에 대해 갖는 의의를 논증하려면 명·청 두 왕조의 제도에 대한 비교 연구를 근거로 해야 한다. 다만 이런 측면에서 독자들도 현상으로서의 명나라 유민에 대해서는 아직도 상당히 많은 연구의 여지가 있음을 믿을 수 있을 것이다.

이 책이 나온 뒤에도 필자는 몇몇 집단—예를 들어 유종주와 그 제자들 또는 강서 역당易堂—을 중심으로 명·청 교체기 사대부와 명나라 유민에 대한 연구를 계속할 것이다. 또한 명나라 말엽 '선비 기풍士風'과 관련된 연구도 진행하여 (그와 동시에 이런 연구의 위험성과 한계에도 주의하면서) 이 책에서 깊이 파고들지 못했던 부분들이 다른 상황에서 전개될 수 있도록 할 예정이다.

학계의 어느 선배가 말하길 필자의 연구는 어쩌면 많은 자료를 필자가 선택한 주제에 따라 정리하여 관련된 후속 연구에 토대를 제공한 데 의의가 있을 거라고 했다. 물론 자료의 선택은 여전히 이론적 배경과 수단에 따라 제약을 받는다. 자료 정리에 관한 한 필자의 특별한 점은 독서의 범위에 있다고 하겠다. 필자는 주로 문집에서 자료를 취하는데, 이런 문헌은 종종 역사가와 문학 연구자들이 보류하거나 팽개친 것들이다. 문집을 읽는다는 것은 일종의 나들이로서 한 개인에게서 출발해 다른 개인으로, 다시 어떤 집단으로 나아간다. 그런 나들이에서 당시 사대부들 사이에 은밀히 오간 사적인 이야기들—서찰을 통하지 않은—과 차분한 담론들—예를 들어 역사 평론에 담긴 것과 같은—에, 심지어 그들 사이의 조롱과 비방에까지 귀를 기울인다. 인간사에 대한 민감함—그래서 문집에 흥미를 느끼게 되었는데—은 말할 필요도 없이 문학 연구의 과정에서 길러진 것이다.

물론 앞서 언급했던 것처럼 필자가 제공하는 것은 결코 소속이 없는 자료들이 아니며, 그렇기 때문에 자료를 배열할 때는 불가피하게 필자의 안목과 시야의 한계를 드러낼 수밖에 없다. 또한 이용할 수 있는 자료가 지극히 제한적이기 때문에 시사詩詞나 부賦, 소설, 희곡 등을 더 광범하게 섭렵할 여력이 없다. 여기에도 학문적 소양과 정력의 한계가 있으며, 심지어 어쩔 수 없이 피우는 요령이기도 하다. 문집의 글들은 표현이 직접적이고 명확하며, 어떤 '개인성'이 담긴 서찰 같은 것은 필자가 이용하기에 편하다. 물론 필자도 잠시 보류해둔 일부 문장이 필자의 목적을 이루기 위해서는 최소한 동등하게 중요하다는 것은 알지만, 문제는 어떻게 이용하느냐이다. 고대 시사와 부에 대한 필자의 독해력은 스스로 생각하기에도 의심스러우며 특히 '형식 측면'을 꿰뚫어보는 능력은 더욱 그러하다.

이와 동시에 개인 문집이라 하더라도 상대적으로 더 '개인성'이 두드러진 서찰과 같은 것들도 그 시기의 서술 방식과 취미에 제한을 받는다는 사실을 발견했다. 이는 명·청 교체기뿐만 아니라 청대 전체에서 나온 '충의지사'와 유민에 관련된 기록에서 더욱 뚜렷하다. 우리는 곳곳에서 전통적인 역사 서술법과 정사正史의 서법書法이 서사에 대해 규범으로 작용한다는 것을 감지할 수 있다. 필자는 이 책 제1권 3장의 '건문제의 양위'와 관련된 역사 서술을 분석하면서 이미 이 점을 언급했다. 도덕화와 정신적 사건에 대한 편중, 삶의 물질적 측면에 대한 무시 혹은 회피—그 부정적 결과에는 관련 기록의 누락과 통계자료의 결핍이 포괄되는데—는 모두 역사의 '복원復原'을 제약하며, '삶'은 문제와 시대적 유행에 의해 재단되어 이미 지리멸렬해졌을 뿐만 아니라 단일화되어버렸다. 그리고 "역사에서 기록하지 않은 것을 통해 역사를 읽는 것"은 때로 공허한 담론에 가까워질 수밖에 없다. 필자를 곤혹스럽게 하는 문제가 결코 새로운 문제가 아니라는 것을 잘 안다. 그저 오래전부터 이미 존재해온 곤경을 직접 경험하고 있는 것에 지나지 않을 수도 있다.

필자의 작업은 어쩌면 '사상사' 연구의 주변에 위치하고 있을 것이다. 연구 대상의 사상사적 의의를 추구할 때면 어쩔 수 없이 '사상사'—어떤 경우는 '이학사理學史'와 같은—의 이미 정해진 틀이 '사상'에 대한 정리를 제한하고 있는 것은 아닌지 하는 생각이 든다. 생동적인 사상 자료들이 그 좁은 틀에 받아들여질 수 없어서 응분의 '의의'를 획득하지 못하는 것은 아니냐는 것이다. 일반적으로 필자가 흥미로워하는 것은 아직 체계화되지 않은 사상 자료들, 심지어 일반적인 사상사에서는 버려두고 쓰지 않는 자료들이다. 필자는 '사상사'가 결코 이미 공인된 주제들로만 구성되지는 않는다고 믿는다. 문학을 연구하다가 쌓인 습관일 수도 있겠지만 필자는 '사람과 사상' 사이의 연결점을 파악하여 생생한 '인간적 세계'에서 과정으로서의 '사상'을 추구하고자 노력하고 있다. 이런 추구에 어떤 곤란이 있을지는 모르지만, 그렇더라도 이는 힘을 기울여볼 만한 가치가 있는 목표라고 생각한다.

엄격한 사상사의 방법—이런 '방법'이 있는지는 모르지만—이 필자에게는 전혀 맞지 않는다는 것은 스스로 잘 알고 있다. '명·청 교체기'를 직면했을 때도 필자는 여전히 '문학 연구자'였다. 한때는 그런 역할에서 벗어나려고 애썼던 적도 있지만 나중에는 반쯤 어쩔 수 없이, 반쯤은 위안으로 삼을 만한 발견을 하게 되었다. 즉 기왕의 학술 경력과 훈련이 바로 필자가 새로운 영역으로 들어갈 수 있는 열쇠였다는 사실이다. '사람'에 대한 흥미는 시종일관 이러한 과제들을 수행하는 동력이었다. 그 시기 사대부들의 심리상태와 그들의 각종 정신적 경험, 그리고 내가 섭렵한 인물들의 성정은 지극히 구체적인 이런 인적 교직交織을 통해 그 시기의 복잡한 관계의 네트워크를 구성했다. 비록 필자가 '심리의 역사'에 마음이 있는 것은 결코 아니지만 사건에 대한 연구에서 필자를 매료시킨 것도 종종 '심리'의 측면이었다. 어느 정기

간행물에 실린 필자의 논문에 관한 편집자의 설명에서는 "사료史料와 체험의 결합"이라고 했는데, 이러한 설명은 결코 내게 격려가 되지 않는다. 역사 연구에서 '체험'은 방법론이 없다는 의미와 유사하다. 그러나 '체험'이야말로 어쩌면 확실히 필자가 암중으로 기대고 있는 것인지도 모른다. 바로 체험이 '직관'을 지탱해주고, 논설의 방향을 정해주고, 심지어 논설의 태도까지 잠재적으로 정해준다. '체험'은 필자와 연구 대상의 관계를 개인화해주고 또한 내재화해준다.

또한 필자가 선택한 시기가 지니고 있는 풍부성으로 인해 '역사'와 관련된 필자의 개념이 확대되었다는 사실은 짚고 넘어갈 필요가 있다. 연구를 진행하면서 필자는 역사 생활의 일상적 부분에 대해 갈수록 흥미가 커졌다. '왕조 교체鼎革'라는 사건이 일상생활에 미치는 영향은 아직 서술되지 못한 부분이 까마득하게 쌓여 있다. 왕조 교체 과정의 광활한 사회생활 풍경은 분명히 복잡하고 어려우며 유혹적인 과제다. 예를 들어 사대부 문집에 수록된 재해 구휼의 기록들은 필자가 보기에 전문적인 연구 주제가 될 수 있다. 이를 근거로 재난을 연구할 수 있을 뿐만 아니라 재난 속에서 폭로된 사회의 재물 분배 상황과 사회 각계각층의 생활상, 사대부들이 재난 구휼이라는 명분을 빌려 전개한 민간 정치, 사대부의 민간 조직과 관방 기구의 관계, 그리고 재난 구휼의 기술적 측면, 구휼에 종사한 이들의 구체적인 실행 방법 등을 살펴볼 수 있다.

명·청 교체기 역사 생활의 풍부함과 그 사상사적 의의가 계속해서 발굴되고 있다는 사실은 대단히 고무적이다. 최근에 『학인學人』에는 명나라 말엽 수신학修身學이 청나라 말엽과 중화민국 초기의 지식계에 미친 영향에 대한 왕판썬王汎森 선생의 분석*이 실려서 필자도 대단히 관심 있게 읽었다. 이 글에서 논하고 있는 유종주의 「인보人譜」 역시 필자가 연구하려고 준비하고 있는 과제다.

최근 몇 년 동안의 학술활동을 돌아보면서 필자는 당초에 부득이하게 학문을 선택할 수밖에 없었던 것에 대해 '감격'한다고 말한 적이 있다. 또한 이런 선택이 바로 '운명'이라는 의미에서 강제적으로 필자의 이후 인생에 안배되었다고도 말한 적이 있다. 필자가 "전문직 속에서 '살아가고' 있는 듯한" 느낌이라고 쓰기도 했고, '정체성 확인'에 의해 구성된 한계를 언급하기도 했다. 필자가 보기에 학문은 일종의 적극적인 생활 방식이 될 수 있다. 학문하기를 통해 세상을 읽어냄과 동시에 자아를 완성한다. 필자에게 더욱 중요한 것은 어쩌면 학문이 '반성'을 진행할 수 있는 공간을 제공해줄 가능성이 있다는 점이다. 인문과학은 '사람'과 그 '관계'를 대상으로 하며, 일종의 가능성을 제공한다. 그러므로 연구자는 연구 과정을 통해 끊임없이 대상에 대한 인식의 깊이를 더한다. 필자가 앞서 이야기했던 갖가지 결함들도 일정한 반성의 조건이 없었다면 영원히 발견되지 않았을 수 있다. 필자는 이 때문에 필자의 연구를 이른바 '자신을 위한 학문爲己之學'이라고 부른다. 다만 자아 완성을 목적으로 하기 때문에 확실히 필자로 하여금 "적막함을 견뎌내며" 노력할 필요까지는 없다고 생각한다. 언젠가 이런 말을 했던 것 같다. "아무도 환호해주지 않더라도 내 흥미에 영향을 주지는 못한다."

생활 방식으로서 학문하기는 자연히 나름의 경지가 있다. 연구 과정에서 필자는 연구 대상 때문에 격동을 받은 적이 여러 차례 있었다. 필자를 격동시킨 것 중에는 심지어 이학가 같은 이들이 이학을 기반으

---

* 원주: 王汎森, 「中國近代思想中的傳統因素」 『學人』 第12輯, 江蘇文藝出版社, 1997.

로 '사람'에 대해 품었던 감정도 있었다. 필자는 스스로 선택한 주제를 통해 명·청 교체기 사대부들의 인격적, 사상적 매력을 느꼈다. 그런 인물들을 하나씩 읽어나가면서 그들 각자의 논리를 파악하려고 시도할 때 '사람'에 대한 이해가 끊임없이 풍부해졌다. 힘겨운 연구에 대한 보상이라면 이렇게 연구 대상의 사상과 글이 불러일으키는 흥분과 만족감이었다. 예를 들어 고염무의 세련된 표현과 전겸익, 오위업, 진유숭의 생동감, 왕부지의 예리하고 함축적인 논의 같은 것들이다. 또한 점점 '진입'하고 '깊이 들어가는' 기분은 사람을 도취되게 만든다. 이런 과정에서는 심지어 무미건조하기 짝이 없는 '의리義理'조차도 감각 속에서 생생하게 움직이기 시작한다.

　민첩한 재능을 타고나지 못해서 어쩔 수 없이 열심히 노력하여 조금씩 축적해야 하지만, 이런 연구 작업이 그래도 항상 무미건조하기만 한 것은 아니다. 학문을 연구한다는 것은 지난하고 힘겨운 노동이지만 예로부터 그에 따른 보상이 있어 왔다. 청나라 때의 박학대사樸學大師 매문정梅文鼎(1633~1721, 자는 정구定九, 호는 물암勿庵)은 자신의 학문 연구 상태를 이렇게 설명했다.

　　제 성격은 책에서 해석이 안 되는 부분을 감히 내버려두지 못하고 반드시 그에 대한 설명을 구하다가 종종 침식을 폐하는 지경에 이르곤 합니다. 며칠이 되어서도 이해할 수 없는데 다른 일 때문에 중간에 멈추더라도 끝내 마음에 걸려 잊지 못합니다. 나중에 혹시 다른 책을 읽다가 갑자기 얻은 게 있으면 얼른 부본副本에 적어놓습니다. 또 남여籃輿 위나 침구寢具 주변, 창문 아래에 두었다가 높은 곳에 올라 풍경을 조망하는 무렵에 무의식중에 느낌이 오면 쌓인 의문이 얼음 녹듯이 풀리니, 아마 세월을 정할 수는 없을 것 같습니다. 옛날 책을 뒤적이다가 문득 옛날에 막혔던 부분을 만나 독자적인 해석을 하게 되면 항상 기꺼워 위안으로 삼곤 했습니다. 그러나 정신이 세월을 겪으면서 얼마나 쇠퇴했는지를 생각하면서 또 남몰래 혼자 상심하곤 합니다.

鄙性於書之難讀者, 不敢輒置, 必欲求得其說, 往往至廢寢食. 或累日夕不能通, 格於他端中輟, 然終耿耿不能忘. 異日或讀他書, 忽有所獲, 則亟存諸副墨. 又或於籃輿之上, 枕簟之間, 蓬窓之下, 登眺之餘, 無意中若然有觸, 而積疑氷釋. 蓋非可以歲月程也. 每翻舊書, 輒逢舊境, 遇所獨解, 未嘗不欣欣自慰. 然精神歲月, 消磨幾許又黯然自傷.(『績學堂文鈔』 권1 「與史局友人」, 『續修四庫全書』 集部 別集類)

필자 역시 이와 유사한 긴장과 흥분, 긴장 속에 있는 생명의 포만감, 그리고 생명이 소모되는 와중에 느끼는 망설임과 '혼자 상심하는自傷' 데 익숙한 듯하다. 매문정은 또 이렇게 말했다.

종종 쌓여 있던 고민이 통하기도 하는데 개중에는 수십 년이나 된 의문도 있습니다. 책으로도 증명할 수 없고 물어볼 벗도 없다가 갑자기 다른 일에서 촉발되어 그 의문이 얼음 녹듯이 없어지고 또한 그것을 토대로 다른 비슷한 것을 유추해 이해하게 되면 밤중이라도 촛불을 밝혀놓고 급히 일어나 써두곤 합니다. 어느 날 아침 잠자리에 누워 있다가 깨달은 것을 며칠 동안 써도 다 쓰지 못하고 새로운 생각이 계속 파생되어 다시 시일이 지나곤 합니다.

往往積思所通, 有數十年之疑. 無復書卷可證, 亦無友朋可問. 而忽觸他端, 渙然氷釋, 亦且連類旁通, 或乘夜秉燭, 亟起書之. 或一旦枕上之所得, 而累數日書之不盡, 引申不已, 遂更時日.(같은 권, 「復沈

超遠書」)

이러니 누가 '학문하는 이의 생애'에는 별다른 시적 의미가 없다고
하겠는가!

이 책이 완성되면 필자를 격려하고 도와준 벗들, 특히 천핑위안陳平
原, 샤샤오훙夏曉虹 부부에게 감사한다. 필자의 관련 연구에 발표 기회
를 제공해준 『중국문화中國文化』『학인學人』『전통문화와 현대화傳統文化
與現代化』『상하이문화上海文化』『문학유산文學遺産』『중국문화연구中國文
化研究』『사회과학진선社會科學陣線』 등의 간행물에도 감사한다. 현·당대
문학 연구에서 지금 진행 중인 연구에 이르기까지 필자는 시종일관
스승과 벗, 동료, 출판계로부터 격려를 받았다. 어쩔 수 없이 반복해서
말하거니와 필자는 행운아다.

1998년 5월

제 5 장
유민론

1   여전히 예외는 있었다. 예를 들어 굴대균은 양자를 구분하는 데 그다지 관심이 없었다. '일민'의 원형은 유가 경전에서 제공했다. 굴대균은 자기 해명을 할 때 여전이 관련된 사상 자원을 직접적으로 이용하면서, "공자가 은자라고 칭한 이들을 기록하여 『논어고사전』이라고 했고取孔子所稱隱者錄爲一編, 名曰『論語高士傳』" 아울러 자신의 서재 이름을 "칠인지당"이라고 붙였다.(『翁山文外』 권1 「七人之堂記」 참조. 여기서 '칠인'은 바로 『논어』에서 거론된 儀封과 晨門, 荷蕢, 楚狂接輿, 長沮, 桀溺, 丈人을 가리킨다.)

2   『독통감론』에서는 엄광이 광무제를 섬기지 않은 것은 "숨겠다고 말하고 도를 숨기는 것을 자부했으니 숨길 만한 것이 없지 않았을 것隱之爲言, 藏道自居, 而非無可藏者也"이라고 했는데, 요점은 군자는 "벼슬살이를 도로 삼는다以仕爲道"는 데 있으므로 엄광은 본받기에 부족하다고 했다.(권6, 231쪽) 『송론』에서는 엄광 등의 고상한 행위에 담긴 유폐를 지적했다: "그러므로 엄광이나 주당, 임포, 위야와 같은 무리들은 만약 세상에 나와 중대한 일을 맡았다 하더라도 천하를 구제할 방도가 없었을 뿐만 아니라, 내가 보기에는 그들은 대부분 마땅한 충효를 행해야 할 때에도 책임을 미루고 스스로 순절하지 못할 것 같다. 일단 느슨해져서 확장할 마음이 없어진다면 장차 그 감정을 억누르고 자신을 지키려고 기도할 것이니 말단 부류의 폐단이 장차 이루 다 말할 수 없을 정도가 될 것이다故嚴光, 周黨, 林逋, 魏野之流, 使出而任天下之重, 非徒其無以濟天下也, 吾恐其於忠孝之誼, 且

有所推委而不能自靖者多也. 誠一弛而不欲固張, 則且重抑其情而祈以自保, 末流之弊, 將有不可勝言者矣."(권10, 254~255쪽) 이것은 왕부지가 명리를 탐하지 않고 평안하게 은퇴하는 것恬退'과 '욕심嗜欲' 없는 것은 '생기'를 갉아먹기에 충분하다고 주장한 것과 상통한다. 유학자의 관점에서 보면 선비의 '隱見出處'는 단지 '도'와 관련이 있을 뿐이다. 劉宗周, 『論語學案二』: "(군주에게) 도가 있는데도 자신을 드러내지 않으면 틀림없이 자신이 가진 도가 드러내기에 부족하다는 것이니 부끄러워할 만하다. (군주에게) 도가 없는데도 은거하지 않으면 틀림없이 자신이 가진 도가 은거하기에 부족하다는 것이니 부끄러워할 만하다有道而不見, 必其道不足以見者也, 可恥也. 無道而不隱, 必其道不足以隱者也, 可恥也."(『劉子全書』 권29)

3   「前鄕進士董天鑑墓誌銘」: "엄광은 벼슬살이를 좋아하지 않았을 뿐이지 마지못해 피해서 도를 온전히 하고자 했던 것이 아니다. 저 東漢의 당인들 또한 초췌한 모습으로 초야를 떠돌지 않았다. 양자는 서로 관련이 없는 것처럼 보이는데 군자가 그 원류를 거슬러 올라가서 동한의 명절이 엄광에게서 시작되었다고 여겼다. 만력 이후 오나라 땅의 歸子慕(1563~1606, 자는 季思)와 張世偉(1568~1641, 자는 異度), 李流芳(1575~1629, 자는 長蘅 또는 茂宰)이 모두 일찍감치 벼슬을 사직했는데 이는 스스로 담박한 삶을 감내한 것이지 천하의 일과는 아무 상관도 없는데 사람들이 그들을 청류로 분류했다嚴子陵不樂仕進, 非曲避以全道也. 彼俊, 及, 顧, 廚之黨人, 亦未嘗憔悴江海之上. 兩者似不相蒙, 而君子溯流窮源, 以爲東漢之名節始於子陵. 萬曆之後, 吳中歸季思, 張異度, 李長衡皆早謝公車不赴, 此是自甘淡薄, 亦復何關天下事, 人乃目之爲淸流."(『黃宗羲全集』 제11책, 49쪽) 이것은 왕부지와는 다른 견해다.

4   謝枋得의 '卻聘書'에 해당하는 것으로는 이 외에도 『謝疊山先生文集』 권2에 수록된 「上程雪樓御史書」와 「與參政政魏容齋書」 등이 있다. 『사첩산선생문집』은 道光己酉重刊本을 참조했다.

5   丁寶俊 輯 『傅靑主先生年譜』: "선생은 임오년(1642)부터 도복을 입었는데 나라의 변고를 겪고 나서는 다시 벗지 않았다先生自壬午服冠衲, 及經國變, 遂不復釋."(『霜紅龕集』, 1304쪽) 부산은 子姪에게도 "덕을 숨기는 것을 가법으로 삼으라以隱德爲家法"라고 훈계했다.(「家訓」, 같은 책, 705쪽)

6   이와 관련된 왕부지의 辨析은 또한 『독통감론』 231쪽과 293~294쪽, 810쪽 등에도 보인다.

7   乾隆 『嘉定縣志』 권11 「藝文志」 "書籍"에 수록된 주자소의 「與友人論文書」에 따르면 그의 『歷代遺民錄』에는 '孤臣' '高義' '全節' '貞孝' '知幾' '潛德' '散逸' 등의 부류가 있다고 했다. 분류 기준은 통일되지 못했지만 '등차'는 배열 순서에 나타났으니, 이 또한 텍스트들에서 흔히 보이는 표의 방식이었다.

8   『翁山佚文輯』 권中 「書逸民傳後」: "일민은 벼슬도 없는 일개 선비일 따름인

데 어찌 송나라를 보전할 수 있겠는가? 그가 지닌 것이 도이기 때문이다. 도가 보전되면 천하가 더불어 보전되는데, 황로사상이 섞이면 그 또한 미미한 방술에 지나지 않으니 어찌 천하의 경중에 영향을 주겠는가? (…) 세상의 어리석은 이들은 한두 명의 일민이 초가집에 엎드려 있는 것을 천하의 경중과 무관하다고 여기면서 단지 그 사람이 가난하고 지위가 낮다는 것만 알 뿐, 그의 도가 넓고 두터우며 고명하여 천지와 더불어 그 쓰임을 함께 하고 日月과 더불어 두루 비추면서 스스로 그 도를 보전하며 그것이 바로 옛날의 제왕이 무궁하게 천하를 물려줄 수 있었던 이유임을 모른다 逸民一布衣韋帶之人, 曷能存宋. 蓋以其所持者道, 道存則天下與存, 而以黃老雜之, 則亦方術之微, 烏足以繫天下之重輕乎 (…) 世之蚩蚩者, 方以一二逸民伏處草茅, 無關於天下之重輕, 徒知其身之貧且賤, 而不知其道之博厚高明, 與天地同其體用, 與日月同其周流, 自存其道, 乃所以存古帝王相傳之天下於無窮也."

9 한 사람을 '천하'와 관계시키는 데에는 예로부터 '비상한 사대부非常之士'라는 자신감이 들어 있었다. 유헌정은 명 유민 가운데 기인에 해당된다. 왕원의 「劉處士獻廷墓表」에서는 그를 높이 평가하기 위해 바로 '천하'를 거론한다: "살고 죽는 것이 천하와 무관한 이는 천하의 선비가 되기에 부족하다. 천하의 선비라도 옛사람과 우열의 다투지 못한다면 천고에 길이 남을 선비가 되기에 부족하다. 그런데 처사 유헌정은 살아 있을 때나 죽어서나 늘 세상 운세의 흥성 및 쇠퇴와 관련이 있었으니, 위아래 수만 년의 역사 속에서 자주 볼 수 없는 인물이었다生死無關於天下者, 不足爲天下士; 卽爲天下士, 不能與古人爭雄長, 亦不足爲千古之士. 若處士者, 其生, 其死, 固世運消長所關, 而上下千百年中不數見之人也."(『居業堂文集』 권18)

10 이에 대해서는 그 스스로 대단히 분명하게 이야기했다. 그는 한나라의 龔勝(기원전 68~기원전 11, 자는 君賓)과 陳咸을 통해서 사대부는 망국의 무렵에 두 가지 선택이 있으니 바로 '자정'과 고국의 문헌 보존을 통해 고국을 보존하는 것이라고 했다. "공승은 죽음으로 절조를 지켰고 진함은 살아서 한나라를 보존했으니, (…) 이 둘이 아니라면 내가 뉘와 함께 돌아가겠는가?勝以死自靖, 咸以生存漢 (…) 微二子, 吾孰與歸."(『독통감론』 권5, 209쪽)

11 육세의도 이렇게 말했다: "시대를 어찌할 수 없고 도를 시행할 수 없으면 몸을 깨끗이 하고 도읍을 떠나 은거하여 도를 논함으로써 후학을 바르게 양성하여 이후를 위해 혜택을 베풀면서 높은 벼슬과 후한 봉록이라도 돌아보지 않아야 한다. 천하와 관련된 일도 중대하지만 만세의 역사와 관련된 일은 더욱 중대하기 때문이다若時不可爲, 道不可行, 則潔身去國, 隱居談道, 以淑後學, 以惠來茲, 雖高爵厚祿有所不顧. 蓋天下之所繫者大, 而萬世之所繫者尤大也."(「與張受先先生論出處書」『論學酬答』 권1)

12 유민이 선택 사항이라는 것과 이와 같은 유민에 대한 논의는 어쩌면 명대
의 사풍에 대한 반발로 보일 수도 있다. 명대에 사대부들이 '조급하게 다
투는躁競' 관습을 지니고 거기에 열중했던 사실은 식견 있는 이들에게 자
주 비판을 받았다. 왕부지는 "천하 사대부들이 군주에게 쓰이지 않는寶中
士大夫不爲君用" 법칙이 있어서 "바퀴를 부들로 싼 편안한 수레를 타도록
예우하는 법도가 널리 폐지되어 시행되지 않기安車蒲輪之典曠廢不行" 때
문에 사대부의 심리와 행위가 '비천猥賤'해지게 되었다고 했다. 그런데 "밝
은 이 시대에 은거해 지내는 이가 없는昭代無隱逸" 것을 그는 일종의 시대
적 병폐로 간주하여 논했다.(「搔首問」『船山全書』 제12책, 626쪽) 왕조가 교
체될 무렵에 사대부들이 남명의 작은 조정과 (淸의) 새 조정에서 벼슬살
이 하는 것을 서두르자 조금이라도 절조를 지키려는 이들은 누구나 그런
사례를 들며 부끄러운 일이라고 여겼다. 황종희의 「萬悔庵先生墓誌銘」에서
는 당시 강남 사대부들이 "모두 시대를 타고 명예와 지위를 낚아챘는데皆
乘時獵取名位"(여기서는 응당 남명 조정의 명위를 가리킬 텐데) 청나라 군
대가 절강으로 건너오자 "한 동안 사대부들은 벼슬을 얻은 일에 대해 말
하는 것을 꺼리고 모두 표정만 바꿔서 담당 관리를 통해 조정에 천거 받
으려 했다一時士人諱言受職, 皆改頭換面充賦有司"라고 했다. 그는 또 「戶部
貴州淸吏司主事兼經筵日講官次公董公墓誌銘」에서도 "강남은 조정에 귀순
하여 지난날 높은 벼슬을 했던 이들은 모두 스스로 벼슬을 버리고 인재
를 천거할 때가 되면 다시 회시에 참여할 수 있게 해달라고 간구했다江東
內附, 異時宦爲大官者皆自削去, 擧人則復求會試"라고 했다.(이 두 글은 모두
『황종희전집』 제10책에 들어 있음)『明季南略』 권10의 "張獻忠陷蜀" 및 "附
記"에는 張獻忠이 "시험을 치러 선비를 뽑겠다는 방을 내걸자 遠近의 제생
들이 다투어 달려갔다가懸榜試士, 諸生遠近爭赴" 장헌충에게 도륙을 당해
"촉나라 지역 사대부 무리의 씨가 마르는蜀中士類俱盡" 지경에 이르렀다고
기록하고 있으니, 지극히 풍자적이다. 소문은 과장될 수도 있지만, 그 안에
서 사대부들이 느낄 치욕감은 오히려 절실하다. 유민의 '남겨짐遺', 특히 유
민 자신이 이야기하는 '남겨짐'은 또한 명청 교체기 사대부들이 행했던 일
종의 특수한 형식의 역사에 대한 성찰과 사색이었다고도 이해할 수 있다.

13 錢基博은 孫靜庵의『명유민록』에 대한 서문에서 이렇게 썼다: "내가『대아』
를 읽다가 「운한」에 이르니 '주나라 땅에 남겨진 백성은 하나도 없었지'라
고 했는데, 이 말을 믿는다면 주나라에는 유민이 없다는 것이니 논자들
이 의아하게 생각했다. (…) 이때가 되면 호경에 살던 옛 백성은 비록 고국
을 그리는 이가 한두 명쯤 있다 해도 오랑캐 조정의 다스림 아래 오랑캐의
차림새를 하고 倫理綱常이 타락한 채 중원 문화가 오랑캐에 의해 변해버
릴 테니, 유민이 없다고 해도 괜찮은 상황이 된 것이다吾讀『大雅』, 至「雲漢」
之詩, 曰: '周餘黎民, 靡有孑遺.' 信斯言也, 是周無遺民也, 說者疑焉. (…) 當是

時也, 鎬京舊民, 雖有一二眷念故國者, 然而眠息虜廷, 被髮左衽, 以墜天常, 用夏變於夷, 雖曰無遺民, 可也."(손정암, 『明遺民錄』 부록 「原序」, 浙江古籍出版社, 1985, 370쪽)

14 범찬과 원굉의 事跡은 각기 『진서』와 『후한서』에 들어 있다. 이들 두 사람은 모두 유민이 아니지만 명나라 유민들이 그들의 삶의 방식을 취했을 따름이다. 즉 범찬은 침실에서도 수레를 타고 36년 동안 말을 하지 않았으며, 원굉은 흙방土室에 문도 내지 않고 그 안에서 살면서 창으로 음식을 받아서 먹었다고 한다. 유민의 전기나 행장, 또는 자서전에는 '흙방'과 '소달구지牛車' 등과 같은 단어가 자주 보인다. 유민의 서사 혹은 유민에 관한 서사에서 일반적으로 사용하는 典故로는 또 '義熙'와 '典午' '金鰲' '崖山' '却聘書' 등이 있다.

15 『孫夏峯先生年譜』 권下 康熙 9년: "관부가 물었다. '기자가 죽지 않은 것은 도를 전하기 위해서인데, 무왕이 찾아올지 어찌 미리 알았겠습니까?' 기자가 죽지 않은 만큼 은나라 종실도 사라지지 않았다. (…) 결국 하늘의 뜻을 대신하겠다고 자처한 것이지 무왕이 때맞춰 찾아오고 말고는 모두 관심 밖의 일이었다. 그래서 상주 교체기에 도는 기자에게 있었다라고 하는 것이다'寬夫問: 箕子不死爲傳道也, 豈逆知有武王來訪乎. 曰: 箕子一日不死, 殷家一日不亡 (…) 總之, 以天自處, 武王之遇合不遇合, 皆無容心焉, 故曰: 商周之際, 道在箕子."

16 『楊園先生全集』 권18 「周民東亡」: "'『강목』에서 이것을 쓴 것은 그것을 통해 주나라의 은택이 백성에게 미쳤음을 보여주기 위함이었다. 진나라는 그 영토로 들어와 대권을 취하고 군주를 바꿀 수는 있었지만 그곳에 살던 백성을 가질 수는 없었다'綱目 書此, 以見周澤之在人. 秦能入其地, 取其鼎, 遷其君, 而不能有其民也." "은나라가 망했을 때 聖明한 무왕도 낙읍의 백성들을 교화하지 못했거늘, 하물며 서북방 오랑캐인 진나라가 위세와 권력으로 짓눌러 부리면서 민성들이 귀의하기를 바랐으니, 어찌 가능했겠는가? 그 백성이 고향과 전답, 집을 버리고 대거 동쪽으로 떠난 것도 당연했다殷之亡也, 雖以武王之聖, 猶不能化雒邑之民, 況以戎翟之秦, 勢凌權使, 而欲民之歸也, 何可得焉. 宜其捐田里, 棄家室, 而洋洋東去也." 이 또한 당시 유민들의 화법이라 하겠다.

17 『廣宋遺民錄』을 李楷는 『宋遺民廣錄』이라고 했는데 어느 것이 맞는지는 모르겠다. 錢謙益은 자신이 본 유민록과 李長科가 편집한 『광송유민록』에 대해 이렇게 썼다: "원나라 때 吳萊는 襲開(1222~1304, 자는 聖予 또는 聖與, 호는 翠巖)가 쓴 문천상과 육수부의 전기를 읽고 祥興(1278~1279) 이후 충신과 지사들의 유사를 모아 『상해여록』을 편찬했는데, 서문만 있을 뿐 책은 남아 있지 않다. 명나라의 학사 程克勤이 그의 뜻을 이어받아 『송유민록』을 편찬했으니 謝翱 이후로 모두 11명에 대한 기록이었다. 나는 그가

겨우 거기에 그친 것을 애석하게 생각하여 더하고 확장하여『속상해여록』을 편찬하고자 했으나 역시 서문만 쓰고 책은 완성하지 못했다. 淮海의 이장과는 나라의 멸망이라는 재앙을 겪고 명의 재상이었던 조상 때부터 시작해서『광유민록』을 편찬함으로써 그 뜻을 나타냈다. 杜本(1267~1350, 자는 伯原 또는 原父, 原文, 호는 淸碧, 淸江)의『곡음』과 동강 지역『월천음사』의 내용을 취하여 정극근의 책에 미비된 부분을 더했다元人吳立夫讀龔聖予撰文履善, 陸君實二傳, 輯祥興以後忠臣志士遺事, 作『桑海餘錄』, 有序而無其書. 明朝程學士克勤, 取立夫之意, 撰『宋遺民錄』, 謝皐羽已下, 凡十有一人. 余惜其僅止於斯, 欲增而廣之, 爲『續桑海餘錄』, 亦有序而無書. 淮海李小有, 更陸沉之禍, 自以先世相韓, 輯『廣遺民錄』以見志. 取淸江『穀音』, 桐江『月泉吟社』, 以益克勤所未備." "이장과가 죽자 그의 원고는 王猷定(1598~1662, 자는 於一, 호는 軫石)에게 돌아갔고, 왕유정은 다시 그것을 毛晉(1599~1659, 자는 子晉)에게 넘겼으나 그 두 분도 갑자기 세상을 떠나고 말았다. 내가 모진의 자제들에게 그에 대해 물어봤으나 단지 목록 한 帙만 구할 수 있었을 뿐이다小有毅, 以其稿屬王於一, 於一轉以屬毛子晉, 而三子亦奄逝矣. 余問之子晉諸郎, 止得目錄一帙."(「書廣宋遺民錄後」『牧齋有學集』권49, 1607쪽) 전겸익은 또「記月泉吟社」에서 "本朝(淸) 정극근이『송유민록』를 편찬하여 王炎午(1252~1324, 자는 鼎翁)와 謝翶등을 수록했는데 겨우 11명뿐이었다. 내가 본 남겨진 글과 일화들 가운데 오·월 지역의 유민이 수십 명뿐만은 아니었으니, 그들을 망라하여 역사에서 빠진 부분을 새롭게 보충함으로써 남명 이시랑의 치욕을 씻어주고자 했다本朝程克勤輯『宋遺民錄』, 載王鼎翁, 謝皐羽輩, 僅十有一人. 余所見遺文逸事, 吳, 越間遺民已不啻數十人, 欲網羅之, 以補新史之厥, 以洗南朝李侍郎之恥."(『牧齋初學集』권84, 1763쪽) 같은 책 같은 권에 수록된「跋汪水雲詩」에서도 "내가 오래의『상해여록』의 속편을 편찬하고자 했지만 결국 이루지 못했다余欲續吳立夫『桑海餘錄』, 卒卒未就"(1764쪽)라고 했다.

18 명나라 유민의 글에서는 종종 송 유민들의 화법을 답습한 흔적을 발견할 수 있다. 예를 들어 謝彷得은 "위대한 원나라가 세상을 다스리자 백성과 문물이 새롭게 바뀌었지만 송 왕조의 외로운 신하들은 한 번의 순절이 모자랐고大元制世, 民物一新; 宋室孤臣, 只欠一死" "망한 나라의 사대부는 살아남으려고 도모해서는 안 된다亡國之大夫, 不可以圖存"(「상정설루어사서」『사첩산선생문집』권2)라는 등의 말을 남겼다.

19 謝正光의『明遺遺傳記索引』(上海古籍出版社,1992)는 명·청 교체기에 송 유민과 관련된 자료의 정리 상황과 淸初 '유민록'의 전파 상황에 대해 대단히 상세하게 서술했다. 청말·민초의 反淸志士가 '명 유민사'를 정리한 정황에 관해서는 孫靜庵,『명유민록』부록「原序」를 참조할 것. 이것은 遺民史가 또 다른 세대에서 운용된 현저한 예다.

20 張履祥의「讀許魯齋心法偶記」에서는 다음과 같은 허형의 말을 기록했다: "'역사의 대통일은 천하가 천자를 존중하고 방국이 군주를 존중하고 가문에서 부친을 존중하는 데에 달려 있다. 이 세 가지 조건이 일어나면 잘 다스려지고, 이 세 곳에서 마땅한 자리를 잃으면 어지러워진다.' (…) 이것은 선생의 어쩔 수 없는 마음을 헤아릴 수 있게 해준다春秋大一統, 在天下尊王, 在國尊君, 在家尊父. 這三件起來便治, 這三處失位便亂 (…) 此可推先生不得已之心."(『양원선생전집』권30) 그의 「許魯齋論」에서는 또 이렇게 썼다: "옛날에 百里奚가 진나라의 재상이 되었을 때 맹자는 자신을 팔아서 군주를 올바로 만든 일이었으며, 시골에서 자신을 아끼는 이는 하지 않는 일이지만 현명한 이라면 할 수 있는 일이라고 했다. 그(백리해)의 생애를 살펴보면 또한 부귀공명과 출세에 연연한 인물이 아니었다. 이제 허형을 보면 그가 부귀공명과 출세에 연연한 인물이었던가? 원나라에서 벼슬살이를 하는 일 같은 것은 또한 시골에서 자신을 아끼는 이들이 하지 않는 종류의 일인데, 나는 이 때문에 이런 뜻을 취해서 그의 뜻을 양해하고 그를 논평하는 글을 쓰고자 했다昔者百里奚之相秦, 孟子謂自鬻以成其君, 鄉黨自好者不爲, 而謂賢者爲之, 夫亦論其平生, 非富貴利達之人也. 今也魯齋其富貴利達之人也哉. 夫仕元, 則亦鄉黨自好者不爲之類也, 予故竊取斯義, 爲原其志而論著之." 같은 책 권40의 「備忘·二」에서는 이렇게 썼다: "허형은 호걸이라고 할 수 있는 선비인데, 후세 사람들은 그가 원나라에서 벼슬살이를 했다는 이유로 그의 생애까지 싸잡아 팽개쳐버렸으니, 결국 사적인 생각을 다투는 행위일 따름이다許魯齋豪傑之士也, 後人以其仕元, 幷其生平而槪棄之, 總只是爭私意." 같은 책 권41「備忘·三」에서는 이렇게 썼다: "허형은 믿음이 돈독하고 학문을 좋아한 선비로서 그의 깨달음은 金履祥(1232~1303, 자는 吉父, 호는 次農, 학자 尊稱 仁山先生)과 許謙(1269~1337, 자는 益之, 호는 白雲山人)을 넘어섰는데, 후세 사람들은 단지 그가 원나라에서 벼슬살이를 했다는 이유로 너무 가혹하게 평가할 따름이다許魯齋篤信好學之士, 其所得過於金仁山, 許白雲. 後人特以仕元之故, 苦之太過耳."

21 『宋元學案』권90「魯齋學案」에는 허형의 전기와 관련된 자료들을 부록으로 수록했는데, 거기에서 허형은 자신의 아들에게 이렇게 말했다고 했다: "내가 평생 헛된 명성에 얽매어 결국 벼슬을 사임하지 못했는데, 죽은 뒤에는 부디 시호를 내려달라고 청해서 비석을 세우는 일은 하지 말고 그저 '허 아무개의 무덤'이라고만 써서 자손들이 무덤의 위치를 알게 해주면 충분하다我平生虛名所累, 竟不能辭官, 死後愼勿請諡立碑, 但書'許某之墓', 使子孫識其處足矣."(『황종희전집』제6책, 浙江古籍出版社, 1992, 532쪽)

22 이 學案에 수록된 『靜修文集』에 따르면 그 자신은 "하루도 감히 남들보다 인품이 너무 고고하여 뒤를 잇기 어려운 행위를 한 적이 없었다未嘗一日敢爲崖岸卓絶, 甚高難繼之行"라고 하면서 자신을 '고고한 은사로 분류隱土

高人之目'하는 것을 사양했다고 했으니, 孫奇逢이 그를 典範으로 삼았다는 것을 이해할 수 있다.

제6장
유민의 생존 방식

1   『明季滇黔佛教考』권6: "永曆帝가 오나라 영채에 가게 되었을 때 역담장군 여유상이라는 이가 황제를 습격하려고 은밀히 계획을 세웠는데, 그가 영채로 들어가 주상을 알현하자 주상은 무척 괴로워하며, '얘야, 네가 불교의 십왕 등에게 뜻을 전해서 나를 구출해줄 수 있다면 나는 그저 수행을 하고 싶구나' 하고 말했다. 이 말은 『파아』권11에 수록된 陳啓의 『역담유사』에 수록되어 있으니, 영력제가 말년에 출가하여 승려가 되고 싶다고 한 적이 있다는 것이다. 그러나 이에 앞서 弘光帝가 출가했다는 뜬소문이 있었다按永曆之被給至吳營也, 有瀝膽將軍黎維祥者, 密謀劫駕, 入見上, 上大苦曰: 兒子, 爾可致意十王家等, 若能救我出, 我止願修行去. 語見『播雅』十一陳啓撰『瀝膽遺事』, 是永曆末路曾願出家也, 而弘光出家之謠已先之."(314쪽) 이에 대해 陳垣은 이렇게 평론했다: "그러나 이전에 건문제의 일이 있었으니 전설이 생겨나면 신하된 입장에서는 당연히 실제로 황제가 그랬다고 믿었을 것이다然有建文事在前, 則傳說之興, 爲臣子者自當寧信其是."(315쪽) 여기서는 아직 명 태조와 佛門의 관계 및 燕王과 姚廣孝(즉 승려 道衍) 사이의 특수한 관계에 대해서는 언급하지 않았다. 『罪惟錄』: "皇覺寺는 승려 때문에 흥성했고 滇南은 승려 때문에 망했다皇覺以僧興, 滇南以僧亡."(『제기』권1「帝紀總論」, 1쪽) 전겸익의 「宋文憲公護法錄序」에서는 이렇게 썼다: "태조는 불교를 칭송하여 신명이 암중에서 천자의 기강이 세워지도록 도왔고, (…) 송렴은 운세에 순응하여 일어나서 (…) 제왕의 책략과 교화를 보좌했으며, (…) 요광효와 永樂帝 사이의 관계는 숨겨진 것과 드러난 것에 약간 차이가 있다聖祖稱佛氏之敎, 幽贊王綱(…) 文憲應運而起(…) 輔皇猷而宣佛敎(…) 姚恭靖之於成祖, 闔現稍異"(『목재초학집』권28, 861쪽) 郭朋의 『明淸佛敎』(福建人民出版社, 1982)에서는 명대의 여러 황제들 가운데 "다수가 불교를 믿었다多數是信佛的"고 했다.(34쪽)

2   이 책에서는 이렇게 쓰고 있다: "禪定에 들어 기뻐하는 것은 明末 사대부들의 기풍이었다禪悅, 明季士夫之風氣也."(127쪽) 또한 선비 기풍과 학술 기풍의 변천에 대해 서술하면서 "만력 이후로 불교의 기풍이 점차 성행하면서 사대부들은 누구나 禪에 대해 이야기했고 승려들도 모두 사대부와 교유했다萬曆而後, 禪風寢盛, 士夫無不談禪, 僧亦無不欲與士夫結納."(129쪽) "그 당시 사대부 기풍은 嘉靖 시기와는 크게 달랐다其時士大夫風

氣, 與嘉靖時大異."(129~130쪽)

3 呂留良은 「答潘美巖書」에서 자신은 불교에 대해 陳憲章이나 王守仁과 "똑같이 싫어한다同疾之"고 하면서 이렇게 말했다: "비록 머리를 깎고 승복을 입었지만 무슨 종파를 따르는 것도 아니고 불경을 강론하지도 않고 불법에 응하는 것도 아니고 혼자서 시골의 사이비 중노릇을 할 따름입니다雖圓頂衣伽, 而不宗, 不律, 不義講, 不應法, 自作村野酒肉和尙而己."(『呂晚村先生文集』 권2) 그리고 「自題僧裝像贊」을 써서 스스로를 조롱했다: "중인가? 중은 아니지만 중이라고 부를 수밖에. 속인가? 속인이 아니더라도 원래 싸잡아 소인이라고 부를 수 없는 법. 종파에도 들어가지 않고 불경이나 어록도 공부하지 않으니 唄(pāthaka, 贊偈)를 행하는 데에도 멍하니 모를 뿐만 아니라 계율로도 속박하기 어렵다. 처자식이 있고 술과 고기도 먹는다. 그런데도 승복을 입고 머리카락을 짧게 잘라 대머리처럼 되어 있으니, 유학자들은 이단에 가깝다고 하고 승려들은 우리 권속이 아니라고 한다僧乎. 不僧而不得不謂之僧. 俗乎. 不俗亦原不可槪謂之俗. 不參宗門, 不講義錄, 旣科唄之茫然, 亦戒律之難縛. 有妻有子, 吃酒吃肉. 奈何衲襖領方, 短髮頂禿. 儒者曰, 是殆異端. 釋者曰: 非吾眷屬."(같은 책 권6)

4 불교로 도피하는 것을 거부한 사람도 많다. 『靜志居詩話』「顧璞」: "살림이 아주 곤궁했는데 어느 승려가 수행을 해서 내세의 복을 쌓으라고 하자 顧璞(?~?, 자는 쓰公 또는 琢公, 호는 山臣)이 웃으며 말했다. '전생에 무슨 닭이나 개로 잘못을 저질러서 이번 생에 내가 이렇게 가난하게 되었는지 모르겠지만, 스님을 따라 수행하면 또 내세에 어떤 닭이나 개가 이 복을 누리게 될지 모르겠소.' 이 이야기를 들은 이들이 이것을 웃음거리로 삼았다家居奇窘, 有桑門勸其修行, 以資來世福. 山臣笑曰: 不知前身是何鷄狗作之孽, 使我今生窮苦. 若從上人修行, 又不知來世是何鷄狗安享是福. 聞者以爲笑端." (700~701쪽)

5 다방면에서 그 사람이 불교로 도피한 원인을 연구한 글들—예를 들어 『진확집』「公奠董爾立文」과 같은—을 보면 또한 당시 유학이 행사하고 있었던 강력한 압력을 느낄 수 있다. '불교로 도피하기'라는 선택은 해명이 필요한 행위였다. 方以智가 승복을 입었음에도 그의 아들 方中通은 여전히 "생전에는 출가해야 마땅했지만, 사후에는 함께 유가로 귀의해야 한다生前應出世, 身後合歸儒"(「陪詩·癸醜元旦拜墓」, 余英時, 『方以智晚節考』 증정판, 臺北允晨文化實業股份有限公司, 1986, 336쪽)고 했다.

6 황종희, 「吳山益然大師塔銘」: "益然大師는 비록 세속을 떠났지만 가슴속에는 없애버릴 수 없는 것이 있어서 깊은 밤에 까닭 없이 통곡하곤 했다師雖出世, 然胸中有不可括磨者. 燈炧夜闌, 無故痛哭."(『황종희전집』 제10책, 527쪽) 『淸初僧諍記』: "『婁東耆舊傳』에 따르면 王瀚은 자가 元達인데, 나라에 변고가 생기자 승려가 되어 법호를 晦山, 법명을 戒顯, 자를 願雲이라고

했다. (…) 왕한은 비록 불교에 입문했지만 슬픔과 분노가 격렬하여 도적에게 복종한 신하들을 성토하면서, '봄날 밤 복사꽃 핀 정원에서 잔치 벌이며 (安祿山이) 凝碧池 가에서 (잔치를 벌였을 때 억지로 모인 이들이 玄宗을 생각하며) 흘린 눈물은 생각하지 않고, 단오절에 다투어 장강을 건너는 모습 보면서 汨羅江 위 (屈原의) 영혼을 애도하겠는가?'라고 했다. 그 구절을 읽은 이들은 모두 팔목을 쥐고 분개했다"婁東耆舊傳": 王瀚, 字元達. 國變爲僧, 號晦山, 名戒顯, 字願雲(…) 瀚雖入空門, 悲憤激烈, 曾檄討從賊諸臣云: 春夜宴梨園, 不思凝碧池頭之泣; 端陽觀競渡, 誰弔汨羅江上之魂. 讀者俱爲扼腕."(2420~2421쪽) 당시에는 불교로 도피했지만 양해한다는 논의도 있었다. 같은 책에는 徐心韋에 대해 이렇게 기록했다: "全祖望의 『속용상기구전』에는 서심위에 대해 상당한 불만이 들어 있다. 그러나 서심위는 나라에 변고가 생긴 뒤에 승려가 되어 碧溪 大音庵에서 지냈는데, 그곳에는 전조망의 絳雲樓 구조를 흉내 낸 在澗樓가 있었다. 그리고 거기에 서심위는 직접 이렇게 썼다. '모든 게 꿈이라는 것을 진즉 깨달았나니, 마치 죽었지만 묻히지는 않은 것과 같았다.' 선비들의 여론은 그에 대해 깊이 양해하고 있다全謝山『續甬上耆舊傳』, 於心韋頗有微詞. 然心韋國變後爲僧, 居碧溪大音庵, 庵有在澗樓, 仿佛錢氏絳雲樓結構. 自題曰: 早已覺來渾是夢, 譬如死去未曾埋. 士論深諒之矣."(2446쪽) 또한 불교로 도피한 후 선비 여론에서 불만으로 여긴 경우도 있었으니 澹歸(즉 金堡)의 경우가 그러하다. 邵廷采, 『西南紀事』(邵武徐氏叢書初刻) 권7 「김보」: "김보는 승려가 된 후에 「聖政詩」와 及『平南王年譜』을 쓰면서 산인으로서 공덕을 칭송하자, 선비들이 그를 비난했다. 나는 처음에 그것을 믿지 못해 어르신들에게 여쭤보았는데, 모두 그러했다고 하셨다堡爲僧後, 嘗作聖政詩及平南王年譜, 以山人稱頌功德, 士林訾之. 余初未信, 及問之長老, 皆云." 황종희가 쓴 朱天麟의 묘지명에는 이런 내용이 들어 있다: "김보는 禪宗과 아주 잘 맞아서 훌륭한 말주변과 달필을 언제나 기민한 재능으로 내놓으며 남의 나라가 망했지만 지나간 일이니 돌이킬 필요가 없다고 여겼고, 또 면모를 일신해서 북을 울리고 당상에 올랐으니, 속세를 떠나서나 세간에 있을 때나 늘 무정했다堡則深契禪宗, 佞口銛筆, 一以機鋒出之, 壞人家國, 視爲墮甑, 而又別開生面, 撾鼓上堂, 世出世間, 總屬無情."(『황종희전집』 제10책, 496~497쪽)

7 朱彝尊이 쓴 「崔子忠陳洪綬合傳」에 따르면 陳洪綬는 "난리를 만나자 불교에 섞여 지내면서 자칭 可遲이니 悔遲, 老蓮이라고 했지만, 예전처럼 거침없이 술을 마시고 기생을 끼고 놀았다. 취한 뒤에 이야기가 난리를 만난 신세에 미치면 갑자기 하염없이 통곡했다. 그리고 몇 년 뒤에 병으로 죽었다旣遭亂, 混跡浮屠, 自稱可遲, 亦稱悔遲, 亦稱老蓮, 縱酒狎妓如故. 醉後語及身世離亂, 輒慟哭不已. 後數年, 以疾卒."(『曝書亭集』 권64, 751쪽) 『淸史稿』 권500 萬壽祺傳에서는 그가 명나라가 망한 후 "뜰에서 농사를 지어 자급했고灌園

以自給", "머리를 깎고 승복을 입은 채 자칭 明志道人이니 沙門慧壽라고 했지만 술을 마시고 고기를 먹는 것은 여전했으며髡首披僧衣, 自稱明志道人, 沙門慧壽, 而飲酒食肉如故" "은거를 했다지만 하루라도 세상사를 잊은 적이 없다雖隱居固未嘗一日忘世也"라고 했다. 불교로 도피했지만 불교의 계율을 지키지 않은 것을 유민의 행위로 간주하고 당시 사람들이 칭송했던 것도 불교로 도피한 행위를 보는 또 하나의 관점이었다.

8 여유량, 「客坐私告」: "평생 맹수보다 승려를 더 무서워했고 더욱이 종파에 속한 승려를 무서워했는데, 다만 절개를 지키려는 문인이 그곳으로 도피한 경우는 마음속으로 무척 어여삐 여겼다. 그러나 몇 년 이래 세속 밖으로 도피한 이가 단을 세우고 설법을 하고 높은 관료들에게 알랑거리며 그 속에서 부귀와 영달을 추구하는 것을 자주 보았고, 비로소 그가 속세를 떠날 때에는 원래 이러지 않았다는 것을 깨달았다. 그러니 그런 이들은 승려보다 더 무섭다生平畏僧甚於狼狽, 尤畏宗門之僧, 惟苦節文人托跡此中者, 則心甚愛之. 然逐年以來, 頗見托跡者開堂說法, 諂事大官, 卽就此中求富貴利達, 方悟其托跡時原不爲此, 則可畏更過於僧矣."(『여만촌선생문집』권8) 『청초승쟁기』: "나는 이런 의문을 가진 적이 있다. 법통을 계승하여 설법하는 것은 승려의 원래 모습이지만 유민이 불교로 도피하여 법통을 계승하고 설법하는 것을 황종희는 왜 싫어했는가? 御書樓의 章曾이 그에 대해 이렇게 말했다. 즉 百丈懷海(?~814) 대사가 사원을 세워 叢林清規를 제정하고 맨 먼저 복을 기원했다는 것이다. 그러므로 단을 열어 설법할 때에는 반드시 성현에게 축원하고, 매 달 초하루와 보름에 성현에게 축원하며 장수를 바랄 때에도 반드시 성현에게 축원했다. 유민이 불교로 도피한 것은 다른 왕조의 신하 노릇을 달갑게 여기지 않았기 때문인데, 이제 단을 열어 설법하면서 반드시 성현에게 축원해야 한다면 그 축원의 대상이 되는 성현은 누구인가? 성스럽다고 축원할 수 있다면 木陳道忞(1596~1674)이 정복 왕조인 청나라에 복종한 것과 무엇이 다른가! 머리 깎고 승복을 입은 것은 무엇을 위해서인가? 이것이 바로 황종희가 몹시 가슴 아파하면서도 대놓고 말하기 곤란했던 점이었다. (…) 황종희가 그를 '七怪'의 우두머리라고 질책한 것도 까닭이 있었다竊嘗疑之: 嗣法上堂, 僧伽本色, 遺民逃禪, 梨洲何惡其嗣法上堂. 則御書樓章曾言之矣, 曰百丈大師建叢林, 立清規, 首先祝釐. 故開堂必祝聖焉, 朔望必祝聖焉, 萬壽千秋必祝聖焉. 夫遺民逃禪, 爲不甘臣異性也, 今開堂必祝聖, 所祝何聖. 甲申以後, 猶可云祝弘光隆武永曆也, 永曆而後, 所祝何聖. 聖而可祝, 何異木陳之從周. 髡髮染衣胡爲乎, 此梨洲所痛心, 而不便明言者也 (…) 梨洲斥爲七怪之首, 有以也."(2528~2529쪽) "그렇다면 불교로 도피한 유민은 어떻게 해야 한단 말인가?『주정시집』권19에 수록된 初夏詩의 注에서, 동탑의 승려 아무개가 도장을 새기면서 동파 蘇軾의 시 구절에서 취해 자신의 거처 이름을 '病不開堂'이라고 했다고 했다. 거처, 즉 단을 열

지 않았으니 무슨 공덕을 칭송할 일이 있겠는가然則遺民逃禪者, 必如何而後可. 曰『宙亭詩集』十九, 初夏詩注, 言東塔僧某, 刻一印, 取東坡句, 名其堂曰病不開堂. 堂且不開, 何有歌頌功德之事?"(2531쪽) 목진도민이 청나라 順治 16년(1659) 조정의 부름에 응하여 "경사에 가서 황제를 알현하고" '弘覺禪師'에 봉해진 뒤 寧波 天童에 '奎煥閣'을 세우고 '寶奎說'을 지어 '축원祝釐' 의 이유를 서술한 데에 대해서는 『청초승쟁기』 권3 '雲門雪嶠塔爭' 『명청 불교』, 332~333쪽을 참조할 것. 이것은 '기원'에 대한 황종희의 논의에 대해서 보충하는 설명이라 할 수 있다.

9   『日知錄』 권18 "破題用莊子" 條: "요즘 학자는 밖으로는 맹자의 양지를 쓰면서 속으로는 장자의 진지를 쓴다今之學者, 明用孟子之良知, 暗用莊子之眞知." 같은 권의 "科場禁約" 條에는 만력 30년(1602)에 禮部尙書 馮琦가 과시에서 불경의 인용을 금지하라고 청하는 章疏를 올린 사실을 기록했다. 당시 사대부들의 언어 재료를 통해서도 '佛書'가 사상의 자원으로 쓰였음을 알 수 있다.

10 명대 및 명청 교체기 명승들이 '援儒入釋'하고 '會通儒釋'했던 부분에 대해서는 『명청불교』 제3장 제2절의 元賢이나 傳燈 같은 승려들에 대한 소개를 참조할 것. 이 책에서는 명나라 중엽의 명승 眞可(紫柏)가 "불교를 '불학'이라고 불렀는데, 불교사에서 보자면 이는 이미 상당한 학술적 기미를 띠게 된 것이다. 그리고 '불법'을 '심학'이라고 부른 것은 더욱 뚜렷하게 유가화한 흔적을 나타낸다. 그러므로 사상이 상당히 방대하고 복잡했던 진가도 陸九淵과 왕수인의 심학에서 깊은 영향을 받았음을 알 수 있다" (206쪽)고 했다. "憨山德淸의 『夢遊全集』 권44에는 「大學綱目決疑」라는 글이 들어 있으니, 이는 불교의 입장에서 유학을 해석한 것이거나 혹은 불교화된 유학의 대표작인 셈이다."(245쪽) 智旭은 "오직 불교를 공부한 뒤에야 유학을 알 수 있으며, 또한 오직 진정한 유학자만이 불교를 공부할 수 있다"고 했다.(287쪽) 황종희는 이 말을 거꾸로 뒤집어서 썼다.(이후의 서술을 참조) 繼起가 '효'에 대해 언급한 내용은 『목재유학집』 권43 「報慈圖序贊」을 참조할 것.

11 『二曲集』 권9 「東行述」: "육경의 큰 뜻에 대해 여쭈자 선생께서 말없이 고요함을 보여주시니, 역사가 갑자기 깨닫고 감사의 절을 올렸다. 누군가 그 까닭을 묻자 역사가 이렇게 말했다. '소리도 냄새도 없는 것이 바로 육경이 나온 길이요 또한 그것이 귀결되는 길이다'旣而問六經大旨, 先生默然, 示之以寂, 械士頓醒, 拜謝. 或詰其故, 械士曰: 無聲無臭, 六經之所以出, 亦六經之所以歸也." 이는 승려가 설법할 때 교의를 암시하는 비결, 즉 禪機와 비슷하다. 그 외에 『四書反身錄』 「논어 上」에서는 '지식'을 '마음의 장애心障'라고 했고(권35), 「논어 下」에서는 顔回가 '자주 굶은屢空' 것에 대해 "마음이 비어 있으니 도에 가깝다心惟空虛, 是以近道"고 풀이했으니(권36), 모

두가 선종의 분위기를 풍긴다. 같은 책 권15의 「富平答問」에서는 이렇게 썼
다: "내가 불민하여 처음에 갈 바를 몰라 經史子集과 道藏, 大藏經, 그리고
九流百家, 小說까지 빠짐없이 섭렵하다가 중년에 이르러서야 비로소 잘못
되었다는 것을 깨닫고 옛날 기억들을 세찬 바람에 씻어버려서 '藏識' 안에
조금의 골동품도 남겨두지 않는 경지에 이르지 못하는 것이 한스러웠다余
之不敏, 初昧所向, 於經史子集, 旁及二氏兩藏, 以至九流百技, 稗官小說靡不泛
涉, 中歲始悟其非, 恨不能取疇昔記憶洗之以長風, 不留半點骨董於藏識之中."

12 전겸익, 「題無可道人借廬語」: "無可道人이 300년 후에 宋濂의 뒤를 계승했으
니 그 사람됨과 벼슬이 모두 같았다. 상란을 만나 머리를 깎고 廬山에 들
어가 승복을 입고 중이 되었으니, 또 얼마나 서로 비슷한가無可道人, 後
三百年, 踵金華之後塵, 其人與其官皆如之. 遭遇喪亂, 剃髮入廬山, 披壞色衣,
作除謹男, 又何其相類也!"(『목재유학집』 권50, 1626쪽) 황종희는 송렴에 대
해 문장의 측면에서 비판한 바 있다. "글을 쓸 때에는 틀을 거꾸로 해서는
안 된다. 불가와 도가의 글을 쓸 때에는 모름지기 당상에 올라 있는 사람
처럼 당하의 선악을 잘 분별해야 한다. 韓愈와 歐陽脩, 曾鞏, 王安石이 모두
그러했고, 소식은 조금 느슨했다. 그런데 송렴은 「大浮屠塔銘」을 쓰면서 자
신도 거꾸로 들어갔으니, 유학자의 기상이 아니다作文不可倒卻架子. 爲二
氏之文, 須如堂上之人, 分別堂下臧否. 韓歐曾王莫不皆然, 東坡稍稍放寬. 至
於宋景濂, 其爲大浮屠塔銘, 和身倒入, 便非儒者氣象."(「論文管見」 『황종희전
집』 제2책, 271~272쪽)

13 『夏峯先生集』 권8 「重修大士庵記」: "그러나 어리석은 백성이 각기 그 스승의
말씀을 따라 염불을 하며 불교를 신봉하는 경우도 적지 않은데, 그 의도
를 물어보면 모두가 좋은 마음을 간직하고 좋은 일을 해서 죄에 대해 문
책을 당하지 않기 위해서라고 한다. 이른바 '집집마다 당상에 살아 있는
부처가 있는' 경우인데, 모든 사람이 여기에 힘쓰면 어버이와 어른에 대한
윤리가 잘 지켜져서 천하가 태평하게 될 것이다. 세상에 필요한 성인이 있
어 올바로 법을 세우면 사특한 것들이 끼어들 여지가 없어진다. 爲我니 겸
애니 淸虛寂滅 같은 것을 주장하는 이들이 한두 명 있다 한들, 그들을 내
버려두어서 속세를 떠난 은자들이 길을 빌리도록 해줘도 괜찮을 것이다然
愚夫婦各遵其師說, 而號佛奉敎者亦不少, 惟問其指趣, 莫不曰存好心, 行好事,
以免罪譴耳. 所謂家家堂上有活佛, 人人俱於此處著力, 則親親長長而天下平矣.
有用世之聖人, 經正而邪慝自無間. 有一二爲我, 兼愛, 淸虛寂滅之人, 不妨存之
爲出世高人作一借徑." 이로 보건대 손기봉의 지론은 공평하고 실질적이었
고 사상도 소박했음을 알 수 있다. 이 또한 실천적 유학자—유가 사상가
가 아니라—의 사고방식이다. 王餘佑의 태도도 이와 유사했다.(『五公山人
集』 참조)

14 같은 글에서 그는 또 이렇게 썼다: "학자는 불교 서적을 제대로 읽지 못한

것을 염려해야 할 따름이다. 만약 불교 서적을 제대로 읽는다면 장차 반드시 부처의 말에 안주하지 못하게 되어서 그 이후에 비로소 성인의 도에 감탄하고 곧바로 하나의 사이로 들어가 통달하게 되는 것이다. 이렇게 보면 불교도 또한 유학에 무슨 해가 되겠는가學者患不眞讀佛氏書耳, 苟其眞讀佛氏書, 將必有不安於佛氏之說者, 而後乃始喟然於聖人之道, 直取一間而達也. 審如是, 佛亦何病於儒?"그야말로 스승이 제자보다 통달한 하나의 예라고 하겠다. 유종주는 유학자들이 잡다한 禪에 물들었다고 비판한 陶奭齡에 대해 여러 차례 칭송하면서 그와 그 제자들이 "오가며 도를 논한 10여 년을 마치 하루처럼 보내며 유가나 불가를 따지지 않았다往還論道十餘年如一日, 不問其爲儒與禪也"(같은 글)고 칭송했다. 같은 책, 같은 권의 「答王生士美」에서는 이렇게 썼다: "자신이 유가인지 불교도인지는 분별해야 하지만, 남의 경우는 잠시 그대로 두고 따지지 않아도 된다己之儒釋不可不辨, 而人之儒釋可姑置之不問." 같은 권의 「答胡嵩高(岳), 朱綿之(昌祥), 張奠夫(應鱉)諸生」에서는 불교로 도피한 이들 가운데는 "웅장하고 심오하며 조심스러우면서도 민첩한 이들도 있어서 식견이 종종 남들보다 뛰어났는데不乏雄深警敏之士, 見地往往有過人者"성인의 도를 입에 달고 사는藉口於聖人之道' '속된 선비'는 "당연히 서로 발전시켜주지 못하고固未有以相勝也", 또 "서로 발전시켜주지는 않고 서로 비방만 하면서 외람되게 말과 글로 한 번 가서 돌아오지 않는 깊은 정을 끌어당기려 하는데, 그 또한 그저 자신의 미혹만 더 크게 할 뿐不相勝而相譏, 猥欲以語言文字挽其一往不返之深情, 亦只以重其惑已耳"이라고 했다. 당연히 그는 "동료를 이단으로 몰아 내치는以異端擯同儕" 행위에 찬성하지 않았다.(같은 권, 「답왕생사미」) 『연보』(권40)에서도 이렇게 썼다: "선생은 도 선생과 뜻이 달랐지만 마주했을 때 논쟁을 벌이는 일이 드물었으며 오로지 자신을 비우고 맡은 일을 하셨다先生與陶先生宗旨各異, 然相對少有辨難, 惟虛己請事而已." 당시 사람들은 유종주가 기상이 엄격하다고 여겼지만 사실 관대할 때에는 도량 좁고 자잘한 유학자들이 따라올 수 없는 경지를 보여주었다. 邵廷采는 도석령에 대해 기록하면서 "天啓, 崇禎 연간에 蕺山의 유종주가 자리를 나누어 강학했는데, 불교를 좋아하는 이들은 모두 도석령을 따랐다. 그러나 유종주는 자신의 제자들이 스스로 깨달음을 추구한 이들이 많았다고 칭찬했다啓, 靖之際, 與蕺山劉子分席而講. 悅禪者皆從陶, 然蕺山稱其門人, 多求自得."(「王門弟子所知傳」『思復堂文集』 권1, 50쪽) 유종주는 불교를 '西方之敎'라고 여기고 "그것으로 우리 유가를 보면, 지역만 바뀌었을 뿐 모두 그러했다以視吾儒, 易地而皆然"고 하여 통달한 논의를 보여주었다.(「論釋氏」『유자전서』 권23)

15　팽사망의 「與陳昌允書」에서 王學의 末流를 비판하면서 "그리하여 천하에 진정한 유가도 없고 아울러 진정한 불교도 없게 만들어버렸다遂令天下不惟

無眞儒, 幷無眞禪"고 했으니, 이 또한 당시의 유행이였던 듯하다.

16 이 말은 「七怪」에 들어 있는데, 그는 이어서 이렇게 썼다: "자신이 불교로 도피한 처음의 바람을 잊어버리니, 이는 원수를 피해 도망쳐서 축생을 죽이는 기술을 자랑하는 것이다忘其逃禪之始願也, 是避仇之人而誇鼓刀履豨之技也."(『황종희전집』 제10책, 631쪽) 『옹산일문집』 권中 「서일민전후」에서는 '우리 편 가운데 한두 명吾黨二三子'의 "배움이 단단하지 못하여 불교와 도교에 빠진所學不固, 而失足於二氏" 것을 염려하고 있는데, 여기서도 암중에 '기개 및 절조'와 관련된 명제가 포함되어 있다.

17 고염무는 스스로 "평생 불경을 읽지 않았으니, 『금강경해』 같은 것은 본 적이 없다生平不讀佛書, 如『金剛經解』之類, 未曾見也"(「與李中孚手劄」『顧亭林詩文集』, 242쪽)라고 했다. 불경을 읽지 않았으니 불교를 논하지 않은 것은 그래도 학자로서 올바른 태도를 잃지 않은 셈이다. 장이상은 "불교 서적은 찾아가 물어본 적이 없다佛氏之書, 未嘗과而問焉"(「答唐灝儒」『양원선생전집』 권4)고 했지만 비판을 멈추지 않았다. 그 논리도 간단하고 직접적이었다. "이치는 오로지 하나뿐이니 이를 구하는 것이 우리 유가에게 무슨 부족한 것이 있어서 도가와 불가의 길을 빌리려 하는 것인가理惟一是而已, 求理之是於儒家, 有何不足, 而欲假途二氏耶?"(「비망·二」, 같은 책, 권40) 진확은 자신이 불경을 공부하지는 않았지만 그것이 틀렸다는 것은 이미 알고 있었다고 하면서, "다만 거기에 취할 것이 있기 때문에 사람들을 더욱 깊이 미혹하고, 세상에 끼치는 재앙도 더 커지는 것惟其有可取, 故惑人彌深, 而禍世滋大"이니 "두려워하며 감히 배우지 말아야故懼而勿敢習"(「禪障」, 같은 책, 444쪽 및 446쪽) 한다고 했다. 또한 이 때문에 그는 『대학』과 노장사상을 일괄적으로 '禪'으로 간주했다.(「答惲仲昇書」, 같은 책, 별집, 권16) 그러나 그가 송대 유학자들이 불경의 용어를 인습하여 쓰고 있음을 일일이 거론한 것을 보면 그가 불경을 전혀 공부하지 않은 사람은 절대 아님을 알 수 있다.(같은 책, 445쪽) 顔元이 '길 잃은 이들을 외쳐 부른喚迷途' 것은 포교를 하는 이들이 사교를 공격하듯 비속했다. 그는 상대방의 宗旨를 극도로 간략화하고 심지어 '천한 놈死番鬼'이나 '까까중禿僧', '서쪽 변방의 못된 중西番死和尙'과 같은 욕설을 퍼붓기도 했으니, 같은 시대의 진확 등이 불교를 비판한 것과도 차원이 다르다.(『存人編』 참조) 유학자들이 불교를 비판할 때 취한 태도와 불학이 혼탁한 세상에서도 '때가 묻지 않음涅繼', 그리고 일단 불교에 귀의한 이들이 돌아오지 않음을 두려워한 것들을 통해서도 당시 불학의 거대한 영향력을 느낄 수 있다. 그런데 불교 학설을 연구하지 않고 불교를 비판한 것에 대해서는 일찍부터 비판이 제기된 바 있다. 『明儒學案』 권24에 수록된 鄧元錫의 『論學書』에서는 이렇게 썼다: "저쪽에서는 자비와 연민을 베풀며 슬퍼하고 중생을 널리 구제하는데 우리는 그들이 사적인 이익을 챙긴다고 배척하며, 저들은 마음과 부처의

중간에 서서 흉금을 터놓고 자신을 내세우려 하지 않는데 우리는 자기 것만 옳고 외부의 것은 틀렸다고 여기어 배척한다. 하나만 중시하고 다른 것은 탐구하지 않으며, 그 말만 생각할 뿐 그렇게 말한 이유는 생각하지 않으며, 저들은 소리 없이 웃을 따름인데 또 어떻게 그 마음을 심하게 싫어할 수 있겠는가彼方慈憫悲抑, 弘濟普度, 而吾徒斥之以自私自利; 彼方心佛中間, 泯然不立, 而吾徒斥之爲是內非外. 卽其一不究其二, 得其言不得其所以言, 彼有啞然笑耳, 又何能大厭其心乎?"(567쪽) 이 시기에 이르러서는 傅山도 이렇게 말했다: "요즘 논자들은 도교와 불교가 단지 자신들의 뜻을 잃지 않았을 뿐이지 다른 사물들을 완성시켜주기엔 부족하다고 한다. 이것은 정곡을 찌르지 못한 말일 뿐만 아니라 사실 자신의 뜻을 잃지 않은 경지를 이룬 것만 하더라도 훌륭하지 않은가? 그런데도 굳이 이단으로 여기고 배척한다今之談者云二氏只成得己, 不足成物. 無論是隔靴搔癢, 便只成得己, 有何不妙, 而煩以爲異而辟之也."(「잡기·二」『상홍감집』권36, 998쪽) 또한 傅奕은 "불법에는 군신과 부자 사이의 윤리가 없다고 하는데, 이는 모두 불경을 읽은 적이 없어서 피상적으로 한 억측일 뿐이다謂佛法無君臣父子, 皆未嘗讀內典, 膚臆語."(『傅史』권28, 772쪽)

18 황종희는 스스로 "부처의 가르침에 대해서는 의심스러우면서도 믿음이 가고, 믿음이 가지만 의심스럽다於釋氏之敎, 疑而信, 信而疑"고 하면서 또 "부처가 六根과 六塵을 깨끗이 씻어내지 못한 게 무척 한스럽다深恨釋氏根塵洗滌未淨"(「前鄕進土澤望黃君壙志」『황종희전집』제10책, 294쪽)고 했다. 그리고 "내가 어찌 감히 속세를 떠난 이들을 박대하겠는가? 謝靈運은 (맹의에게) '도를 깨달으려면 응당 지혜의 業緣을 타고난 문인이어야 한다'고 했다吾豈敢薄待方外之人乎. 謝康樂曰: 得道應須慧業文人"(「天嶽禪師七十壽序」, 같은 책, 675쪽)라고도 했다. 그가 불교 서적에 서문을 쓰거나 선사의 탑명을 쓸 때에도 이런 기풍을 드러내지 않았고, 한 때의 명승을 언급할 때에는 더욱 세상 물정에 어두운 유생의 견해가 적었다. 황종희는 사대부가 불교로 도피한 원인을 "세속의 가르침에 작은 잘못이 있기世敎微闕" 때문이라고 하면서 불교가 걸출한 인사들을 끌어들이는 힘에 대한 견해도 그의 스승과 비슷했다. 「吳前僧先生傳」: "세속의 가르침에 작은 잘못이 있어서 뛰어난 인사들이 울타리를 깨고 나갔으나 일격에 적중시키지 못해 부처에게 마음을 의탁하지 않은 이들이 없었다世敎微闕, 魁奇特達之士, 決樊籠而出, 一擊不中, 未有不寄心於禪佛者."(같은 책, 603쪽) 이는 장이상과 같은 그의 동문들과 확연히 경지가 다르다. 장이상은 일찍이 "나는 평생 세속을 떠난 이들과 교유하지 않았지만, 승려들이 모여 있는 靈巖에 대해 억측을 한 적이 있다祥平生無方外之交, 然嘗妄意靈巖, 僧家之朝市也"(「與董若雨」『양원선생전집』권4)라고 했으니, 이 또한 불경을 읽지 않고도 잘못되었다는 것을 안 경우와 같다고 하겠다.

19 같은 글에서는 또 이렇게 썼다: "긴 밤을 밝히는 하나의 등불, 거센 물결 속에 견디고 선 하나의 말뚝. 우직 우리 선사의 도만이 사실 우리 유가의 모범이 된다. 군신과 부자 사이의 대의를 돕는데도 저 유생들이 불교를 비난한다면 세상 물정에 어둡거나 어리석은 자다長夜一燈, 狂瀾一柱, 維師之道, 實範吾儒. 君臣父子, 大義克扶, 彼儒詆佛, 非迂則愚."(『居易堂集』 권19) 전조망의 「南嶽和尙退翁第二碑」에서는 이 승려에 대해 이렇게 기록했다: "왕조 교체기에 여러 유민들이 불교에 은거했는데, 그분은 승려로 자처하지 않았으니 마땅한 처사였다. 退翁 繼起弘儲는 원래 나라의 난리가 일어나기 전에는 승려였지만 별도의 지극한 성정을 군건하게 지니고 있어서 결국 승려 중의 유민이 되어 강산의 대부분을 잃어버린 국면을 수습하고자 하셨으니 또한 훌륭하지 않은가!易姓之交, 諸遺民多隱於浮屠, 其人不肯以浮屠自待, 宜也. 退翁本國難以前之浮屠, 而耿耿別有至性, 遂爲浮屠中之遺民, 以收拾殘山剩水之局, 不亦奇乎."(『鮚埼亭集』 권14)

20 그의 「贈雙白居士序」에서는 '忠孝佛性論'을 발휘하고 또 불교사를 거슬러 올라가서 일관성을 보여주는데, 명승이 "명교를 지탱하고楷柱名敎" "유교를 번창하게 한 것蔚爲儒宗"이 불교사의 빼어난 자취라고 하면서 "충효는 불성이고 충신과 효자는 부처의 씨앗이다. 충신과 효자 가운데 불성을 갖추지 못한 이는 없으며, 불충한 신하와 불효한 자식들 가운데 부처의 씨앗이 끊어지지 않은 경우도 없었다忠孝, 佛性也. 忠臣孝子, 佛種也. 未有忠臣孝子不具佛性者, 未有臣不忠子不孝而不斷佛種者"(같은 책 권22, 911쪽)고 했다. 그리고 "애석하게도 나는 후세에 승려의 역사를 쓰는 이들이 단지 논쟁을 고집하며 예법에 대항하여 불교를 지탱한 성대한 일만 알 뿐, 그들의 마음 깊은 곳에 있는 큰 바람은 천자의 기강을 바르게 정리하고 황제를 보좌하는 것이라는 점은 들어보지 못했다. 이는 통곡할 만한 일이라 하겠다吾惜夫後之作僧史者, 徒知執諍抗禮, 爲撑柱法門盛事, 而其深心弘願, 整皇綱, 扶人極者, 未有聞焉. 斯可謂痛哭者也."(「遠遠法師書論序贊」, 같은 책 권42, 1428쪽) 木陳道忞의 문집에 대한 서문에서도 그는 줄곧 충효에 대해 이야기했으니(「山翁禪師文集序」, 같은 책 권21), '충효' 역시 세상 사람들의 눈에 비친 목진도민의 모습 가운데 하나였음을 알 수 있다. 사대부들처럼 승려도 면모가 다양하게 변했다는 사실을 여기서 알 수 있다. 제5장 제2절에서 인용한 바 있는 목진도민의 夷齊論에서도 알 수 있듯이, '변절'한 승려에 대한 논의는 공공연히 두 왕조를 섬긴 신하들에 비해 더욱 거리낌 없었으니, 이 또한 왕조 교체기의 괴이한 현상 가운데 하나였다.

21 황종희의 『思舊錄』 「弘儲」에 따르면, 徐枋은 집권자들의 도움은 받아들이지 않고 繼起弘儲의 도움을 받아들였다고 한다. "서방은 집권자들이 보낸 것은 받지 않았는데 계기홍저가 거기에 납속하니 주지승이었던 서방이 어찌할 수 있는 것이 아니었다徐昭法不受當事饋遺, 繼起納粟焉, 非世法堂頭

所及也."(『황종희전집』 제1책, 394쪽) 徐枋, 「穹窿攓南玄大師塔銘」: "난리가 일어난 뒤에 내가 속세를 피해 스스로 보전하려 할 때 대사께서 나를 자신의 절로 초대하셨는데, 거기서 몇 달이 넘도록 지냈지만 대사께서는 속세 사람들이 알지 못하게 하셨다余亂後隱居避世自全, 師嘗招余寄跡其精藍中, 去住者幾閱月, 而師不令俗人知."(『居易堂集』 권14)

22 『居易堂集』 권2 「與堯峯月涵和尙書」에서는 董說(즉 月涵和尙)이 산에 들어간 일에 대해 이렇게 기록했다: "근래에 각 지역에 어지러운 일이 없지 않아서 내 마음이 슬펐는데, 雙老가 편지를 보내 사람들이 뿔뿔이 흩어졌다고 하니 더욱 슬펐다. 그런데 나의 도형께서 홀로 책을 싸서 말을 몰고 산으로 들어갔다는 소식을 듣자 나도 모르게 이마에 손을 짚으며 감탄했다. '이 사람 덕분이로구나!'近者頗聞山頭不無紛紜, 我心悵然, 及雙老劄來, 云一衆星散, 我心益悵然. 及聞吾道兄獨襆被書卷, 振策登山, 不覺以手加額曰: 賴有此耳." 거사가 불교의 운명과 중대한 관계를 맺고 운명을 함께 한다는 느낌이 참으로 깊었다고 하겠다. 환난 중에 사대부와 승려가 서로 위로했던 예로는 徐枋이 「靈嚴樹泉集序」에서 계기홍저에 대해 기록한 것을 들 수 있다. "(계기홍저는) 신묘년(1651)에서 임진년(1652)으로 넘어갈 무렵 속세의 법망에 잘못 걸려들어 거의 불상사를 당할 뻔했다. 그러자 현량한 사대부들은 그분과 안면이 있든 없든 간에 모두 심력을 다해 그분을 이 재앙에서 벗어날 수 있게 해드리려고 애썼으니, 마치 손발이 머리와 눈을 막는 것 같았다辛卯壬辰之交, 誤罹世網, 幾蹈不測. 賢士大夫無論知與不知, 皆殫竭心力, 欲脫師此厄, 如手足之捍頭目." 세속의 권력 아래 불교가 처한 상황에 대해서는 같은 책 권2의 「與天善開士書」를 참조할 것.

23 『청초승쟁기』: "목진도민은 처음에 계기홍저와 함께 유로 세력과 싸웠으나 이기지 못했고, 이어서 새 왕조를 지지하는 세력이 계기홍저의 유로 세력과 싸웠으나 이기지 못했다蓋木陳始與繼起競遺老勢力, 不勝, 繼以新朝勢力競繼起之遺老勢力, 亦不勝."(2475쪽) 雍正帝는 「御制揀魔辨異錄」에서 密雲圓悟와 漢月法藏에서 시작된 논쟁에 자신이 어떻게 관여했는지 상세히 기록했다. 『명청불교』에서는 옹정제가 관여하게 된 진정한 원인이 한월법장의 문하에 명말 유민이 많아서, 즉 "그 문하에 충의지사가 많았기門多忠義" 때문이라고 설명했다.(308~309쪽)

24 거사가 僧諍에 참여한 예로 張岐然(?~?, 자는 秀初, 法號는 仁庵)이 天童(밀운원오)과 三峯(한월법장) 사이의 다툼에 끼어든 것을 들 수 있다.(황종희, 「張仁庵先生墓誌銘」과 『사구록』 「張枝然」 참조) 전겸익의 문집에 따르면 그가 쓴 밀운원오의 탑명이 당시에 논쟁을 불러일으켰다고 하는데, 이를 통해서도 그가 승려들의 다툼에 끼어든 데에 대해 자각한 사실과 개입의 깊이를 알 수 있다.(『목재유학집』 권40에 수록된 張靜涵과 목진도민 등에게 보낸 편지들을 참조) 황종희의 「蘇州三峯漢月藏禪師塔銘」은 전겸익이 쓴 밀

운원오의 탑명과 대조를 이루는데, 이것은 僧諍의 배후에 또 사대부 간의 다툼이 숨어 있음을 보여준다. 陳維崧의 「百愚禪師語錄序」에서는 玉林通琇가 善權寺의 재산을 강탈한 사건을 기록하면서 "갑작스럽게 낙엽 지는 시절이 찾아오니 숲에는 조용한 나뭇가지가 없었다驚飄所及, 林無靜柯"(『湖海樓全集』 문집 권3)고 썼다. 같은 권의 「寒松禪師指迷錄序」에서도 옥림통수의 패도를 지적하며 불교계에 대한 실망을 나타내면서, 옥림통수를 "부처의 이름을 내걸고 도척 같은 행실을 저지르는釋名而蹠行" 자라고 했다. 거사들이 불교계의 일을 자임한 것은 의심할 바 없이 僧諍을 더욱 격화시켰다.

25 하지만 여기에서도 여전히 사고방식의 차이가 있었다. 일본으로 망명한 朱之瑜(1600~1682, 자는 楚嶼 또는 魯嶼, 호는 舜水)는 머리를 깎지 않고도 승려가 되었다고 하면서, 머리를 깎으면 청조의 변발과 "비슷하기類有相似" 때문이라고 했다. 주지유, 「答黃德舍書」 및 「答釋獨立書」『朱舜水集』 권4, 中華書局, 1981 참조.

26 그러나 三藩의 반란 와중에 헤어스타일과 의관에 대해 강제적으로 바꾸게 한 것은 일반 백성의 입장에서는 그저 또 한 번의 소란으로 박해 당하는 것에 지나지 않았다. 당시 耿精忠이 발표한 포고문에서는 이렇게 주장했다: "너희 문무관원들과 신사, 군민들은 모두 중화의 적자로서 오랫동안 한대의 장엄한 의례를 그리워해왔다. 명령이 내려온 날부터 속히 변발을 자르고 머리를 길러 망건을 쓰도록 하라. 모든 官帽와 員領, 帶絞, 儒巾, 小帽는 전부 한대의 옛 제도를 따르되 혼란을 일으켜서는 안 된다. 이리하여 함께 華夏의 기풍을 돈독하게 하여 옛날의 법도를 다시 보도록 하자. 이를 소홀히 하고 어기는 자는 군령이 용서하지 않을 것이다爾等文武官員紳士軍民人等, 均屬中華之赤子, 久思漢代之威儀. 令下之日, 速宜剪辮, 留髮包網. 所有官帽員領帶絞儒巾小帽, 一切悉照漢人舊制, 毋得混淆. 共敦華夏之風, 復睹文章之舊. 如有抗玩, 軍令不赦!"(劉風雲, 『淸代三藩硏究』, 中國人民大學出版社, 1994, 232~233쪽) 이는 결국 청조의 행사와 다를 바 없는 것이었으니, '반군'이 이른 곳에서 사대부와 백성이 겪었을 고난을 어렵지 않게 짐작할 수 있다.

27 충의지사와 유민이 '삭발을 거부한拒斷' 이야기는 상당히 많다. 황종희의 「海外慟哭記」에 따르면 林化熙(?~1647, 자는 麥野)가 처형당하기 전의 상황은 이러했다: "(그가) 절구 한 수를 읊조렸다. '내 머리에는 머리카락 붙어 있으니, 머리카락이 내 마음을 나타내리라. 죽어서 천지에 돌려주면, 명의가 길이 공경을 받으리라!'口占一絶云: 吾頭戴吾髮, 吾髮表吾心. 一死還天地, 名義終古欽."(『황종희전집』 제2책, 216쪽) 『길기정집』 외편 권6 「陸佛民先生志」 등에도 이와 비슷한 이야기가 기록되어 있다. 대명세의 기록에 따르면 주명덕은 "차마 삭발을 할 수가 없어서 머리를 짧게 자르고, 자라면 다

시 자르면서 의관을 바꾸지 않았다不忍剃髮, 剪其髮使短, 髮長更剪之, 而衣冠不改"(「朱銘德傳」『戴名世集』 권7, 209쪽)라고 했으니, 이 또한 대책 가운데 하나였던 셈이다.

28 周亮工, 『因樹屋書影』 권9: "세상에 전해지는 網巾은 洪武 초년부터 시작된 것인데, 新安 땅 丁雲鵬(1547~?, 자는 南羽, 호는 聖華居士)의 말에 따르면 당나라 때에 그려진 「開元八相圖」를 보자 모두 소매가 좁은 옷을 입고 있으며, 모자를 높이 써서 唐巾을 살짝 드러낸 경우에는 아래쪽에 그물무늬가 보인다고 했다. 그렇다면 망건은 옛날에도 있었고 그 양식만 조금 달랐던 것이 아닐까?俗傳網巾起自洪武初, 新安丁南羽言, 見唐人開元八相圖, 服皆窄袖; 有岸唐巾者, 下露網紋. 是古有網巾矣, 或其式略異耳"

29 『옹산문외』 권8 「自作衣冠塚誌銘」: "아, 내 스스로 의관을 묻는구나. 살아있으면서 이걸 묻어야 하니 참으로 슬프도다! 머리카락이 없으니 어찌 갓을 쓸 것이며, 살갗이 없으니 어찌 옷을 입겠는가? 옷이며 갓이며 그래서 여기에 묻노라. 아, 의관을 갖춘 몸은 천지와 더불어 먼지가 되고, 의관을 갖춘 마음은 해와 달과 더불어 길이 새로우리라! 이 무덤에 오는 이는 그래도 내 괴로움을 알아주리라噫嘻, 我自衣冠, 而我藏之. 藏之於生, 良爲可悲. 無髮何冠, 無膚何衣. 衣乎冠乎, 乃藏於斯. 噫嘻, 衣冠之身, 與天地而成塵, 衣冠之心, 與日月而長新. 登斯塚者, 其尙知予之苦辛!" 동권 「翁山屈子生壙自誌」: "아들 明洪 등에게 유언을 남기노라. 내가 죽는 날은 幅巾과 長衫, 큰 허리띠를 갖춰서 염을 해다오遺命兒明洪等: 吾死之日, 以幅巾深衣大帶方舃殮之."

30 명대의 군주가 사대부의 관복에 신경을 썼던 사실은 『明史』 권67 "輿服志"·3을 통해서도 알 수 있다: "홍무 3년(1370)에는 사대부들이 四方平定巾을 쓰도록 어명을 내리셨다. (…) 24년(1391)에는 사대부들의 두건과 복식이 서리들과 차이가 없으므로 마땅히 잘 살펴서 구별해야 한다고 하시며 공부에 분부하여 양식을 제작해 바치라고 하셨는데, 태조께서 몸소 살펴보시고 모두 세 차례나 바꾼 뒤에야 확정하셨다洪武三年令士人戴四方平定巾 (…) 二十四年, 以士子巾服, 無異吏胥, 宜甄別之, 命工部制式以進. 太祖親視, 凡三易乃定." 同書 권138 "列傳" 秦逵: "황제께서는 학교를 나라의 인재를 모아 둔 곳이라고 여기시고 사대부들의 두건과 복식이 서리들과 차이가 없으므로 마땅히 바꿔야 한다고 하셨다. (…) 감생들에게 藍衫과 허리띠縧를 각기 하나씩 하사하시며 천하의 모범으로 삼으셨다帝以學校爲國儲材, 而士子巾服無異吏胥, 宜更易之 (…) 賜監生藍衫縧各一, 以爲天下先." 이렇게 보면 이런 제도를 만들 때 얼마나 점잖고 엄숙했는지 알 만하다.

31 『예기』 「儒行」: "노나라 애공이 공자에게 물었다. '선생의 옷이 유학자의 옷입니까?' '저는 어려서 노나라에 살아 소매가 넓은 逢掖衣를 입었고, 자라서는 송나라에 살며 章甫冠을 썼습니다. 제가 듣기로 군자는 널리 배우되

복장은 고향의 것을 따른다고 했습니다만, 유학자의 복장이라는 것은 모르겠습니다'魯哀公問於孔子曰: 夫子之服, 其儒服與. 孔子對曰: 丘少居魯, 衣逢掖之衣. 長居宋, 冠章甫之冠. 丘聞之也, 君子之學也博, 其服也鄉, 丘不知儒服.'

32 「張楊園先生年譜」(『양원선생전집』), 숭정 원년(1628, 당시 장이상 18살): "처음에 사대부들은 높은 갓에 넓은 소매의 장삼을 입었는데 숭정 연간에는 복식이 아주 괴상해졌다. 두건은 폭이 몇 치 정도로 짧아졌고 소매는 땅을 덮을 정도로 넓거나 한 자가 안 되기도 했다初, 士大夫高冠博袖. 至崇禎間, 服飾怪侈. 巾或矮至數寸, 袖或廣至覆地, 或不及尺." 그런데 장이상은 "혼자 장삼의 뜻을 따라서 소매는 한 자 세 치로 하고 갓도 옛날 형식을 고수하니, 선생을 놀리는 이들은 '長方巾'이라고 했다. 누군가 선생에게 어째서 굳이 남들과 다른 의관을 고집하느냐고 묻자 선생이 웃으며 대답하셨다. '내가 언제 다르게 했다는 겐가? 사람들이 스스로 달라졌을 따름이지!' 그리고 이런 말씀을 하신 적이 있다. '사람들은 함께 좋아하는 것을 따르지만 나는 혼자 좋아하는 것을 따르는데, 정말 시대의 병폐가 있다고 여기기 때문이다'獨仿次深衣意, 袂只有三寸, 冠守舊制, 謔者呼先生爲長方巾. 或謂先生何必以衣冠自異, 先生笑曰: 我何嘗異, 人自異耳. 又嘗曰: 人徇其所同, 余守其所獨, 固有見病於時者也."

33 『명사』의 貞婦烈女 이야기 가운데 유민의 이야기와 비교할 만한 것으로는 권301 "열녀전"에 수록된 범씨 집안의 두 여인이 수절한 이야기를 들 수 있다. "높은 담을 쌓아 10畝의 전답을 두르고 그 안에 우물을 판 다음 세 칸짜리 건물을 지어서 거기에 살았다. 파종을 하거나 수확할 때에는 부친이 담에 만든 작은 문을 열고 하인들을 데리고 들어왔고, 그 밖의 날들은 그 문을 막아두고 자매가 함께 우물물을 길어 전답에 물을 뿌렸다. 이런 식으로 30년을 살았다築高垣, 圍田十畝, 穿井其中, 爲屋三楹以居. 當種穫, 父啟圭竇率傭以入, 餘日則塞其竇, 共汲井灌田. 如是者三十年." 동권의 다른 열녀들의 이야기도 이와 비슷하다. 안원은 명말에 순절한 신하들을 '규중의 의부'라고 했으니(李塨 撰, 왕원 訂, 『顔習齋先生年譜』 권上 「顔元年譜」, 34쪽), 아주 의미심장하다.

34 『정지거시화』 「徐枋」: "거인 가운데 행실이 高雅한 이들이 오월 지역에 많은데 시종 걸음을 멈추고 도시를 출입하지 않는 이로는 우리 고을의 李確(1591~1672, 원명은 天植, 자는 因仲, 호는 潛夫)과 巢鳴盛(1611~1680, 자는 端明 또는 五峯, 호는 崆峒), 그리고 오나라 땅의 서방이 있으니, 이들 외에는 일체 만나지 않는다孝廉高蹈者, 吳, 越居多, 始終裹足不入城市者, 吾郡李潛夫, 巢端明及吳中徐昭法, 此外不槪見."(587쪽) 유민이 외진 시골이나 산림에 살면서 도시에 들어가지 않음으로써 '도시城市'와 '산림'—그리고 산림에 있는 불교 사원이나 道觀—을 상징으로 삼는 것도 인습에서 비롯된 것이다. 산림을 세상 즉, 청나라 바깥으로 간주한 것이다. 유민의 自我 想象

과 自我 界定은 이러한 시공의 가정에 의지할 수밖에 없었다.

35 여기에 기록된 것은 어쩌면 육세의의 생애 가운데 일부만의 상황일 수도 있다. 그의 문집과 연보를 보면 그는 講會—예를 들어 陳瑚가 주관한 蔚村 講會—에 참여했을 뿐만 아니라 당시의 정치에도 적극적으로 관여했으니, 결코 자신을 가둬놓고 적막한 삶을 감수했던 인물이 아니었음을 알 수 있다. 유민이 교유를 처리하는 방식은 종종 전후가 다른데, 예를 들어 이옹이나 역당의 여러 인사가 그러하다. 단순히 유민의 전기나 행장에만 의존하면 종종 진상을 알 수 없게 되곤 한다. 다음에 이어서 논의하게 될 팔대산인에 대해서 왕원은 "너무나 가난해서 글씨와 그림을 팔아 생계를 유지하며 어쩔 수 없이 당권자들과 교유해야 했으니, 그 또한 조금 유감스럽다 赤貧, 以書畵爲生活, 不得不與當事交, 亦微憾耳"(「與梅精長書」『거업당문집』권6)고 썼다.

36 이 책에 수록된『歷年紀略』의 강희 14년 乙卯에는 다음과 같이 적혀 있다: "선생은 계축년(癸丑, 1673) 가을에 서원에서 강학을 마치고 귀가하자 즉시 폐관하시고 더 이상 손님을 만나지 않으셨다. 이 해 봄에는 또 「사세언」을 쓰셔서 방문객을 사절하셨다先生癸醜秋自書院講畢旋家, 卽閉關不復見客. 是春又爲「謝世言」以逆拒來者."

37 『이곡집』권17「答秦燈巖」: "계축년(1673)과 갑인년(1674) 사이에 몸져누워 있는 바람에 조정의 부름에 응할 수 없었는데, 병세가 조금이라도 호전되면 督撫가 길을 떠나도록 배웅하라는 어명이 내려왔다. 이때부터 해마다 독촉이 심해서 산을 뒤지고 동굴에 연기를 피우듯이 하니 평안할 날이 없었다癸醜甲寅間, 因臥病不能就徵, 奉有疾病稍痊, 督撫起送之旨, 自是年年敦促, 搜山熏穴, 靡有寧期." 同書 권45「역년기략」에는 조정의 부름에 따른 위협과 핍박을 더욱 자세히 기록했다. "縣廳에는 의원의 각서甘結를 근거로 보고했다. 5월에 주부에서는 그 각서를 제시하며 엄하게 따지면서 중형으로 다스리겠다고 위협하니 모두들 다른 말을 하지 못했다縣據醫鄰甘結以覆. 五月, 府提醫鄰嚴訊, 脅以重刑, 衆無異辭." "8월 초하루에 현청의 아역이 병세를 알아보러 찾아오자 원근에서 깜짝 놀라며 모두들 인재를 발탁하기 위한 시험이 천고에 없었던 방식이라서 조정을 욕보이고 대전을 모독하니 정말 천지간의 특이한 일이라고 했다. 주부의 관리가 찾아왔을 때 선생은 오랫동안 병상에 누워 식사도 못하고 있었는지라 주부에서 담당 부서에 다리 마비股瘻라고 보고했는데, 담당 부서에서 진노하여 다리를 송곳으로 찔러 아파하는지 여부를 확인하려고 했다. 마침 張參戎(夢椒)이 안원에서 성으로 돌아와 있어 그를 위해 해명해준 덕분에 송곳은 피할 수 있었다八月朔, 縣役甘柵至書院, 遠邇駭愕, 鹹謂擡驗創千古之所未有, 辱朝廷而褻大典, 眞天壤間異事也. 府官至榻, 先生長臥不食, 府以股瘻回司, 司怒, 欲以錐刺股以驗疼否. 適張參戎(夢椒)自安遠回省, 爲之營解, 免錐." 이야기가 기묘

하고 황당무계한 것이 다른 유민에 비해 심하다. 이런 희극이 李顒을 통해 연출됨으로써 더욱 극적인 성격을 띠게 되었다. 그는 결코 의도적인 저항자가 아니었다. 그의 '퇴장'은 바로 당국의 핍박으로 인한 것이었다. 그가 온갖 방법으로 핍박받을 당시 누군가 학문에 대해 묻자 그는 이렇게 대답했다. "건괘의 첫 爻를 언급하게 되자 이렇게 말씀하셨다. '학문은 모름지기 깊고 치밀하게 하여 독자적인 경지로 나아갈 수 있도록 몰두해야 근심 없이 생활하고 정신적으로도 의탁할 곳이 있게 된다. 만약 물러나 숨는 것이 엄밀하지 못하면 학문에서도 힘을 얻지 못할 뿐만 아니라 자신을 지키는 올바른 길도 아니다. 옛사람은 내 명성을 만드는 것은 나를 죽이는 일이라고 했는데, 그야말로 오늘날 모범으로 삼아야 할 말이다語及乾之初爻, 謂學須深潛縝密, 埋頭獨詣, 方是安身立命. 若退藏不密, 不惟學不得力, 且非保身之道. 昔人謂生我名者殺我身, 區區今日便是榜樣.'" 이 또한 淸初 羈縻政策에 따른 결과 가운데 하나일 터이다.

38 『양원선생전집』권9「與薛楚玉」: "선생은 원래 의술로 스스로 종적을 숨기려 했지만 지금은 삼척동자도 모두 설 선생의 명성을 들어왔을 정도이니 오히려 의술 때문에 명성을 더 날리게 되었소. 처음에는 그대로 사대부들하고만 교유하고 벼슬아치들하고는 어울리지 않았는데, 이제는 점점 군읍의 장관들과도 교유하게 되었소. 처음에는 필설로 농사를 대신했는데 이 또한 때를 만나지 못한 선비가 늘 하는 일이지요. 그런데 하루아침에 은사가 되었고 돈이 많아 부러움을 받고 있소. 처음에는 단지 이 일로 생계를 꾸림으로써 일가족이 굶주리고 추위에 떠는 것을 면하고자 했겠지만 지금은 부엌에 곡식과 고기를 쌓아놓고 지내는 상황에 이르렀소先生初本欲以醫自晦, 今三尺童子俱聞薛先生名, 反以醫顯矣. 始猶只及縉紳之交, 未及官長也, 今漸通於郡邑之長官矣. 始則以筆舌代耕, 繼特以藥囊代筆舌, 亦士不得志於時之常, 今一旦爲甪里之人以多金推羨矣. 始亦特以生生之計托業於斯, 免八口饑寒而已, 今乃至於庖積粱肉矣."

39 위희는 이 일에 대해 다른 논평을 내놓았다. 그는 「送孫無言歸黃山序」에서 "休寧 출신의 孫默이 廣陵에 살다가 黃山에 은거하려 했으나 10년이 지나도록 실행하지 못하니 사방의 선비들이 각기 글을 써서 전송했는데 시가 종류가 모두 천 편에 가까웠고 '序'와 같은 글은 모두 백수십 편이었다休寧孫無言將自廣陵歸隱乎黃山, 十年而未行, 四方之士各爲文以送之, 詩歌之屬凡千, 文若序凡百數十"고 썼다. 그리고 그가 다시 광릉으로 온 데에 대해서는 "그가 이미 거처를 새로 바꾸었는데도 예전처럼 황산으로 돌아가겠다고 하자 시문을 지어 전송하는 이들이 나날이 많아졌다則無言已新易居, 其言歸黃山如舊時, 作詩文送者日益多"고 했다. 위희는 그에게 은거하라고 권하지도 않았을 뿐만 아니라 광릉은 바로 '천하의 호걸들과 빼어난 인재들이 모이는 도시天下豪俊非常之人之都會'이니 "내가 보기에 손묵이 만약 그

교제 능력으로 장사꾼들 사이에서도 천하의 빼어난 인물을 물색할 수 있다면 설령 그가 36개 봉우리 안쪽 깊이 단절된 곳에 살고 있다 하더라도 나는 오히려 은자를 초빙하는 시를 지어 그로 하여금 사방으로 통하는 큰 도회지에 나와서 살지 풀로 옷을 엮고 나무를 깎아 먹으며 사는 이들과 함께 적막하게 스러져버리지 않도록 할 것이다余以爲無言倘能以其交遊之力, 從屠沽賈衒中物色天下非常之人, 雖使無言居三十六峯深絶處, 余猶將作招隱之詩, 勸無言出居通都大市, 不得與衣草食木者同其寂滅."(『魏叔子文集』권10) 이는 입론의 관점이 다른 이들과는 다르니, 위희 본인이 난리를 피하여 산속에 살다가 다시 세상 밖으로 나온 뒤의 적극적인 태도를 잘 보여준다고 하겠다.

40 '儉德避難'도 유민들이 일상적으로 쓰던 말이었다. 장이상은 "오늘날은 명예가 너무 높아서도 안 되고 마음가짐이 樸實해야지 화려해서는 안 된다方今之日, 名譽不可太高, 居實不可或厚"(「여설초옥」,『양원선생전집』권9)라고 했다. 같은 권「答徐文匠」에서는 "명성은 너무 높아서도 안 되고, 교유가 너무 넓어서도 안 되며, 추구하는 것이 너무 예리해서도 안 되니 이 또한 무기를 숨기고 때를 기다리며 덕을 아껴서 곤란을 피한다는 의미다聲名不可太高, 交遊不可太廣, 進取不可太銳, 亦藏器待時, 儉德避難之義也"라고 했다. 위희의「邱維屛傳」에는 팽사망의 말을 첨부했는데, 그에 따르면 구유병은 임종할 때 자식에게 "채소반찬에 밥을 먹고 꿰맨 옷을 입으면서 괴이하고 비뚤어진 행실을 하지 않는다면 어린애들 글 선생이라도 할 수 있다食有菜飯, 著可補衣, 無譎戾行, 堪句讀師"고 훈계했으며, 팽사망은 그것을 '세칙'으로 삼을 만하다고 했다.(『위숙자문집』권17) 그러나 위례는 '儉德'을 다른 의미로 해석했다.「朱容齋八十一歲贈言序」:"『주역』에서 '군자는 덕을 아낀다'라고 했는데 주희는 '거둬들인다斂'라는 뜻으로 풀이했다. 내 생각에는 '덕을 아낀다'는 표현이 원래 오묘한 뜻을 담고 있는데 굳이 '덕을 거둬들일' 필요는 없을 것 같다易曰: 君子以儉德, 而朱文公訓爲'斂'. 愚竊謂'儉德'故妙義, 亦何必'斂'乎."(『魏季子文集』권7) 여기에서도 각자의 생각이 달랐음을 알 수 있다.

41 陳垣의『청초승쟁기』에서는 金堡의 일에 대해 이렇게 썼다. "더욱 심한 경우는 담귀가 만년에 했던 것처럼 높은 벼슬아치들과 교유하고 관청을 드나드는 것으로 오히려 애초에 청나라에 순복한 경우보다 더 못하다고 여겼다尤有甚者, 結交貴遊, 出入公庭, 如澹歸晚節之所爲, 則不如卽反初服之爲愈矣."邵廷采『西南紀事』7에서도 김보가 승려가 된 뒤에 성정 및 平南王 연보를 쓴 적이 있고, 산인의 신분으로 공덕을 칭송하여 사대부 사회에서 그를 헐뜯었다고 했다. 오늘날 남아 있는『遍行堂續集』2에는 아무개 태수와 아무개 總戎, 아무개 中丞 등을 위한 '壽序'가 10여 편 들어 있고, 권11에는 아무개 장군과 아무개 撫軍, 아무개 方伯, 아무개 臬司에게 보낸 尺

牘 수십 편이 수록되어 있는데, 그 제목만 보더라도 벌써 구역질이 날 정도다."(2529~2530쪽) 유민은 비록 불문의 신세를 지더라도 여전히 '세법'에서 벗어날 수 없었던 것이다.

42 위희, 「送藥地大師遊武夷山序」: "내가 예전에 대사와 만나 보니 용과 같은 정황이 있었다余向與師相見, 有猶龍之況." "듣자 하니 용이라는 것은 천지에 크게 서려서 발톱과 비늘을 감추고 있으며 숨고 나타남이 일정하지 않아서 세상이 통제할 수 없다고 했다. 대사가 武夷山에서 오래 지내다 보면 유학을 전파하는 또 다른 대가가 될 수 있는지도 모를 일이다吾聞龍之爲物, 大蟠天地, 小藏爪甲, 潛見不常, 世不可得而制. 師老於武夷, 爲吾道南主人, 未可知也."(『위숙자문집』 권10) 이것은 「與木大師書」와 서로 비교하여 읽을 만하다. 왕부지는 방이지가 승려가 된 뒤에 "교유하는 이들이 모두 청정하고 고결하며 굽히지 않는 인사들所延接者類皆淸孤不屈之人士"이었다고 하면서 방이지와 김보를 대비하여 후자가 "사람을 가리지 않고 그에게 굽혀서不擇人而屈下之" "그 본색을 완전히 잊어버렸다盡忘其本色"라고 비판했다.(「搔首問」『선산전서』 제12책, 635쪽) 왕부지가 방이지에 관해 한 말도 확실하지는 않다. 그러나 위잉스는 이렇게 말했다: "전겸익은 만년에 교유가 대단히 많아서 사정을 모르는 이들은 그를 무척 배척했지만, 지금은 또 그가 사실은 復明을 위한 활동을 숨기기 위해 그랬다는 것을 알고 있다. 그런 예를 여기에 적용시키자면 방이지가 만년에 널리 교유했던 것도 남에게 말할 수 없는 어떤 고충이 숨겨져 있었던 것은 아닐까?牧齋晚年交遊頗盛, 不知者皆深斥之, 今又知其實爲復明活動作掩護而然. 以彼例此, 密之晚年之廣事接納得毋亦有不可告人之隱衷乎"(『방이지만절고』 증정판, 242~243쪽)

43 황종희의 「전향진사택망황군광지」는 黃宗會(1618~1663, 자는 澤望)에 대해 이렇게 기록했다: "하루아침에 추슬러서 농부나 나무꾼과 어울리며 개중에 마음에 들지 않는 이가 있으면 비로소 술자리에서 내쫓았는데, 그가 더불어 술을 마신 이들은 또 마을의 하급 아역이나 농사꾼에 지나지 않아서 그 분한 감정을 터뜨릴 곳이 없었다. 이에 소인배들이 거짓으로 글공부를 하려는 것처럼 친근감을 보였고 그(황종회)도 술자리에서 거침없이 이야기하다가 팔을 베며 통곡하여 갑자기 聲價가 올라갔는데, 앉은 채로 우롱당한 줄을 몰랐기 때문이었다一旦斂而與農樵爲伍, 其中若有不適然者, 始放之於酒, 其所與爲酒人者, 又不過里胥田父, 無所發其憤懣. 於是小人者僞爲問字求業, 以示親附, 澤望亦遂臨觴高談, 割臂痛哭, 驟長其聲價, 蓋不知坐受其愚弄也."(『황종희전집』 제10책, 293쪽) 이로 보건대 世情의 험악함과 유민의 처지 자체에 내포된 미묘함과 민감성, 그리고 유민의 형적을 숨기고 은거하기가 얼마나 어려웠는지를 알 수 있다. 왕부지는 이렇게 말했다: "또한 산도 거처하기 쉬운 곳이 아니다. 숨겨진 재능을 시험하지 않고 어

부나 나무꾼과 뒤섞여 사는 경우에 혹시 그 명성이 천자에게 알려졌는데
도 칼날을 맞지 않고 조정에 있는 무리들이 시기하고 질투하는 마음을 잊
는다면 세상 밖에서 즐겁게 지내며 세상이 누차 변해도 놀라지 않고 지낼
수 있다. 그렇지 않으면 명성이 퍼진 곳에서 세상이 기대하는 바가 있게
되고, 공적이 이미 풍성하면 사는 곳도 위험해진다. (…) 누가 산의 벼랑이
나 물가가 만 겹의 풍파도 없고 가문이 족멸될 위험이 없는 곳이라고 했던
가!且夫山亦未易居也. 其唯弢光未試, 混跡漁樵者, 則或名姓上達於天子, 而鋒
棱未著, 在廷忘猜妒之心, 乃可怡情物外, 世屢變而不驚, 其不然者, 名之所趨,
世之所待, 功之已盛, 地之已危 (…) 孰謂山之厓, 水之浹, 非風波萬疊, 殺人族
人之險阻哉(『독통감론』권23, 889쪽) 이 또한 유민의 특수한 경험 가운데
하나였다.

44　극단적인 행위에 대한 비판은 대개 '中'을 척도로 한다. 황종희는 '聖'과 '常'
을 설명하면서 "남들과 다른 것을 추구하면 많은 꾸밈들이 생겨나게 된다
求異於人, 便有許多裝點出來"(『맹자사설』권4, 『황종희전집』제1책, 121쪽)
라고 했고, 「千秋王府君墓誌銘」(『황종희전집』제10책)에서도 '지나친過' 행
위를 하지 말고 항상 법도를 지키고 옛날의 바른 예를 따라 각기 자신의
분수를 다해 그 성정을 따르라고 했다. 「楊士衡先生墓誌銘」에서는 그가 "유
민으로서 올바른 자세를 갖추었다得遺民之正"(同書)고 했다. 왕부지는 "갑
자기 세상을 놀라게 하는 행위를 하는 이는 그 끝이 좋지 않을 것驟爲震
世之行者, 其善必不終"(『독통감론』권24, 893쪽)이라고 하면서 사대부들이
"격앙하여 내키는 대로 행동하는 것이 이미 심하고激昂好爲已甚" '백성의
칭송民譽'에 관여하기 좋아하며, "조급하게 다그치며褊躁操切" "기행을 한
답시고 법도에 맞지 않는 짓을 저지르는矯爲奇行而不經" 행태를 비판했다.
(그와 대립되는 것이 바로 '常度'이고 '恒性'이다.) 「俊解」: "단지 세속과 다르
다는 이유로 세속 사람들이 경탄하며 칭송하는 것은 모두 표면적인 조악
한 행적일 뿐이니, 심원한 뜻을 세운 사람은 이런 것으로 자신을 드러내기
를 하찮게 여긴다凡但異於流俗, 爲流俗所驚歎而艶稱者, 皆皮膚上一重粗跡,
立志深遠者不屑以此自見."(『선산전서』제12책, 485쪽) 부산은 「奉祝碩公曹
先生六十歲序」에서 曹氏의 지혜로운 처세를 칭송하며 그가 "격분하거나 세
파에 휩쓸리지 않고不激不波" "그래서 하고 싶은 것은 하고 하기 싫은 것
은 하지 않았으며, 자신이 행한 바를 이야기하여 하지 않은 이들에게 용납
되기를 바라지도 않고 또한 자신이 행한 바를 이야기하여 스스로 높이지
도 않았다. 갈수록 차분하고 신중하여 속에 맺힌 바가 거의 사라지고, 밖
에서 맺힌 것으로 인해 생긴 틈도 없애버렸다. 마치 長江과 三峽에서 오래
지내다보면 물을 건널 도구들을 모두 갖추지만 또한 그 도구들을 자랑하
며 남들에게 보이지는 않는 것과 같다. 그리고 바람이 순조로울 때나 옆바
람이 불 때에도, 물결을 거슬러 올라가거나 흐름을 따라가거나 바람과 파

도가 거세게 일렁여도 오로지 키 하나만을 묵묵히 조종할 뿐이다. 갈수록 고요하고 신중하니 외부의 변화가 일어나도 따라 변하지 않는다. 이 때문에 거기에 탄 사람은 자신이 풍파 속에 있는 줄도 모르고 책을 읽고 선왕의 업적을 노래하는 일을 그만두지 않는다於斯欲爲者爲之, 於所不欲爲者不爲; 於所爲不言其所爲以求容於所不爲, 亦不言其所不爲以自高. 愈靜愈愼, 而內之芥蒂者幾消, 外之乘芥蒂而隙者亦不不消. 如江河三峽之長年, 一切濟舟之具無所不備, 而亦不沾沾其具, 弄以示人, 而正風, 旁風, 迎潮, 隨潮, 風波震蕩, 一柁默操. 愈靜愈愼, 愈變而愈不變. 因而載者不知其在風波中, 而讀書詠歌先王者亦不廢"(『상홍감집』 권19, 548~549쪽)라고 했다. 이 또한 난세에 처한 사대부의 삶의 태도와 생존의 지혜에 대한 그 자신의 생각일 터이다. 吳偉業은 黃壽(?~?, 자는 觀只)가 난세에서도 "어느 쪽으로 치우치지 않는 절충적 태도로不夷不惠" '逍遙'하면서 "매미가 허물을 벗듯이蟬蛻" 난관에서 빠져나와 일부러 '비정상적인 행위非常之行'를 하지 않음으로써 더욱 문인다운 취미를 보여주었다고 하며 그 느긋하고 바쁜 와중에도 여유로운 인생의 意境을 높이 평가했다.(『黃觀只五十壽序』『吳梅村全集』 권36)

45   『이곡집』 권10 「南行述」에는 그가 靖江을 통해 龍興으로 돌아온 일을 기록했다: "온 고을 사람들이 작별을 애석해하며 강가로 배웅을 나왔다. 江陰의 관리와 교사, 학생들이 남쪽 강가에 배를 댄 채 기다리고 있다고 굳이 성내로 모시려 했지만 선생께서 허락하지 않으셨다. 원로들이 배를 붙들고 한 마디 남겨서 선생을 뵙는 것처럼 여기게 해달라고 청하자 선생은 큰 글씨로 '안분순리'라 쓰고, 아울러 '근검인'이라는 세 글자를 써서 주니, 모두들 환호하며 물러갔다闔邑惜別, 送至江岸. 江陰官吏師生, 維舟南岸以待, 固邀入城, 弗許. 父老擁舟, 請留一言, 以當晤對. 先生大書'安分循理', 幷'勤儉忍'三字以貽之, 衆歡呼而退."

46   丁寶銓 輯, 「부청주선생연보」 『상홍감집』, 1304~1305쪽 참조.

47   이 글의 뒤에는 "다만 사람들이 자신을 결백하게 지키면서 스스로 생을 마쳐서 세계를 망각할까 두렵다惟恐人潔身自了, 忘卻世界"라는 구유병의 말이 부록으로 실려 있다.

48   張自烈은 "형체를 숨기고 은거하라潛蹤匿影"는 권고를 여러 차례 사절했는데, 「復陸縣圖書」에서 그는 '숨고潛' '피하는遁' 것에 대해 이렇게 이야기했다: "마음이 같더라도 행적까지 모두 같을 필요는 없다. 모두가 흙방에 살면서 모친과 떨어져 지내고, 수레에서 자면서 땅을 밟지 않고, 눈이 먼 것처럼 속여서 아내를 만나지 않는다면 식견 있는 사람들은 틀림없이 그것을 완고하다고 여기면서 난리를 피하여 자신을 지키는 올바른 방법이 아니라고 할 것이다心 苟同, 跡不必皆同. 使盡如土室之離母, 寢車之不踏地, 詐盲之不見妻, 識者必謂之固, 必非避亂守身之正." "도는 다스려지고 혼란한 것을 존망으로 여기지 않고, 도를 행하는 데에서 벼슬길에 나아가고 물러나

는 것을 명성을 드러내고 숨기는 길이라 여기지 않는다道不以治亂爲存亡, 行道不以出處爲顯晦."(『芑山文集』 권9) 이 편지는 유민으로서 그의 자세에 대한 자백이라고 할 수 있다. 팽사망은 「與張吉山書」에서 '마음心-행적跡'의 관계를 언급하면서 張氏의 견해에 호응했는데, 이 또한 易堂에 모인 여러 학자의 태도를 대표한다고 이해할 수 있다. 그는 이렇게 썼다. "고금의 학술은 오직 마음과 행적을 구분하는 것밖에 없다. 그 마음이 이러하다면 비록 5번이나 桀에게 나아갔다 하더라도 伊尹과 같은 훌륭한 재상으로서 자격을 잃지 않을 테니, 세상에서 오직 행적으로만 군자를 얽맬 수는 없을 따름이다古今學術, 惟心與跡之辨. 其心如是, 雖五就桀不失爲伊尹, 顧無如世獨以跡繩君子耳."(『樹廬文鈔』 권3)

49　황종희는 또 「謝時符先生墓誌銘」에서 "사대부는 각자 분수가 있어서 조정 조회에 가지 못하고 연회에 참석하지 못하니, 사대부의 분수도 벼슬살이를 하지 않는 데에 그칠 뿐士各有分, 朝不坐, 宴不與, 士之分亦止於不仕而己"이라고 했다. 이 글에서도 王炎午가 "일찍이 상소를 올려 문천상의 죽음을 빨리 알렸고, 그 뒤에도 당세에 해야 할 일들을 그만둔 적이 없다嘗上書速文丞相之死, 而已亦未嘗廢當世之務"(『황종희전집』 제10책, 411쪽)고 강조했다.

50　『정지거시화』 「陳恭尹」: "진공윤은 뜻을 꺾고 자신을 욕되게 했지만 결국 일민의 반열에 포함시켜야 한다元孝降志辱身, 終當進之逸民之列."(712쪽) 이렇게 보건대 진공윤의 행위가 당시에는 분명 그가 유민의 자격이 있는지에 대한 논의를 유발했던 듯하다.

51　『하봉선생집』 권1 「與陳國鎭」: "그대가 道兄이 강학회에 가입하지도 않고 강학 요청을 받아들이지도 않는 것을 이상하게 여기며 서릿발 같이 준엄한 고결함에 비유한 것은 태상을 지내신 王時槐(1522~1605, 자는 子直 또는 子植, 호는 塘南) 선생의 의발을 물려받은 제자다운 생각이라, 내가 지극히 아끼고 존경하는 바이오. 그러나 識力이 이미 어느 정도 경지에 이르렀으면 마땅히 한 걸음 더 진보해야만 비로소 학문인 것이오. 저들이 모임을 만들고 손님을 초빙하는 의도가 무엇이겠소? 그것이 정말 좋은 뜻에서 나와 좋은 일을 하려는 것이라면 나는 바로 모임에 참여하고 초빙을 받아들이겠소. 이 또한 다른 이들에게 선을 베풀려는 뜻이니, 저들이 어찌 내 명예를 손상시키려 하겠소? 무릇 권리와 세력의 불꽃에 발을 잘못 디디는 것은 틀림없이 내가 그것을 빌려 무언가 이득을 챙기려 했기 때문일 따름이오. 분명하고 솔직한 마음으로 나서서 시세에 따라 돕는다면 학문이 미치지 못할 지역이며 미치지 못할 사람이 어디 있겠소君異爲道兄不入會, 不受請二事, 比之霜嚴峻潔, 便是太常先生衣鉢, 僕極愛之敬之. 然識力旣至, 又當進一步, 纔是學問. 試問彼立會請客, 意欲何如. 果是發好念, 行好事, 我卽與會受請, 是亦與人爲善之意, 彼豈瀒浼我乎. 大凡失足於權利勢焰, 必我有所借之

以爲利耳. 如以明白坦易之心出之, 因時維挽, 何處非學問所及之地, 所及之人!"
그는 교유에서 지나치게 엄격한 태도를 취하지 말아야 한다고 했는데, 어쩌면 이것은 自强을 추구하는 이의 자신감에서 비롯된 말일 것이다.

52 (전겸익과 같은) 당시의 문인들이 보기에 절조와 명사풍류, 문인풍정은 결코 서로 용납될 수 없는 관계가 아니었다. 그의 「新安汪然明合葬墓誌銘」에서는 汪然明 같은 문인이 변란 이후에도 여전히 평온한 모습으로 지낸 데 대해 대단히 특별하게 해석했다. 그에 따르면 태평성대에는 산수가 그 아름다움을 더하는 데에 문인의 도움을 받을 필요가 없다. "상란이 일어난 뒤에는 불이 난 듯 갑작스럽게 강산의 풍경이 모두 바뀐다. 이때에 술을 따를 기녀를 데리고 풍악을 울리는 것은 잠시 다시 朔風에 입김을 불어 따뜻한 공기를 불러옴으로써 조물주의 부림을 새싹을 틔우는 조짐으로 만드는 것이다若夫喪亂之後, 焚如突如, 陵夷整改. 於斯時也, 命觴載妓, 左絃右壺, 聊復以吹噓朔風, 招邀淑氣, 是以造化所使爲勾萌甲坼之魂兆也."(『목재유학집』 권32, 1154쪽) 전겸익의 이런 견해는 또 그가 '다급한 소리噍殺'를 비판하고 "낭랑하고 장엄하며 나날이 새로움이 풍부해지는宏朗莊嚴, 富有日新" 경지를 불러들이려 했던 것과 상통한다. 여기에서도 왕조 교체기의 사대부들이 '생사'라는 중대한 문제에 대해 풍부한 경험과 식견을 갖추고 있었음을 알 수 있다. 근대의 孟森은 『王紫稼考』(『心史叢刊外一種』, 岳麓書社, 1986)에서 서방의 부친이자 저명한 충의지사인 徐泃이 한때 유명한 배우였던 王紫稼를 상객의 자리에 앉혔던 일에 대해 "충효와 위대한 절조를 지닌 인사도 이처럼 풍류를 없애지 않았다忠孝大節之士不廢風情如此"고 논평했다.(90쪽)

53 어쩌면 바로 귀족 출신이었기 때문에 여유로운 기상을 지니고 있어서 변고에도 일상적인 일을 대하듯이 대처할 수 있었을지 모른다. 『杜溪遺稿』 「龍眠愚者方公家傳」에 따르면 "방이지는 (…) 일찍이 천하가 장차 어지러워질 것이니 사대부들도 고생하는 데에 익숙해져야 한다고 하면서 귀공자의 몸으로 배번 100리 밖까지 걸어 다니곤 했다方公密之 (…) 嘗謂天下將亂, 士君子當習勞苦, 故雖身爲貴公子, 每徒步百里外."『康熙安慶府桐城縣志』 권4 "理學" "방이지": "사람됨이 절조를 지키면서 평온하고 관대했으며 초라한 옷차림이나 음식을 부끄럽게 여기지 않고 남들이 감당하지 못하는 것을 감내하면서 간소하게 만족했다爲人操履平恕, 不恥惡衣食, 堪人所不能堪, 簡然自得."(以上, 任道斌, 『方以智年譜』, 安徽敎育出版社, 1983, 14쪽 참조) 방이지는 스스로 "다행히 귀공자의 습성이 없어서 이런 수고로움과 고달픔을 감당할 수 있다幸無紈綺習, 能堪此勞瘁"(『方以智密之詩鈔』 「贍旻·紀難」 『연보』, 125쪽)고 했다. 그의 아들 방중통은 부친이 '才' '學' '忠' '孝'를 한 몸에 지녔지만 "유독 우환의 시절에 태어나 다른 길을 걸으며 몸을 숨긴 채 남들이 감당하지 못할 고생을 감당하고 남들이 참아내지 못한 행동을 참아내

셨다獨是生於憂患, 別路藏身, 甘人所不能堪之苦, 忍人所不能忍之行"(「陪詩·哀述」)고 했다.

54 글 가운데서도 이런 단절의 흔적을 볼 수 있다. 전겸익에게 『초학집』과 『유학집』이 있듯이 명초의 劉基에게도 『覆瓶集』과 『犁眉公集』이 있었다. 방이지의 정황은 당연히 다르지만, "평생을 세상과 격리된 듯 살았기一生如隔世"(방중통, 「陪詩·又編次『浮山後集』」) 때문에 그의 『浮山文集』에는 『전편』과 『후편』이 있다. 전환 중의 '깨달음覺悟'은 사람에 따라 달랐다. 冒襄은 이렇게 말했다: "저는 나이가 어려서 스스로 헤아리지 못하고 망령되게 제 처지가 응당 높은 벼슬살이를 할 거라 생각하고 모든 것을 무척 쉽고 아득하게 여겼습니다. 을유년(1645) 이후로 집안이 거의 파산했다가 다시 살아남고, 제 자신이 죽었다가 다시 살아나게 되자 모든 것을 버리고 제 자신의 것도 세간의 것도 아니라고 여기게 되었습니다僕少年不自揣度, 妄謂此生鍾鼎之奉, 應屬分內, 故視一切甚易甚微, 乙酉以後, 家幾破而復存, 身旣死而復活, 更捐棄一切以爲身外物外."(「答丁諸生詢回生書」, 『巢民文集』 권3)

55 劉汋이 편찬한 유종주 연보에 따르면, "선생은 평생 생산에 대해서 묻지 않으셨고 집안일은 모두 부인이 처리하셨다先生平生不問生産, 家政皆操自夫人"(『유자전서』)고 했다. 진확은 「祭婦文」에서 이렇게 썼다: "내 부모는 그대가 봉양했고吾有父母, 子爲吾養" "내 자녀도 그대가 입히고 먹여주었소吾有子女, 子爲吾衣食."(『진확집』, 313쪽)

56 『명유학안』 권1 「吳康齋先生語」: "밤이 되어 병상에 누워 집안일을 생각하니 어쩔 수 없이 어떤 계획이 떠올라 마음이 어지럽고 기분도 찜찜해졌다. (…) 빚을 갚기 어렵다는 생각을 하자 생계가 순조롭지 못해져서 어쩔 수 없이 무슨 계책을 세워야 한다는 마음이 생겼다. 천천히 계책을 세우려는 마음이 생기자 학문에 대해 오로지 전념할 수 없게 되었다 (…) 窮通과 득실, 생사, 憂樂을 모두 하늘에 맡겨 이 마음이 담담해지고 조금도 마음에 흔들림이 없다면 괜찮겠다夜, 病臥思家務, 不免有所計慮, 心緒便亂, 氣卽不淸 (…) 思債負難還, 生理蹇澀, 未免起計較之心. 徐覺計較之心起, 則爲學之志不能專一矣 (…) 窮通得喪死生憂樂一聽於天, 此心須澹然, 一毫無動於中, 可也."(18쪽 및 22쪽) 같은 책 권5에 수록된 陳獻章의 「논학서」에 생계에 대해 언급한 것도 상당히 재미있다. 허형의 다음과 같은 말은 더욱 민감해서 자주 인용되곤 한다: "학자에게는 생계를 도모하는 것이 가장 우선적인 임무이니 생계가 부족하면 학문을 하는 데에 방해가 되기 때문이다. 함부로 벼슬길에 들어서서 이익을 도모하는 이들도 아마 살아가기가 곤궁해서 그렇게 되었을 것이다. 사대부는 마땅히 농사에 힘써서 생계를 꾸려야 하지만, 장사가 말단의 일이라 하더라도 실행하면서 도의와 사리를 잃지 않고 혹시 잠시 도움이 될 수 있다면 그 또한 하지 못할 이유가 없다學者治生最爲先務, 苟生理不足, 則於爲學之道有所妨, 彼旁求妄進及作官謀利

者, 殆亦窘於生理所致. 士君子當以務農爲生, 商賈雖逐末, 果處之不失義理, 或以姑濟一時, 亦無不可."(『송원학안』권90「노재학안」『황종희전집』제6책, 533쪽)

57 진확은 다른 글에서도 이렇게 주장했다: "속된 선비는 도를 너무 몰라 돈과 재물에 대해 말하기를 부끄러워하다가 결국 품행을 망친다. 그러나 공자와 염유가 다스림을 논할 때 부유함을 교화보다 우선시했으니, 이는 요순 이래로 바뀐 적이 없었다俗士苦不知道, 羞語錢財, 卒敗行檢. 而孔冉論治, 先富於敎, 自唐虞以來, 未之有改."(「祭査母朱碩人文」『진확집』, 326쪽) 그는 '謀生'도 '학'이니, "학자는 우선 수신과 제가를 이루고 나서 치국하고 평천하하는 것이지 어찌 자기 한 몸의 생계조차 도모하지 못하고 남에게 대신 맡기는 것을 학문이라 할 수 있겠는가學者先身家而後及國與天下, 惡有一身不能自謀而須人代之謀者, 而可謂之學乎?"(「井田」, 같은 책, 438쪽)라고 했다. 이처럼 통달한 그를 통해서 '모생'을 '素位之行'이나 '학'과 같은 의미 체계에 넣어야 입론을 전개하기 편하다. 어쨌든 이것은 여전히 무척 어려운 화제였다.

58 '치생' 문제에 대한 장이상의 태도는 상당히 복잡하지만, 확실히 그는 지극히 실질적인 사고방식을 갖고 있었다. "학자가 난세에 처하여 벼슬길도 끊어진 상태에서 입고 먹을 것을 밖에서 도움 받지 못한다면 비록 높은 뜻을 품고 있다 할지라도 장차 자신을 보전할 수 없게 된다學者處亂世, 絶仕祿, 苟衣食之需不能無資於外, 雖抱高志, 亦將無以自全."(『양원선생전집』권6「與許大辛」) 하지만 또 이렇게 주장하기도 했다. "있고 없고, 풍족하고 모자란 것은 자연히 정해진 분수가 있는지라有無豐嗇, 自有定分" '도외시'할 수도 없고 또 "깊이 염려深爲繫念"해서도 안 된다고 했으니(권12「與孫爾大」), 그 사이의 분별이 미묘할 수밖에 없다. '생계'는 원래 '도모'할 수밖에 없지만 너무 지나치게 도모해서도 안 된다고 하니 유학자들에게 그 문제가 얼마나 민감했는지 짐작할 만하다. 안원의 제자 이공은 농사에 힘써서 致富에 성공한 인물이다. 그는 자신이 '力農致富'한 데에 대해 "부유함을 추구해서가 아니라 애오라지 그것으로 자신의 분수를 지키기 위해서였고非以求富也, 聊以自守也", "또 스스로 더러워짐으로써 자신을 보전하는 길又所以自汚而自全也"이었다고 해명했다.(『李塨年譜』, 161쪽)

59 같은 글에서는 이윤과 제갈공명은 "벼슬길에 나아가지 않았을 때는 농사를 지은 사람未仕而稼圃者"이고 海剛峯(즉 海瑞)는 "이미 벼슬길에 오른 뒤에 농사를 지은 사람已仕而稼圃者"이며, 그 외에 또 "벼슬을 사직하고 농사를 지은 사람致仕而稼圃者"도 있다고 하면서 "樊遲의 경우에는 당연히 헛되게 농사를 지어서는 안 되지만 내 경우는 농사를 짓지 않으면 안 된다. 기꺼이 농사를 지으면 편안히 분수를 지키면서 절조를 보전하고 남에게 도움을 바라는 일이 없게 된다. 번지를 꾸짖은 공자의 말씀을 핑계로

자신의 인생을 그르치지 않도록 조심해야 할 것이다在遲固不可徒稼徒圃, 在吾人則不可不稼不圃. 肯稼肯圃, 斯安分全節, 無求於人. 愼無借口夫子斥遲 之言, 以自誤其生平"라고 했다.

60 唐甄은 생계를 추구하는 것이 정당하다고 여겼기 때문에 '상인賈'과 '거간 꾼牙'에 대해 이야기할 때에도 아주 솔직한 태도를 보였다. "당 선생이 말 했다. 여상이 맹진에서 밥을 판 것이나 당진이 오시에서 거간꾼 노릇을 한 것은 같은 의미다唐子曰: 呂尙賣飯於孟津, 唐甄爲牙於吳市, 其義一也." 그는 상인이나 거간꾼을 천하게 여기는 논의에 전혀 반박하지 않고 그저 가난 한 사대부가 생계를 꾸릴 방도가 막혔다고만 이야기했는데, 이것만으로는 가치관의 변동을 나타냈다고 하기에 부족하다. 당진은 '상인'과 '거간꾼'이 되는 것도 생계를 도모하는 수단으로 정당하다고 주장—"이것은 죽음에 서 구해내는 기술이다此救死之術也"—했는데, 그는 '상인'과 '거간꾼'이 되 는 것이 '더럽거나汚' '스스로 더럽히는' 행위가 아니라고 했으니, 그런 일 을 끌어들인 것이 '수치恥'가 아니라고 생각했음이 분명하다.(『潛書』上篇下 「食難」, 88쪽) 그러나 그도 여전히 "그러나 직접 상인이 되는 것은 어쩔 수 없기 때문雖然, 身爲賈者, 不得己也"이라고 했다.(「養重」, 같은 책, 상편 하, 91쪽)

61 황종희의 다음과 같은 비판은 자신이 보기에 보편적인 '商業行爲'를 겨냥 한 것이다: "상황이 날로 나빠지면서 생사와 희비가 오직 재물에 따라 나 뉘게 되었다. 소인배들은 세상의 변화 기미를 익숙하게 살피고 그 추세에 서 중요한 것이 여기에 있음을 알고 오로지 재물을 모으는 일만을 자랑으 로 여기고 숭상한다江河日下, 生死休戚, 惟財乎是繫. 小人習觀世變之機, 而知 其勢之所重在於此也, 於是惟貨力是矜是尙."(「奠高董君墓誌銘」, 『황종희전집』 제10책, 842쪽)

62 李顒은 『논어』를 이렇게 해석했다: "'소도'를 주희의 集注에서는 農圃, 醫, 蔔 따위라고 했는데 완전히 그런 것 같지는 않다. 농사는 생계의 바탕이 되 고, 의술은 생사를 맡길 수 있으며, 점복은 의심스러운 것을 결정하고 미 루던 것을 정할 수 있으니 소도라고 할 수 없다. 또한 '보는' 것이라고도 말 할 수 없으니 당시에 정말 무엇을 가리켰는지는 모르지만 지금은 시나 문 장, 서예, 그림이 모두 이것이다. (…) 그 나머지의 갖가지 기예들은 설령 정 교하게 기술을 발휘하여 볼 만하다고 하더라도 모두 멀리 전해지기에는 부족하니 모두가 소도이고 할 만한 것이 아니다. 작으면 큰 것을 방해하니 관계가 적지 않으므로 신중하지 않을 수 없다小道集注謂農圃醫蔔之屬, 似 未盡然. 夫農圃所以資生, 醫以寄生死, 蔔以決嫌疑, 定猶豫, 未可目爲小道, 亦 且不可言觀, 在當時不知果何所指, 在今日, 詩文字畵皆是也 (…) 其餘種種技 藝, 縱精工可觀, 皆不足以致遠, 皆小道也, 皆不足爲. 爲小則妨大, 所關匪細, 故爲不可不愼也."(『사서반신록』 「논어 하」, 『이곡집』 권40)

63 이옹은 '농사稼圃'에 대해 이야기하기는 했지만 직접 농사를 짓지는 않은
듯하다. 그 제자들은 그의 가난을 대단히 자세하게 기록하면서 집권자들
과 다른 이들에게 여러 차례 도움을 받았다고 했다.(같은 책, 권45 「역년
기략」 참조) 「紀略」에 따르면 강희 11년(壬子, 1672)에 "이해 봄 식량이 떨어
져 거의 살 수 없게 되었는데, 그 소식을 들은 王化泰(?~?, 字는 省庵)가 蒲
城에서 문안하러 왔다가 세 달치 땔감과 식량을 마련해주고 돌아갔다. 이
해에 장 도사가 선생의 곤궁함을 염려하여 다른 사람을 통해 30金을 주면
서 선생에게 생활비에 보탬이 될 수 있도록 땅 10畝를 사주도록 했다是春
絶糧, 幾不能生. 王省庵聞之, 自蒲來候, 爲之辦三月薪米而還. 是年, 張閭司念
先生淸苦, 捐俸三十金. 托人爲先生購地十畝, 聊資薪水." 손기봉도 벼슬아치
들의 도움을 받은 적이 있지만(예를 들어 蘇門의 거처 등), 생활비는 달리
기댈 곳이 있었다.

64 『오매촌전집』 권47 「太學張君季繁墓誌銘」에서는 張季繁이 "재물이 풍족하
여 가끔 활달한 변화로 자신을 지키기도 했다貲用旣饒, 間出於闊達變化以
自衛."(970쪽) 오위업은 이렇게 말했다. "내가 보기에 강남에서는 오직 신
안만이 생계를 가장 잘 꾸려서 남편은 사방으로 돌아다니고 아내는 집안
을 유지하여 안팎으로 모두 체계가 잡혀 있다. 오나라 땅의 동정도 그러하
다. 그곳에 가면 성처럼 큰 담으로 둘러싸여 대청이 청아하고 고고하며, 종
일토록 마을을 돌아다녀도 한가로이 놀고 있는 사람들의 모습을 볼 수 없
고 웃고 떠드는 소리가 들리지 않는다余觀江以南, 惟新安善治生, 其丈夫轉
轂四方, 女子持門戶, 中外咸有成法. 蓋吳之洞庭亦然, 過其地, 見重垣如城, 廳
屛淸肅, 終日行里中, 不見有遊閑之跡, 笑語之聲."(「吳淑人傳」, 같은 책 권52,
1070쪽) 이렇게 보면 '생계'가 교화에 이롭다는 것인데, 어쩌면 한때 유학
자들의 소견이 거기에 미치지 못한 것은 아닐까?

65 당시에는 이와 유사한 이야기들이 많았던 듯하다. 王源의 「徐雲若墓誌銘」
에서는 徐枋이 병치레를 많이 해서 "그는 매번 약을 가지고 산에 들어가
그(서방)를 살폈는데, 해마다 4차례 다녀오는 것이 상례가 되었다. 영도 출
신의 曾燦(1625~1688, 이름을 傳燦이라고도 하며, 字는 靑藜 또는 止山, 晚
號는 六松老人)이 오나라 땅에 살다가 북쪽을 여행하던 도중에 객사했는
데, 그에게 5살 된 딸이 있어서 그가 보살펴 키워 결혼까지 시켜주었다君
每攜藥入山視之, 歲凡數四以爲常. 甯都曾靑藜寓於吳, 北遊客死, 一女五齡, 君
撫之長而嫁之."(『거업당문집』 권17) 이것을 보면 徐雲若은 의술로 생계를
꾸리고 가족을 부양했을 뿐만 아니라 또한 그것으로 '濟物'을 실천했음을
알 수 있다.

66 황종희는 같은 글에서 이렇게 기록했다. 余增遠(호는 若水)의 병이 나아갈
때 "내가 아들 정의에게 그의 맥을 짚어보라고 하자 그가 말했다. '나는
20년 전에 죽게 해달라고 기도했는데, 오히려 30년 후에 살게 해달라고 기

도하겠소?'余命兒子正誼爲之切脈, 若水曰: 某祈死二十年之前, 反祈生三十年
之後乎." 그의 명문은 이러했다: "죽은 이가 없다면 도의 경계를 볼 수 없
고, 살아 있는 이가 없다면 도의 위대함을 알 수 없다不有死者, 無以見道之
界. 不有生者, 無以見道之大."

67 같은 시기의 유민들이 喪葬에 대해 논한 글은 이외에도 많다. 예를 들어
굴대균은 「先夫人祔葬記」(『翁山文鈔』 권2)에서 장례 제도에 대하여 많은 논
의를 인용하여 논증하면서 '地師'說에 대해 상당히 많은 부분을 논박하고
바로잡았다. 薛熙評은 이렇게 말했다: "이 글은 마땅히 呂才(606~665)의
「敍葬書」를 참조하여 읽어야 하지만 고증의 정밀함과 상세함은 또 그것을
넘어서는 듯하니 모두가 위대한 유학자의 말씀이다此篇當與呂才葬書參閱,
而考核精詳, 似又過之, 皆大儒之言也." 萬斯同의 『群書疑辨』 권4에는 고금의
상례에 대해 논했는데, 더욱 경학적인 방식을 이용했다.

68 장이상, 「生壙引」: "과거에 唐達(?~?, 字는 灝儒, 號는 永言)이 신리에서 장친
의 모임을 시작했으니 돈을 바탕으로 한 것이 아니라 권려를 바탕으로 한
것이었다. 우리 고을의 친우들도 그 방법을 따라 전후로 40개 집안의 장례
를 치러 금방 원근에서 흠모하여 본받으려는 이들이 많아졌다往年灝如唐
子始爲葬親之會於莘里, 匪金之是資, 資勸勵也. 吾里親友取其法, 先後擧葬蓋
四十家, 一時遠近慕效者衆."(『양원선생전집』 권20) 「與吳仲木」: "우리 고을의
여러 벗이 당달의 권려 방법을 본받아 葬親社를 설립하여 한때 인심이 상
당히 고무되었다敝里諸友仿唐灝儒兄勸勵之法, 立葬親一社, 一時人心頗見鼓
動."(같은 책 권24) 진확이 『葬論』을 썼기 때문에 그 모임에서는 일찍이 그
를 초청하여 "죽은 이를 받들어 보내는 뜻을 밝히고 어진 후손들과 효성
스러운 자식의 마음을 격려했다發明送死奉終之義, 激厲仁孫孝子之心."(같은
글)

69 안원은 墓幕에서 시묘하는 것廬墓이 옛날의 법도가 아니라고 여러 차례
지적하면서 손기봉이 그렇게 한 것에 대해서도 비판했다. 안원과 손기봉
은 모두 장례에서 번잡하거나 지나치게 세밀한 것은 취하지 않고 실행 가
능성을 고려하면서 '빈민'과 '貧士'가 감당할 수 있는지를 배려했다. 이 또
한 민정을 잘 아는 실천적 유자의 태도였다. 안원은 또 상중에는 "『예기』의
글을 자세히 음미하여詳玩禮文" 예의 의미를 짐작하고 지극히 타당한 절
충—"시의에 맞고 예의 의미를 잃지 않는庶合時之宜, 亦不失禮之意"—을
추구하도록 힘써서, 비록 경학의 방식이 아닐지라도 일정한 학술적 의미
가 있다고 했다. (『習齋記餘』 권1 「崔孝子廬墓序」와 권10 「居恩祖妣喪讀禮救過」
및 「居憂愚見」 등을 참조) 진확은 상례에 대해 '지나친 애도哀毀之過'를 반
대했으니, 이 또한 삶을 존중—"자신을 아끼는愛其身"—하는 주장과 일치
한다.(「與吳仲木孝子書」『진확집』, 93쪽 참조) '廬墓'를 '非禮'라고 한 그의 주
장(「與吳仲木書」, 같은 책, 143쪽)은 안원과 일치한다.

70 『손하봉선생연보』권上에 따르면 만력 39년(손기봉 28세) 정월에 居喪 기간이 끝났는데服関 "생각건대 선생이 학문에 뜻을 둔 것은 응당 이때부터 시작된 듯하다. 어떤 벗이 '선생, 스스로 생각하시기에 학문에 뜻을 두는 것은 언제부터 시작해야 한다고 보십니까?' 하고 묻자 선생께서 이렇게 대답하셨다. '젊은 나이에는 함부로 공명에 뜻을 두었다가 양친이 돌아가시자 그런 생각이 식어버렸네. 그래서 鹿善繼(1575~1636, 자는 伯順, 호는 乾嶽)와 벗이 되어 처음에는 명절로 서로를 격려했는데 그러다 보니 기질이 치우치는 것을 피할 수 없었네. 속으로 생각해보니 스스로 살아 있는 사람의 면모를 입증할 필요가 있었는데, 사실 그것은 애통하고 곤궁에 시달리는 와중에 깨달은 것일세按先生志學當自此始. 憶友人問曰: 先生自考志學以何時爲可持循之日. 先生云: 少年妄意功名, 自兩親見背, 此念頓灰, 與鹿伯順爲友, 初以名節相砥礪, 未免走入氣質之偏處, 暗然一念, 自證生人面目, 其實從哀慟窮苦中得來." 『안습재선생연보』에 따르면 안원은 상중에 『居喪別記』를 저술하고 또한 『예기』를 읽어 도를 깨달았으며, 이때부터 "결연하게 주공과 공자의 도를 밝게 시행하는 것을 자신의 소임으로 삼았다毅然以明行周孔之道爲己任."

71 물론 이에 대한 유민들의 논의도 결코 일률적이지 않다. 閻爾梅는 풍수가形家와 '학문'으로서 堪興에 대해 대단히 높이 평가했다.(『閻古古全集』참조)

72 이와 관련되어 呂坤이 쓴 일련의 글들은 명대 사람들이 삶과 죽음을 대하는 '통달함'을 보여주는 두드러진 예라고 할 수 있다. 그의 「逝者吟(和葉君歌)」와 「呻吟語」에서 생사와 관련된 담론은 모두 '죽음'과 관련된 허망함을 깨뜨려버린다. 그가 스스로 쓴 '묘지명'은 더욱 기묘한 글이라고 할 수 있다. 그의 '통달함'은 토대—이성에 뿌리를 둔, 당시 세상의 도학과 습속에 대한 비판의식—가 있을 뿐만 아니라 깊이가 있어서 명사 방식의 연기와는 차원이 달랐다. 그의 「反挽歌」서문에서는 이렇게 썼다: "잡아당긴다는 것은 죽음을 애도하여 붙들어놓는 것이다. 살아서는 수고롭지만 죽으면 편안하고, 살아서는 쇠약했지만 죽어서는 쉴 수 있고, 살아서 사랑했던 것도 죽으면 잊어서 내 운명을 회복하여 내 뿌리로 돌아가나니, 어떻게 삶은 아름답게 여길 만하고 죽음은 슬퍼할 만하다고 하겠는가?挽者, 哀死而留之也. 生勞死逸, 生消死息, 生愛死忘, 復吾命, 歸吾根, 安見生爲可艶而死爲可悲乎."(이상, 『呂坤哲學選集』참조)

73 許三禮의 「海寧縣志理學傳」에 따르면 진확은 병이 위중해지자 "아들 창아에게 「상약」 2장을 쓰게 하고 從兄 陳潮生과 許欲爾를 불러서 그것을 주었다命豎兒書喪約二紙, 呼從兄潮生, 許子欲爾而授之"라고 했으니, 이는 분명히 『진확집』별집 권9의 『叢桂堂家約』「喪」을 가리키는 듯하다. 孫枝蔚는 「預定終制」에서 "우리 집안에는 타향에 묻힌 사람이 없으니, 만약 친우

가운데 혹시 고향으로 이장하라고 권하는 이가 있다 하더라도 절대 따르지 마라. 통달한 이는 고향에 묻혀야 한다는 주장에 동의하지 않는다吾家無葬異鄕者, 若親友或勸歸棺故里, 愼勿聽之, 首丘之說, 達者不爾"(『槪堂集』, 1126쪽)라고 했으니, 그야말로 통달한 사람이었다고 하겠다.

74 徐枋은 비록 "이것은 천고 역사에 일어난 적이 없는 일이어서 사실 천고역사에서 본 적이 없는 일此千古所未發, 實千古所未曾見及也"이라고 비판했지만, "생사의 갈림길에 대해서 말하기 어려운 것은 타고난 그릇이 고르지 않고 知趣가 각기 달라 일률적으로 논해서는 안 된다. 마땅히 그 사람이 평생 견지한 생각을 살펴서 그가 목숨이 끊어지기 직전에 나타낸 바를 살펴야 한다. 만약 그 사람이 진정한 충신이자 효자, 진정한 성현이요 부처라면 임종할 때 울고 웃는 것이 모두 훌륭하다. 만약 그렇지 않다면 웃는 것은 기대할 수도 없고, 통곡하는 것도 훌륭하다고 할 수 없다死生之際, 人所難言, 根器不齊, 識趣各異, 要未可一律而論, 當審其人生平所自持, 以觀其臨命一息之表見. 苟其人而眞忠臣, 眞孝子, 眞聖賢佛祖, 則臨命之頃, 啼笑俱優. 如其不然, 笑固不可期, 哭亦未爲得也"(같은 글)고 했다. 이렇게 보면 居士 또한 승려보다 '통달'할 수 있었던 듯하다.

75 황종희의 「王義士傳」에 따르면 왕대보王臺輔(?~1647, 字는 贊化, 別號는 상산)는 "이웃의 鄕黨을 모아놓고 옷과 폭건을 빨고 나서 숭정제의 존호를 소리쳐 부르며 북쪽을 향해 재배하고 스스로 상산의 나무에 머리를 박았으니, 모여서 구경하던 이들이 모두 통곡하다가 목이 메었다. 당시 그곳을 지나던 승려가 채찍을 들어 그를 가리키면서 이렇게 말했다. '대장부가 마땅한 일을 위해 죽는데 어찌 이렇게 온 마을 사람들을 모아놓고 요란한 짓을 벌이는가!'集其鄰里鄕黨, 濯衣幅巾, 大呼烈皇, 北面再拜, 自罄於象山之樹, 聚觀者無不慟哭失聲. 是時有僧過之, 持鞭而指臺輔曰: 丈夫死宜也, 惡用是彌街絶里眩曜於人乎.(『황종희전집』 제10책, 565쪽) 죽는 데에도 도리가 있으니 희극처럼 되어서도 안 되고 관객을 모아서도 안 되며, 많은 이들에게 요란하게 내보이지 않는 것이 '평범하고 쉽게 행하는爲平易' 경우다.

76 李鄴嗣의 「唯一周先生諡議」에서도 이러한 '身份'과 '評價' 문제를 논의하고 있다. 『杲堂詩文集』, 680~681쪽 참조.

77 顧湄의 「吳梅村先生行狀」에 따르면 오위업의 유언 가운데 이런 내용이 있다고 했다: "내가 죽은 뒤에 승려 복장으로 염해서 鄧尉山과 靈巖山 근처에 묻고, 무덤 앞에 둥근 돌을 세우고 '詩人吳梅村之墓'라고 써라. 사당은 세우지 말고 남에게 묘지명을 써달라고 부탁하지도 마라吾死後, 斂以僧裝, 葬吾於鄧尉靈巖相近, 墓前立一圓石, 題曰詩人吳梅村之墓, 勿作祠堂, 勿乞銘於人." 陳廷敬의 「吳梅村先生墓表」에는 오위업의 아들 吳瑌이 부친의 유명을 시행한 이야기를 기록하면서 또 "나는 천성적으로 산수를 좋아하니 영암산과 등위산 사이에 묻어주고 '詩人吳梅村之墓'라는 비석을 세워주면

충분하다. 그렇지 않으면 불효이니라!吾性愛山水, 葬吾於靈巖鄧尉間, 碣曰詩人吳梅村之墓足矣, 不者, 且不孝"와 같은 그의 말들이 기록되어 있다. 尤侗의『서당잡집』『西堂雜俎二集』권8「祭吳祭酒文」에서는 이렇게 썼다: "듣자하니 선생께서 관음두와 장령의로 염해달라고 유언을 남기셨다고 하는데 아마 처음 신분으로 돌아가서 벼슬에서 벗어나 평민이 되고 싶으셨던 듯하다吾聞先生遺命: 斂以觀音兜長領衣, 殆將返其初服, 逃軒冕而卽韋布乎."(이상,『吳梅材全集』부록一, 1406쪽과 1409쪽, 1420쪽 참조) 이 또한 당시 사람들이 오위업의 장례에 대해 내린 나름의 해석이라 하겠다.

제 7 장
시간 속의 유민 현상

1 왕부지가 우려한 것이 바로 인심과 풍속의 '오랑캐화夷化'였으니, 이 또한 유학자로서 가장 심각한 염려였음이 분명하다.『독통감론』에서 그는 契丹이 幽燕을 점령했을 초기에 "아직 살아 있던 당나라 유민들은 중원의 풍속을 그리워하면서 북방 오랑캐의 풍속을 싫어했다. 예를 들어 吳巒(?~999)과 王權(864~941)은 차마 더러운 곳에 몸을 빠뜨릴 수 없어서 눈물을 삼키며 천자의 군대가 오기만을 학수고대했으니, 그때 공격했더라면 쉬웠을 것이다. 그런데 오래 미루다보니 契丹은 이미 비옥한 중원 땅을 좋아하여 여러 세대에 걸쳐 그곳을 점령하여 元老들은 이미 죽고 사람들은 오랑캐 풍속에 익숙해져 자신이 어느 왕조의 후손인지도 모른 채 경계를 나누어 契丹을 위해 목숨을 바치려고 생각했다. 그러므로 서둘러 공격하면 쉽지만 천천히 도모하면 어려운 것이다唐之遺民猶有存者, 思華風, 厭膻俗, 如吳巒王權之不忍陷身汙穢者, 固呑聲翹首以望王師, 則取之也易. 遲之又久, 而契丹已戀爲膏腴, 據爲世守, 故老已亡, 人習於夷, 且不知身爲誰氏之餘民, 劃地以爲契丹效死, 是急攻則易而緩圖則難也"(권30, 1163쪽)라고 했다.

2 黃道周는 융무 조정에서 일할 때 쓴「答曾叔祁書」에서 이렇게 썼다: "송나라는 건염 이후에도 관, 섬, 형, 초를 지니고 있었고, 진나라는 융흥 이후에도 청주와 연주, 옹주를 가지고 있었다. 지금은 망망한 바닷가에서 조각배를 타고 여러 의병들을 맞이하여 劉光世(1089~1142, 자는 平叔), 何彦猷, 韓世忠(1089~1151, 자는 良臣), 岳飛 등이 했던 일을 하려 하니, 비록 제갈량과 장소라 하더라도 스스로 벙어리라고 할 따름이다宋自建炎而後, 尚有關陝荊楚. 晉自隆興而餘, 尚有靑兗雍州. 今茫茫海岸, 一葦繫匏, 仰諸逆弁, 爲劉何韓岳之事, 雖武侯, 張昭自謂聾啞耳." 하지만 여전히 '전명'과 '후명'을 내세우며 "전명 357년 (…) 후명은 두 해를 지났으니 여러 군자가 일어나 보좌함에 힘입는다後明兩際春秋, 賴諸君子起而夾輔"(같은 책 권15)라고 했다.

이로 보건대 이 노인의 강한 고집을 짐작할 수 있다.

3 한때 유민들 가운데는 전란을 좋아한 이들이 상당히 많았다. 위희의 「費所中詩序」에 따르면 費所中은 "兵略과 智謀에 관한 책들을 두루 섭렵했고 『陰符經』과 『孫子兵法』, 『韓非子』에 대해서도 깊이 공부했으며於權奇之書無不究, 而其學得陰符孫武韓非爲深," "역사를 읽다가 진·한 무렵과 삼국시대, 오대시대에 용과 호랑이가 싸우고 비바람이 몰아치며 천둥 번개가 몰아치는 장면에 이르면 눈썹을 곧추세운 채 박수를 치면서 껄껄 웃으니 그 풍채가 평소보다 100배나 되었다. 그러다가 천하가 안정되어 땅을 나누어 제후를 봉하고 재능을 헤아려 벼슬을 주며 관리들의 다스림을 정비하여 예악을 일으키는 부분에 이르면 멍해져서 끝까지 읽지 못하고 마음에 번뇌가 생겨 생각이 산만해지니 마치 대낮에 조는 사람 같았다讀史, 當秦漢之際, 以至三國五代龍戰虎鬪風雨交馳雷電幷擊, 則揚眉抵掌, 掀髥而笑, 其神采百倍平日. 及夫天下旣定, 裂土而封, 量才而官, 修史治, 興禮樂, 則嗒然不能終篇, 心煩慮散, 若白日而欲寢者."(『위숙자문집』 권9) 전겸익의 「薛更生墓誌銘」에 따르면 薛更生은 당시에 "동정을 살피고 괘상을 점치고 풍각을 점치면서 초야에 묻혀 사는 비천한 직업을 가진 이들을 찾아다니자 사람들이 모두 그를 가리켜 여든 노인이 두 다리를 반쯤 저승에 걸친 상태인데도 무엇 때문에 그렇게 다급하게 쫓아다니는지 모르겠다고 했다觀風, 占象, 占風角, 訪求山澤椎埋屠狗之夫, 人鹹目笑君八十老翁, 兩脚半陷黃土, 不知波波劫劫何爲也."(『목재유학집』 권31, 1145쪽)

4 '기대'하는 것이 어찌 유민뿐이었겠는가? 金堡는 전겸익의 『列朝詩傳』의 서문에서 이렇게 썼다: "『열조시집전』은 虞山先生이 끝내지 못한 책이지만, 끝내려고도 하지 않았다. 그가 끝내려고 하지 않은 것은 기대하는 바가 있었기 때문이다. (…) 우산선생은 차마 운남의 상황을 厓門戰鬪의 잔여 국면으로 여길 수 없어 이 책을 미완의 상태로 남겨둠으로써 나중에 일어날 이들을 기대했던 것이니, 그 뜻이 참으로 슬퍼할 만하다列朝詩集傳虞山未竟之書, 然而不欲竟. 其不欲竟, 蓋有所待也 (…) 虞山未忍視一線滇南爲厓門殘局, 以此書留未竟之案, 待諸後起者, 其志固足悲也."(『遍行堂集』 8, 『柳如是別傳』, 957쪽에서 재인용)

5 왕부지의 사유 방식은 당시 사람들과는 달랐던 듯하다. 그의 史論에서는 '의군'이나 '사기' 등에 대해 깊은 회의를 나타냈고, '南明'論과 '君子小人'論, '用獨'說 등은 모두 세정에 대한 깊은 통찰과 냉엄한 현실감에서 비롯된 것이었다. 그의 '天下-公私'論 역시 '존명' 이외의 다른 경지를 제시했다. 『독통감론』 권말의 '正統論'(敍論一)에서 그는 이렇게 썼다: "만약 100세 뒤에 100세 이전의 위대한 공정함大公을 견지한다면 오제와 삼왕의 위대한 덕도 천명이 이미 바뀔 때에는 억지로 붙들어 매어 존속시킬 수 없다. 그러므로 기나라는 하나라를 연장시킬 수 없었고, 송나라는 상나라를 연장시

킬 수 없었다若夫立乎百世以後, 持百世以上大公者論, 則五帝三王之大德, 天命已改, 不能强繫之以存. 故杞不足以延夏, 宋不足以延商."(1175쪽) 이것으로 보더라도 '유민'이라는 명목의 모호함을 알 수 있다. 즉 유민의 경지와 자신의 자리에 대한 규정은 다양했던 것이다.

6 恢復에 대해 期待하고 學術的 使命을 自覺한 뒤에야 고염무라는 인물이 될 수 있었다. 설령 회복에 대해 더 이상 가망이 없었다 하더라도 사명에 대한 책임감은 태평성대의 학자들과는 달랐을 터이다. 이를 통해 비로소 전조망의 「亭林先生神道表」와 錢穆의 『中國近三百年學術史』에서 언급한, 고염무에 대한 청대 사람들의 오해와 단편화에 대해 이해할 수 있다.

7 주이존은 황종희가 "세속을 거스르는 것을 고고하다고 여기지 않고 함부로 교유하여 재앙을 초래하지 않은不忤俗以爲高, 不妄交以干禍" 점을 칭송하면서 그가 '명철'하고 "(남들은) 따라잡을 수 없는 것을 지닌 사람有不可及者"(『폭서정집』 권41, 502쪽)이라고 했다. 이는 설령 스스로 남들과 다르다고 자처할지라도 유민에게는 여전히 '기본적인 기준'이 있어서 그가 '유민'일 수 있도록 해주는 최후의 한계가 있었음을 증명해주는 듯하다.

8 朱用純, 「答徐昭法書」(羅振玉 輯, 『徐俊齋先生年譜』 「부록」): "우리 형이 20년 동안 큰 절조를 지키며 힘들게 살아 왔으니 자신을 존중하는 도리가 지금 세상에서 우리 형보다 뛰어난 이가 어디 있으랴? (…) 내가 보기에 우리 형은 인륜에 응대하면서 해학을 조금 좋아하는 것 같다. 해학이 비록 큰 절조에 손상을 주지는 않지만 군자가 마땅히 할 일은 아니다. 왜냐? 덕이 흥성하면 업신여기는 일을 하지 않기 때문이다以吾兄二十年大節苦行, 敬身之道, 當今之世, 孰逾吾兄 (…) 竊觀吾兄酬應人倫, 微喜諧謔. 諧謔雖無損於大節, 要非君子之所宜爲. 何者? 德盛不狎侮也." 공인된 유민 형상의 '엄숙성'은 당연히 송·명 이학의 이념과 관련이 있다.

9 杜登春의 「社事本末」 등을 참조할 것. 황종희의 「顧玉書墓誌銘」에 따르면 '환관의 재앙閹禍'에서 재난을 당한 이들의 '孤子'가 '대궐에서 억울함을 호소하여 소송할訟冤闕下' 때에 "벼슬생활을 한 햇수에 따라 『동난록』을 만들었다. 갑과 을이 서로 전하여 형제가 되어서 두 부친의 뜻을 서로 알려주었기 때문에 다른 동년배들이 정처 없이 떠돌다가 만난 것과는 비할 수 없었다敍其爵裏年齒, 爲同難錄. 甲乙相傳爲兄弟, 所以通知兩父之志, 不比同年生之萍梗相値也."(『황종희전집』 제10책, 419쪽) 이 또한 당시의 기풍이었다.

10 진확은 안팎의 구별이 있어야 한다고 주장하면서 만약 유민이라면 자신도 벼슬살이를 해서는 안 될 뿐만 아니라 그 자제도 과거시험에 응시해서는 안 된다고 했다.(이유는 '부자일체'이기 때문이라고 했다.) 하지만 유민이 아닌 경우는 유민과 같은 도덕적 기준을 가혹하게 적용할 필요가 없다고도 했다. "오늘날을 살아가는 사대부는 내 마음으로 세속을 대하여 그

들이 과거에 응시하는 것을 비난해서는 절대 안 되며, 세속의 마음으로 내 자제를 대하여 그들에게 과거에 응시하라고 하는 것도 절대 안 된다蓋士 君子居今日, 以我之心待世俗而謗其出試, 必不可. 以世俗之心待我子弟而趣其 出試, 亦不可." 진확은 또 여기서 인간사에 대한 예민한 통찰력을 보여주는 데, 예를 들어 "부형이 학문에 지쳐 한가롭게 과거에 응시하지 않는 것으 로서 그 고상함을 밝힌다父兄之倦於學也, 而憂遊焉托於不試以明其高"고 한 것은 진위를 통찰한 말이라 하겠다.(「使子弟出試議」『진확집』, 172~173쪽 참 조) 장이상의 문집에는 후배들에게 보낸 편지가 많이 들어 있는데, 죽은 벗의 자손에게는 더욱 간곡하게 타이르고 있으니, 여기에서도 동남 유민 들 사이의 동지의식을 느낄 수 있다.

11 같은 글의 뒤쪽에서 祝淵은 상당히 명철한 식견을 보여준다. "내 아우 넷 과 아들 넷이 현명한지의 여부와 성패는 사실 하늘이 그렇게 한 것이지 사 람이 할 수 있는 것이 아니다. 옛날 현인이 임종할 때 자제들이 후사에 대 해 묻자 그저 '안배하지 마라'라고만 대답했으니 참으로 오묘한 말이다. 후 사에 대해서는 말을 꺼내지 못하도록 한 것이 아니더냐?余弟四人余子四人 賢否成敗, 天實爲之, 非人之所能爲也. 昔先正臨歿, 子弟問以後事, 但云莫安 排, 此三字最妙, 置後事勿道."

12 『진확집』, 75쪽. 사실 그의 아들도 벼슬살이를 했다.

13 주이존,「黃徵君壽序」: "내가 벼슬길에 나아간 것은 선생에게 부끄럽다余之 出, 有愧於先生."(『폭서정집』 권41, 502쪽. 여기서 黃徵君은 바로 황종희를 가리킨다.) 진유숭도 황종희에게 보낸 편지에서, "못난 저는 부친의 유훈을 지키지 못하고 세상의 그물에 얽혀버렸으니 선생께 버림받은 것은 당연합 니다崧不肖, 不能守父遺敎, 遂嬰世網, 其爲先生所屛棄也固宜"라고 했다.(『황 종희전집』 제11책, 407쪽) 진유숭은 저명한 유민 陳定生의 아들인데, 50세 가 넘어서야 비로소 博學鴻詞科에 천거되었고 檢討에 임명되어 『명사』 편 찬에 참여했다. 왕원도 "어쩔 수 없이 세상에 나가 벼슬살이를 하여 응대 했다不得已出而應世"고 고백했다.(「與梅耦長書」『거업당문집』 권6)

14 부산 부자는 당시 사람들이 칭송해 마지않던 '부자유민'의 대표적인 예다. 傅眉(1628~1683, 字는 壽髦 또는 壽毛, 竹嶺, 自號는 小蘗禪者) 정도는 되어야 비로소 '계승하여 따랐다繼述'라고 할 수 있는 훌륭한 아들이라고 할 수 있었다. 부산의 「哭子詩」 제4수에서는 이렇게 읊었다. "숭정 원년(1628)에 태어나 갑신년에 17세 장정이 되었다. 40년 동안 고초를 겪으면서도 숭정 제의 백성으로 죽기를 맹세했지. 힘겨울 때면 이 늙은이가 도와주고, 典籍은 누런 먼지에 덮여 있었지. 모욕과 위협 받으며, 잡다한 사람들 속에서 소 원한 이도 친근한 이도 없었지 (…) 元年戊辰降, 十七丁甲申. 苦楚四十年, 矢 死崇靖人. 間關相老夫, 書史挾黃塵. 侮辱兼恫肠, 雜遝無疏親 (…)"(『상홍감 집』 권14, 379~380쪽) 팽사망과 위희, 梁份의 경우는 사제가 모두 유민인

예다. 『懷葛堂集』에 대한 薑宸英의 「序」에서는 "그러나 양빈은 스승의 뜻 때문에 은거하여 궁핍하게 살면서도 40세가 넘도록 벼슬을 구하지 않았다然梁子緣師志, 退守窮約, 年過四十不求仕"고 했다.

15 또한 시대 여론에 구애되지 않고 능동적으로 선택한 예도 있다. 위희의 「熊見可七十有一序」(『위숙자문집』권11)에는 그가 熊見可의 아들 熊頤에게 "쓸모 있는 학문을 하되 부질없이 자신의 고결함을 지키는 것으로 자족하지 말라고 권하자 옹이도 그 말에 무척 공감했으며, 얼마 후에 격이 떨어지는 청나라 복식을 하고 공손하게 세상에 나가 벼슬살이를 했다爲有用之學, 毋徒以潔身爲自足. 頤深然之, 未幾而貶服遜言以遊於世"고 했다.(그다음에는 "옹이는 근래에 사방에 뜻을 두고 기회를 봐서 자신의 이득을 챙기는 재간을 상당히 잘 습득했다頤比年志在四方, 頗能得投間抵隙之用"고 했다.)

16 『독통감론』: "군자든 소인이든 그 은택은 5세대가 지나면 끊어지고 간혹 5세대에 이르기도 전에 남아 있지 않은 경우도 있으니, 군자는 그 후손에 대해 무척 슬프게 생각한다君子之澤五世而斬, 小人之澤五世而斬, 或且不及五世而無餘, 君子深悲其後也." 그리고 만약 진나라 사람들이 "수나라가 흥성하기를 기다려서 청백한 자손들이 중국의 백성이 되도록 하는 것이 어찌 금방 불가능했는가? 그러나 결국 기다릴 겨를이 없었다俟之隋興, 而以淸白子孫爲甸之士民, 豈遽不可. 然而終不及待也"(권14, 519쪽)라고 했다. 그는 유민의 '세습' 문제에 대한 견해도 격렬했는데, "(유민 신분을) 내 자신에게서 끝낼 뿐이고 자손은 당연히 다른 이를 섬겨서 영리를 추구해야 한다終吾身而已, 子孫固當去事他人以希榮利"라는 말은 "명예와 이익을 둘다 챙기기 위해 제멋대로 내린 판단雙收名利以爲韲斷"이라고 했다.(권15, 554쪽)

17 황종희의 「憲副鄭平子先生七十壽序」에 따르면 鄭溓(?~?, 字는 平子, 號는 蘭皐, 別號는 秦川)은 "자신의 명성을 감추었지만閟其聲光" 그의 아들은 "세 차례 도읍에 들어갔으니三入長長安" 이 또한 당시의 일상적인 풍경이었다.(『황종희전집』제10책) 오위업의 「封中憲大夫按察司副使秦公神道碑銘」과 「工部都水司主事兵科給事中天愚謝公墓誌銘」 등에 기록된 "아비는 은거하고 자식은 벼슬살이하는父處子出" 경우(『오매촌전집』권43 및 권45) 그들 부자는 종종 당시 사람들에게 칭송받고 선망의 대상이 되었으며 고을에서도 그것을 영예로 여겼다. "아비는 은거하고 자식은 벼슬살이하는" 것도 문호와 생계에 관련된 일이었다. 오위업의 「宋轅生詩序」에서는 송씨가 평안히 노닐 수 있었던 조건이 "그의 형제가 모두 조정에서 벼슬살이를 하고 있었고 자제들은 시문으로 사방에서 존중을 받았기 때문에 자신은 아무 구속도 없이 평안히 노닐 수 있었다轅生昆季皆仕於朝, 子弟以詩文爲四方所推重, 故得以其身優遊嘯傲"(같은 책 권29, 686쪽)고 했다. 위희의 「先伯兄墓誌銘」에 따르면 그의 형 魏際瑞는 "갑신년에 나라의 변고가 일어나자 나와

아우 위례는 모두 제생 학위를 포기했다. 형님(위제서)은 한참을 주저하더니 가슴을 치며 탄식했다. '나는 장자인데 조상의 사당에 제사를 올리고 부모님을 봉양하는 일을 누구에게 맡길 것인가?' 이에 결연하게 격이 떨어지는 청나라 복식을 하고 벼슬길에 나아갔다. (…) 우리 나머지 형제들은 부모님을 모시고 취미산에 살았다甲申國變, 丙丁間, 禧禮幷謝諸生. 兄躊躇久之, 拍心嘆曰: 吾爲長子, 祖宗祠墓, 父母屍饗, 將誰責乎. 乃慨然貶服以出. (…) 禧等奉父母居翠微山."(『위숙자문집』 권17) 이 글을 통해 알 수 있듯이 위제서는 일찍이 "공사로서 북경 국자감에 응시하여以貢士試北雍" '만주족과 한족 출신의 여러 고위 관료滿漢諸貴人'와 교유했다. "그의 재능과 명성을 집권자들이 존중하니 總督이나 巡撫 같은 높은 벼슬아치들이 모두 그를 예우했다以才名爲當路所推重, 督撫大帥皆禮下之." "이때부터 여러 은거한 이들과 친척들이 30여 년 동안 그에게 안위를 의지했다自是諸隱君子曁族戚倚伯爲安危者三十餘年." 벼슬살이를 하지 않는 이는 벼슬살이하는 사람 덕분에 삶을 보전할 수 있었다. '벼슬길에 나아가지 않는不仕' 것은 누군가 '벼슬살이를 하는仕' 것을 조건으로 하고, '은일'하거나 '유민'으로 사는 것은 '유민의 신분을 버리는' 이들에 의해 보장되었으니, 여기에도 어떤 풍자적 의미가 담겨 있다.

18 陳瑚가 쓴 육세의의 「行狀」에 따르면 그는 "시에 뜻을 담아 이렇게 읊었다. '20년 동안 도를 배우며 함께 고생했는데, 하룻밤 풍진에 모두 묻혀버렸구나. 어이해 鵝湖山의 자리에 오른 나그네는 반쯤 칼을 쥔 막객이 되어버렸는가?'寅詩曰: 廿年學道共艱辛, 一夕風塵盡隱淪. 何意鵝湖登座客, 半爲蓮幕捉刀人. 蓋傷之也." 같은 글에서는 또 이렇게 썼다: "신해년(1671) 겨울에 대중승, 즉 江寧巡撫인 馬祜가 그가 현량하다는 소문을 듣고 공자의 스승으로 초빙한 후 간혹 강남의 이로움과 병폐에 대해 자문을 구했는데 그가 아는 바를 모두 이야기했다. 마공이 그를 무척 아껴서 극진히 예우했는데 뜻밖에 한 달도 채 되지 않아 갑자기 병이 나서 일어나지 못했다辛亥冬, 大中丞巡撫馬公聞君賢, 聘爲公子師, 間諮以江南利病, 君知無不言. 公愛君甚, 禮貌極隆, 而不意未及一月, 一病不可起矣." 그러면서 육세의는 "잠깐 지기를 만나 가슴에 품은 기책을 조금 이야기했을 뿐인데 죽지 말아야 할 사람이 갑자기 죽고 말았다乍遇知己, 稍稍一吐其胸中之奇, 不宜死而忽死"고 했다. 육세의의 아들이 쓴 그의 「行實」에는 그와 집권자 사이의 관계를 서술하고 있는데, 이는 「행장」에 더 상세히 나타나 있다. 예를 들면 이런 부분이다: "오나라 지역이 부역 때문에 곤란해지자 그는 「부량고」를 지어 바침으로써 황세를 없애고 사전징수를 늦출 수 있었다. 또 「주태게」와 「잠량의」를 지었다. 吳淞江과 婁江이 오랫동안 막혀 있어서 대중승 마호가 조목조목 설명하며 준설해야 한다는 상소를 올리며 국고에서 14만 냥을 지원해 달라고 요청하고 그를 초빙하여 일처리를 보좌해 달라고 했는데, 사실상

그가 일을 좌우했다. 공사가 완성되자 그는 「도하의」와 「결배설」 「건갑의」를 지었다. 가을, 9월에 마호가 서신과 폐백을 갖추어 그를 초빙하여 자기 아들의 스승으로 삼았다. 막객이 된 뒤에 그는 강남의 모든 이로움과 병폐에 대해 통렬하게 설명했다吳困賦役, 府君作浮糧考上之, 得蠲荒稅, 緩預徵. 又作酒兌揭潛糧議. 吳淞婁江久寒, 大中丞馬公條議疏浚, 題帑金十四萬, 檄府君佐於公董其事, 府君實左右之. 旣成, 作洶河議決排說建閘議. 秋九月, 馬公祜具書幣聘府君爲公子師. 入幕後, 痛陳江南一切利弊." 집권자들은 육세의에 대해서 '五世眞儒'나 '理學名家' 등의 旌表를 보내주었다. 그가 죽자 "대중승과 방백 기주수 등 사방에서 조문하러 온 인사들의 선비가 골목을 가득 메웠다大中丞, 方伯曁州守, 四方會弔之士, 赴車塡巷." "장강 남북과 옛 절강의 동서에서 그의 제자로서 배운 이들이 거의 수백 명인데, 벼슬아치와 연장자가 열에 두세 명이었다大江南北古淛東西, 執經門下者幾數百人, 而通籍與年長於府君者, 十居二三焉." 陳湖의 「행장」에도 毛如石이 육세의를 위해 자금을 내서 『思辨錄』을 간행해준 일을 기록하고 있다.(「행장」과 「행실」은 모두 『桴亭先生遺書』에 수록되어 있다.) 이런 모든 것은 『小腆紀傳』 등에는 기록되지 않은 사실들이다. 육세의는 평생 벼슬길에 나아가지 않았지만 손기봉과 마찬가지로 정치에 대한 참여는 왕조 교체 전후에 항상 일관적이었다.(그의 「避地三策」과 「常平權法」「救荒五議」 등은 명말에 쓴 것들이다.)

19 『錢牧齋尺牘』 권上 「與吳梅村」 第三劄: "용성의 손기봉이 (…) 얼마 전에 편지를 보내 우리 고을에 새로 부임한 현령을 칭송하면서 북방의 품덕이 고상하고 훌륭한 인사가 용성에서 서원을 관장하니 공자와 맹자의 고을 같은 아름다운 기풍이 있었다고 했다. (…) 손기봉이 쓴 「거사비」 한 편도 첨부했다容城孫徵君鍾元 (…) 頃有書來, 盛稱敝邑新令君, 北方娇修人士, 掌教容城, 彬彬有鄒魯風 (…) 鍾元所撰 '去思碑'附致一通." 馮其庸, 葉君遠, 『吳梅村年譜』(江蘇古籍出版社, 1990)에 따르면 이것은 순치 17년(1660)의 일이다.

20 손기봉의 문하에서도 집권자로서 학문에 대해 물은 경우가 있었다. 『손하봉선생연보』 권下 강희 13년: "耿介(1623~1693, 初名 衝壁, 字 介石, 號 逸庵)가 한림원 검토에서 直隸 大名道가 되어 선정을 베풀었는데, 이 해에 湯斌(1627~1687, 字 孔伯, 號 荊峴, 晩號 潛庵)을 통해 수학하게 되니, 선생이 이렇게 말씀하셨다. '그대는 大名 땅을 다스린 적이 있는데 그곳은 내 부모님이 계신 곳이지요. 어찌 높은 지방관을 제자의 반열에 둘 수 있겠소?' 그러자 경개는 더욱 예를 갖추어 매일 아침 일어나면 문인들과 함께 시봉하면서 더욱 소홀히 하지 않고 공손했다逸庵由翰林出爲大名道, 有惠政, 是年介湯斌受學. 先生曰: 君曾秉憲大名, 余父母邦也, 曷可以公祖而在弟子列. 逸庵執禮愈堅, 每辰起, 隨門人侍坐, 請益不稍輟."

21 同卷에서 그는 이렇게 썼다: "앞서 말한 것처럼 학교의 스승은 마땅히 논의하여 제도를 정해서 초빙을 받더라도 작위는 받지 않고, 봉양을 받더라도

봉록을 받지 않으며, 그 고향에 거처할 때에 현관 및 진신 이하의 관리들이 모두 제자의 예로서 공경하며, 포정사와 안찰사 같은 높은 벼슬아치를 만나도 무릎 꿇고 절하는 예를 갖추지 않으며, 왕래할 때에는 공문 대신 책서를 쓰게 되면, 지난 왕조의 유민들과 원로들이 모두 부끄러운 마음 없이 그 일을 받아들일 수 있을 것이다若如前說, 學校師當議爲定制, 受聘不受爵, 受養不受祿, 居於其國, 自縣官及縉紳以下, 皆執弟子禮, 見藩臬尊官不行拜跪, 其往來用書策不用文移, 則勝國之遺黎故老, 皆可以受之而無愧矣."

22 고염무는 이렇게 말했다: "근래에 관중에 가니 이곳이 송나라 때 張載와 藍田의 여러 선생들이 예로써 교화했던 곳이라고 했다. 오늘날 강학하는 이들이 아주 많은데 평소 언행이 그들에게 미치지 못한다. 이렇게 인심이 곤경에 빠져 있는 시절에 예가 아니라면 무엇으로 어지러움을 다스려 올바른 곳으로 돌아가게 할 수 있겠는가?近至關中, 謂此地宋之橫渠, 藍田諸先生以禮爲敎, 今之講學者甚多, 而平居雅言無及之者, 値此人心陷溺之秋, 苟不以禮, 其何以撥亂而返之正乎"(「答汪苕文」『고정림시문집』, 195쪽) "제압하여 없애는 것은 비록 무기에 의지하지만 근본은 반드시 예악에 앞서야 한다蓋戡除雖藉乎干戈, 而根本必先於禮樂."(「復周制府書」, 같은 책, 208쪽)

23 駱鍾麟과 郭雲中이 죽자 이옹은 모두 위패를 세우고 제사를 지냈으며 석 달 동안 상복을 입었다. 「역년기략」 강희 20년 신유(1681): "2월에 곽운중의 부고를 듣자 위패를 세우고 집안사람들을 이끌고 곡을 하며 제사를 올렸고, 석 달 동안 상복을 입었으며, 그를 위해 묘지명을 썼다. 4월에는 보덕감을 만들어 악종린과 곽운중을 모셨으며, 鹿洲 장공의 위패도 그 안에 있었다. 명절이면 집안사람들을 이끌고 경건하게 제사를 지냈다二月聞郭公凶問, 爲位率家人哭祭, 服緦三月, 爲之表墓. 四月爲報德龕, 奉駱公, 郭公, 曁鹿洲張公之主於中, 令節則率家人虔祭." 위희의 「孫容也七十敍」에서는 악종린에 대해 "나는 악공이 대단히 현량하신 분이라고 생각한다予甚賢駱公"고 했다.(『위숙자문집』 권11)

24 이옹은 學憲에게 이렇게 건의했다: "이제 진실로 어명에 따라 유서를 구하여 특별히 상소를 올려 보고하면서 강희 12년(1673)에 각 성의 대신들에게 『대학연의』를 하사하신 예에 따라 呂柟의 『실정록』으로써 천하의 총독과 순무, 포정사와 안찰사, 道, 府, 州, 縣의 각 아문에서 각기 이를 본받아 직업을 닦고, 정무를 성실히 수행하여 실효를 거두고자 하며今誠乘詔求遺書, 特疏上聞, 請照康熙十二年頒賜『大學衍義』於各省大臣例, 以『實政錄』通飭天下督撫藩臬道府州縣各衙門, 俾各仿此修職業, 勤政務, 以圖實效," 정말 이렇게 된다면 "곳곳에서 마음을 즐겁게 할 아름다운 정치가 행해져서 곳곳에서 지극한 다스림의 두터운 은택을 입게 되어 강희 15년의 즐겁고 만족스러웠던 상황을 오늘날 다시 만나기가 어렵지 않을 것處處有快心之美政, 則處處蒙至治之厚澤, 三五熙皥, 不難再見於今日矣"이라고 했다.(「答許學

憲」(『이곡집』권17) 이러한 말투는 이미 유민의 그것과는 무척 다르다. 그리고 金堡가 「單質生詩序」에서 "영명한 군주가 위대한 책략을 지니고 있어 지난 왕조의 절개를 지키는 선비들을 새 왕조의 완고한 백성으로 여기지 않고 군주와 신하 간의 대의를 대단히 적절하고 분명하게 하니, 지난 왕조의 멸망에는 아무 도움이 되지 않았지만 새 왕조가 좋은 인상을 얻는 데에 바탕이 되어줄 수 있다英主有大略, 無務以勝國之節士爲新朝之頑民, 使君臣大義深切著明 (…) 無所益於勝國之亡, 而能爲新朝資觀感"고 한 것은 흡사 당시의 군주에게 의견을 제기하는 듯했다.(『편행당집』권4)

25 권45 「역년기략」에 따르면 한때 按察司와 포정사 관원들과 독학, 순무, 제학 등은 이옹에 대해 대단히 극진하게 표창했다: "순무 張自德이 독학에게 편지를 보내서 그(이옹)의 집에 '熙代學宗'이라는 비표를 세우게 했다巡撫張(諱自德)檄督學表其廬曰熙代學宗." 순치 18년 신축(1661)에는 "제학 王成功이 (…) 그의 대문에 궁행군자라고 碑表를 세웠다. 이후로 고을에 비표를 세운 이들이 아주 많았는데 '이학연원'이라든가 '일대용문' '궁초췌류' 등이었다提學王(諱成功) (…) 表其門曰躬行君子, 是後當道表闆者甚衆, 或曰理學淵源, 或曰一代龍門, 或曰躬超萃類." 심지어 그의 모친을 표창하여 마을에 '芳追孟母'라는 비표를 세우기도 했으니, 왕조 교체기에 이옹의 명성이 어떠했는지를 잘 설명해준다. 이옹을 신화적 영웅으로 만든 것은 관방과 민간에서 공동으로 진행한, 상당히 '군중성'을 갖춘 교육 운동이었다. 집권자들은 이옹과 그의 모친을 드러내 교화의 수단으로 삼았으며, 이옹은 이런 명목의 합작을 결코 거절하지 않았으니, 이 또한 유민과 당세 사이의 관계를 보여주는 하나의 예라고 하겠다.

26 『이곡집』권46 「潛確錄」(門人錄)에는 강희 42년(1703)에 西巡할 때 이옹을 불러 만나려고 한 일의 전말과 관련 문장들이 기록되어 있는데, 여기에 강희제와 이옹의 아들 李愼言의 문답 및 대신들이 어명에 따라 『사서반신록』과 『이곡집』 집을 읽고 쓴 評語가 들어 있다. "지금 주상께서 선생이 병환을 앓고 있음을 아시고 '연세가 많으신데 억지로 불러와 만날 필요가 없다'라고 따뜻한 어명을 내리시고, 이어서 '操志高潔'이라고 쓴 변액과 어제시를 하사하시며 선생의 저술을 찾아보게 하셨다今上知先生抱恙, 遂有高年有疾, 不必相強溫旨, 隨賜書操志高潔匾額及御制詩章, 幷索先生著述."

27 『명사』권93 刑法志一: "홍무 18년(1385)에 '대고'를 제정했는데 그 조목은 10개로서 (…) 천하 사대부들 가운데 군주에게 쓰이는 것을 거부하는 이들은 그 죄가 재산을 몰수하는 데에 이른다洪武十八年, 爲「大誥」, 其目十條: (…) 曰寰中士夫不爲君用, 其罪至抄劄." 권94 刑法志二: "무릇 세 편의 「誥」에 나열된 능지와 효시, 그리고 각종 처벌이 무려 10만 가지 정도이고 기시 이하의 처벌만 하더라도 1만 가지 정도다. 貴溪의 儒士 夏伯啓의 숙질은 斷指를 하며 벼슬살이를 하지 않았고, 蘇州의 인재 姚潤과 王謨도 조정의

부름을 받았으나 가지 않아서 모두 처벌을 받고 재산이 몰수되었다. '천하 사대부들 가운데 군주에게 쓰이는 것을 거부하는 이들'에 대한 항목이 만들어진 것은 이런 이유 때문이다凡三「誥」所列凌遲, 梟示, 種誅者, 無慮千百, 棄市以下萬數. 貴溪儒士夏伯啓叔侄斷指不仕, 蘇州人才姚潤, 王謨被徵不至, 皆誅而籍其家. 實中士夫不爲君用之科所由設也." 권138 嚴德珉傳에 따르면 엄덕민이 "병을 핑계로 귀향하겠다고 청하자 황제가 진노하여 그 얼굴에 묵형을 가하고 남단으로 폄적시켜서 수자리를 서게 했다以疾求歸. 帝怒, 黥其面, 謫戍南丹." 권139에는 葉伯巨의 상소가 기록되어 있는데 거기에는 이런 말이 들어 있다: "옛날 선비는 벼슬길에 오르는 것을 영예로 생각하고 파직되는 것을 모욕으로 여겼는데, 오늘날의 선비는 은거하여 명성이 퍼지지 않는 것을 복으로 생각하고 흠을 잡혀 벼슬살이를 하지 못하는 것을 행운이라고 생각한다古之爲士者, 以登仕爲榮, 以罷職爲辱. 今之爲士者, 以溷跡無聞爲福, 以受玷不錄爲幸." 섭백거는 결국 옥사했다. 만사동은 「讀洪武實錄」(『石園文集』 권5)에서 명 태조의 처참한 살육에 대해 이렇게 말했다: "'군주에게 쓰이는 것을 거부하는 이들'에 대한 법이 시행되면서부터 사대부들은 벼슬길에 들어서는 것을 함정에 빠지는 것보다 더 두려워했으니, 포악한 진나라 이후로 전혀 없다가 유일하게 생겨난 것이다. 이것은 사람이 감히 비방할 수 있는 것이 아니요, 사람의 힘으로 가릴 수도 없는 일이다迨不爲君用之法行, 而士子畏仕途甚於穽坎, 蓋自暴秦以後所絶無而僅有者. 此非人之所敢謗, 亦非人之所能掩也."

28 이와 관련된 당시의 기록도 상당히 흥미롭다. 『정지거시화』에서는 이렇게 썼다: "만약 천자의 군대가 조금이라도 늦게 강남으로 내려왔더라면 復社의 여러 성원들은 당나라 말엽 천우 2년(905)에 朱溫이 白馬驛에서 조정의 관리들을 학살했던 것과 같은 재앙을 피하지 못했을 것이다假令王師下江南少緩, 則復社諸君, 難乎免於白馬之禍矣."(권21 「孫淳」, 650쪽) 비록 이를 근거로 그가 명나라의 멸망을 다행으로 여겼다고 생각할 수는 없지만 홍광 조정의 복망에 대한 반응의 일종이라고는 할 수 있겠다. 같은 책에는 또 雷縯祚에 대해 이렇게 기록했다: "斂事(녜연조)가 가족에게 유언하기를 자신의 장례를 치르지 말고 오자서가 눈을 파서 성문에 걸어 두라고 유언한 것을 본떠서 자신의 관을 우화대에 놓아두라고 했는데, 그로부터 한 달이 채 되지 않아서 남경이 청나라 군대에 함락되었다斂事遺命家人勿葬, 仿伍子胥抉目遺意, 置棺雨花臺, 未浹月, 而留都不守矣."(권19, 「周鑣」, 572쪽) 杜登春의 『社事本末』에서도 "사직이 기우니 문호에 대한 걱정도 이때부터 연기처럼 스러지고 낙엽처럼 떨어져버렸다社稷用傾, 門戶之憂, 亦從此煙消木脫矣."(『陳子龍年譜』 부록, 『陳子龍詩集』, 736쪽 참조)라고 했다.

제 8 장
유민의 학술

1 『廣陽雜記』권2: "양빈이 변방의 일에 신경을 쓴 것은 이미 오래된 일이
다. 요나라 지역 출신의 왕정산은 이름이 연찬이고 하서 정역후 장용
(1616~1684, 字 非熊)의 중군이었는데 양빈과 아주 친해서, 양빈은 그 덕
분에 하서 지역을 두루 돌아다녔다. 하서 땅에는 오랑캐가 잡다하게 많았
는데 정역후가 발에 병이 있어서 모든 일을 중군이 주도했기 때문에 그곳
산천의 험요와 부락, 유목, 그리고 부족들의 강약과 인원의 많고 적음, 이
합의 정황을 모두 환히 알고 있었다. 그것을 하나의 책으로 쓰니 모두 수
십 권이나 되었는데, 제목을 『서수금략』이라고 했다. 무려 6년에 걸쳐서 추
위와 더위를 무릅쓰고 열중하여 비로소 그 책이 완성되었다. 예전에 도
성에 있을 때 나도 그 원고를 본 적이 있는데 과연 유용한 기서였다. 방
여학은 당연히 전문가가 있는데 근래에 顧祖禹(1631~1692, 자는 復初 또
는 景範)가 편찬한 『讀史方輿紀要』 또한 역사에 길이 남을 걸작이다. 그러
나 옛날에 대해서는 상세하지만 지금에 대해서는 소략하여 그것을 이용
하여 역사를 읽으면 당연히 이해하는 데에 큰 도움이 되지만, 오늘날의 정
세를 추구하려면 여전히 연구가 필요하다. 이 책(『서수금략』)은 비록 서북
쪽 귀퉁이에 한정되어 있지만 오늘날의 시급한 일을 이보다 더 잘 나타낸
책이 또 어디 있는가?梁質人留心邊事已久. 遼人王定山, 諱燕贊, 爲河西靖逆
侯張勇中軍, 與質老相與甚深, 質人因之遍歷河西地. 河西番夷雜遝, 靖逆以足
病, 諸事皆中軍主之, 故得悉其山川險要部落遊牧, 暨其強弱多寡離合之情, 皆
洞如觀火矣. 著爲一書, 凡數十卷, 曰西陲今略. 歷六年之久, 寒暑無間, 其書始
成. 前在都中, 余見其稿, 果有用之奇書也. 方輿之學, 自有專家, 近時若顧景範
之方輿紀要, 亦爲千古絕作, 然詳於古而略於今, 以之讀史, 固大資識力, 而求
今日之情形, 尚須歷練也. 此書雖止西北一隅, 然今日之要務, 孰更有過於此者"
(65~66쪽) 유헌정도 방여학을 좋아해서 비록 '조대'는 이미 '바뀌었지만
易' 여전히 변방의 일을 염두에 두었으니, 그 또한 방여학을 경세학으로 간
주한 인물'이었다.

2 예를 들어 황종희가 언급한 것처럼 勇上과 武林에서 '독서'과 '강경'을 내세
우며 설립되었던 결사나 진호가 주도했던 蔚村講會등을 들 수 있다. 육세
의의 「水材讀書社約序」에 따르면 "뜻을 같이 하는 몇몇 사람들과 강학회를
만들어 독서에 전념하기로 약정했는데, 丁丑年(1697)에서 지금까지 7~8년
이 된 듯하다與同志數人相約爲講學之會, 一意讀書, 自丁醜迄今, 蓋七八年於
玆矣"고 했다. 그리고 石隱에 대해 기록하면서 "강학의 실질은 세상을 피할
수 있지만 강학의 명분은 세상을 피하기 어려우니 그것을 독서로 바꾸자

고 청해도 되겠습니까?講學之實可以避世, 講學之名不可以避世, 請易之以讀書可乎"(『부정선생유서』 권3)라고 했다. 여기서 말하는 '避世'는 응당 '피란'의 뜻이라고 봐야 할 것이다. 강서의 '역당'도 피란을 위해 모여 산 것이 인연이 되어 지취에 따라 조합된 느슨한 학술집단이었다. 팽사망의 「翠微峯易堂記」에 따르면 "여러 선생이 『주역』에 대해 이야기하여 올바른 길을 따르면 발전할 것이라는 離之乾의 점괘를 얻어서 正廳의 이름을 '역당'이라고 했다諸子言易, 萄得離之乾, 遂名易堂."(『수려문초』 권8) 역당과 관계가 밀접했던 이들로 程山에서 활동했던 이들이 있는데, 이에 대해서는 팽사망의 「程山堂碑記」를 참조할 것. 위희는 「復謝約齋書」에서 "程山과 역당은 대개 本體와 應用의 측면에서 각기 전문적으로 치중한 것이 있다程山易堂, 大抵於體用中, 各有專致"(『위숙자문집』 권5)라고 했다. 역당과 程山은 모두 엄격한 의미에서 유민 집단이라고는 할 수 없지만, 개중에 역당에서 활동한 이들은 대부분 유민에 속했다.

3 물론 유민이 학문 연구를 삶의 길로 여긴다 해도 여전히 곤란함을 피할 수는 없었다. 부산도 「訓子侄」에서 이렇게 말했다: "혹자는 나더러 저술을 해보라고 권했지만 그것은 굳건하고 웅대한 심력이 있어야 비로소 마음껏 발휘할 수 있는 것이다. 우리 庾信(513~581, 자는 子山)은 극도로 쓸쓸했었구나! 비록 虞卿이 곤궁하고 시름에 겨워 책을 썼다고 하지만 그의 시름이 책을 쓰는 것으로 해소될 수 있는 것임에 비해 나의 시름은 郭瑀(?~376, 자는 元瑜)의 시름과 같구나!或勸我著述, 著述須一副堅貞雄邁心力, 始克縱橫, 我庾開府蕭瑟極矣. 雖曰虞卿以窮愁著書, 然虞卿之愁可以著書解者, 我之愁, 郭瑀之愁也."(『상홍감집』 권25, 670~671쪽) 모양은 「答李廷尉書」에서 명이 망한 뒤에 "저는 집안에서 선친을 봉양하면서 대문을 걸어 닫고 무감한 승려와 다름없이 지냈습니다. 선친께서는 불교에 귀의하시어 풍류에 대한 생각을 끊으신 채 하루 종일 바리때를 두드리시고 한밤중에 등불 심지를 돋우시며 경학과 역사, 시에 대해 모두 저술하셨습니다. 사람들은 그분이 연로하신데도 이처럼 학문을 좋아하신다고들 하지만, 이것을 빌려서 풍파를 잠재우는 줄은 모릅니다. 비난을 그치게 하고 어렵게 절조를 지킬 수 있는 것은 모두 이것 때문입니다僕奉先君於門內, 鐍戶闃影, 無異枯僧. 先君皈誠梵唄, 剗心風雅, 永日擊鉢, 午夜挑燈, 於經史詩鹹有著述. 人見其老而嗜學如此, 不知藉以戢風波, 干詬唾, 茹荼蘗, 鹹是物也."(『소민문집』 권3) 이 얼마나 침통한 상황인가!

4 같은 글에서는 또 이렇게 썼다: "장형(張衡: ?~139)이 지의를 만들었고 祖暅之가 (父親 祖衝之 429~500와 함께) 『철술』을 지으니 회화와 서한의 洛下閎(?~?, 자는 長公)이 소원해졌다. 吳澄(1249~1333, 자는 幼淸, 伯淸, 호는 草廬先生)이 九層耶蘇合圖를 이야기하면서 말라카(滿剌加, Malacca)의 여러 별들, 즉 남극 아래의 별들이 井宿와 天狼星, 箕宿, 尾宿와 인접해 있다고

하여 전례 없는 경지를 엶으로써 천문이 오늘날에 이르러 비로소 완전해 졌다張平子作地儀, 祖晅之作綴術, 則羲和, 洛下疏矣. 吳草廬說九層耶蘇合圖, 滿刺加諸星接井狼與箕尾, 爲開辟所未有, 是天象至今日始全."목면과 종이 제작抄紙, 조판, 접는 부채搦扇는 모두 후대에 갖춰졌으니, 이는 후세 사람 들이 이전 사람들보다 정심하고 밝은 지식이 늘어난 것이므로 나중에 나 온 이치라고 해서 선왕의 법언이 아니라고 비난할 수 없다木綿, 抄紙, 雕板, 搦扇俱備於後代, 是後人有增加精明於前人者, 則後出之理未可誣以爲非先王之 法言也."

5   그러나 여전히 "입언이 쉽지 않았던未易立言" 것도 일종의 사실이었 음을 인정해야 할 것이다. 李淸의『三垣筆記』下「홍광」에서는 姜曰廣 (1584~1649, 자는 居之, 호는 燕及, 浠湖老人)의 주소를 비판하면서 그가 "상 소에서 여러 차례 의종의 용인과 행정에 나타난 제반 실책들을 폭로한疏 內歷暴毅宗用人行政諸失" 것이 '지나쳤다'고 지적하면서, "신하도 순국하게 되면 그 위대한 절조 때문에 그의 지난 과오를 언급하기 꺼리는데, 하물며 군주의 경우는 어떠하겠는가!人臣以身殉國, 猶當因其大節, 諱其宿過, 況人 主乎"(104쪽)라고 했다. 杜濬의「與笑蘇嶺表弟」에서도 세종에 대해 "더 이상 비판할 필요가 없다不必貶"라고 하면서, 이렇게 주장했다: "공자께서『춘 추』를 지으셨는데 정공과 애공에 대해서는 완곡한 비판이 많았다. 훗날 악 의는 연나라를 도모하지 않았고, 왕맹은 진나라를 잊지 않았으니, 나는 일찍이 책을 덮고 눈물을 흘린 적이 있다. 그러니 하물며 300년 동안 조 상들이 키워 온 종국이자 光祿大夫이신 陳迪(1342~1403, 자는 允道, 호는 西村) 선생이 모시던 왕조임에랴!夫子作春秋, 定哀多微詞. 後世樂毅不謀燕, 王猛不忘晉, 僕嘗掩卷流涕, 況三百年祖父長養之宗國, 光祿公靖獻之本朝"(『變 雅堂遺集』문집 권4) 여기에는 '유민 신분'에 대한 일종의 제약이 은근히 드 러나 있다. 이러한 신분에 대한 자각은 유민의 비판의 깊이를 제한했지만, 또한 황종희의 기백이 더욱 잘 나타나 있기도 하다.

6   육세의는 천체에 대해 추측한 것이 많았으니 그의 인지와 흥미가 상당히 광범했음을 알 수 있다. 하지만 그의 인지 경로는 대부분 경험과 추측— 학문적 고찰도 아닐 뿐만 아니라 '質測'도 아닌—에서 비롯되었기 때문에 유치한 이야기가 많다. 예를 들어 "달빛은 태양에서 빌린 것이라고 심괄이 말했고 주희도 지극히 찬동했지만 나는 반드시 그렇지는 않다고 생각한다 月光借日, 此沈括之言, 朱子極取之, 予以爲未必然"라고 하면서 "땅의 형상이 반드시 구형은 아닐 것地之形未必爲球"이라고 했다. 하지만 어떤 때는 통달 한 견해를 제시하기도 했다. 그는 郭守敬의 '授時曆'이 사마천의 '大初曆'이 나 당나라 때 一行(673~727, 본명은 張遂)의 '大衍曆'보다 낫다고 하면서 역 시 '測驗'을 중시했다. "비록 六律이 만사의 근본이고『주역』이 천지의 도를 통섭할 수 있다고 하지만, 거기에서 있는 기존의 수로 曆算을 한다면 결

국 꿰어 맞추기에 속할 뿐이다. 차라리 하늘로 하늘을 측정하는 晷影法이 더 정밀하고 적절하다. 그러므로 지금까지 300여 년이 지났지만 식을 계산하는 법은 아직 그다지 명쾌하지 않다雖云六律爲萬事根本, 又云易能彌綸天地之道, 然據其成數以爲曆算, 終屬湊合, 不若晷影之法以天測天, 尤爲精切. 所以迄今三百餘年, 交食之法, 猶未甚爽也."(『思辨錄輯要』권14) 하지만 그는 또 '물리'와 '사리'를 대비시켜 거론하면서 '물리'를 바로 알기 위해서는 "초목 하나하나에 힘을 써야於一草一木上用力"하지만 '사리'를 바로 아는 것이 '물리'를 바로 아는 것보다 우선시되어야 한다고 했다. "순남이 물었다. '장화의『博物志』도 일종의 학문이니 격물이라고 할 수 있습니까?' 이에 내가 대답했다. '격물이란 그 이치를 바로 아는 것이고 박물은 그 사물을 아는 것이라서 안팎이 구별되니 확실히 다른 것이다.「하도」를 보고 괘를 그리고, 낙서를 보고 부류疇를 나누어 설명하는 것은 하나의 사물에서 천지의 모든 이치를 인식하는 것으로서, 이야말로 진정한 격물의 극치를 이루는 공부다. 그러니 성인이 아니면 누가 거기에 참여할 수 있겠는가?'純男問, 張華博物一種學問, 亦可稱格物否. 曰, 格物是格其理, 博物是識其物, 內外之別, 截然不同. 若夫觀河圖而畫卦, 睹洛書而演疇, 則直於一物之中識天地之全理, 斯眞格物之極功矣, 非聖人孰能與於斯."(같은 책, 권3) 이를 보면 그도 여전히 이학의 분위기에 싸여 있었다.

7 위희,「方輿紀要序」: "『方輿紀要』130권은 상숙 사람 고조우가 편찬한 것이다. 그 책은 산천의 험이와 고금의 역사에서 군대를 지휘하여 수비하거나 공격하기에 마땅한 지형, 지금도 볼 수 있는 흥망과 성패, 득실의 흔적을 이야기했지만 유람하면서 볼 수 있는 승경은 기록하지 않았다. 역대로 州 영역의 형세 변화를 기록한 것이 모두 7권이고, 남북 直隷에 속한 13省을 기록한 것이 모두 107권이며, 川瀆의 차이에 대해 기록한 것이 모두 6권, 천문분야가 1권이다.『職方志』나『廣輿記』같은 여러 책은 잘못된 내용을 답습하여 명분과 실질이 부합하지 않은데, 이 책은 모두 정사를 근거로 고증하고 절충했다方輿紀要一百三十卷, 常熟顧祖禹所述撰也. 其書言山川險易, 古今用兵戰守攻取之宜, 興亡成敗得失之跡所可見, 而景物遊覽之勝不錄焉. 歷代州域形勢凡七卷, 南北直隷十三省凡一百七卷, 川瀆異同凡六卷, 天文分野一卷. 職方廣輿諸書, 襲僞踵謬, 名實乖錯, 悉據正史考訂折衷之." 이 때문에 위희는 이 책이 "수천 수백 년 동안 전혀 없었다가 겨우 나타난 책數千百年所絕無而僅有之書"이라고 했다. 고조우의 輿地學과 양빈이 직접 실측한 것은 학술의 경로도 다르고 그 목표의식도 차이가 있는데, 어쩌면 명·청 교체기 방여학의 서로 다른 지향을 대표한다고 할 수 있을 것이다. 위희는 다른 사람의 말을 빌려 이렇게 말했다. "고조우 선생은 宛溪에 은거하여 吳會 밖으로 나가 본 적이 없는데 황량한 僻地의 깊고 험한 지역에서 일어난 攻守에 대해 모두 직접 목격하고 그곳에 가 본 것처럼 논하고 있으니 어찌

놀랍지 아니한가!顧先生閉戶宛溪, 足不出吳會, 而所論攻守奇正荒僻幽仄之地, 一一如目見而足履之者, 豈不異哉."(『위숙자문집』 권8)

8   같은 글에서 그는 또 "옛것을 좋아하고 식견이 많지 않으면 공허한 학문非好古而多聞, 則爲空虛之學"이라고 했다. 유헌정, 『광양잡기』 권3: "오늘날의 학자들은 대체로 옛날에 대해서는 알지만 지금에 대해서는 모르니, 설령 많은 책을 지극히 넓게 읽었다 한들 또한 반쪽짜리 학자일 뿐이다今之學者, 率知古而不知今, 縱使博極群書, 亦只算半個學者."(122쪽) 같은 책 권4: "진청래가 예물을 들고 나를 찾아와 학문의 방법을 묻기에 이렇게 이야기해주었다. 학문을 위해서는 먼저 그 마음을 열고 드넓은 식견을 가지기 위해 노력하는 것이 가장 중요하고, 그다음은 고금의 역사에서 흥성과 패망의 연혁과 예악, 병법, 농업 등의 사연을 일일이 섭렵하고 관통하여 마음으로 그 일에 대해 알아야 책을 읽는 데에 혼란이 없을 것이다. 字句나 찾아내는 것은 한낱 기능일 뿐이라서 이른바 '충서나 새기는雕蟲' 기술이니, 대장부라면 부끄럽게 여길 일이다陳靑來執贄於予, 問爲學之方. 予言爲學先須開拓其心胸, 務令識見廣闊, 爲第一義. 次則於古今興廢沿革禮樂兵農之故, 一一淹貫, 心知其事, 庶不憒於讀書. 若夫尋章摘句, 一技一能, 所謂雕蟲之技, 壯夫恥爲者也."(212쪽) 이 또한 명대 사람의 면모이자 어투다.

9   방이지의 哲學論著를 통해 그의 사고방식을 대략 엿볼 수 있다. 『東西均』「東西均開章」: "대전이 있고 소전이 있다. 전문적인 데로 치우친 것은 정밀한 것을 추구하기 때문에, 이것은 소전이다有大全, 有小全. 專門之偏, 以求精也, 精偏者小全." "오직 온전한 것만이 치우친 것을 포용할 수 있으며, 오직 대전만이 소전을 포용할 수 있다. 그런데 전문적인 것은 틀림없이 온전한 것을 싫어하고, 소전은 틀림없이 대전을 싫어한다. 대전을 따르는 이들은 옳다고 여겨지지 않지만, 전문적인 것을 추구하는 이들은 남을 다그쳐서 자신을 높인다. 대전은 사물에 따라 법을 만들며, 법이 시행되어도 공을 내세우지 않아서 천하가 모두 그 공을 공유하지만 각자가 서로 알지 못한다. 전문적인 것을 추구하는 이들은 틀림없이 자신이 법을 얻었다는 것을 드러내면서 하나의 법이라도 자기 위에 있는 것을 용납하지 않기 때문에, 들은 사람들은 그의 신속하고 예리함에 굴복하여 大全을 이룬 이가 정말 전문적으로 치우친 이들에게 일등을 양보했다고 여긴다惟全者能容偏, 惟大全者能容小全. 而專必厭全, 小全必厭大全. 大全隨人之不見是, 而專者摧人以自尊. 大全因物以作法, 法行而無功, 天下皆其功, 而各不相知. 專者必自露得法, 而不容一法在己之上, 以故聞者屈於其迅利, 遂以爲大全誠讓專偏一等矣."(7쪽)

10   왕부지는 또 이렇게 주장했다. "한유들은 경전에 빌붙어서 새기고 그리는 것으로 문장을 지었으니 모두 정성스럽지 못한 행위였다漢儒附經典以刻畫爲文章, 皆不誠之政也."(『독통감론』 권16, 616~617쪽) 그는 한학에 대해

여러 차례 비판했으니, 예를 들어 "한대 사람들은 오로지 잔재를 보존하는 학술에만 전념했다漢人專經保殘之學"(같은 책, 164~165, 277, 280쪽 참조)라는 등이다. 그는 한유가 '專家之學'으로 "옛 법칙만 고수하고守其故常" "땅에 금을 그어 獄을 만들려 한劃地爲獄" 비루함과 협애에 불만을 품었으며, 일종의 넓고 큰 기상—"자유로이 드나들며 통하고出入會通" "벗들이 서로 도리를 설명해주고 학업을 토론하여 결국 서로 도와 한계를 넘어서서 큰 물줄기에서 모이는麗澤幷行, 竟流以相度越而匯於大川"—을 높이 평가했다.

11 안원이 손기봉의 조화에 찬성하지 않은 것은 어쩌면 손기봉을 오해했기 때문일 수도 있다. 손기봉은 "나는 학자들이 일부러 다른 주장을 내세우지도 않아야 하고 또한 같아지려고 집착할 필요도 없다고 생각한다某謂學人不宜有心立異, 亦不必著意求同"(「寄張蓬軒」『하봉선생집』 권2)라고 했다. 그는 "억지로 다른 것을 같다고 주장할强不同以爲同" 생각이 없었으며, 그저 자신에게 있는 것을 취할 따름이며, 다른 이의 주장으로 내가 '도로 들어가는入道' 데에 도움을 받으려는 것이지 남을 대신해서 "시비를 다투고 승부를 볼爭是非, 求勝負" 필요는 없다는 것이다. 여기서 그가 설정한 '같음同'의 전제가 되는 것은 자명한 '原'과 '本'을 입증하지 않는 것이다.(『손하봉선생연보』 권上 참조) 靳大成은 「成聖之道」(『學人』 제3집)에서 이에 대해 이렇게 평가했다: "손기봉이 주희와 육구연을 조화하려 했던 것도 그들 각자의 다른 관점에서 후퇴하여 쌍방이 모두 받아들일 수 있는 더욱 근본적인 입장으로 되돌아가는 것이었다. 이렇게 그는 어떤 명제에 대한 분기점 혹은 치중점의 차이를 더 큰 논리적 전제 아래에 녹여 그것들은 이 명제의 동일한 구조 안의 다른 자리에 놓음으로써 그것들에게 기능적 측면에서 동일한 의의를 부여했다夏峯的調和朱陸, 也就是從其各自不同的觀點往後退, 退回到一個雙方都接受的更爲基本的立場上去. 這樣, 他將某一命題的分歧或側重點的不同, 消溶在一個更大的邏輯前提之下, 幷將它們安放在這一命題的同一結構的不同位置, 從功能上賦予它們同一意義."(江蘇文藝出版社, 1992)

12 한때 저명한 유민들 가운데 더욱 명나라 사람의 면모가 뚜렷한 사람으로는 마땅히 이옹을 꼽아야 한다. 그는 '博'과 '雜'을 변별하여 이렇게 주장했다: "군자는 학문을 함에 광박한 것을 귀하게 여기지만 잡박한 것은 귀하지 여기지 않는다. 자신을 수양하고 남을 다스리는 기회를 통찰하고 사물의 이치를 이해하여 일을 성공하게 만들 책략에 통달하여 자신에게 충분한 것을 미루어 세상을 돕고 백성을 윤택하게 하여 그 유풍이 넘치게 하면 그래도 영원히 후세의 철인들이 본받을 모범이 될 것이니, 이것이 바로 박학이다. 명물과 상수의 모든 심오한 도리를 탐구하고 전고와 원류의 세세한 부분까지 반드시 살피면서 연구하는 데에 다함이 없고 추측함으로

써 더욱 심오해지는데, 견문이 풍부하다 해도 멀리 갈수록 정도에서 어그러지게 되면 이것은 잡학이다君子爲學, 貴博不貴雜. 洞修己治人之機, 達開物成務之略, 推其有足以輔世而澤民, 而其流風餘韻, 猶師範來哲於無窮―此博學也. 名物象數, 無蹟不探, 典故源流, 纖微必察, 扣之而不竭, 測之而益深, 見聞雖富, 致遠則乖―此雜學也."(「富平答問」『이곡집』권15) 이옹은 광박하고 자잘한 것을 좋아하고 변증을 저술하는 것을 '골동품의 누적骨董積'이라고 하면서 「消積篇」을 지어 날카롭게 지적했다. 같은 책 권5, 「錫山語要」: "사물을 탐구하여 이치를 궁구하는 일의 귀한 가치는 수신제가 치국평천하에 도움이 된다는 데에 있다. 그렇지 않으면 부질없이 지나치게 풍부한 것만 다투어 자신의 식견을 자랑할 뿐이니, 장화의 해박함이나 한 가지라도 모르면 부끄러워했던 陶宏景(즉 陶弘景: 456~536, 자는 通明)과 같은 경우는 '玩物'이라고 한다. 이렇게 되면 더욱 심하게 뜻을 잃고 도에서 멀어지게 된다. 이러한 잡박함의 폐해를 학자들은 마땅히 깊이 경계해야 한다格物窮理, 貴有補於修齊治平, 否則誇多鬪富, 徒雄見聞, 若張茂先之該博, 陶宏景之以一事不知爲恥, 是名玩物. 如是則喪志愈甚, 去道愈遠矣. 此等駁雜之弊, 學人所當深戒." 또한 그는 이렇게 말했다: "우리 학자들이 歸結處가 없어서 반듯이 앉아 자신이 아는 것을 비울 수 없다면 비천한 사람의 경우에는 지식이 늘어나지만 오히려 그만큼 마음의 장애가 늘어나는 것과 마찬가지다吾人學無歸宿, 正坐不能空其所知, 比之鄙夫, 反多了一番知識, 反增了一番心障."(권35, 『四書反身錄』 「논어上」) 이는 선학의 영향이 뚜렷한 주장이다. 그러나 이옹도 나름대로 통달한 논의를 펼치기도 했으니, 『사서반신록』 「논어下」(권39)에서 그는 이렇게 썼다: "박식으로 마음을 수양하는 것은 음식으로 몸을 보양하는 것과 같다. (…) 음식을 먹고 소화가 잘 되면 많이 먹을수록 좋고, 박식해서 소화할 수 있다면 넓을수록 오묘할 것이다. 대개 빠짐없이 모두 포용해야 비로소 관통할 수 있지만, 아는 것이 넓지 않으면 관통하려 해도 방법이 없다博識以養心, 猶飮食以養身(…) 飮食能化, 愈多愈好, 博識能化, 愈博愈妙. 蓋幷包無遺, 方有以貫, 苟所識弗博, 雖欲貫無由貫."

13 전겸익, 「於氏日鈔序」: "요즘 사대부들을 보니 저술이 엄청나게 많은데 서로 잘못된 내용을 퍼뜨려 전하고 있다. 경전과 역사를 재단하고 분석하며 고금의 일에 대해 바로잡아 논박하는 내용으로 한 사람이 붓을 놀리면 藤紙가 바닥나고 한 학파의 책이 건물을 가득 채울 수 있을 정도다. 아, 옛날에는 경전을 연구했던 이들이 반드시 역사를 다루었던 것도 아니고, 역사를 읽은 이들이 반드시 경전을 해독했던 것도 아니며, 경전과 역사에 마음을 쏟은 이가 또 반드시 시문을 공부했던 것도 아니었다. 그런데 지금은 어째서 분야를 겸해서 조예가 뛰어난 이들이 이리 많단 말인가?余觀今世士大夫, 著述繁多, 流傳錯互. 至於裁剖經史, 訂駁古今, 一人之筆可以窮溪藤, 一家之書可以充屋棟. 嗟乎, 古之窮經者未必治史, 讀史者未必解經, 留心於經史者,

又未必攻於詩文. 而今何兼工幷詣者之多也?"(『목재초학집』권29, 884쪽) 하
지만 '옛날의 뛰어난 전문가古之專門名家者'와 같은 이들은 드물다고 했다.
황종희도 명말의 문집이 너무 많다는 사실을 언급한 바 있다. 전겸익이 비
판한 것은 명대 학풍 가운데 '넓음博'을 추구하다가 내용이 부실하고 조악
한 결과로 빠져버리는 병폐였다.

14 고염무는 "후대의 왕을 계발啓後王'할 것을 기대하고 저술을 하면서, "공자
가 육경을 산술한 것은 백성을 재난에서 구제하려는 이윤과 강태공의 마
음 때문이었는데, 오늘날 벌레나 물고기 이름을 해설하고 초목의 이름을
규명하는 이들은 모두 이것을 이야기하기에 부족하다孔子之刪述六經, 卽
伊尹太公救民於水火之心, 而今之注蟲魚命草木者, 皆不足以語此"(「與人書」『고
정림시문집』, 91쪽)고 했다. 같은 글에서는 또 "그러므로 육경의 뜻과 당세
의 사무에 관련된 것이 아닌 글은 일체 하지 않는다凡文之不關於六經之指
當世之務者, 一切不爲"고 했다. 또 다른 「여인서」에서는 이렇게 썼다: "군자
가 학문을 하는 것은 그것으로 도를 밝히고 세상을 구제하기 위해서이다
君子之爲學, 以明道也, 以救世也." 그러면서 자신의 『일지록』은 "왕 노릇 하
는 사람이 나타나면 장차 이것으로 일을 시행하는 법을 보고 이 세상을
잘 다스려지던 옛날의 융성한 상태로 끌어올리게有王者起, 將以見諸行事,
以躋斯世於治古之隆"(같은 책, 98쪽) 하기 위해서 쓴 것이라 했다. 「答友人
論學書」에서는 "성인의 도라는 것은 아래에서 배운 것을 위에 전달하는 방
법聖人之道, 下學上達之方"이며 "성인이 지은 책은 모두 난세를 바로잡아
정도로 되돌리고 풍속을 바꾸어 평화롭게 다스려지도록 길들이는 용도로
쓰이도록 하는 것이며, 무익한 것은 이야기하지 않았다其所著之書, 皆以爲
撥亂反正, 移風易俗, 以馴致乎治平之用, 而無益者不談"(135쪽)고 했다. 또한
「與楊雪臣」에서는 『일지록』이 "어지러움을 바로잡고 더러운 때를 씻으며 중
원의 옛것을 본받아 씀으로써 후세 학자들에게 견문을 늘리도록 계발해
주고 후세의 왕이 잘 다스리는 세상이 오기를 기대하는 뜻에서 쓴 것意在
撥亂滌汙, 法古用夏, 啓多聞於來學, 待一治於後王"(139쪽)이라고 했다.

15 이른바 '經世學'은 줄곧 그 경계가 모호해서 農政으로부터 군사 기술 내지
六壬과 遁甲, 風角占 같은 것까지 포함하지 않은 것이 없었다. 위희의 左學
(『左傳經世』)은 정술과 책략론으로서 '난세'와 가장 관련이 깊다. 易堂九子
의 경세학도 이 '學'이 그 시절에 겪어야 했던 곤란을 잘 보여준다. 위희는
「與塗宜振」에서 자조적으로 이렇게 썼다; "서생이 종이 위에서 경제를 논하
는 것은 바로 어린아이가 땅바닥에 떡을 그리는 것과 마찬가지다. 그 또한
먹을 수 없다는 것을 알지만 애오라지 재미 삼아 그렇게 하는 것이다書生
紙上經濟, 正如小兒畵地作餠, 亦自知其不可食, 聊取快意."(『위숙자문집』권7)
같은 권의 「寄費所中」에서는 이렇게 썼다: "우리의 학술은 모두 볼 만한 실
제 사실이 없고 그저 종이 위에서 대조하여 찾을 뿐이다我輩學述都無實

事可見, 只得向紙上勘取." 이 또한 황종희가 용을 베는 기술을 배웠지만 쓸 데가 없다고 한 것과 마찬가지로 '실용'을 목표로 하는 이들에게는 어쩔 수 없는 풍자가 되고 있다. 『懷葛堂集』에 대한 王源의 「序」에서는 梁份의 학술이 쓸모가 없어서 "가족을 부양하는 데에 할 수 있는 것이 하나도 없다俯仰一無可爲"고 했으니, 사대부가 경세학에 종사하면서 用世에 뜻을 두는 것도 청초의 운명, 시대의 전환과 학술의 분류 속에서 사대부가 짊어질 수밖에 없는 일종의 운명이었다고 볼 수 있다.

16 진확은 黃貞父가 "'역행'으로 '배움學'을 설명以力行詮學字"하면서 "생각하는 것은 배우는 것보다 못함思不如學"을 "아는 것은 실행하는 것만 못함知不如行"으로 여기는 데에 贊同하고, "공부하는 것은 처음부터 배움이 아니었던 적이 없지만 배움이라고 할 만한 것도 없었다讀書未始非學, 而未可謂學"(「학해」, 『진확집』, 462쪽)라고 했다. 이공의 연보에 따르면 만사동은 '배움學'을 이렇게 풀이했다: "이전 학자들이 배움에 대해 가르친 것은 각자 달랐지만, 내 생각에는 그저 책을 읽는 것일 뿐이다先儒訓學各異, 予謂只是讀書耳."(『이공연보』, 79쪽) 방이지가 「極丸孝人說」(『浮山文集後編』 권2, 孝은 '學'의 옛 글자임)에서 '學'에 대해 풀이한 것은 더욱 묘미가 있다.

17 이 또한 당시의 '시론' 가운데 하나에 속한다. 안원은 이렇게 말했다: "그러므로 나는 이렇게 생각한다. 예로부터 『시경』과 『서경』은 경세제민을 익혀 실행하는 계보에 지나지 않았으니, 그 길만 얻으면 진위는 따지지 않아도 괜찮았다. 즉 가짜라도 괜찮다는 것이다. 지금은 그와 더불어 서책의 진위와 저작의 타당성을 변별하는데, 설령 모두 진짜이고 타당하다 하더라도 저들은 병폐가 있는 정·주 이학자이고 나는 병폐가 없는 정·주 이학자일 따름이다故僕謂古來詩書不過習行經濟之譜, 但得其路徑, 眞僞可無問也, 卽僞亦無妨也. 今與之辨書冊之眞僞, 著述之當否, 卽使皆眞而當, 是彼爲有弊之程朱, 而我爲無弊之程朱耳."(『習齋記餘』 권3 「寄桐鄕錢生曉城」, 『顏元集』, 441쪽) 唐甄은 '窮經'을 비판하면서, "뜻에 대한 설명이 이미 분명하니 그것이 이루어지는 것을 앉아서 즐기려면 책을 넘겨 살펴보기만 해도 충분할 것訓義旣明, 坐享其成, 披而覽之足矣."(『潛書』 상편 「오경」, 62쪽)이라고 했다.

18 첸무는 『중국근삼백년학술사』를 쓰면서 명말에서 청에 이르기까지 사대부들의 정신과 의기가 시들어 갔던 것을 여러 차례 개탄하며 그것이 사림과 학술에는 손실이었다고 했으니, 그는 청말 사대부들의 비판적 태도를 이어받은 듯하다. 그는 이렇게 썼다: "閻若璩와 고염무, 황종희는 신세가 서로 근접해 있지만 의기와 정신은 완전히 달라서 이미 고염무와 황종희 시대의 사람들이 학문을 하던 때의 진정한 혈맥이 어디 있는지 다시 알 수 없게 된 듯하다. 이러한 변천은 참으로 개탄할 만하다!潛邱與亭林梨洲身世相接, 而意氣精神竟全不同, 殆已不復知亭林梨洲一輩人爲學眞血脈所在. 此種變遷, 洵可嘆也." 그리고 염약거와 胡渭는 "그 의기가 황종희와 고염무, 왕

부지, 안원에게 훨씬 미치지 못한다其意氣遠非梨洲亭林船山習齋之比矣"(제
6장 225, 257쪽)라고 했다. 이렇게 "후계자가 없는後不見來者" 고독도 그 사
람의 학문 및 인생의 경지와 관련이 있다. 고염무와 왕부지, 황종희 같은
위대한 유학자들은 그 기개와 도량의 짜임새, 경지가 확실히 청대의 학자
들이 엿볼 수 없었다.

19 안원은 당시의 북방 유민들—여기에 포함된 저명한 이들로는 刁包와 王餘
佑, 李明性 등이 있음—과 광범하게 교유했으며, 심지어 이명성을 '아비처
럼 섬기며父事' 그의 매력에 빠졌음을 계속 나타냈다. 그는 또 북방의 大儒
손기봉에게 '聖學'의 부흥이라는 희망을 걸기도 했다. 이러한 교류는 그 자
신의 행위가 거의 유민에 가까운 성격을 보여준 점을 부분적으로 이해할
수 있게 해준다. 그가 남방 유민 육세의를 同道라고 끌어들인 것은 그와
유민 학술 사이의 연계를 더욱 잘 보여준다.(『안습재선생연보』 및 안원의
『存學編』 참조) 진확과 안원이 서로 논의한 바는 없지만 사고방식이 늘 같
은 경향을 보여준 것도 顔李學의 생성 조건을 증명해줄 수 있겠다.

20 위잉스, 『方以智晩節考』 증정판, 183쪽 참조. 이 책에서는 또 고염무, 방이지
와 같은 시대의 저명한 승려 지욱이 "불교 역사에서 '경학은 바로 이학'이
었다라고 주장했다"고 했다.

21 황종희는 「陳乾初先生墓誌銘」에서 자신의 先師 유종주의 말을 이렇게 기록
했다: "내가 평생 공부를 하면서 갖가지 의혹이 없었던 것은 아니며 지금
에 이르러서도 끝내 해결되지 않고 있다. 나도 모르게 손 가는 대로 집어
내서 대개 유학자들이 이전에 해설해놓은 것들과 하나하나 모두 어긋나게
되면 사문에 죄를 짓는 것임을 잘 알기 때문에 또한 이 의심을 잠시 남겨
둔 채 후세의 군자를 기다린다予一生讀書, 不無種種疑團, 至此終不釋然. 不
覺信手拈出, 大抵於儒先注疏, 無不一一牴牾者, 誠自知獲戾斯文, 亦姑存此疑
團, 以俟後之君子."(『황종희전집』 제10책, 352쪽) 황종희, 「答忍庵宗兄書」: "옛
날에 학문을 잘하는 이들은 대부분 차이를 논하면서 힘을 얻었는데, 오늘
날 사람들은 물에 물을 타고 있기 때문에 옛사람들보다 못할 따름이다古
之善學者, 其得力多在異同之論. 以水濟水, 今人所以不如古人耳."(同書, 218쪽)
이는 그의 동문 진확의 논의와 합치된다. 진확은 "무릇 이치를 변별하는
말은 서로 들춰내는 것을 중시하지 서로 따르는 것을 중시하지 않는다. 서
로 따르게 되면 사악한 잘못을 스스로 알 수 없으니 지당한 이치가 어디
에서 나오겠는가!凡辨理之言, 貴其有以相發, 不貴其相順. 相順則非僻無以自
見, 而至當之理何自而出哉"(「與吳裒仲書」『진확집』, 146쪽)라고 했다.

22 이런 의미의 '경학 바로잡기'가 이때에 시작되지는 않았다. 唐伯元
(1540~1597, 字는 仁卿, 號는 曙臺)은 『醉經樓集解』에서 "해설을 통해 경전
을 이해하는 것은 경전을 통하는 것보다 못하다. 합쳐서 이해하면 분명해
지지만, 쪼개서 이해하려고 하면 모호해진다解經以傳, 不如解經以經, 合而

解則明, 析而解則晦."" 경전을 이해하는 법은 경전으로 해야지 해설로 해서는 안 되며, 합쳐야 쪼개서는 안 된다. 모든 경전이 다 그러한데 특히 『주역』은 더욱 심하다解經之法, 以經不以傳, 宜合不宜拆. 凡經皆然, 而易尤甚"(『명유학안』 권43, 1012~1013쪽)라고 지적했다. 명·청 교체기에 이르면 이러한 견해는 이미 일부 학자들에 의해 공통적으로 인식되고 있었다. 황종희는 「萬充宗墓誌銘」에서 "세상에는 해설을 신봉하는 이들이 경전을 신봉하는 이들보다 많다世之信傳注者過於信經"(『황종희전집』 제10책, 406쪽)라고 지적하고, 「답인암종형서」에서 자신의 '선사'가 『주역』에 대해 언급하면서 "다만 그것이 이전의 성현의 생각과 맞지 않을까 염려되어 경전을 신뢰하지 해설을 신뢰하지는 않는다唯恐其不合於先聖, 故信經而不信傳"(같은 책, 219쪽)라는 말을 했다고 했다. 또한 「再答忍庵宗兄書」에서도 "도서를 믿느니보다 경전의 글을 믿는 것이 더 낫다與其信圖書, 不若信經文之爲愈耳"(220쪽)고 했다. 굴대균도 "경전으로써 경전으로 돌아가고 해설로써 해설로 돌아가야지 해설 때문에 경전에 손익을 끼쳐서는 안 된다以經還經, 以傳還傳, 而毋以傳損益夫經"(「書王山史太極辯述後」 『옹산일문집』 권중)고 주장했다.

23 당시 유민들 가운데는 여전히 『예기』의 정치적, 문화적 의의에 대해 의문을 품은 이들이 있었다. 위희는 「周論」에서 주나라가 '전례'를 믿었기 때문에 결국 "허약해서 떨쳐 일어나지 못했다弱而不振"고 하면서 "주나라가 전례를 말한 것周言典禮"을 "청담으로 나라를 다스리는 것淸談治國"에 비유했다.(『위숙자문집』 권2) 같은 권에 수록된 「魯論」에서는 이렇게 썼다: "『주례』가 공허한 글이지만 강대한 적을 막을 수 있다고 누가 말했는가?誰謂周禮之虛文而可以捍強大耶?"

24 안원은 '공자 문하에 있는 經傳'은 토론의 대상이 될 수 없고 오로지 "그것을 따라서 그들이 배우고 익힌 바를 배우고 익혀야從之學其所學, 習其所習" 할 따름이라고 했다.(『존학편』 권3 「性理評」 『안원집』, 73쪽) 唐甄도 '今人'이 '窮經'하는 것에 대해 불만을 표기했다: "풀이한 뜻이 이미 명확하니 가만히 앉아 그 완성된 것을 누리면서 펼쳐 놓고 읽기만 하면 충분하다訓義旣明, 坐享其成, 披而覽之足矣."(『잠서』 상편 「오경」, 62쪽)

25 "전란이 일어난 뒤 문을 걸어 닫고 『주역』을 읽으며 해설을 여러 차례 고쳐서 교정의 흔적이 복잡했다喪亂之後, 閉關讀易, 箋注數改, 丹鉛雜然."(「黃氏千頃齋藏書記」 『목재유학집』 권26, 994쪽) 이는 黃虞稷(1629~1691, 자는 兪邰, 호는 楮園)의 조상에 대한 기록이다. "고을의 행정이 바뀌자 들판에 살면서 통곡하다가 『춘추법감록』을 짓고 『주역』과 『상서』, '삼례'를 해설하니 그 책이 집안을 가득 채웠다. 갑신년(1644)과 을유년(1645) 이후 유언비어가 연달아 퍼져서 목숨이 경각에 달렸는데도 華時亨(?~?, 자는 仲通)은 손짓을 해 가면서 강학하고 책을 저술하는 일을 멈추지 않았다井邑遷改, 介

居野哭, 著春秋法鑑錄, 箋注易書三禮, 其書滿家. 甲乙以後, 蜚語連染, 命在漏刻. 仲通口講指劃, 著書不輟."(「華征君仲通墓誌銘」, 같은 책 권31, 1136쪽) 손기봉은 「雲隱堂易注序」에서 이렇게 썼다: "예전에 병부상서를 지낸 張鏡心(1590~1656, 자는 孝仲, 호는 湛虛, 晦臣, 雲隱居士) 선생은 갑신년(1644) 이후로 두문불출하며 『주역』을 읽고 『易注』 몇 권을 쓰셨다(前大司馬張湛虛先生, 自甲申杜門讀易, 著有易注若干卷."(「하봉선생집」 권4) 전겸익도 유민들이 『주역』을 연구하게 된 이유를 설명하면서 중점을 두었던 부분은 거기에 담긴 유민의 旨趣였다. 그는 「題易箋」에서 이렇게 썼다: "武張聯(?~?, 자는 闇齋, 法號는 通昇)은 상란을 당하고 난 뒤에 만년에 『주역』을 좋아하여 '屯卦'의 初九와 六二, '復卦'의 上九, '益卦'의 六三, '旣濟'의 六爻에 대해 지극히 깊고 세밀하게 연구했으니, 슬프도다, 그는 너무나 슬퍼했구나! 시름겹고도 안타깝도다, 그는 아직도 (명나라를) 그리워하고 있구나! 독자가 보고 완상하노라면 문왕과 공자의 『주역』에 대한 생각이 '명이'와 '둔'괘, '難'卦에 절반이 넘게 들어 있음을 알게 될 것이다(闇齋先生遭喪亂之餘, 晚而好易, 其於屯之初九六二, 復之上九, 益之六三, 旣濟之六爻, 極深而硏幾, 恫乎其有餘悲也, 愀乎怊乎, 其猶有餘思也. 讀者觀而玩之, 文王仲尼之易, 於明夷屯難之中, 思過半矣."(「목재유학집」 권50, 1634쪽)

26 굴대균은 다른 사람이 그린 대나무 그림을 평론하면서, "대나무를 그린 것이 아니라 『주역』을 그림으로 표현한 것非畵竹, 所以圖易"(「畵竹說」 『옹산문외』 권5)이라고 했고, "천하 사람들의 시는 모두 『주역』에서 나온 것天下人之詩皆得之於易"(「六塋堂詩集序」, 같은 책 권2)이며, "『주역』에 대해 말한 것 가운데 『시경』보다 정밀한 것은 없다言易莫精於三百篇"(「翁山易外自序」 『옹산문초』 권1)라고 했다. 왕부지는 『주역』에 대해 더욱 학술적인 태도를 지녔으며, 그 조예도 굴대균이 비견할 수 있는 바가 아니어서, 그도 종종 눈에 보이는 것들 가운데 『주역』이 아닌 것이 없는" 경지였다. 그에게 『주역』은 우주와 세계의 구조였고 또한 그 구조를 탐색하는 중요한 열쇠였다.

27 황종희는 「朱康流先生墓誌銘」에서 황도주의 학문에 대해 이렇게 썼다: "황도주의 학문은 무기고와 같아서 갖춰지지 않은 게 없으며, 특히 『주역』과 역법에 조예가 깊었다漳海之學如武庫, 無所不備, 而尤邃於易曆."(『황종희전집』 제10책, 346쪽) 전조망도 "황도주의 『주역』 연구는 명리와 상수의 여러 학자들의 견해를 종합했는데, 이른바 '삼역동기'는 더욱 조예가 깊다漳浦之學, 兼綜名理象數諸家, 其所謂三易洞璣者尤邃"(「忍辱道人些詞」 『길기정집』 권14)라고 했고, 또 "황도주 선생의 학문은 널리 통달하여 세간에서는 갖춰지지 않은 게 없는 무기고 같다고 하는데, 더욱 뛰어난 것은 『주역』이어서 음양이 극에 달하면 순환을 거듭하는 天根月窟에 대해 독자적인 깨달음이 있어 京房(기원전 77~기원전 37, 字는 君明)이나 焦贛(?~?, 자는 延壽), 陳搏(871~989, 자는 圖南, 호는 扶搖子, 白雲先生, 希夷先生, 淸虛處士), 邵雍을 넘

어서서 우열을 가리기 어려운 일가를 이루었는데, 그의 저서 『삼역동기』
와 『혁상신서』를 완전히 이해할 수 있는 이가 드물다漳浦先生於學宏通博
達, 世以爲如武庫之無不備, 而所尤精者易, 天根月窟, 獨有神會, 能於京焦陳邵
之外, 頡頏一家, 其所著三易洞璣革象新書, 鮮有得通之者"(「跋黃漳浦易解」『길
기정집』 외편 권27)고 했다. 전겸익은 黃尊素가 『주역』에 대해 이야기한 것
을 기록하면서 "굳건하면서도 애매한 표현을 쓰면서 돈후하게 정도로 복
귀하여 때를 기다렸다堅貞用晦, 敦復以俟時"고 했으니 당쟁에서 『주역』 연
구의 역할을 보여준 하나의 예라고 하겠다.(「山東道監察御史贈太僕寺卿黃公墓
誌銘」『목재초학집』 권50, 1283쪽) 또 다른 글 「題題同學會言」에서는 孫愼
行이 東林黨의 전성기에 보여준 행적을 이렇게 기록했다: "그의 학술 논의
는 『주역』을 위주로 했고, 『주역』에 대한 논의는 물욕에 흔들리지 않는 '艮
背'를 위주로 했다. 단아하게 홀로 지내면서 이치를 궁구하고 성품을 다했
으며 제자를 모으지도 않고 가르치지도 않았다其論學以易爲宗, 其論易以艮
背爲宗, 端居索處, 窮理盡性, 不聚徒, 不設教." 이 또한 『주역』을 읽음으로써
시대의 유행과 대중의 추세에 대처한 예 가운데 하나일 것이다.(同書, 권86,
1810쪽) 이렇게 보면 "환난을 당하면 『주역』을 읽는" 것도 사대부의 전통
이라고 할 수 있겠다. 『명사』에도 이와 관련된 기록들이 자주 보인다. 예를
들어 권189에는 陸震(1464~1519, 자는 汝亨, 호는 鶴山)과 黃鞏(1480~1522,
자는 伯固, 호는 後峯)이 "『주역』 9괘를 강론하여 우환의 도리를 밝혔다講
易九卦, 明憂患之道"고 했고, 권209에서는 楊爵(1493~1549, 자는 伯修, 호
는 斛山)이 전후로 7년 동안 옥에 갇혀 있었는데, "그의 저작 『주역변설』과
『中庸解』는 바로 옥중에서 쓴 것所著周易辨說中庸解, 則獄中作也"이라고 했
으며, 권282의 유림전기에서는 名儒 薛瑄(1389~1464, 자는 德溫, 호는 敬
軒)이 "옥에 갇혀 처형을 기다리면서도 느긋하게 『주역』을 읽었다繫獄待決,
瑄讀『易』自如"라고 했다.

28 明人 및 명 유민의 취지가 『주역』 연구의 학술 수준과 곧바로 관련된 것은
아니다. 전겸익은 "근래에 『주역』에 대해 이야기한 사람들 가운데 李贄와
관동웅의 글 외에는 당시 사람들에게 장구를 해설해주는, 무식한 이들이
나 떠받드는 비천한 『토원책자』 같은 책近代之談易者, 自李卓吾管東翁之外,
似未免爲時人講章兔園冊子"(「復方密之館丈」『목재유학집』 권38, 1322쪽)이라
고 했다. 고염무의 「與友人論易書」에서도 이렇게 말했다: "옛날에 『주역』을
해설한 이들은 무려 수만 명이라서 견문이 좁은 나도 보고 기록한 당·송
시대의 책이 십여 가지나 되지만, 명대 사람의 책은 거기에 포함되지 않는
다昔之說易者, 無慮數千百家, 如僕之孤陋, 而所見及寫錄唐宋人之書亦有十數
家, 有明人人之書不與焉."(「고정림시문집」, 42쪽)

29 『상홍감집』 권32~35 참조. 陳子龍은 「楊墨說」에서 "천하 사람들은 지극히
고르지 않다. 기질이 넓고 밝은 사람은 누구나 겸애를 추구하고, 마음 씀

씀이가 추하고 좁은 이들은 누구나 자기만을 위하니, 이는 자연스러운 인륜이다天下之人至不齊矣. 氣質恢亮者, 莫不欲兼愛, 心術穢狹者, 莫不無爲我, 此人倫之自然也"라고 하며 비판할 것은 그저 "양주와 묵자가 모두 세상을 바로잡으려는 마음을 갖고 있었지만 그 방법을 얻지 못했는데 마침 천하에 의해 찢겨버렸다. (…) 맹자는 천하 사람들이 원래 이러했다는 것을 모르고 양주와 묵자에게서 시작되었다고 여겼으니 심하지 않은가!二子有矯世之心, 而不得其道, 適爲天下裂(…) 孟子不知天下之人固嘗如是也, 以爲自楊墨始, 不以甚乎"(『陳忠裕全集』 권28)라고 했다. 어쩌면 이견이 점점 많아지는 것을 보고 제자학이 장차 흥성할 조짐으로 여겼을 수도 있겠다.

30 『삼원필기』 上 「숭정」(20쪽) 참조. 이보다 앞서 鄭曉는 『今言』에서 이렇게 썼다: "『실록』을 바치면 궁중의 太液池에서 그 원고를 모두 불살라버려 한 글자도 전해지지 않으니, 하물며 중간에 자잘한 일들이 많이 들어 있어서 중대한 정치 체제와 인재의 등용과 은퇴 같은 일들은 대부분 기록하지 않았다. 과거를 치를 때마다 경사에서 향시 고관에게 연회를 베푸는데 모두 총재내각대신에게 편지를 보내 선후로 서로 이어지는지라 결국 고찰할 수 없다. 그러니 다른 일이야 알 만하다實錄進呈, 焚草液池, 一字不傳. 況中間類多細事, 重大政體, 進退人材, 多不錄. 每科京師鄉試考官賜宴, 皆書塚宰內閣大臣, 其先後相繼, 竟不可考, 他可知矣."(권2 제103條) 왕조 교체기에 『실록』에 대한 비판은 『太祖實錄』을 두 번 세 번 수정하여 '燕王靖難'의 역사를 고쳐 쓴 일에 집중되었다. 朱彝尊은 『폭서정집』 권43 「書傳會選跋」에서 『태조실록』은 믿을 수 없다고 하면서 "건문제가 재위했던 4년 동안의 일을 삭제해버림으로써 천하를 무하유지향에 놓아버렸고革除建文四年之事, 置天下於無何有之鄉", "『실록』에서 이미 그 사실을 없애버렸으니 이로 말미암아 첨사부 태학을 기록한 것에는 제명이 빠진 곳이 많다. 문헌 부족은 누구의 잘못인가?實錄旣沒其實, 由是志詹事府太學者, 題名多所闕遺. 文獻不足, 伊誰之咎與"(512쪽)라고 했다. 권44 「書高麗史後·又」에서도 '靖難君臣'이 명 태조의 실록을 고쳐 쓴 일에 대해 언급했다.(本書 제3장 참조) 전겸익은 「皇明開國功臣事略序」와 「太祖實錄辨證」에서 모두 명대 국초 사실이 빠지고 관련 역사 서술이 '踳駁疑互'하니 『실록』은 믿기에 부족하다고 했고, 그 책문에서도 누차 國初史 문제를 언급했다.(『목재초학집』 권89, 권90 참조) 『목재유학집』 권38 「與吳江潘力田書」에서는 당쟁 와중에 사학이 겪은 곤경에 대해 언급했다.

31 남명사에 관련된 유민의 저술은 앞서 인용한 것들 외에 또 查繼佐의 『國壽錄』과 『魯春秋』, 張岱의 『石匱書後集』 등이 있다. 그 외에 '국사'와 관련된 유민들의 저술로는 文秉의 『定陵注略』과 『先撥志始』 『烈皇小識』 등이 있다. 손기봉의 『乙丙紀事』에서는 천계 연간에 환관들이 일으킨 재앙閹禍을 기록하고 있다. 그 외에 林時對와 高宇泰 등도 관련된 저술과 편찬서를 남겼다.

32 고염무는 자신이 "15~20세인 成童 때부터 역사서를 보고 저보를 읽어서 세간의 일들에 대해 모르는 게 없었다. 50년 동안 존망과 득실이 이유가 마음속에 오가서 늘 잊을 수 없었다自舞象之年, 卽已觀史書, 閱邸報, 世間之事, 何所不知. 五十年來存亡得失之故, 往來於胸中, 每不能忘也"(「答李紫瀾」, 65쪽)고 했다. 「三朝紀事闕文序」에서는 "양쪽에서 기뻐하고 화내는 말들이 모두 빠짐없이 귀에 들어와 그 안에 담긴 우여곡절을 모두 이해했다兩喜兩怒之言, 無一不入於耳, 而其曉其中曲折"(같은 책, 155쪽)고 했다. 젊은 시절의 환경이 그가 명대 사건에 대해 판단하는 방식과 명사를 다루는 데에 관련된 주장을 내세우는 데 영향을 주었으니, 가령 「與公肅甥書」에서는 "상소문에서 시비와 차이에 대한 논의는 양쪽의 견해가 함께 들어 있으며, 밖에서 들은 바에 대한 의혹을 전달하는 특별한 방법이었다奏章是非同異之論, 兩造幷存, 而自外所聞, 別用傳疑之例"(55쪽)고 했다. 이 또한 통상적인 '사법'이기는 하지만 명대의 사료에 대한 특수한 인식에서 비롯된 주장이라 하겠다.

33 梁啓超에 따르면 명대에는 "사대부들의 습속이 대단히 시끌벅적해서 무리를 지어 자신들과 견해가 다른 이들을 공격하고 야사가 물고기 떼처럼 많이 생겨나면서 각자 好惡에 따르는 바람에 사실이 전도되었기 때문에 명대 역사의 호칭을 정리하기 어렵다士習甚囂, 黨同伐異, 野史如鯽, 各從所好惡顚倒事實. 故明史呼稱難理"(『중국근삼백년학술사』 十五, 410쪽)고 했다. 고염무도 정덕 이래로는 "야사가 나날이 성행하여 황당무계한 이야기들이 천하에 두루 퍼졌다野史日盛, 而謬悠之談遍於海內"(「書吳潘二子事」『고정림시문집』, 115쪽)고 지적한 바 있다. 명청 교체기에는 야사를 편찬한 이들의 수준도 다양했다. 황종희는 「談孺木墓表」에서 당시 역사를 편찬한 이들은 "서로가 베껴 쓰고는 팔을 걷어붙이고 서로를 성토하는 일이 공공연히 행해졌다此因彼襲, 攘袂公行"(『황종희전집』 제10책, 262쪽)고 했다. 팽사망은 이렇게 썼다: "갑신년(1644)의 변란으로 역사가 더욱 거짓이 되어서 한 사람을 위해 하나의 책이 나와 그의 허물을 덮어버리고, 한 가지 사건에 대해 누군가 이야기하면 다른 이가 표절해 쓰면서 명성을 날리려고 했다. 이렇게 되니 천하 후세 사람들이 함께 믿어 주기를 바랄 필요가 없어져 그저 의심할 만한 일만을 찾게 되고, 의심스럽기만 하면 그만이었다甲申之變, 史益龐譎, 有一書爲一人出, 以蓋厥愆, 有一事一人言之, 而他人假竊冒之以爲名. 若然者, 不必求天下後世之人共信, 但求其可疑, 疑則是."(「明名臣言行錄序」)

34 李晉華의 『明史纂修考』에 부록으로 실린 간략한 만사동의 전기에 따르면 그는 方苞가 쓴 만사동의 전기를 비판하면서, 방포는 "선생이 梅文鼎과 같은 시대에 살았지만 애석하게도 매문정처럼 천자의 은혜를 입는 것을 매몰되는 것으로 여기지 못했다고 했는데, 이것은 더욱 큰 오류다. 선생은

두 번이나 벼슬을 사절했으며 동해의 서 상서도 선생을 한림원 찬수관으로 임명하여 사국을 이끌게 하라고 상소했지만 선생은 목숨을 걸고 사절했다. 아마도 선생은 유민으로 자처했기 때문에 고국의 역사로 고국에 보답하려 한 것인지라 元好問과 그 의도가 같지만, 절조를 지켜 자신을 고결하게 지킨 것은 원호문도 따라잡지 못할 바이다. 그런데 하물며 매문정이 거기에 비견할 수 있겠는가?謂先生與梅定九同時, 而惜先生不如定九得邀日月之光, 以爲泯沒, 則尤大謬. 先生辭徵者再, 東海徐尙書亦其啓令以翰林院纂修官領史局, 而以死辭之. 蓋先生欲以遺民自居, 而卽以故國之史事報故國, 較之遺山其意相同, 而所以潔其身者則非遺山所及, 況定九乎"(『明史編纂考』, 97~98쪽) 이 또한 유민이 살아 있을 때에는 남에게 알려지지 않은 예라고 할 수 있다.

35   李淸의 『南渡錄』과 황종희의 『弘光實錄鈔』, 왕부지의 『永曆實錄』와 황종희의 『行朝錄』을 비교해보면 남명 왕조의 일에 대한 서술에 큰 차이가 있음을 알 수 있으니, 실제로 그 사건의 와중에 있었다고 역사 서술의 '신뢰성信'을 보장해주는 것은 결코 아님을 증명한다. '五虎'—金堡 등—에 대한 왕부지의 기록은 시비 판단의 공평성을 잃었다고 여겨지고 있으며, '逆案'과 관련된 인물들에 대한 황종희의 기록 역시 명말 '당쟁'의 관점에서 벗어나지 못했다. (황종희는 심지어 "남명이 설립되었지만 100에 하나도 해낸 것이 없고 그저 阮大鋮이 주표를 살해한 사건에 지나지 않을 뿐南都之立, 百無一爲, 止爲大鋮殺一周鑣而已"이라고 했다.『홍광실록초』,『황종희전집』제3책, 89쪽) 이런 기록과 판단의 차이는 명사 및 만명사의 정리와 연구에 특별히 곤란한 상황을 조성했다.

36   '용봉연호'에 관해서는 그 전에도 이미 언급한 이들이 있었으니『彝山堂別集』권6의「天子爵封」과「三祖爵封」이 그런 예에 해당된다. 이에 관한 청대사람의 논의는『廿二史箚記』권36 "劉福通被殺"條를 참조할 것. 이진화의 『명사찬수고』에도 이와 관련해서 淸初 사관에 있던 이들이 논의한 내용이 수록되어 있다.

37   이 책에서는 태조와 소명왕(韓林兒) 사이의 관계를 고찰하면서도 옹호하거나 의혹을 남길 수 없었던 부분이 있었다. 예를 들어 소명왕의 죽음—廖永忠이 과보에서 한림아를 강물에 빠뜨린 일에 대해서 이렇게 설명했다:"과보의 일은 정상이 애매한데 만약 태조가 마음속으로 그(요영충)의 의롭지 못함을 미워했지만 여러 해 동안 몰래 참으면서 변함없이 신임하다가 결국 다른 일을 핑계로 그를 처벌했다면 천하 후세 사람들은 오히려 항우가 강남에서 의제를 죽였다는 것과 같은 의심을 품게 만들 것이다. 그에 비해 풍랑에 배가 흔들렸다는 설명이 훨씬 분명하고 믿을 만하지 않은가! 그러므로 소명왕의 일에 대한 논의는 단연코『경신외사』의 기록이 옳다고 봐야 할 것이다瓜步之事, 情狀曖昧, 若謂太祖心惡其不義, 而隱

忍數年, 信任不衰, 卒以他事誅之, 將使天下後世, 反有義帝江南之疑, 豈若風浪
掀舟之說, 彰彰可信哉. 故論小明王事者, 斷以庚申外史爲正."(「高皇帝·上」『明史
考證拔微』, 59쪽) 사건이 애매하기 때문에 태조에게 유리한 추론으로 결론
을 지은 것이다. 심지어 소명왕이 "금릉에 이르기 전에 풍랑에 묻힌 것은
하늘의 뜻이 작용한 것未至金陵而沒於風浪, 有天意焉"(同書, 58쪽)이라고까
지 했다. 전겸익도 사실을 추측하고 또한 매우 확실하게 이야기했다. 王源
은 「與友人論韓林兒書」에서 한림아가 과보에서 죽은 일을 논하며 그의 벗
이 "스스로 謝翶와 鄭思肖에게 기탁하여自托於皐羽所南" 오히려 일을 성공
하지 못한 도적과 목동을 정통으로 떠받들어 태조와 더불어 군신의 구분
을 바로잡으려 하면서 '어쩌면' 하는 주장들을 모아서 대서특필하고 태조
를 유유와 소도성에 비유한다. 그리고 스스로 『실록』에 수록되지 않은 일
이지만 자신은 그것을 알고 올곧게 쓸 수 있다고 주장한다顧欲奉一未成事
之賊子牧堅爲正統, 與太祖正君臣之分, 而搜取莫須有之說, 顯然大書, 比太祖
於劉裕蕭道成, 而自以爲實錄所不載者, 吾能知之而直書之"라고 지적했다. 왕
원은 이것이 '대의'에 부합하지 않는다고 여겼다.(『거업당문집』 권6) 이러
한 그의 태도는 유민보다 더욱 유민스럽다고 할 수 있겠다. 이런 예들은 당
시 사학의 언어 환경이 얼마나 복잡했는지 느끼게 해주며, 사대부들이 옛
명나라의 역사를 다루면서 직면했을 특수한 곤란을 짐작할 수 있게 해준
다. 전겸익의 고심은 더욱 복잡했던 듯하다. 그의 「開國群雄事略序」와 『태
조실록변증』은 모두 '龍鳳年號'나 '廖永忠沉韓林兒' '胡黨之獄'과 같이 명대
의 전사 및 국초사에서 가장 민감한 사건들을 언급하고 있다. 그런데 그는
'변증'으로 역사 서술에서 빠진 부분을 지적하고 의문을 제기하면서 '飾詞'
를 벗겨내고 기피하여 숨긴 부분을 폭로하고 태조의 '난폭함暴'과 국초사
의 피비린내, 최고 권력자의 통제 아래 놓인 언론 환경, '정치'로서 관방 사
학의 특성들을 제시했다. 그 복잡하고 애매한 표현에 담긴 무궁한 암시는
오히려 숨겨 꾸밈으로써 누설해 폭로하는 듯한 느낌을 준다. 즉 자신이 처
한 왕조에 대한 사대부의 복잡한 정감과 태도를 누설하고 폭로하는 것이
다. 그러나 전겸익도 꺼려서 꾸미는 일을 하지 않을 수는 없었다. 潘檉章
은 이렇게 말했다: "내 생각에 전겸익이 임천후 胡美와 주기의 초사를 모
두 삭제하여 싣지 않은 것은 국체를 위해 꺼렸기 때문인 듯하다余按錢氏
於臨川侯及周驥招詞, 俱削不載, 蓋爲國體諱也."(『國史考異』 권3 「고황제·下」,
98쪽) 전겸익은 「여오강반력전서」에서 반정장과 국초사에 대해 토론할 때
에도 애매하게 숨겨져서 분명히 나타내기 어려운 것에 대해 "신하로서 마
땅히 모두 말해야 하는 것이 아니라서 마음으로 이해할 수 있을 뿐非臣子
所當盡言, 可以意得耳"(『목재유학집』 권38, 1320쪽)이라고 했다.

38 사론은 줄곧 사대부들이 지혜를 갈고 다듬는 데에 활용되었다. 명청 교체
기에 吳應箕나 위희 같은 이들의 사론은 모두 당시 사람들로부터 추앙을

받았다. 위희는 의론에 뛰어나서 다양한 의견을 신속하고 힘차게 제시했으며, 그의 사론은 사례를 분석하면서 특히 역사 인물의 속내를 식별하는 데에 힘을 기울여 모략에 대해 특히 민감했으며, 문장에서 언뜻언뜻 책사의 기색이 발견된다. 그러나 그는 지나치게 사례에 얽매여서 왕부지와 같은 의리 취미와 돌이켜 생각하는 관점이 결여되어 있다.

39 『독통감론』 권8에서 그는 梁冀의 생사는 한나라의 존망과 연관시키기에 부족하고, 巨奸大蠢을 법으로 처분하는 것도 나라의 존망과는 관계없으니, "董卓이 없었더라도 한나라는 반드시 망했을 것이고, 안녹산이 없었더라도 당나라는 반드시 혼란에 빠졌을 것微卓而漢必亡, 微祿山而唐必亂"이라고 하면서, "그렇기 때문에 일이 일어난 뒤에 따지는 것은 그 말단을 징계할 뿐이지 그 근본을 경계하지는 못하기是故後事之論, 懲其末而弗戒其本" 때문에 반드시 망할 수밖에 없는 이유를 밝히는 길이 아니라고 했다. 『송론』에서도 "왕안석을 등용해 송나라가 피폐해졌지만 그를 등용하지 않았더라도 송나라는 피폐해졌을 것安石用而宋敝, 安石不用而宋亦敝"(권6, 159쪽)이라고 했다. 이렇게 보면 명나라의 멸망과 관련된 그의 사고방식을 어렵지 않게 추측할 수 있겠다.

40 황종희는 "문장에 도를 싣는 것은 오히려 그것을 달리 만드는 것文以載道, 猶爲二之"이라고 비판하면서 "문장의 좋고 나쁨은 도에 부합하는지 여부를 살피는 것文之美惡, 視道合離"이며 "학문으로 모은 것이 바로 경전과 역사, 제자백가, 문집"이라고 했다.(「李杲堂先生墓誌銘」 『황종희전집』 제10책, 401쪽) 그는 또 '濂溪와 洛下, 紫陽, 象山, 左門, 姚江'의 문장은 "구양수와 증공, 『사기』 『한서』와 나란히 천지간에 드리운다可與歐曾史漢幷垂天壤"라고 하면서 왕수인(姚江)의 문장에 대해서 더욱 높이 평가했다.(「李杲堂文鈔序」, 같은 책, 26쪽) 위희와 팽사망 등도 왕수인의 문장에 대해 지극히 높이 평가했으니, 이 또한 이학의 분위기 속에서 나온 문론의 일종이라 하겠다.

41 주이준, 「與李武曾論文書」: "그런 뒤에 학문에 나아가는 데에는 반드시 바탕이 있고 문장은 경학에서 분리될 수 없다는 것을 알게 된다. 서한의 문장은 오직 동중서와 유향의 경학이 가장 순정했기 때문에 가장 문아한 문장을 남겼다. 위·진 이래로 학자들은 경학에 바탕을 두지 않고 오로지 경박한 과장에만 힘썼기 때문에 문장이 수백 년 동안 액운을 겪었는데 한유 덕분에 비로소 성현의 학문을 장려하게 되었고 구양수와 왕안석, 증공이 그것을 계승했으며 二劉(劉敞, 劉攽)와 三蘇(蘇洵, 蘇軾, 蘇轍)가 보좌했는데 그들은 모두 경학에 근본을 두었기 때문에 한 시대에 두각을 나타낼 수 있었다然後知進學之必有本, 而文章不離乎經述也. 西京之文, 惟董仲舒劉向經述最純, 故有文最爾雅, 魏晉以降, 學者不本經述, 惟浮誇是務, 文運之厄數百年, 賴昌黎韓氏, 始倡聖賢之學, 而歐陽氏王氏曾氏繼之, 二劉氏, 三蘇氏羽

翼之, 莫不原本經述, 故能橫絶一世."(『폭서정집』권31, 393쪽) 「答胡司臬書」: "그러므로 육경은 문장의 원천이다是則六經者, 文之源也."(권33, 411쪽) 「棟亭詩序」: "오늘날 시인들이 공소하고 천박한 것은 모두 엄우가 시를 짓는 데에는 학문과 관련 없는 특별한 재능이 필요하다고 한 말에서 시작되었다. 그러나 천하에 어찌 학문을 버리고 시를 논할 수 있다는 이치가 있겠는가?今之詩家, 空疏淺薄, 皆由嚴儀卿詩有別才匪關學一語啓之. 天下豈有舍學言詩之理."(권39, 484쪽) 장자열도 「與閻百詩書」에서 "고문이 당·송팔대가를 떠받들면서 '육경'에 바탕을 두지 않는다면 비록 솜씨는 뛰어나다 해도 폐단이 없을 수 없다古文宗唐宋八大家, 不原本六經, 雖工, 不能無弊"고 하면서 "고문은 모두 '육경'에 갖춰져 있다古文莫備於六經"(『기산문집』권9) 고 주장했다.

42 고염무도 자신이 "소년 시절에 여러 문사의 뒤를 따라 조충전각의 기술을 익히는 데에 지나지 않았는데少年時, 不過從諸文士之後, 爲雕蟲篆刻之技."(「與陸桴亭剳」『고정림시문집』, 170쪽), 이후 학술에 힘을 기울여서 인생의 일대 전환을 이루었다고 했다. 이와 유사한 표현이 당시 사대부들의 글에서 자주 보인다.

43 명대의 문학에 대한 황종희의 평론은 「이고당문초서」와 「이고당선생묘지명」 「前翰林院庶吉士韋庵魯先生墓誌銘」 등의 비명에서도 보이는데, 여기서 그는 명말의 古文復興 운동과 동절의 古文運動에 대해 모두 기술하고 평론했다.

44 이에 관해서는 『목재유학집』권17 「施愚山詩集序」와 「申比部詩序」, 권19의 「시우산시집서」와 「彭達生晦農草序」 등을 참조할 것.

45 사실 전겸익도 시세로 인해 그렇게 되었다는 것은 항상 알고 있었다. 그는 스스로 이렇게 말한 적이 있다: "남송 사고의 경우는 나라가 멸망한 뒤에 饒歌鼓吹曲을 지어 여러 차례 읊조렸는데 까마귀 울음과 귀신의 중얼거림처럼 음유하고 벌레 소리처럼 촉급하면서 원숭이의 휘파람처럼 애달팠다. 심하도다, 문장의 쇠락함이여! 그렇게 만든 것이 있으니 재능과 뜻을 가진 인사라 할지라도 그에 대항하여 문장을 높이거나 그 기상이 굳세어지도록 격려할 수 없다若宋之謝翱, 當祥興之後, 作饒歌鼓吹之曲, 一再吟詠, 幽幽然如鴉啼鬼語, 蟲吟促而猿嘯哀. 甚矣哉, 文章之衰, 有物使然, 雖有才人志士, 不能抗之使高, 激之使壯也."(「평달생회농초서」『목재유학집』권19, 811쪽) 그는 당나라의 孫樵(可之)와 陸龜蒙(魯望), 司空圖(表聖) 같은 이들이 "촉급한 데에 빠져서 돌아오지 못한 까닭은 그들이 당나라 말년에 태어나 말겁의 운수를 만나 그것을 시에 드러내서 지었기 때문所以陷於促數噍殺, 往而不返者, 以其生於唐之季世, 會逢末劫之運數, 而發作於詩章"(「答杜蒼略論文書」)이라고 했다. 그는 또한 "시는 뜻을 말하는데 뜻이 충분하면 거기서 정이 생기고, 정이 싹트면 거기서 기가 움직인다. 흙 속에서 새싹이

돋듯이, 계절에 따라 벌레가 울듯이 기뻐서 촉급하고, 섬세하고 느리면서
빈번하여 시대에 곤궁해지고 처지에 밀려 복잡하게 섞이면서도 그렇게 만
든 것을 모르는 것이 바로 고금의 진정한 시다詩言志, 志足而情生焉, 情萌
而氣動焉, 如土膏之發, 如候蟲之鳴, 歡欣噍殺, 纖緩促數, 窮於時, 迫於境, 旁
薄曲折, 而不知其使然者, 古今之眞詩也."(「題燕市酒人篇」『목재유학집』 권47,
1550~1551쪽)라고 했다.

46 그러나 朱鶴齡이 말한 것은 일반 원칙일 뿐이지 당시의 유민시에 대한 평
가는 결코 아니었다. 그는 「愚毂詩稿序」에서 이렇게 썼다: "30년 동안 선비
들이 隱逸에 대해 말하기 좋아했는데, 그들이 쓴 은일시는 오나라 궁궐의
화초와 진나라 때의 의관에 슬픈 애도를 기탁하는 부류이지만 나는 훌륭
하다고 생각하지 않으니, 그 소리는 바르지만 성정이 잘못되었기 때문이다
三十年來, 士多好言隱逸, 其所爲隱逸之詩, 類以吳宮花草晋代衣冠托之悲悼,
而余弗謂善, 蓋其音響是而性情非也."(『愚庵小集』 권8, 404쪽)

47 명청 교체기의 관련 문헌들을 보면 당시의 정감과 심리적 분위기를 알 수
있다. 예를 들어 황종희는 사대부들의 지극한 마음에 대해 이렇게 지적했
다: "변란이 일어난 후 애도와 상심에 시달렸는데 吳鍾巒 선생은 배 안에
서 나에게 작별했다. 내가 30리를 가자 선생은 다시 판자를 세 번 두드리
며 전송하고 파도 속에서 오열했다. 沈壽民과는 편지를 주고받았는데 종
이에 눈물 자국이 묻어 있었다. 배가 우산을 출발하는데 鄧大臨은 충렬사
옆에 서서 눈물 콧물을 흘렸다. 진석공이 와서 공부를 했는데, 떠나는 날
수건으로 얼굴을 닦았지만 눈물을 멈추지 못했다亂後瘁於哀傷, 吳霞舟先
生舟中別我, 余行三十里, 先生復掉三板送之, 鳴咽濤中. 沈眉生書尺往來, 紙有
淚痕. 舟發虞山, 鄧起西立忠烈祠邊, 涕淚交下. 陳錫公來學, 去之日, 手巾拭面,
而淚不能止."(「敫槐諸君墓誌銘」『황종희전집』 제10책, 398쪽)

48 황종희, 「胡玉呂傳」: "임종할 때 집안사람들에게 폭죽을 쏘게 하여 밤새 멈
추지 않았는데, 그제야 비로소 그가 눈을 감았다. 양강의 기운이 무거운
음기에 갇혀 뭉쳐 있으면서 풀어지지 않으니 반드시 찢고 진동을 주어서
나오게 해야 한다. 그렇기 때문에 우레와 번개가 되고 노한 파도가 된다.
그러니 폭죽은 개중에 아주 작은 것이다臨卒, 令家人放炮, 終夜不徹, 始瞑.
陽剛之氣, 爲重陰所錮, 鬱結不解, 則必決裂震動以出之, 故爲雷電, 爲怒濤, 而
炮其小小者也."(『황종희전집』 제10책, 605쪽) 당시 유학자들 가운데 '음양'
을 통해 의견을 제시한 이들의 취지는 또 이와는 달랐다. 황종희가 스승으
로 모셨던 유종주는 이렇게 말했다: "또한 양덕이 쇠퇴하면 음참이 작용하
여 기쁨과 즐거움의 분수는 줄어들고 분노와 당황, 두려움과 근심의 분수
가 지나치게 많아 하늘과 더욱 거리가 멀어지며 마음도 그 마음이 아니게
된다且陽德衰而陰慘用事, 喜與樂之分數減而忿惶恐懼憂患之分數居其偏勝,
則去天愈遠, 心非其心矣."(『學言·中』『유자전서』 권11)

49 진자룡도 시를 논하면서 시대 분위기에 대한 자신의 느낌을 나타냈으니, 「莊周論」에서 그는 이렇게 썼다: "아! 난세의 백성 가운데 장주와 같이 깊고 통절한 원한을 품은 이들이 특히 그것을 나타낼 길이 없기 때문에 분연히 난을 일으켜 기꺼이 도적이 되었으니, 어찌 성현을 흠모하기 부족하다고 여기고 만물은 모두 동등하게 여길 수 있다고 생각한 경우가 아니겠는가! 嗟乎, 亂世之民, 其深切之怨非不若莊氏者, 特以無所著見, 故憤憤作亂, 甘爲盜賊, 豈非以聖賢爲不足慕, 而萬物者皆可齊耶."(『진충유전집』 권21) 진자룡은 결코 논설에 재능이 뛰어난 이가 아닌 듯한데도 놀라운 논의를 내놓았으니, 이 또한 문인이 통탈한 것을 숭상하고 선입견에 얽매이지 않은 경우를 보여주는 예라고 하겠다.

50 왕부지는 『시경』 「용풍」 「상서」에 대해 이렇게 비평했다: "남김없이 풍자하여 지나친 혹형이 되었고刺而無餘, 濫爲酷刑"(『詩廣傳』『선산전서』 제3책, 334쪽), "처자식의 추위와 굶주림을 동정하고 먹고 사는 것이 단출하고 누추한 것을 슬퍼하며 교유하는 이들의 냉담함에 분노하여 하늘에 호소하고 귀신을 탓하는恤妻子之饑寒, 悲居食之儉陋, 憤交遊之炎涼, 呼天責鬼" 것은 "그 본심을 다 잃어버리는殫失其本心"(같은 책, 326쪽) 것이다. 이 또한 확실히 그가 유학자로서 가지는 사상 논리와 유폐론에 뿌리를 둔 것으로서 그가 '戾氣'에 대해 말하고 필요한 '금기諱'를 논한 것 등등의 상황과 논리적으로 일치한다. 그는 顔淵과 같은 방식의 인생 의견을 긍정했다. 비록 "매일 아침마다 쌀을 사주는 이를 기다려 밥을 짓더라도每旦待糴而炊" "종일 책 한 권 보고 휘파람 불며 느긋하게 사는長日一卷, 嘯傲自如"것을 칭송했지만, "우울하게 가난을 걱정하고 힘을 내지 못해 기개가 쇠약해지는 것이 풍속이 되어서 더 이상 이러한 풍미를 알지 못하게 된戚戚憂貧, 未壯而氣衰者, 成乎風俗, 不復知此風味矣"(같은 책, 876쪽) 상황을 개탄했다. 이로 보건대 왕부지의 사상의 논리적 徹底性을 짐작할 수 있다. 그는 '仁'에 바탕을 둔 이념으로 세정 인성에 대한 통찰력을 가졌다. 그의 문학관의 '좁음隘'은 유학자가 '중화지경'을 추구하는 과정에서 치러야 했던 대가라고 해도 무방할 터이다. 정치적 성격을 지닌 가요의 풍자와 '아랫사람들의 원망下之怨懟'에 대한 반감 또한 그가 주장한 '戾氣'의 완고함을 뚜렷하게 드러낸다. 이와 같은 그의 비판의 관점은 당시 유학자들 가운데서도 드문 경우인 듯하다. 張爾岐는 당시 사람의 시에 대해 이렇게 평했다: "혹자는 그가 늙음과 비천한 신분을 한탄하는 심정을 자주 말에 나타낸 것으로 보건대 의로운 운명에 안주하지 못했다고 여긴다. 나는 일찍이 세상에 곤궁하면서도 원망하지 않고, 원망하면서도 평안히 지낼 수 있는 사람은 틀림없이 도를 깨달은 이라고 논한 적이 있다. 그렇지 않다면 유약하여 떨쳐 일어나지 못하고 기꺼이 남의 밑에 있는 부류가 될 따름이다. 선생의 그런 기개와 재능을 가지고도 세상에서 제대로 시험해보지도 못하고 빈곤으로

인해 죽었으니, 이 또한 옛날의 상심인과 같은 분이 아니겠는가? 그러니 그가 그렇게 한 것을 어찌 탓할 수 있겠는가或以其歎老嗟卑, 屢形於言, 爲不能安義命. 吾嘗論世之困而不怨, 怨而能平者, 其人必聞道者也. 不然, 則繭弱不振, 甘爲人下者流耳. 夫以先生之氣之才, 而不得一試其鋒, 貧困以死, 斯不亦古之傷心人也耶. 何怪其然也!"(「王明臺先生集序」『蒿庵集』권2, 82쪽)

51 「胡致果詩序」: "송나라가 망하면서 그 시는 전성기를 이루었다. 사고의 「登西臺慟哭記」와 옥천의 「비축국」, 汪元量(1241~1317?, 자는 大有, 호는 水雲, 楚狂, 江南倦客)의 「초가」, 杜本(1276~1350, 자는 伯原 또는 原父, 호는 淸碧)이 편찬한 『穀音』에 수록된 「越吟」은 한겨울의 혹한 속에서 거센 바람과 소름 돋는 공기가 슬퍼 탄식하고 노하여 소리쳐서 온갖 소리들이 잡다하게 일어나는 것과 같았다. 고금의 시가 이때에 모두 변했고 또 모두 흥성했다. 지금은 새로운 역사가 흥성하고 있어서 경염 2년(1277)에 문천상이 空坑(지금의 江西省 吉水 부근)에서 패전한 일과 송나라의 멸망을 선고한 崖山海戰 이야기는 연로한 유민들과 더불어 날리는 재처럼 스러지는 연기처럼 없어지고 있다. 그것을 당시의 시에서 살펴보면 그 사람은 여전히 남아 있고 그 사건도 여전히 남아 있어서 일부만 남은 작품들은 역사서들과 더불어 해와 달처럼 걸려 있다. 그런데 시가 역사를 계속 잇기에 부족하다고 하는 것은 또한 거짓이 아닌가!宋之亡也, 其詩稱盛. 皐羽之慟西臺, 玉泉之悲竺國, 水雲之苕歌, 穀音之越吟, 如窮冬冱寒, 風高氣栗, 悲嘻怒號, 萬籟雜作, 古今之詩莫變於此時, 亦莫盛於此時. 至今新史盛行, 空坑厓山之故事, 與遺民舊老, 灰飛煙滅. 考諸當日之詩, 則其人猶存, 其事猶在, 殘篇嚙翰, 與金匱石室之書, 並懸日月. 謂詩之不足以續史也, 不亦誣乎."(『목재유학집』권18, 800~801쪽) 그의 논지 역시 자체적인 모순이 있는 듯하다.

에필로그 2

1 趙佰生, 「淸初關中二李一康詩之比較的分析」『中華文史論叢』 1983년 제3집 참조.

2 陳夢雷, 『閑止書堂集鈔』, 상하이고적출판사, 1979 참조.

3 이상에 대해서는 『황종희전집』 제10책에 수록된 「與陳介眉庶常書」와 「與李郡侯辭鄕飮酒大賓書」 「再與李郡侯書」 등을 참조할 것.

4 이에 대해서는 『황종희전집』 제10책의 「董在中墓誌銘」을 참조할 것.

5 여유량, 「與施愚山書」『呂晩村先生文集』 권1 참조.

6 이에 대해서는 余英時, 『방이지만절고』 44쪽의 주 89와 같은 책 100~101쪽의 서술을 참조할 것.

내가 읽은 부산

1 　권26 「失笑辭」 1과 「失笑」 2가 바로 부산의 「文賦」라고 할 만하다. 두 문장은 문사의 한없는 오묘함에 감탄하면서 그 경지의 웅장하고 아름다우며 풍부한 모습을 묘사했다. 그의 붓끝에서 '문'은 또한 일종의 생명 현상—그 나름의 '하늘天'을 가진—이며 '구차한 선비拘士'나 '문장과 예법에 얽매인 선비'는 그저 그것의 생기를 모두 없애는 재주만 있을 따름이다. 그러면서 그는 "100개의 권계를 하면서 풍자는 하나밖에 하지 않는" 유학자들의 이른바 '詩賦之經'에 불만을 토로했다. 그가 글에는 "고금이 없다無古無今"고 한 말이 시대에 맞지 않게 그 시대를 초월한 듯한 성격은 또한 시대적 유행 속에서 그가 어떤 태도를 취했는지 잘 설명해준다.

2 　「題趙鳳白山水巨幅」에는 "결코 줄자를 쓰지 않았다絶不用繩尺"라는 구절이 들어 있다. 이 일은 '법맥法脈'에서 나왔기 때문에 비로소 '기이한 구조 奇構'를 이룰 수 있었다는 것이다. 梁樂甫의 서예를 논하면서도 그가 "전혀 옛 법을 쓰지 않고 성품에 따라 글을 쓴全不用古法, 率性操觚"(권25)이라는 점을 높이 평가했다.

3 　부산이 '졸렬함拙'에 대해 이야기한 것으로 「喜宗智寫經」(권22) 등이 있다. 이와 상통해서 그는 '高簡'을 즐겨 칭송했으니, 「文訓」에서는 "문장 가운데 고상하면서 간략하지 않고 간략하면서도 진지하지 않은 것은 없다文章未有高而不簡, 簡而不摯者"고 했다. 또 '直樸'에 대해서도 즐겨 칭송했다.(「題湯安人張氏死烈辭後」에서 "솔직하고 소박하며 잔가지가 없어야直樸不枝" 하고 "오로지 자신의 마음을 향해 사실대로 이야기해야專向自己心地上作老實話" 한다고 한 것이 그런 예다.) 인물에 대한 품평도 동일한 척도를 사용했으니, 예를 들어 「太原三先生傳」(권15)(권一五)에서는 왕 선생에 대해 '眞樸懶簡'이라고 형용했다. 그러나 이는 여전히 그 중의 한 측면일 따름이다. 그가 쓴 대부를 보면 화려하고 풍성한 것을 좋아했고 또한 그가 논한 '졸렬함拙'과 '소박함樸'이 질박하고 담박한 것을 가리키는 것이 아님을 알 수 있다. 이렇게 보면 부산에 '졸렬함'은 미적, 나아가 도덕적 경지이며 또한 이미 '본색'이 아니라 자각과 精練에서 나온 것임을 느낄 수 있다. 그 자신의 글은 결코 한결같이 '졸렬'한 것만은 아니었다. 그가 문장을 이어가고 사유를 운행할 때 보여주는 기지들은 『장자』를 좋아하고 불교—선종의 機鋒을 포함한—에 대한 공부에서 얻은 것임이 분명하다.

4 　「明觀察楊公黃田先生傳」(권15)의 뒤에 붙은 附記는 다음과 같다: "돌이켜보면 30년 전에 누군가 내게 화책에 제사를 써 달라고 부탁하자 상당히 離合體를 써서 조롱한 적이 있다. (…) 선생이 그런 소문을 많이 들으셨다. 林欲柳(?~?, 자는 爾禎, 호는 豫章)가 내게 말했다. '선생께서 말씀하시길, 사람

이 문사를 부탁했다면 고상하게 존중해야지 어째서 경박하게 했단 말인가 하셨네.' 그 말을 듣고 나는 맹렬히 반성하고 사과했으며, 이때부터 마음에서 글을 쓰면서 조롱하거나 꾸짖는 습관이 즉시 없어졌다憶三十年前, 或有以畵冊屬余題者, 余頗爲離合體譏之 (…) 而先生頗聞之, 爾禎與余言, '先生云, 人以文事相屬, 是雅相重, 何輕薄爾爲. 余聞之, 猛省, 謝過, 自是凡筆墨嘲誚之習頓除於中."(414~415쪽)

5　권36 「잡기」 참조. 여기서 그는 "돈을 빌려줄 때에는 절대 속여서는 안 된다丐貸決不可謾爲"고 하며 마치 거기에 물들까 염려하는 듯했다. 남에게 속을지언정 남을 속여서는 안 되고, 심지어 '나를 속인' 일을 "마음에 담아 두어서도藏諸心" 안 된다고 했다. 이 또한 확실히 고색창연한 생각이다.

6　그러나 그는 손기봉을 상당히 높이 평가하면서 그가 "진실하고 성실하고 겸손하고 온화하여 남들이 다른 생각을 전혀 하지 못하게 한다眞誠謙和, 令人諸意全消"라고 하면서 스스로 "그를 공경하고 사랑한다敬之愛之"고 했다. 심지어 손기봉의 '애매함模棱'을 변호하기까지 했다.(「잡기」3, 권38, 1068쪽) 그는 '왕학'에 대해 뚜렷한 호감을 가지고 있었다.

7　부산은 한대의 문화에 대해 유독 애정이 깊어서 漢賦와 漢碑뿐만 아니라 『한서』에 대해서도 마찬가지였다. 이 또한 그가 더욱 '좋아하는嗜' '옛것古'이며, 앞서 설명한 '拙'과 '樸', '고간'은 모두 이러한 '좋아함嗜'을 보충 설명해줄 수 있다. 그는 戴廷栻(1618~1691, 자 楓仲, 호 符公)에게 "『한서』의 잘 정리된 곳을 세밀하게 이해細細領會『漢書』一部整俊處"하라고 하면서 "외척전은 더욱 자잘하면서 아름답기 때문에 다시 보기 어려운 것外戚一傳, 尤瑣碎俏麗, 不可再得"(「與戴楓仲」, 권24, 653쪽)이라고 했다. '잘 정리되고整俊' '자잘하면서 아름다운瑣碎俏麗' 것은 그가 '한나라를 읽으면서 더욱 마음으로 깨달은 부분이며 또한 글을 쓸 때에도 힘썼던 부분이다. 권16 「兩漢書人姓名韻紋」에서는 젊은 시절 『한서』「동방삭전」을 읽고 "상당히 좋아했다頗好之"고 했다. 권37에서는 젊은 시절의 공부에 대해 스스로 서술하면서 "한나라의 법을 종사로 삼고 나서 옛날의 글씨들을 돌아보니 정말 침을 뱉어서 버려야 할 것들旣一宗漢法, 回視昔書, 眞足唾棄"이었다고 하면서 "한나라의 예서는 3대를 다 거쳐야 오묘한 경지에 이를 수 있는漢隷一法, 三世皆能造奧"(1044~1045쪽) 것이라고 했다. 그리고 동한의 절의에 대해서는 재삼 경의를 표했다.

8　서예가로서 그는 문자학과 금석학 지식으로 글자를 풀이했지만 매번 감정이 격앙되어 마치 글자 속에서 모든 활력을 느끼려는 듯했다. '옳음是'을 추구할 뿐만 아니라 때로는 차라리 문자에 대한 시적 의미의 감수성을 나타내고자 했던 듯하다. 예를 들어 '春'이라는 글자를 "가장 운치 있다韻"라고 여기고 '馨'이라는 글자는 '오묘한 이치와 미묘한 정서妙理微情'를 담고 있으며, "悫자는 감동을 주기도 하고 또한 여인이 봄을 그리는 마음이 들

어 있으니 오묘한 글자다. 굳이 음란한 마음이라고 내칠 필요는 없다春之心動, 亦有女懷春, 妙字, 不必以淫心斥之"(「잡기」二, 권37, 1023쪽)와 같은 것들이다. 글자를 풀이하고 뜻을 해석하여 기존의 정설을 논박하면서 아낌없이 천착하는데 (또한 항상 오묘한 해석을 하는데) 그 또한 사고방식의 활발함을 더욱 뚜렷이 보여주면서 그의 깨달음과 상상력을 증명하며, 그것은 엄격한 훈고와는 취지가 달랐다.

9   부산이 '奴俗'에 대해 언급한 곳은 매우 많으며, 특히 서법을 논한 곳에는 더욱 많다. 예를 들어 '奴態'나 '婢賤野俗之氣'를 이야기하면서, "글자가 또 인간사와 무슨 관계가 있는가? 정치는 또 세속의 노예 기질을 띨까 염려스럽다. (…) 글자뿐만이 아니다字亦何與人事, 政復恐其帶奴俗氣 (…) 不惟字"(권25)라고 했다. 또한 '奴儒'나 '奴師'(권31, 「學解」), '奴書生'(권37, 「잡기」 2)을 이야기하기도 했고, 강학을 비판하면서 '추악한 재물의 노예鑾糟奴貨'(권40, 「잡기」 5)라고 하고, 당쟁에 대해서는 '奴君子'(권40, 「書宋史內」)라고 했고, 의약에 대해서 논할 때에도 '奴'(권26, 「醫藥論略」)를 언급했다. 또 "어떤 일에도 얽매이지 않고 그저 노예가 되고 싶지 않다不拘甚事, 只不要奴"(권38, 「잡기」 3)라고 하기도 했다. 그에게 '奴'는 바로 지극히 비하하는 호칭이었다. '奴人'의 반대는 바로 '妙人'이고 '高爽者'인데 이는 또한 다른 곳에서 '韻士'라고 부른 것과 상응하는 호칭으로서, 사실상 지혜의 업연을 타고난 문인을 가리킨다. '노인'은 때로 어리석은 대중庸衆을 가리키기도 한다.(권28, 「부사」 참조)

10   권22 「募智慧緣」과 「草草付」 참조. 부산이 梵境을 묘사할 때에는 붓끝에 줄곧 생기가 넘치며 또한 화가들이 묘사하는 풍부한 의상이 담겨 있다. "반드시 경계를 허무하게 해야 진정한 空이 되며, 화엄의 포진을 보지 않더라도 스스로 즐기게 된다必使境界墟蕪, 是爲眞空, 不見華嚴鋪陳, 亦自受用."(「五惜社疏」, 권23, 615쪽) 이러한 식견이 있었기에 스스로 '黜聰明'의 논리에 영합하지 않을 수 있었으며, 어쩌면 이 때문에 뼛속 깊은 곳에서는 오히려 '漆園'에 더 가까워졌을 터이다.

11   권34 「讀子三」, "讀公孫龍子" 부분을 참조할 것. 그가 世儒와 마음이 맞지 않았음은 이러한 문인 근성을 통해서도 이해할 수 있다. 그는 유가에서 "이른바 지극히 일상적이지만 없어서는 안 될 글이라고 하는 것은 언뜻 보고 끊어 읽더라도 대의를 알 수 있다所謂布帛菽粟之文, 一眼而句讀而大義可了"(940쪽)라고 하여 여운—예를 들어 公孫龍이나 『능엄경』의 '幽杳'와 '空深'의 '旨趣'와 같은—이 없을 뿐만 아니라 다양한 변화—"신들린 듯이 아득하고 황홀한 변화變化標緲恍惚若神著"—가 불가능하다고 했다. 그가 『묵자』에 흥미를 가진 것도 그 '奧義와 奇文'(권35, 「讀子四」) 때문이었다. 그가 『公孫龍子』와 『묵자』를 읽은 것은 모두 자신이 불교 및 도교에 귀의한 이유에 대한 해명이라고 할 수 있다.

12 황종희는 「진건초선생묘지명」 2, 3, 4의 원고에서 모두 그가 "理學家의 말을 좋아하지 않았고不喜理學家言" "삐걱거려서 남들과 어울리지 못했다格格不能相人"(『황종희전집』 제10책)고 했다. 『상홍감집』 권31 「學解」에서는 '세유'를 비판하면서 "세속은 우매하다世俗之溝猶瞽儒"고 했다. (이 글에서는 '溝猶瞽儒'에 대해서 "이른바 도랑에 있으면서도 흡족하게 스스로 위대하다고 여기는 것은 눈이 먼 채 유학자 노릇을 하기 때문所謂在溝渠中而猶猶猶猶然自以爲大, 蓋瞎而儒也"이라고 했다. 825쪽) 권40에서는 이용에 대해 기록하고 있는데, 여기서는 당시의 주류 학술과 주류 화법에 '맞지 않음不契'을 더욱 생동적으로 자백했다. 그 외에도 이학과 宋儒를 비판한 곳은 아직 많다.

13 진확이 재능과 기예가 넘치고 정서와 운치가 풍부했다는 것에 대해서는 황종희의 「진건초선생묘지명」 초고를 참조할 것. 진확과 부산을 비교할 수 있는 것은 이것뿐만이 아니다. 그들은 모두 '세가'라는 배경이 있었고, 모두 서예에 뛰어났으며(이 분야에서는 부산의 명성이 더 높았지만), 모두 '효'에 대해 즐겨 말했다.(진확은 『효경』을 쓴 적이 있다.) 그러나 부산은 '절의'에 대해서 진확이 보여주었던 것과 같은 통달한 식견이 전혀 없었다. 명말에 절강과 山西 두 지역의 저명한 제생들이 정치에 관여한 일은 각기 진확과 부산이 선도했다.(황종희가 쓴 묘지명에 따르면 진확은 "강직하고 악을 미워했으며 변고를 당하자 발분하여 순절했다廉勁疾惡, 遇事發憤有大節"고 했는데, 부산도 대략 비슷하다.) 이들 두 사람은 모두 아내를 잃고 나자 재혼하지 않으며 첩을 들이지도 않았다. 진확은 또한 『女訓』을 짓기도 해서, 그와 학문의 종지가 달랐던 장이상도 그가 "집안에서 생활할 때에 법도를 지킨居家有法度"(『양원선생전집』 권33) 점을 칭송했다. 이런 모습은 당시에 '통탈'을 표방했던 남북의 여러 명사들과는 확연히 달랐다. 다만 진확은 더욱 단정하고 신중해서 부산처럼 글에 호소하는 挾邪趣味도 전혀 없었다. 당시 명사 기질을 가진 남북의 저명한 유민으로 이들 두 사람이 당시의 시대 및 정치, 당시의 사상과 학술, 윤리 관념과 맺었던 관계는 사대부의 정신적 자유와 그 한계를 연구하는 데에 유용한 자료다.

14 글에 대한 부산 본인의 태도도 마찬가지였다. 『상홍감집』 부록인 三劉贊에 수록된 大廷拭이 간행한 『晉四人詩』의 '범례'를 참조할 것. 劉霦의 「霜紅龕集備存小引」에서도 이렇게 설명하고 있다: "부산 선생의 발자취는 천하의 절반을 섭렵하셨는데 시문은 내키는 대로 써서 아무 데나 던져버리셨는지라 집안에 보관된 원고도 없고 또한 최종적으로 마무리한 원고도 없다. 심지어 선생이 쓰신 것을 가지고 가서 문의해보면 선생은 이미 자신이 그걸 썼다는 사실조차 잊고 계셨다傅靑主先生足跡半天下, 詩文隨筆隨擲, 家無藏稿, 亦無定稿. 甚有執所著以問先生, 而先生已忘爲己作."(같은 책, 1238~1239쪽) 『상홍감집』은 건륭 연간에 張思孝가 모아 편집한 것이 12권

이고, 劉霙가 모아 편집한 40권은 이미 함풍 연간에야 간행되었으니, 부산의 저술 가운데는 여전히 없어진 것들이 많다. 그 외에 '없어지지는佚' 않았지만 편집하여 간행한 이가 버린 것도 있으니, 이에 대해서는 뒤쪽의 미주 19를 참조하기 바란다. 부산도 만년에는 자신의 글에 대한 태도가 바뀐 듯하다. 「가훈」에서는 손자들에게 이렇게 당부하고 있다: "나하고 너희 아비가 쓴 글과 시는 아무리 장편이라 할지라도 한 마디 반 구절까지 빠짐없이 수습하여 산우 부씨의 문헌이라고 해도 될 것이다凡我與爾父所爲文詩, 無論長章大篇, 一言半句, 爾須收拾無遺, 爲山右傅氏之文獻可也."(권25, 703~704쪽)

15 「佛經訓」에서 그는 이렇게 말했다: "평생 손님 노릇만 하고 주인 노릇은 하지 않는다는 것이 내 젊을 적 바람이었다. 그러므로 모든 일은 버려도 될 쓸데없는 것이고, 그렇게 되면 평생 재산이 없는 폐를 이룰 수 있게 된다一生爲客不爲主, 是我少時意見欲爾. 故凡事頻能敝雇道之, 遂能一生無財帛之累."(684쪽) 郭鉉의 「徵君傅先生傳」(『상홍감집』 부록一)에서는 부산이 袁繼鹹의 억울함을 호소할 때 "만여 금을 내놓았다出萬餘金"고 했으니 그가 재물은 풍족하게 지니고 있었음을 알 수 있다. 또 왕조가 바뀐 뒤에 그는 "수천 금의 값어치가 있는 기름진 농토를 포기하여 친족들에게 나눠준 뒤에 혼자 아들 부미를 데리고 성 동쪽 송장에 은거했다棄數千金腴産, 令族分取, 獨挈其子眉隱於城東松莊"(1161쪽)고 했다. 부귀를 헌신짝처럼 버릴 수 있어야 비로소 '세가의 자제'이며, 이것이 또한 '漆園' 문도의 본색이기도 했다.

16 명신과 명장에 대한 부산의 像贊(권27 「歷代名臣像贊」)과 『傳史』 같은 글을 통해 보면 일을 통해 공적을 세우는 것에 대한 그의 갈망과 선망을 감지할 수 있다. 그는 한유와 白居易의 정치적 재능과 공적에 대해 모두 칭송하면서, 또한 '文章士'에 대해서는 항상 경멸했다. 그 자신의 굳셈과 일을 처리하는 것과 관련된 유능함은 「因人私記」 등의 글을 통해 증명할 수 있다.

17 전조망, 「陽曲傅先生事略」(『길기정집』 권26): "오직 고염무만이 선생에 대해 '소탈하게 세상 밖에 노닐며 스스로 천기를 깨달았다'고 했는데, 나는 그것이 선생 만년의 종적만을 가리키는 것이지 아직도 그분의 진정성을 밝힌 것은 아니라고 생각한다. 탁이감은 '부산 선생은 아마 항상 적의와 같은 뜻을 품고 계셨을 것'이라고 했으니 선생을 잘 아는 사람이라 할 만하다惟顧亭林之稱先生曰, 蕭然物外, 自得天機, 予則以爲是特先生晚年之蹤跡, 而尙非其眞性所在. 卓爾堪曰: 靑主蓋時時懷翟義之志者, 可謂知先生者矣." 이러니 사람을 안다는 것이 얼마나 어려운지 알 듯하다. 심지어 유민조차도 유민을 바로 알 수는 없었던 것이다.

18 劉霙의 『상홍감집』 「例言」으로 보건대 부산이 지은 전기의 내용이 대단히 속되어서 그 안의 "언어에 함축이 적은語少含蓄"(즉 고상하지 않은) 것들

은 "古娛(누구를 가리키는지 알 수 없음―지은이)가 보자마자 바로 불에 던져버렸다. 시문 가운데 이런 부류들은 모조리 수록하지 않았다古娛一見, 卽投諸火. 詩文有類此者, 槪不收錄"(『상홍감집』 부록 3, 1247쪽)고 했다. 부산은 남이 꺼리는 것을 꺼리지 않았으며 또한 죽은 후의 신세가 기특한 문인이었다. 이런 점이 오히려 부산 본인에게 아직 전해지지 않은 기이함이 있지 않을까 상상하게 만든다.

19   「書張維遇志狀後」에서 언급한 '河漏' 역시 '飴絡'이 아닐까 생각된다.

20   그는 이하의 변별을 강조했지만 신앙의 측면에서는 통달한 지론을 견지하여 '참다움眞'과 경계가 상통하는 것을 중시하면서 胡, 華, 佛, 儒를 따지지 않았다. 「태원삼선생전」에서는 회교에 대해 "이에 그 종교가 엄정함을 알게 되었으니, 이단이 아니다乃知其敎之嚴淨, 非異端也"라고 하면서, 그 교도가 "지금 70세인데 믿음이 시들지 않고 있으니 어짊에 힘쓰는 사람이라 할 수 있다!今七十矣, 而奉其敎不衰, 可不謂用力於仁者哉"(443쪽)고 했다. 「書扇壽文玄錫」에서는 "선생은 원래 서쪽 먼 지방 출신이었다. 서쪽 먼 지방의 학문은 예수와 기원은 같지만 흐름이 조금 다르다. 지금은 서로 다투는 것이 배가 되었지만 대부분 하늘을 섬기는 것을 종지로 삼고 있다先生原西極人, 西極之學, 與耶蘇同源而流少異. 今互爭正陪, 然大都以事天爲宗."(권19, 554쪽)라고 했다.

21   稽曾筠, 「傅徵君傳」(『상홍감집』 부록一): "아내를 잃었을 때는 27세였고 아들 부미는 겨우 5세였는데, 곁에는 첩이나 하녀도 없었다. 그럼에도 그는 다시는 결혼하지 않겠다고 맹서했다失偶時年二十七, 眉甫五齡, 旁無妾媵, 誓不復娶." 丁寶銓 輯『부청주선생연보』에 따르면 張氏는 숭정 5년(1632), 부산이 36세 때에 죽었다고 했다.

22   「作字示兒孫」이라는 시의 후기에서 그는 이렇게 썼다: "빈도가 20세 무렵에 조상 때부터 전해오던 진나라와 당나라의 해서를 모두 臨摹했지만 조금이라도 닮게 쓰지 못했다. 그러다가 우연히 趙孟頫가 쓴 「향광시」를 얻었는데 원만하게 흐르는 아름다운 필획이 좋아서 베껴 쓰게 되었다. 그리고 몇 번 지나지 않아서 진짜와 구별하기 어려울 정도가 되었다. 이는 다른 이유 때문이 아니라 정인군자를 배우면 그의 반듯하고 강렬한 언행 때문에 근접하기가 어렵지만, 급을 내려서 못된 무리와 어울리면 정신이 자기도 모르게 나날이 친근해져서 피차의 구별이 없어져 버리는 것과 마찬가지다. 행실에서 그의 사람됨을 무척 천시하고 그 글씨가 뼈대 없는 서언왕처럼 천박하고 속됨을 몹시 미워하여 비로소 다시 조상들이 4~5대를 배웠던 노공 顔眞卿을 스승으로 삼아 힘겹게 따라 했지만 습관이 잡다하게 섞이는 바람에 조상들처럼 굳세고 꼿꼿하게 쓸 수 없었다. 친하지 않은 사람과 어울리면 또한 상처를 입지 않겠는가! 태사 董其昌이 무얼 보고 조맹부를 두고 500년 동안 없었던 인물이라고 했는지 몰랐는데 빈도는 이제 잘

이해할 수 있겠다. 아니 이제는 너무나 이해할 수 없다!貧道二十歲左右, 於
先世所傳晉唐楷書法無所不臨, 而不能略肖. 偶得趙子昻香光詩墨跡, 愛其圓轉
流麗, 遂臨之, 不數過而遂欲亂眞. 此無他, 卽如人學正人君子, 只覺觚棱難近,
降而與匪人遊, 神情不覺其日親日密而無爾我者然也. 行人薄其爲人, 痛惡其書
淺俗如徐偃王之無骨, 始復宗先人四五世所學之魯公而苦爲之, 然腕雜矣, 不能
勁瘦挺拗如先人矣. 比之匪人, 不亦傷乎. 不知董太史何所見而遂稱孟頫爲五百
年中所無, 貧道乃今大解, 乃今大不解.”그러나 또 조맹부가 王羲之에게 정성
을 기울였다는 사실은 알아야 한다. 다만 학문이 올바르지 못해서 연약한
아름다움만 추구하는 쪽으로 흘러버렸으니, 마음과 손을 속일 수 없음이
이와 같다. 위태롭구나, 위태롭구나! 너희들은 신중해라. 출발할 때 조금만
차이가 있더라도 나중에는 천 리나 멀어지게 된다는 말이 틀린 경우가 언
제 있었더냐!然又須知趙卻是用心於王右軍者, 只緣學問不正, 遂流軟美一途,
心手之不可欺也如此. 危哉, 危哉. 爾須愼之. 毫釐千里, 何莫非然.”(『상홍감집』
권4, 91~92쪽) 부산은 조맹부에 대한 자신의 논의가 가혹했던 데에 대해
서도 반성했다. 「字訓」: “나는 조맹부를 지극히 싫어하여 그의 사람됨을 천
시하고 그의 글씨를 미워하게 되었다. 근래에 자세히 살펴보니 또한 그리
심하게 비난할 만하지는 않았다. 아양을 떠는 듯이 아름답기만 한 것은 당
연히 천박한 자태지만, 潤秀圓轉함은 그래도 올바른 맥락에 속한다. 아마
「蘭亭敍」의 필법 안에서 조금 변하여 이런 상태에 이른 듯하다. 시대와 더
불어 오르내리고 또 기운의 운행에 영향을 받기도 하는 것은 단지 문장만
이 그런 게 아니다予極不喜趙子昻, 薄其人, 遂惡其書. 近細視之, 亦未可厚非.
熟媚綽約, 自是賤態, 潤秀圓轉, 尙屬正脈, 蓋自蘭亭內稍變而至此. 與時高下,
亦由氣運, 不獨文章然也.”(권25, 679쪽) 이것은 바로 인정을 참작하여 공평
하게 논한 것이라 하겠다.

23 「훈자질」: “저술을 함에 시대도 지역도 없었으니 혹시 남겨진 글이 조금이
라도 있으면 후세 사람들이 劉因의 무리를 들어 나를 현명하다고 여길 텐
데, 나는 언제 눈을 감을 수 있단 말이냐!著述無時亦無地, 或有遺編殘句,
後之人誣以劉因輩賢我, 我目幾時暝也.”(권25, 671쪽) 「잡기·1」: “문청공 설선
(1389~1464)은 허형(1209~1281)이 언제나 자신의 군주에게 요순 같은
마음을 가지도록 이끌었다고 했는데, 이건 너무나 가소로운 말薛文清公
云, ‘許魯齋無時不以致其君堯舜爲心. 此語極可笑’이라고 하면서 그 이유는
“그 군주가 어떤 군주인지其君何君” 제대로 살피지 못했기 때문이라고 했
다.(권36, 993쪽) 부산은 원대 사람들에 대해서도 시종일관 가혹하게 논하
기만 한 것은 아니었다. 「祝楡關馮學師七十壽」에서는 이렇게 썼다: “여사성
(1293~1357)은 세 번이나 좨주를 지냈는데 허형을 모범으로 삼아 세상을
헤아렸으니, 이른바 程朱理學에 큰 깨달음이 있었고 도를 자신의 소임으
로 삼은 사람이었다呂思誠三爲祭酒, 而以許衡爲法衡世, 所謂大有得於程朱,

而以道爲己任者也."(권19, 552쪽)

24 郭璞의 주에서는 "타고난 기질이 자연스럽다稟氣自然"고 했고, 郝懿行은 "죽일 수 없다는 것은 죽을 수 없다는 뜻이다. 입이 없어서 먹지 않는데도 저절로 살아가는 것이다不可殺, 言不能死也, 無口不食, 而自生活"라고 했다. (袁珂, 『山海經校注』, 巴蜀書社, 1993, 15쪽 참조)

25 곽박과 畢沅, 학의행 등 여러 해설자들도 모두 여기까지는 생각이 미치지 못했다. 이에 대해서는 袁珂, 『산해경교주』를 참조할 것.

26 부산의 『상홍감집』에 대한 丁寶銓의 「序」(선통 3년, 1911)에서는 이렇게 쓰고 있다: "『잠구차기』에 따르면 부산은 유물로 남은 金石文에 뛰어나서 일찍이 이 학문이 경전과 역사의 잘못을 바로잡고 거기에 빠진 부분을 보충할 수 있으니 그 공이 대단히 크다고 말한 적이 있다. (…) 내가 보기에 우리 청조의 莊述祖(1750~1816, 자는 葆琛, 호는 珍藝)와 吳榮光(1773~1843, 자는 伯榮 또는 殿垣)은 금문으로 경서를 증명한 대가이고 畢沅(1730~1797, 자는 纕蘅 또는 秋颿)과 阮元(1764~1849, 자는 伯元, 호는 雲臺, 諡號는 文達)은 석문으로 역사를 고증하는 대종인데, 그 기원은 바로 부산에게서 열렸다. 이렇게 보면 금석문으로 경전과 역사를 고증하고 해석하는 것은 博學이다潛丘箚記謂嗇廬長於金石遺文, 嘗謂此學足以正經史之僞而補其缺, 厥功甚大 (…) 按本朝莊氏(葆琛)吳氏(荷屋), 爲用金文證經之巨子, 畢氏(秋颿)阮氏(文達公), 爲用石文考史之大宗, 其源乃開於嗇廬. 由是以言, 金石文證釋經史, 傳學也." 같은 글에서는 안원의 학풍은 "부산이 점차적으로 스며들게 한 것嗇廬所漸漬者也"이라고 하면서 文正公 曾國藩(1811~1872, 자는 伯涵, 호는 滌生)의 문파는 "부산이 옛날에 주장한 것爲嗇廬宿所主張者"이고 또 부산이 "제자백가의 학문을 창도하고 도교와 불교의 경전에도 대단히 정통했는데, 건륭·가경 연간 이후로 비로소 유행이 되었다昌言子學, 過精二藏, 乾嘉以後遂成風氣"고 했다. 심지어 "오늘날의 철학은 부산의 지류이자 그 후예近日之哲學實嗇廬氏之支流與其餘裔"라고 하여 부산의 영향력을 과대평가한 듯하다. 같은 글에서는 또 이렇게 주장했다: "그러나 胡承諾(1607~1681, 자는 君信, 자호는 石莊老人)의 『역지』는 담씨가 바닷가가 소란스러울 무렵에 이리저리 찾아다니며 구한 것이고 왕부지가 남긴 글은 절강와 安徽 지역이 문드러져 난잡할 무렵에 증국번이 간행하여 유가의 서적을 강습함으로써 결국 중흥을 도왔다. 부산은 충직하고 성실하며 대단히 기특한 인물이었다. 만약 그의 학술을 계승한 사대부들이 소문을 듣고 흥기한다면 이미 싸움에 몰두하고 있는 세상 인심이 학술의 유행에 따라 물결을 돌리게 될지도 모를 일이다然石莊繹志, 譚氏訪求於海壖擾攘之時, 船山遺書, 曾公雕刻在江皖糜爛之日, 儒書講習, 卒贊中興. 嗇廬貞諒, 迥異弔詭. 儻承學之士聞風興起, 則人心世道之已蕩決者, 或回瀾於學述之流行, 亦未可知." 결국 종지는 원래 학술에 있던 것이 아니었다.

『어산잉고』에 나타난
명·청 교체기 사대부들의 윤리적 곤경

1   이 시기에 熊開元이 올린 장주들에서는 계속해서 이런 뜻을 개진했다. 예를 들어 "병사가 없으면 군대를 만들 수 없지만, 백성이 없으면 장차 나라를 만들 수 없습니다無兵不可以爲軍, 無民將不可以爲國"(160쪽)라는 식이다. 事後에 쓴 「感事贅言·二」에서도 '救民'을 우선적인 임무라고 강조하면서 이렇게 강조했다. "왕 노릇 하는 이의 군대는 반드시 먼저 백성을 구제해야 합니다. 겨우 살아남은 백성의 목숨을 죽이고, 심한 곤경에 처한 백성의 힘을 수고롭게 하고, 오래전에 고갈된 백성의 재물을 손상시키면서 '나는 이미 떠난 천하를 수습하고자 한다'라고 하면 제 몸의 살을 잘라 배를 채우면서 몸에 살이 찌기를 바라는 것과 무엇이 다르겠습니까?王者之師必先救民. 戕僅存之民命, 勞重困之民力, 傷久竭之民財, 而曰吾欲收已去之天下, 亦何以異於割身肉克腸而求體胰矣."(171쪽)

2   주 무왕에 대해서뿐만 아니라, 이러한 원칙으로 헤아려보면 賈誼와 韓信, 제갈량에 대해서도 모두 못마땅한 바가 있게 된다. 『어산잉고』 권2 「與馮漸卿徵君」 참조.

3   '國祚'-'民生'의 가치 대립(혹은 분립)은 왕부지의 사론이 지극히 민감한 몇몇 테마―예를 들어 '찬탈'과 같은―에서 상궤를 벗어난 사고방식을 추구하게 만들었다. 그는 이렇게 말했다. "아랫사람의 도의에서 말하자면 도적들의 소요는 자잘한 것이고 찬탈하고 시해하는 반역은 큰 것이다. 윗사람의 어짊으로 말하자면 한 왕조의 흥망은 사적인 것이고 백성의 생사는 공적인 것이다以在下之義而言之, 則寇賊之擾爲小, 而簒弒之逆爲大. 以在上之仁而言之, 則一姓之興亡, 私也, 而生民之生死, 公也."(『독통감론』 권17, 669쪽) 그는 이를 근거로 헤아려서 진나라가 강동으로 천도한 뒤의 정치적 동란은 "재앙이 위에서 그치고 아래 백성의 삶은 드디어 놀랄 일이 없게 되었다禍止於上, 而下之生遂不驚也"(668쪽)고 했다. 또 한나라와 위나라의 멸망을 비교하여 위나라의 멸망이 "피해가 사민에게 미친 것이 얕았다害及士民者淺"(같은 책 권10, 373쪽)고 했다. 여기서도 『맹자』의 명제에 대한 새로운 해설을 만나게 된다. (같은 책에서는, "성인이 귀중하게 여기는 것은 백성의 삶人之所甚貴者, 民之生也"이라고 했다. 권19, 723쪽) 唐甄이 戰勝과 '止殺'에 대해 이야기한 것은 『노자』의 논리에 더 가깝다. 전승은 마땅히 상례로 처리해야 하는 것이다.(『잠서』 「止殺」 참조) 여기서도 '나라'의 관점과 '백성'의 관점이 있다. 같은 책 「厚本」에서는 이렇게 썼다. "나라의 복은 백성의 재앙이요, 조정에서 축하할 일은 어진 사람이 애도하는 바이다國家之福, 百姓之禍也. 朝庭之所賀, 仁人之所弔也."(202쪽)

4 같은 글에서 그는 또 이렇게 말했다: "옛날 명나라가 처음 망했을 때 사람들은 다들 자신을 백이라고 여겼다. 시골에서 공부하는 선비나 천한 나무 꾼들이 후한 봉록을 받아 잘 먹고 잘 사는 이들과 무슨 관련이 있다고 자신을 죽여서 순국하겠는가? 이때가 되니 천하에서 충을 말하는 이들은 열에 아홉이었으니, 효의 명분이 충에 비해 현저히 크지 않았기 때문이다. 그러므로 지금 세상에 효를 말하는 이들은 수없이 많은 사람들 가운데 한두 명에 지나지 않는다昔者明之初亡也, 人皆自以爲伯夷. 鄕學之士, 負薪之賤夫, 何與於祿食之貴厚, 有殺身以殉國者. 當是之時, 天下之言忠者, 十人而九, 孝之名不若忠之顯大也. 故當世之言孝者, 千百人而一二." 당견은 그것이 상리에 어긋나서 불합리하다고 생각했다.

5 『명사』 권222 吳甛輔의 전기와 권255 유종주의 전기, 권275 徐石麒 전기, 그리고 황종희의 「子劉子行狀」 등을 참조할 것. 황종희가 쓴 서석기의 神道碑銘에는 姜埰와 웅개원 사건의 배경과 당시 정세에 대한 분석이 들어 있다.(『황종희전집』 제10책, 237~238 참조) 『명사』 권257 馮元飆 전기에는 다음과 같은 내용이 들어 있다: "웅개원이 周延儒의 죄상을 모조리 밝히려 하자 풍원표가 저지시켰고, 이로 인해 웅개원은 엄중한 처벌을 받았다熊開元欲盡發延儒罪, 元飆沮止之, 開元以是獲重譴." 웅개원 본인도 여러 차례 분석한 바 있다. 강채의 『敬亭集』에는 웅개원의 「書傳志後」가 부록으로 실려 있는데, 거기에 이런 내용이 들어 있다: "지금 당시에 그대가 상소한 것을 살펴보고 거기에 은밀히 숨겨진 것들 가운데 특별히 하나를 밝혀 보니 그대가 함께 환난을 당한 것이 까닭 없는 일이 아니었음을 알겠소今取公當日原疏觀之, 於中隱微特一闡發, 以識公與同患, 非無故."

6 『어산잉고』 권4: "그러나 사건이 주상의 덕과 관련되어 있어서, 며칠 전에야 비로소 군대를 이끈 공을 논하여 주연유를 태사로 승진시키고 왕자 한 명을 맡겼다. 이제 경사서인과 방안을 논의하지 않고 갑자기 의논에 부치면서 천하의 선비 가운데 논의할 만한 이가 하나도 없다고 하면, 천하의 선비들도 틀림없이 성은을 믿을 수 없다고 할 것이다. 이렇게 위아래에서 미봉하다가 혹시 이로 인해 나날이 기세가 심해지면 국체에만 손상을 주는 것이 아니니, 내가 또 대단히 애통해하는 바이다但是事動關主德, 數日前方論視師功, 進延儒太師, 任一子, 今不謀卿士庶人, 忽付議, 將謂天下士無一足謀者, 天下士亦必謂聖恩不可恃, 上下彌縫, 或由茲日熾, 不獨於國體乎有傷, 則又開元所大痛也."(362쪽)

7 「恭讀聖諭因明言職疏」는 바로 그가 죄를 얻는 원인이 되는 상소 가운데 하나다. 그 가운데 "폐하, 대체 어디서 보시고 그런 말씀을 하시나이까?陛下固何所見而云然乎"라는 구절도 숭정제의 진노를 사게 된 말 가운데 하나였다. 姜埰의 「被逮紀事」에는 숭정제가 강채에 대해 "감히 짐에게 어디서 보고 그런 말을 하느냐고 힐책했으니, 방자하게 업신여기는 행태가 이보다

심할 수 없다敢於詰問朕何所見而云然, 恣肆欺蔑, 莫此爲甚"라고 말했다고 기록되어 있다.

8 　吳蕃昌의 「開美祝子遺事」(『祝月隱先生遺集』)에는 축연이 체포되는 과정을 세세한 부분까지 아주 자세히 기록하고 있어서 유사한 사건 및 당시 사법 절차를 고찰하는 데 참고 자료가 된다.

9 　『어산잉고』에 수록된 융무제의 批答을 보면 그가 웅개원을 만류한 것이 거의 간절한 애원에 가깝다. "지금 조정을 그대에게 맡기는 것은 바로 짐이 오늘 밤 4更에 몸소 쓴 칙령인데, 그대가 짐을 생각하여 보좌해주지 않고 짐이 그대를 높이 여기는 마음을 저버릴 생각이라면 사양해도 되고, 태조의 종사를 염려하지 않으신다면 사양해도 되오. 아직 그런 게 아니라면 짐이 관직으로 그대에게 영화를 주려는 것이 아니라 정말 내 스스로 의지하고 맡길 보조자를 구하는 것임을 알아주시구려今以綸扉與卿, 乃朕今夜四更所書手敕, 卿若不念朕, 不佐朕, 棄朕高尙, 則可辭, 不慮及太祖宗社, 則可辭. 若猶未也, 則朕非以職榮卿, 實實自求安身立命之助也."(105쪽) "국운에 간난이 많으니 짐은 안사의 난이 일어났을 때 당 숙종이 영무에서 다급하게 이필에게 의지하고, 朱泚가 반란을 일으켰을 때 당 덕종이 다급히 육지에게 의지했던 것처럼 그대에게 의지하겠소天步多艱, 朕倚卿如靈武之急李泌, 奉天之急陸贄."(156쪽) 융무 조정의 모습 가운데 일부를 여기에서도 볼 수 있다. 이 또한 웅개원이 불가함을 알면서도 한 차례 행하게 된 까닭을 설명해줄 수 있다.

10 　『어산잉고』 권2 「감사췌언一」과 「감사췌언三」을 참조할 것.

11 　그러나 웅개원이 建言으로 재앙을 당한 뒤에 이미 '堂世意'가 없어졌다는 것은 그의 최종적인 귀결처를 근거로 추단한 것일 뿐이다. 죄를 문책당하고 난 다음에 그가 쓴 「上方禹修閣老」(『어산잉고』 권2)를 보면 여전히 간언하기를 그만두지 못하고 있으니, 그의 고집스럽고 완강함을 짐작할 수 있게 한다. 여러 편의 「감사췌언」에는 시사에 대해 통렬하게 발언하면서 전략적 주장들을 진술했고 지금-여기에 대해 염려하면서 또한 자신이 융무제의 조정에서 망해가는 나라를 구제하려 할 때에 여전히 국면의 한가운데에 있음을 표명했다. 禪悅을 즐기면서도 정치와 시사에 관심을 갖고 있었던 것도 확실히 그로서는 "용납하지 못한不容已" 무언가가 있었기 때문이 아닐까?

참고문헌

『船山全書』, 嶽麓書社

『黃宗羲全集』, 浙江古籍出版社

『明儒學案』, 中華書局, 1985

『顧炎武詩文集』, 中華書局, 1983

『日知錄』, 中州古籍出版社, 1990

『牧齋初學集』, 上海古籍出版社, 1985

『牧齋有學集』, 上海古籍出版社, 1996

『錢牧齋全集』, 邃漢齋校刊

『錢牧齋尺牘』, 上海商務印書館, 1936

錢謙益, 『列朝詩集小傳』, 上海古籍出版社, 1983

『吳梅村全集』, 上海古籍出版社, 1990

劉宗周, 『劉子全書』, 道光乙未刊本

黃道周, 『黃漳浦集』, 道光戊子刻本

孫奇逢, 『夏峯先生集』, 畿輔叢書

傅山, 『霜紅龕集』, 山西人民出版社, 1985

方以智, 『通雅』, 康熙丙午立敎館校鐫

_____, 『浮山文集後編』『淸史資料』, 中華書局, 1985

_____, 『東西均』, 中華書局, 1962

陳確, 『陳確集』, 中華書局, 1979

張履祥, 『楊園先生全集』, 道光庚子刊本

李顒, 『二曲集』, 光緖三年新迺堂刊本

陸世儀, 『桴亭先生遺書』, 光緒乙亥刻本

_____, 『思辨錄輯要』, 正誼堂全書

_____, 『論學酬答』, 小石山房叢書

陳子龍, 『陳忠裕全集』, 嘉慶八年刊本

_____, 『陳子龍詩集』, 上海古籍出版社, 1983

屈大均, 『翁山文外』, 宣統二年上海國學扶輪社刊本

_____, 『翁山文鈔』, 商務印書館, 1946

_____, 『翁山佚文集』, 同上

_____, 『廣東新語』, 中華書局, 1985

劉獻廷, 『廣陽雜記』, 中華書局, 1957

呂留良, 『呂晩村先生文集』, 同治八年序刊本

杜濬, 『變雅堂遺集』, 光緒二十年黃岡沈氏刊本

徐枋, 『居易堂集』, 1919年上虞羅氏刊本

『歸莊集』, 上海古籍出版社, 1984

萬斯同, 『石遠文集』, 四明叢書

『祁彪佳集』, 中華書局, 1960

張煌言, 『張蒼水集』, 中華書局, 1959

『瞿式耜集』, 上海古籍出版社, 1981

朱之瑜, 『朱舜水集』, 中華書局, 1981

『夏完淳集』, 上海古籍出版社, 1991

談遷, 『北遊錄』, 中華書局, 1981

陳貞慧, 『陳定生先生遺書』, 光緒乙未武進盛氏刻本

黃宗會, 『縮齋文集』, 上海古籍出版社, 1983

彭士望, 『樹廬文鈔』, 道光甲申刊本

魏禧, 『魏叔子文集』 『寧都三魏文集』, 道光二十五年刊本

____, 『魏季子文集』, 同上

『易堂九子文鈔』, 道光丙申刊本

錢澄之, 『藏山閣文存』, 龍潭室叢書

姜埰, 『敬亭集』, 光緒己醜山東書局重刊

孫枝蔚, 『溉堂集』, 上海古籍出版社, 1979

朱鶴齡, 『愚庵小集』, 上海古籍出版社, 1979

熊開元, 『魚山剩稿』, 上海古籍出版社, 1986

金聲, 『金忠節公文集』, 道光丁慶嘉魚館署刊本

李楷, 『河濱文選』, 同治十年刊本

惲日初, 『遜庵先生稿』, 清末惲氏家刻本

祝淵, 『祝月隱先生遺集』, 適園叢書

鄭郊, 『峚陽全集』, 1932年刊本

梁份,『懷葛堂集』,民國胡思敬校刊本

王餘佑,『五公山人集』,康熙乙亥刻本

刁包,『用六集』,道光癸卯刊本

張爾岐,『蒿庵集蒿庵集捃逸蒿庵閑話』,齊魯書社, 1991

陳瑚輯,『從遊集』,峭帆樓叢書

_____,『離憂集』,同上

吳應箕,『樓山堂集』『貴池二妙集』,貴池先哲遺書, 1920年刊本

_____,『留都見聞錄』,貴池先哲遺書

_____,『啓禎兩朝剝復錄』,同上

劉城,『嶧桐集』『貴池二妙集』,貴池先哲遺書, 1920年刊本

閻爾梅,『閻古古全集』,北京中國地學會, 1922

王弘撰,『砥齋題跋』,小石山房叢書

張自烈,『芑山文集』,豫章叢書

冒襄,『樸巢文選』,如皋冒氏叢書

____,『巢民文集』,同上

李鄴嗣,『杲堂詩文集』,浙江古籍出版社, 1988

金堡,『遍行堂集』上海國學扶輪社, 1911

『呂坤哲學選集』,中華書局, 1962

鄭曉,『今言』,中華書局, 1984

王錡·于愼行,『寓圃雜記·穀山筆麈』,中華書局, 1984

余繼登,『典故紀聞』,中華書局, 1981

葉盛,『水東日記』,中華書局, 1980

王世貞,『弇山堂別集』,中華書局, 1985

焦竑,『焦氏筆乘』,上海古籍出版社, 1986

____,『玉堂叢語』,中華書局, 1981

丁元薦,『西山日記』,康熙己巳先醒齋刊本

孫承澤,『春明夢餘錄』,古香齋鑑賞袖珍本

『硏堂見聞雜錄』『烈皇小識』,上海書店, 1982

談遷,『國榷』,中華書局, 1958

查繼佐,『罪惟錄』,浙江古籍出版社, 1986

李淸,『南渡錄』,浙江古籍出版社, 1988

____,『三垣筆記』,中華書局, 1982

『碑傳集』『碑傳集補』『淸代碑傳全集』,上海古籍出版社, 1987

『淸史列傳』,中華書局, 1987

『國朝先正事略』,嶽麓書社, 1991

『明季北略』,中華書局, 1984

『明季南略』, 中華書局, 1984
『小腆紀傳』, 中華書局, 1958
『小腆紀年附考』, 中華書局, 1957
『明史紀事本末』, 中華書局, 1977
羅學鵬 編輯, 『廣東文獻』, 同治二年春暉堂刊本
楊士聰, 『甲申核眞略』, 浙江古籍出版社, 1985
文秉, 『先撥志始』, 上海書店, 1982
徐秉義, 『明末忠烈紀實』, 浙江古籍出版社, 1987

『顔元集』, 中華書局, 1987
『顔元年譜』, 中華書局, 1992
『李塨年譜』, 中華書局, 1988
唐甄, 『潛書』, 上海古籍出版社, 1955
『戴名世集』, 中華書局, 1986
陳維崧, 『湖海樓全集』, 乾隆乙卯浩然堂刊本
王源, 『居業堂文集』, 道光辛卯刊本
施閏章, 『施愚山集』, 黃山書社, 1993
邵廷采, 『思復堂文集』, 浙江古籍出版社, 1987
朱彝尊, 『曝書亭集』, 國學整理社, 1937
_____, 『靜志居詩話』, 人民文學出版社, 1990
『方苞集』, 上海古籍出版社, 1983
閻若璩, 『潛邱箚記』, 光緒戊子同文書局刊本
江藩, 『國朝漢學師承記·國朝宋學淵源記』, 中華書局, 1983
陳夢雷, 『閑止書堂集鈔』, 上海古籍出版社, 1979
趙翼·姚元之, 『簷曝雜記·竹葉亭雜記』, 中華書局, 1982
段玉裁, 『明史十二論』, 昭代叢書
『魏源集』, 中華書局, 1976
李慈銘, 『越縵堂日記』, 上海商務印書館, 1920
皮錫瑞, 『經學歷史』, 中華書局, 1959

全祖望, 『鮚埼亭集』, 四部叢刊
趙翼, 『陔餘叢考』, 商務印書館, 1957
_____, 『廿二史箚記』, 中國書店, 1987
傅以禮, 『華筵年室題跋』, 宣統元年刊本
傅以禮 輯, 『莊氏史案本末』, 上海古籍出版社, 1981
楊鳳苞, 『秋室集』, 光緒癸未湖州陸氏刻本
張鑑, 『冬青館甲集·乙集』, 吳興叢書

陳寅恪, 『柳如是別傳』, 上海古籍出版社, 1980

陳垣, 『明季滇黔佛教考』, 中華書局, 1962

____, 「淸初僧諍記」『勵耘書屋叢刻』, 北京師範大學出版社, 1982

孟森, 『明淸史論著集刊』, 中華書局, 1959

____, 『明淸史論著集刊續編』, 中華書局, 1986

____, 『心史叢刊(外一種)』, 嶽麓書社, 1986

謝國楨, 『增訂晩明史籍考』, 上海古籍出版社, 1981

_____, 『顧寧人先生學譜』, 上海商務印書館, 1957

孫靜庵, 『明遺民錄』, 浙江古籍出版社, 1985

謝正光, 『明遺民傳記索引』, 上海古籍出版社, 1992

錢穆, 『中國近三百年學術史』, 中華書局, 1986

『梁啓超論淸學史二種』(『淸代學術槪論』『中國近三百年學術史』), 復旦大學出版社, 1985

容肇祖, 『明代思想史』, 齊魯書社, 1992

吳晗・費孝通 等, 『皇權與紳權』, 天津人民出版社, 1988

『顧亭林詩文集彙注』, 上海古籍出版社, 1983

錢仲聯 主編, 『淸詩紀事・明遺民卷』, 江蘇古籍出版社, 1987

余英時, 『士與中國文化』, 上海古籍出版社, 1987

_____, 『方以智晩節考』(增訂版), 臺北允晨文化實業股份有限公司, 1986

關文發・顔廣文, 『明代政治制度硏究』, 中國社會科學出版社, 1995

郭朋, 『明淸佛敎』, 福建人民出版社, 1982

包遵彭 主編, 『明史編纂考』, 臺灣學生書局, 1968

_____, 『明史考證抉微』, 同上

_____, 『明代政治』, 同上

劉鳳雲, 『淸代三藩硏究』, 中國人民大學出版社, 1994

馮其庸・葉君遠, 『吳梅村年譜』, 江蘇人民出版社, 1990

任道斌, 『方以智年譜』, 安徽敎育出版社, 1983

馬克斯・韋伯, 『儒敎與道敎』(中譯本), 江蘇人民出版社, 1995

艾爾曼, 『從理學到樸學』(中譯本), 江蘇人民出版社, 1995

溝口雄三, 『中國的思想』(中譯本), 中國社會科學出版社, 1995

『日本學者硏究中國史論著選譯』 제6권, 中華書局, 1993

옮긴이의 말

명말·청초는 역사뿐만 아니라 학술과 문화 등 여러 가지 측면에서 대단히 중요한 의미를 지니는 시기다. 동림당東林黨과 엄당閹黨 사이에 벌어진 오랜 진흙탕 싸움의 여파로 숭정제崇禎帝의 조정은 여전히 조용할 날이 없었고, 명나라 조정을 특징짓는 가혹한 조옥詔獄과 정장廷杖으로 군신 간의 관계도 껄끄러웠다. 민간에는 강남을 중심으로 양명학 좌파의 영향력이 커지면서 도시화와 상업화에 가속도가 붙은 경제적 현실을 반영한 새로운 세계관을 가진 이들이 늘어나 관념적이고 형식화된 도학道學을 비판하는 분위기가 커져가고 있었다. 물론 이 와중에 도시 시민의 정서를 대변하는 소설과 희곡 같은 새로운 장르의 문학예술은 '4대 기서奇書'의 등장을 신호로 전성기를 향해 나아가고 있었으나,* 200년 가까운 복고주의에 매몰된 사대부 문화는 거의 전방위적으로 쇠락하고 있었다. 게다가 대외적으로는 남쪽 왜구의 노략질과 북쪽 만

---

* 돌이켜보니 약 25년 전에 쓴 역자의 석사학위논문 제목이 『명말 청초의 소설관에 대한 시론』이었다. 고생을 자초하는 줄도 모르고 이 책을 번역하겠다고 선뜻 제안에 응한 것도 어쩌면 이런 인연이 있었기 때문인지도 모르겠다.

주족의 압박이 점점 심해지고 있었다. 결국 중압감을 이기지 못한 노쇠한 왕조는 무너지고 말았고 중국인들, 특히 사대부들은 200년 만의 이민족 통치라는 충격적인 현실을 온 몸으로 감당해야 했다.

군부君父에 대한 충효忠孝를 국가를 지탱하는 기본 이데올로기로 삼고 있던 유가 전제정권 사회에서 '이성異姓'의, 심지어 민족마저 다른 이들이 황실의 주인이 된다는 것은 오늘날의 관점에서는 선뜻 실감하기 어려운 충격이었을 터다. 황궁 뒷동산에 올라가 목을 맨 황제의 비극적인 종말이 유가 사대부들에게는 그야말로 '아버지의 상실'과 마찬가지로 인식되었을 테고, 게다가 이민족 황실을 섬긴다는 것은 '오랑캐'를 새아버지로 모시게 된 것과 마찬가지 상황이었을 것이다. 정신적 공황상태를 유발할 수밖에 없는 이런 상황에서 '취의就義', 즉 순절殉節은 어쩌면 사대부들이 취할 수 있는 당연한 결단처럼 보일 수도 있었다. 그러나 인간 세상이 어찌 그리 단순하겠는가? 그 혼란의 와중에 대의를 저버리고 '도적을 따르는從賊' 부류가 생겨나고, 청나라 군대가 남명南明마저 멸망시켜서 강남까지 완전히 청 정부의 판도 아래 들어가면서 드디어 살아남은 이들의 고통과 고뇌가 본격적으로 시작된다. 대부분 '연로한 어버이老親' 때문에 순절을 포기해야 했던 그들은 불가피하게 '유민遺民'이 되어야 했지만, 그들 대부분은 자신의 도덕적 수치심과 복종을 강요하는 청 정부의 외적 압박이라는 이중고에 시달려야 했다.(이에 비하면 경제적 궁핍은 차라리 감내할 만한 것이었을 터이다.)

이런 상황에서 유민들은 '생존의 합리화'를 위해 갖가지 방법을 동원한다. 승려나 도사로 출가하여 '세속을 버림棄世'으로써 충효를 포함한 세속의 논리에서 벗어나려고 하기도 하고, 순절을 가로막은 가장 큰 이유로 내세운 '어버이'와 '군주' 사이의 차별화된 명분을 구축하기 위해 노력하기도 하고, 명나라의 멸망 원인을 규명하고 한족 왕조의

'회복'을 위해 학술과 '운동'의 여러 측면에서 분투하기도 하는 등 갖가지 시도가 각자의 취향과 특성에 따라 진행되었다. 그러나 그들의 이 모든 시도는 결국 '언론'의 한계를 넘어 '실천'으로 승화되지 못했고, 세월에 따른 청 왕조의 안정화와 그들 자신의 마모로 인해 '자연스럽게' 소멸되고 말았다.

자오위안趙園의 이 책은 바로 그 공간에서 벌어진 '유민 현상'을 다양한 각도에서 비춰본 역작이다. 특히 저자 후기에서 그 자신도 이야기했듯이 이러한 고찰은 역사가나 철학 등의 다른 학술 분야에서는 그다지 중시하지 않는 당시 사대부들의 '문집', 특히 역자가 보기에 사대부들 사이에 오간 서찰들을 위주로 고찰하여 정리했다는 점이 주목할 만하다. 어쩌면 이것은 '언론'과 '화제'를 중심으로 그 배경과 소통의 네트워크를 고찰하는 데 중점을 둔 저자의 관점에서 보았을 때 상당히 효율적인 선택이었던 듯하다. 특히 문학 연구의 경험을 십분 살려서 사람들의 세상을 앞뒤와 안팎으로 두루 살피며 유민 개개인의 심리와 어쩔 수 없는 '선택' 등을 설명하는 부분들은 역자도 절로 고개가 끄덕여질 정도였다. 바로 이런 점이 중국에서 이 책을 명말·청초 연구자들의 필독서로 만들었으리라 짐작한다.

그러나 솔직히 번역을 위한 텍스트로서 이 책은 역자가 접한 그다지 많지 않은 중국 서적들 가운데 거의 최악이라고 꼽을 만했다. 중국의 다른 학술서들이 관행적으로 그러하듯이 이 책도 옛 문헌을 인용하면서 내용에 대한 주석을 거의 달아놓지 않았고, '문집'을 읽으면서 영향을 받은 탓인지 저자의 문체는 고문과 현대문 사이에서 그네를 탔고, 어떤 경우는 영어의 어순까지 뒤섞은 듯이 그야말로 독특한 풍격을 이루고 있었다. 이런 측면을 고려한다면 심지어 상당한 수준의 학력을 가진 중국인이라 할지라도 이 책의 페이지를 결코 쉽게 넘길 수 없으리라고 거의 확신할 수 있다. 참고문헌 목록만 보더라도 이 책에 인용된 엄청난 고전 문헌들을 금방 이해하기 힘들 것임을 즉시 짐작할 수 있을 터이다. 실제로 역자도 인용문의 번역에서 역량의 한계로 인해 충분히 고전했으며, 심지어 한 구절은 지금까지도 해답을 찾지 못했다. 이 부분은 여러 군데 도움을 청해보기도 했지만 결국 해결되지 않아 번역 포기 의사를 주석에 밝히고 말았다. 그 외의 부분들은 어떻게든 해석을 해냈는데, 원서의 분량이 너무 방대하다보니 인명을 제외한 나머지 부분에서 충분한 주석을 붙이지 못한 점은 약간 아쉬움으로 남는다. 특히 원서에서 독자를 '너你'라고 부르는 오만한 듯한 어투는 저자 후기가 끝날 때까지 눈에 거슬렸다. 물론 이런 표현들은 역자 나름대로 세심하게 다듬어서 전혀 드러나지 않도록 노력했는데, 문학작품의 번역이었다면 어쩌면 이 부분이 가장 중대한 오역으로 지목될 듯하다.

아무튼 이런 점들로 인해 이 책의 번역을 끝내고 나자 마치 높고 험준한 산, 다 내려올 때까지도 평탄한 길이 거의 없는 바위산을 하나 넘은 기분이다. 역자로서 투정을 금치 못한 점은 있었지만, 그럼에도 이 책은 충분히 소개할 만한 가치가 있다는 사실은 다시 한번 강조하는 바이다. 사실 우리나라에서도 명말·청초에 관심을 가진 연구자들이 적지 않은 걸로 알고 있으니, 엉성하나마 이 번역서가 새로운 연구를 위한 작은 도움이라도 줄 수 있기를 기대한다. 아울러 그 과정에서 역자의 오류가 발견되어 바로잡아진다면 더욱 이상적인 '덤'이 될 것이다.

백운재 주인

생존의
시대

1판 1쇄   2017년 7월 28일
1판 2쇄   2017년 9월 20일

지은이 자오위안
옮긴이 홍상훈
펴낸이 강성민
편집장 이은혜
편집 박은아 곽우정 김지수 이은경
편집보조 임채원
마케팅 이연실 이숙재 정현민
홍보 김희숙 김상만 이천희
독자모니터링 황치영

펴낸곳 (주)글항아리 | 출판등록 2009년 1월 19일 제406-2009-000002호
주소 10881 경기도 파주시 회동길 210
전자우편 bookpot@hanmail.net
전화번호 031-955-8891(마케팅) 031-955-8897(편집부)
팩스 031-955-2557

ISBN 978-89-6735-402-2 93910

글항아리는 (주)문학동네의 계열사입니다.

이 도서의 국립중앙도서관 출판시도서목록(CIP)은 서지정보유통지원시스템 홈페이지
(http://seoji.nl.go.kr)와 국가자료공동목록시스템(http://www.nl.go.kr/kolisnet)에서 이용
하실 수 있습니다. (CIP제어번호 : CIP2016029728)